中国社会科学年鉴

中国社会学年鉴 2011-2014

YEARBOOK OF CHINESE SOCIOLOGY

中国社会科学院社会学研究所 编

中国社会科学出版社

目　录

第一篇　研究综述

第二篇　论著题录

第三篇　社会学界重大活动

第四篇　社会学大事记

第五篇　国家社会科学基金资助课题

第六篇　社会学博士点

第七篇　全国社会学机构目录

Table of Contents

Ⅰ. Research Overview

Ⅱ. Citations

Ⅲ. Important Events in Sociology

Ⅳ. Chronicle in Sociology

Ⅴ. Major Research Projects in Sociology

Ⅵ. Post - doctoral Research Stations in Sociology

Ⅶ. List of Sociology Institutions in China

第一篇

研究综述

社会理论研究综述

赵立玮

一　尾随者时代与专业化研究

最近一二十年来，西方社会理论的发展出现了一些新的变化，呈现出一些新的特征。一方面，“后帕森斯时代”的一些主要社会理论家，有的在世纪之交去世，如卢曼（Niklas Luhmann），布迪厄（Pierre Bourdieu）；有的在进入21世纪后仍保持着高度的学术生命力和创造力，推出高水准的作品，如哈贝马斯（Jürgen Habermas）的思想发展在2000年之后出现了一个所谓的“宗教转向”，除关于欧洲（“欧盟”）自身问题的论述外，宗教问题是他晚期的一个主要论题，相关论著颇丰，如《人性的未来》（*The Future of Human Nature*），《世俗化的辩证法》（*The Dialectics of Secularization*），《在自然主义与宗教之间》（*Between Naturalism and Religion：Philosophical Essays*），对当今社会——他称之为“后世俗社会”（post - secular societies）——的宗教及相关现实问题展开了复杂精深的分析；贝拉（Robert N. Bellah）在其去世前出版了大部头的论著《人类演化中的宗教》（*Religion in Human Evolution：From the Paleolithic to the Axial Age*），可以说是这位一生致力于人类宗教研究的社会理论家的毕生心血之作，当属近些年来社会理论，尤其是宗教研究领域最重要的著作。与这些20世纪30年代前后出生的社会理论家相比，一些更年轻——如20世纪40年代中后期或20世纪50年代出生——的社会理论家们在21世纪里更为活跃（毕竟像哈贝马斯和贝拉这样在晚年仍保持旺盛的学术生命力的理论家是极少数），如贝克（Ulrich Beck）自20世纪80年代以来围绕“风险社会”（risk society）、“全球化”（globalization）、“反身性现代化”（reflexive modernization）、“个体化”（individualization）等核心论题构建其全球视角的“世界社会学”，以应对和分析人类社会出现的新境况和新问题，这种研究路向在新世纪得到深入和全面的推进，颇具影响力。不过，总体来看，西方社会理论已不再——至少很长一段时期不会——出现20世纪中期或20世纪80年代那样的繁荣景象，老一代理论家逐渐离世［除前文提及的外，近些年还有默顿（Robert K. Merton,）、格尔茨（Clifford Geertz）、达伦多夫（Ralf G. Dahrendorf）、艾森斯塔德（Shmuel N. Eisenstadt）、加芬克尔（Harold Garfinkel）、贝尔（Daniel Bell）、霍尔（Stuart Hall），等等］，而富有理论创见的新一代理论家则凤毛麟角，西方社会理论的发展必将进入一个没有理论大家的“尾随者时代”［有意思的是，修斯（Hughes，1958：14）指出，那些确立了后来社会理论发展的“指导思想模式”、被后人称为“古典社会理论家”的德国人，恰恰感觉到自己生活在一个尾随者时代］。

另一方面，西方社会理论研究开始越来越注重对自身传统的梳理、研究和反思。虽然说这种进程自帕森斯的《社会行动的结构》（1937）——这部著作既是西方现代社会理论的奠基之作，也开启了真正的西方社会学和社会理论史研究——出版以来就持续发展着，但相较于西方思想传统中的其他学科和传统（如哲学、文学、史学乃至政治哲学等），19 世纪兴起和形成的社会理论，长期以来并没有真正形成对自身传统的系统梳理和研究（譬如没有大型的、系统的丛书，对其主要人物的生平与著作的研究相当薄弱，缺乏相关的专门期刊，等等）。但进入 21 世纪之后，这个方面已经有了很大的改观，可以说西方社会理论的研究已经步入专业化的轨道，比如对其传统中的主要人物的著作的系统整理和出版（马克斯·韦伯是少有的例外，而包括涂尔干在内的其他人的著作的系统整理和出版都相对滞后，但已陆续启动；对马克思著作的整理和研究——“马克思学”——是近几十年来马克思思想研究中最有活力、最富成果的领域，但从社会理论的视角所做的系统研究尚不多见），对主要人物的传记研究［如 Marcel Fournier 在 2007 年推出的《埃米尔·涂尔干传》（*Emile Durkheim：A Biography*），英文版于 2013 年问世，弥补了这位最具代表性的社会理论家长期以来一直缺乏真正传记的空白］，专业性期刊的创立［代表性的有 2000 年创刊的《马克斯·韦伯研究》（*Max Weber Studies*），2001 年创刊的《经典社会学杂志》（*Journal of Classical Sociology*）等，加上此前一些包括《涂尔干研究》（*Durkheimian Studies*）在内的专门研究刊物］，大大推进了基于文本和历史脉络的专业性研究，同时也有助于从事社会理论研究的专门研究人才的成长。基于上述诸方面的推进，我们看到西方社会理论研究的专业化程度大大提升，而曾经大量充斥 20 世纪的相关研究中的意识形态攻击和争论则大为减少。

总的来说，当前西方社会理论研究一方面进入一个缺乏理论大家和理论创见的过渡与平庸的时代，另一方面则步入对自身传统的更具专业化研究的整理与消化时期。同时，我们也应看到，西方社会在经历了数百年的现代化发展之后，各种问题也不断呈现出来，原有的理论在认识和解决相关问题方面是否有效、新的理论能否出现，等等，都将对西方社会理论的发展提出难以避免的挑战。另外，如果检索最近一二十年来的相关文献，我们会发现，社会理论研究领域出现的一些具有创见的论文和著作，其作者来自非西方主流国家的越来越多，这从一个方面说明了西方主流社会和文化所面临的危机，也是其缺乏活力的一个表征。

中国的情况则有所不同。总体而言，虽然中国社会学恢复重建已逾 30 年，但在某种程度上说这个学科的理论基础并未确立。经过数十年的努力，我们引入和翻译了大量的西方社会学和社会理论文献，也有相当多的研究者直接、间接地在欧美主流教育机构接受过相关的教育和培训，但我们依然缺乏对西方社会理论的整体性的、系统性的和实质性的理解。譬如我们对西方社会理论的一些重要传统、流派、人物和著作缺乏深入研究；我们的译介显得随意而缺乏系统性，许多译作质量低下、讹误频频；每年期刊上发表的大量相关“理论”文章中，相当比例的所谓论文没有文本依据（缺乏对相关文本的深入阅读和理解）、缺乏理论逻辑、体现不出理论和现实意义，等等。同时，由于多种原因，我们对自身传统文化和研究传统的认识和探究也好不到哪里去，甚至更糟糕。因此，中国社会理论研究还没有成长为具有独立性的研究领域，在面对复杂和迅速变化的国内及全球情势，我们的理论思考、分析和研究往往显得无力和无效。当然，我们也看到，这些年来中国社会理论研究仍然取得了某些进展，下面拟从两个方面——我们认为这是真正确立中国社会理论研究不可或缺的、需要大力促进的基础维度——对近5年（2010—2014）来的相关研究予以简要评述。

二　对西方社会理论的研究

社会理论和社会学虽然是“舶来品”，但自晚清“西学东渐”以来，我们的社会与文化已不再可能避开西方的影响和渗透，尤其是改革开放以来社会变迁以及全球化的加速，这种融合更加深入和全面。因此，要确立中国社会理论研究的基础，对西方社会理论进行系统、细致的专业化研究和深入反思是其前提之一。

在二战后逐渐确立的社会理论和社会学研究传统中，以马克思、涂尔干和马克斯·韦伯为代表的主要研究进路或范式被视为主流。鉴于马克思主义在中国语境中的特殊性，马克思（和恩格斯）的著作和思想在中国也得到系统和全面的研究；不过，从社会理论和社会学的角度来探讨马、恩思想及其在该领域衍生的整个传统的研究却不多见。即使是本文评述的五年间，相关文献也极为庞杂，对之分析述评非本文篇幅所允，需另文专论。与此相对照的是，对韦伯和涂尔干思想的研究则一直在稳中推进。

中国社会学恢复重建以来，最早对韦伯思想进行系统研究的苏国勋教授（苏国勋，1988）近年来侧重从中国传统文化的角度来反思和批评韦伯关于中国的论述（主要体现在韦伯的《中国的宗教》一书中）（例如，苏国勋，2007，2011，2012）。苏国勋先生认为，总体而言，韦伯（和其时代的大多数欧洲思想家）的思想中存在着明显的“欧洲中心论”倾向，这使他对包括中国宗教在内的东方宗教的论述可谓洞见与曲解并存。以韦伯对中国宗教的论述为例，虽然他对中国传统文化的“总体性质”的认识颇具洞见（如对清教与儒教的比较），但他作为“现代欧洲文明之子”而构建的中西文化比较研究框架，既有助于他基于西方的历史比较研究，同时也限制了他对于中国文化这样的“他者”的进一步认识，譬如他缺乏对中国文化的“三教合流”的深入理解、他对道教论述中的明显曲解，等等。苏先生的这种研究在某种意义上体现了中国学者在研究西方社会理论时的某种“文化自觉”（苏国勋，2006），而这种对待西方文化的态度近年来在中国学界似乎比较盛行。不过，应该指出的是，中西文化比较之类议题历来是一个十分复杂和难以把握的问题。李猛（2010）的相关研究同样聚焦于这种比较研究，该文可视为他在苏国勋早期关于韦伯思想，尤其是其“理性化”论题的研究基础上的进一步思考。李文紧扣理性化与传统之关系，认为这种关系“构成了西方与东方（特别是中国）的关键差别”。理性化是“现代西方独有的历史现象，系统地借助了一种反传统的力量来造就现代生活的生活之道和社会秩序”，是一种“反传统的‘传统’”（李猛，2010：1）。而在中国传统文化，尤其是儒家伦理中，理性主义和传统主义却奇特地结合在一起，因此在韦伯看来，其理性化是不彻底的，并非真正意义上的，亦即西方意义上的理性化。清教和儒教中的不同理性化（以及其中涉及的诸复杂因素）导致了它们在“普遍历史”中的不同“命运”。不过，对于“中国现代生活的最终命运”问题，李文并没有体现出苏文中对中国文化的那种乐观，而是多少有些虚化地质疑“置身这一困境中的中国人能否成为担负这一‘精神’的英雄，并在悲剧性的历史处境中，仍然能够找寻到中国人生活的‘孔颜乐处’”（李猛，2010：29）。

除韦伯关于“世界宗教”（world religions），尤其是新教和中国宗教（儒教和道教）的历史比较研究广受中国学者关注外，其方法论思想也一直饱受争议。因此，当施特劳斯（2006）的重要论著《自然权利与历史》的中译本于2006年面世后，其中关于韦伯的批评自然也引起了中国研究者的关注。例如，杨子飞（2011）对施特劳斯关于韦伯的论述（他认为并非简单的“批判”）给予了深切的解读，认为“施特劳斯一方面通过一个下降的思想历程揭示出韦伯困境的深层根源……另一方面，施特劳斯又通过一个上升的思想历程去超越韦伯所陷入的深渊”（杨子飞，2011：206）。肖瑛（2012）同样认同施特劳斯在对韦伯的批评中提出的所谓“韦伯难题”，进而认为韦伯所谓的关于“价值与事实”的区分也体现了“现代性的困境”和“社会学的困境”，即一方面（在方法论层面），“历史主义给社会学带来的相对主义的困境”，另一方面（在讨论终极价值与经验科学之关系时），“历史主义带来的相对主义造就了经验科学在价值判断上的虚无主义，经验科学在其推进的过程中失去的恰恰是终极价值，是经验科学自身的前进方向”（肖瑛，2012：234）。不过，肖文关注的是社会学研究如何走出这种困境，因此他提出了“新历史主义”的构想，以及在此基础上应当“把个人主义引入中国”（或“把个人带回社会”）的实质性诉求。同时，我们也看到，有研究者基于对韦伯相关文本的解读而提出对韦伯的方法论思想的新理解，如吕新雨（2011）认为，作为“韦伯社会科学方法论的核心概念的”“价值无涉”具有三重含义，即它体现了“社会学科的历史观”“建构学术公共领域的原则”和“学术共同体内部建立理解的方法”（吕新雨，2011：62）。不过，囿于对中译“价值无涉”的毫不质疑的接受，也使这种解释的意义仅限于作者自己的一种理解而已。就此看来，王楠（2014b）的相关研究无疑具有重要意义，他基于韦伯方法论思想的最新英文版（Weber，2012），重新检视了韦伯的社会科学方法论的一些关键要点。这项研究的重要意义在于正确地重申了韦伯方法论中的一个核心观念“价值自由”（Wertfreiheit，value freedom）——也许受英译的影响，过去一般译为“价值中立”“伦理中立”“价值无涉”等，而当我们接受这样的译法时，实际上已失去了准确理解韦伯思想的可能性，正如当人们［包括我们译介的贝纳加（2010）的相关研究］毫不质疑地接受施特劳斯关于韦伯所谓的“价值与事实的二分法”时，就已经陷入前者设定的问题域中，从而丧失了真正把握韦伯思想的机会。只要所谓的“韦伯的价值中立的社会科学”观念仍盛行于学界（不论中国还是西方），秉持这种观念的研究者就很难真正进入韦伯思想之堂奥。王楠的研究也许仅仅是一个正确理解韦伯方法论及其整体思想的一个开端，却是一个极其重要的开端。

总的来看，近些年来，国内关于韦伯思想的研究和韦伯著作的译介虽然取得了一些成果，譬如台湾学者康乐和简惠美对韦伯著作的系统译介，卡尔伯格（Kalberg，2002）对《新教伦理与资本主义精神》的新译本的中译本（韦伯，2010）也已面世等，但相对于西方在韦伯研究方面的快速发展，如《韦伯全集》的编辑和出版的持续推进、对韦伯思想的全方位的研究及其专业化水平不断提升等，中文学界关于韦伯著作的系统译介和对其思想的更具系统性和专业化的研究仍然可以说是任重道远。

如果说国内学界对韦伯思想研究不尽如人意，以及和西方韦伯研究水准之间还存在着显著差异，那么对涂尔干的研究及其著作的中译的情况显然要好得多：涂尔干的主要著作（包括涂尔干生前死后出版的著作）基本上都有中译，他的一些主要著作和思想也得到进一步探讨。下面拟从近几年的相关研究中略举数例稍作评述。

渠敬东（2014）以“国家与社会之关系”为切入点，对涂尔干的重要论著《职业伦理与公民道德》给予了重新阐释。他认为，涂尔干的研究表明：“现代民主政治的形成，既不是通过个体意志权利让渡的结果，也不是纯粹国家权威的体现，而是经由职业群体作为政治的基本单位及由此形成的中介作用，通过代议制来实现国家的政治作用。正是自成一类的‘社会’，为国家提供了更高的神圣基础以及超越现实政治的人类理想，从而将现代政治落实在职业伦理和公民道德相结合的基础上”（渠敬东，2014：110）。而魏文一（2014）的研究则更为详尽地论述了“涂尔干社会理论中的国家观”，该文在法国大革命之后的法国，乃至欧洲的复杂政治、社会历史背景中，分析了“德雷福斯事件”和“第一次世界大战”这两个对对涂尔干思想，尤其是其政治思想发展的重要影响，结合涂尔干的诸多文本（包括以往的涂尔干研究中很少被关注的涂尔干在一战期间撰写的两个小册子《德意志高于一切》和《谁想要战争》）对其社会理论的政治维度给予了详尽论述。而不论是涂尔干本人的社会理论，还是后来的涂尔干研究，政治思想或维度都是一个相对被忽略的领域；就此而言，渠敬东和魏文一等人的研究，不论是置于当下的中国研究语境还是置于涂尔干时代的法国和欧洲历史脉络中，都有助于我们更为完整和深入地理解涂尔干的思想。

涂尔干思想的其他重要方面也得到进一步探究。譬如，赵立玮（2014）对涂尔干的经典研究《自杀论》给予了重新解读，该文不仅对涂尔干在《自杀论》中提出的“自杀类型学”给予了比较完整的阐述，而且结合涂尔干的以“人性的两重性”为核心的“人性论”对这种类型学给予了一种新的阐释。陈涛（2012，2013）的相关研究对于涂尔干的社会理论（尤其是其“社会”概念）与社会契约论或自然法传统之关系进行了比较充分的探讨。李英飞（2013）则在法国的智识和历史脉络中，结合涂尔干的著作，探讨了涂尔干早期社会理论中的“社会”概念的意涵。何健（2012）和刘拥华（2013）从不同角度探讨了涂尔干著作中的世界主义、爱国主义等问题。魏文一（2012）结合新出版的涂尔干早期著作《哲学讲稿：1883—1884 年桑斯中学课程笔记》中译本，对涂尔干的“早期社会哲学思想”进行了解读，等等。上述研究虽然只是当今中国学界对涂尔干社会理论的部分研究，但在所论领域或多或少都具有一些新意，有助于推进涂尔干研究。

另外，近5年来，还有诸多相关研究值得关注。像渠敬东和王楠（2012）以“自由与教育”为主线，分别对卢梭的《爱弥儿》和洛克的教育哲学给予了详尽、细致的阐发；王楠（2014a）对洛克的思想进行了颇具社会理论取向的系统研究；李猛（2012）对西方现代自然法与社会理论的复杂关联提出了颇具新意的解释；康子兴（2012，2014）对亚当·斯密的社会思想给予了多维度的阐释，等等；这些研究不仅有助于相关研究领域的推进，而且对于我们理解西方现代早期的问题域及其对后来的社会理论研究的影响都具有重要意义。崇明（2014a，2014b）对托克维尔著作中“革命与自由”的关系问题进行了深入探讨；赵立玮（2012）阐述了国内学界一直引述但始终没人澄清的所谓“韦伯的帕森斯化”和“去帕森斯化的韦伯”（de - Parsonizing Weber）问题，并基于“韦伯—帕森斯思想关联性”考察了韦伯对帕森斯理论发展的不同时期的影响；孙飞宇（2011，2013）对舒茨的现象学社会学，尤其是其“生活世界”概念给予了深度解析；闻翔（2012）通过对米尔斯主要著作的分析，揭示了其著述关注的主要问题和理解其思想的内在线索，等等；这些研究不仅推进了各自领域的研究，同时也有助于中国学者对西方社会理论的整体性理解。

需要指出的是，上述提及的研究仅仅是国内近五年来关于西方社会理论研究的一小部分成果，对于国内每年数百篇（部）的相关出版物而言，上述评述难免有挂一漏万之不足，但限于篇幅及甄选所需时间、精力等因素，综合、全面的评述只能留待有志者了。

三　对中国早期社会学和传统社会思想的研究

众所周知，在20世纪上半叶，社会学传入中国后曾经得到迅速发展，人才荟萃，成果丰硕，成就斐然。当时的社会学家们尝试把社会学与中国传统文化结合起来，运用西方社会学的理论、方法和视角对中国的现实问题及未来发展进行调查研究、经验分析和理论化探索，进而探求社会学“中国化”的道路，取得了许多可资借鉴的经验和令国际社会学界瞩目的成就。这个研究传统是我们寻求将来自西方的社会思想、理论和方法与中国传统文化相结合，从而有效认识和解决当今中国社会的特征和问题的一个极其重要的借鉴，也是我们确立真正的中国社会理论研究的另外一个前提。

近些年来，学界对民国时期的社会科学研究表现出越来越浓厚的兴趣，民国研究已成为一个不大不小的热点领域。就社会学而言，李培林、渠敬东和杨雅彬（2009）主编的《中国社会学经典导读》（上、下），提供了对中国20世纪上半叶的社会学的发展脉络、主要人物、流派、代表作品等的一个比较完整的“导读”，十分有助于人们了解和进一步研究中国早期社会学传统。我们看到，这个时期的一些代表性人物的著作和思想正逐渐得到不同程度的研究。其中，因其在中国社会学史上的独特地位，费孝通的思想和研究一直是国内学界讨论的热点；因相关研究文献庞杂，下面仅选取几种研究为例。2010年是费孝通100周年诞辰，《社会学研究》刊发了李友梅和杨清媚的文章以表达对费先生的纪念。李友梅（2010）认为，“如何在现代化进程中保持民族文化的自觉和主体性是费孝通思想的一贯主题”（李友梅，2010：2）；通过对费孝通早期（20世纪40年代）和晚期（20世纪80年代以后）思想发展变化的考察，李友梅发现“在不同的历史阶段，费孝通的文化情怀始终处于各种矛盾的交织之中”，并认为这种情形“与其说是费孝通个人思想中的张力，毋宁说是处在民族认同与现代性诉求结合处的知识分子的共有处境”（同前引）。杨清媚（2010a：1）以费孝通为“个案”展开了一项独特的“人类学史研究”，亦即“一项关于费孝通学术思想的中国人类学史研究”；以此为基础，她（杨清媚，2010b，2013）后来继续以费孝通、陶云奎等中国早期社会学—人类学的重要人物为“个案”，在兼顾其他因素的同时，侧重在精神（“心史”）层面上进行以小见大、由浅入深的颇具特色的学科史、思想史、社会史的综合研究；如在对费孝通的“心史”研究中，杨清媚（2010b）以过去研究中未得到足够重视的史禄国，尤其是其ethnos理论对费孝通后来的社区研究和民族研究的影响为论述线索，试图从“文化方面”提供对费孝通思想的“整体的理解”，把握其“整体的关照”。

2012年是中国早期社会学理论研究的代表性人物孙本文诞辰120周年，社会科学文献出版社推出了十卷本的《孙本文文集》，学界也对其思想的不同方面展开了研究。例如，周晓虹（2012）结合孙本文生活的时代综述了其思想发展的历程，认为“在社会动荡、战争频仍的年代，孙本文充当了这个社会学建设者和评论者的双重角色，最早尝试用社会学理论来推动苦难中国的社会建设，并致力于创建一种中国化的社会学理论体系”（周晓虹，2012：1）。谢立中探讨了孙本文的社会学理论的定位问题，认为在孙本文的学术生涯中，其社会学研究取向“至少有过两次变化，前后形成过三种不同的社会学取向”（谢立中，2013：109），即心理主义的、文化主义的和综合性的理论取向。成伯清则专门讨论了孙本文基于中国古代史料而提出的“门阀制度下的社会阶级”问题，认为“门阀制度或许为六朝所特有，但门阀化倾向却是一直隐含于中国传统社会的支配结构之中，并得到崇尚宗法和家族文化的儒家意识形态的支持。门阀化实乃中国社会文化脉络中的一种潜在机制”；因此，孙本文的相关研究在“社会学分析上具有特别的意义”（成伯清，2012：118）。

另外，民国时期成就显著的“社会史”研究也得到一些年轻学者的关注。例如杜月对瞿同祖的社会史研究提出了一种颇为独特的解释。通过对瞿同祖不同时期的主要著作的分析，杜月认为这些著作之间“构成了一个充满张力的整体，在社会事实和法律典章之间，在法律典章与儒家理想之间，这几本书似乎在不停摇摆，而且有着各自不同的摆幅和方向”（杜月，2012：52）。她进而通过文本分析、智识影响分析等方法，对这种矛盾和张力提出了自己的解释，认为其意义恰恰在于“瞿同祖在面临中学与西学、历史与社会的交错中留给我们的宝贵的问题意识”（杜月，2012：67）。白中林对陶希圣——一位因政治等原因一直被国内学界所忽略的民国时期的重要社会史家——开创的“亲属法的社会史研究”进行了探讨，认为陶希圣“沿着晚清法律变革的线索和严复开启的群学道路，力图通过打破一本主义的宗法家族，树立生存权体系的亲属法，以此把家变成独立人格的养成所，为现代国家提供合格公民”（白中林，2014a：172）。侯俊丹基于地方史和地域学术传统，以近代永嘉学人陈黻宸的“民史”观为例，力图呈现其思想的产生与中国晚晴的社会结构、机制及历史脉络的关联；通过这种考察，她发现“在融合永嘉经制学、陆王心学和章学诚史学，并吸收西方实证主义史学和经验论传统的基础上，陈黻宸赋予了经学典范价值新的解释，提出以‘民史’为核心的总体性社会科学学说”；进而认为这种“总体社会科学体系呈现了近代经世文人对19世纪中叶以来的人心世变的体察、对社会制度安排的探索，以及对政治理想的追求”（侯俊丹，2014：152）。

除上述研究取向外，对中国历史上的重要思想观念和制度的研究同样有助于确立中国社会理论研究的基础。这方面的研究文献同样庞杂，下面仅选取两例稍作评述。何蓉（2014）的研究是一种“概念史”的尝试，她试图从“基本意涵、多种应用及语境”诸方面，“追溯中国历史文献中‘均’字所体现出的制度设计、社会思想的历史演变及影响”（何蓉，2014：140）；作者认为，“‘均’体现着中国历史上的一种独特的社会正义观”，它具有多重含义，但在“实质内容、前提条件、实现途径等方面”却与“近代以来源自西方的平等思想”截然不同（何蓉，2014：140）。白中林（2014b）对民国以降关于中国历史上一种极为重要的制度体系（治理体系）“乡约”的研究文献，包括历史不同时期的相关重要文献进行了系统梳理，涉及乡约之概念辨析、流变考察、实施机制、功能分析诸方面，某种意义上可以视为一种制度史的考察。上述研究，不论是概念史—观念史还是制度史的探讨（上述成伯清的研究，虽然是借助孙本文的论述来讨论中国传统社会中的门阀制度问题，但亦可归于此类），对于我们确立中国传统文化和社会结构之特征，确立中国社会理论研究的实质性维度，都是极具重要意义的。

同样需要指出的是，对于20世纪上半叶的中国社会科学之研究已渐成当下学界的一种“显学”，相关文献也正在迅速扩张，因此，上述提及的研究可以说只是庞大文献中的一个极小部分，我们期待对自身文化、社会和传统的研究不仅有数量上的增长，更要有质量上的提升，毕竟，这才是中国社会理论研究之根基。

四　结语

对于中国社会理论研究的确立和发展来说，西学和中学都是必不可少的智识源泉。不过，正如诸多思想家和理论家早就明确阐述的，真正的理论之发展，必须同其时代的现实问题和经验研究结合起来，双方互相作用、相互促进，这样既可实现理论之“用”，有效指导经验研究，同时理论自身也可得到“检验”和进一步的丰富和发展。但在当下的研究状况中，这种理论与经验研究相互促进的状态还只能是一种“理想状态”，更为常见的是理论与经验研究两相分离，甚至两不相干。

当然，在社会学和社会理论研究中，也一直有研究者试图去解决这种问题。下面仅以渠敬东（2013a，2013b）近期的一项研究来结束本文，以示中国学者在社会学理论化探索方面的某种努力。渠敬东的这项研究基于近年来学界对一种极具中国特色的社会经济实践——乡镇企业——的经验研究，尤其是相关的“产权研究”，试图从中“抽象”出一种理论性的解释和分析框架；具体而言，它“试图从占有、经营、治理三个经典理论概念出发来分析乡镇企业的生存结构和运行机制”；作者认为，“乡镇企业在占有关系上汇合了公有制、共有制和私有制等多重因素；在经营关系上则充分利用双轨制的体制环境，将土地承包、企业承包经营和财政包干结合起来；在治理关系上将体制的、知识的和民情的等多向度的治理机制相融合，解放了家庭、宗族、习俗等各种传资源，并以此寻求实践中的改革与创造”；不啻于此，作者还试图揭示其中蕴含的“丰富的制度创新空间”和“改革时代的制度精神”（渠敬东，2013a：1）。有论者（赵立玮，2013：51）指出，渠敬东的这项研究“是近期中国社会学研究中基于中国经验的一种有意义的理论化尝试”，这项研究“所呈现出的整体研究视角、概念框架与经验问题相互作用的方法论取向，不仅体现了研究者提出的‘重返经典社会科学研究’的主张，而且对于推动中国社会学研究的理论化颇具意义”。

参考文献

白中林，2014a，《亲属法与新社会——陶希圣的亲属法研究及其社会史基础》，《社会学研究》第6期。

——，2014b，《乡约述略》，渠敬东主编《社会理论辑刊（第一辑）：涂尔干：社会与国家》，北京：商务印书馆。

贝纳加，2010，《施特劳斯、韦伯与科学的政治研究》，陆月宏译，上海：华东师范大学出版社。

成伯清，2012，《“门户私计”的社会逻辑——从孙本文有关门阀的论述讲起》，《南京大学学报》（哲学·人文科学·社会科学版）第6期。

陈涛，2012，《社会的制造与集体表象》，《社会》第5期。

——，2013，《人造社会还是自然社会——涂尔干对社会契约论的批判》，《社会学研究》第3期。

崇明，2014a，《自由革命的专制命运，托克维尔的未完成革命著述》，《社会》第5期。

——，2014b，《托克维尔论革命与自由》，《学术月刊》第6期。

杜月，2012，《社会结构与儒家理想：瞿同祖法律与社会研究中的断裂》，《社会》第4期。

何健，2012，《爱国主义与世界主义：涂尔干的公共思想难题》，《社会》第5期。

何蓉，2014，《中国历史上的“均”与社会正义观》，《社会学研究》第5期。

侯俊丹，2014，《新史学与中国早期社会理论的形成——以陈黻宸的“民史”观为例》，《社会学研究》，第4期。

康子兴，2012，《社会秩序的护卫者：亚当·斯密论“正义”与“自然法理学”》，《社会》第6期。

——，2014，《亚当·斯密论商业社会的“财富”与“正义”》，《浙江社会科学》第4期。

李猛，2010，《理性化及其传统：对韦伯的中国观察》，《社会学研究》第5期。

——，2012，《“社会”的构成：自然法与现代社会理论的基础》，《中国社会科学》第10期。

李培林、渠敬东、杨雅彬主编，2009，《中国社会学经典导读》（上、下册），北京：社会科学文献出版社。

李英飞，2013，《涂尔干早期社会理论中的“社会”概念》，《社会》第6期。

刘拥华，2013，《道德、政治与抽象的世界主义：基于对涂尔干的〈社会分工论〉及相关著作的解读》，《社会》第1期。

吕新雨，2011，《“价值无涉”与学术公共领域：重读韦伯》，《开放时代》第1期。

渠敬东，2013a，《占有、经营与治理：乡镇企业的三重分析概念（上）：重返经典社会科学的一项尝试》，《社会》第1期。

——，2013b，《占有、经营与治理：乡镇企业的三重分析概念（下）：重返经典社会科学的一项尝试》，《社会》第2期。

——，2014，《职业伦理与公民道德——涂尔干对国家与社会之关系的新建构》，《社会学研究》第4期。

渠敬东、王楠，2012，《自由与教育：洛克与卢梭的教育哲学》，北京：生活·读书·新知三联书店。

施特劳斯，列奥，2006，《自然权利与历史》，彭刚译，北京：生活·读书·新知三联书店。

苏国勋，1988，《理性化及其限制——韦伯思想引论》，上海：上海人民出版社。

——，2006，《社会学与文化自觉》，《社会学研究》第2期。

——，2007，《马克思·韦伯：基于中国语境的再研究》，《社会》第5期。

——，2011，《韦伯关于中国文化论述的再思考》，《社会学研究》第4期。

——，2012，《马克斯·韦伯：基于中国语境的再研究》，应星、李猛编《社会理论：现代性与本土化》，北京：生活·读书·新知三联书店。

孙飞宇，2011，《流亡者与生活世界》，《社会学研究》第5期。

——，2013，《方法论与生活世界：舒茨的主体间性理论再讨论》，《社会》第1期。

王楠，2014a，《劳动与财产——约翰·洛克思想研究》，上海：上海三联书店。

——，2014b，《价值的科学：韦伯社会科学方法论再探》，《社会》第6期。

韦伯，马克斯，2010，《新教伦理与资本主义精神》，苏国勋、覃方明、赵立玮、秦明瑞译，北京：社会科学文献出版社。

魏文一，2012，《从心理学到社会学唯灵论——对涂尔干〈哲学讲稿〉中早期社会哲学思想的评述》，《社会》第6期。

——，2014，《涂尔干社会理论中的国家观》，渠敬东主编《社会理论辑刊（第一辑）：涂尔干：社会与国家》，北京：商务印书馆。

闻翔，2012，《从“大众社会”到“社会学的想象力”——理解米尔斯的一条内在线索》，《社会》第4期。

肖瑛，2012，《把个人带回社会》，应星、李猛编《社会理论：现代性与本土化》，北京：生活·读书·新知三联书店。

谢立中，2013，《心理学派、文化学派还是综合学派？——孙本文社会学取向刍议》，《黑龙江社会科学》第2期。

杨清媚，2010a，《最后的绅士：以费孝通为个案的人类学史研究》，北京：世界图书出版公司。

——，2010b，《知识分子心史——从ethnos看费孝通的社区研究与民族研究》，《社会学研究》第4期。

——，2013，《文化、历史中的“民族精神”：陶云奎与中国人类学的德国因素》，《社会》第2期。

杨子飞，2011，《社会科学、价值判断与科学的价值：评施特劳斯的韦伯论述》，《社会》第6期。

赵立玮，2012，《“韦伯的帕森斯化”与“韦伯派帕森斯”——基于韦伯—帕森斯思想关联性的考察》，应星、李猛编《社会理论：现代性与本土化》，北京：生活·读书·新知三联书店。

——，2013，《理论化与制度精神——由〈占有、经营与治理：乡镇企业的三重分析概念〉引申的几点思考》，《社会》第3期。

——，2014，《自杀与人的境况——涂尔干的“自杀类型学”及其人性基础》，《社会》第6期。

周晓虹，2012，《孙本文与20世纪上半叶的中国社会学》，《社会学研究》第3期。

Hughes, H. Stuart, 1958, *Consciousness and Society: The Reorientation of European Social Thought 1890–1930*. New York: Alfred A. Knopf.

Weber, Max, 2002, *The Protestant Ethic and the Spirit of Capitalism*. Translated by Stephen Kalberg. Los Angeles: Roxbury Publishing Company.

——, 2012, *Collected Methodological Writings*. edited by Hans Henrik Bruun and Sam Whimster, translated by Hans Henrik Bruun. London: Routledge.

作者单位：中国社会科学院社会学研究所

社会学研究中的方法：现状与趋势

黄荣贵

一 问题、思路与方法

尽管实证研究不是社会学的惟一任务，但毋庸置疑的是，实证研究是社会学不可或缺的部分。对于实证研究而言，其发现和结论的信度和效度在很大程度上取决于研究设计与方法。在这个意义上说，系统地呈现现有社会学研究成果所使用的研究设计和数据分析方法不仅可以从一个特定的面向反映社会学这个学科的现状，同时也为研究者反思学科发展提供一个经验基础，甚至有可能为今后的实证研究的设计和方法提供可资借鉴的方向。基于上述考虑，本文将试图回答如下问题：（1）近期的社会学研究成果使用了哪些研究设计和方法，不同研究设计和方法的分布呈现何种状态？（2）近期的社会学研究成果使用了哪些数据分析方法？

本文将采取内容分析方法回答上述问题。首先，本文将考察的对象设定为《社会学研究》在2011—2014年发表的所有文章，并以每篇文章为一个分析单位。该设定主要基于如下考虑：（1）由于资源的限制，本文无法考察所有社会学期刊相关的文章，而仅能考察部分研究成果；（2）《社会学研究》是国内最有影响力的社会学的专业期刊，中国知网的数据显示，该期刊的复合影响因子为5.424，综合影响因子为3.621。诚然，这一考察范围的设定在一定程度上忽视了其他专业期刊（如《社会》）上所发表的文章，读者在阅读本文时应该将这一局限考虑进来。

其次，笔者参考了学界关于研究设计和研究方法相关的争论，并归纳现有研究成果实际所使用的设计和方法，在此基础上设计了内容分析的编码规则。就包括社会学在内的社会科学研究的设计和方法而言，大致可以分为定量研究与定性研究（King et al.，1994；Brady & Collier，2010）。定量研究大致又可区分为描述分析与广义的回归分析，前者是通过统计描述来呈现社会变化趋势，而后者更多的是通过建模来解释特定的社会现象。就所谓的小样本研究设计而言，大致可以区分为案例内（单案例）分析和案例比较（多案例）分析（Bennett & Elman，2006）。考虑到案例内分析和案例比较分析遵循的是不完全相同的分析逻辑和技术，笔者将其区分开来。此外，对2011—2014年发表于《社会学研究》的257篇文章进行阅读可以发现，相当一部分论文使用了文献分析方法。值得一提的是，这里在宽泛意义上使用“文献分析方法”这一概念来指代如下几类文献——观点阐述性文章、对特定研究领域进行文献综述或评述、对现有文本进行重新解读，等等。最后，少量文章还使用了计算机模拟、实验设计、混合研究设计。

再次，如果一篇文章属于定量研究（回归分析），笔者将进一步分析该文章所使用的数据分析方法，包括多元线性回归、两分类 logit/probit 回归、多项 logit 回归、定序 logit 回归、计数变量回归（包括泊松回归与负二项回归）、多层次或面板数据模型、因果推断（工具变量、倾向值匹配、中介分析）、事件史分析、因子或主成分分析。尽管本文无法穷尽所有统计分析方法，但笔者将尽最大的努力呈现常见的分析方法，并在此基础上指出一些趋势。

本文结构如下：第一部分提出问题，介绍研究思路与方法。第二部分从三个角度呈现社会学研究中的研究设计与数据分析方法的现状。其中，第一个小节从整体上描述文献分析、案例研究和定量研究的分布和年度变化趋势，第二小节展示定量研究中的数据分析方法，第三小节则归纳出案例研究方法的进展和存在的问题。文章第三部分是简要的讨论。

二　研究发现

（一）文献分析、案例研究和定量研究三足鼎立

分析结果显示，76 篇文章可归为文献分析，约占 30.7%；46 篇文章采取了单案例研究设计，约占 18.6%；41 篇文章采取了多案例（比较）研究设计，约占 16.6%；19 篇定量研究文章主要使用了描述分析，约占 7.7%；75 篇文章主要依赖广义的回归分析，约占 30.4%。上述统计数据呈现出如下三个模式：

（1）如果将单案例研究和多案例（比较）研究均看作定性研究，则文献分析、定性研究和定量研究呈现三足鼎立的局面。

（2）在定性研究中，单案例研究的数量略大于多案例（比较）研究的数量，但两者的总量基本相当，差距并不大。

（3）在定量研究中，尽管多元回归分析占主导地位，但依然存在少量基于描述分析的研究。

表 1　　研究设计分布（2011—2014）　　N = 257

研究设计	文章数（篇）	所占比例（%）
文献分析	76	30.7
单案例研究	46	18.6
多案例（比较）研究	41	16.6
定量研究（描述分析）	19	7.7
定量研究（回归分析）	75	30.4

数据来源：《社会学研究》（2011—2014）。

除文献分析、案例研究和定量研究外，这一期间所发表的文章还使用或部分使用了计算机模拟、实验研究，或混合研究设计。尽管采取这些研究设计的文章数量不大，但它们同时表明，社会学研究者尝试超越传统的定性研究和定量研究，采取更多元化的研究设计来回答相关的问题。

接下来，笔者根据发表年份对数据进行汇总，来呈现研究设计在过去几年的变化趋势。对文献分析的统计结果显示（见图 1），2011 年有 29.6% 的文章属于文献研究，2012 年、2013 年和 2014 年分别有 44.1%、19.2% 和 30.8% 的文章属于文献研究。值得注意的是，2012 年所发表的文章中采取了文献分析法的文章所占比例很高，2011 年和 2014 年文献分析法所占的比例基本相当，而 2013 年所占的比例略低。

对单案例研究的汇总结果显示（见图 2），2011 年有 18.5% 的文章属于单案例研究，2012 年和 2013 年使用单案例研究设计的文章所占的比例基本一致（分别是 17.6% 和 17.8%），而 2014 年有 21.2% 的文章属于单案例研究。数据分析表明，单案例研究的比例在 2011 年和 2012 年略有减少，但在 2014 年有较大的提高。

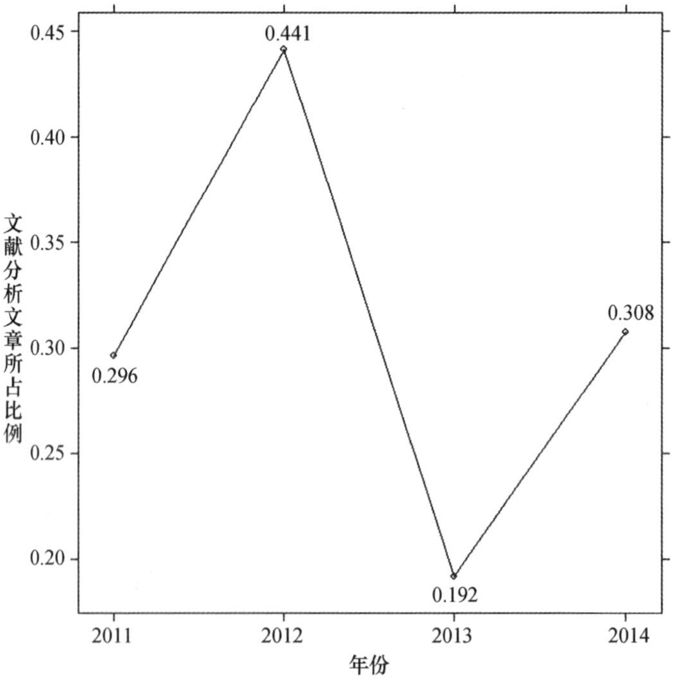

图 1　文献分析的趋势

有意思的是，多案例（比较）研究呈现出先升后降的趋势，该趋势与单案例研究的趋势相反。数据汇总结果表明（见图 3），2011 年只有 9.3% 的文章属于多案例（比较）研究，这一比例在接下来的两年间持续攀升，2013 年的比例已高达 27.4%，然而，该比例在 2014 年明显下降至 11.5%，该比例仅略高于 2011 年对应的比例。

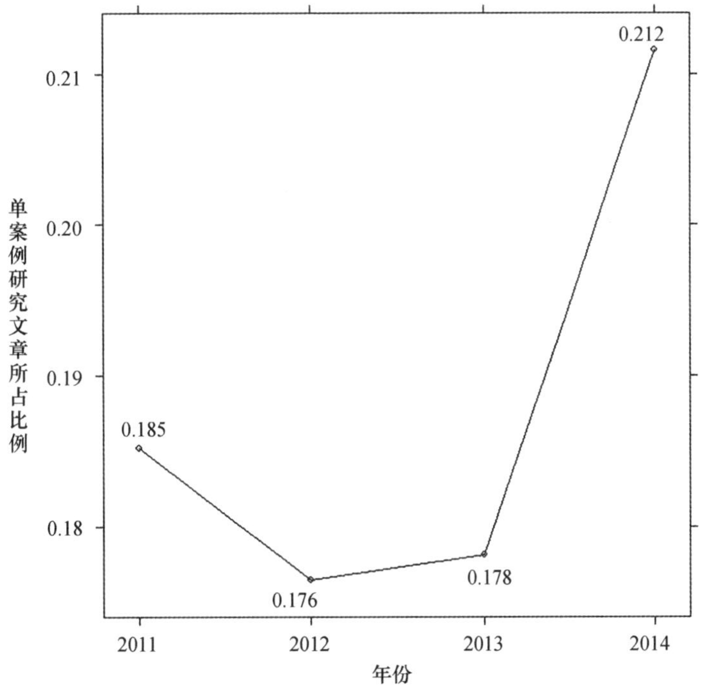

图 2　单案例研究的趋势

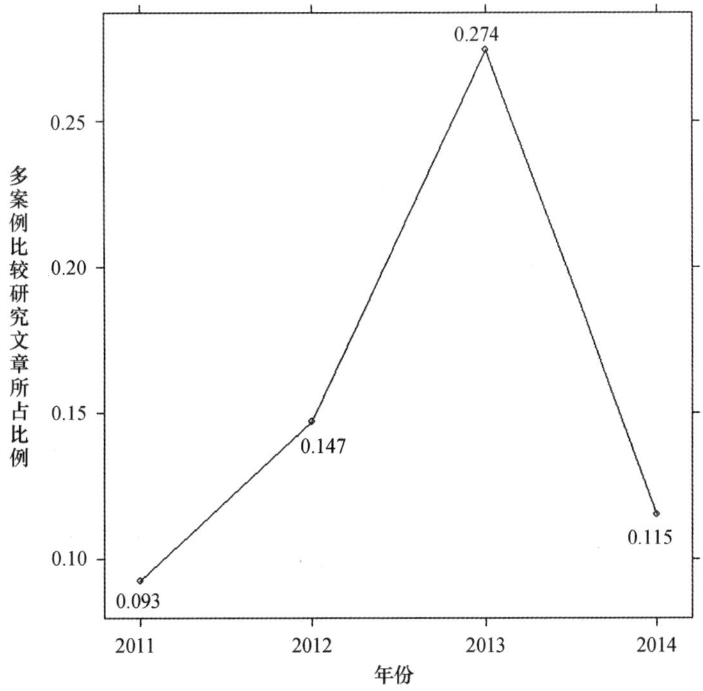

图 3　多案例/比较研究的趋势

对定量研究（描述分析）的汇总结果显示（见图4），2011年有7.4%的文章属于描述性定量研究，2012年对应的比例上升为14.7%，然而这一比例在接下来两年内呈现明显的下降趋势，2013年和2014年对应的比例分别是5.5%和1.9%。

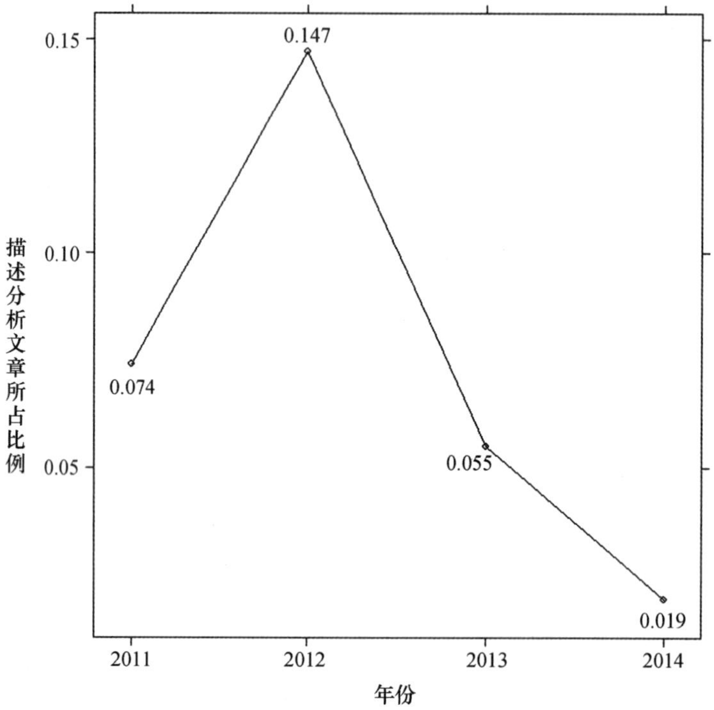

图4 定量研究（描述分析）的趋势

对定量研究（回归分析）的分析结果表明（见图5），2011年有31.5%的文章属于广义的回归分析研究，2012年对应的比例下降为22.1%，2013年则上升至37.0%，该比例略高于2011年对应的比例，然而2014年对应的比例下降至30.8%，大致与2011年对应的比例持平。总体而言，定量研究（回归分析）所占的比例在围绕一个相对稳定的比例波动，这也在一定程度上表明定量研究（回归分析）这一研究路径被学界广为接受，也是最为重要的方法。

综上，文献分析文章所占的比例波动最大，而多案例（比较）研究所占的比例也具有较为明显的波动。与之相对，单案例研究所占的比例呈现上升的趋势，但该趋势是否会继续持续下去则有待进一步观察。就定量研究而言，描述性研究所占的比例似乎呈现下降的趋势。虽然依赖于回归分析的定量研究的比例呈现波动性，但总体而言并未呈现明显的下降或上升趋势。

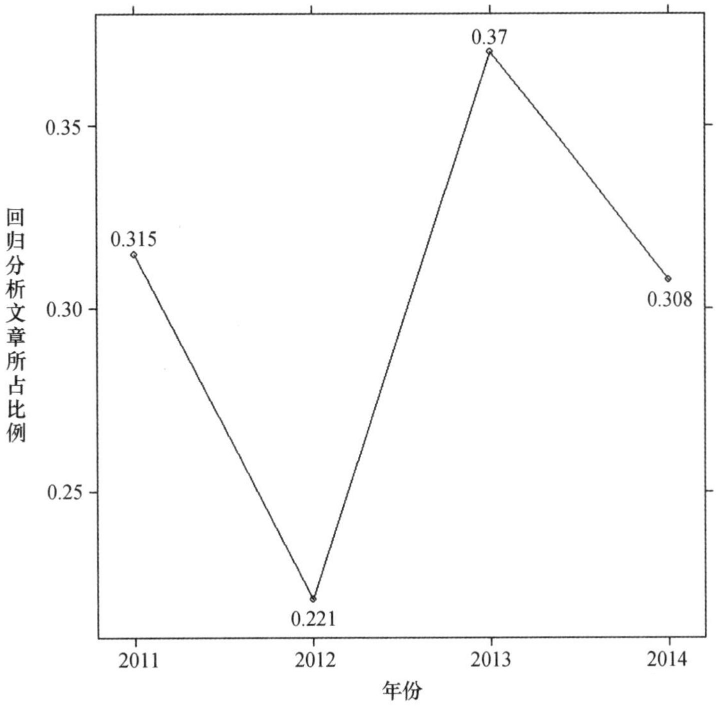

图5 定量研究（回归分析）的趋势

（二）定量研究数据分析方法：传统方法占主导，新兴方法崭露头角

笔者进一步分析了定量研究所使用的数据分析方法。这些方法大致可分为四类：第一类是截面数据模型，包括多元线性回归、两分类 logit/probit 回归、多项 logit 回归、定序 logit 回归、计数变量回归（包括泊松回归和负二项回归）、因果推断模型（实际使用的模型包括工具变量法、倾向值匹配、中介分析）；第二类是多层次模型和面板数据模型；第三类是事件史分析；第四类是量表分析方法。值得一提的是，本文主要汇报常见的回归分析方法和量表分析方法，而部分回归模型因实际的使用次数少而未在此详细汇报。每篇文章可能使用一种或多种数据分析方法，因此相关百分比相加并不等于 100%。

统计数据显示（表2），有35 篇文章使用了多元线性回归模型，约占38.9%。该比例明显高于其他统计方法/模型所占的比例，表明多元线性回归模型依然是最重要、最基础的定量数据分析方法，并没有随着进阶统计方法出现而“死去”（Krueger & Lewis - Beck，2008）。

有 24 篇文章使用了两分类 logit/probit 回归模型，约占 26.7%。进一步分析可发现，在处理两分类因变量时，绝大多数社会学研究者倾向于使用 logit 回归模型，仅有少量研究使用了 probit 回归模型。从表 2 的统计分析可知，两分类 logit/probit 回归是第二常用的统计分析模型，仅次于多元线性回归。就截面的类别型（categorical）数据的统计分析而言，两分类 logit/probit 回归是最常见的模型，其使用次数远高于其他类别型数据的统计分析模型。使用多项 logit 回归和定序 logit 回归的文章分别为 14 篇和 12 篇，使用泊松回归和负二项回归等计数变量回归模型的文章则有 6 篇。如果将所有类别型数据分析模型汇总，则共有 44 篇文章使用一种或多种类别型数据的统计分析模型，略高于多元线性回归模型的使用次数。考虑到定量研究主要使用调查数据，而绝大多数变量均属于类别型变量，这一结果并不让人感到意外。

表 2　　定量研究中的数据分析方法（2011—2014）

模型	文章数（篇）	所占比例（%）
多元线性回归	35	38.9
两分类 logit 或 probit 回归	24	26.7
多项 logit 回归	14	15.6
定序 logit 回归	12	13.3
计数变量回归	6	6.7
因果推断	13	14.4
多层次或面板数据模型	19	21.1
事件史分析	15	16.7
因子或主成分分析	12	13.3

数据来源：《社会学研究》（2011—2014）。

就截面数据的分析方法而言，我们也可以发现一些新的进展。比如，与因果推断相关的方法和模型（工具变量、倾向值匹配和中介分析）逐渐被应用到经验研究中来。数据显示，在 2011—2014 年这 4 年有 13 篇文章使用了因果推断方法或模型，约占 14.4%。进一步分析可知，使用中介分析的文章数略多于使用倾向值匹配的文章数，而使用工具变量的文章数则最少。一方面，社会学研究者对因果机制较为关注，越来越多的研究试图通过中介分析方法来检验可能存在的中介机制。另一方面，尽管近年来有一些研究者在方法论或分析技术上讨论因果推断（彭玉生，2011；王天夫，2006；胡安宁，2012；陈云松，2012），但社会学研究者对准确估计自变量的因果效应尚未有充分的关注。进一步考察因果推断模型或方法的使用趋势（图 6）可以发现，2011—2014 年使用因果推断技术的文章数量似乎呈现下降的趋势。该趋势也进一步表明因果推断方法和模型尚未被社会学研究者广泛接受。

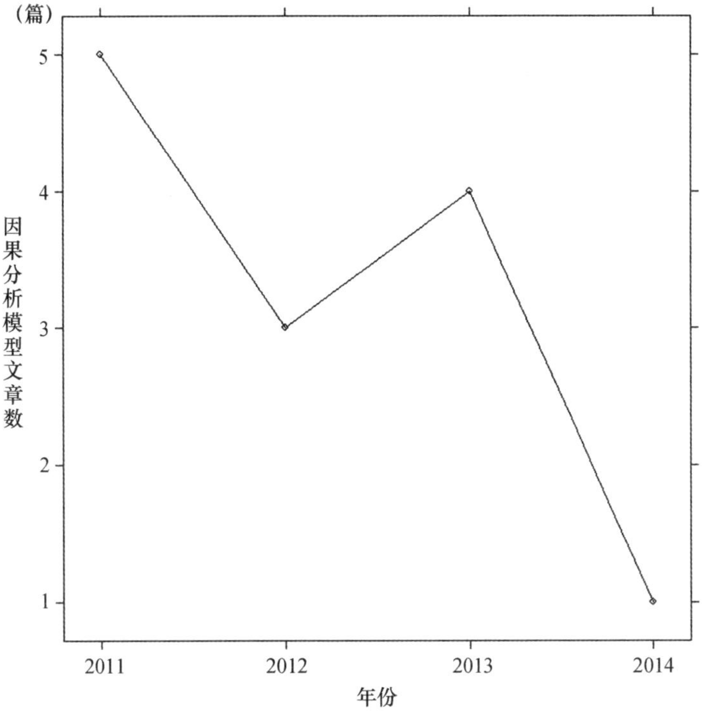

图6　因果分析方法/模型的使用趋势

除了常规的截面数据分析技术外，更多样化的数据分析技术也陆续被应用于经验研究。其中，多层次（面板）数据模型和事件史分析是最为明显的两类统计分析模型。统计分析显示，共有 19 篇文章使用了多层次（面板）数据模型，约占定量研究的 21.1%。在这些文章中，约一半的文章在多层次模型的框架下进行分析，而另一半的文章则在面板数据的框架下进行分析。该分布在一定程度上反映了社会学研究的如下趋势：（1）越来越多的研究者意识到并自觉地处理数据非独立性问题；（2）越来越多的研究者对宏观社会特征与微观个人行为之间的关系感兴趣；（3）随着调查数据的增多、积累，研究者可以通过纵贯数据来更好地回答或新或旧的研究问题。约有 15 篇文章使用了事件史分析方法，这表明相当一部分研究者对事件发生的时机感兴趣。考虑时序要素在因果推断中的重要角色（Blossfeld et al.，2007：21—34），事件史分析的广泛使用是一个值得肯定的变化。

很多社会学的概念（如社会资本、环境关心）需要通过量表才能够准确地测量。相应的，与量表分析相关的技术也得到较为广泛的应用。数据统计显示，有 12 篇文章使用了因子分析或主成分分析，约占 13.3%。进一步分析表明，绝大多数使用因子或主成分分析的文章同时也使用回归分析模型，仅有个别以量表发展为研究目标的文章仅使用了因子或主成分分析。总体而言，因子或主成分分析的使用比例并不算很高，这在一定程度上说明变量测量问题尚未得到社会学研究者的充分重视。

同样重要的是，更新的分析方法也不断地被社会学研究者应用到经验研究中，其中包括潜类分析（李路路等，2012）、双差分模型（吴要武，2013）、贝叶斯统计方法（梁玉成，2011）、仿真模型研究（王广州、张丽萍，2012），等等。尽管这些新方法尚未得到广泛的应用，但这些应用可能会起到示范作用，从而间接地促进国内社会学的定量研究的进一步发展。

（三）案例研究的设计和方法：进展与问题并存

案例研究的设计和数据处理方法比定量研究更为复杂，也更不容易通过简单的统计分析来展示其现状。鉴于此，笔者试图通过归纳法来指出新的进展和可能值得改进的问题。在案例研究中存在若干新的发展趋势：（1）少量研究试图通过建构类型学来呈现多元化和异质性的社会现象（汪建华，2013；廖慧卿，2014）。（2）少量研究开始采用特定的定性研究方法指导具体的研究。比如，林晓珊（2013）在扎根理论的指导下考察了现代社会中人们使用身体的方式发生了怎样的变化。（3）在定性资料分析过程中，研究者更加自觉地遵循了相关的方法论建议和原则。比如，在计算机辅助的基础上进行系统的编码（林晓珊，2013；朱迪，2012），明确指出定性研究分析的推断原则在于"理论推广而非经验推广"（朱迪，2012），在案例选择原则的指导下选择研究对象（江华等，2013），等等。

同时，案例研究中也存在着一些可进一步改进的地方。第一，尽管越来越多的案例研究自觉地遵循相关的方法或方法论原则，但并不是所有案例研究都详细地呈现其研究设计、研究对象选择原则、资料收集方法、资料分析方法、结论推广范围、信度与效度等相关信息。第二，现有多案例（比较）研究主要集中在中观或微观单位的比较，对宏观社会单位的比较分析相对匮乏。第三，现有的案例间（比较）分析主要集中在少量案例的比较，在研究设计上更为接近多案例分析，基于定性比较分析（Ragin，2008）的系统的案例比较分析尚少。然而，通过知网进行文献检索可以发现，在2011—2014年定性比较分析已经被政治学、管理学和传播学应用于经验研究，而该方法也已经被国外的社会学家应用于一系列的经验研究。① 相比之下，国内社会学界对于该方法的应用显得相对滞后。第四，尽管因果机制分析在社会学研究中扮演着重要的角色，但现有的单案例研究尚未充分利用过程追踪等新方法（Beach & Pedersen，2013）。

三　结论与展望

对在2011—2014年发表于《社会学研究》的文章进行分析显示，文献分析、案例研究和定量研究呈现三足鼎立的局面。其中，文献分析和多案例（比较）研究所占的

---

① http：//www. compasss. org/bibliography/sociol. htm，2015年10月6日。*Sociological Methodology* 2014年第44卷第1期曾对相关方法进行了专题讨论（smx. sagepub. com/content/vol44/issue1/）。

比例在不同年份间具有较为明显的波动，而依赖于回归分析的定量研究所占的比例相对稳定，尚未呈现出明显的变化趋势。在某种程度上，文献分析所占的比例比较高这一事实反映了社会学研究者对特定研究领域进行文献综述和评述的尝试，以及社会学研究者对中国重大现实问题（比如社会建设）的理论关怀。

对定量研究中的数据分析方法的梳理则发现了如下几个模式：（1）多元线性回归依然占据重要的位置。（2）类别型数据分析方法是社会学研究的主导性技术，其中两分 logit/probit 模型是最常见的类别型数据的统计分析方法。（3）研究者逐步将因果推断相关的方法和模型（包括因果效应的估计和因果机制的检验）应用到经验研究中去，这是一个值得肯定的新进展。然而可惜的是，这些分析技术尚未得到广泛的应用。（4）多层次模型、面板数据模型、事件史分析也得到了研究者的重视，这表明社会学研究者对宏观与微观之间的关联、事件发生的时机等议题的关注。（5）社会学研究者对潜类分析、双差分模型、贝叶斯统计方法、仿真模拟等方法均有所涉猎，但相关经验研究的数量非常少。总体来看，常规的数据分析技术依然占主导地位，新兴的方法尚未得到应有的重视。与之相关的是，社会学经验研究依然将绝大多数的注意力集中于“线性相加”的分析模式（Abbott，1988），对于因果效应的一致性和社会现象自身的异质性均缺乏足够的关注（比如网络用户在意识形态上呈现的差异，详见桂勇等，2015；Wu，2014），对社交媒体和大数据等发展所引发的方法论蕴意缺乏足够的关注与回应。

对案例研究方法的归纳既指出了新的进展，也发现了一些值得关注的议题。总体而言，越来越多的案例研究者自觉遵循相关的方法或方法论原则，包括类型学的建构、扎根理论的应用、系统的计算机辅助文本分析、遵循案例选择原则来选择研究对象，等等。混合研究也逐渐出现，在一定程度上有利于整合定量研究和定性研究之间的鸿沟。同时，今后的案例研究可以在如下三个方面作出更多的努力：第一，经验研究的可复制性原则（陈云松、吴晓刚，2012）不仅适用于定量研究，也在一定程度上适用于案例研究。如果研究者能更详细地呈现研究设计、资料收集和数据分析等信息，那么案例研究的过程将更具有透明性，也在更大程度上保证研究的程序性信度。第二，因果机制分析是社会学研究的重要任务，也是单案例研究的重要研究目标，希望今后的单案例研究可以更多采纳过程追踪等方法的指引，更深入地解释案例中所体现的因果机制。第三，希望今后能够出现更多基于定性比较分析的系统的多案例比较研究。

由于资源的限制，本文具有如下局限：首先，由于文章的设计和分析方法的归类并不是明确无误的过程，不同的研究者可能会对同一篇文章作出不同的归类。尽管编码员试图尽最大可能对文章进行准确归类，但最终的结果依然是编码员的一种解读。在这一个意义上，读者不应该将本文的结果看作一个绝对客观的社会事实。其次，本文尚未系统地评估不同研究设计和分析方法对文章影响力和引用率的影响，因此本部分对未来研究的展望更多地是基于笔者对社会科学方法的新进展的个人理解而提出的参考性意见。

参考文献

陈云松，2012，《逻辑、想象和诠释：工具变量在社会科学因果推断中的应用》，《社会学研究》第6期。

陈云松、吴晓刚，2012，《走向开源的社会学——定量分析中的复制性研究》，《社会》第3期。

胡安宁，2012，《倾向值匹配与因果推论：方法论述评?》，《社会学研究》第1期。

梁玉成，2011，《追踪调查中的追踪成功率研究——社会转型条件下的追踪损耗规律和建议》，《社会学研究》第6期。

李路路、秦广强、陈建伟，2012，《权威阶层体系的构建——基于工作状况和组织权威的分析》，《社会学研究》第6期。

林晓珊，2013，《反思性身体技术：一项汽车与身体的扎根理论研究》，《社会学研究》第6期。

廖慧卿，2014，《交换、福利抑或挤占：残障人士的保护性就业》，《社会学研究》第1期。

桂勇、李秀玫、郑雯、黄荣贵，2015，《网络极端情绪人群的类型及其政治与社会意涵》，《社会》第5期。

江华、张建民、周莹，2011，《利益契合：转型期中国国家与社会关系的一个分析框架》，《社会学研究》第3期。

彭玉生，2011，《社会科学中的因果分析》，《社会学研究》第3期。

汪建华，2013，《实用主义团结：基于珠三角新工人集体行动案例的分析》，《社会学研究》第1期。

王广州、张丽萍，2012，《到底能生多少孩子？——中国人的政策生育潜力估计》，《社会学研究》第5期。

王天夫，2006，《社会研究中的因果分析》，《社会学研究》第4期。

吴要武，2013，《独生子女政策与老年人迁移》，《社会学研究》第4期。

朱迪，2012，《混合研究方法的方法论研究策略及应用：以消费模式研究为例》，《社会学研究》第4期。

Abbott, A., 1998, "Transcending General Linear Reality." *Sociological Methodology* 6.

Bennett, A. & C. Elman, 2006, "Qualitative Research: Recent Developments in Case Study Methods." *Annual Review of Political Science* 9 (1).

Beach, D. & B. Pedersen, 2013, *Process - tracing Methods: Foundations and Guidelines.* Ann Arbor: The University of Michigan Press.

Blossfeld, H. P., K. Golsch & G. Rohwer, 2007, *Event History Analysis with Stata.* New York: Lawrence Erlbaum.

Brady, H. E. & D. Collier (ed.), 2010, *Rethinking Social Inquiry: Diverse Tools, Shared Standards.* Lanham, MD: Rowman & Littlefield Publishers.

King, G., R. O. Keohane & S. Verba, 1994, *Designing Social Inquiry: Scientific Inference in Qualitative Research.* Princeton, N. J.: Princeton University Press.

Krueger, James S. & Michael S. Lewis - Beck, 2008, "Is OLS Dead?" *The Political Methodologist* 15 (2).

Ragin, C. C., 2008, *Redesigning Social Inquiry: Fuzzy Sets and Beyond.* Chicago: University of Chicago Press.

Wu, A. X., 2014, "Ideological Polarization over a China – as – Superpower Mind – set: An Exploratory Charting of Belief Systems Among Chinese Internet Users, 2008 – 2011." *International Journal of Communication* 8.

作者单位：复旦大学社会学系

社会学研究的历史转向

肖　瑛

一　引言

社会学家视野中的历史具有双重意义，首先是作为本体性的对象，其次是作为方法。就前者而言，“一切历史都是当代史”的判断对于社会学者无疑具有震撼效果，它精准地揭示了社会学者研究历史现象的真实动因。对于社会学者而言，任何社会结构或者社会现象都不是非时间性地存在的，而是具有历史的关联性。这种关联性一方面是自然而然的过程，另一方面又存留于人对历史的不断重建和认知之中。就后者而言，比较是社会认知的基本方法，比较可以是各种抽象的理念型或者平均类型，也可以是对过往现象或他者的想象和再建构。

史学对于一个有着悠久文明的国家而言毋庸置疑是最为重要的，但在我国这几十年的社会学研究史中，其价值似乎非常有限，大陆社会学基本上是在非历史的语境下进行自我建构和研究：理论上走向抽象主义而忽略中西比较或者西方社会学思想背后深刻的历史基因和脉络；质性研究虽然似乎高度重视语境的作用，但往往把语境理解为共时性因素的结合；定量研究基本上在一个米尔斯所谓的抽象经验主义的逻辑下运作；在课程体系中，历史的价值仅仅表现在思想史、社会史、社会学史等几门边缘性的课程中，很难进入社会学者的思维方式和学术想象力（肖瑛，2014b）。

可喜的是，近10年来，一些社会学者开始意识到我国社会学研究的这种偏颇，积极呼吁并在人才培养和研究上推动社会学研究的历史转向，对民国社会学史的重视和发掘就是例证。特别是2012年以来，学者、学术期刊、学术会议相互配合，推动着社会学对于历史学和历史问题的重视，譬如2012年年底，《中国社会科学》杂志社与上海大学社会学院、《社会》杂志合作主办“中国社会变迁与社会学前沿：社会学的历史视野”学术研讨会，一批青年社会学者和历史学者聚集一堂，就如何在历史视野中开展社会学研究提出方法论上的可行性，并就一些实质性论题做了深入的探讨；2012年以来，《社会》杂志有意识地刊登历史社会学方面的学术论文，并在2014年开辟“历史社会学”专栏；《开放时代》杂志对中国革命史的关注已经长达10年。

二 核心论题

鸟瞰2011—2014年这短短4年我国社会史和历史社会学领域的研究，虽然议题众多，但主要聚焦于如下几个方面。

（一）总体性社会科学何以可能

渠敬东（2013a，2013b）提出重建总体性社会科学的命题，并尝试从所有制、经营权和治理体制机制等三个角度建构对近30年我国乡镇企业研究成果的总体性把握，这一命题既是一个理论问题，也是一个经验问题，是社会学与历史学如何勾连的问题。在“中国社会变迁与社会学前沿：社会学的历史视野”研讨会上，学者们对“总体性社会科学”问题做了多重阐发，都认为重建总体性社会科学必须处理好中西古今的内在关联问题。具体言之，就如李猛所说，既向中国传统进展，又重新发掘、发现西方经典在社会理论中的意义；要理解传统社会，必须关注“传统社会是如何理解自身的”问题、理论研究与经验研究的双重努力，以及重新确立对待中国传统的态度问题；中西古今的结合点就是比较文明分析。而这样的研究路向，关键是警惕去社会学化的危险，不能忽视经典作家在建立总体社会科学的努力中对内含的关于社会构成的实在和条件的论述。就中国学术传统对于重建总体性社会科学的意义问题，渠敬东指出，民国时期社会科学的最高代表王国维和陈寅恪开创了两个研究传统：一是坚持在经学中构建中国文明的系统，二是回到作为民情的历史概念之中。这两个传统构成中国社会学与所有人文学科巨大张力的根源，影响着民国时期的社会学研究。因此，社会学应与关于“民情”的史学建立关联，经验性和历史感地研究“当下”的“民情”（转引自刘亚秋，2013）。

从经验角度看，杨清媚（2013）对陶云逵的研究、侯俊丹（2014b）对陈黻宸新史学思想的研究、孟庆延（2013）关于如何把土地革命的命题放置在“理解共产主义文明”这一总体性论题下开展研究的思考，都可以算是基于总体性社会科学思维来从事学术研究的尝试。

（二）经典概念的再思考

“差序格局”是费孝通创造的一个理解中国社会构成和运行机制的经典概念，对这个概念的解释和再造已经成为中国社会学一道蔚为壮观的景观。与以往的相关研究不同，吴飞（2011）、周飞舟（2015）等学者把差序格局放置到西周以来的礼治传统中考察。基于丧服制度的结构及其演变，吴飞（2011）认为，“尊尊”和“亲亲”逻辑实际上构成了中国最早的立体的差序格局形态，从而补充了最初形态的“差序格局”的平面化不足。肖瑛（2014a）在吴飞、周飞舟和阎云翔等人的研究基础上，对“差序格局”的构成逻辑进行了丰富，把差序格局类型化为社会等级意义上的与社会心理意义上的，又把前者区分为亲亲意义上的和尊尊意义上的，并进一步尝试建立起它们之间的转化关系。罗琳（2013）和肖瑛（2014a）还试图指出，在急剧的社会变革期，差序格局出现了从传统社会的自然意志形态向现代性意义上的理性意志形态转变的趋向。杭苏红（2012）通过对西汉外戚受爵的研究揭示了实际政治生活中“亲亲”的差序格局对“尊尊”的权力等级的凌驾和改变，呈现了“内圣外王”不仅作为一种知识精英的自我修养目标，而且作为一种以家的模式来改变和重建国家模式的现实，在一定程度上回应了吴飞等学者关于差序格局的再研究。

何蓉（2014）对“均”做了观念史的爬梳，同一个概念在不同语境下的含义并不一致，但它们会构成人们的思维方式的重要语境，并自觉不自觉地影响着人们对相关概念和思想的理解，从而使中国人对于现代性意义上的正义的理解也具有了中国特色。但与何蓉以及侯俊丹这种在中国文化传承及其与其他文化的交流中发现一个概念的实质性内涵的变化不同，姚中秋（2014）似乎反其道而行之，一方面渴望通过西方概念来为本土文化的现代性正名，另一方面又不愿意受束于这些西方概念本身的内涵，这种简单的套用对于更为真切地理解具体文化类型及其交流后果似乎缺乏积极的学术意义。

如前所述，“民情”是一个非常重要的学术概念。“民情”（mores）是孟德斯鸠与托克维尔用以分析特定社会的情感结构的核心概念。渠敬东（2013a，2013b，参见刘亚秋，2013）把“民情”同体制、知识等因素结合起来作为治理机制研究乡镇企业的治理体制，可被视为这方面研究的一次尝试。侯俊丹（2014a）从清末在应对太平天国运动中民间力量的转化这一经验现象来考察“民情”变动的机制，并把“民情”的转变同中国的现代化连接起来，有效地延长了社会学的解释链条。

（三）社会学史与民国社会学传统的再发现

民国时期，一批从海外学成归国的青年社会学家积极参与到中国社会学的学科建设当中，他们在城市与农村开展社会调查，深入思考社会学的本土化路径，甚至发起中国社会的改造试验。1980年以来，恢复后的社会学并没有很好地重新思考和接续这份历史遗产。直至近年，一批学者开始发掘社会学的民国传统，重新编辑和出版了一些民国社会学的经典著作，并展开了对民国社会学家与社会学史的研究，如宣朝庆（2011）对定县实验中乡绅与平民教育会之间冲突的再现、周晓虹（2012）对孙本文的介绍、杜月（2012）对瞿同祖早期与后期思想的比较研究、杨清媚（2013）对陶云逵人类学思想中的德国成分以及这些成分对于陶云逵的人类学思想之形成的作用机理的研究，都为激活中国社会学的传统做出了努力。

（四）公共性：传统与现代

公共性是一个社会的本质，但不同社会的构成逻辑是不一样的，这也决定了公共性在具体语境中的不同形态和运作机制。自清末民初知识分子展开对国民性的反思以来，公共性就是其中至为核心的一个维度。围绕这个舶来的概念，形成了多种相互对立的观点，如姚中秋（2014）坚持认为儒家思想中不仅有这些概念及其实践的重要地位，而且其理念和实践具有相较于西方的独特逻辑和优势；任锋（2014）对儒家政治哲学中“公共性”的形成和流变的梳理及其在近代中西碰触中所产生的紧张的分析，可以被视为姚中秋观点的一个注脚。任文利（2014）则以中晚明时期的朝廷内部的信息传播和议政载体《邸报》为对象来讨论在帝制内部，儒家士大夫们对于政治公共性的不懈追求。

与上述三位鲜明的儒家立场不同，刘怡然（2014）、黄柏莉（2014）和汪华（2013）关于公共性的研究显然是以西方现代性思想为参照的。汪华的研究集中在1927—1937这10年间上海社会保障建设情况，洞察的是公共服务问题。刘怡然对清末民初上海义演现象的分析表明，虽然义演并没有带来哈贝马斯意义上的“公共领域”，但对“公共社域”（public communal domain）的催生作用却是明显的，由此促进了一种新的公共性的生成，对20世纪中国社会和政治的演进具有重要意义和深远影响。黄柏莉（2014）则发现广州公共空间的构成与维持跟政府的理念和治理能力联系在一起，一方面使以公园与茶楼为代表的公共空间具有平民化和世俗化的特点，另一方面则由于社会变动政府能力衰弱而难以实现公共空间秩序的有效维持。

（五）社会变迁中乡村权力结构之演变

侯俊丹（2014a）的研究以太平天国运动对乡村社会秩序的影响为对象，她发现，太平天国运动催生了士侠合流及其武装组织化，破坏了基层社会基于宗法和儒家伦理构建的基本秩序；纵使战后中央政府力图恢复社会的传统连接机制，但因民情在战争中的变化而不再可能，从而为中国社会下一步的现代化创造了客观条件。渠桂萍（2013）对从清初到清末以至民国期间，我国乡村权力结构演变的轨迹做了分析，发现社会变动对于基层社会的治理结构和权力构成产生了深刻影响。宣朝庆（2011）关注的则是定县实验中平民教育会力量的进入给地方乡绅权力带来的消极性，从某种意义上说，定县实验这种植入的现代化进程破坏了乡土社会的权力结构，造成乡绅与平教会乃至国家的激烈冲突，并直接导致了乡绅权力的式微。

虽然李洁（2013）和罗琳（2013）的研究必须放置到社会革命的话题下展开才能彰显作者的本意，但宣朝庆、李洁和罗琳的研究都在讨论一个问题，即植入的现代化进程及其后果，而且当把这些研究同渠桂萍以及侯俊丹的研究联系起来时，就形成了一个非常有趣的时间链，即从清末到1949年甚至改革开放这一百多年来中国乡村权力结构在不同力量的影响甚至支配下变动的基本线索和逻辑。

（六）把革命史带入社会学研究

中国近现代革命史是人类历史上波澜壮阔的一页，其所发生的原因、机制、转折、后果以及各种林林总总的细节，都具有重要的学术价值。《开放时代》以“社会史视野下的中国革命”为题先后主办过八次学术研讨。

近年来，应星及其学术团队尝试把中国革命史带入社会学领域之中，其目的是在黄仁宇的“大历史”观观照下理解“现代政党国家是如何建构的”这一基本问题。应星从陈寅恪早年的华夏农耕文明在尚武民族包围和冲击下发生了怎样的变动的问题意识中获得启示，将自己的问题意识简略地界定为：“共产主义文明自传入中国后，与中国传统发生了怎样的遭遇？中国从苏联和共产国际那里拿来了什么样的政治文化？这种政治文化在中国的实践中发生了什么变异，给今天留下了什么？为回答这些问题，应星努力打通中共党史与社会史，中共党史与苏联党史、共产国际史，中共党史与国民党党史之间的隔离，并突破国外学者在中共党史研究中形成的集权主义、社会革命以及文化和地方精英等三种主导范式，而借鉴历史长编法，对中共党史作长时段的政治史研究，先对事件、人物、时间和空间作总体史的勾画，再对关键的制度史结合地方史展开研究，然后对新出现的政治术语作语言学的追溯，并结合当时的政治、军事情势，相关的社会思潮及社会史、地方史的研究成果，探索中国共产党的政治传统和政治正统的生产逻辑，其与外来思想和制度的吸收与改造之间的内在关联，以及其中沉淀的复杂的地方传统及历史行动者的创造结晶”（转引自刘亚秋，2013）。关于万安暴动的论文是这种旨趣的第一个成果表征（应星、李夏，2014）。该文把万安暴动的领导人物曾天宇的个人生活和精神气质同中共早期的组织形态以及社会环境结合起来研究，揭示了中共早期组织形态中存在的三重张力：职位关系与个人因素之间的张力；组织纪律的有效性与地方领袖的自主性之间的张力；革命组织与传统资源及地方利益之间的张力。土地革命始终是中国革命史最为核心的部分，历史学家和社会学家在这方面有过非常多的、不同视角的阐述，孟庆延（2013）对海内外关于中共领导下的土地革命的研究在问题意识、范式和议题等方面的转化做了梳理和分析。

集体化和去集体化是中国社会主义建设历史上两种最为基本的政策，围绕这两种政策展开的研究产生了诸多成果。罗琳（2013）与李洁（2011）的研究围绕农村集体化展开，汪华（2012）和贾文娟（2012）的研究则围绕工厂展开。罗琳通过对柳青的文学作品《种谷记》的文本分析，揭示了在早期集体化努力中，“公”与“私”之间的分化、组合和转化逻辑；这种分化、组合和转化虽然破坏了农村旧有的经济伦理，但并没有成功地建立起新的团体格局以及以此为基础的公民合作模式，而以“公家—代理人”的新差序格局取而代之。李洁（2011）的口述史研究也表明，集体化时期公权力对农民的生活方式在时间和空间两个维度进行了重构，但并没有成功地对新公民进行塑造，而只是实现了对农村资源的全盘控制。汪华（2012）对1956年社会主义改造中的工人参与工厂管理的研究也揭示了类似的问题：社会主义改造为工人参与工厂管理创造了条件，但是改造的结束又封闭了工人参与工厂管理的空间。贾文娟（2012）基于对一个国营企业的口述史研究则发现，解放初期，工人地位的提升和生活条件的改善以及相应的意识形态的激励，能够明显促进工人的劳动热情，但是，随着这些条件的常规化，以及指标化管理方式和管理官僚群体或者个体对国家的取代，工人的生产热情开始下降，弄虚作假现象开始抬升。贾文娟的发现与罗琳的发现有着某些惊人的相似，即当抽象的“公”转化为代理人个人或者群体的“公”名义时集体化生产所可能产生的问题，这是一个典型的周雪光（2014）所关心的委托—代理困境。

论及革命史，不能不说爱情。张杰（2011）通过分析1923年那场闹得沸沸扬扬的关于爱情定则的讨论来呈现当时年轻人的时间观念的现代化，黄文治（2013）则力图展示鄂豫皖苏区1923—1932年阶级斗争动员话语下女性解放与性秩序变动之间的现实纠缠。

（七）名与实：长时段的历史考察

相比于上述大多数历史社会学研究的短时段特点，周雪光（2014）与徐冰（2014）的研究则是长时段的。周雪光从对“黄宗羲定律”的批判性思考入手，试图回答中国历史上财税制度为什么一直处在“杂税丛生—并税式改革—杂税丛生”的周期性循环中难以自拔这一历史问题，并以此揭示中华帝国运作的基本逻辑。在他看来，帝国的治理逻辑有三重维度，第一是委托与代理，第二是正式与非正式，第三是名与实，在这三重逻辑中，正式制度与非正式制度的并存转化处于核心地位。这三重逻辑不仅决定了中国财税制度的周期性循环难以被超越，而且影响着帝国其他方面的运行方式，但又为帝国超越危机创造了条件。帝国的这种逻辑延续至今，只不过在信息社会背景下，其适应性会出现困难。周雪光对名与实的解读相对比较确定，名即至高无上的象征性权力——皇权，实则指在官僚体制实际运行过程中的实际权力。徐冰（2014）也在讨论这一范畴，但其问题域与周雪光殊为不同。徐冰把“名”界定为官方公开宣称的意识形态，“实”则为各种时间点所积累的成功经验。“名”与“实”作为一个总体性范畴，既可以表现为费孝通所谓的皇权与绅权的双轨制，也能够呈现为制度与基于私利的工具性行动之间的紧张，等等。一言以蔽之，如何实现各种名与实之间的平衡是中国社会的总体性秩序之维系的基本问题。

三 总结与思考

历史社会学的论域是宽阔的，除上述主题外，王星（2014）对中国工厂师徒制的详尽分析、雷鸣和李宏图（2013）对日本制丝行业劳动力市场稳定化背后的非正式制度之作用机理的讨论，都是对这个领域的丰富和发展。

浏览2011—2014年我国社会学研究的历史趋向的各种表征，可以肯定地说，这种历史转向的学术自觉已经初步确立并将继续传播和深化，促进社会学的解释力的提升。仅从方法论角度看，与方法论主义者着力于从理论层面上探索本土化的理论途径不同，历史社会学者虽然有自己的理论思考，但更倾向于基于具体的个案来讨论在社会变革期不同思想是如何交汇、冲突和融合，从而形塑新的既扎根本土又具有一定超越性的理论的。这种发现中国社会理论的构成逻辑的方法是迄今为止最为有效的讨论中国化或者本土化的路径。杨清媚（2013）关于陶云逵人类学思想中德国因素与本土因素之间的关联的研究，何蓉（2014）关于我国近世社会正义观的构成逻辑的分析，周飞舟（2015）

从丧服制度发现中国传统的社会理论建构逻辑，渠敬东（2015）以康有为、陈寅恪、王国维等为个案对于中国近世思想之演变的探究，侯俊丹（2014b）对陈黻宸思想的构成逻辑及其与内生性中国社会理论建构的关系的分析，既是对这一方法的遵循，也是对它的再造。这种方法论，借用杜月（2012）对瞿同祖前后期思想的比较研究的发现即可以说清楚：不是从义理而是从具体的社会条件出发来探讨学说或者观念的演变机制，并从这种演变机制中反观社会的变动逻辑。李洁（2013）的口述史研究进一步提醒我们，单纯依赖对某些学说或者教条来观照现实现象是有缺陷的，同一个行动，不同的主体有不同的建构逻辑，会被赋予不同的“名”，厘清这些建构逻辑，呈现其展开逻辑的多样性，需要社会学者对“历史”本身有着多样化的理解。

参考文献

杜月，2012，《社会结构与儒家理想：瞿同祖法律与社会研究中的断裂》，《社会》第4期。

杭苏红，2012，《帝室与外家：西汉政治中的家族伦理》，《社会》第4期。

何蓉，2014，《中国历史上的“均”与社会正义观》，《社会学研究》第5期。

侯俊丹，2014a，《侠气与民情：19世纪中叶地方军事化演变中的社会转型》，《社会》第3期。

——，2014b，《新史学与中国早期社会理论的形成——以陈黻宸的“民史”观为例》，《社会学研究》第4期。

黄柏莉，2014，《近代广州的公共空间与公共生活（1900—1938）——以公园、茶楼为中心的考察》，《开放时代》第6期。

黄文治，2013，《“娜拉走后怎样”：妇女解放、婚姻自由及阶级革命——以鄂豫皖苏区为中心的历史考察（1922—1932）》，《开放时代》第4期。

贾文娟，2012，《从热情劳动到弄虚作假：“大跃进”前后日常生产中的国家控制与基层实践——以对广州市TY厂的考察为例（1956—1965）》，《开放时代》第10期。

雷鸣、李宏图，2013，《近代日本劳动力市场形成的历史制度分析——从女工登录制度到等级工资制度》，《开放时代》第5期。

李洁，2011，《对乡土时空观念的改造：集体化时期农业“现代化”改造的再思考》，《开放时代》第7期。

——，2013，《农业“去集体化”过程中的乡村治理与底层政治：对一段乡村历史的分层解读》，《社会》第2期。

刘亚秋，2013，《“总体性”与社会学的历史视野》，《社会》第2期。

刘怡然，2014，《慈善表演/表演慈善：清末民初上海剧场义演与主流性实践》，《开放时代》第4期。

罗琳，2013，《互助合作实践的理想建构：柳青小说〈种谷记〉的社会学解读》，《社会》第6期。

麦思杰，2012，《风水、宗族与地域社会的构建——以清代黄姚社会变迁为中心》，《社会学研究》第3期。

孟庆延，2013，《学术史视野下的中国土地革命问题：议题转换与范式变革》，《社会》第2期。
渠桂萍，2013，《二十世纪前期中国基层政权代理人的“差役化”——兼与清代华北乡村社会比较》，《中国社会科学》第1期。
渠敬东，2013a，《占有、经营与治理：乡镇企业的三重分析概念（上）》，《社会》第1期。
——，2013b，《占有、经营与治理：乡镇企业的三重分析概念（下）》，《社会》第2期。
——，2015，《返回历史视野，重塑社会学的想象力：中国近世变迁及经史研究的新传统》，《社会》第1期。
任锋，2014，《公共话语的演变与危机》，《社会》第3期。
任文利，2014，《邸报与中晚明的公开议政》，《社会》第3期。
王星，2014，《技能形成的社会建构：中国工厂师徒制变迁历程的社会学分析》，北京：社会科学文献出版社。
汪华，2012，《工人参与、政治动员与国家政权建设——一项关于车间民主的社会学考察（1956—1965）》，《开放时代》第10期。
——，2013，《慈惠与规控：近代上海的社会保障与官民互动（1927—1937）》，上海：上海书店出版社。
谢宇、董慕达，2011，《天地之间：东汉官员的双重责任》，《社会》第4期。
吴飞，2011，《从丧服制度看“差序格局”——对一个经典概念的再反思》，《开放时代》第1期。
肖瑛，2014a，《差序格局与中国社会的现代转型》，《探索与争鸣》第6期。
——，2014b，《社会学研究的历史转向》，《中国社会科学文摘》第10期。
徐冰，2014，《名实关系与现代社会想象》，《社会学研究》第4期。
宣朝庆，2011，《地方精英与农村社会重建——定县实验中的士绅与平教会冲突》，《社会学研究》第4期。
姚中秋，2014，《重新思考公民与公共生活：基于儒家立场和中国历史经验》，《社会》第3期。
杨清媚，2013，《文化、历史中的“民族精神”：陶云逵与中国人类学的德国因素》，《社会》第2期。
应星、李夏，2014，《中共早期地方领袖、社会组织与乡村社会》，《社会》第5期。
张杰，2011，《不确定性、陌生人与现代性的矛盾性》，《江苏社会科学》第6期。
——，2014，《才女为何？——明清江南社会对“才女”群体的社会认知与秩序生产》，《开放时代》第4期。
张兰英、艾恺、温铁军，2014，《激进与改良——民国乡村建设理论实践的现实启示》，《开放时代》第3期。
周飞舟，2015，《差序格局和伦理本位：从丧服制度看中国社会结构的基本原则》，《社会》第1期。
周晓虹，2012，《孙本文与20世纪上半叶的中国社会学》，《社会学研究》第3期。
周雪光，2014，《从“黄宗羲定律”到帝国的逻辑：中国国家治理逻辑的历史线索》，《开放时代》第4期。

作者单位：上海大学社会学院

社会分层与流动研究综述

吕 鹏

一 学科发展的总体状况

中国社会结构发生的巨大变化，表现在人口结构、城乡结构、就业结构、家庭结构、组织结构、收入分配结构、生活方式等各个层面，但阶级阶层结构的变化无疑是社会结构变化的核心内容。阶级阶层结构的变化与改革开放以后中国的经济体制转轨和社会经济政策调整有密切的联系，这就为社会分层与社会流动研究提出了新的挑战和机遇。事实上，社会分层与社会流动研究，不论是在国际上还是在国内，都是社会学研究的传统领域，也是成果最为丰硕的领域。在国内社会学界，相对于其他一些社会学的分支学科和研究领域，社会分层的研究也相对来说更为成熟和规范。这主要是得益于早期的国内社会学研究者的努力。比如，社会分层领域内的学者，是在中国最早进行大型社会调查和数据建设的（“中国社会状况综合调查”）。大型调查的开展，成为中国社会学界的社会分层研究突飞猛进的重要推手。

从社会学学科恢复建设以来，社会分层与流动的研究经历了由描述性研究向更规范的解释性研究的转变。20 世纪 80 年代的社会分层研究，主要还是以引进西方理论、模仿西方学术界的研究为主。从 90 年代开始，这一学科的规范化程度逐渐提高，从描述层面向解释层面转化，并开始涉及与西方一流研究的对话，甚至对西方理论的反思。一些文献已经对过去 30 年里中国社会分层的研究做出了很好的综述（边燕杰等，2008）。不过，这个时期的社会分层研究，主要还是受韦伯主义或“新韦伯主义”的社会分层模式的影响，大多数的分层都以“职业”或“收入”为标准。进入 21 世纪，马克思主义或“新马克思主义”的社会分层和“阶级分析”理论开始被引入中国社会学界，逐步在社会学界获得越来越多的话语权。事实上，在西方学术界，“新马克思主义”的社会分层研究已经与“新韦伯主义”的社会分层研究在很多层面上实现了融合与对话。中国的学者们也在开始这方面的尝试。例如，仇立平曾经归纳了中国社会分层研究的三种取向或范式：市场经济、国际社会主义和利益群体。他认为，中国的社会分层在关系型研究方面还比较薄弱，主张采用马克思主义的社会阶级理论研究中国的社会分层（仇立平，2006）。

在2011—2014年这4年间，中国社会分层研究给人留下了深刻的印象。伴随着中国社会结构的转型，社会学研究者对此作出了迅速和敏锐的反应，使社会结构和分层研究进入一个新的阶段。首先，研究者对如何正确认识我国的社会转型，尤其是对当代中国社会结构形态，做出了更多更为深入的研究。其次，社会分层研究由阶层深入阶级层面，阶级的生产和再生产以及劳资关系成为规范性理论研究和经验研究的新议题，重返经典、回到马克思越来越多地成为研究者新的理论诉求。

在学科建设上，中国社会学会社会分层与流动专业委员会于2009年7月20日经民政部批准成立以来，已经成为社会分层与流动研究领域重要的学术团体。每年该专业委员会都会在中国社会学年会上与会员所在的单位联合举办以“当代中国社会分层与流动”为主题的研究论坛，且多年连续获得优秀组织奖，在优秀论文的数目上也一直名列前茅。该论坛已经成为中国社会学年会上的“老牌论坛”。从2013年开始，该委员会又另外举办常规性的“冬季论坛”，主要为年轻的学者提供交流机会，从而形成了一年两次论坛的格局。

总之，社会分层与社会流动研究，已经是中国社会学界相关研究人员最为集中的研究领域之一，也是研究成果最为丰富的领域之一。社会分层与流动也形成了若干比较集中的研究领域。比如，仅以“社会分层”为主题对发表的论文进行搜索，在“中国知网”上2011年有论文474篇，2012年有543篇，2013年有437篇。再比如，如果以“社会流动”为主题搜索，则2011年有论文390篇，2012年有484篇，2013年有424篇。如果将“阶级分析”这个“社会分层研究”的“姐妹学科”算入的话，“中国知网”上2011年有论文121篇，2012年有119篇，2013年有139篇。

二 4年来的国内学科前沿动态

上面仅仅是在数量上的一个粗略地统计。尽管如此，仍然可以说，“社会分层与社会流动”领域已经成为社会学界一个重要的成果诞生地。下面仅回顾2011—2014年学者们在社会学主要期刊上发表的最新研究成果。

（一）收入不平等的加剧及其原因

收入不平等一直是国际社会分层研究界恒久的话题。中国的学者们也在这方面做了大量的研究。经验上的新发现很多。例如，有研究者基于珠三角、苏南地区与浙江地区的调查数据，发现总体上劳工月均工资水平呈现苏南地区最高、珠三角地区最低的态势，这主要是劳工的人力资本等禀赋特征差异造成的（魏万青、谢舜，2013）。在机制解释层面，程诚和边燕杰以农民工与城市职工收入差距为切入点，探讨社会资本对收入不平等的影响路径及其程度。他们发现，户籍制度和交往同质性原则导致农民工（相比城市职工）在社会资本存量方面更加欠缺，难以进入收入高的职业，且职业内的讨价还价能力也很有限。因此，社会资本是维持和固化社会不平等的微观机制（程诚、边燕杰，2014）。一个类似的研究结论是，“关系人”的地位对求职结果具有显著的正向效应，且这种效应非但没有因“趋同性”被高估，反而因“趋异性”被低估（陈云松、比蒂，2014）。

与家计收入差异不同，住房差异体现的是财产的差异。北京大学中国社会科学调查中心2014年7月发布的《中国民生发展报告2014》指出，中国的财产不平等程度在迅速升高，1995年我国财产的基尼系数为0.45，2002年为0.55，2012年我国家庭净资产的基尼系数达到0.73，顶端1%的家庭占有全国1/3以上的财产，底端25%的家庭拥有的财产总量仅占1%左右。这篇报告引发了强烈的反响。在学术期刊刊登的正式论文里，毛小平发现了住房市场化改革过程中住房分层机制中的自我选择性：在1998年前的体制内，能力强的人倾向于不购房；而在1998年前的体制外和1998年以后，能力强的人倾向于购房。由此可知，权力机制与市场机制是影响住房分层的结构因素，政治资本或人力资本的高低是住房分层的必要条件，而非充分条件。“政治资本或人力资本高的居民住房等级也高”的论断从某种意义上忽视了居民的自我选择过程（毛小平，2014）。

方长春的文章也用一种动态的视角考察了住房差异的形成。他认为，在混合经济形态下，“市场”与“再分配”权力之间的良性制衡的关系尚未形成，相反却在一定程度上对社会不平等的形成表现出层叠效应。住房市场化时期的住房不平等状况很大一部分是房改前的住房分配过程和住房私有化改革过程导致的，社会成员越是接近体制的核心部门，其住房优势就越突出（方长春，2014）。

（二）对不平等的认知：主观分层、公平感与幸福感

除了从客观层面分析收入不平等增加的成因之外，人们在主观层面对不平等的看法，也一直是社会分层关注的话题。李路路等人的文章认为，对转型期中国民众的社会不平等认知与评价状况进行分析，可以从“收入分配的公平性认知”与“社会冲突意识”两个方面展开，即关注“公平感”与“冲突感”的总体状况及二者间关系。基于历次“中国综合社会调查”数据，他们的研究发现，受访群体普遍反映当前的收入不平等持续拉大，收入分配欠缺公平性与合理性；一些群体间的矛盾与冲突被认为达到了较为严重的程度，并有持续恶化的趋势；对收入及生活机会分配的公平性认知与社会冲突意识之间被证实有着紧密的关联，不公平感越高，群体的社会冲突意识就越强（李路路等，2012）。孟天广则检验并比较了社会结构解释和相对剥夺解释在中国的适用性。他的研究发现，大多数公众认可结果公平和机会公平，且机会公平感高于结果公平感，但二者仅微弱相关。结果公平感由收入水平决定，机会公平感主要受教育水平影响。外资和私营单位雇员比国有和集体单位雇员更具机会公平感，城市中下层就业者对结果和机会分配均持批评态度。“个体相对剥夺”而不是“群体相对剥夺”对分配公平感有决定性影响，结果公平感只受横向剥夺影响，而机会公平感则主要受纵向剥夺影响（孟天广，2012）。刁鹏飞认为，那些把成功归为个人勤奋拼搏的人、认为过去几年生

活质量有提升的人和认同较高阶层地位的人，更有可能认为现有的收入差距是公平的（刁鹏飞，2013）。

同样是解释对不平等的批判态度，李骏和吴晓刚则强调了教育、部门、地区差异的作用。教育的启蒙性质、国有部门就业者和老年人的平均主义价值观、地区实际的不平等程度都成为他们的解释机制（李骏、吴晓刚，2012）。王甫勤则是从自利理论和归因理论出发，分析当前中国大城市居民的分配公平感及其形成机制。他的研究发现，大城市居民对主要社会群体的收入分配感到明显不公平。阶层地位是否具有优势对居民分配公平感的形成没有显著影响，但社会经济地位及其对导致社会不平等的归因则与分配公平感明显相关。具有优势经济地位的群体既直接影响人们的分配公平感，又通过对社会不平等的归因偏好间接影响人们的分配公平感。归因偏好对分配公平感的影响比社会经济地位的影响更加显著：越是将社会不平等归因于个人绩效因素（内因），其分配公平感就越强；越是将社会不平等归因于权力、政策因素（外因），其分配不公平感就越强（王甫勤，2011b）。他在另外一篇文章中则比较分析了知青和非知青在阶层分化、收入分配以及生活幸福感等方面的差异及影响因素。他发现虽然知青和非知青在阶层分化和收入分配方面均没有显著影响，但知青比非知青的生活幸福感程度要低。他认为返城时间的不同，是他们的阶层分化和生活幸福感差异的重要因素，这也是知青和非知青生活幸福感差异的主要原因（王甫勤，2011a）。

人们对社会地位的主观看法，会反映到他们的幸福感和对社会不公正的看法上。虽然在话语体系上稍有不同，但这几年间对于“幸福感”的井喷式研究，事实上也反映了学术界对社会不平等主观层面感受的高度重视。刘军强等人在《中国社会科学》上发表的文章是这方面的代表性成果。他们为回应有关中国国民幸福感的争论，评估过去10年宏观经济和政策变化对普通人生活的影响，利用中国综合社会调查数据（CGSS），分析近10年国民幸福感变化趋势。他们发现不同政治身份、户口类型、年龄、收入、婚姻状况、民族等群体的幸福感在过去10年都有不同程度的提高。经济增长可能是幸福感提升的动力（刘军强等，2012）。

邢占军的研究则在某些方面对刘军强等人的研究结论提出了挑战。他认为从一段时期内考察，地区居民幸福指数并没有随国民收入的增长而同步增长收入。但他也承认城市居民幸福感之间具有一定的正相关；高收入群体幸福感水平明显高于低收入群体（邢占军，2011）。黄嘉文则在一篇文章里将教育程度对幸福感的影响分解为直接和间接两个效应。教育程度与幸福感呈现显著的正相关，拥有中专以上文凭的个体最幸福。但在教育扩招之后，这种影响效应则变得不显著（黄嘉文，2013）。边燕杰和肖阳则通过对中英两国居民的主观幸福感进行比较分析，发现英国居民的主观幸福感平均水平高于中国居民，但无论是中国还是英国，社会融合程度越高，个人的主观幸福感越强（边燕杰、肖阳，2014）。李后建则发现参与养老保险、失业保险和工伤保险能够显著提高城市务工人员主观幸福感，但参与医疗保险对城市务工人员主观幸福感没有显著影响（李后建，2014）。上述学者的研究启示我们，中国在相当长的时期内还需要以快速良性的经济发展来保证居民收入的稳定增长，但建立与完善促进个体自由全面发展的利益调整机制对于提升公民幸福感同样必不可少。

地位层级认同的“向下偏移”是一个在学理上和政策上都非常重要的现象。有若干篇文章对此进行了探讨。陈光金认为学界以往对主观认同倾向于采取“相对剥夺”理论来解释，而他认为，“转型期生存焦虑”论题亦是一个重要的补充解释（陈光金，2013）。与此类似的是，华红琴探讨了人们的社会地位和遭受不公正对待的生活境遇在焦虑形成中的作用。研究表明，社会地位（包括客观地位和主观地位）和生活境遇对焦虑的产生具有明显的影响，社会地位低的群体和生活境遇中遭受过不公正对待的人，更易产生焦虑（华红琴，2013）。高勇则发现，要真正理解地位层级认同的“向下偏移”，就必须理解社会地位“参照系”的变动，而不仅仅是个体地位“参照点”的变动。地位层级的主要认同基础已由对具体社会单元的归属感转变为对收入等市场要素的占有。建立在收入等市场要素占有基础上的地位参照系具有缺乏稳定性、没有具体边界等特点，因此导致原先的“中层认同”趋向于瓦解，新的“中层认同”又难以建立，地位层级认同出现整体性下移（高勇，2013）。

（三）教育不平等的原因和效应

教育不平等与地位获得是社会分层研究里的一个长热不衰的话题。自 20 世纪晚期的高等教育扩张以来，一直有声音认为教育不平等会因此得到缓解。李春玲发现小学教育的城乡机会不平等在下降，初中教育的城乡机会不平等没有变化，而高中及其他高级中等教育的城乡机会不平等持续上升，大学阶段的城乡机会不平等略有上升。因此，中等教育的城乡不平等是教育分层的关键所在（李春玲，2014a）。她在另外一篇文章里则指出，尽管教育机会数量增长明显，但城乡教育差距加剧、优质教育资源分配不均衡等问题依然存在，教育政策制定者需要制定更有效的政策以改变现状（李春玲，2014b）。

吴愈晓认为，已有关于中国教育分层的文献大多关注总体教育获得的阶层差异，而忽略了因重点学校制度和“学轨制”所造成的教育机会不平等。他在一篇文章中探讨了改革开放以来中国城乡居民在初中、高中和大学三个教育层次的升学路径差异及其影响因素。发现家庭社会经济地位变量（户籍、父亲的职业地位和父母亲教育）影响子女的升学路径。家庭社会经济地位越高的学生，越有可能进入重点学校，或更可能选择学术教育轨道而非职业教育轨道。另外，前一阶段在重点学校就读对获得下一阶段重点学校教育机会有重要的影响（吴愈晓，2013）。这与他早先一篇文章的思路一致，即认为通过考察重点学校制度和“学轨制”来揭示教育不平等（吴愈晓，2012）。

与此类似，王威海和顾源认为，在当前中国社会中，中学教育分流对阶层地位的再生产的效应是不可忽视的。他们的分析显示，曾就读重点初中或高中的人更有可能获得较高水平的教育，从而在劳动力市场上获得较高的职业地位；但是教育分流的优势并未对人们现职职业地位产生显著的直接影响，只能通过教育获得和初职职业地位获得对现职职业地位获得产生间接影响。中国的重点、非重点中学校制，导致了后续高等教育机会分配的不平等，进而影响了人们职业地位的获得（王威海、顾源，2012）。

李强、刘精明等人也探讨了高等教育扩张对教育机会获得的影响，他们在文中一并提出，仅仅看好高等教育地位获得的意义并不是很大，大家应该将关注点放在高等教育扩张以及教育文凭获得的实际效果上（李强等，2012）。现代社会，教育成就对个体生活的影响不仅体现为劳动力市场上的经济回报，还体现为诸多“非物质性回报”。胡安宁发现，教育对城乡居民健康都具有正向回报，但农村与城市居民在义务教育与高中教育不同阶段所体现出的健康回报有所不同，这或可归因于城乡之间义务教育质量上的差距（胡安宁，2014）。

除了教育分层的后果有差异之外，中国城市地区中产阶层与底层在子代的教育投入和教养理念上的差异有多大也是一个非常有意思的话题。洪岩壁和赵延东发现，在子代教育方面，中产阶层父母在资本投入上有显著优势，但在家庭教养态度惯习上却和底层父母无甚差别。由此可见，当前中国的阶层差异仍主要表现为对资本占有的差异，中产阶层并未在阶层惯习上显著区别于底层（洪岩璧、赵延东，2014）。王甫勤则引入了教育期望作为家庭背景影响子女教育获得的中间机制，发现具有优势地位的父母对子女上大学有较高期望，而这激发了子女本人的大学教育期望，从而增加了他们获得大学教育的机会（王甫勤，2012）。王甫勤与时怡雯在另外一篇文章里也把这个代际传递的逻辑表述为：家庭社会经济地位越高的子女，其上大学的期望也越高，这种期望最终会转化为大学教育获得的优势（王甫勤、时怡雯，2014）。

叶华和吴晓刚则从生育的角度讨论了教育不平等的话题。他们认为，自 20 世纪 70 年代以来，中国的生育率持续下降，在家庭层面上表现为兄弟姐妹数量的减少，同时也影响了兄弟姐妹的构成，进而影响家庭对子女教育的投资以及性别间的教育差异。他们的分析表明，兄弟姐妹越多，女性的受教育年数相对男性越低，尤其是在她们有兄弟的情况下。在中国，随着生育率的下降，年轻一代的性别间教育不平等相对老一代降低了（叶华、吴晓刚，2011）。

同样从性别角度讨论教育不平等，吴愈晓探讨中国城乡居民在教育获得上的性别不平等的变化趋势，并着重检验影响教育获得的各主要因素是否存在性别差异（吴愈晓，2012）。张兆曙、陈奇认为，性别间的分配逐渐走向平等化。扩招从整体上改变了男性与女性之间的机会结构，其中最主要的变化来自于两类群体：一是父辈文化程度为初中的“次低文化层次”群体；二是农村地区的女性（张兆曙、陈奇，2013）。

（四）“新工人”的社会地位与社会流动

20 世纪 80 年代以后出生的“新生代农民工”现已达到约 1 亿人，成为中国社会转型过程中破除城乡二元结构、加快推动城镇化进程的关键人群。与“老一代农民工”相比，新生代农民工的价值取向和行为规则等已发生很大变化。在此背景下，新生代农民工成为社会分层研究里最为主要的研究群体之一。无论是从课题获得资助的数目，还是从发表论文的数目来看，对于农民工及其子女的关注一直保持着丰富的成果量。这既是过去几年里学术研究的积累和延续，也是最近几年里劳动力市场发生的新变化——尤其是人口结构、劳动力素质等方面的变化——的结果。李培林和田丰的文章从经济、社会、心理和身份四个层面呈现了新老两代农民工的社会融入状况，并分析了人力资本、社会资本和政策制度对农民工社会融入的影响（李培林、田丰，2012）。他们的另外一篇文章则认为，生活压力的变化和个人权利意识的增强，对新生代农民工的社会态度和行为取向具有非常重要的影响（李培林、田丰，2011）。雷开春则发现，尽管本地社会资本更有利于城市新移民的总体社会融合，但其作用的大小和方向却有所差异。这表明，城市新移民社会资本的本地化是理性选择的结果（雷开春，2011）。

除了农民工的实际社会流动之外，对他们成为“新市民”的意愿的研究，也是过去三年里的热点。叶鹏飞的文章发现，农民工既表现出对城市定居的向往，又呈现出一种矛盾和模糊性的心理状态。相对于人力资本而言，家庭因素、社会支持因素对农民工城市定居意愿的影响更加明显（叶鹏飞，2011）。

此外，胡荣和陈诗斯运用定量数据从个体的社会经济地位、迁移压力和社会资本三个角度，分析了影响农民工精神健康的社会因素。他们发现相对社会经济地位对农民工的精神健康产生的影响远大于绝对社会经济地位产生的影响（胡荣、陈斯诗，2012）。针对人口“城镇化”中的种种问题，张翼认为，推进城镇化的优选之路是“常住化城镇化”而非“户籍化城镇化”；要在不强迫改变农民土地权属的前提下将农民工转变为城市新市民；应给予进城的“80 前”与“80 后”同等重要的政策关注（张翼，2011）。

（五）中产阶层的成长与挑战

经济改革以来，随着中国经济稳定发展，一个被称为“中产阶层”的社会群体逐步增长。尤其自 21 世纪开始以来，由于连续多年的高速经济增长和城市化的迅速推进，以及物质文化水平的提高，中产人群数量增长更为明显，它已成为一个具有相当规模并有极大社会影响的社会群体。比如，关于中产阶层或“中间阶层”到底是社会的稳定器，还是社会不安的来源，社会学界和政治学界一直存在争论。李春玲的文章试图探讨中产阶层的社会政治态度，并由此判断中产阶层的社会政治功能。她设计了一套态度测量量表，区分政治保守主义与政治自由主义的态度特征，分析中产阶层的主要态度倾向。她的研究发现，中国中产阶层内部存在着多种价值取向，既有保守主义的成分也有自由主义的成分，中产阶层在当前肯定是一种社会稳定力量，但其未来走向还存在一些不确定因素（李春玲，2012）。李春玲在另一篇文章中则进一步指出，中国要发展成以中产阶层为主体的社会还需要一个相当长的时期。作为一个正在形成的社会阶层，这一群体内部存在着极大的异质性，其成员的职业构成、社会来源和社会经济地位状况有所不同，许多中产阶层成员在收入水平和消费方式等方面未能达到社会公众想象的中产标准（李春玲，2011）。

与强调用民主价值观、政治效能感来解释中国基层人大选举中人们投票行为的思路不同，刘欣和朱妍将阶层政治论的基本逻辑用于解释投票行为。他们认为，阶层利益不但是联系阶层地位与投票行为的机制，还通过阶层认同阐明阶层地位与投票行为间的因果关联；阶层政治论是分析当前中国民众政治参与的一种有效理论工具（刘欣、朱妍，2011）。在另外一篇文章中，朱妍对中国和越南的中产阶层的政治效能感做了一次比较研究。作者发现，对于市场经济转型国家，新兴中产阶层政治效能感强弱与国家放权让利的程度有关：国家权力收缩，会增强其政治效能感；当国家给予中产阶层参政议政的空间较小时，专业技术型中产因为远离权力架构，会在政治效能感上弱于管理型中产（朱妍，2011）。

对中产阶层政治态度和社会态度的关注，在近些年里大量出现的都市社会运动的研究中表现得更为突出。例如，熊易寒通过对上海郊区某中产阶层移民社区的个案研究，试图回答以“外来人口”为主体的中产阶层社区，其政治参与图景有何特点。他的研究发现：在城乡接合部，中产阶层的政治参与在很大程度上是由于公共服务的“洼地效应”；年龄是比户籍更为重要的分野，无论是本地居民还是外来人口，老年人更倾向于通过居委会参与公共生活，而年轻人更倾向于通过网络平台影响政府决策；中产阶层的政治参与具有“业主能动主义”的特征（熊易寒，2012）。

（六）政治和经济精英的变化

相对于社会中层和底层的研究，精英研究在分层研究中一直不多，但过去3年里也出现了一些有意思的成果。精英的研究中，主要有商业精英（尤其是私营企业主）和政治精英两类研究对象。

陈光金运用相关文献资料、全国统计数据和全国私营企业抽样调查数据，对中国私营企业主阶层做了描述性界定，勾勒出这个阶层发生发展的历史脉络。在宏观上，国家经济制度改革创新、国有经济改制、财税政策变迁以及地方政府竞争，为私营企业主阶层的发展提供了越来越大的空间；在微观上，较高水平的文化资本、社会资本（以职业背景衡量）和经济资本在私营企业主阶层发展中发挥着日益重要的作用（陈光金，2011）。

在关于商业精英的社会分层研究中，政治资本与其他类型资本的关系是一个经典话题。谢琳等人的研究认为，企业家的前再分配部门任职经历意味着企业创立时即拥有政治资本，而那些创业后获得政治安排的人则主要意味着其能力得到更多的认可（谢琳等，2012）。杨典则深入分析了中国上市公司CEO强制离职的影响因素及作用机制，揭示出一种与代理理论预测和西方经验不同的中国的CEO解职规律（杨典，2012）。

精英研究的第二个经典话题，是代际流动的模式，尤其是对“精英再生产还是精英循环”的讨论。孙明则从代际流动的视角出发，以一般资本理论和制度分析为理论框架，力图揭示改革前后家庭背景影响子代干部地位获得的机制。他采用事件史分析方法发现，在干部“逆向选拔”的制度安排下，军人子弟凭借良好的家庭出身和入党中的优势最有可能成为干部；改革后干部录用制度向“绩效选拔”转变，干部、知识分子的后代通过入党、升学这两个中间机制也在干部选拔中占优势，尤其是在中高层干部中存在明显的地位再生产（孙明，2011）。还有研究者分析了更为高层的政治精英的结构性变化。比如，有研究者通过分析2011年换届的省或自治区的党委常委和十二届至十七届政治局委员的学历，得出政治精英的学历层次提高和人文学科和社会科学学历增多的结论，与之相伴的是官员代际更迭的三部曲：革命运动型官员—技术专家型官员—公共管理型官员（孙珠峰、胡伟，2012）。

此外，目前社会学界有关企业慈善捐赠的文献对企业家特征和企业捐赠行为的关系探讨很少。高勇强等人的文章在这方面做出了贡献。他们发现，除了企业家经济水平（收入和他在企业的权益）对企业慈善捐赠行为与捐赠水平有显著的积极影响之外，企业家的政治身份（人大代表/政协委员）和行业身份（行业协会/工商联成员）也对企业捐赠行为与捐赠水平有显著的正面影响（高勇强等，2011）。周怡和胡安宁则通过对温州民营企业主问卷调查，分析其慈善捐赠行为的内在驱力及其差异。他们的研究发现，企业主的政治和宗教信仰均能对捐赠行为产生积极的推动作用；但不同信仰在捐赠方向、形式和结果上存在明显差异，凸显了不同信仰的选择与不同利益之间的亲和性（周怡、胡安宁，2014）。

黄冬娅认为，当前私营企业主在中国政治生活中扮演了隐秘却愈具影响力的角色。已有研究得出基本一致性的判断，即由于私营企业主与国家之间共享政治价值和共享利益，中国出现的是一个依附于国家并与国家权力共谋的社会阶层。她却认为，现有研究立足于“私营企业主”在民主转型中角色的阶级想象，而忽视了深入剖析和探讨私营企业主对于当代中国政策过程的影响（黄冬娅，2014）。吕鹏则发现，不管是在较高层级还是在较低层级的人大和政协中，经济财富只是门槛，党员身份也不是当选的保证；而像具有社会责任感的“士绅”那样去行事，则扮演着重要的角色。在此经验发现的基础上，作者提出了“财绅政治”这个概念用以概括我国私营企业主参政议政的现状（吕鹏，2013）。

（七）阶级分析的新进展

阶级分析虽然在社会分层研究中也不多见，但这三年来相关研究也开始大量出现，尤其是在阶级、态度与行动方面，有一些很有意思的研究，既有基础理论方面的进展，也有实证研究上的发现。

在基础理论上，李路路等人认为，中国社会分层的经验研究中存在如下不足：权力很少成为直接使用的变量，或者缺乏一致的测量方法来检验权力分配的假定，因而以往的研究很少从经验上描述社会权力的结构特征等。李路路等人以权力—支配关系为阶层分析的基本维度，使用2006年中国综合社会调查（CGSS 2006）的城市数据，基于对工作状况和组织权威关系的直接测量，构建起一个权威阶层体系；并通过对该体系外衍变量的分析，揭示了各种社会位置的权力—支配关系本质。在此基础上，从社会经济状况、雇佣状况、主观阶层地位认同、生活方式四个方面，对权威阶层分类图式的经验建构效度进行了检验（李路路等，2012b）。他们的另外一篇文章认为，阶级分析视角的核心是基于社会关系定义的结构性位置，是关于社会不平等及相关社会现象系统化的结构性解释。主要包括研究对象上的宏观层次（解释大规模社会变迁和转型事件）与微观层次（解释阶级对个人态度、行为和生活机会的影响）；分析思路上的“结构—意识—行动”（将阶级作为“集体行动者”）与“结构—状况—选择”（将阶级作为“生活条件综合信号”）；解释逻辑上的“剥削和利益形成逻辑”“状况逻辑或理性行动逻辑”和“结构化（或同质性）逻辑”（李路路等，2012a）。

阶级分析的经验研究，以劳工研究的领域最为集中。刘建洲对无产阶级化研究的困境做了分析，对欧洲和新兴工业化国家曾经出现的无产阶级化的不同模式做了简要的分析和评价，针对“社会主义国家是否存在无产阶级化历程”这一重大的理论与现实问题，通过对塞勒尼等人研究的引介，探讨了这些研究对分析农民工的阶级形成与无产阶级化历程的启示（刘建洲，2012）。

三　本学科的发展方向与发展规划

在2008年出版的一本著作中，边燕杰等人曾对中国的社会分层研究在未来几年的发展方向，提出过一系列的展望和规划。他们认为，中国的社会分层与流动研究，还需要加强国与国之间的比较研究，即便不同国家之间的数据很难获得，也得加大国内不同地区之间的比较研究；应该加强制度分析，尤其是资本市场对财富分配结果影响的分析；要加强阶级分析，尤其是一个以等级为基础的社会在转型过程中的阶级分析；要加强对政治资本的分析，尤其是对政治资本的全面的理解和测量；要提高人力资本指标的含义和解释的确定性；要加强对不平等的合法性和机会平等的研究。此外，要加强数据共享的建设。

通过回顾过去几年里社会分层与流动领域内的新进展，我们可以看到，近些年，上述学者提出的学科发展方向均有所进展。尤其是在数据建设和共享、阶级分析、国际和国内比较方面，取得了明显的进步。另一方面，我们在看到成绩的同时，必须注意到的是，社会分层与社会流动的研究正处于一个新的关口。正如李培林在一篇文章中指出的那样，有几个方面的问题仍然值得在接下来的几年里继续深入地研究和持续地关注：一是改革开放后中国经济社会政策的两个重大调整，即阶级阶层政策的调整和收入分配政策的调整，这两个调整对中国阶级阶层结构和利益格局的变化产生重大影响；二是中国阶级阶层结构的变动，包括变动的过程以及现阶段阶级阶层结构的状况；三是利益格局的变化，主要有中国在城乡、区域、行业、个人等层面收入差距扩大的趋势；四是目前中国阶级阶层研究关注的几个问题，包括收入差距变化趋势问题、市场机制与收入不平等的关系问题、社会公正问题、中产阶层问题、农民工问题等（李培林，2011）。

除了上述经验层面的研究重点依然需要研究者们继续予以关注之外，社会分层与社会流动研究在理论和方法层面，也依然需要新的发展。我们认为主要有三个方面。

一是继续加强数据的建设和共享，尤其是纵向数据的采集和共享。越来越多的国际一流社会分层研究都是利用纵向数据完成的。在中国这样一个处于急剧变迁的社会中，纵向数据的积累和使用具有更为重要的意义。在中国社会学界，这方面的工作才处于起步阶段，一些追踪性的研究刚刚开展，面临着种种困难和挑战。这就需要学界加强合作，同时需要政府和社会各界加大支持力度。

二是继续加强韦伯主义与马克思主义两种社会分层研究传统的融合与对话，进一步提高“阶级分析”的研究水平。阶级分析之所以重要，是因为在社会结构中，阶级阶层结构是最为核心的部分，对阶级阶层关系的研究应当是认识当前中国社会结构巨大变迁的最佳切入点。按欧美学界的旧有分类，狭义的社会分层与社会流动研究，主要是戈德索普范式或者新韦伯主义范式下的研究，以区别于传统的马克思主义的“阶级分析”。但自20世纪60年代以来，新韦伯主义和新马克思主义的“阶级分析”实际上已经相互借鉴和学习，“社会分层”与“阶级分析”在很多方面已经是一体两面。但在中国，由于特定的历史原因，新马克思主义的阶级分析研究相对于新韦伯主义的社会分层研究，仍然比较薄弱。虽然近些年来，一些学者为此做了大量的工作，一些研究也开始出版，但仍然需要投入更多的精力促进社会分层与阶级分析的融合。正如王春光在一篇文章中指出的那样，“面对学术界将阶级和阶层研究对立起来的问题，从中国的现状出发，把阶级分析与阶层分析统合在一起，用统合式的框架来透视和研究当代中国社会阶级阶层关系，一些理论和现实问题可以得到较为恰当的解决”（王春光，2010）。

三是研究范围还有待进一步拓展。现有的大部分社会分层研究都在关注社会分层结构、教育不平等、收入不平等少数几个议题。这在一定程度上是因为这些研究对象比较容易接近获得数据。另外，对于社会分层对健康、工作满意度、生活方式、消费模式、犯罪、扩大内需与产业转型升级等论题的关注还有待加强。对于社会精英阶层，尤其是政治精英、经济精英、一些新兴职业群体——如我国资本市场和上市公司的大发展促进生产的中国职业经理人群体，国内学者研究的还比较少。在国内学者对这些领域加强关注的同时，相关的学术单位和资助单位也要为这类研究投入更多的经费支持。此外，还需要加强学科间的融合。例如，在健康不平等和生命历程的研究上，医学、生物科学的内容被借鉴乃至直接引入模型，经济学和政治学的许多研究成果也被广泛引用，而人们的心理认知、主观态度等心理学内容也一直在阶级认同、社会政策方面占据着重要地位。

总之，在改革开放的30年来，当代中国的社会结构发生了质的变迁，延续了几千年的超稳定结构被消解了，渐渐地出现了一个全新的社会结构形态，即粗具现代化雏形的社会结构。李路路曾在2012年发表的一篇文章里写道，在新的历史时期，社会结构阶层化和利益关系市场化构成社会群体矛盾与冲突的基本特征；而整合日益分化的社会结构，正确处理市场化背景下权力和权利的问题，在很长时间内将是中国社会管理面临的新挑战。在发展阶段和转型路径的约束下，面对日益分化的社会阶层和日益深化的市场化程度，公开、参与、平衡是协调社会矛盾与冲突、重塑社会秩序的基本理念和方向

（李路路，2012）。社会分层与社会流动研究依然任重而道远。

参考文献

边燕杰、吴晓刚、李路路，2008，《社会分层与流动：国外学者对中国研究的新进展》，北京：中国人民大学出版社。

边燕杰、肖阳，2014，《中英居民主观幸福感比较研究》，《社会学研究》第2期。

陈光金，2013，《不仅有“相对剥夺”，还有“生存焦虑”——中国主观认同阶层分布十年变迁的实证分析（2001—2011）》，《黑龙江社会科学》第5期。

陈光金，2011，《中国私营企业主的形成机制、地位认同和政治参与》，《黑龙江社会科学》第1期。

陈云松、比蒂，2014，《“关系人”没用吗？——社会资本求职效应的论战与新证》，《社会学研究》第3期。

程诚、边燕杰，2014，《社会资本与不平等的再生产：以农民工与城市职工的收入差距为例》，《社会》第4期。

仇立平，2006，《回到马克思：对中国社会分层研究的反思》，《社会》第4期。

刁鹏飞，2013，《人们为什么接受不平等？——成功归因、阶层意识与分配公平》，《黑龙江社会科学》第5期。

方长春，2014，《体制分割与中国城镇居民的住房差异》，《社会》第4期。

高勇，2013，《地位层级认同为何下移：兼论地位层级认同基础的转变》，《社会》第4期。

高勇强、何晓斌、李路路，2011，《民营企业家社会身份、经济条件与企业慈善捐赠》，《经济研究》第12期。

洪岩璧、赵延东，2014，《从资本到惯习：中国城市家庭教育模式的阶层分化》，《社会学研究》第4期。

胡安宁，2014，《教育能否让我们更健康——基于2010年中国综合社会调查的城乡比较分析》，《中国社会科学》第5期。

胡荣、陈斯诗，2012，《影响农民工精神健康的社会因素分析》，《社会》第6期。

华红琴，2013，《社会地位、生活境遇与焦虑》，《社会》第4期。

黄冬娅，2014，《私营企业主与政治发展：关于市场转型中私营企业主的阶级想象及其反思》，《社会》第4期。

黄嘉文，2013，《教育程度、收入水平与中国城市居民幸福感》，《社会》第5期。

雷开春，2011，《城市新移民社会资本的理性转换》，《社会》第1期。

李春玲，2011，《中国中产阶级的发展状况》，《黑龙江社会科学》第1期。

——，2012，《寻求变革还是安于现状：中产阶级社会政治态度测量》，《社会》第2期。

——，2014a，《“80后”的教育经历与机会不平等》，《中国社会科学》第4期。

——，2014b，《教育不平等的年代变化趋势（1940—2010）——对城乡教育机会不平等的再考察》，《社会学研究》第2期。

李后建，2014，《不确定性防范与城市务工人员主观幸福感》，《社会》第2期。

李骏、吴晓刚，2012，《收入不平等与公平分配：对转型时期中国城镇居民公平观的一项实证分析》，《中国社会科学》第3期。

李路路，2012，《社会结构阶层化和利益关系市场化——中国社会管理面临的新挑战》，《社会学研究》第2期。

李路路、陈建伟、秦广强，2012a，《当代社会学中的阶级分析：理论视角和分析范式》，《社会》第5期。

——，2012b，《权威阶层体系的构建——基于工作状况和组织权威的分析》，《社会学研究》第6期。

李路路、唐丽娜、秦广强，2012，《“患不均，更患不公”——转型期的“公平感”与“冲突感”》，《中国人民大学学报》第4期。

李培林，2011，《中国改革以来阶级阶层结构的变化》，《黑龙江社会科学》第1期。

李培林、田丰，2011，《中国新生代农民工：社会态度和行为选择》，《社会》第3期。

——，2012，《中国农民工社会融入的代际比较》，《社会》第5期。

李强、刘精明、王昊、曾迪洋，2012，《让每个学子都拥有公平的机会》，《光明日报》7月3日。

刘建洲，2012，《无产阶级化历程》，《社会》第2期。

刘军强、熊谋林、苏阳，2012，《经济增长时期的国民幸福感——基于CGSS数据的追踪研究》，《中国社会科学》第12期。

刘欣、朱妍，2011，《中国城市的社会阶层与基层人大选举》，《社会学研究》第6期。

吕鹏，2013，《私营企业主任人大代表或政协委员的因素分析》，《社会学研究》第4期。

毛小平，2014，《购房：制度变迁下的住房分层与自我选择性流动》，《社会》第2期。

孟天广，2012，《转型期中国公众的分配公平感：结果公平与机会公平》，《社会》第6期。

孙明，2011，《家庭背景与干部地位获得（1950—2003）》，《社会》第5期。

孙珠峰、胡伟，2012，《中国党政官员学历变化和代际更迭研究》，《学术界》第3期。

王春光，2010，《统合：透视当代中国社会阶级阶层关系的新框架》，《河北学刊》第2期。

王甫勤，2011a，《“上山下乡”与知识青年的阶层分化及生活幸福感研究》，《南京社会科学》第2期。

——，2011b，《当代中国大城市居民的分配公平感：一项基于上海的实证研究》，《社会》第3期。

——，2012，《社会经济地位、生活方式与健康不平等》，《社会》第2期。

王甫勤、时怡雯，2014，《家庭背景，教育期望与大学教育获得基于上海市调查数据的实证研究》，《社会》第1期。

王威海、顾源，2012，《中国城乡居民的中学教育分流与职业地位获得》，《社会学研究》第4期。

魏万青、谢舜，2013，《区域经济发展模式下的劳工收入差异与分解——基于珠三角、苏南与浙江三地数据的实证研究》，《社会》第2期。

吴愈晓，2012，《中国城乡居民教育获得的性别差异研究》，《社会》第4期。

——，2013，《教育分流体制与中国的教育分层（1978—2008）》，《社会学研究》第4期。

谢琳、李孔岳、周影辉，2012，《政治资本、人力资本与行政垄断行业进入——基于中国私营企业调查的实证研究》，《中国工业经济》第9期。

邢占军，2011，《我国居民收入与幸福感关系的研究》，《社会学研究》第1期。

熊易寒，2012，《从业主福利到公民权利——一个中产阶层移民社区的政治参与》，《社会学研究》第6期。

杨典，2012，《效率逻辑还是权力逻辑：公司政治与上市公司CEO强制离职》，《社会》第5期。

叶华、吴晓刚，2011，《生育率下降与中国男女教育的平等化趋势》，《社会学研究》第5期。

叶鹏飞，2011，《农民工的城市定居意愿研究——基于七省（区）调查数据的实证分析》，《社会》第2期。

张翼，2011，《农民工"进城落户"意愿与中国近期城镇化道路的选择》，《中国人口科学》第2期。

张兆曙、陈奇，2013，《高校扩招与高等教育机会的性别平等化——基于中国综合社会调查（CGSS 2008）数据的实证分析》，《社会学研究》第2期。

周怡、胡安宁，2014，《有信仰的资本——温州民营企业主慈善捐赠行为研究》，《社会学研究》第1期。

朱妍，2011，《中产阶层对于自身政治参与有效性的评价——比较中国与越南中产阶层的政治效能感》，《青年研究》第4期。

作者单位：中国社会科学院社会学研究所

人口政策变迁研究综述

张丽萍

进入21世纪，中国人口面临生育水平持续走低的态势，人口老龄化、劳动力短缺及消费力变低等问题相继浮现，一些学者针对中国现行的生育政策，提出应当对生育政策进行调整，以适应社会发展的需要。而随着“单独二孩”政策落地，生育政策再次成为社会热点，所以以此为分界点，人口政策的研究有很大的不同。

一 “单独二孩”政策实施之前的生育政策研究

“单独二孩”政策之前，争论围绕在是否应该放开生育政策上，即是应该继续坚持计划生育政策，还是应该适当放开生育政策；是逐步放开生育政策，还是彻底取消生育政策。

研究者认为，现行生育政策在人口、经济、社会方面的负面效应开始显现。

杜本峰等（2011）基于公共政策周期理论视角，采用政策评估的科学逻辑，对生育政策进行了综合全面的分析评估，从当今中国实际国情出发，认为现行计划生育政策的目标已实现，计划生育政策的最终目的是建立一个有利于经济社会发展的人口环境，统筹考虑政策调整，有序完善现行生育政策，促进人口长期均衡发展已正当适时。王金营等（2012）从公共政策视角分析认为，计划生育政策在严格执行多年后已逐渐显现一系列不良后果，对其他公共政策需求压力增大，带来了一系列较高的执行成本。

长期低生育率导致未来生育政策的发展方向将以生育政策调整为主基调，采取适当适度、循序渐进的原则，讨论的重点在于要不要调整生育政策、调整政策与不调整政策的后果、如何调整及何时调整等。

对于要不要调整生育政策这个问题，生育水平是重要的衡量指标。学者们在表述妇女生育水平时使用最多的就是学界公认的综合性指标——总和生育率。近些年，中国多次大规模、权威性的人口调查，特别是人口普查，从总和生育率的角度都显示妇女的生育水平极低。如2000年第五次全国人口普查获得的总和生育率指标值为1.22，2010年第六次全国人口普查（简称“六普”）得到的该指标值更低至1.18。但有学者认为实际的妇女生育水平没有这么低，经论证、调整后提出现阶段中国的妇女总和生育率为1.5—1.6（翟振武、赵梦晗，2014）或为1.5—1.8（风笑天，2014）。当然也有学者对此并不认同，提出“20 多年来，几乎所有全国性人口调查统计均反映生育率已经降至更替水平以下，并在一个较长时间低于 1.5 以下”（陈剑，2014）。中国妇女生育率已属于“很低生育率”，认为一些学者所假定的大规模出生漏报总是不能被证实，怀疑生育率调查所未能正确反映的所谓（较高的）真实生育水平也始终难见踪影（陈剑，2014）。甚至有的学者直接应用 1.2 左右调查所得的总和生育率指标（易富贤，2012）。应该说，多年来，有关中国真实生育水平的争论始终没有停止过，但对生育水平的判断是生育政策怎样调整和何时调整最重要的参数。

对于政策调整的方案，石人炳、张维（2011）针对生育政策的城乡二元格局设计了可能的改革方案。梁中堂（2011）就“公开信”的几个具体问题展开了更为详细的讨论。刘爽、邹明洳（2011）利用国内外人口生育调查数据，分析了不同类别国家不同时期妇女一孩、二孩平均生育间隔的基本特征和变化趋势，并讨论了政策对生育间隔的作用空间。李建新、李娜（2012）对江苏省六县市的研究显示，这些地区不受政策约束的育龄妇女实际生育水平并未达到理想或意愿生育水平，初育年龄推迟、教育水平提升、工作压力等都对实际生育水平产生了显著的抑制作用。

有学者还研究了不同政策下单独育龄妇女的未来变动趋势，对生育政策的调整也具有重大意义，其中包括独生子女总量结构研究、“单独”育龄妇女总量结构估计、“单独”统一放开的研究，通过人口系统随机微观仿真实验分析“单独”育龄妇女总量、结构及发展趋势，模拟生育政策调整的影响，认为全国尽快实施放开“单独二孩”政策面临的风险不大（王广州，2012；王广州、张丽萍，2012）。但也有学者认为生育政策调整的影响不甚乐观，符合“单独”条件的全国妇女总数有 3300 多万人，实施“单独二孩”政策后，预计 3—4 年后可增加 1000 万—1200 万名新生儿。其中，峰值年份总新增人口将达到 2600 万，总和生育率将由现在的 1.6 左右提高至 2.4（中国发展研究基金会，2012）。

整体来看，较多研究都支持即使放开计划生育政策，中国生育水平也不会出现大幅反弹。当前中国的客观环境发生了重大变化，统筹考虑政策调整，有序完善现行生育政策，促进人口长期均衡发展已正当适时。

二　“单独二孩”政策实施后的研究重点

随着“单独二孩”政策落地，生育政策再次成为社会热点，该政策的目标人群、政策造成的出生堆积等诸多问题引起了学界的广泛关注。同时政策变化带来的社会影响要远比生育本身更广泛、复杂，政策执行面临的问题以及影响也成为研究的重点。

“单独二孩”政策目标人群的结构和分布情况，以及政策初期的出生堆积程度在新政实施后受到关注，对于“单独二孩”生育政策调整争论的核心问题在于出生堆积的规模。讨论的焦点在于全国单独二孩生育政策目标人群为 1500 万—2000 万人，甚至达到 2600 万人以上（姚引妹等，2014），还是 1500 万人以下？每年新增政策出生人口在

200万人及以上，甚至达到一些学者所估计的超过300万人（乔晓春，2014；石人炳，2014），还是在100万人左右，达到及超过200万人的可能性很小（王广州、张丽萍，2012）？历史堆积政策目标人群4年或5年内能否全部完成生育（翟振武等，2014）？随着时间的推移，政策的实施效果将进一步显现，而相关的研究结论也有待在实践中得到检验。

在对“单独二孩”政策的相关讨论中，其实施本身就意味着中国计划生育政策迈入了新的阶段。乔晓春（2014）认为，单独二孩政策最重要的作用是缓解了“独生子女”政策所带来的各种负面问题。在肯定“单独二孩”政策积极意义的同时，学者们还对未来计划生育政策调整与完善的基本原则、工作重点及发展方向进行了初步的展望，这些研究既看到了“单独二孩”政策的积极意义，又通过实证研究指出了可能存在的问题及未来的发展方向。

从目前的研究基础来看，对“单独二孩”政策的研究缺少面向具体实施步骤的空间分布研究、面向具体实施过程的人群特征分析、更精细的对“单独二孩”政策实施进行有效指导的研究，以及针对“单独二孩”政策如何为全面放开“二孩”政策做好基础准备的研究。另外，还缺乏对生育政策调整的社会影响分析。作为一项社会公共政策，生育政策调整所产生的影响绝不仅仅表现在人口变化上，而且有着更广泛、深刻和长远的社会影响，这种影响将折射在社会生活的各个领域，涵盖教育、就业、社会保障、住房、人们的生活方式、思想观念和文化形态等方方面面；同时，对政府的制度设计、管理活动以及服务提供也会提出新的要求，需要进行政策衔接、管理衔接和服务衔接。但遗憾的是，这方面的研究成果却十分匮乏，仅有个别学者专门讨论或涉及这一主题。其中，风笑天（2014）分别从政策调整所引发的新人口现象与人口问题、对城乡家庭带来的冲击与影响、承担生育责任的青年夫妇、“单独二孩”放开形成的政策性人口队列等方面说明了可能带来的社会影响。石智雷、杨云彦（2014）则强调了面对政策延伸风险，政府相关部门需要“政策细化尽快调整到位”“政策传递到位”以及“监督执行到位”等。杨云彦等（2014）则从人口红利效应的角度提出“单独二孩”政策的“人口数量红利效应较小，但对人口结构红利会产生积极作用，同时可持续深化人口素质红利”。对于政策执行过程中，强调要注意监控三孩生育、防止出生人口的大起大落，同时要加强出生缺陷干预及高龄产妇服务（张丽萍、王广州，2014）。

三　关于全面放开“二孩”及生育意愿的研究

生育政策变动后，中国人口的未来走势如何？而应不应该立刻、迅速放开“普遍二孩”政策，是整个研究的“敏感”话题。有学者主张“应迅速放开二胎”，理由之一是“以往中国的生育率被严重高估了”（陈剑，2014）。曾毅（2013）指出放开“双单独二孩”方案无法避免现行生育政策的弊端，包括人口老化导致劳力资源加速萎缩，并继续助长出生性别比大幅偏高的危险趋势，同时继续制造越来越多的独生子女高风险家庭而危及社会稳定与国防安全，所以要尽快启动普遍允许“二孩”与提倡适当晚育政策。而翟振武等（2014）认为，由于妇女生育二孩的意愿仍处于较高水平，立刻全面放开二孩生育将使全国的年度出生人口规模急剧增加，出生人口峰值和生育水平峰值都很可观，但是全面放开“二孩”确实可以“明显改善我国总人口未来进入负增长的趋势，增加劳动力资源的未来供给，延缓人口老龄化的进程”（翟振武等，2014）。提出“单独二孩”是契合当今现实条件的政策选择”（翟振武、李龙，2014）。还有学者主张相对更慢的生育政策调整步伐，提出在“单独二孩”政策稳定实施几年的基础上，2018 年城镇采取与农村地区趋同的“二孩”政策；2020 年左右再实施“普遍二孩”政策（汤兆云，2014）。也有学者提出采取以全面放开“二孩”试点的方式，分阶段、按省区一步到位全面放开“二孩”政策，这样既可以分散出生堆积的风险，又可以避免生育政策多变和实际操作复杂的问题（王广州、胡耀岭，2012）。

决定政策调整后出生人口增量的，不仅有政策规定本身的制约，更有育龄人群再生育意愿的影响。因此，在国家“单独二孩”政策出台后，学界相关研究成果中数量最多的就是有关育龄人群，特别是符合政策条件的育龄人群生育意愿的调查、分析及生育意愿和生育行为关系方面，这些研究为“单独二孩”政策的实施和调整提供了一定的参考依据。从总体上看，中国已经进入了生育水平低于生育意愿的新阶段，这意味着生育水平将维持在人口更替水平之下，这再次引发了学界对“低生育陷阱”的担忧。通过重新审视和实证研究，靳永爱（2014）对“低生育率陷阱”的规律性及其在中国的适用性提出了质疑，认为即使是在低生育水平下，通过适当的政策调整来提高未来生育率并不是没有可能的。此外，对生育意愿测量指标的讨论与辨析也促使未来的研究在方法上更加严谨和有效。

侯佳伟等（2014）使用横断历史元分析对 1980—2011 年开展的 227 项生育意愿的历史调查数据进行重新加工，考察生育意愿随年代变化的趋势或规律，并与实际生育水平进行对比。该研究发现生育意愿在 20 世纪 90 年代快速下降，2000 年至今稳定在 1. 6—1. 8 的较低水平。而实际生育子女数在 20 世纪 80 年代高于生育意愿，随后很快下降，在 1990 年之后进入生育水平低于生育意愿的阶段，实际生育子女数少于理想子女数，生育数将保持在较低水平。

郑真真（2014）提出，生育意愿的不同指标——理想子女数、期望生育子女数、生育意向与生育计划的概念和作用并不相同，其中理想子女数是群体生育观念的代表，而不是个体的需求或意愿，适宜回顾性研究时反映育龄人群生育观念的转变；期望生育子女数比较接近夫妻或个人的生育需求，但可能会随生育历程而不断调整，预测能力较差；生育意向和生育计划与短期行为的相关最为密切，适用于预测短期的生育行为。在中国生育现状下，基于孩次的生育计划是对政策调整后短期行为预测的有效指标。

罗淳等（2014）基于生育意愿、生育行为和生育水平之间的背离，提出“单独二孩”政策响应人群分为涉及人群、接收人群、践行人群和兑现人群，以此为基础推算政策实施对云南人口的影响，认为新增出生人口会在 2016 年达到 4. 5 万的生育峰值后明显回落，在2020年后将退回到新政实施前的水平，并将随时间推移呈逐年缩减态势，这对云南人口发展的影响力度较为有限。

实际上，中国20世纪80年代以来的多次大型人口或社会调查都对被调查者的意愿生育子女数做过了解，结果显示：在20世纪80—90年代，人们的意愿生育子女数大体为2—2.5个；进入21世纪以后，这一指标值表现出降低趋势，其中2007年全国居民社情民意调查获得的平均意愿生育子女数为1.89个，2012年中国家庭幸福感热点问题调查得到的育龄人群平均意愿生育子女数为1.86个（王军、王广州，2013；庄亚儿等，2014）。

上述主要是对一般民众或育龄人群所做调查得出的结果。但对政策制定或调整来说，潜在目标群体的生育意愿，包括在孩子数量、性别和时间上的可能选择更直接且重要。因此，在“单独二孩”政策提出前后，一些机构或学者开展了有针对性的生育意愿调查。

中国人口与发展研究中心受国家卫计委委托，在2013年组织了除西藏和新疆之外的29个省（自治区、直辖市）有关生育意愿的全国性调查，调查对象为20—44岁有配偶人口。这一调查的主要发现是：（1）约有80%的被调查家庭希望生育两个孩子；（2）“单独”“双独”和普通家庭的平均理想子女数分别为1.79个、1.83个和1.95个；现有一孩“单独”家庭的平均理想子女数为1.81个；（3）现有一孩“单独”家庭希望生育“二孩”的比例约为60%；（4）“单独一孩”家庭对未来生育时间安排“未确定”的比例高达59%；其余约四成的夫妇计划在三年中递减式地进行政策性生育释放（庄亚儿等，2014）。

福建省在2013年进行的生育意愿调查也得到了“单独一孩”夫妻有再生育意愿的达到60%这一比例（汤兆云，2014）。但在2014年湖北省进行的大样本类似调查中，符合“单独二孩”政策、可再生育的家庭不仅表现出偏低的平均理想子女数，而且明确表示要生“二孩”的比例只有21.5%，不想生的比例却接近60%（石智雷、杨云彦，2014）。陈建平等（2014）对上海户籍已婚育龄人群所做的生育意愿调查结果则显示：在不考虑政策的情况下，约48.5%的被调查对象希望生育两个孩子（“单独”夫妇的该比例为48.7%），而夫妻是否独生子女对意愿生育子女数并无影响。

广东省也曾在2011年组织过对“80后”年轻一代生育意愿及其影响因素的大规模调查，结果表明：近3/4（72.8%）的被调查“80后”的理想子女数为两个，其中1男1女是其主流意愿（张建武、薛继亮，2013）。

此外，还有一些小规模、地区性的生育意愿调查。由于各种主、客观原因，这些调查结果差别较大，有的调查对象明显有偏。但这些调查依然从不同侧面给我们很大启发：其一，中国社会正处在社会剧烈变迁的特定历史时期，人们的生活观念和生活方式，包括生育观念与行为都在不断变化，但因环境、条件不同，地区、城乡、人群和代与代之间的变化速度并不一致，因此生育意愿表现出各种差别和多样性。其二，由于育龄夫妇处在生命周期的不同阶段，他们的生育意愿可能不同且处于变化之中，如婚前的意愿与婚后不同、有孩子与无孩子不同。其三，理想子女数、意愿生育子女数和实际生育行为之间存在差异，有政策约束和无政策约束的意愿也存在差异。其四，尽管存在上述各种变化和差异，但综合不同的调查结果，我们仍然看到了一些共同点，比如无论是理想子女数还是意愿生育子女数，都没有到多数人“不想生”的状态，大多数被调查对象希望生育两个孩子，不少已明确表示要再生育。此外，各类调查也都认可生育政策的调整将释放出一定的生育潜能，只是程度不同而已。

除了上述测算外，还有学者讨论了立即实施“全面放开二孩”政策可能带来什么样的人口学后果，但不同学者的判断与结论相差甚远，并因此形成商榷之势（翟振武等，2014；乔晓春，2014），上述研究成果传递给我们的重要信息是：“单独”放开会带来一定规模的出生“堆积”，但对年度出生人口总量的影响相对有限，而且由此产生的潜在生育“增量”的大部分将在未来3—5年释放。同时，由于政策落地与符合政策规定的“单独”夫妇成功怀孕之间存在时间滞后，2014年并不是出生堆积最多的年份，而到2015年、2016年才更可能有较大规模的出生“增量”和更明显的出生“堆积”。以政策出台到2014年年底或2015年年初的小出生增量作为政策“遇冷”的依据，并不能令人信服。

通过上面的梳理与总结可以看到，紧随着中国生育政策调整的步伐，中国学术界做出了积极的回应。但是面对新的社会背景和政策环境，面对与以往不同的政策对象、人口群体和队列，也面对迅速改变的社会文化和生活方式，对生育政策调整及其可能带来的影响与后果，还有大量的重要问题需要回答，诸多认识和看法也有待进一步辨明和澄清，包括对所面临变化和问题更全面、多视角的了解。

参考文献

曹立斌、程广帅，2014，《“单独二孩”政策将释放多少生育潜能?》，《中南财经政法大学学报》第5期。

陈建平、樊华、刘小芹、崔元起、高尔生、李琳、王波、苗茂华、袁伟，2014，《上海市户籍已婚育龄人群生育意愿与生育状况调查》，《中国计划生育学杂志》第8期。

陈剑，2014，《应迅速放开二胎》，《中国经济报告》第11期。

杜本峰、戚晶晶，2011，《中国计划生育政策的回顾与展望——基于公共政策周期理论视角分析》，《西北人口》第3期。

风笑天，2014，《“单独二孩”：生育政策调整的社会影响前瞻》，《国家行政学院学报》第5期。

侯佳伟、黄四林、辛自强、孙铃、张红川、窦东徽，2014，《中国人口生育意愿变迁：1980—2011》，《中国社会科学》第4期。

靳永爱，2014，《低生育陷阱：理论、事实与启示》，《人口研究》第1期。

李建新、李娜，2012，《中国放开现行计生政策的可行性——基于江苏省不同政策群体生育理想、生育意愿的调查》，《探索与争鸣》第7期。

梁中堂，2011，《关于“公开信”的几个具体问题》，《人口与发展》第2期。

刘爽、邹明洳，2011，《一、二孩生育间隔及其政策意义——基于国际视角与中国情境的实证分析》，《人口研究》第2期。

罗淳、许庆红、戴琼瑶，2014，《“单独二孩”政策实施与云南人口发展预期研究?》，《中国人口科学》第3期。

马力、桂江丰，2014，《中国完善生育政策战略研究——基于“十二五”期间放开“单独”的思考》，《人口与发展》第2期。

乔晓春，2014，《“单独二孩”政策的利与弊》，《人口与社会》第1期。

——，2014，《实施“普遍二孩”政策后生育水平会达到多高？兼与翟振武教授商榷》，《人口与发展》第6期。

石人炳，2014，《“单独二孩政策”实施初期的出生堆积及其特点》，《人口与经济》第5期。

石人炳、张维，2011，《城乡一体化与我国“二元”生育政策改革》，《人口与经济》第6期。

石智雷、杨云彦，2014，《符合“单独二孩”政策家庭的生育意愿与生育行为》，《人口研究》第5期。

王广州，2012，《“单独”育龄妇女总量、结构及变动趋势研究》，《中国人口科学》第3期。

王广州、胡耀岭，2012，《中国生育政策的历史沿革及发展方向》，《中国党政干部论坛》第11期。

王广州、张丽萍，2012，《到底能生多少孩子——中国人的政策生育潜力估计》，《社会学研究》第5期。

王金营，2011，《中国未来不同生育水平下的经济增长后果比较研究》，《人口学刊》第1期。

王军、王广州，2013，《中国育龄人群的生育意愿及其影响估计》，《中国人口科学》第4期。

杨云彦、向华丽、黄瑞芹，2014，《“单独二孩”政策的人口红利效应分析：以湖北省为例》，《中南财经政法大学学报》第5期。

姚引妹、李芬、尹文耀，2014，《单独两孩政策实施中堆积夫妇及其生育释放分析》，《人口研究》第7期。

易富贤，2012，《大国空巢——反思中国计划生育政策》，北京：中国发展出版社。

曾毅，2013，《关于中国现行人口政策的若干思考》，《行政管理改革》第5期。

翟振武、李龙，2014，《“单独二孩”与生育政策的继续调整完善》，《国家行政学院学报》第5期。

汤兆云，2014，《“单独夫妇”二孩生育意愿及未来生育政策的调整》，《中共福建省委党校学报》第12期。

翟振武、张现苓、靳永爱，2014，《立即全面放开二胎政策的人口学后果分析》，《人口研究》第2期。

翟振武、赵梦晗，2014，《“单独二孩”政策的前因与后果》，《人口与计划生育》第3期。

张建武、薛继亮，2013，《广东“80后”生育意愿及其影响因素研究》，《南方人口》第2期。

张丽萍、王广州，2014，《“单独二孩”政策目标人群及相关问题分析》，《社会学研究》第1期。

郑真真，2014，《生育意愿的测量与应用》，《中国人口科学》第6期。

中国发展研究基金会，2012，《中国人口发展报告2011/2012：人口形势的变化和人口政策的调整》，北京：中国发展出版社。

庄亚儿、姜玉、王志理、李成福、齐嘉楠、王晖、刘鸿雁、李伯华、覃民，2014，《当前我国城乡居民的生育意愿：基于2013年全国生育意愿调查》，《人口研究》第5期。

作者单位：中国社会科学院社会学研究所

社区与空间社会学研究进展

吴 莹

20 世纪的社会理论通常被认为空间观念奇怪缺失（厄里，2003）。虽然在马克思、齐美尔等人以及芝加哥学派的都市研究中，空间概念都已经有所涉及，但由于历史决定论的盛行，空间观念被相对埋没（苏贾，2004）。在销声匿迹近数十年后，直到 1974 年列斐伏尔的《空间的生产》出版，空间才重新成为社会理论的核心主题之一（何雪松，2006）。随后，大卫·哈维等一批人文地理学者对城市空间中的“社会学化趋势”的解读（文军，2012），使空间研究的议题更加扩展，出现了区域性、地方感、场域性等新的研究主题。

近 10 年我国经历的大规模城市化给城市空间带来巨大变迁，政府的城市规划体现了国家自上而下对社会单元空间的安排，市民也在社区参与、社会运动中自下而上地塑造着社区的生态空间和关系空间。空间理论为社会现象的解释提供了新的视野和工具，因此开始受到学界越来越多的重视。本文关注社会学界近年来对空间理论的讨论，以及在此视角下的社区研究，重点评述以下三方面内容：对空间理论的引入和辨析；基层空间重构背景下的社区转型研究；社区空间的实践。

一 社会理论的空间转向

空间的概念在早期的城市社会学研究中就受到关注。齐美尔在 1903 年发表的《大都市与精神生活》分析中提出，在货币经济主导的都市空间中，人们都精于计算和权衡，人际关系倾向含蓄、疏远和排斥。稍后，沃思的城市分析强调了城市所特有的人口规模、居住密度、异质性等空间特征会不可避免地导致人们生活方式的变化。在芝加哥学派的城市生态学分析中，空间的重要性也在同心圆模型、居住区隔离等分析中得以体现。但在这些分析中，空间主要是作为城市生活背景和社会交往的容器而存在的，其主要观点包括：阶级等社会因素决定了人们与空间的关系；空间以特定的方式影响人们的行为和互动；空间环境的意义受到特定文化和脉络情景的影响（司敏，2004）。

20 世纪 70 年代出现的以列斐伏尔、苏贾、卡斯特、哈维为代表的一批学者，突破将空间视为社会活动的容器或平台的观念，从不同角度扩展了对空间的理解，促成了所谓社会理论的空间转向，也为空间视角下的城市研究提供了理论支持（包亚明，

2004）。进入21世纪后，我国学者也开始注意到空间研究的重要性，陆续将这些经典理论引入国内。

首先，马克思、涂尔干、齐美尔等经典社会学家的空间思想被重新挖掘和讨论。马克思和恩格斯在《英国工人阶级状况》和《论住宅问题》中就具体考察了城市空间的资本化和社会空间的权力分配，也关注空间剥夺和空间正义的问题（李春敏，2011）。胡潇（2013）考察马克思恩格斯的空间理论，指出其关于空间与社会互相建构的思想是在空间的社会形塑和社会的空间化厝置中得以展开的，分别演绎了空间的“历史自然”逻辑和“自然历史”逻辑。涂尔干在《宗教生活的基本形式》中也提出空间具有社会性，特定社会的人都是以同样的方式去体验空间的（何雪松，2006）。齐美尔的《空间的社会学》是社会学视野下讨论空间议题的最早文献。他提出空间在社会交往中被赋予意义，具有独占、分隔、固定、距离和运动五个社会属性（潘泽泉，2009）。甚至戈夫曼的拟剧理论也预示了一种新的空间视角：空间对人的行为具有制约和诱导作用，空间在人之上，为人的行为立法。并且这种视角最终在帕森斯的“结构”理论中得到充分展示（杜丽，2012）。

其次，新马克思主义理论的城市研究，尤其是列斐伏尔的空间生产理论成为国内学者的关注重点。汪民安（2006）认为，列斐伏尔是从政治经济学的角度来看待空间的，空间是被生产之物。他的贡献在于将空间和地理分析加入了马克思主义，扩展马克思主义经典的生产理论。何雪松（2006）进一步指出，列斐伏尔除了将空间进行实践性、关系性的理解外，还建构了社会空间的类型学，并提出了空间结构的三要素——空间的实践、空间的再现和再现的空间。在这种空间认识批判和空间本体论建构的基础上，列斐伏尔践行了空间的方法论，提出以“空间的革命”来实现马克思主义理想（张子凯，2007）。郑震（2011）更进一步指出，空间实际上是列斐伏尔日常生活批判的一个面向，是“日常生活的基础性和异化特征经历了一种空间本体论的转化”。从哲学的角度来说，列斐伏尔在社会性和历史性的维度外，加入了空间性这一新的要素，创立了“空间三元辩证法”（赵海月、赫曦滢，2012）。但是也有学者认为，列斐伏尔对资本主义国家和城市规划的否定过于激进和片面，具有抽象思辨性和乌托邦的特点（吴宁，2008），空间生产的范式也不能取代生产的范式来进行对社会历史的理解和阐释（庄友刚，2012）。

列斐伏尔以后，空间社会学的研究中心由欧洲转移到美国（王华侨，2014），学者们也开始更多关注以大卫·哈维为代表的人文地理学者的空间研究。章仁彪、李春敏（2010）提出，资本主义条件下的空间生产是哈维讨论的重点，他分析了空间与资本积累，批判了资本主义的不平衡地理发展，提出了“时空压缩与弹性积累”理论。刘涛（2014）进一步指出，“空间压缩”是资本主义全球化扩张下的空间体验在社会化媒体语境下得以实践。

随着空间研究的积累，开始有更多的研究对空间概念的思想谱系进行梳理（冯雷，2008；文军、黄锐，2012），分析和勾勒空间概念在社会学发展过程中的境遇改变（郑震，2010），提出社会理论的空间转向是如何沿着吉登斯、布迪厄的现代性架构和后现代理论的地理学概念和隐喻两条路径展开的（何雪松，2006）。空间概念的引入，被认为可以克服社会学研究从哲学思辨向实证研究转向的困难，将微观与宏观、能动与结构进行融合，实现空间、时间、社会三元研究视角的有益尝试（许伟、罗玮，2014）。

同时，空间社会学在中国研究中的运用也开始得到更多讨论。刘能（2014）发现，费孝通先生以地域空间为分析单位的研究其实就是一种“定性空间社会学”，但这种方法在当代社会科学中式微了。面对当代中国快速的社会转型，我们需要空间情境性的方法论，他因此提出了四种重返空间社会学的方法论策略。也有学者提到，其实我国当代学者的不少研究已经自觉使用空间的理念，例如孙立平的《断裂——20 世纪 90 年代以来的中国社会》就提出，我们社会阶层、权力关系是嵌入社会空间中的（王彪，2011）。

二　空间重构背景下的社区塑造

近 10 年我国的高速城市化，一方面将大量城郊土地划入城市，吞并村庄，扩大城市空间的范围；另一方面在开展“城市更新”“旧城改造”等项目中，推动已有城市空间的巨大变迁。空间的理论在经过引入、梳理和讨论之后，也被越来越多地运用到具体问题的分析中，逐渐形成了以下几个主要的问题域。

（一）单位社区的转型

在单位制时期，我国城市的空间是以单位为基础划分的，具有集中性、封闭性、排他性和自足性等特征。这种以单位集群形成的城市，被认为是枯燥的城市，缺乏城市性的城市（Szelenyi，1996）。随着住房商品化改革的推进，住宅小区取代单位大院成为城市的基本单元，作为辅助体制的街居制也被自我管理、自我服务的社区制取代。那么，原有单位社区将面临什么样的转型呢？

王美琴（2010）通过对一家国有企业单位社区的考察发现，许多传统单位制社区会逐渐演变为城市居住空间阶层化分异格局中的底层聚集区，因此重建与新生是这类城市空间发展和治理的重要任务（王美琴、李学迎，2011）。

周岚（2010）比较了转型前后的单位大院发现，转型前的单位大院是“国家权力下的空间”，政府拥有产权，是国家权威和强制性命令覆盖的空间，是国家实现空间控制的基本单元。而转型之后的单位则是由市场统驭，国家放权，空间使用权被市场化，其空间功能也更加纯粹化。

杜春兰等人（2012）在“邻里理论”的视角下，从规模、边界、空间布局、内部要素、道路系统、社区感等方面对单位大院和居住小区进行了比较，并提出应当借鉴二者优点形成具有中国特色的居住空间模式。

（二）城市空间分化

城市空间的阶层分化在城市化进程较早的西方发达国家早已存在，并成为城市空间结构的普遍特征（邢晓明、陈晓棠，2011；龚维斌，2012）。20 世纪 90 年代以来，我国大城市开始形成不同阶层居住空间的分化现象，表现为富裕阶层居住区的连绵，城乡接合部的贫困聚集等特点。不同层次的社区除了地理空间上的分隔，居民的社会交往也存在分化，容易造成底层社区的社会排斥和自我隔离（李远行、陈俊峰，2007），底层社区居民的生活满意度也较低（谭日辉，2013）。也有学者指出，居住空间的贫富分化只是社区阶层化的条件之一，从阶层意识、社区文化的角度来看，我国目前城市社会阶层的社区封闭性还未完全形成，政府应当注意以恰当的政策及时调控，防止上层因亚文化排斥的外流和下层社区条件的恶化（徐晓军、沈新坤，2008）。但是随着住房增值的展示作用，形成对住房的空间膜拜，居住空间阶层分化可能会更加明显（闵学勤，2012）。

在对空间分化进行概念描述的基础上，有学者进一步采用定量数据进行更为全面的城市空间分化特征描述。例如，李志刚（2008）运用 2000 年的五普数据，对广州中心城区的居住分异程度进行计算，提出空间分异度最高的社会群体是外来人口，而住房分布上分异度最高的是购买房改房和自建房群体。当前我国的城市住房建设模式具有同质聚居的特点，不利于居住多样性和混居格局的形成。而进一步的研究发现，这种“我们”与“他们”的隔离不仅存在于社区之间，甚至出现在社区内部，职业、教育水平等都不是主要因素，以户籍制度为代表的制度性障碍才是根本原因（赖金良，2010）。

门禁小区（gated community）是空间分化背景下的一种典型的隔离社区，这种社区以明确的边界、围墙、安全设备和严格的出入限制为标志，最早出现于美国并在全世界范围内逐渐盛行。我国的门禁小区也伴随着住房商品化出现并日趋普遍。有学者分析了这类社区具有不安全感、公共物品消费不均衡、空间碎片化和社会分化的特点（胡咏嘉、宋伟轩，2011），割裂了城市空间，导致破碎城市（fragmented city），应当以恰当的城市政策重整城市（何艳玲等，2011）。

（三）城市化进程中的社区空间

中国的城市化不单是外部空间的扩张和内部空间的更新，也是空间多样性的创造。转型中的城市打破了“单调均一”的积累方式和均质的景观，开辟了新的积累空间，因此成为各种矛盾的焦点，充满张力（吴缚龙，2006）。

城市化急速扩张可能出现的问题之一，是空间的片段化和功能的碎片化（卡斯特，2006）。并且这种碎片化是多方面的，包括空间结构的破碎化、自然环境破碎化、行政管理破碎化和社会空间的破碎化等（胡咏嘉、宋伟轩，2011）。土地粗放利用下的城市空间蔓延，城乡交接地带各种空间形态、用地行为互相混杂，各种建筑形式汇集造成的景观混乱与断裂，都会造成城市郊区空间的碎片化。而以严格功能分区为基础的空间开发模式，将会加剧社会阶层的分化与隔离（楚静等，2011）。即使单纯的居住区，也因建筑形态、文化休闲、运作机制、居住人群等的不同，可以进一步区分为不同类型，进而存在社会隔离、排斥和侵入等问题（万勇，2011）。孔翔（2014）认为，新城市主义以全局视角推进城市持续协调发展的理念和策略或许可以在空间尺度上为我国城市发展无序问题提供有益的借鉴。

从社区自身来说，以政府力量推动的中心旧区改造工程是城市化进程中典型的空间改造。黄勇（2009）通过对上海市上里城的市区动迁案例分析发现，在旧区改造动迁过程中，居民的私人空间、家庭空间、小区空间等微观层面都有了明显改善，但是在社区空间的中观层次和区位空间的宏观层次，他们却存在强烈的心理落差。而在城乡接合部的非定居性移民社区，由于身体在场与关系在场、利益在场、参与权在场的分离，难以形成社区认同感和归属感（田毅鹏、齐苗苗，2013）。此外，还会有一些社区在城市开发和更新过程中成为治理制度下低度合法性的灰色地带、“违规”空间。这类空间的形成既有市场的作用，也体现着国家的意图和市民的抵抗（陈映芳，2013）。

三　社区空间的实践

在列斐伏尔关于空间的三元分析框架中，如果说空间的表征和表征的空间是对人们已有空间观的厘清，那么空间的实践观无疑具有开创性。正是在人们日常的感知和使用空间的经历中，空间的表征和表征的空间之间能够进行调和（孙小逸，2015），空间的生产也才能够实现。社区空间在城市规划、开发、重建中，已经体现了政府、建筑师的空间观，更多的研究开始关注空间的使用者是如何在日常生活中对空间进行建构和生产的。

（一）作为生态环境的社区空间

从作为日常生活发生的生态环境来说，社区空间的物理特征在各种参与主体的行动中被不断塑造和改变。住房改革使得大量商品房住宅出现，开发商、物业管理公司、业主成为基层社区中新型的行动者（张应祥，2011），居住空间从国家紧密控制的单元变成市场自由选择的结果，社区空间更是成为国家、市场、个人互动作用的后果。

在空间表征的生产过程中，来自不同方面的话语、符号和认知对社区空间的形成发挥作用。例如，莫地本来是辽宁抚顺的一个棚户区，在政府主导的改造工程实施后，居住空间质量得到大幅度改善。但是研究者发现这种空间的改善并不会自发引起社会生活的改善，社区变迁的实践需要的是居民自身的回应和建构过程（孟翔飞、苏春艳，2010）。又比如，围绕南新花园解困房社区的空间安排和人口聚集，住建办等政府部门曾试图将社区作为控制对象，博弈关系导致了相互不信任的社区结构。恰恰是社区居民利用社区性的有利因素，才把社区动员发展起来（黄晓星，2011）。在关于社区空间正义的争论中，国家话语难以独占垄断地位，市场和居民的力量会不断介入，最终以

“上下分合”的方式重新界定空间的使用价值（黄晓星，2012）。

对社区空间的生产，从人类学的角度来看，“是一个向空间容器内注入文化内容的过程”。国家必须排除原来地方世界的复杂社会联系，通过分割、排除、占用等空间过程注入现代性内容，以实现空间重组（郑少雄，2013）。但是这种外在力量的空间改造，会对社区居民的人际关系、生活方式产生重大影响，甚至重塑他们的国家认同与民族认同（谭瑾、王晓艳，2012）。

居民在日常生活中体验到的差异化生活空间和国家所塑造的抽象空间之间存在着差异，二者之间的互动是理解都市运动的关键（孙小逸、黄荣贵，2014）。当社区居民围绕居住的利益展开行动甚至抗争时，他们会意识到自己的社会位置，在原本不存在的空间结构中开辟一个抗争的空间，从而使市民关于社区空间的行动超越空间的界限，扩展到更大的社会空间中，推动公共生活的形成和社会的生产（郭于华、沈原，2012）。

（二）作为关系网络的社区空间

除了物理空间，社区居民在互动交往中形成的公共空间、关系网络更是行动者实践的后果。要使社区中形成运作有效的社会系统，一定密度的社会交往和社区参与必不可少，尤其是在国家行政干预隐性化、物业公司未获得治理权威、业委会自治艰难的情况下，基于社区意识和社区参与形成的主观系统是社区社会得以可能的关键（闵学勤，2014）。具体而言，在信息化、城市化的背景下，互联网在社区公共空间中的作用和农民的城市融入问题是当前学界关注的主题。

袁光峰（2012）通过对番禺反对垃圾焚烧维权的事例分析发现，互联网的使用能够为抗争的业主提供信息传递、共识塑造等平台，对于建构业主之间的关系网络、进行社区资源动员具有重要作用。并且，将互联网中的虚拟社会网络同现实中的社会网络相结合，能更好地理解二者在业主抗争动员中的作用（黄荣贵，2012）。梁莹（2012）通过对南京、上海和杭州的调查数据分析发现，社区论坛为居民、社区自组织和基层政府的合作治理提供了共享空间。但是社区论坛作为一种社区公共空间，其组织和发起目前尚无法单独依靠居民和社区自组织实现，还需要居民自治意识和组织能力的进一步提升。

农民的城市融入问题，一方面体现在集中居住区中城市新移民的社会网络重建过程中。城市化扩张带来了很多地方的撤村并居、集中上楼，回迁农民在新的居住区必然要面对社会关系网络重构的挑战。叶继红（2012）的研究发现，“集中上楼”会造成新移民社会交往的空间隔离和邻里关系的淡化。因此这类社区的建设需要注重社区活动的开展，以扩大社区的公共空间。农民城市融入问题的另一方面则体现在农民工的城市融入过程中。当前农民工的城市不融入，体现在制度上农民与市民身份的排斥、地域空间上城中村的存在，以及认同空间上农民工的自我怀疑等多个方面（吴如彬，2014）。对此有学者提出，在居住区和工作场所这两种城市空间内，与市民的交往和融合都存在局限的情况下，在业余活动的社会空间和城市公共空间中加强接触和交往，或许能够减轻农民工的被隔离问题（江立华、谷玉良，2013）。

四　结语

总的来说，近年来社会学界对空间理论的引入和讨论还是比较丰富的，并且越来越多地将这一理念运用到对社区问题的分析中，丰富了社区研究的面向。根据上述梳理，关于空间社会学，尤其是该视角下的社区研究，我们可以总结如下几个方面的特点。

第一，虽然关于空间理论的梳理已经不少，但大多数都集中在对列斐伏尔的讨论。除了列斐伏尔关于空间生产的一整套理论，相关讨论还扩展到其对日常生活批判等更广泛的领域中。对于其他相关学者，如大卫·哈维、爱德华·苏贾、曼纽尔·卡斯特等的空间观，虽然也有一定讨论，但从深度和广度来看，都不如对列斐伏尔的关注；而对空间理论整体的发展脉络梳理的研究就更少。这在一定程度上限制了我们对20世纪70年代复兴的这场空间讨论的背景和影响的深度理解。并且，也容易将空间理论局限于列斐伏尔对资本主义都市和国家的批判，忽略当今空间论的全球化转向，以及该理论在全球化政治、经济、文化、生态、族群等问题上的解释力。

第二，我国当前城市化发展带来的巨大空间变迁，为空间理论的运用、批判和扩展提供了丰富的现实。中国城市从“单位集群”转变为“增长机器”，其变化的深度和速度都是世界城市化进程中罕见的。各种现象和问题的涌现，无疑有助于既有理论的检验和扩展。我们也确实看到，学界在城市化空间重构背景下的相关研究取得了较多积累。尤其是单位社区的空间转型和农民的城市融入等，都是具有中国特色的城市化问题，从空间视角切入的研究，有望带来新的理论发展和政策工具。

第三，网络时代的到来使地理空间被极大压缩，时间性被消除，一个全球性的技术空间随之出现。卡斯特也在《信息时代三部曲》中提出了网络社会中新的空间逻辑。学界现有的关于空间的分析也开始注意到网络空间的重要性，并集中体现在互联网对于居民社区参与和抗争行动影响的研究中。从社区的角度来说，一方面信息技术带来的时空压缩，使人们的社会交往和关系网络大大超越社区的边界，消解社区在日常生活中的重要性；另一方面，网络空间中的社会交往也有助于人们克服都市交往的冷漠与疏离，因共同关注的问题或兴趣而发生互动，有助于社区共同体的想象。因此，网络空间与地理空间、社会空间相互交织，将会给社区发展带来怎样的影响，还有待于进一步的研究。

参考文献

包亚明，2004，《游荡者的权力》，北京：中国人民大学出版社。
陈映芳，2013，《“违规”的空间》，《社会学研究》第3期。

楚静、王兴中、李开宇，2011，《大都市郊区化下的社会空间分异、社区碎化与治理》，《城市发展研究》第3期。

杜春兰、柴彦威、张天新、肖作鹏，2012，《“邻里”视角下单位大院与居住小区的空间比较》，《城市发展研究》第5期。

杜丽，2012，《论空间社会学的三种理论起源》，《湖北工程学院学报》第6期。

厄里，J.，2003，《关于时间和空间的社会学》，布赖恩·特纳编《社会理论指南》，李康译，上海：上海人民出版社。

冯雷，2008，《当代空间批判理论的四个主题——对后现代空间论的批判性重构》，《中国社会科学》第3期。

龚维斌，2012，《城市化：空间变化与社会重构》，《湖南社会科学》第4期。

郭于华、沈原，2012，《居住的政治——B市业主维权与社区建设的实证研究》，《开放时代》第2期。

何雪松，2006，《社会理论的空间转向》，《社会》第2期。

何艳玲、汪广龙、高红红，2011，《从破碎城市到重整城市：隔离社区、社会分化与城市治理转型》，《公共行政评论》第1期。

胡咏嘉、宋伟轩，2011，《空间重构语境下的城市空间属地型碎片化倾向》，《城市发展研究》第12期。

胡潇，2013，《空间的社会逻辑——关于马克思恩格斯空间理论的思考》，《中国社会科学》第1期。

黄荣贵，2012，《作为动员结构的网络：社会网络、虚拟网络语抗争动员》，《集体行动的中国逻辑》（《复旦政治学评论》第10辑），上海：上海人民出版社。

黄晓星，2011，《社区运动的“社区性”——对现行社区运动理论的回应与补充》，《社会学研究》第1期。

——，2012，《“上下分合轨迹”：社区空间的生产——关于南苑肿瘤医院的抗争故事》，《社会学研究》第1期。

黄勇，2009，《郊区动迁安置基地——居民的生活空间如何被生产》，陈映芳等著《都市大开发：空间生产的政治经济学》，上海：上海古籍出版社。

江立华、谷玉良，2013，《居住空间类型与农民工的城市融合途径——基于空间视角的探讨》，《社会科学研究》第6期。

卡斯特，曼纽尔，2006，《网络社会的崛起》，夏铸九、王志宏译，北京：社会科学文献出版社。

孔翔，2014，《新城市主义对我国推进新型城镇化的启示》，《北华大学学报》（社会科学版）第2期。

赖金良，2010，《我们与他们：关于社区内部分隔的观察与思考》，《浙江社会科学》第8期。

李春敏，2011，《马克思恩格斯对城市居住空间的研究及启示》，《天津社会科学》第3期。

李远行、陈俊峰，2007，《城市居住空间分化与社区交往——基于南京市东山新区个案的实证研究》，《开放时代》第4期。

李志刚，2008，《中国城市的居住分异》，《国际城市规划》第4期。

梁莹，2012，《社区论坛：一种非均衡的博弈——以长三角地区三城市调查为例》，《社会科学》第6期。

刘能，2014，《重返空间社会学：继承费孝通先生的学术遗产》，《学海》第4期。

刘涛，2014，《社会化媒体与空间的社会化生产》，《西北师范大学学报》（社会科学版）第2期。

孟翔飞、苏春艳，2010，《莫地的变迁——内城贫困区整体改造与社区治理研究》，《社会科学辑刊》第5期。

闵学勤，2012，《社会分层下的居住逻辑及其中国实践》，《开放时代》第1期。

——，2014，《社区的社会如何可能——基于中国五城市社区的再研究》，《江苏社会科学》第6期。

潘泽泉，2009，《当代社会学理论的社会空间转向》，《江苏社会科学》第1期。

司敏，2004，《“社会空间视角”：当代城市社会学研究的新视角》，《社会》第5期。

苏贾，爱德华·W.，2004，《后现代地理学》，王文斌译，北京：商务印书馆。

孙小逸，2015，《空间的生产与城市的权利：理论、应用及其中国意义》，《公共行政评论》第3期。

孙小逸、黄荣贵，2014，《再造可治理的邻里空间——基于空间生产视角的分析》，《公共管理学报》第3期。

谭瑾、王晓艳，2012，《空间置换下的民族社区重塑——基于云南省福贡县知子罗村的田野考察》，《贵州大学学报》（社会科学版）第5期。

谭日辉，2013，《社会空间特性对城市居民生活满意度的影响——以长沙市为例》，《重庆大学学报》（社会科学版）第6期。

田毅鹏、齐苗苗，2013，《城市结合部非定居性移民的“社区感”与“故乡情结”》，《天津社会科学》第2期。

万勇，2011，《大城市边缘地区“社会—空间”类型和策略研究——以上海为例》，《同济大学学报》（社会科学版）第2期。

汪民安，2006，《空间生产的政治经济学》，《国外理论动态》第1期。

王彪，2011，《空间社会学：当代社会解释的新路径》，《社会工作》（学术版）第6期。

王华侨，2014，《空间社会学：列斐伏尔及以后》，《晋阳学刊》第2期。

王美琴，2010，《城市居住空间分异格局下单位制社区的走向》，《苏州大学学报》（哲学社会科学版）第6期。

王美琴、李学迎，2011，《城市住房体制改革与传统单位社区的底层化》，《山东社会科学》第4期。

文军、黄锐，2012，《“空间”的思想谱系与理想图景：一种开放性实践空间的建构》，《社会学研究》第2期。

吴缚龙，2006，《中国的城市化与“新”城市主义》，《城市规划》第8期。

吴宁，2008，《列斐伏尔的城市空间社会学理论及其中国意义》，《社会》第2期。

吴如彬，2014，《空间理论视域下农民工“城市不融入”探究》，《重庆邮电大学学报》（社会科学版）第6期。

邢晓明、陈晓棠，2011，《中外城市社区阶层化比较研究》，《黑龙江社会科学》第6期。

许伟、罗玮，2014，《空间社会学：理解与超越》，《学术探索》第2期。

徐晓军、沈新坤，2008，《城市贫富分区与社区的阶层化》，《华中师范大学学报》（人文社会科学版）第1期。

袁光锋，2012，《互联网使用与业主抗争：以番禺反垃圾焚烧维权事件为案例》，《中国地质大学学报》（社会科学版）第3期。

章仁彪、李春敏，2010，《大卫·哈维的新马克思主义空间理论探析》，《福建论坛》（人文社会科学版）第1期。

张应祥，2011，《住房商品化与社区空间生产》，《广东社会科学》第3期。

张子凯，2007，《列斐伏尔〈空间的生产〉述评》，《江苏大学学报》（社会科学版）第5期。

赵海月、赫曦滢，2012，《列斐伏尔"空间三元辩证法"的辨识与建构》，《吉林大学社会科学学报》第2期。

郑少雄，2013，《草原社区的空间过程和地方再造》，《开放时代》第6期。

郑震，2010，《空间：一个社会学的概念》，《社会学研究》第5期。

——，2011，《列斐伏尔的日常生活批判理论的社会学意义——迈向一种日常生活的社会学》，《社会学研究》第3期。

周岚，2010，《单位大院的变迁——以空间社会学的视角》，《理论界》第1期。

庄友刚，2012，《何谓空间生产？——关于空间生产问题的历史唯物主义分析》，《南京社会科学》第5期。

Szelenyi，Ivan，1996，"Cities under Socialism and After." In G. M. Andrusz，M. Harloe & I. Szelenyi (eds.)，*Cities after Socialism：Urban and Regional Change and Conflict in Post – socialism Societies.* Oxford：Blackwell.

作者单位：中国社会科学院社会发展研究所

社会网络与社会资本研究综述*

刘　军

中国的社会网络与社会资本研究已有30多年（张文宏，2011a，2011b），近几年又进展迅速。2007—2010年，中国国家图书馆收录的题名带有“信任”“社会资本”和“社会网络”的图书分别有567部、319部和128部；而2011—2014年，这三类出版物的数量分别增长到745部、446部和287部。在中国期刊网（CNKI）中检索1990—2014年发表的篇名中分别带有上述三类检索词的文章，可发现直到2000年，这些类型的文章数才开始显著增加。其中，关于信任的文章最多，增速最快。2011—2014年，每年发表的上述三类文章分别约为2000篇、1000篇和500篇（如图1所示）。其中，社会网络方面的文章多数是关于个体网的经验研究，只有少数文章关注整体网和连锁董事网（马磊，2014）。本文从四个主题回顾近四年的重要进展。

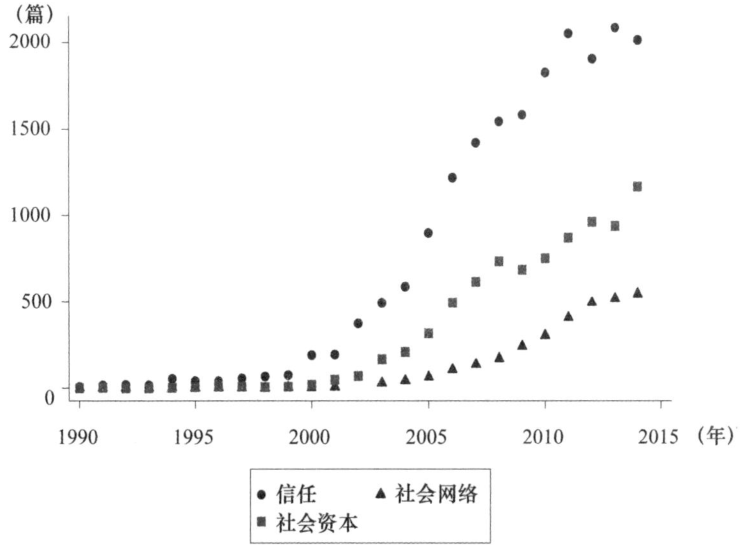

图1　1990—2014年CNKI收录的篇名带有“信任”“社会资本”和“社会网络”的文章数

* 感谢边燕杰教授提出中肯的修改意见。

一 研究方法与测量

与任何调查研究一样，社会网研究也面临内生性问题，即回归模型中的遗漏变量与解释变量相关所导致的参数估计值的偏误，它影响因果推断。穆尔（T. Mouw）于2003年首先提出了社会网络的内生性难题，认为在社会资本的劳动力市场效应中，友谊形成过程中的“自选择”可以部分取代社会资本的理论解释，社会资本的作用可受质疑。面对这个重大的前沿议题，学者开始系统地分析如何消除内生性，判定社会资本究竟有无作用。陈云松、范晓光（2011）介绍了内生性偏误的主要来源，围绕社会资本的劳动力市场效应，讨论应对策略，并从模型设置，数据搜索纵向跨度、横向跨度，外生变量挖掘，研究假定说明和复制性研究等方面，提出今后的经验研究的努力方向。在以往的研究中，对“找关系”本身是否有利于求职的分析也因忽视内生性问题而不具因果推断力，且关注的多为欧美自由市场经济。陈云松等（2013）运用“一阶差分”和“内生干预效应”模型的研究表明，在东德与当代中国，“找关系”本身与求职结果之间没有因果关系。在东德研究中，求职方式中的自选择导致估计量上偏，而中国研究中自选择问题导致估计量下偏。作者给出的解释是：东德工人中能力强者倾向于使用社会关系；而在转型期的中国城镇，能力弱者倾向于“找关系”以弥补自身劣势。

围绕内生性的“林南—穆尔之争”持续多年。陈云松等（2014）对双方论点进行了批判性回顾，用“一阶差分”与“赫克曼方法”的组合来同时纠正样本选择和遗漏变量偏误。其研究结果表明，“关系人”的地位对求职结果具有显著的正向效应，且这种效应非但没有因“趋同性”被高估，反而因“趋异性”被低估。在探讨社会网络对农民工的工资收入影响方面，对内生性问题的解决也不够。陈云松（2012）针对中国农民工频繁返乡的特点，采取多重模型识别策略，把村庄遭受的自然灾害强度作为工具变量，证实同村打工网的规模与农民工在城市中的收入具有正向因果关系，解决了影响因果判断的内生偏误问题。

内生性意味着拥有越多关系的行动者越倾向于使用关系。梁玉成（2014）则发现，在1995年前，网络内生性的确存在，这导致高估关系对求职效应的影响，关系仍然有用。在1995年后发现另一种网络内生性，即由于关系的负功能，拥有能力的行动者选择不适用关系，关系甚至有负效应。因此，穆尔提出的内生性未必具有普适性，它很可能在网络发挥正功能的前提条件下起作用。该文验证了关系对收入的效应并非恒定，而是随关系适用概率而变的异质性效应。梁玉成（2012）从新制度主义的宏观与微观的连接理论出发，使用内生互动模型揭示了：制度环境（市场化程度、市场不确定性和市场规范性的发育）能增加个体收入，证明了宏观制度的演进与诱导微观个体的制度偏好具有亲和性，制度的发育过程会使行动者对该制度产生内生性偏好。梁玉成指出，社会资本（关系、信息和人情）的互动内生性总是发挥作用，他证明了边燕杰提出的网络作用空间的“倒U模式”假设：关系在市场不确定性增加时可以增加收入，市场规范增加时便不再增加收入。信息在市场不确定性增加时也对收入有正功能，但是当市场规范增加时，人情反而具有减少收入的效应。

除了内生性，对社会资本的测量也是研究热点。由于社会资本有多种定义，其测量方式也有多种。微观的社会资本主要利用提名法、定位法和资源法来测量个体网的特征，包括网络的成分属性、结构形态等。提名法包括提名和释名两部分，不过提名和释名的数量受到限制，其边界设定始终存在争论（吕涛，2012）。林南提出的定位法仅要求受访者识别出是否与预先列举的不同社会位置（如职业）的人有联系，并指出与这些联系人之间的关系属性。定位法固然可以很方便地聚合对社会资源的测量，但是其测量的效度有折损；且该方法偏重于工具性社会资源的测量，忽视了表达性行动的测量。资源法则询问被访者是否认识能为自己提供某种资源（如修理自行车）之人，并追问与此人的关系，但是对“资源成分属性”的集中趋势的测量受限于扩大资源多样性所带来的测量层次的降低，难以设定统一的定距指标。这些测量结果实际上建立在被访者个体网络的一个选择性研究基础上，测量效度有风险。因此，应该尽可能了解被访者个体网中成员的属性（吕涛，2012）。

另外，定位法利用职业声望分数来计算个体网中蕴含的资源，其理论基础是声望的“功能主义”解释，即社会分工导致职业权力分化和不同的职业声望。魏建文、赵延东（2011）则从声望的“社会承认”逻辑出发，论述了社会分层中声望与权力的不一致性，认为更应该测量网络中的权力资源。他们重新编制了职业权力分数，发现它与职业声望有显著差异，并且基于职业权力分数计算得到的社会资本在信度和效度方面都优于基于职业声望测算的结果。

劳动力市场内的不同就业状态（例如自雇与受雇）也对不同方法测量到的当前社会资本的生成产生影响，而当前几类社会资本测量工具在设计原理和测量功能上存在不同。邹宇春、敖丹（2011）分析了通过三种方法测量到的“讨论网”“拜年网”和“饭局网”这三种社会资本在自雇者与受雇者群体间的差异，发现：自雇者与受雇者的“讨论网”社会资本不存在差异；相对于受雇者，自雇者更主动地去投资并拥有更多的“拜年网”社会资本和“饭局网”社会资本。王文彬、赵延东（2012）的研究发现，自雇者的社会网络与受雇者相比具有一定的特殊性，社会网络对自雇者创业资金与创业生意获得的作用具有差异性，自雇者的生意联系网对其经营绩效产生积极影响。

不同学者给出了不同的测量指标（赵雪雁，2012）。万俊毅、秦家（2011）认为，社会资本概念应该从内部社会资本和外部社会资本两个方面来界定。前者指的是信任、规范、网络、社会公德等，后者指的是个体或组织所处的社会网络中所能摄取到的资源。罗家德、方震平（2014）基于中国乡村环境，提出从关系（信任、互惠、义务）、结构（网络构型、志愿组织）与认知（共有符码、共同语言和共同叙事）三个维度来测量社区社会资本，即个体拥有的使社群受益的社会资本。通过分析汶川震后社区调查数据，发现前两个维度的社会资本相互影响，前者对认知型社区社会资本有正向影响，后者则没有影响。朱伟（2011）指出，有关社会资本与社区建设的关系，国内现有的研究有四点不足：社区社会资本的概念界定多元、测量方法不足、研究对象与研究领域有缺陷、社会资本与社区建设之争有局限性等。

总之，社会网络与社会资本的研究方法及测量是基础，不同学科基于此开展了一些经验研究。社会学关注社会网络与信任、参与等，经济学关注社会资本的效率，管理学关注社会资本对组织学习、技术创新和动力的作用等。下面主要简述社会学中的社会资本应用研究成果。

二 理论反思与调查研究

目前，学术界主要关注社会资本的功能，对其形成和因果解释的研究相对欠缺。方亚琴、夏建中（2013）梳理了有关社会资本来源的三种理论框架。理性选择模型认为社会资本的形成和变化是行动者理性选择的结果，托克维尔模型认为志愿性组织和次级社团是社会资本的主要来源，社会心理学模型认为互惠和信任源自个体道德和人格特征。不同学科之间如有沟通，可以加强社会资本来源的本土研究（方亚琴、夏建中，2013）。而本土学者在信任、地位获得、社会支持与融合等方面进行了一些理论反思与调查研究。

（一）信任

近些年来，学者探讨了信任的本质、影响因素、直接和间接作用机制。翟学伟（2014a）认为，信任可分为无约束机制的信任和有约束机制的信任。在中国文化中，信任是人们在交往发生可疑时形成的中间地带，可细分为放心关系、信任关系及无信任关系。其划分原因源自中西文化对人性及其社会依赖性的不同假定，以及它们所构成的关系网络偏向或制度性偏向。因此，信任的本质是社会成员在面对社会不确定性和复杂性增加时体现出的对自己依赖对象所维持的时空性特征。以这种框架来重新处理有关中国社会信任研究中的困惑，很多问题就可以得到解释。不过，信任受到很多因素的影响，尤其是宗教对社会化信任具有显著的正向影响；宗教对信任的影响随着差序格局半径的增加而增加；宗教对信任的作用机制主要是信仰效应而非组织效应。此发现部分解释了宗教与信任关系研究结论的矛盾性（阮荣平、王兵，2011）。

人们对政府的信任，即政府信任也受一些因素的影响。高勇（2014）区分了两类参与：关切式参与和吸纳式参与。前者的逻辑是参与行动促进了政府信任，后者的逻辑是基于政府信任来选择参与者。社区参与又可分为抗议型参与、体制化参与与公共型参与三种，其影响因素不仅取决于居民的个人特征，还取决于居民所在的社区性集体社会资本的特征（黄荣贵、桂勇，2011）。研究发现，在同一城市内，社区参与率与政府信任有关，社会组织参与行为与政府信任关系不大；而如果在城市之间比较，会发现社区参与率与政府信任无关，而社会组织参与行为与政府信任有关。政府信任受到政府绩效和社会信任的共同影响（高勇，2014）。

学者们区分了三类信任：制度信任、人际信任和基于家庭的厚信任。多数学者认为信任有利于经济增长，例如，普特南认为信任可促进总体经济收益。少数学者认为二者之间没有显著的关系（赵家章，2014）。张敦力、李四海（2012）发现，社会信任与政治关系等社会资本可以显著影响企业银行贷款，但是二者的经济后果有差异。基于社会信任而发放的贷款未来违约的可能性相对较低，而基于政治关系而发放的贷款未来违约的可能性相对较高。邹宇春等（2012）调查发现，个体对自然人的信任和对制度的信任均存在等级差异；个体对自然人的信任程度要低于对制度的信任。同时，拜年网社会资本对家人信任程度有正向作用，饭局网社会资本则更可能对制度信任产生负向影响，而职业网社会资本对制度信任有正向作用。胡安宁、周怡（2013）基于“市场”与“再分配”的讨论，运用倾向值匹配方法处理潜在的选择性误差，考察了不同部门中个体的一般信任水平。结果显示，在公共部门中工作的个体比其他部门的个体呈现了更高的一般信任水平。政治参与水平和相对剥夺感是工作部门与一般信任水平之间的中介解释机制，在公共部门中工作的个体对内在政治效能感有更高的认定，也积极参与居委会社区的选举，提升了他们的一般信任水平。此外，公共部门中的个体在社会地位与经济地位上所具有的较低的相对剥夺感也有助于其建立更高的一般信任水平。

隐私性的私利部门也离不开信任。强舸（2013）以一个自行车黑市为案例，考察关系网络与地下经济活动的相互作用过程。研究表明，自行车黑市活动衍生的关系网可促进信息传递、提升信任水平、威慑潜在违规力量、降低安全风险、塑造出互惠的交易模式、维护黑市秩序。当信息和信任积累到一定程度时，黑车贩子间会达成关于货源收购和价格同盟的卡特尔协议，这再一次改变了黑市的运作方式。社会信任可直接影响非法的黑市的治理，但是对合法的基层社区治理的影响却不是直接的，而是通过中间传输机制（选举质量、大众参与和非政府组织）（陈捷等，2011）。普遍信任对选举质量，即对社区居委会的治理效应产生显著的正面影响；特殊信任对选举质量和业委会建立产生显著的负面影响，进而对社区居委会的治理效应产生消极影响。基层社区的社会组织培育也有利于社区建设。在实践领域，北京市某区形成了“政府主导、项目带动、合同治理、多方参与、资源整合”的联动性的社区社会组织培育机制，出现了“技能传授”为主的师徒模式、以社区参与为主导的专家向导模式和以社区社会组织为本的同伴模式等社区社会组织培育模式，从而产生了丰富的社会资本（赵罗英、夏建中，2014）。

（二）地位获得

关于地位获得过程和模式的社会网络机制研究，大大得益于问卷调查数据的共享和分析，其中边燕杰教授领衔的研究团队于 2009 年开展了中国大城市求职网调查（JS-NET），为地位获得等议题的研究提供了数据支撑。本文综述的 15 篇论文即来自于此项数据的分析结果（参见边燕杰等，2012）。

随着市场制度的完善，社会资本的作用是在加深还是减弱这个问题一直存有争议。

张文宏、张莉（2012）认为，这里的关键在于市场经济是独立于还是嵌入于社会资本。他们发现，市场化进程中的社会资本动员与回报之间呈负相关，市场化提高了社会资本的“认可度”，却降低了其“含金量”。吴愈晓（2011）根据初职获得的方式，进一步区分了三类劳动者群体：通过正式渠道（不使用关系）、正式渠道与关系相结合（正式＋关系）、完全通过关系获得初职的群体。研究发现，后两类群体截然不同：前者的社会经济地位高，有较高的人力资本以及质量最高的社会网络资本；后者的社会经济地位低，人力资本最低，社会网络资本的质量最差。后者比前者更可能换工作。关于社会网络在求职过程中的作用有两个假设：弱关系假设和强关系假设。孙晓娥、边燕杰（2011）通过访谈30名留美中国科学家，发现社会网络中人际强弱关系的互相协调、共同发挥作用，才成功促成了双方的跨国合作。强关系的作用是作为关系节点，将双方连接起来，提供沟通平台和信誉保证；而弱关系的作用是互通信息，为留美科学家的国内参与提供体制资源支持。强弱关系在求职网络中的优势是互补的，这是该研究的重要发现。边燕杰等（2012）进一步依据2009年八城市求职网调查数据，发现关系强度与关系资源统计相关，但不能互替。强关系带来人情资源，弱关系带来信息资源。经济改革前后，信息资源对入职收入均无显著影响；直到改革中期，特别是进入世贸组织后，信息资源才开始对收入有提升作用。人情资源的收入效应在改革前后一直很大，但是进入世贸组织之后，开始受到一定程度的抑制。改革前和改革之初，人情资源效应大于信息资源效应；但在改革中期和加入世贸组织之后，前者在减弱，后者在增强。文章最后认为，市场竞争程度、体制不确定性程度和关系拥挤程度是造成这一现象的三大宏观要素。

社会资本能否影响收入？研究结论具有争议。张顺、郭小弦（2011）研究显示，社会网络中人情资源对入职收入的影响大于信息资源，同时使用信息与人情的作用大于单独使用人情的作用，证实了社会网络资源与收入之间的正向关系，也表明在不同制度环境与竞争条件下，社会网络资源的收入效应存在明显的差异。拜年网和饭局网这样的社会资本可促进农民工的收入（张学志、才国伟，2012）。基于中国珠三角地区的调查数据，发现“跨越型”（农民工与当地员工的关系）和“整合型”（地缘型的关系）社会资本对农民工收入也有显著的正向影响（王春超、周先波，2013）。不过，对于城市的市民来讲，父代既可以投资于子代的人力资本，提高子代获取收入的能力，也可以通过权力寻租和积累财富等社会资本直接提高子代收入。以房屋财产和金融资产为代表的家庭财富对城镇居民的代际收入流动性的解释力大于人力资本和社会资本，这与近些年中国的住房体制改革和商品房发展密不可分（陈琳、袁志刚，2012）。

无论城乡，社会资本的功用可能因贫富而异。研究发现社会资本能够减少贫困，更有研究认为穷人的社会资本回报更高，有利于穷人减轻贫困。也有人认为，社会资本将穷人结构性地排除在外，穷人并不能依靠社会资本来减轻贫困。周晔馨（2012）检验了“社会资本是穷人的资本”这个假说，结果没有发现支持该假说的证据，反而发现社会资本会拉大收入差距：（1）低收入的农户普遍欠缺社会资本及其回报。尽管社会资本对农户收入有显著的正向回报，但回报率随收入上升而上升。（2）总体上看，贫困地区的农户普遍欠缺社会资本，社会资本的收入回报率随着地区收入上升而上升，这说明社会资本有利于富裕地区，贫困群体的社会资本回报率不如富裕的群体。可见，社会资本是拉大农村贫富间收入差距的一个因素，在中国农户中是“富人的资本”。程诚、边燕杰（2014）考察了社会资本影响农民工与城市职工收入差异的两条路径，即进入职业的机会差异和职业内的收入差异。研究结果表明，户籍制度和交往同质性原则导致农民工（相比城市职工）在社会资本存量方面更加欠缺，难以进入高收入职业，且职业内的讨价还价能力也很有限。两种路径差异的综合，是导致农民工收入较低的重要社会原因，因此，社会资本是维持和固化社会不平等的微观机制。

中国的渐进式市场化改革使国有企业和非国有企业并存。当人们的个人关系网络跨越两种体制时，体制跨越者将获得各种经济回报。边燕杰、王文彬（2012）研究发现，2/3 的被访者建构了跨体制的社会网络，跨越者的社会资本总量、家庭年收入、个人月均工资收入、工资外收入都高于非跨越者。张顺、郭小弦（2012）将人力资本理论、地位获得模型和劳动力市场分割理论置于中国社会转型背景下，探讨经济地位与社会地位获得影响因素的差异性。研究发现，教育回报率显著下降，这表明结构性因素的重要性；先赋性与自致性因素对社会地位与经济地位获得有不同的影响；在体制分割的背景下，先赋性与自致性因素对求职结果的作用强度有着显著差异。

近期的研究发现，社会资本可起到直接和间接作用，还要通过一些中间变量。吕涛（2011）认为，社会资本带来地位回报的过程是以行动者人力资本为条件的复杂因果机制。社会资本也可能与人力资本共同起作用，例如，赖德胜等（2012）研究发现，人力资本和社会资本在提高大学生就业概率方面都不可或缺，不过，决定其毕业起薪的因素是人力资本，决定其能否进入国有部门工作的因素是社会资本。而在获取就业机会和起薪决定方面，人力资本和社会资本都很重要。在决定能否进入国有部门工作方面，二者有较强的互补关系。戴勇、朱桂龙（2011）通过针对企业的问卷调查发现，社会资本和吸收能力对企业创新绩效有正向影响，吸收能力在社会资本和创新绩效之间起调节作用。

在公共治理方面，制度环境包括政治制度环境和社会资本，前者包括权力结构和法律结构，后者包括结构性社会资本和认知性社会资本。研究发现，制度环境通过影响制度空间和制度成本这两个机制来影响公共治理制度安排（李文钊、蔡长昆，2012）。

社会资本的作用也可能受到制度环境的调节。例如，有学者研究了不同制度环境下社会资本强度与企业实际控制权的互动关系，发现当企业的社会资本强度一定时，企业的环境越以非正式制度为主，就越有利于实际控制人利用社会资本控制链来控制公司；实际控制人拥有的剩余控制权越多，其可操纵企业的自主行为空间也就越大。反之则反（赵晶、郭海，2014）。这些研究较少提及可能存在的负面效应。吴宝等（2011）通过案例研究发现，高社会资本会提高融资风险网络的平均中心度，降低网络破碎程度，致使网络凝聚程度提升，进而加剧企业间风险传染。

（三）社会支持与融合

一个人从小到大都要得到关爱、照顾，也要融入社会，这都离不开社会网络的支持。赵延东、胡乔宪（2013）认为，社会网络主要通过提供社会支持与信息来促进健康行为，从而提高健康水平。新生儿母亲社会网络中强关系比例越高，越可能在新生儿成长的早期为母亲提供实际的支持，从而提高母亲提供母乳喂养的可能性；她们的社会网络中如果有医务人员，能更有效地传递相关知识和信息，也可提高母乳喂养的可能。在婚姻暴力方面，赵延东等（2011）分析了女性的社会资本对婚姻暴力的影响及其机制。结果发现，网络规模和网络结构（亲属比例）对婚姻暴力的发生具有预防作用，网络资源（节日网中嵌入的资源数量，即其中的职业声望和职业个数分数）没有预防作用；网络结构对婚姻暴力的严重程度没有明显影响，网络规模和网络资源对婚姻暴力升级有抑制作用，但存在明显的城乡差异。

婴儿长大过程要接受教育。在社会资本与教育获得研究领域主要有两种研究进路：布迪厄的“网络资源”和科尔曼的“社会闭合”进路。赵延东、洪岩璧（2012）认为，“网络资源型”社会资本源自家长的社会网络，它为孩子提供更好的教育机会；而“社会闭合型”社会资本则源自家长与孩子本人、教师及其他家长之间形成的紧密社会结构，孩子可以直接从此类社会资本中获益。这两种社会资本有复杂的交互作用，可以共同促进孩子的学业成绩。

接受教育后，人们要进入职场、融入社会，对于两代农民工来说更是如此。李培林、田丰（2012）分析了人力资本、社会资本和政策制度等因素对新、老一代农民工社会融入的影响。研究发现，这两代农民工的社会融入状况并没有根本差异；农民工的工作技能影响其社会融入；政策制度对农民工社会融入具有重要影响；农民工社会融入的经济、社会、心理、身份四个层次不存在递进关系，经济层次的融入并不必然带来其他层次的融入。而对于移居到城市的新移民来说，其本地网络的密度越高，社会融合程度越高；但是本地网络对其心理融合并没有显著影响，还阻碍其身份融合。本地网络的规模对其社会融合、心理融合、身份融合和经济融合的影响不显著，却显著影响其文化融合（雷开春，2011）。是否“融入”又与留城意愿有关。农民工与打工所在地的政府工作人员的关系（即政治社会资本）比一般社会资本更影响其留城意愿，弱关系型政治社会资本比强关系型政治社会资本对农民工的留城意愿影响更大（刘茜等，2013）。农民工的社会资本有助于缩小其与城市居民之间的社会距离，不过市民的群体同质性可以影响这种社会距离：当本地居民对农民工存在偏见时，如果周围的人也不关注农民工，则同群效应会强化这种偏见，从而弱化本地居民的交友意愿；反之，如果周围的人关注农民工，则同群效应会抵消偏见的消极影响，使本地居民与农民工的交友意愿提高（王桂新、吴俊奎，2011）。

三　社会网络的实验研究

中国的社会网络研究主要是调查研究，很少关注网络结构与权力分配之间的关系，这恰是实验范式下的要素论的贡献。刘军等（2011）分析了要素论的建模原理及多种结构条件。要素论研究发现，权力的分配取决于行动者的偏好、信念、关系类型及诸多结构条件，因此，核心点未必有权。要素论的优势有：运用分析—组合法、根据网络结构预测权力的分配、坚持理论导向的实验研究、揭示了权力来源于“排除”机制、可用于研究复杂的社会历史结构。在要素论中，强制关系是一种重要的社会关系，不过社会网络领域对强制关系的研究较少。刘军等（2013）基于要素论探讨强制结构的含义、分类及模型，重点探讨了间接强制结构的效应。间接强制是涉及至少三个行动者的一类“不交保护费就让‘外人’收拾你”的结构关系。实验研究结果表明，间接强制结构与直接强制结构一样有效力，二者都使强制者获得最大的剥夺率。要素论认为，“排他式”结构会产生强权，弱权者会通过联盟来对抗强权，实现权力的逆转。不过，现有的研究没有考虑到“关系”因素，为此，刘军、郭莉娜（2013）检验了排他式结构中关系强度对弱权者联盟的影响。实验结果证明，不考虑关系时，弱权者可以通过联盟来对抗强权，实现权力的逆转。考虑关系时，强权者坚持利益均沾原则，给每一位弱权者至少一次交易机会；强权者也坚持逆差序格局的行为逻辑，即更愿意和弱关系者特别是无关系者交换；在弱权者联盟中出现更多的背叛，使通过联盟逆转的权力关系再次逆转，即强权者再获强权。背叛者通常是与强权者有过合作基础的弱关系或无关系者。可见，考虑到网络结构和关系强度后，表明关系有权宜性。上述三项研究采用实验法探讨小群体中的网络结构与资源分配，可视为对社会网络的调查研究的扩展，在一定意义上更有解释力。

在社会网的实验研究传统中，主要利用大学生作为被试，但是大学生与一般成人是不同的，基于大学生的研究结果未必有普适性。研究表明，本科生被试效应的确存在，但这种效应仅是强度上的，而不是方向上的（刘辉，2014）。不过，有经济学者发现，条件合作普遍存在，不因群体（大学生和工人）的变化而变。合作实验的惩罚制度存在内生溢价（即内生的制度选择相对于外生的制度选择对合作水平会产生正向作用），但是不同群体的溢价可能方向与机理不一致；社会资本（一般信任和网络规模）与合作水平正相关。这些研究发现为针对不同群体实施有差异的激励机制、促进合作提供了理论和实验依据（周晔馨，2014）。

四　关系研究

纪莺莺（2012）归纳出了四种讨论中国社会关系的不同路径：“特殊主义”和科层制、庇护主义、儒家社会理论与“关系”，以及社会网络研究。这些路径显示出三支讨论社会关系的脉络：政治经济的制度视角、伦理含义的文化视角及社会网络的结构视角。作者建议将这三种视角结合起来，探讨社会关系的结构特征与伦理内涵为转型社会的制度变迁提供了怎样的基础。

在关系研究的方法论方面，曾国权（2011）认为，既有的“关系”理论存在着一种实体主义倾向，看不到“关系”的关系性，无法理解关系情境和行动者的互动过程。因此，分析“关系”问题应当结合关系社会学和结构化理论的观点，在“关系”动态理论架构下进行研究。刘军、杨辉（2012）也认为，近百年来，学术思潮正在由实体论走向关系论。实体论有两种观念，即自—动观和互—动观，其基础是要素—集合观，该观念未能“真实地”描述现实世界；关系论来源于“交—互观”。关系论坚持交—互作用、过程优先、关系视角、去物化以及涌现性原则，它摈弃实体论的思维方式，揭示“世界就是动态的关系网”。对深层的“潜蕴性关系”的把握，是本土关系研究的关键所在。

“谋略”是“本土化”关系研究中的一个重要概念。翟学伟（2014b）认为，谋略是由中国文化脉络所滋生的一种心智及其行为，是依照阴阳思维方式演化而成的。“谋略”的内容深邃，有别于西方社会科学方法论与知识论。研究谋略既应关注其中蕴含的争利性，还应看到其适应性。由于中国文化假定人心可以相通，日常互动又有长时效性与低选择性特征，因此其互动计策便会在以和谐为目标的阳性中表现为隐忍、人情、面子、情境中心、玩阴招等阴性特点，进而演化出戏剧性的特征。作者认为用博弈论讨论不清楚谋略现象。

“差序格局”是另一个动态的“本土化”关系概念。沈毅（2013）认为，此概念蕴涵着“义”“利”混合的文化特征及“公”“私”不分的制度意涵，并不适合用“强—弱关系”理论来分析。作者认为，在传统的官场、乡土、商场等组织场域中，差序的私人“关系”主要表现为“主从关系”“人缘关系”“朋友关系”等形态，分别蕴含着法家“权谋”传统、道家“隐忍”传统以及儒家“仁义”传统的差别。此三种私人“关系”构成了科层制的对立面，使本土“关系”理论区别于社会资本理论。因此，本土的“关系社会学”要想揭示文化传统特征与去制度化意涵，需要运用诸如个案调查、叙事分析等质性研究方法。沈毅（2012）恰恰通过案例分析法分析了某国有企业改制30年的发展历程，揭示了组织领导与骨干下属之间的上述三种“关系”形态呈现为“主从关系”→“人缘关系”→“朋友关系”的渐次转型，组织领导模式则呈现出“集权式领导”→“人缘式领导”→“人心式领导”的转型，组织领导的私人“关系”在一定程度上替代了规范组织制度，使组织难以转向科层制度。这可能是本土的关系理论区别于西方的组织社会资本理论的依据。

中西方的个体社会资本有差异，这是另外的依据。在边燕杰、张磊（2013）看来，西方的社会资本有弱连带性、功能单一性、偶发义务性；相比之下，中国的关系资本具有强连带性、功能复用性、频发义务性等特征。在转型经济中，竞争程度和体制不确定程度越高，关系社会资本的作用空间越大；如果竞争程度提高，那么要想缩小关系社会资本的作用空间，必须大力增强体制的确定性。在中国，非正式关系渗透在各类正式组织之中。边燕杰、郝明松（2013）证明，中国非正式社会网络的资源存量高于英国，而正式社会网络的资源存量低于英国；两种社会网络的分布，中国比英国都更集中，与地位资源的相关性都更强。

中西方的自组织也不同。罗家德、孙瑜等（2013）以在四川地震灾区收集的乡村社区案例为基础，比较了中美两个行业协会组建历史的案例。研究发现，不同于西方的正式规则作用，中国的自组织过程是在社会关系特质下进行的，中国能人往往是一个既定社会网的中心人物，具有较强的政治精英色彩。在本土案例中，正式规则不足，均分法则经常取代公平法则；能人通常遵守人情与均分的平衡，一旦平衡打破，对能人的信任就会遭到破坏。但与西方的自组织过程一样，能人需要负担初期成本投入，后期可获得声誉回报。其中，本土自组织中尤其存在“人情困境”，即如果资源支配者分配的资源有利于请托者，就违背了公平法则，可能遭受社会非议甚至法律惩处。这是中国能人面临的最大挑战。

总之，近4年以来，国内的社会网络与社会资本研究在理论反思和实证研究方面发展很快。未来需要在如下五个方面进一步研究。第一，网络的内生性问题。仅有好的复杂模型和识别策略还不够，如何得到有更多信息和更好研究设计的数据才是解决社会资本内生性问题的关键，这就要求研究者特别关注研究的方法论。而对于未关注内生性问题的一些既有的分析结果来讲，如何解决其内生性，得到真正的因果关系，也是需要研究的问题。第二，注重本土化的关系研究。如何提出本土性的理论和概念，哪些本土性概念可以上升为理论，哪些需要进一步锤炼其意义，需要有更多的分析。第三，社会网的交互主体性值得关注，因为现有的研究较少关注社会行动者之间的现实“互动”。这里涉及社会行动者在互动过程中的交易成本、内部对话（inner conversation）、“真实”互动过程和心理等诸多“机制”性议题。第四，继续加强社会网的实验研究，因为相对而言，受控实验更可以揭示关系现象的机制，更具有解释力。第五，目前，大数据研究看似“火爆”，但是真正的大数据社会网研究成果仍然少见，这是今后需要努力的方向。

参考文献

边燕杰、郝明松，2013，《二重社会网络及其分布的中英比较》，《社会学研究》第2期。

边燕杰、王文彬，2012，《跨体制社会资本及其收入回报》，《中国社会科学》第2期。

边燕杰、张磊，2013，《论关系文化与关系社会资本》，《人文杂志》第1期。

边燕杰、张文宏、程诚，2012，《求职过程的社会网络模型：检验关系效应假设》，《社会》第3期。

陈捷、呼和·那日松、卢春龙，2011，《社会信任与基层社区治理效应的因果机制》，《社会》第

6 期。

陈琳、袁志刚，2012，《授之以鱼不如授之以渔？——财富资本、社会资本、人力资本与中国代际收入流动》，《复旦学报》第 4 期。

陈云松，2012，《农民工收入与村庄网络——基于多重模型识别策略的因果效应分析》，《社会》第 4 期。

陈云松、范晓光，2011，《社会资本的劳动力市场效应估算——关于内生性问题的文献回溯和研究策略》，《社会学研究》第 1 期。

陈云松、比蒂·沃克尔、亨克·弗莱普，2013，《“找关系”有用吗？——非自由市场经济下的多模型复制与拓展研究》，《社会学研究》第 3 期。

——，2014，《“关系人”没用吗？——社会资本求职效应的论战与新证》，《社会学研究》第 3 期。

程诚、边燕杰，2014，《社会资本与不平等的再生产——以农民工与城市职工的收入差距为例》，《社会》第 4 期。

戴勇、朱桂龙，2011，《以吸收能力为调节变量的社会资本与创新绩效研究——基于广东企业的实证分析》，《软科学》第 1 期。

方然，2014，《“社会资本”的中国本土化定量测量研究》，北京：社会科学文献出版社。

方亚琴、夏建中，2013，《社会资本的来源：因果解释模型及其理论争辩》，《学术交流》第 9 期。

高勇，2014，《参与行为与政府信任的关系模式研究》，《社会学研究》第 5 期。

胡安宁、周怡，2013，《一般信任模式的跨部门差异及其中介机制：基于 2010 年中国综合社会调查的研究》，《社会》第 4 期。

黄荣贵、桂勇，2011，《集体性社会资本对社区参与的影响——基于多层次数据的分析》，《社会》第 6 期。

纪莺莺，2012，《文化、制度与结构：中国社会关系研究》，《社会学研究》第 2 期。

赖德胜、孟大虎、苏丽锋，2012，《替代还是互补？——大学生就业中的人力资本和社会资本联合作用机制研究》，《北京大学教育评论》第 1 期。

雷开春，2011，《城市新移民社会资本的理性转换》，《社会》第 1 期。

李培林、田丰，2012，《中国农民工社会融入的代际比较》，《社会》第 5 期。

李文钊、蔡长昆，2012，《政治制度结构、社会资本与公共治理制度选择》，《管理世界》第 8 期。

梁玉成，2012，《求职过程的宏观—微观分析——多层次模型》，《社会》第 3 期。

——，2014，《社会网络内生性问题研究》，《西安交通大学学报》（社会科学版）第 1 期。

刘军、David Willer、Pamela Emenuelson，2011，《网络结构与权力分配：要素论的解释》，《社会学研究》第 2 期。

——，2013，《强制结构理论及实验检验》，《社会》第 4 期。

刘军、杨辉，2012，《从“实体论”到“关系论”——兼谈“关系研究”的认识论原则》，《北方论丛》第 6 期。

刘军、郭莉娜，2013，《关系对联盟的影响——基于网络交换论的实验研究》，《社会学研究》第 6 期。

刘辉，2014，《网络交换论研究中的本科生被试效应》，《学术交流》第11期。

刘茜、杜海峰、靳小怡、崔烨，2013，《留下还是离开——政治社会资本对农民工留城意愿的影响研究》，《社会》第4期。

罗家德、方震平，2014，《社区社会资本的衡量》，《江苏社会科学》第1期。

罗家德、孙瑜、谢朝霞、和珊珊，2013，《自组织运作过程中的能人现象》，《中国社会科学》第10期。

吕涛，2011，《社会资本与地位获得——简单与复杂的因果机制和因果联结》，《社会》第3期。

——，2012，《社会资本的网络测量——关系、位置与资源》，《广东社会科学》第1期。

马磊，2014，《连锁董事网：研究回顾与反思》，《社会学研究》第1期。

强舸，2013，《关系网络与地下经济：基于上海一个自行车黑市的研究》，《社会》第2期。

阮荣平、王兵，2011，《差序格局下的宗教信仰和信任：基于中国十城市的经验数据》，《社会》第4期。

沈毅，2012，《体制转型背景下的本土组织领导模式变迁——以某国有改制企业的组织“关系”实践为例》，《管理世界》第12期。

——，2013，《迈向“场域”脉络下的本土“关系”理论探析》，《社会学研究》第4期。

孙晓娥、边燕杰，2011，《留美科学家的国内参与及其社会网络——强弱关系假设的再探讨》，《社会》第2期。

万俊毅、秦家，2011，《社会资本的内涵、测量、功能及应用》，《商业研究》第4期。

王春超、周先波，2013，《社会资本能影响农民工收入吗？——基于有序影响收入模型的估计和检验》，《管理世界》第9期。

王桂新、吴俊奎，2011，《城市农民工与本地居民社会距离影响因素分析》，《社会学研究》第2期。

王文彬、赵延东，2012，《自雇过程的社会网络分析》，《社会》第3期。

魏建文、赵延东，2011，《权力还是声望？——社会资本测量的争论与验证》，《社会学研究》第3期。

吴宝、李正卫、池仁勇，2011，《社会资本、融资结网与企业间风险传染——浙江案例研究》，《社会学研究》第3期。

吴愈晓，2011，《社会关系、初职获得方式与职业流动》，《社会学研究》第5期。

曾国权，2011，《“关系”动态过程理论框架的建构》，《社会》第4期。

翟学伟，2014a，《信任的本质及其文化》，《社会》第1期。

——，2014b，《关系与谋略：中国人的日常计谋》，《社会学研究》第1期。

张敦力、李四海，2012，《社会信任、政治关系与民营企业银行贷款》，《会计研究》第8期。

张顺、郭小弦，2011，《社会网络资源及其收入效应研究——基于分位回归模型分析》，《社会》第1期。

张顺、郭小弦，2012，《求职过程的微观分析：结构特征模型》，《社会》第3期。

张文宏，2011a，《中国社会网络与社会资本研究30年》上，《江海学刊》第2期。

——，2011b，《中国社会网络与社会资本研究30年》下，《江海学刊》第3期。

张文宏、张莉，2012，《劳动力市场中的社会资本与市场化》，《社会学研究》第5期。

张学志、才国伟，2012，《社会资本对农民工收入的影响研究——基于珠三角调查数据的证据》，

《中山大学学报》第5期。

赵家章，2014，《国外信任与经济增长研究进展及启示》，《国外社会科学》第1期。

赵晶、郭海，2014，《公司实际控制权、社会资本控制链与制度环境》，《管理世界》第9期。

赵罗英、夏建中，2014，《社会资本与社区社会组织培育——以北京市D区为例》，《学习与实践》第3期。

赵雪雁，2012，《社会资本测量研究综述》，《中国人口·资源与环境》第7期。

赵延东、洪岩璧，2012，《社会资本与教育获得——网络资源与社会闭合的视角》，《社会学研究》第5期。

赵延东、何光喜、朱依娜，2011，《预防与抑制：社会资本在婚姻暴力中的影响机制初探》，《社会》第1期。

赵延东、胡乔宪，2013，《社会网络对健康行为的影响——以西部地区新生儿母乳喂养为例》，《社会》第5期。

周晔馨，2012，《社会资本是穷人的资本吗？——基于中国农户收入的经验证据》，《管理世界》第7期。

——，2014，《惩罚、社会资本与合作条件——基于传统实验和人为田野实验的对比研究》，《经济研究》第10期。

朱伟，2011，《社会资本：基于社区视域的研究述评》，《理论界》第2期。

邹宇春、敖丹，2011，《自雇者与受雇者的社会资本差异研究》，《社会学研究》第5期。

邹宇春、敖丹、李建栋，2012，《信任格局及社会资本影响——以广州为例》，《中国社会科学》第5期。

作者单位：西安交通大学社会学系

城市化视野下中国村落共同体的变迁

——对2011—2014年相关研究文献的综述

任　强　陈佳俊

伴随着城市化进程的快速推进，当代中国城乡关系发生了根本性剧变。按照国家统计局的权威发布，2011年，中国城市化率为51.27%，城市人口总数首次超过农村人口。截至2014年，我国城镇化率为54.77%。①“中国只用60年的时间就实现了城镇化率从10%到50%的过程。同样的转变，在欧洲用了150年，在拉丁美洲则用了210年……到2030年，中国将新增3.1亿城市居民，届时，中国城市人口总数将超过10亿，中国城市化率将达70%”（联合国开发计划署，2013：14）。

伴随着城市文明的强势扩张，中国村落数量开始急剧减少。全国行政村从改革开放初的90多万个减至60多万个，减幅达1/3，远远超过了农村人口转移幅度。人们似乎有理由展望，依此速度与比例，未来20多年间当城市化率达到70%时，现在60多万个村庄还将减少2/3左右，并且功能进一步弱化，接近无足轻重的社会构成。

作为传统农业大国，中国社会的这一复杂变迁不可能是从“传统”到“现代”的单向过渡，其中必定充满着矛盾冲突与复杂的结构转换。在此背景下，村落的未来及其发展走向便成为当下中国社会所必须直面的根本性问题，也成为社会学界近年来热议的论题之一。围绕村落共同体的当代命运，研究者主要就土地城市化的“城中村”、就地城镇化的“超级村”、人口外流的“空心村”、治理社区化的“转型村”等论题展开了讨论。

一　土地城市化的“城中村”

“城中村”是我国城市化进程中特有的一种现象。改革开放以后，随着我国城市化进程的加快，城市用地规模迅速扩大，国家一方面将过去的城市郊区、周边农村甚至一些更为边远的农村土地征用；另一方面，因无力承担征地后村民的生活和就业，而采取保留村民住宅用地、集体非农建设用地以及少量留存农地的集体所有制性质，保留村民

① 目前国家统计局有关城市化率的指标有两个，一是按照常住人口统计，我国2014年的城镇化率为54.77%；二是按照户籍人口统计，我国2014年的城镇化率是36.7%，这之间存在18.07个百分点的差距。

农村居民身份（后来转变为城市居民，即所谓“农转居”），保留原来的农村组织管理体制（后来改为城市居民委员会，即所谓“村改居”），即土地城市化。但是，“农转居”后的村民实际上不享有城市居民的权利，“村改居”后的社区组织实际上不享有城市居民委员会的权利。由此，形成了一种特殊的社区形态，它既不是典型意义的城市社区，也不是传统意义的农村社区，处于城市与农村之间的边缘状态。由于这种社区大多位于繁闹的城市中心或城乡接合部，因此被形象地称为“城中村”。同时，也正是由于土地城市化这种介于回归农村与彻底城市化之间的状态，具有各系统之间的不衔接、社会生活和行动层面的不融合，以及在社会认同上的内卷化等特点（王春光，2006），使“城中村”在乡村变迁中独具一格。

卷入工业化和城市化浪潮中的中国乡村面临市场力量的持续冲击，后者要求土地和劳动力全部从共同体中分离，纳入作为价格形成体系的市场。故这类村庄转型的核心问题就是听任市场力量，还是保留村落共同体（毛丹，2010）。而城市化作为现代化进程中的主旋律，对村庄具有减少乃至终结村庄和边缘化村庄两种内在诉求，因此，村庄的现代命运常常被置于弱质化发展的通道中，即村庄运行资源的缺失以及同步出现的共同体消解趋势（王萍，2013）。在“城中村”变迁研究中，李培林受法国农村社会学家孟德拉斯“农民的终结”启发，在对广州“羊城村”研究中首先提出了“村落终结”的观察和判断。受其影响，一直以来，从狭义上来说，“村落终结”往往特指“城中村”这类村落的终结（刘梦琴，2011）。

对于“城中村”的终结问题，几年来学界也各有主张。城市规划相关学者多主张把中国的城市化与消除城乡差别结合起来，在城乡统筹下，完成村落的终结，实现城市化或城镇化（张元林，2007；龙花楼、邹健，2011）。社会科学领域的学者近年来则多集中于城市化与村落终结的关联性研究之中，试图弥补之前研究中忽视农业型村庄在城市化进程中的反应与变化和关注村庄社会变迁研究较少的缺陷（桂华，2011）。近年来，研究者突破了以往主张的“村落终结就是城市化和市民化开始”的观点，认为“面对城中村，一个由亲缘、地缘、宗族、民间信仰、乡规民约等深层社会网络联结的村落乡土社会，其终结问题不是非农化和工业化就能解决的”（李培林，2010：153）。“作为政府政策主导推动下的产物，使村庄在短时间内快速实现城市化的村落终结，已非简单意义上的‘空间变迁’和‘关系变动’，或者简单的‘去农为工’，而是一个复杂的社会总体变迁过程”（田毅鹏、韩丹，2011：11）。在实际发展中，虽然基本完成了非农化过程，但依旧保留了种种乡村社会痕迹；在“去农化”和“趋城化”有机结合的特征中（卢福营，2013），城中村打破了传统村落共同价值形态的文化共同体和基于空间物质形态的地域共同体的特性，逐渐成为基于共同财产关系的经济社会综合体（田毅鹏，2012），而正是由于存在矛盾重组与利益分配的问题，使城中村村落并未如之前的预计般实现村落的终结。

二 就地城镇化的“超级村”

从20世纪80年代开始，伴随着联产承包责任制的推行和乡镇企业的崛起，一般村落的组织形态发生了巨大的变化。尤其是一些靠近城市的村落，凭借着其地缘优势和土地资源的支撑，村落经济有了飞速的发展。早在20世纪90年代中期，学术界便开始关注此类现象，并将此类村落概括为“超级村庄”，认为作为一种新的社区形态，超级村庄存在的方式既不同于传统意义上的“乡”，又不同于现代意义上的“城”，而是表现出诸多的中间性特征（折晓叶，1997）。

所谓“超级村”就是指上述这类空间上在城市建城区、规划区之外，行政管理体制上还是农村建制，但是村落产业及土地使用上向第二、第三产业转变，村民在职业上向第二、第三产业转变的村落。这类村落非农化程度高，集体经济力量强大，村集体或者是给村民大量分红，或者是给村民提供统一住宅甚至福利，因而被称为“超级村落”“明星村落”“富裕村落”。这类村落或者是零星存在，或者是成片出现。有的因为“能人效应”“社区精英”因素而发展，如北京的南河村、天津小靳庄、郑州南村、江苏的华西村；有的因为区位优势因素而发展，如珠江三角洲、长江三角洲、闽南三角洲地区出现的大量超级村落。总之，这类村落数量不多，却是村庄现代化的典型。

可以看到，“超级村庄既以企业或企业集团的方式存在，又保留了典型的村社区特点；既是自治性的民间社会，又执行着‘准政府’的各种职能，还在国家与农民的关系中起着中介的作用；既是工业化的社区，又保留着乡土社会的某些生活秩序和原则，表现出非城非乡又亦城亦乡的特点”（折晓叶、陈婴婴，1997：36）。而从变动的观点看，村企之间的关系经历了从“村办企业”到“企业办村”再到“村企分离”的变化过程，从“村庄型公司”演变为“公司型村庄”（郑风田等，2012）。

同时，在工业化与城市化进程中的中国乡村，在结构和形态上虽都产生了较大变迁，但却依然保持着多种样态。面对就地城镇化的村落，折晓叶率先提出了上述“超级村庄”的描述范式，毛丹则借鉴城市社会的“单位化”，继而提出了“村落单位化”（毛丹，1999），并成为此类村落研究中的重要范式。

受此影响，近年来，相关学者将村落单位化的研究对象集中于“城郊村落”或“城乡接合部”（田毅鹏、齐苗苗，2014；刘杰、向德平，2014）。在具有人民公社、单位制等历史渊源，以及城乡接合部具有“三交叉”、雄厚集体资产的现实条件下（刘杰，2013），城郊村落或者城乡接合部发展出了新型的“村落单位化”特征。具有“类单位”特征的城郊村落，一方面为村民提供了多种福利保障，减轻了村民向市民角色转换的压力，延续了“村落共同体”的存在（田毅鹏、齐苗苗，2014）；另一方面，避免了由村落迅速解体而导致的原子化危机，并有助于社会管理的开展（田毅鹏，2012，2014）。可以说，村落单位化作为城市化背景下村落组织自我选择的一种结果（包路芳，2010），强化了村民对村落在收入、生活、情感、社会交往等各层面的全面依赖，有利于村落共同体的延续和发展。另外，在工业化进程中，根据村庄具体环境和发展条件，借助“非常规行动”即一整套创新（技术、组织和制度）以及村落带头人的“企业家精神”和创新能力（莫艳清，2014），或者是在正式制度和非正式制度共同作用下，形成诸如“公司型村庄”的“利益共同体”（郑风田等，2012），实现村庄的再造或延续。

但是，正如已有研究所表明的，作为一种复杂的社会样态，城乡接合部的“村落终结”是一个非常复杂的总体变迁过程，其中充满着激烈的矛盾冲突和利益重组，它们共同构筑了城乡接合部“村落终结”难题（刘杰，2013）。区别于城市的“单位制”，作为一种“拟单位制”建构，城乡接合部等的“村落单位化”具有强烈的内部封闭性和外部排斥性；并且由于不同于城市和农村的特殊社会样态，易导致这一区域的社会治理陷入困境（刘杰、向德平，2014）。同时，“内外有别”的福利设置以及精英主导下的村落权力资源配置，导致城乡结合部社会管理呈现“非均衡性”特点，加速了村落权力的集中化和自治选举固化，使城乡接合部村落社会管理缺乏全面而稳定的着力点，面临新的“二元区隔”困局挑战（田毅鹏、齐苗苗，2014）。这一状态下，在政府规划主导作用下，村落最终必然走向终结，但是具有村落单位化特征的城乡接合部，由于村落集体经济的发展依然迅速，可能会产生村落虽然在形式上业已“终结”，但作为组织形态的村落却未消失（田毅鹏，2011）。

三　人口流动化的“空心村”

当前的中国村落正经历三种形式的城市化进程，一种是工业化带动的城市扩张所造成的地理性村落直接消失，这种形式的城市化对象主要是城郊村落；第二种是发生在广大的一般性农业性质的村落，主要是由城乡之间的人口、资源、信息、职业的流动等实现的城市化，这种形式的城市化既使部分农民实现了身份与职业的转变，也导致村落内部结构的变化；第三种是政策推动下的城市化，主要是指当前部分地方政府推行的各种模式的“灭村运动”。以上三种形式的城市化分别被称为“经济拉动型城市化”“人口流动型城市化”“政府推动型城市化”（桂华，2011）。不同类型城市化进程中的村落社会变迁的具体机制是不一样的。在一些传统的农业村庄，在城市这块具有超强引力的“磁铁”吸引下，乡村青壮年人口大量外流到城市，使传统农业型村庄尤其是边远地区农村人口锐减，影响了其正常的生产活动和社会生活，致使农村老龄化相当严重，村落社会呈现衰败迹象。受黄宗智“过密化”概念的启发，一些学者用“过疏化”来描述这种现象（田毅鹏，2006）。更多的学者则倾向于用“空心化”的概念。

不难看出，所谓“空心化”主要包括三方面内涵，一是指人口外流导致的人口结构的变动；二是指工业化以及人口外流造成的农村产业，尤其是传统农业的消解；三是指随之而来的生产、生活方式的变革导致了乡村社会的原子化，村民间基于传统生产、生活方式的互动和联系日益减少。在原子化状态下，村民个人间、村民与组织间的联系被极大弱化，导致乡村世界出现了“鸡犬之声相闻，民罕往来”的局面。村庄、村民最基本的社会联结被破坏，村民间的社会关联度降低，村庄和村民的集体意识减退，协作意识和能力下降，乡村社会出现严重的“社会关系衰退”和“组织衰败”现象。

改革开放以来，虽然对城乡二元户籍制度并没有实质性的更新，但是市场的日益开放，农村劳动力大量流向城市，致使农村的“过疏化”或“空心化”，对村庄的发展形成了强烈的冲击（陆益龙，2013）。乡村过疏论揭示了当前中国农村发展的一种客观现实，即农村人口及劳动力大量向城镇迁移流动。田毅鹏提出，“作为一场历史性的大转变，城乡均衡发展和一体化绝非可以一蹴而就，而是一个漫长而复杂的转换过程，尤其是在城市过密化发展浪潮的冲击下，乡村不可避免地走向过疏化和空心化，对城乡统筹及城乡一体化进程产生了极大的影响和制约”（田毅鹏，2011：158）。在这一过程中，大量青年人口的外流，留守的老弱妇孺由于参与意识薄弱，资源禀赋和社会组织动员能力相对不足等特点，使村庄集体行动的组织者缺失，进而影响到公共物品供给主体的缺失（魏建、赵帅，2011；刘成玉、马爽，2012）。同时，基于血缘、地缘及人情关系的社会资本减少，村庄共同体的内生秩序、向心力和凝聚力也逐步衰弱（刘祖云、韩鹏云，2012），致使乡村原有的社会关系被破坏，村民间的社会关联度降低，乡村社会出现严重的“组织衰败”（田毅鹏，2012），从而进一步使乡村走向“终结”的状态。

另一方面，“过疏”与“空心”是否一定会造成村落的终结也是学界所不断探讨的。陆益龙通过分析中国综合社会调查（CGSS 2010）数据表明，近90%的农民近期无进城定居和置房计划，仅有10%左右的农民有进城计划，这意味着目前生活在乡村的农民大多没有主动城镇化的意愿，这一观念支撑和维持着乡村社会的再生产（陆益龙，2014）。同时，他也认为：“农村空心化论带有问题取向或价值取向，认为农村劳动力的外流及农村留守儿童现象是一个大问题，但在这一过程中，农民既离开了农村，同时又把希望留在农村，大流动虽不可避免地带来村庄的平常生活的衰落，但并不意味着村庄走向了空心化”（陆益龙，2013：21）。再者，虽然众多学者都指出空心化会冲击村庄的集体行动，使集体合作变得更加困难（刘成玉、马爽，2012；刘祖云、韩鹏云，2012），但是通过发挥空心化村庄小集团化的优势，鼓励村庄精英成为集体合作的领导者，遵循公平原则制定出可行的激励、惩罚和监督措施，在适当的契机下，空心化的村庄也能合作生产力所能及的集体共享物品（黄茜等，2015），空心村依旧可以通过合作完成村落的公共物品提供。再者，村落的空心化并未导致农业生产方式的消失，而只要农业的生产特点不变，村落就不会消失（龚春明、朱启臻，2012）。对于空心化的问题，正如毛丹（2010）所言，国家应该在允许农村劳动力向城市转移的同时，积极发展乡村社区，并且在解决城乡社区的经济社会不平等问题的基础上发展城乡社区衔接，避免加快城市化与建设新农村两大国家战略之间出现断裂。

四 治理社区化的“转型村”

城镇化进程中新出现的大量农村土地房屋闲置、乡村凋敝、组织涣散等现象给各级地方政府带来了实践中的治理难题。为了有效解决这些问题，2004 年中央 1 号文件明确规定在有条件的地方进行村庄合并。2007 年中央 1 号文件再次明确提出：“治理农村人居环境，搞好村庄治理规划和试点，节约农村建设用地。”在上述政策推动下，2008 年后，中国农村出现了新一轮“大村庄”制的发展趋势，浙、鲁、苏基层政府力推乡村合并。与此同时，河北、河南、天津、安徽等地也进行大范围的乡村合并。[①] 实际上，村庄合并是继农村经济体制改革、不同省区乡镇合并之后推出的又一农村重大改革（林聚任，2012）。

当前乡村发生的这一系列变革都与城市化的快速推进对土地和发展空间的需求密切相关。在经济发展较快、非农化转移条件具备的地区，把村庄合并成新型的大社区，可以优化资源配置，改善居住环境，提高城镇化水平。即村庄合并可以整合闲散的土地资源，以腾出城市建设的用地指标，为大力发展地方工业经济、加快城镇化提供更大空间。各地政府也正是看到了这一点，所以才不遗余力地推进村庄合并。在当前快速的城市化扩张中，对土地资源的需求大幅提升；而我国的土地资源又相对短缺，呈现严重的“供不应求”状态。各地政府为追逐更快的城市化和工业化，便在“城乡建设用地增减挂钩”的政策下，大力推进以旧村改造、整村迁建、合村并点为主要形式的“农村社区化”运动。

在这次改革当中，国家民政部成了背后的主导者以及改革方向的引导者，提出了“农村社区建设”的战略目标。从政策目的来看，农村社区建设主要包括两大目标，一是解决农村组织涣散、村民自治乏力的问题；二是逐步消除城乡之间教育、卫生、社会保障、基础设施等方面的传统不平衡。为此，从 2007 年开始，民政部选择了全国 100 多个县（市、区）单位作为农村社区建设全覆盖示范单位试点，并分别于 2009 年、

---

① 山东省在村庄合并方面着力最重。山东省从 2006 年借助城镇建设用地增加与农村建设用地减少相挂钩试点政策，开始大力推动村庄合并和农村社会发展。2009 年山东省政府相继出台了《关于推进农村住房建设与危房改造的意见》和《关于大力推进新型城镇化的意见》，提出以中心村为核心，以农村住房建设和危房改造为契机，计划用五年左右时间实现农村社区建设全覆盖。如潍坊诸城市从 2007 年 7 月展开了村庄合并，该市原有 13 个乡镇（街道），1337 个村（居）。现今全市共规划组建了 208 个农村社区，涵盖村庄 1257 个，以 2 公里为服务圈建立了配套的农村社区服务中心。诸城因此成为全国首个撤销全部建制村的城市。潍坊昌乐县从 2006 年启动实施了合村并点工作，按照“大村合并小村、强村合并弱村、班子好的村合并班子差的村”的思路，鼓励 3 个以上的村进行合并，原则上不再保留 1000 户人以下的村。目前，全县通过合村并点，合并行政村（居）536 个，减少行政村（居）375 个，超过原村庄数量的 45%。2008 年上半年，德州市在所属每个县市区各确定一两个乡镇试点。2009 年 3 月，出台《关于推进全市村庄合并社区建设的意见》。截至 2010 年，德州市原有的 8319 个行政村已经合并为 3259 个农村社区（村），并将进一步规划合并为 1592 个社区。济宁市仅 2009 年就实施整村迁建项目 191 个，涉及 534 个村庄，计划 5—10 年让 50% 以上的农民住进新型社区。另外，山东淄博、滨州、菏泽等市也大力开展了“万人村”“大村庄制”建设。2006—2010 年，山东省政府投入资金 100 多亿元，安排改造村庄近 3000 个，其中已完成改造村庄 334 个，安置居民 62854 户，复垦耕地 74242 亩，腾出建设用地指标近 6 万亩。

2014 年以“全国和谐社区建设示范”的名义组织了两轮评估验收。东部一些地区推进速度较快。比如浙江省，人口规模 2000 人以上的约 1 万个村庄均建立了农村社区和一站式服务中心，人口规模 1000 人以下的村庄则采取 2—3 个村共建一个社区和共享一个服务中心的做法，目前共建成 1.5 万个农村社区，在全省实现了对所有 3 万余个行政村的农村社区服务全覆盖。

上述政府“自上而下”的“农村社区化”运动，从积极的方面看，意味着中央政府与一些地方政府，尤其是涉农部门，在村庄问题上，趋向于不顺从资本，不否定农村社区价值，肯定村庄自治政治的积极性，肯定农村社区水平的可提升性。同时，这还意味着在干预村庄前景的类型或方式上正在趋向规制，趋向于用村庄社区化和城乡社区衔接解决城乡二元，助推村庄转型。国家从改革前长期实行抑制农村、行政包办社会，改革以来一度转而相信市场包医社会，甚至参与分肥农村利益，再到世纪之交以来加大扶助农村力度并日益转向规制农村发展，是值得称赞的进步（毛丹，2012）。而就我国近年兴起的农村社区建设来说，不仅意味着国家在战略层面承认村庄存在的必要性，同时也把村庄作为一个政治性的单位组织，是国家提供公共服务的基础和依据，并且强调其在共同体意义上，发挥着重要的社会整合作用。在经济变迁、社会文化重组和国家角色再调整的综合作用下，村庄转型正在经历一场复杂的，从农业型社区到居住型社区的转型（王萍，2013）。可以说，在市场经济与公共性社会驱动下，由于国家与市场的合理介入，使乡村地区日益开放，这也必将加快中国农村社区的现代转型（夏周青，2010）。同时由于治理共同体转型，基于村民自治的制度安排和地方性实践突破，村庄从国家的基层治理单位，转向国家与社区共同治理的单位，乡土性公共领域得以初步生长（毛丹，2008）。农村社区作为国家管理农村社会的基础单位，又是统筹城乡一体化发展的基础平台，还是农民生产和生活的全新载体（王金荣，2012），通过社区化的方式实现村民自治的“边际创新”，实现现代国家对乡村社会的一种民主化整合（王勇、郭倩倩，2012）。因而，这也被认为是政府强力主导下带来的一条村庄复兴之路。

然而，从消极方面看，这也存在两方面的问题。一方面，从并村迁移等“运动方式”来看，在这一过程中，由于过分关注经济增长与城市化速度的核心价值，以及对农村种种“资源”的利用，不可避免地对村落共同体造成了消极影响（王为径，2014）。空间转移加大了破坏乡村社群关系的可能性，在行政力量的直接干预下发生的乡村快速变革则会因共同体的瞬间终结而使农民长期积淀起来的社会资本急剧消减（田毅鹏、韩丹，2011），从而使村落的乡土性逐渐消失，村落共同体无疑会走向衰败（林聚任，2012）。另一方面，从不确定的方面看，也有可能发生两类规制俘获或扭曲（毛丹，2012）。一类是政府俘获村庄，扭曲基层自治。例如，为避免在人口较少的村庄设置标准化社区服务中心而造成资源浪费，需要几村共建共享一个社区。但是，为此需要进行的农村社区布局规划，在实践上却有可能被地方政府搭便车，引向新一轮的撤、归、并行政村。农村社区服务中心代表了国家公共服务下沉到村庄一层，是否会产生功能愈强则愈成为村庄中心，从而影响现有的村民自治体系与实践，也有待观察。另一类则是理论上也可能发生的村庄俘获政府政策。例如，把社区中心争设到本村，变几村共享为本村多享。而普遍发生的村书记、村委会主任分别兼任社区书记、主任的现象，是否就一定意味着农村社区建设与村民自治实现了良性并轨，显然有待于观察。相比之下，发生前一种俘获的可能性更强一些。希望实践能尽早提供缓解规制俘获的智慧办法，许村庄一个更清晰的未来。可以说，在这一层面上的“村落再造”关注了村落内生的社会结构和文化传统与现代工业组织和城市社区之间的冲突和共生关系，提醒学界注意到城市化进程中村落变迁的区域差异性。

五 其余

在面对城市化对村庄影响的诸多问题的同时，具有“问题”的城市化似乎也为国家和社会提供了重新审视乡村价值和意义的视角，为村庄的“再造”或“复兴”带来了新的契机。旅游村的兴起不但引起了乡村人口的“反向流动”，同时以村落为载体的乡村旅游成了保护传统村落，影响传统村落形态变迁的重要动力（任映红、王勇，2015）。“返乡潮”的出现则从侧面反映出了农村依旧可被视为城市生活的替代性选择，与城市是一种互为补充、互为需要的关系（王萍，2013）。同时，在现代化浪潮的席卷下，虽然社会结构的不断分化导致村落自主性下降，但却并不代表村落自主性的消失；而百年变迁史也提供了佐证，面对外来势力的压迫，在村民积极行动下，村落依旧可以保持其作为共同体的自主性一面（李飞、杜云素，2015）。当然，更多的学者则认为，现代化过程中村落并不一定会终结，而村落共同体重塑或者再造的关键，在于整合城乡发展的各种逻辑，打破“中央政策体制局限、地方行为扭曲、村社基础缺失”的困局（刘祖云、武小龙，2014），处理好国家、市场与村落的关系，在三者不同的动机中，找寻合适的平衡点，致力于实现发展中城乡的良好衔接（毛丹，2010）。

参考文献

包路芳，2010，《单位化的村庄——一个乡村变迁研究的视角》，《学术探索》第1期。

党国英，2011，《转变中的“三农”问题》，《党政干部参考》第6期。

龚春明、朱启臻，2012，《村落的终结、纠结与未来：经验反思及价值追寻》，《学术界》第169期。

桂华，2011，《城市化与乡土社会变迁研究路径探析——村落变迁区域类型建构的方法》，《学习与实践》第11期。

黄茜、周怀峰、陈晔，2015，《空心化村庄的合作何以可能？——基于湖南HL村的个案研究》，《南方农村》第1期。

李飞、杜云素，2015，《中国村落的历史变迁及其当下命运》，《中国农业大学学报》（社会科学版）第2期。

李培林，2010，《村落的终结：羊城村的故事》，北京：商务印书馆。

联合国开发计划署，2013，《2013 中国人类发展报告——可持续与宜居城市：迈向生态文明》，北京：中国对外翻译出版有限公司。

林聚任，2012，《村庄合并与农村社区化发展》，《人文杂志》第 1 期。

刘成玉、马爽，2012，《空心化、老龄化背景下我国农村公共产品供给模式改革与创新探讨》，《农村经济》第 4 期。

刘杰，2013，《我国城市化进程中城乡接合部的功能定位分析》，《贵州社会科学》第 4 期。

刘杰、向德平，2014，《城市化推进下的“村落单位化”：渊源、条件及社会风险》，《山东社会科学》第 6 期。

刘梦琴，2011，《中国城市化进程中村落终结的路径选择》，《农村经济》第 2 期。

刘祖云、韩鹏云，2012，《乡村社区公共品供给模式变迁：历史断裂与接合——基于乡村秩序演进的理论视角》，《南京农业大学学报》第 1 期。

刘祖云、武小龙，2014，《城乡发展一体化的逻辑重塑》，《甘肃社会科学》第 6 期。

龙花楼、邹健，2011，《我国快速城镇化进程中的乡村转型发展》，《苏州大学学报》第 4 期。

卢福营，2013，《近郊村落的城镇化：水平与类型》，《华中农业大学学报》（社会科学版）第 6 期。

——，2014，《近郊村落城镇化的路径选择》，《哈尔滨工业大学学报》（社会科学版）第 3 期。

陆益龙，2013，《村庄会终结吗？——城镇化与中国村庄的现状及未来》，《学习与探索》第 10 期。

——，2014，《向往城市还是留恋乡村?》，《人文杂志》第 12 期。

毛丹，1999，《村落单位化——关于萧山尖山下村的观察》，上海：学林出版社。

——，2008，《村庄大转型——浙江乡村社会的发育》，杭州：浙江大学出版社。

——，2010，《村落共同体的当代命运：四个观察维度》，《社会学研究》第 1 期。

——，2012，《村庄愿景系乎国家愿景》，《人文杂志》第 1 期。

毛丹、王萍，2014，《英语学术界的乡村转型研究》，《社会学研究》第 1 期。

莫艳清，2014，《村庄再造的内驱力：社区精英及其创新》，《浙江社会科学》第 12 期。

任映红、王勇，2015，《城市化进程中村落变迁的条件和作用机理》，《理论探讨》第 1 期。

田毅鹏，2006，《20 世纪下半叶日本的“过疏对策”与地域协调发展》，《当代亚太》第 10 期。

——，2011，《乡村“过疏化”背景下城乡一体化的两难》，《浙江学刊》第 5 期。

——，2012，《“村落终结”与农民的再组织化》，《人文杂志》第 1 期。

——，2014，《村落过疏化与乡土公共性的重建》，《社会科学战线》第 6 期。

田毅鹏、韩丹，2011，《城市化与“村落终结”》，《吉林大学社会科学学报》第 2 期。

田毅鹏、齐苗苗，2014，《城郊“村落单位化”的社会管理功能及其限度》，《社会科学》第 1 期。

王春光，2006，《农村流动人口的“半城市化”问题研究》，《社会学研究》第 5 期。

王金荣，2012，《中国农村社区新型管理模式研究》，中国海洋大学博士论文。

王萍，2013，《村庄转型的动力机制与路径选择》，浙江大学博士论文。

王为径，2014，《发展在村庄：历史与民族志视角下的农村变迁分析（1978—2013）》，中国农业大学博士论文。

王勇、郭倩倩，2012，《道路通向城市：村落社区化进程中的村民自治及其前景》，《湖北行政学院学报》第4期。

魏建、赵帅，2011，《空心化、商品化与村庄公共产品供给：矿井村的案例》，《制度经济学研究》第2期。

夏周青，2010，《中国农村建设：从乡村建设运动到农村社区创建的兴起》，《云南行政学院学报》第2期。

张红，2011，《村落变迁：动力机制与意义阐释》，《华南农业大学学报》第4期。

张元林，2007，《让村庄成为历史——中国城镇化之路的最佳选择》，《中国发展观察》第5期。

折晓叶，1997，《村庄的再造——一个超级村庄的社会变迁》，北京：中国社会科学出版社。

折晓叶、陈婴婴，1997，《超级村庄的基本特征及“中间”形态》，《社会学研究》第6期。

郑风田、阮荣平、程郁，2012，《村企关系的演变：从“村庄型公司”到“公司型村庄”》，《社会学研究》第1期。

作者单位：浙江大学地方政府与社会治理研究中心（任强）

浙江大学公共管理学院（陈佳俊）

“离乡不离土”：中国土地制度与新型城镇化研究评述*

王庆明　曹正汉

一　引言

城镇化是当代中国经济与社会发展的重要特征，对于这一重大主题，社会学家给予了高度关注，开展了大量研究工作。本文以2011—2014年发表的论文和著作为主，评述中国社会学界关于新型城镇化及土地制度变革的研究，并着重探讨其中一项基本特征——农民离乡不离土——对城镇化所带来的影响，在此基础上我们提出未来研究展望。

二　土地制度与新型城镇化：中国社会学的研究

根据国家统计局的数据，2011年年末中国大陆总人口为134735万人，其中乡村人口65656万人，城镇人口69079万人，城镇人口比重达到51.27%，首次超过农村人口（国家统计局，2012）。随着城镇化快速推进，传统的“乡土中国”正逐步向新型的“城市中国”转变。这种转变不单表现在农村人口向城市的聚集、农业生产向城市就业的产业结构转型，以及土地制度和居住格局的变迁，更重要的是立基于农业社会的基础秩序和社会结构开始发生根本性动摇。在这个意义上，以城镇化为主推力的城乡关系的变化意味着一场全面而深刻的社会变革，赋予社会学家新的机遇和挑战（李培林，2013b；李铁，2013；周雪光，2013）。面对城镇化浪潮的冲击，社会学界围绕城镇化的概念与特征、土地制度变迁、城市治理转型、土地财政以及城乡一体化等开展了丰富的研究（李培林，2014；陈光金等，2014；李强等，2013；李友梅等，2014；陆学艺，2011；宋林飞，2014；张鸿雁等，2012；郑杭生，2013）。这些研究不但从学理上澄清了中国城镇化的独特性，也为政府决策和城镇化路径的具体实施提供了重要政策参照。

---

* 在文章写作过程中刘平教授和张翼研究员的宝贵建议对本文有很大启发，《社会学研究》编辑部的意见对文章修改亦有帮助，特此谢忱，文责自负。

（一）新型城镇化的概念与特征

汉语“城市化”和“城镇化”都是对英文“urbanization”一词的中译。最初学界使用“城市化”概念较多，随着官方话语对“城镇化”称谓的统一，使用后者的趋多。但总体上城市化和城镇化表述并存，且存在一定的混乱（聂伟、风笑天，2014）。概括起来，不同学者对城市化与城镇化概念的比较分析形成了“差异论”和“一致论”两派。

“差异论”主张，广义的城市化概念囊括了城镇化的含义，城镇化是城市化的起点。如田雪原（2013）指出官方口径对城镇化概念的统一是对20世纪80年代国家倡导小城镇发展战略的沿袭，是针对第一阶段“以小为主”城市化路径的称谓。目前中国城市化已步入“以大为主”的第二阶段，若依然沿用城镇化概念既脱离现实又会带来诸多弊害。这一主张的重要根据是西方城市化演进的一般规律。西方发达国家的城市化一般要经历以小城市发展为主的城镇化、以中等城市发展为主的城市化和以大城市发展为主的都市化三个阶段。在这个意义上，英文“urbanization”似乎暗含了城市化发展的小、中、大三个阶段性过程。基于此论者提出，城市化和城镇化的意涵并不一致。严格意义上讲，城镇化包含在城市化的含义范围内，是城市化的起始阶段，是城市化进程的过渡模式。城镇化的重点在于发展镇，强调农村人口向城镇转移的“镇化”过程；而城市化的主要目标在于发展大、中城市，强调农村人口和城镇人口向大、中城市集聚的“城化”过程（聂伟、风笑天，2014）。

“一致论”主张中国城镇化所面对的社会结构和体制历史与西方有很大不同，但城镇化与城市化概念并无实质差别，都是强调农业人口向城市转移的过程，以及与这一过程相伴而生的生活方式和价值观念的转变。如陆益龙（2013）强调城镇化和城市化的实质内涵是相同的，都代表现代社会的变迁过程。张鸿雁（2013）提出城市化与城镇化都是在摒弃传统社会的地域、血缘关系，建构以货币关系为纽带的“异质性”生产关系综合生活体。就最终目标而言，城镇化的重点在于化“镇”为“市”，实现以城市生活方式和城市文明为基础的“市民化”。

综上不难发现，两派立论基点不同：前者是以西方城市发展过程为经验基础，并以西方“标准”的城市化概念来反观中国的城市化进路；后者则是从中国特殊的制度背景和社会结构出发，以中国城乡发展的目标取向来分析概括中国城镇化的特征。在社会学界的以往研究中，后一种观念占据了主导，即更倾向于“一致论”。在中国独特的城乡二元体制和城市的行政等级序列中，城镇化被认为是更契合中国社会结构特征的一种称谓，且更能反映乡土中国向城市中国转变的渐进性特征。无论是城市化还是城镇化，最终都指向了农民的“市民化”。市民化不但是居住空间和生产方式的转变，还意味着社会地位的转变，以及接受现代文明的城市生产、生活方式的过程（李强，2013a）。在这一过程中，农民的身份转换机制深嵌于中国特定的社会结构之中。在这种社会结构下，中国城镇化呈现两个基本特征：城乡并进与政府主导。

首先，城乡并进。与西方工业化直接推进的城市化进程不同，中国的城市化既包括一般意义上的城市扩张，又包括乡村的城镇化。从西方发达国家所经历的城市化进程来看，一般都要经历人口向城市聚集、郊区城市化、逆城市化和再城市化几个阶段。而中国的城市化进程与之不同，李培林（2014：24—25）概括了自改革开放以来中国经历的城市化三阶段：第一阶段是1978—1985年的“非农化阶段”；第二阶段是1986—2000年农村人口向城市聚集的“城市化阶段”；第三阶段是2000年以来的城市扩张和“城市群形成阶段”。在中国城市化的每一个阶段，虽然特征各有不同，但助推力都源自政府，这也构成城镇化的另一个基本特征。

其次，政府主导。从动力机制上看，中国城镇化的一个明显特征是政府主导，这也是中国与欧美国家在城镇化推进路径上最主要的区别之一。政府主导集中体现在，从中央到地方的各级党政机关及对应的职能部门对于城镇（市）的拆迁改造、发展规划、项目选址、工程建设、土地功能改变及使用权限的审批等诸多事项都有直接或间接的决定权（李强等，2012）。这种政府主导逻辑，虽然能快速推进土地的城镇化，但也可能会抑制流动人口市民化。具体而言，各级地方政府不但是推动城镇化的主要行动主体，也是主要的利益主体。前一种角色要求它要为公共服务体系提供资源支持和保障职责，后一种角色驱使它通过土地开发和市政建设来获得最大化的财政收益和政绩。在实践过程中，地方政府往往更重视后一种角色的担当，对于辖区内教育、医疗和社保等公共服务职责重视不够。这种政府角色定位和发展理念，客观上可能会限制进城民工的市民化，进而影响以人为本的城镇化的有效推进（陈光金等，2014）。

中国城镇化的这两个基本特征是以独特的“制度红利”为基础，而制度红利又是以集体土地制度、城乡二元体制以及小农经济体系三者为基本架构的（贺雪峰，2014）。这种多重制度形塑下的城镇化进程中的一个附带性后果是，主动城镇化现象不明显，而“被动城镇化”或“被动市民化”现象却很突出（李强，2011，2013b；文军，2012）。所谓“被动市民化”是指农民完全没有这种意愿，而由外来或外在因素被转变为市民身份的过程。这种现象主要是在“农民上楼”、城市扩张等涉及土地开发的情况下产生的（李强，2013a）。简言之，所谓“被动市民化”，实质是被迫离开土地和被动转换户籍身份的过程。

在席卷全国的土地开发运动中，普通民众的意愿似乎显得微不足道。但由此引发的群体冲突、上访抗争等各种社会矛盾，① 却又从另一个侧面反映了普通农民的真实意愿和行动选择是影响城镇化的重要因素。快速的城镇化进程，正推动传统的“乡土中国”向新型的“城市中国”转变，转变的动力、速度以及演进路径都从不同程度上重塑着中国社会的秩序结构。乡土基础上的社会结构、群体边界和内聚力以及观念制度都不可

---

① 王春光（2013）通过对一个撤并社区的实证研究发现，政府主导催生了社区居民无奈的诉求以及困境的行政归咎，即将生活困境全部归咎于政府以及对政府帮助解决困境的不断诉求，从而衍生出一种“行政社会”的体制逻辑。这种体制的重要特征是强政府弱社会以及政府承担无限责任。这对当下的国家治理结构提出了重要挑战。

避免地发生急剧的变化，这无异将对未来的中国社会发展格局产生长久影响（周雪光，2013）。快速城市化催生的“城市中国”，是以城市开发体制、开发资本与权力的合谋为基础的，在这种逻辑的冲击下普通农民的利益诉求和权利表达被裹挟其中却得不到有效关注（陈映芳，2012）。在这一过程中，“被动失地”与“主动守土”之间的矛盾构成了以土地财政为依托的城镇化的重要挑战。这也是中国“离乡不离土”这种独特的城镇化模式形成的重要背景。

（二）“守土”与“失地”：中国城镇化的问题与出路

中国虽然用了大约30年的时间几乎走完了西方上百年的城市化历程，却没有解决好城市化滞后于工业化、户籍改革滞后于城市化这两大问题（李培林、田丰，2012）。在当前的背景下，后一个问题表现得更为突出。户籍改革滞后城市化的一个明显结果是，土地的城镇化远远快于人口的城镇化。这是户籍制度、财政制度和土地制度相互作用的结果。

中国土地的国家所有和集体所有是确保中国城镇化以政府主导形式快速推进的前提。一方面，政府可以公共的名义，在对集体或个人提供一定经济补偿的前提下获得土地开发的支配权；另一方面，在政绩效应的推动下，诸多地方政府以土地的粗放利用来实现快速城镇化，这种简单的“土地城镇化”非但不能提高当地居民的生活质量，还会造成诸多社会问题（李强等，2012）。在城镇化进程中，土地制度变革主要涉及：农业耕地转变用途的非农化过程、农村建设用地转变为城镇建设用地的过程，以及与之相关的撤并村庄、“村改居”“农民上楼”和资本下乡等（王春光，2013；刘玉照，2012）。而所有这些涉及土地制度变革的运动都是地方政府在土地财政的支撑下逐步推进的。

中国城市建设的迅速扩展很大程度上得益于独特的财政体制的支撑。20世纪90年代中期的分税制改革改变了地方政府的行为选择，即由财政包干制时期的“办大企业”和“大办企业”转向“经营土地”和“经营城市”，客观上推动了各地的城市化进程，并且形塑了中国独特的城市化模式，即土地、财政和金融“三位一体”的城市化（周飞舟、谭明智，2014：11）。从土地财政的生成机制来看，除了趋利性动机之外，地方政府努力控制土地也是为了降低推动经济增长的成本和提高参与地区竞争的能力（曹正汉等，2011）；但实际上地方政府以土地财政和土地金融为基础的“生财之道”客观上也增加了宏观经济运行的风险（谭明智，2014）。而且地方政府土地收益最大化的趋利动机及其强力推进逻辑，可能造成中国社会阶层严重固化的社会后果。由此产生的诸多社会矛盾无法及时化解，可能成为中国今后长期社会紧张的根源（周雪光，2013）。

关于土地财政对中国社会结构的影响，有研究者指出土地财政无疑对经济增长和快速城镇化有积极意义，但地方政府过快的土地贴现，导致其有效性与合理性明显分离。一旦超前的土地城镇化不能确保规模收益递增，加之地方政府财政收支结构和筹资方式的路径依赖，会直接诱发财政风险，这对城镇化的可持续性构成严重挑战（晁恒等，

2014）。基于土地财政的可持续性水平低、不利于社会经济发展模式转型升级以及存在金融风险等问题，有论者提出了具体的改进策略：一则要改进资金筹措方式，推进财税制度和土地制度改革以确保城镇化的可持续性；再则要完善新型城镇化背景下的土地财政体制，具体包括推进税收性土地财政，规范投资基金融资平台，推广市政债等债券融资，鼓励民间资本参与等方法（薛翠翠等，2013）。然而，遗憾的是这些分析似乎都仅仅是发现了问题，并没有触及问题的实质。究其原因，这和研究者选择的立场和研究对象不无关联。

通过以上分析不难发现，这些研究主要是从制度的顶层设计和政策的具体实施角度来分析城镇化的现状、问题与出路的。这种分析的优势在于能够从整体上把握政府主导型城镇化的制度运行逻辑及政策演变过程，然而这种宏观视角往往容易忽略行动者即作为政策主要指涉对象的“人”，尤其是在“被动城镇化”过程中，作为“问题”呈现的“被市民化”“半城市化”和难以融入城市的行动主体。中国新型城镇化的核心是“人的城镇化”，由此作为城镇化参与者的“人”的主观意愿、行动选择本应作为研究的重要范畴。“新型城镇化与社会治理研究”课题组指出，以人为核心的城镇化面临三个重要议题：流动人口市民化、被征地农民权益保障和农业转移人口的能力培育（陈光金等，2014）。这三个议题都是以城镇化进程中的“农民”为主位的。无论是对于城镇化主导者的政府而言，还是对于被城镇化的普通民众而言，土地产权都是他们关注的主要问题。这也是我们破解为什么农民无论是否“离乡”，也一定坚持“不离土”的重要切入点。

在国家快速推进城镇化与农民坚持“守土”的双重背景下，我们需要重新审视国家和农民二者关于土地产权的不同认知。从法律规定的所有权结构看，中国土地只有两种产权形式：全民所有和集体所有，在实践中全民所有即国有。按照现有法律规定，所有城市建设用地均为国家所有。村集体的土地只有通过“土地征用”转变为国家所有之后才能用于城市开发。虽然农业用地转变为非农建设用地关涉国家、村集体和农户三者的利益，但土地征用严格意义上讲是一种政府行为，是国家依法以强制力占有和取得农村土地产权的一个重要手段。通过土地征用将集体所有的农业用地转变为国有的非农建设用地是中国城镇化进程中土地开发的主要来源（周飞舟、谭智明，2014：64—65）。面对国家的强制力，作为弱者一方的农户如何追索自身对土地的产权就构成另一个重要问题（曹正汉，2011）。

然而，实践中土地产权的法律界定与普通民众的社会认知之间往往存在很大“缝隙”，这一度构成产权社会学研究者关注的焦点（陈锋，2014；郭亮，2012；刘玉照，2012；王庆明，2014；臧得顺，2012）。从法律条文看，国有土地包括国家所有的土地以及国家征收的原属农民集体所有的土地。对于后者，国家、村集体、村民都在不同程度上拥有一定的支配权，三者都对土地有某种程度的占有。这种多重主体的占有状态，既是国家法律话语所不能涵括的，也是经济学的产权定义所不能描述的。人们对经济资源的占有需要得到广泛的社会认可方能实现有效支配。在这个意义上，产权就可以定义为行为主体得到社会认可的对经济资源的占有（刘世定，2014）。农民对土地的实际占有状况以及在此基础上形成的产权观念，是我们分析城镇化进程中土地流转的重要视点。

在农民关于土地产权的朴素认知中，首先认可国家对土地产权的优先性，“一切都是国家的”折射出对地权国家所有的社会认可。在国家所有权之下，集体和农户个体享有充分的横向排他的土地支配权，但这种权利的行使是以不改变土地使用用途为前提的。这两种产权认知决定了，一方面国家以公共名义征地具有天然合法性，另一方面国家征地在剥夺了集体和农户的土地支配权之后也负有补偿权利损失的义务（张浩，2013）。另有研究者发现：在农村大规模的土地流转过程中，同一村庄或地区的农民，阶层地位的不同，决定了他们在农地流转中的态度和行动的差异，由此指出地权的配置是跟阶层关系紧密联系在一起的（田先红、陈玲，2013）。这对于理解乡村土地流转的复杂性有重要启示，但这种村民之间的“差异”实则在诸多村落事务或“事件”中都有表现。由此问题的关键可能是，在国家依法强制征收土地的过程中，作为缺乏话语权的农民如何表达自身的利益诉求？农民对产权的追索及其依凭与国家的地权制度和法权界定存在怎样的契合和背离？而这种背离与契合背后所潜藏的逻辑恰恰是我们分析“离乡不离土”这种城镇化形态的关键所在。

三　离乡不离土：中国特色的城镇化

“离土”与“离乡”是有关中国乡村劳动力流动的形象化描述，前者指从农业生产中转移劳动力，后者指从乡村社会中转移劳动力，这两者构成乡村城镇化的基础。20世纪80年代初费孝通先生在深入调查的基础上，针对中国人多地少的基本矛盾和农工相辅的历史传统，提出了乡村工业化与城镇化相结合的“小城镇”发展路径。沈关宝（2014）概括了费老小城镇发展战略的三个鲜明特点：其一，以“志在富民”为根本目标，探索以农民为主体的乡村工业化进程；其二，以城乡一体化为导向，探索优先发展小城镇的城市化道路；其三，以经济的体系化良性运行为核心，探索区域经济共同体合理布局的发展模式。国家为了倡导这种发展模式，后续又出台了一系列与小城镇发展战略相关的文件，使小城镇数量、质量都得到了迅速发展，1978—2010年，中国的建制镇由2173个增加到19410个，平均每年新增小城镇539个，这奠定了中国城镇化发展的重要基础。但由于城市化推进过程中，重视大城市发展的战略偏移，致使中国的大城市病与乡村衰败和空心化同时上演。基于此，李培林指出在新型城镇化快速推进的背景下，小城镇依然是“大问题”（李培林，2013a）。这是我们理解中国城镇化的历史进程及其独特演进逻辑的基础，亦是准确把握乡土中国向城市中国转型进路的前提。

在传统的乡土中国，“土”不仅指土地及以土地为媒介的农业生产方式，还意味着农业社会以土地为基础的从心从俗的文化心理和生存秩序；“乡”是指农民生长于斯且安土重迁的家乡。在中国传统农业社会中“乡土”是不可分离的同一性的生活世界，

“守乡守土”也是普通农民的行动逻辑。离开乡土，往往意味着“背井离乡”，暗含一种被迫颠沛的无奈和凄凉。然而自1978年中国改革开放的大幕在农村拉开之后，这种传统的乡土认知随着城乡之间社会流动的加剧而被不断重塑。

自20世纪80年代以来，中国基本形成了两条主要的农业剩余劳动力转移方式：“离土不离乡”和“离土又离乡”。前者以乡村工业化为产业基础，以小城镇发展为空间载体，在20世纪80年代蓬勃发展；后者以城乡壁垒的松动为契机，在20世纪90年代逐渐演化为规模巨大的进城“民工潮”。① 这两种模式分别是费孝通先生所说的“苏南模式”和“温州模式”的重要内涵。通过这两种途径被转移出来的劳动力构成中国经济发展的重要力量。

除了以上两种主要的城乡社会流动模式之外，随着中国经济地区发展不均衡的加剧，一些欠发达地区农民到发达地区农村代耕或租种土地从事农业生产的“离乡不离土”现象也不断出现。例如珠三角地区非常普遍的“代耕农”现象、长三角地区的“异地菜农”以及京津地区出现的皖豫农民“包地植棉”现象等。② 这三种流动模式构成了中国乡村社会劳动力外流的基本形态。③ 然而，在国家推行新型城镇化的背景下，随着城乡结构的不断重塑，乡土的“守”或“离”也具有了一些新的内涵，其基本特征是，农民离开家乡到城市务工，却不放弃在原来村庄的承包地，由此形成所谓“离土不离乡”的城镇化。

张翼（2011）通过2010年全国性调查数据的统计分析发现：绝大多数进城的农民工不愿意转变为非农户口，若以交回承包地为前提，则愿意转变为非农户口的比例只有10%左右。李强（2013a）研究发现“农转非”或市民化后，农民可见的实际利益并不突出，而身份转变后失去的承包地、宅基地以及与农村集体经济相关的一系列利益却很实在。由此可见，农民是否“离乡”似乎并不重要，关键是不愿“离土”。2011年中国的城镇人口比重首次超过50%，国家统计局公布的数据显示，该年年底全国人户分离人口2.71亿，其中2.3亿为流动人口。此处的流动人口是指人户分离人口中不包括市辖区内人户分离的人口（国家统计局，2012）。这2.3亿流动人口是作为城镇化人口统计的农民工，他们虽然工作和生活在城市，却都保留一小块土地在乡下，这带来城乡人口结构的复杂化，也给城市化理论带来挑战（郭志刚，2014；田毅鹏，2011，2014）。

西方一般的城镇化发展路径是以工业化为基础，以产业转型升级为动力支撑点的。在城市化落后于工业化的现实背景下，中国城镇化的重要动力则来源于城乡之间的推拉

① 宋林飞（1995）曾重点分析了“民工潮”这种劳动力转移方式的形成演变过程以及对中国社会发展的影响。

② 除此之外，“离乡不离土”还表现在特殊的季节性短工，例如夏季甘宁两省到关中平原和中原地区割麦子打短工的“麦客”（王庆明，2007），秋季入疆摘棉花的“棉客”等。

③ 若按照人口流动与城镇化模式来看，乡土的组合还存在第四种类型：“守乡守土”，即“不离土不离乡”模式。这种模式主要出现在东南沿海一些经济发达地区，往往是以产业结构为基础形成本地“村镇化”转型，虽然是在农村且农民的农业户籍身份没有改变，但他们已经具备了城镇化的物质文明和现代化的生活方式。这种“守土守乡”的城镇化模式呈现出一种田园牧歌般的美丽图景，但仅仅限于发达地区与少数村镇。

机制。城乡之间的劳动力价值差异以及城乡之间工作类型的等级化结构，是吸引农民工进城务工并能使之快速进入工作的原因所在。但农民工及其随迁家属，未能在教育、就业、医疗、养老、保障性住房等方面平等享受城镇居民的基本公共服务。而且现行户籍、土地、社保、财税以及行政管理等诸多制度，在一定程度上固化了已经形成的城乡利益失衡格局，制约了农业转移人口市民化和城乡发展一体化。在这种特殊结构下，他们与西方城市化进程中农民向市民的职业地域和身份同步彻底转变不同，而是要经历从农民到农民工再由农民工到市民的“渐变过程”（李培林，2013b）。这种身份区隔及其渐变过程强化了很多农民即便“离乡”也一定要“守土”的观念。而农民的这一份土地，是社会福利制度缺失下确保他们得以返乡并维持生存的基本保障。

四　研究展望

社会学家从社会结构视角出发对中国“离乡不离土”城镇化类型的分析，为我们理解中国城镇化的独特性以及可持续性的发展提供了重要的视点。但遗憾的是，一些研究者仅仅是描述了这一现象，并没有继续深入研究。一个重要原因是，更多研究者和政策制定者将目标集中于“户籍城镇化”上，其隐含的预设是：只要放宽户籍限制改变城乡分割的制度壁垒，农民工就会“落户生根”，“离乡不离土”也会自然消解。但这种预设至少面临两方面的挑战：一方面，“离乡不离土”模式的形成不单是户籍制度作用的直接结果，城乡分治的户籍制度、产权不明的土地制度和城乡失衡的财政制度的相互作用，是造成这种独特的城镇化模式的原因所在，只有同时针对这三种制度进行体制改革，才有望实现“城乡一体化”（陆学艺，2011）。另一方面，这种预设与中国当前的社会结构特征不契合。李培林等人指出：城市化滞后于工业化可能是中国未来一段时期的一种长期状态，农民工在城市的社会融入也将是一个漫长过程（李培林等，2013：261），这意味着“离乡不离土”是中国一定时期内相对稳定的一种城镇化类型。

从学理上看，“离乡不离土”城镇化模式是独特的“制度包”形塑的结果，对这种城镇化类型的研究是继续深化体制改革，支撑中国城镇化的可持续性的重要支点。从实践上看，农民工市民化是中国新型城镇化的重心所在，只有从农民的立场出发关注他们的真实意愿才能实现农民工真正融入城市，进而实现城乡一体化。因此，我们认为，深化对“离乡不离土”现象的研究，并致力于与西方国家的城市化相比较，以发展更具解释力的城市化理论，是中国社会学的一个重要研究方向。

参考文献

曹正汉，2011，《弱者的产权是如何形成的？——中国被征地农民的“安置要求权”向土地开发权演变的原因》，张曙光主编《中国制度变迁的案例研究（土地卷）》第八集，北京：中国财政经济出版社。

曹正汉、史晋川、宋华盛，2011，《为增长而控制——中国的地区竞争与地方政府对土地的控制行为》，《学术研究》第8期。

晁恒、李贵才、林雄斌，2014，《新型城镇化背景下土地财政模式的有效性与合理性探讨》，《城市发展研究》第7期。

陈锋，2014，《从“祖业观”到“物权观”：土地观念的演变与冲突——基于广东省Y村地权之争的社会学分析》，《中国农村观察》第6期。

陈光金、张翼、王春光、汪建华、张文博，2014，《新型城镇化与社会治理》，《学术研究》第12期。

陈映芳，2012，《城市中国的逻辑》，北京：生活·读书·新知三联书店。

郭亮，2012，《土地“新产权”的实践逻辑——对湖北S镇土地承包纠纷的学理阐释》，《社会》第2期。

郭志刚，2014，《我国人口城镇化现状的剖析——基于2010年人口普查数据》，《社会学研究》第1期。

国家统计局，2012，《2011年我国人口总量及结构变化情况》（http：//www. stats. gov. cn/tjsj/zxfb/201201/t20120118_ 12783. html）。

——，2014，《2014年全国农民工监测调查报告》（http：//www. chinairn. com/news/20150430/163800789. shtml）。

贺雪峰，2014，《城市化的中国道路》，北京：东方出版社。

景普秋，2014，《城镇化概念解析与实践误区》，《学海》第5期。

李培林，2012，《城市化与我国新成长阶段——我国城市化发展战略研究》，《江苏社会科学》第5期。

——，2013a，《小城镇依然是大问题》，《甘肃社会科学》第3期。

——，2013b，《新型城镇化道路的思考》，《前线》第12期。

——，2014，《社会改革与社会治理》，北京：社会科学文献出版社。

李培林等，2013，《当代中国城市化及其影响》，北京：社会科学文献出版社。

李培林、田丰，2012，《中国农民工社会融入的代际比较》，《社会》第5期。

李强，2011，《中国城市化进程中的“半融入”与“不融入”》，《河北学刊》第5期。

——，2013a，《论农民和农民工的主动市民化与被动市民化》，《河北学刊》第4期。

——，2013b，《主动城镇化与被动城镇化》，《西北师范大学学报》（社会科学版）第6期。

李强、陈宇琳、刘精明，2012，《中国城镇化“推进模式”研究》，《中国社会科学》第7期。

李强等，2013，《多元城镇化与中国发展：战略及推进模式研究》，北京：社会科学文献出版社。

李强主编，2013，《中国特色新型城镇化发展战略研究》第四卷，北京：中国建筑工业出版社。

李铁，2013，《城市化是一次全面深刻的社会变革》，北京：中国发展出版社。

李友梅等，2014，《城市社会治理》，北京：社会科学文献出版社。

刘世定，2014，《经济资源的占有和产权的社会界定：一个分析框架》，沈原主编《经济社会学研究》第一辑，北京：社会科学文献出版社。

刘玉照，2012，《财产起源与村落边界——征地拆迁补偿分配和村改居中“集体资产”的分割》，《探索与争鸣》第11期。

陆益龙，2013，《村庄会终结吗？——城镇化与中国村庄的现状及未来》，《学习与探索》第10期。

陆学艺，2011，《城乡一体化的社会结构分析与实现路径》，《南京农业大学学报》（社会科学版）第2期。

聂伟、风笑天，2014，《城镇化：概念、目标、挑战与路径》，《学术界》第9期。

沈关宝，2014，《“小城镇大问题”与当下的城镇化发展》，《社会学研究》第1期。

宋林飞，1995，《“民工潮”的形成、趋势与对策》，《中国社会科学》第4期。

——，2014，《中国特色新型城镇化道路与实现路径》，《甘肃社会科学》第1期。

孙秀林、周飞舟，2013，《土地财政与分税制：一个实证解释》，《中国社会科学》第4期。

谭明智，2014，《严控与激励并存：土地增减挂钩的政策脉络及地方实施》，《中国社会科学》第7期。

田先红、陈玲，2013，《“阶层地权”：农村地权配置的一个分析框架》，《管理世界》第9期。

田毅鹏，2011，《乡村“过疏化”背景下城乡一体化的两难》，《浙江学刊》第5期。

——，2014，《村落过疏化与乡土公共性的重建》，《社会科学战线》第6期。

田雪原，2013，《城镇化还是城市化》，《人口学刊》第6期。

王春光，2013，《城市化中的“撤并村庄”与行政社会的实践逻辑》，《社会学研究》第3期。

王庆明，2007，《“离乡不离土”——中国西部麦客现象的社会学分析》，吉林大学硕士论文。

——，2014，《土地产权的不完全转移及其社会认知基础——对刘世定论文的评论》，沈原主编《经济社会学研究》第一辑，北京：社会科学文献出版社。

文军，2012，《“被市民化”及其问题：对城郊农民市民化的一种再反思》，《华东师范大学学报》（哲学社会科学版）第4期。

薛翠翠、冯广京、张冰松，2013，《城镇化建设资金规模及土地财政改革——新型城镇化背景下土地财政代偿机制研究评述》，《中国土地科学》第11期。

臧得顺，2012，《臧村“关系地权”的实践逻辑——一个地权研究分析框架的构建》，《社会学研究》第1期。

张浩，2013，《农民如何认识集体土地产权——华北河村征地案例研究》，《社会学研究》第5期。

张鸿雁，2013，《中国新型城镇化理论与实践创新》，《社会学研究》第3期。

张鸿雁等，2012，《城市化理论重构与城市化战略研究》，北京：经济科学出版社。

张翼，2011，《农民工“进城落户”意愿与中国近期城镇化道路的选择》，《中国人口科学》第2期。

郑杭生，2013，《城乡一体化与同城化齐举并进》，《红旗文稿》第20期。

周飞舟、谭明智，2014，《当代中国的中央地方关系》，北京：中国社会科学出版社。

周雪光，2013，《社会建设之我见：趋势、挑战与契机》，《社会》第3期。

作者单位：沈阳师范大学社会学院、
中国社会科学院社会学所博士后流动站（王庆明）
浙江大学经济学院（曹正汉）

社会心态研究综述与研究展望

高文珺

近年来，社会心态（social mentality）相关问题受到了党和政府、学术界、媒体乃至整个社会的广泛关注。“十二五”规划将积极社会心态作为一个目标写进社会发展规划，党的十八大报告中强调“培育自尊自信、理性平和、积极向上的社会心态”。在社会心理学领域，研究者将社会心态视为研究转型期社会心理的重要途径（王俊秀，2014a；周晓虹，2014），提出社会心态“既是社会转型的反映，也是影响社会转型的力量”（王俊秀，2014a），对其的把握与调适，是“社会变革无法忽视的社会心理资源与条件”（杨宜音，2006）。有关社会心态概念与特点、结构与测量和机制的研究日益增多，本文将对这些研究成果进行评述，并提出未来的研究方向。

一　社会心态的概念与特点

目前，国内的社会心态研究虽然呈现蓬勃发展的态势，相关学术论文不断增多（杨宜音，2006；周晓虹，2014），但是，大多数的研究都还处于探索阶段，缺乏深度，研究者对于社会心态概念、结构和机制的理解都尚未达成共识。

“心态”一词源于法国年鉴学派创立的“心态史学”（汝信，1988），强调心态与社会结构和社会发展的紧密关联。在《社会科学新词典》中，汝信（1988）借用年鉴学派勒高夫关于心态内涵的界定，从心态的社会性和文化性层次界定社会心态为“一定时代的社会、文化心理和观念及其反映的总称。心态构成了特定社会的价值——信仰——行动体系，这一体系常以集体无意识的形式积淀在特定的文化中并构成了这一文化最基本的层次”。

自20世纪80年代初至今，“社会心态”一词频频出现于学术界的讨论当中，研究者大多在约定俗成的意义上直接使用，对其概念缺乏严格界定，少数研究者对社会心态的概念和内涵进行了分析和探讨。杨宜音（2006）提出社会心态是“一段时间内弥散在整个社会或社会群体/社会类别中的宏观社会心境状态，是整个社会的情绪基调、社会共识和社会价值观的综合”。

马广海（2008）强调社会心态的产生与特定社会条件关联，认为“社会心态是与特定的社会运行状况或重大的社会变迁过程相联系的，在一定时期内广泛存在于各类社会群体内的情绪、情感、社会认知、行为意向和价值取向的总和”。

胡红生（2011：56）从社会认识论角度出发，认为“社会心态是某一时代、某一社会在其特定的国际、国内的经济、政治、文化等现实因素的作用下，经由以有组织的或无组织的社会群体为主的社会成员之间的相互作用而形成并且不断发展、变化的，包括各种情绪、感受、认识、态度、观点等多方面内容的、带有一定社会普遍性的共同性的心理状态和发展态势”。

王俊秀（2014a）指出社会心态是在“一定时期的社会环境和文化（包括亚文化）影响下形成并不断发生着变化的。社会中多数成员或占一定比例成员表现出的普遍的、一致的心理特点和行为模式，并构成一种氛围，成为影响每个个体成员行为的模板”。

虽然学者对于社会心态的具体界定并不相同，但对其核心特点的理解具有一定共识，周晓虹（2014）将这些特点总结为：宏观性、变动性和突生性。其中，宏观性强调社会心态是在一定时期内特定社会条件和背景下形成的，是大多数成员具有的宏观社会心理状态（周晓虹，2014；王俊秀，2014a）；动态性是指社会心态受社会文化变迁的影响，表现为动态的社会心理状态（马广海，2008；周晓虹，2014；王俊秀，2014a）；突生性（emergence）是指社会心态虽源自个人，但并不是个人意识和心理的简单之和，而是新生成的，具有自己的特点和功能（杨宜音，2006；周晓虹，2014）。笔者认为，上述特点之中，宏观性和动态性是社会心态的“表面性”特征，也正是这些特点让其具备了分析社会变迁和社会转型过程中社会心理的内在优势；而突生性则触及了社会心态的深层机制。

从上述分析中看出，虽然学术界就社会心态的概念界定尚未统一，但是思路已逐步清晰，就其核心特征认识已具有基本共识。当前社会心态概念化过程中的主要问题，可能就在于研究者对于使用社会心态一词具体是指哪些特定的社会心理现象这一问题没有形成共识（马广海，2008），缺乏操作化定义（杨宜音，2006），因而，对社会心态的描述和理解也就无法达成一致。这就涉及对社会心态构成和测量的探讨与分析。

二　社会心态的构成与测量

近10年，有些研究者开始深入探讨社会心态的构成成分和测量，并且在不断地探索和建构模型或指标体系。

杨宜音（2006）将社会心态由表及里界定为社会情绪、社会共识和社会价值取向三个方面。

马广海（2008）认为社会心态的基本测量维度包括社会情绪、社会认知、社会价值观和社会行为意向四个方面。其中，社会情绪是社会成员对于各种社会现象的感情性反应或评价；社会认知是社会成员对于某一社会心态对象所形成的某种共识，与杨宜音（2006）所指的社会共识相对应；社会价值观隐含在一套社会结构和制度之内，对现有社会架构保持具有重要意义；社会行为意向是个体行为的准备状态和集体行动的萌芽状态。

王俊秀（2013）同样认为社会心态的测量应包括社会认知、社会情绪、社会价值和社会行为四个核心要素，并从这四方面入手，初步构建了社会心态的指标体系。后来，王俊秀（2014a）又对这一指标体系进行了修正，加入了行为的动机成分，即社会需要这一要素。王俊秀（2014b：32—36）还分析了社会心态这五个核心构成要素之间的关系架构（见图1），指出社会心态是以社会需要为动力基础，由社会认知、社会情绪和社会行为构成，其中，社会认知受社会需要的影响，而社会认知的思维和判断活动又会影响需要评估、情绪体验和行为倾向；社会情绪与需要满足状况直接相关，是社会动力特征的延续，从一种内在驱动表现为情绪能量，会影响和调节社会认知和行为；社会行为的动机要素是社会需要，同时，社会行为可能朝向需要的满足，亦可能抑制需要的满足。上述要素之间的关系协同发生，都受到一定社会价值观的影响和支配，社会价值观是在长期社会文化因素影响下形成的。

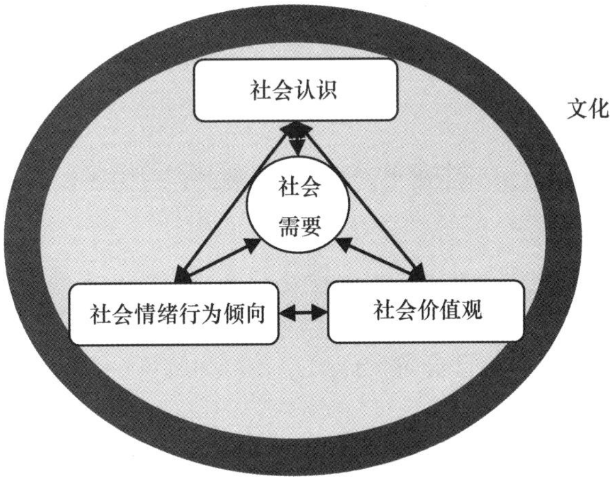

图1　社会心态的核心要素（王俊秀，2014b：3）

王俊秀（2014a，2014b：48—51）将上述五个社会心态的核心要素作为社会心态指标体系的一级指标，各一级指标又可进一步分解为二级指标和三级指标，二级指标和三级指标是研究者在实际研究中可通过概念化和操作化后具体测量的内容。具体而言，社会需要的二级指标是个体需要和群体需要，社会心态研究更关注群体需要，它的三级指标是基本需要和中间需要（多亚尔，高夫，2008：215）。社会认知的二级指标是个体社会认知、群体社会认知和社会思维，社会心态研究更关注后两者，其中，群体社会认知的三级指标是群体认知的结果，如幸福感、安全感、社会支持感、社会公平感、社会信任感、社会成就感、社会效能感和社会归属感等。社会情绪的二级指标是基本情绪、复合情绪和情感氛围。社会价值观的二级指标包括个体价值观和社会价值观。社会行为的二级指标可分为理性行为和非理性行为两个类型，具体包括经济行为、公共参与、歧视与排斥、攻击行为、矛盾化解、冲突应对、利他行为、道德行为和情感行为等

（指标体系见图2）。这一论述是目前为止，关于社会心态的构成和测量比较全面和深入的理论阐述，基本可以囊括不同学者在各种理论和实证研究中所探讨的社会心态内容。虽然上述指标体系的构建无法排除研究者的主观性，但对于社会心态的量化和分析都具有参考价值。并且，如王俊秀（2014a）所言，通过不断的研究积累，这一指标体系可以通过实证检验得到进一步的完善。

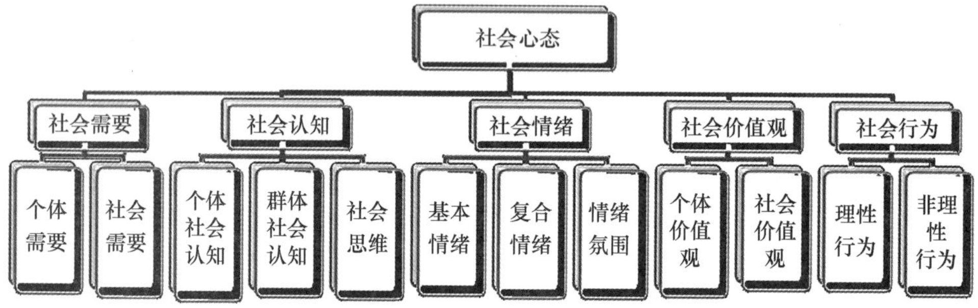

图2 社会心态的指标体系（王俊秀，2014a：119）

三 社会心态的形成和作用机制

如前所述，研究者普遍认为社会心态具有突生性，那么个体心态如何在特定社会背景中相互作用，最终形成不同于个体心态汇总而具有自身特点的社会心态呢？社会心态又通过何种机制、如何发挥其自身对个体思想和行为的影响呢？有研究者对此进行了理论阐释。

（一）向上模型和向下模型

杨宜音采用“个体与群体”相互建构的视角，根据社会心态与个体心理和行为之间不同的层次（上层和下层）及其方向作用关系，提出了向上和向下模型来分别解释社会心态如何由个体自下而上汇聚而形成，以及已形成的社会心态作为一个整体如何自上而下影响个体和群体（见图3）。其中，向上模型重点探讨了社会心态的形成机制，即社会卷入和社会关联，这一过程具体可通过四条路径实现，分别是社会认同、情绪感染、去个体化与去个人化、关系化和镶嵌化。社会认同通过自我归类化使个体与群体或类别建立起心理联系，形成了一体感和“我们感”，共享类似的社会心态。并且以这样的心态建立起群体内外的区隔。通过情绪感染，社会成员个体的情绪得以传递和复制，进而成为弥散在某一情境或时段的状态。去个体化会使个体受群体压力影响而产生失控行为，而去个人化则让个体保持与群体或集体的一致性，这些过程会影响集体行为的产生。关系化和镶嵌化则解释了人们如何形成“我们感”，进而建立共识（杨宜音，2012，2013）。

向下模型强调社会心态是一种社会成员共享的心理现实性（杨宜音，2012），而共享现实则可以影响人的判断、态度和行为（Echterhoff et al.，2005；Pinel et al.，2010）。杨宜音认为包括服从、依从、从众和合作等过程在内的社会影响是社会心态影响行为的重要通路，而自我调整则与个体心理过程相衔接，最终形成个体与群体的互动，构建出整个社会的心智活动——社会心态（杨宜音，2012，2013）。此外，杨宜音（2012）在阐述社会心态动力建构模型的要点时，还指出个体的不同特质会调节社会心态作用于个体的过程，其中，个人价值观与社会价值观的吻合程度和个人易感程度是重要的个体因素。

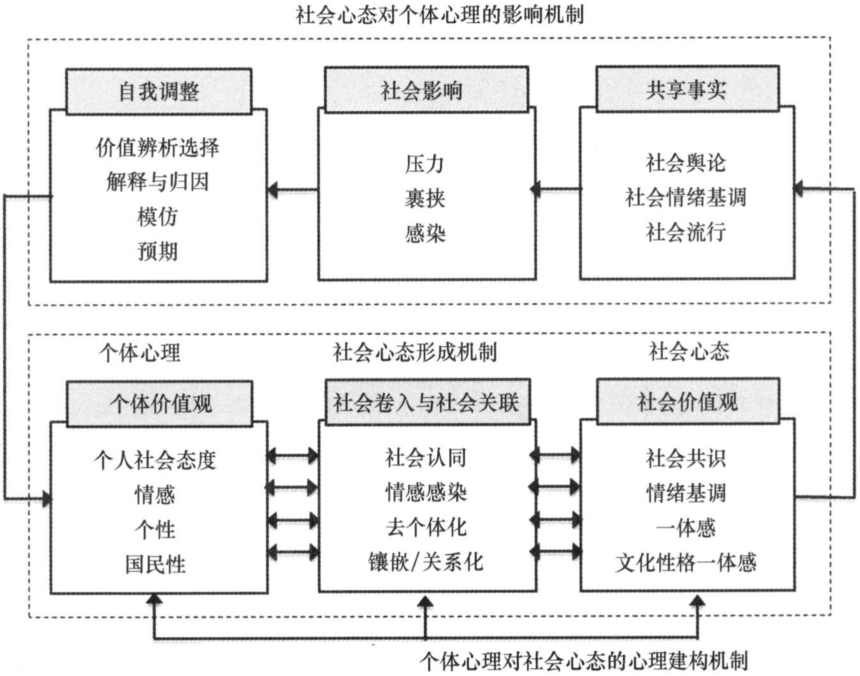

图3　社会心态的上下层互动模式（杨宜音，2013：52）

（二）集体表征与个体认同

周晓虹以集体表征（社会表征）和个体认同为核心解释了社会心态的形成过程。他认为，集体表征为社会心态的形成提供了基本的心理模板，为心理趋同提供了基本方向，参照社会表征（social representations）理论（Moscovici，2000），面对新的自然现象或社会现象，社会成员在讨论或交流对它们的看法时总是借用熟悉的科学知识或社会信念，再形成新的具象化表征，由此形成一般社会共识即新的集体表征形式。而社会心态正是在这样的社会共识或集体表征基础上经由个体认同形成的心理群体发展而来的。社会认同则通过心理群体的形成将社会中的散在个体凝聚起来，这样才能将集体表征提供的模板演化为社会上多数人共同的心态。认同某种集体表征的个体，在精神层面上凝聚起来成为一种“心理群体”，通过社会分类（social categorization）和社会比较（social comparison），个体将自己划分为某类心理群体的成员，并比较群体成员和自己的看法，形成所谓的“共识”，这种“共识”增强了个体对其观点真实性的信心。至此形成了能够支配集体行为的社会心态。在社会心态的过程中，特别是心理群体的形成过程中，暗示、模仿和感染是不可或缺的力量（周晓虹，2014）。图 4 显示的是上述社会心态的形成机制。

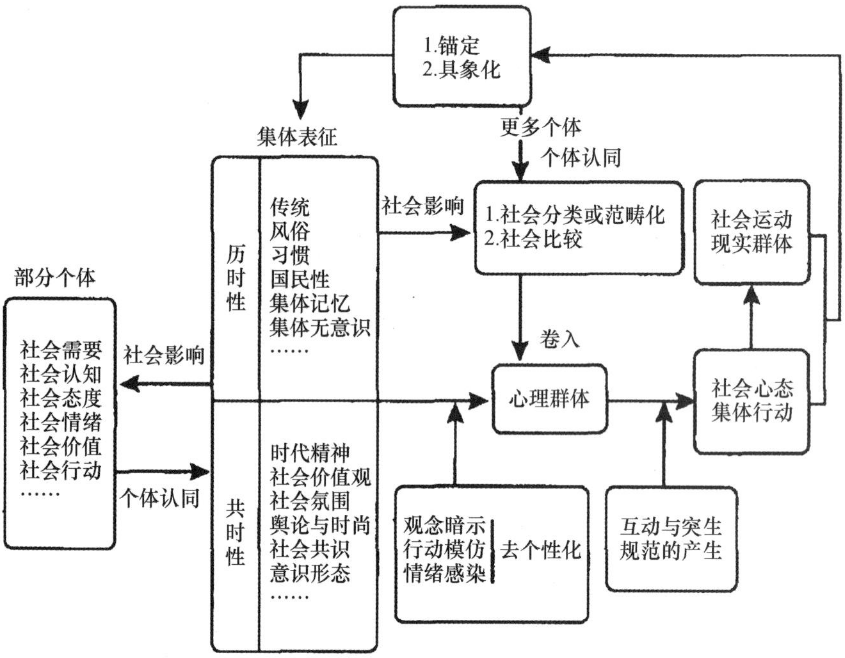

图4　社会心态的形成机制：集体表征与个体认同（周晓虹，2014：16）

无论是杨宜音的向上向下互动模型还是周晓虹的集体表征和个体认同阐述，都强调了社会认同和感染、去个性化等群体心理过程对于社会心态形成的重要性。两者的主要区别是周晓虹的模型中特别强调了集体表征对于社会心态形成方向的意义；杨宜音则未将其囊括在模型当中，但杨宜音曾指出，社会表征的形成过程与社会心态的社会个体相互建构特性具有一致性，其理论视角可以借鉴在社会心态研究之中（吴莹、杨宜音，2013）。因此，虽然不同学者建立的社会心态形成机制模型不尽相同，但可以说达成了一定共识，即社会表征理论和社会认同理论对于理解社会心态的形成具有重要参考价值。

四　社会心态的实证研究

虽然研究者关于社会心态的概念、结构和机制的理解还处于探索阶段，但并没有妨碍社会心态实证研究的开展。由于欠缺统一的理论和测量指标，研究者在研究中所界定的社会心态、所采用的测量方式不尽相同，但是，对于社会心态现状的把握还是具有一定的参考价值的，同时也可以为更进一步的理论建构提供一定的实证数据支持。这些研究主要分析了社会心态的表现和特点，研究者多采用问卷调查的形式了解当前社会的社会心态特点，包括全国性一般调查、区域性的一般调查和针对特定群体的调查。

全国性一般调查方面，根据中国社会科学院社会学研究所进行的全国调查，王俊秀等人从社会认知、社会支持感受、社会信任、社会公正感受、政府工作满意度、社会压力感受和生活目标认同等方面对社会心态进行了分析（王俊秀、杨宜音、陈午晴，2006）。基于 2006 年中国综合社会调查（CGSS）的数据，龙书芹（2010）从社会价值观、社会信任和社会认知（具体为社会冲突感知）等方面分析了中国人的社会心态的阶层差异。基于 2008 年 CGSS 的数据，孙德梅等人（2014）分析了社会心态中社会正义感和社会公平感的影响因素，包括个体特征、阶层认识和家庭影响。王俊秀和全静（2013）根据 2011 年和 2012 年的全国调查数据，从生活满意度方面分析了社会心态的现状和群体差异。任孝鹏等（2014）根据全国六省 120 个县市的调查分析了中国居民的和谐感知。此外，样本覆盖全国的调查还包括一些网络调查，如张建新等（2013）根据 2005—2010 年的网络征婚数据，分析了青年的择偶价值观，高文珺等（2013）通过网络调查从安全感、社会信任感、社会公平感和社会支持感几方面对社会心态进行了分析。

区域性一般调查方面，上海的“社会心态研究”课题组（1994）发表了上海市民心态的调查结果，主要从社会认知方面分析了上海市民的社会心态特点。郭亚帆（2003）从生活满意度、社会认知和未来预期几方面分析了内蒙古城乡居民的社会心态。李蓉蓉（2005）通过深度访谈，分析了山西人表现出的社会心态特点。马向真（2011）根据对江苏、浙江和广东三省的问卷调查，从社会价值观、社会认知、社会情绪和社会行为倾向四个方面分析了社会心态的人口学特点。饶印莎等于 2011 年对 7 个城市和 2013 年对 8 个城市进行了抽样调查，分析了社会信任的现状（饶印莎等，2013；饶印莎等，2014）。根据中国社会科学院社会学研究所社会心理学研究中心在深圳和黑龙江的社会心态观测点的调研数据，研究者从多个方面分析了社会心态的特点，包括社会价值观（高文珺等，2014；李原，2014）、生活满意度（杨青、邱慧卉，2014）、社会情绪（陈满琪、王俊秀，2014）、社会信任（杨青、胡志伟，2014）、安全感（全静，2014）和公平感（赵德雷，2014）。

特定群体调查方面，王晓辉和风笑天（2002）通过对三峡农村移民的问卷调查，从相对剥夺感、社区归属感、发展信心和生活满意度几方面分析了这些移民的社会心态。许传新（2007）根据成都的调查结果，从相对剥夺感、社会差异感、社会距离感、身份归属感、生活满意度等方面分析了新生代农民工的社会心态。朱新坪和邝翠清（2010）根据北京、武汉和广州三地的调查结果，从信仰、价值观、发展信心、人际关系感知、婚恋观、金钱观、生活满意度等方面分析了大学生的社会心态特点。

五　社会心态未来的研究方向

（一）社会心态机制理论的建构与完善

对于社会心态形成和作用机制的理论研究尚须推进，而实证研究更是鲜见。从前述杨宜音和周晓虹对社会心态机制的分析中，我们可以发现对于社会心态的形成和作用机制的探讨，离不开现有的相关理论支撑和对基本的群体社会心理过程的理解。未来研究可以继续深入剖析不同学科和不同领域的相关理论，同时结合实证研究的数据验证，探索社会心态的机制。这主要包括两个方面的内容：第一，探讨相关理论对于分析社会心态的作用。吴莹和杨宜音（2013）曾做出过这方面的尝试，分析了共享现实（shared reality）理论、主体间共识（intersubjective consensus）理论和社会表征理论对于社会心态研究的理论建构、研究视角和研究方法的借鉴意义。除此之外，社会认同（social identity）理论也是学者普遍认可的解释社会心态形成的重要参考理论（周晓虹，2014；杨宜音，2012，2013）。Morris 等（2015）最新提出的规范学（normology）概念将不同领域的社会规范结构整合在一个模型当中，并分析了规范如何传递和影响人的思想和行为，以此来理解文化动态性，对于理解社会心态机制也具有参考价值。这些理论如何具体应用于社会心态研究当中是值得研究者进一步探索的方向。第二，通过实证研究验证这些理论是否适用于分析社会心态。高文珺（2015）在研究中做出了尝试，采用主体间视角，分析了“应然”和“实然”的社会文化价值观差异，以及各自对于生活满意度、社会信任、社会公平感和社会安全感等方面的社会心态的影响，结果表明个体层面价值观和共享现实层面价值观之间存在差异，即共享层面感知到的社会流行价值观不等同于个体价值观均值，从一定程度上印证了社会心态不等同于个体心态汇总；并且，两个层面价值观都对社会心态的其他成分具有独立影响，一定程度上验证了杨宜音（2013）所提出的社会心态以共享现实形式影响思想与行为。未来的实证研究可采用更加多元化的方式去验证社会心态机制模型，如应用社会心理学实验方法和计算机模拟等方法。

（二）社会心态指标体系的完善与预测研究

如前所述，研究者对社会心态的构成和测量缺乏统一的标准，王俊秀（2014）所构建的社会心态指标体系相对完整，可囊括绝大部分关于社会心态构成的理论阐述和实证调查研究。未来研究，可以参照这一指标体系开展测量分析，对指标体系进行验证、完善和补充，细化社会需要、社会认知、社会情绪、社会价值观和社会行为五个一级指标的二级和三级指标，并统一操作化定义，以便在不同地区、不同时间所开展的社会心态研究可以进行比较，这样有利于更好地把握当前社会心态的特征和变迁，成为真正有效地反映社会状态的“晴雨表”和“风向标”。

社会心态指标体系的确立还指出了社会心态研究的一个新的方向，即预测社会心态的变化和通过社会心态预测社会行为。如果有固定的社会心态指标可以应用，就可以在热点事件或现象发生后去了解当时的社会心态特点和行为表现，累积了一定数据之后，就可能建立模型预测事件可能引发的社会心态以及相应社会心态引发某种行为（尤其是集体行为）的可能性。

（三）社会转型与社会心态变迁的实证研究

当前对于社会转型与社会心态的研究主要处于理论分析阶段，例如，周晓虹针对“中国经验”提出了“中国体验”这一贴近社会心态的概念，意指中国人精神世界的变化，用来解释社会转型中的中国人在价值观、社会态度和社会行为模式方面的变化（周晓虹，2012；王小章，2012；成伯清，2012）。还有研究者对社会心态的变迁进行了理论阐述（如景怀斌，1989；刘东超，2004；侯晋雄，2006；周晓虹，2009）。但是，相关的实证研究较为匮乏，可能的原因之一就是社会心态缺乏统一的指标界定，不同时期、不同地区的社会心态调查结果缺乏可比性，因而很难比较出不同社会环境下社会心态的变化。未来研究可尝试采用不同的分析方法和分析视角来解决这一问题。比如，采用多重等级评价的方法（张笠云、谭康荣，2005）分析不同时点、不同测量方式所获得的数据。再比如采用社会生态心理学的视角，对转型过程中发展阶段不同的地区进行对比分析。如前述高文珺（2015）的研究曾做过尝试，选取经济发展模式截然不同的深圳和黑龙江垦区进行文化价值观的对比分析，发现价值观的特点刻有经济发展模式的烙印，这或许可从一定角度反映出社会转型过程中社会心态的变化。

（四）大数据与社会心态

当前，大数据（Big Data）作为一种全新的资料，为社会科学研究带来了前所未有的机遇，沈浩和黄晓兰（2013）提出大数据时代是社会科学研究的春天，其具体阐述是：

“社会科学研究的是人，以及人所在的群体、组织和相互关系。社会是由人和关系组成的，而社交网络为人们提供了在线交流和信息传播，人们的在线社会化生活，使社会化媒体形成新的媒介生态环境，社交媒体为人们构建了一张巨大的社会网络，且不断演化。关键的是这些演化的信息都被记录下来，网络科学和社会网络分析成为大数据分析的重要技术和方法论，网络科学让我们能够更好地观察到人类社会的复杂行为模式……大数据时代重在研究网络环境下的社会人的态度行为和社会影响，传统的社会‘平均人’已经不是重点，过去的数据分析更多的给出的是群体行为模式，如北京人如何、大学生如何、高收入群体如何，现在我们可以基于大数据分析和挖掘每一个人的社会行为。如果我们能够从大数据中捕捉某一个个体行为模式，并将分散在不同地方的信息数据，全部集中在大数据中心进行处理，就能捕捉群体行为。”（沈浩、黄晓兰，2013：15）

可以说，大数据对于在网络环境下研究宏观、动态和突变的社会心态来说，具有传统方法无可比拟的优势；其对研究对象近乎全体数据的统计，也利于发挥分析社会心态的预测功能。虽然大数据重关系轻因果，但能够帮我们理解社会心态可能的动态演变过程和机制路径，为进一步的因果验证提供基础，并且，现在出现的定制大数据也为因果分析提供了可能（陈云松等，2015）。与此同时，随着大数据的兴起，一些适于解释大数据背景下社会现象的理论也引起了学者的关注，如突变理论（catastrophe theory）、混沌理论（chaos theory）和复杂性理论（complexity theory）。其中，复杂性理论值得研究者在未来社会心态研究中加以借鉴。复杂性理论的一个关键概念就是突变性（emergency），指的是从大量个体的互动中会产生新的属性或行为的现象，这些集体现象往往很难从参与互动的个体的属性推断出来。特别是个体在一个共享的环境中互动时，更容易在集体层面产生复杂性行为（Bryne，1998；Chalmers，2006）。复杂性理论重点关注的问题包括：（1）新的行为属性如何从大量个体间的互动突变出来？（2）个体行为如何突变为共享信念、价值观和规范？大数据和计算机模拟的出现为解决这些问题提供了方法支持。可以看出，复杂性理论关注的问题与社会心态研究想要解决的问题颇为相似，因此其观点和研究范式将对社会心态研究具有启发意义，也可为应用大数据分析社会心态提供理论参考。

参考文献

陈满琪、王俊秀，2014，《民众不同生活领域情绪体验的差异》，王俊秀、杨宜音主编《中国社会心态研究报告（2014）》，北京：社会科学文献出版社。

陈云松、吴青熹、黄超，2015，《大数据何以重构社会科学》，《新疆师范大学学报》（哲学社会科学版）第3期。

成伯清，2012，《“中国体验”的意义和价值》，《学习与探索》第3期。

高文珺、杨宜音、赵志裕、王俊秀，2013，《几种重要需求的满足状况：基于网络调查数据的社会心态分析》，王俊秀、杨宜音主编《中国社会心态研究报告（2012—2013）》，北京：社会科学文献出版社。

高文珺、杨宜音、王俊秀，2014，《社会文化价值观与社会现状感知——基于深圳、哈尔滨、黑龙江某垦区的对比研究》，王俊秀、杨宜音主编《中国社会心态研究报告（2014）》，北京：社会科学文献出版社。

高文珺，2015，《“应然”与“实然”：社会文化价值特点与影响》，《学术交流》第7期。

郭亚帆，2003，《内蒙古城乡居民基本社会心态调查与分析》，《统计与信息论坛》第3期。

侯晋雄，2006，《转型期社会心态问题与构建和谐社会》，《陕西理工学院学报》（社会科学版）

第 4 期。

胡红生，2011，《社会心态论》，北京：中国社会科学出版社。

景怀斌，1989，《从依赖集体主义到关系自私主义——十年来中国社会心态变异探析》，《社会科学家》第 5 期。

莱恩·多亚尔、伊恩·高夫，2008，《人的需要理论》，王淳波、张宝莹译，北京：商务印书馆。

李蓉蓉，2005，《山西人的社会心态与山西经济发展》，《生产力研究》第 3 期。

李原，2014，《物质主义价值观调查报告——基于黑龙江居民的调查数据》，王俊秀、杨宜音主编《中国社会心态研究报告（2014）》，北京：社会科学文献出版社。

刘东超，2004，《当代中国社会文化变迁和社会心态演变》，《学术探索》第 3 期。

龙书芹，2010，《转型期中国人的社会心态及其阶层差异性——基于 2006CGSS 的实证分析》，《南京师范大学学报》（社会科学版）第 6 期。

马广海，2008，《论社会心态：概念辨析及其操作化》，《社会科学》第 10 期。

马向真，2011，《基于人口学变量研究的当代中国社会心态观察》，《南京师范大学学报》（社会科学版）第 6 期。

全静，2014，《2013 年黑龙江省和深圳市居民安全感分析》，王俊秀、杨宜音主编《中国社会心态研究报告（2014）》，北京：社会科学文献出版社。

饶印莎、周江、田兆斌、杨宜音，2013，《城市居民社会信任状况调查报告》，王俊秀、杨宜音主编《中国社会心态研究报告（2012—2013）》，北京：社会科学文献出版社。

饶印莎、周江、靳建刚、杨宜音，2014，《2013 年中国八大城市居民社会信任状况调查报告》，王俊秀、杨宜音主编《中国社会心态研究报告（2014）》，北京：社会科学文献出版社。

任孝鹏、郑蕊、周洁、陈雪峰、苏红、张凤、陈涛，2014，《2013 年中国城乡居民和谐程度调查报告》，王俊秀、杨宜音主编《中国社会心态研究报告（2014）》，北京：社会科学文献出版社。

汝信主编，1988，《社会科学新词典》，重庆：重庆出版社。

孙德梅、王正沛、康伟，2014，《转型期我国公民社会心态影响因素分析：基于 CGSS 2008 调查数据的分析》，《科学决策》第 1 期。

“社会心态研究”课题组，1994，《转型时期的上海市民社会心态调查和对策研究》，《社会学研究》第 3 期。

沈浩、黄晓兰，2013，《大数据助力社会科学研究：挑战与创新》，《现代传播》第 8 期。

王俊秀，2013，《社会心态的结构和指标体系》，《社会科学战线》第 2 期。

——，2014a，《社会心态：转型社会的社会心理研究》，《社会学研究》第 1 期。

——，2014b，《社会心态理论：一种宏观社会心理学范式》，北京：社会科学文献出版社。

王俊秀、全静，2013，《2011—2012 年中国居民生活满意度调查报告》，王俊秀、杨宜音主编《中国社会心态研究报告（2012—2013）》，北京：社会科学文献出版社。

王俊秀、杨宜音、陈午晴，2006，《2006 年中国社会心态调查报告》，汝信、陆学艺、李培林主编《2007 年：中国社会形势分析与预测》，北京：社会科学文献出版社。

王晓辉、风笑天，2002，《三峡外迁移民的社会心态》，《统计与决策》第 1 期。

王小章，2012，《关注“中国体验”是中国社会科学的使命》，《学习与探索》第 3 期。

吴莹、杨宜音，2013，《社会心态形成过程中社会与个人的“互构性”——社会心理学中“共识”理论对社会心态研究的启示》，《社会科学战线》第 2 期。

许传新，2007，《新生代农民工城市生活中的社会心态》，《社会心理科学》第1—2期。

杨青、胡志伟，2014，《移民城市人际信任现状及其影响因素》，王俊秀、杨宜音主编《中国社会心态研究报告（2014）》，北京：社会科学文献出版社。

杨青、邱慧卉，2014，《价值追求与生活满意度之关系》，王俊秀、杨宜音主编《中国社会心态研究报告（2014）》，北京：社会科学文献出版社。

杨宜音，2006，《个体与宏观社会的心理关系：社会心态概念的界定》，《社会学研究》第4期。

——，2012，《社会心态形成的心理机制及其效应》，《哈尔滨工业大学学报》（社会科学版）第6期。

——，2013，《社会心态的形成机制及心理效应》，杨宜音、王俊秀等著《当代中国社会心态研究》，北京：社会科学文献出版社。

赵德雷，2014，《黑龙江垦区居民社会公平心态的调查报告》，王俊秀、杨宜音主编《中国社会心态研究报告（2014）》，北京：社会科学文献出版社。

张建新、张镇、王志国、屠莺，2013，《中国当代青年人的择偶价值观——基于2005—2010年网络征婚数据的分析》，王俊秀、杨宜音主编《中国社会心态研究报告（2012—2013）》，北京：社会科学文献出版社。

张笠云、谭康荣，2005，《制度信任的结构与趋势："多重等级评量"的分析策略》，《台湾社会学刊》第35期。

周晓虹，2009，《中国人社会心态六十年变迁及发展趋势》，《河北学刊》第5期。

——，2012，《"中国经验"与"中国体验"》，《学习与探索》第3期。

——，2014，《转型时代的社会心态与中国体验——兼与〈社会心态：转型社会的社会心理研究〉一文商榷》，《社会学研究》第4期。

朱新坪、邝翠清，2010，《当代大学生的社会心态与观念》，《青年探索》第4期。

Bryne, D., 1998, *Complexity Theory and the Social Sciences: An introduction.* London: Routledge.

Chalmers, D. J., 2006, "Strong and weak emergence." In P. Clayton & P. Davis (eds.), The re-emergence of emergence. Oxford: Oxford University Press.

Echterhoff, G., E. T. Higgins & S. Groll, 2005, "Audience-tuning Effects on Memory: The Role of Shared Reality." *Journal of Personality and Social Psychology* 89 (3).

Pinel, E. C., A. E. Long & L. A. Crimin, 2010, "I-sharing and a Classic Conformity Paradigm." *Social Cognition* 28 (3).

Morris, M. W., Y. Hong, C. Chiu & Z. Liu, 2015, "Normology: Intergrating Insights about Social Norms to Understand Culture Dynamics." *Organizational Behavior and Human Decision Processes* 129 (C).

Moscovivi, Serge, 2000, *Social Represenations*, *Explorations in Social Psychology.* Cambridge: Cambridge University Press.

作者单位：中国社会科学院社会学研究所

中国社会政策研究及学科发展概况

关信平

2011—2014 年，我国经济与社会发展都具有新的特点，社会政策也经历了新的发展。本文从对经济与社会环境及社会政策实践发展的分析入手，重点介绍此期我国社会政策研究、教学及学科发展的基本情况，并简要分析存在的问题和未来发展的挑战。

一 2011—2014 年我国社会政策实践与学术发展的背景

2011—2014 年我国经历了一些重要的发展阶段，在此期间我国的社会政策也经历了重要的发展时期。首先，2012 年召开了党的第十八次全国代表大会，2013 年召开了党的十八届三中全会，2014 年召开了党的十八届四中全会，这些重要的高层会议指导着我国的发展，并对这一时期我国的社会政策产生了重要的影响。其次，这一时期是我国经济与社会发展的一个重要时期。一方面，这一时期我国传统的经济发展方式所面临的困境加速显现，转变经济发展方式的压力进一步增大。尤其是到 2014 年，我国经济发展减速趋势已经明显，经济发展进入了“新常态”，转变经济发展方式的任务迫在眉睫。另一方面，这一时期我国人口老龄化和城市化进一步加速，对经济发展和社会政策都提出了新的挑战。

在这种宏观的经济与社会背景下，我国的社会政策实践和学术发展都面临新的环境和要求。一方面，我国的社会政策延续过去 10 年的发展趋势，取得了一些新的发展；另一方面我国的社会政策也面临新的要求，不仅要承担十八大所提出的“保障和改善民生”的重大任务，而且要为促进经济转型与发展，推动社会建设和社会治理做出贡献。因此，从社会政策实践上看，这一时期的前两年基本保持过去近 10 年的快速发展态势，但在后两年里出现了一些发展疲软和调整的态势。

在新的背景下我国的社会政策实践发展面临新的要求和新的挑战，进而带来新的理论与实践问题。面临这些问题，我国社会政策研究者开展了积极的讨论，在社会政策的理论研究和应用性研究方面，在学科建设方面都取得了一些新的成果和进展。

迄今为止，“社会政策”的概念在我国还是一个比较新的概念，“社会政策学科”也还是不太完善的。在此背景下要反映我国社会政策学术研究和学科的发展客观上存在一定的困难。按照多数国家认可的国际标准，社会政策的范围包括政府在社会保障、公共医疗卫生、公共教育、就业、住房等方面的政策，以及针对老年人、残疾人、儿童等特殊困难群体提供社会服务的政策。但在我国，不论是从政策行动实践还是从学术研究及学科发展上看，这些政策领域都还没有被纳入“社会政策”的框架下。在政策实践上，各级政府还没有将有关领域的政策发展统一到“社会政策”的行动框架下；在学术研究领域，也是以分门别类的研究为主；在学科发展上，我国有多个与社会政策并列的学科体系，如社会保障、卫生经济等。鉴于这种情况，可以从两个不同的层次分析社会政策学术研究及学科发展情况：一是从广义的角度，将所有应该属于社会政策领域的研究和学科发展都算作社会政策的研究和学科发展。二是从狭义的角度，只将直接从总体上综合性研究社会政策的项目和成果纳入社会政策领域，也即只将冠以“社会政策”名称的项目和成果算作社会政策的研究。同样，也只将冠有“社会政策”名称的学科算作社会政策的学科。本文主要从狭义的角度来分析我国社会政策学术研究和学科发展的情况。

二 2011—2014 年我国社会政策实践的发展

社会政策研究的发展与社会政策实践的发展密不可分，因此，在讨论社会政策学术发展之前，有必要对这一时期我国社会政策实践的发展做一简要的概括和分析。如前所述，这一时期我国在经济与社会的许多方面都面临着新的挑战，对社会政策的发展产生了新的影响。概括起来看，在 2011—2014 年的 4 年间，我国社会政策实践的发展经历了一定的转折。在此之前，我国社会政策经历了长达近 10 年的快速发展。从总体上看，我国社会政策各个领域在项目完善、覆盖面扩大和社会支出增加等方面都有明显的进展，但到 2013 年以后我国社会政策在这几方面的发展势头都发生变化。

（一）21 世纪前 10 年我国社会政策的发展概况

在 20 世纪 90 年代，我国社会政策发展相对缓慢。进入 21 世纪后，在构建社会主义和谐社会的新的发展战略指引下，党和政府更加强调保障和改善民生，我国社会政策的发展明显加快。第一，在这一时期针对民生保障体系存在的问题，不断完善社会政策各个领域的项目体系，弥补民生保障体系的漏洞，尤其是加强了过去一直比较薄弱的农村教育、城镇住房、弱势群体保护等领域的政策，进一步加强了社会政策的完整性。第二，通过加强政府在社会政策方面的责任而纠正了过去过分强调市场化而导致的民生保障弱化的问题。其中最典型的是针对“看病贵、看病难”的问题而在医疗卫生政策方面大规模推行新的改革。第三，在这一时期我国社会政策的若干重要领域不断扩大人群覆盖面，使更多的人能够受益。其中最典型的有医疗保险和养老保险的制度全覆盖，普惠性基础公共教育体系的完善等。第四，在这一时期农村社会政策体系得到了重点发展，先后建立了农村医疗救助和新型农村合作医疗、农村低保、农村养老保险等重要的社会政策体系，并且完善了农村公共教育体系（两免一补）。总体上看，基本建成较为完善的农村社会政策体系，城乡之间社会政策更加均衡发展，并逐步形成城乡一体化的社会政策体系。第五，作为衡量一个国家或地区社会政策水平的重要标志，在这一时期政府财政的社会支出也有明显增长。从表1中的数据可看出，2003—2010年，我国政府的社会支出，即各级政府财政在教育、医疗卫生、社会保障与就业及保障性住房几大类的支出总和，不论是在支出的绝对数，还是在占政府财政支出总额的比例和占GDP的比例均有明显增长。说明这一时期政府对社会政策的重视具体落实到了财政支出上，而不是仅仅在口头上。

表1　全国各级政府财政社会支出情况（2003—2010）

年份	各类社会支出（亿元）				社会支出总额		
	教育	医疗卫生	社会保障与就业	保障性住房	合计（亿元）	占财政支出总额的百分比（%）	占GDP的百分比（%）
2003	3140.26	778.05	3273.19	–	7191.50	25.8	5.27
2004	3624.84	854.64	3911.88	–	8391.36	29.5	5.22
2005	4289.98	1036.81	4697.33	–	10024.12	29.5	5.39
2006	5169.05	1320.23	5749.30	–	12238.58	30.3	5.62
2007	7122.32	1989.96	5447.16	–	14559.44	29.2	5.43
2008	9010.21	2757.04	6804.29	–	18571.54	29.7	5.86
2009	10437.54	3994.19	7606.68	725.94	22764.35	29.8	6.59
2010	12550.02	4804.18	9130.62	2376.88	28861.70	32.1	7.06
2011	16497.33	6429.51	11109.4	3820.69	37856.93	34.7	7.82
2012	21242.10	7245.11	12585.52	4479.62	45552.35	36.2	8.53
2013	22001.76	8279.90	14490.54	4480.55	49252.75	35.1	8.38
2014	23041.71	9263.32	15968.85	5043.72	53317.60	35.1	8.38

资料来源：各年度财政部《全国财政支出决算表》，中华人民共和国财政部预算司网站。

（二）2011—2014年我国社会政策新的发展

2011—2014年，我国继续出台重大的社会政策。其中最主要的有2011年在全国建立新型农村社会保险制度，2014年《社会救助暂行办法》的出台，以及2014年在全国全面建立临时救助制度等几项重要的社会政策。同时，在社会政策的许多方面都有不断的修改，使社会政策总体上更加完善。此外，从各级政府财政支出的情况看，此期的4年中，前两年社会政策方面的支出水平继续保持较大的上升趋势，并在2012年达到了占财政支出总额36.2%和占GDP 8.53%的历史最高水平。但在后两年中，尽管支出的绝对数仍然还在上升，但上升幅度明显放缓，并且其相对增长（社会支出总水平占政府财政支出总额的比例及占 GDP 的比例）出现停滞，甚至下滑。

三 2011—2014 年我国社会政策研究的发展

与社会政策实务发展相适应，我国学术界在社会政策研究方面也有一定的进展，其中包括科研项目、学术著作、科研论文和研究报告等方面的进展。

（一）2011—2014 年我国社会政策科研项目情况

在此期间，包括国家、教育部和社会科学院系统的哲学社会科学项目，以及地方政府的哲学社会科学项目中都有一些社会政策的研究课题。在此，我们仅以学术声誉最高的国家哲学社会科学基金项目为例来分析此期“社会政策”研究的立项情况（此处仅列出的是带有“社会政策”字样的项目，而不是社会政策领域的所有项目）（见表 2）。

表 2 2011—2014 年国家社会科学基金社会学类项目中社会政策项目立项情况

项目类别	项目名称	立项年份	项目负责人
重点项目	现阶段我国转变经济发展方式的社会政策研究	2011	关信平
重点项目	包容性增长的社会基础与我国社会政策发展的研究	2011	熊跃根
一般项目	保障农民工工资收入正常增长的社会政策研究	2011	甘满堂
一般项目	城市化进程中的农民工社会政策研究	2011	韩克庆
青年项目	城市化进程中的农民工群体异质性及其社会政策建构调整研究	2011	龚文海
青年项目	发展型社会政策理念下城市贫困家庭可持续生计研究	2011	高功敬
青年项目	后金融危机时期中国城镇工作贫困者问题与相关社会政策研究	2011	姚建平
青年项目	农村亚贫困问题与相关社会政策调整研究	2011	张开云
一般项目	发展型社会政策视野下农民工及子女城市社会融入研究	2012	马　良
成果文库	国家调整农民工社会政策研究	2012	潘泽泉
一般项目	发展型社会政策理论视野下的农民工社会救助模式研究	2013	方　巍
青年项目	我国社会政策议程设置模式研究	2013	盛志宏
青年项目	多元流迁模式下新生代农民工群体社会保护需求的异质性及其社会政策调整研究	2013	沈君彬
重点项目	身份秩序视阈中农民工的尊严诉求与社会政策建构研究	2014	方向新
青年项目	基于发展型社会政策视角的农村低保制度建构研究	2014	潘　敏
中华学术外译项目	国家调整农民工社会政策研究	2014	李文哲

注：在此仅列出带有“社会政策”字样的项目，而不是社会政策领域的所有项目。

从表2中可以看出，2011—2014年的4年里，国家社科基金社会学类每年都有社会政策的项目，但年度间分布不够均衡，在第一年（2011年）多达8项，而后3年加在一起也是8项。并且在第一年的8个项目中有2个是重点项目，而后3年没有重点项目。

此外，在国家社科基金的“世界历史”学科中，2013年还有两项有关国外社会政策历史研究的青年项目：孟钟捷承担的“德国魏玛时代的社会政策研究（1918—1933）”和滕淑娜承担的“税制变迁与20世纪英国政府社会政策研究”。

（二）2011—2014年我国社会政策研究成果情况

在此期间国内学术界在社会政策研究方面有大量的学术成果，其中包括学术专著、学术论文和研究报告。本部分重点介绍我国出版社会政策学术著作和发表学术论文的情况。

1. 出版的社会政策学术专著情况

在此期间我国学者出版的社会政策的著作，包括学术专著、论文集、教材和普及读物。通过国家图书馆查询，2011年出版的有16部，2012年出版的有15部，2013年出版的有13部（2014年出版的社会政策专著在国家图书馆的查询中还未全部列入）。从内容上看，此期出版的社会政策著作主要包括以下几类：一是社会政策研究专著，如岳经纶的《社会政策与“社会中国”》（2014）、莫道明和祁冬涛的《社会发展与社会政策：国际经验与中国改革》（2014）、贡森和葛延风等著的《福利体制和社会政策的国际比较》（2012）、李迎生等著的《当代中国社会政策》（2012）、宋健著的《社会性别视角下的中国社会政策》（2012）、潘泽泉著的《国家调整农民工社会政策研究》（2012）、姚建平著的《中国转型期城市贫困与社会政策》（2011）等。二是综合性的社会政策的学术论文集，包括学术会议的论文集，如杨团等人每年编辑出版的会议论文集《当代社会政策研究》、吴帆和黄建忠编辑出版的《中美社会政策比较研究》（2014）、魏雁滨和关信平等人主编的《华人社会政策与服务》（2013）等。三是以专著的方式正式出版的研究报告，如民政部政策研究中心连续出版的《中国城乡困难家庭社会政策支持系统建设研究报告》。四是翻译国外学者的社会政策著作和重印我国历史上的社会政策著作，前者有［英］蒂特马斯的《蒂特马斯社会政策十讲》（江绍康翻译）和［英］鲍勃·迪肯等人的《全球社会政策》（苗正民翻译），后者有朱亦松的《社会政策》（1934年出版，2012年重印）。此外，在此期间还有若干社会政策教材出版。

2. 发表的社会政策学术论文情况

此期，我国社会政策研究的学者在各类学术刊物上发表了大量的论文。从“中国知网”上查询，2011—2014年的4年间，在国内刊物上发表的属于广义社会政策领域的论文总数超过了5000篇，其中在CSSCI期刊上发表的超过了1500篇。CSSCI期刊论文数占总论文数的比例约为1/3。并且，此4年间每年发表的论文数较为平衡，都在1200篇以上（见图1）。

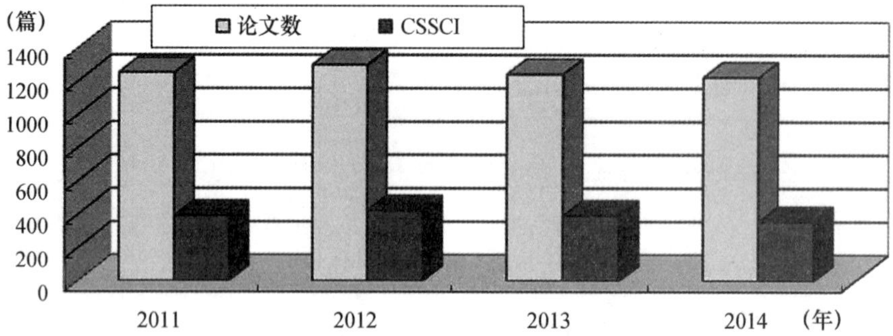

图1　2011—2014年国内期刊上发表的广义社会政策领域的论文数

在宽广的社会政策领域中，各个子领域都有相应的研究，发表了大量的论文。但各个领域相关社会政策研究发表论文的数量并不均衡。图2展示了社会政策各个子领域发表论文的情况。

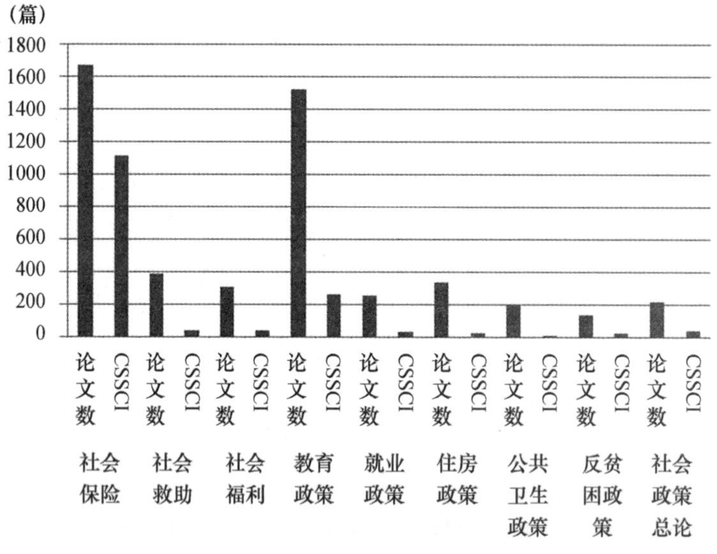

图2　2011—2014年社会政策各个领域发表论文数量情况

可以看出，在社会政策领域中，社会保险子领域的研究论文最多，其次是教育政策，而住房政策和公共卫生政策相对偏少。此外，以“社会政策”为名的社会政策总论研究论文，即从总体上综合性地研究社会政策的论文在此4年期间共有200多篇，其中在CSSCI上发表的有30多篇，占论文总数的17.4%（见图3）。

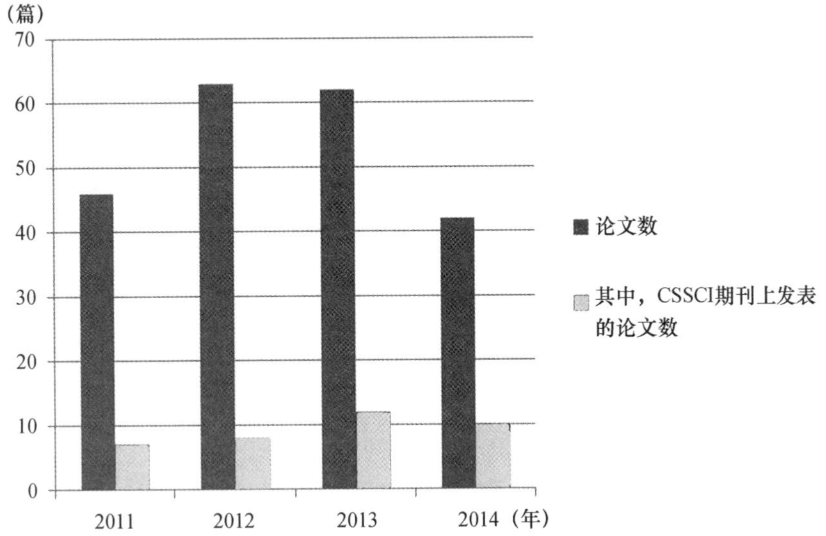

图3　2011—2014年国内学术刊物上社会政策总论研究论文数

此外，在此期间还有不少社会政策的研究报告。社会政策的研究报告总体上是针对具体的社会政策问题展开研究，为各级政府提供具体的政策建议。其中有些是对社会政策总体情况的研究报告，有些是在各个具体领域的报告。有些研究报告正式出版，有些提交给有关部门，或者通过互联网向社会发布。在此期间比较重要的社会政策研究报告是民政部政策研究中心依据其连续多年在年度大规模调研基础上的《中国城乡困难家庭社会政策支持系统研究》。从2013年起，该项研究每年出版、发布基于大规模调查的蓝皮书、研究报告和数据报告，既对各级政府的社会救助等项社会政策的制定和发展起到重要的参考，也在学术界和社会公众中逐渐积累其影响。

四　2011—2014年我国社会政策领域的学术组织与学术会议

（一）社会政策学术组织

从2007年在中国社会学会下成立社会政策研究专业委员会开始，迄今为止，该组织仍是我国社会政策学术界惟一的全国性学术组织。多年来，社会政策研究专业委员会积极联系社会政策研究的学者、政府有关部门和相关社会组织，以召开学术会议、出版学术刊物和著作等方式积极推动社会政策的科学研究、学科发展和学术交流。2014年换届选举后，社会政策专业委员会有35位理事，理事长是中国社会科学院社会学研究所的杨团研究员，副理事长有关信平（南开大学）、张秀兰（北京师范大学）、彭希哲（复旦大学）和王春光（中国社会科学院）。

（二）2011—2014 年召开的社会政策的学术会议

在此期间，我国每年都召开多个社会政策学术会议，包括国内学术会议和在我国召开的国际学术会议。

首先，在中国社会学会举办的学术年会上每年都有社会政策方面的论坛（详情见表3），如："社会发展与社会政策：国际经验和中国的挑战"（2011）、"农村社会问题与社会政策"（2012）、"人口老龄化阶段中的社会政策与养老服务"（2013）、"社会流动背景下的家庭压力和社会政策"（2014）。

其次，在 2011—2014 年的 4 年里，中国社会学会社会政策研究专业委员会每年举办"社会政策国际论坛和系列讲座"。该论坛和系列讲座创办于 2005 年。当年，为了倡导社会政策理念，推动我国社会政策领域的学术研究、社会政策普及和学科建设，中国社会科学院社会政策研究中心、中国社会工作教育协会、南开大学社会工作与社会政策系、北京师范大学社会发展与公共政策研究所、清华大学公共管理学院五家学术单位在南开大学组织召开了"社会政策国际论坛暨社会政策国际系列讲座"。此后，这一论坛暨系列讲座每年都在不同的地点举办，从未中断，到 2014 年已历 10 届。此间有越来越多的学术机构加入主办者的行列，越来越多的学者和学生踊跃参加此项活动。自 2008 年以后，随着中国社会学会社会政策研究专业委员会的成立，这一论坛暨讲座成了该专业委员会的学术年会，由社会政策研究专业委员会每年与合作单位联合主办，并逐步具有更大的影响力。在 2011—2014 年的 4 年中，社会政策国际论坛的合作主办单位和论坛主题分别是：

第七届（2011 年）由中山大学、广东省妇女联合会、广东省民政厅承办，主题是"社会政策与社会管理创新"；

第八届（2012 年）：由北京师范大学社会发展与公共政策学院承办，主题是"面向老龄社会的社会政策 "；

第九届（2013 年）：由复旦大学公共管理与公共政策研究国家哲学社会科学创新基地、社会发展与公共政策学院和社会政策研究中心承办，主题是"朝向更加公平的社会政策"；

第十届（2014 年）：由中国社会科学院社会政策研究中心承办，主题是"社会治理与社会政策"。

在这 4 年里，"社会政策国际论坛暨系列讲座"继续秉持以往形成的指导思想和原则，不断跟进社会政策理论与实践在国际上的发展，研究中国社会政策的现实问题，促进国内外社会政策理论与实践的探讨和交流，推动中国社会政策及相关领域的发展，既伴随也影响着我国社会政策的发展，在我国社会政策的学科建设、学术前沿的理论探讨、实践经验的交流等方面发挥了积极的作用。

五　社会政策的学科建设与教学发展

推动教学与学科发展是推动社会政策学术发展和人才培养的重要保障。多年来，我国从事社会政策研究的组织和学者一直积极推动社会政策学科和教学的发展，在2011—2014 年又取得了一些新进展。

（一）2011—2014 年社会政策的学科发展情况

迄今为止，社会政策仍未列入教育部本科专业目录，并且国内高校中还没有以“社会政策”为名的专业设置。但在研究生层级上的社会政策学科发展已经有了一定的进展。2010 年以前，在南开大学、北京大学、南京大学、中国人民大学、上海大学等部分高校的社会学学科中已经设立了与社会政策相关的研究方向。2011—2014 年，国内一些高校探索自主设立社会政策专业，以进一步促进社会政策学科的发展。例如，华东理工大学在国内率先自主设立了社会工作（学）、社会管理和社会政策硕士点和博士点。南开大学自主设立了社会工作与社会政策硕士点和博士点，复旦大学自主设置了社会管理和社会政策博士点。

（二）2011—2014 年社会政策教学发展情况

尽管我国社会政策学科的发展还相对滞后，但在高等教育领域中社会政策的教学体系已经逐步建立。首先，在课程设置方面，目前在全国 300 多所大学社会工作本科专业中基本上都设置了“社会政策概论”（或相关名称）的课程，有些学校还设置了社会政策领域的一些其他课程。在研究生层次的教学体系中，目前国内 100 多所大学中的社会工作硕士专业学位（MSW）教学体系中都设立了“社会政策分析”（或相关名称）的课程。

其次，2011—2014 年我国社会政策方面的教材建设也不断发展。教材数量继续增多，水平不断提高。此期新出版和修订再版的主要教材包括关信平主编的《社会政策概论（第三版）》（2014）、程胜利主编的《社会政策概论》（2012）、李迎生的《当代中国社会政策》（2012）、何子英的《社会政策》（2012）、林闽钢主编的《中国社会政策》（2011）等。同时，在此期间“马克思主义理论研究和建设工程”教育部第二批高等学校哲学社会科学重点编写教材项目《社会政策概论》也积极开展研究和教材编写工作。随着国内社会政策方面教材的增多和教材质量的逐步提高，我国社会政策教学和人才培养水平必将进一步提高。

六　结语

综上所述，从总体上看在 2011—2014 年我国的社会政策研究仍然呈发展趋势；但通过更细致的分析可以看出，在此期的前两年社会政策的实践和研究发展都较为强势，而在后两年中出现了一定的“疲软”。

目前，我国经济和社会又进入了一个新的历史时期，即被称为“新常态”的经济与社会新转型期。“新常态”不仅意味着经济增长的减速，而且意味着转变经济发展方式进入了攻坚阶段。并且，人口老龄化和快速城市化也正在深刻地改变着中国社会，迫使人们逐步接受由此而带来的各种社会问题。在经济—社会新转型期，我国的社会政策随之进入一个新的环境，其中既有新的问题和挑战，也有新的机遇。社会政策的研究者们应该抓住机遇、接受挑战，以更大的热情投入对社会政策新问题的研究之中。

但是，我们也应该看到，当前和今后一段时间我国社会政策实践和学术研究的发展将面临更加复杂的环境。一方面，“社会政策”的概念正式进入了党和政府最高层重要文件中，预示着社会政策将得到更高的重视和更好的发展机遇；但在社会政策相关部门的官员和学术机构的研究者中对我国社会政策的发展方向也有不同的声音，一些人强调要加快建设中国的“福利社会”，而另外一些人则表达了对“福利养懒人”或“福利陷阱”的担忧。另一方面，中央提出的“社会政策要托底”的要求既为我国社会政策的发展设定了底线原则，但同时也给社会政策具体的制度建构和水平设定留下了一定的选择空间。再一方面，经济与社会发展中的各种不确定因素，包括来自国际上的复杂因素，都将对我国社会政策的发展产生明显的影响。因此要求我们进一步加强对社会政策的研究，以更好地应对未来的挑战。

作者单位：南开大学社会建设与管理研究院

社会福利与社会保障研究综述

彭华民

社会福利与社会保障研究中不仅存在制度主义分析而且具有丰富画面：包括对再分配资源解决社会问题、满足社会需要、实现公民权利、体制路径、服务实践的研究。纵观近几年社会福利与社会保障变迁，无一不是学术研究的重要议题。根据中国知网（CNIK）检索（2015 年 5 月 31 日），2011—2014 年以社会福利为关键词的论文有 4279 篇，以社会保障为关键词的论文有 2875 篇，其作者背景各异，形成最大的社会科学跨学科研究成果群之一。本篇观点采集来自中国知网（CNIK）社会福利与社会保障关键词检索 2011—2014 年被引前 40 篇论文、专家推荐、特色专题论文等，分为组织建设和大型学术活动、社会福利与社会保障体制构建论争、社会福利与社会保障提供领域、社会福利与社会保障接受群体等方面来讨论。

一 跨学科学术组织与大型学术活动

组织建设与大型学术活动是学术研究发展的重要支撑内容之一。中国社会学会社会福利研究专业委员会连续组织了七届社会福利研究年会，扩大了社会福利研究队伍，大大提升了社会福利研究水平。中国社会科学院社会学研究所、南京大学社会学院社会工作与政策系和 MSW 教育中心、复旦大学社会工作学系、中国青年政治学院社会工作学院、江西财经大学人文学院、云南大学社会工作系、黑龙江大学社会学系、宁夏大学经济管理学院、中国社会科学院研究生院 MSW 教育中心、中国社会科学院社会政策研究中心等在 2011—2014 年联合或独立承办年会："中国适度普惠福利社会与国际经验研究"（江西南昌，2011 年）、"社会福利制度创新：政府责任与社会组织责任"（宁夏银川，2012 年）、"社会福利制度：分立与整合"（北京，2013 年）、"福利治理：本土创新与国际经验"（江苏南京，2014 年）。在 2014 年年会开幕式上还举行了南京大学社会建设与社会工作研究院揭牌仪式。社会福利研究专业委员会和韩国社会福利协会、日本社会福利协会连续互派代表参加年会，形成东亚社会福利研究交流网络。

中国社会学会社会福利研究专业委员会组织出版了两套丛书。景天魁和彭华民主编的国家十二五重点书目《社会福利思想与制度丛书》已经出版了 4 本：《西方社会福利理论前沿：论国家、社会、体制与政策》（彭华民等，2009）、《当代中国社会福利思想与制度：从小福利迈向大福利》（景天魁等，2011）、《欧美福利制度：挑战、改革与约束》（李秉勤等，2011）、《东亚国家和地区福利制度：全球化、文化与政府角色》（王卓祺，2011）。彭华民、顾东辉、陈树强主编的《社会福利服务与管理丛书》出版了4本：《社会福利项目管理与评估》（方巍等，2010）、《社会福利行业和职业标准》（徐道稳，2010）、《社会工作人力资源管理》（唐斌尧，2011）、《社区组织管理》（韦克难，2012）。另外，黄智雄、高鉴国等主编的《社会福利研究》（2010、2012）、彭华民等主编的《社会福利评论》（2014）以连续出版物的形式推出了社会福利主题系列研究成果。彭华民和李秉勤主编的《解析福利：社会问题、政策与实践丛书》（2011）、岳经纶主编的《社会政策与社会保障前沿译丛》（2011）系统地介绍了国外最新社会福利与社会保障理论、制度建设以及福利运动的发展和实践。

在社会保障三十人论坛以及社会保障教学研究发展的基础上，2014年中国社会保障学会宣布成立。原社会保障三十人论坛成员景天魁、王延中、丁元竹、陆仕桢、关信平、青连斌、丁建定、唐钧等在新成立的中国社会保障学会继续发挥着重要的作用，促进中国社会保障理论的学术繁荣；推动社会保障学科建设和人才培养；致力于社会保障改革和制度建设；推动平等参与国际社会保障学术交流。郑功成主编的四卷本《中国社会保障改革与发展战略》（2011）是上述专家与其他学者和官员的集体智慧结晶。全书对中国社会保障改革与发展的战略目标、步骤与措施进行了宏观规划。

由中国台湾中华文化社会福利事业基金会本着增进华人社会福祉的宗旨而举办的“两岸社会福利学术研讨会”自2002年开始举办，2011—2014年举办的有：“社会福利模式——从传承到创新”（2011）、“社区工作的理论与实务”（2011）、“非营利组织的发展与社会服务创新”（2012）、“社会政策与社会质量”（2013）、“应对人口老龄化：两岸的理论与实践”（2013）和“剧变时代的社会福利政策”（2014）。

本领域中标志性学术成果之一是多支高水平国家级研究团队获得重大项目资助。其中，国家社会科学基金重大项目有“普遍型社会福利体系的基础和设计研究”（景天魁）、“未来十年中国城市养老人口居家养老保障研究”（桂世勋）、“中国特色现代社会福利制度框架设计研究”（岳经纶）等。教育部哲学社会科学重大课题攻关项目有“中国适度普惠社会福利的理论与制度构建”（彭华民）、“流动人口管理和服务对策研究”（关信平）、“推进以保障和改善民生为重点的社会体制改革研究”（范明林）、“中国社会保障制度整合与体系完善研究”（丁建定）、“完善社会救助制度研究”（慈勤英）等。此外还有一些项目中包含了社会福利与社会保障子课题或内容，如“城市流动人口服务管理问题研究”（江立华）、“社会养老服务体系建设研究”（米红）、“新生代农民工群体研究：基于流动人口服务与管理的视角”（陆汉龙）、“户籍限制开放背景下促进农民工中小城市社会融合的社会管理和服务研究”（刘林平）等。项目相关学术论文和研究报告在社会上产生了重大影响。

二 中国社会福利与社会保障体制研究论争

本领域论争的核心仍然是中国未来是大社会保障还是大社会福利体制。持大福利观点的学者认为中国已进入从小福利迈向大福利的新阶段，关键在于选择一个符合中国国情的福利模式。从中国的历史经验看，平均主义走不通，福利国家道路不可取，小福利模式已被突破，体制范式选择就是我们面对的最大课题。景天魁（2013）认为，我国今后发展的重点是逐步实现制度整合，并进一步实现体系整合。他的研究团队首次提出普遍整合福利体系和普遍整合福利模式概念，系统论述了普遍整合福利模式的理论基础、基本特征、科学依据、制度构成和运行机制，探讨了社会福利体系普遍整合的制度设计，为推进各项社会福利制度的普遍整合提供了对策建议（景天魁等，2014）。彭华民（2011）认为，中国社会福利不是简单地从补缺型转到普惠型，而应建成组合式普惠型社会福利制度，即以普惠型福利为主，以选择型福利为辅，分需要、分目标、分人群、分阶段逐步构建，形成政府、市场、家庭、社区连接成为层次有别、功能互补、相互支持、互为补充的满足社会成员福利需要、体现中国传统文化价值与现代福利观念的社会福利体系。

愈来愈多的学者采用大福利概念研究中国社会。中国应从如下三个方面来重塑福利体制：建立和发展新型福利体制的责任共担模式；通过风险管理确立国家、非营利部门与家庭的福利三角关系；建立和发展新型社会契约下的公民权利保障机制（熊跃根，2010）。基本公共服务均等化为中国构建普惠型社会福利制度提供了可行性与操作空间，整合模式可以作为普惠型社会福利制度的中国选择（李迎生，2014）。我国社会福利体系整合包括管理整合、制度整合、政策整合、类型整合、主体整合、机制整合、经办机构整合、信息系统整合、城乡体系整合以及监控机制整合十个方面（毕天云，2012）。中国社会福利发展语境是建立在社会福利供给的宏观与微观对立统一基础之上的。从传统与现代、政府与社会组织、社区服务与社区照顾等方面建立本土发展模式（赵一红，2013）。福利需要是嵌入在经济社会环境中的，随其发生相应的变化。要通过“市民社会”和“有限责任政府”的结合，建立综合多元福利体系（房莉杰，2013）。

一些学者继续使用大社会保障概念开展体制改革与转型研究。有学者认为，导致当前我国社会保障公平性问题的原因有社会保障制度的碎片化、普惠性福利不足、政府公共资源“逆向调节”。要解决问题就要从公平性的角度重新建构社会保障制度（关信平，2013）。中国社会保障制度从“国家—单位制”逐步转变为“国家—社会制”。新改革就应该体现出从身份化到去身份化、从地域化到去地域化的整合态势（高和荣、夏会琴，2013）。巨额社会保障资金收支缺口引发了社会保障制度财务方面的不可持续性危机。中国应坚持保基本、多路径的重要原则，实现从人口红利向资本红利的转型（张思锋等，2012）。中国社会保险经办服务体系改革应该实行社会保险经办人员编制的动态配比制，工作人员数量与参保人次挂钩，社保经办服务系统的经费预算全部纳入社会保险基金中列支；建立全国社会保险事业管理总局，社保经办系统应定性为特殊类公益事业单位（郑秉文，2013）。

中国社会福利思想和历史是我国社会福利研究的宝库。在这一领域的研究一直使用大福利的概念。王子今等（2013）从国家政策、社会组织和文化思想等方面系统地考察了中国社会福利史的发展状况及历史特点，其对于认识现今中国社会福利状况的文化源流和社会条件具有重要的学术和现实意义。中国福利思想突出国家负责与家国一体，秉承等级差序与中庸之道，依靠传统文化柔性传承，与社会安定和政权兴亡密切关联，维护家庭保障的特殊地位，构成了数千年来中国社会保障发展的本土特征（郑功成，2014）。中国传统农村福利也有丰富的思想逻辑。中国传统福利体系以国家、社会和家庭为主要因素构成。诸如大同、民本、和谐等福利思想以及释、儒、道三家相互补充构成中国传统福利体系的哲学基础（潘屹，2014）。

社会福利理论带来研究的新切入点，相关研究都是基于大福利观点。社会福利理论研究应该以社会正义和公民权利概念为逻辑起点。最为系统阐述公民权利的是马歇尔和罗尔斯，但他们的理论存在各自的问题。每个人对自然资源的平等权利则可以为国家福利政策提供更为充分、坚实的基础。福利权是现代公民的基本国民待遇之一。农民的福利获得是检验中国现代化进程的标尺。要完全实现农民的这一现代国民福利待遇，需要在国家主导下构筑起由不同福利主体有机组合的多元治理框架（韩央迪、李迎生，2014；钱宁，2011；杨伟民，2014）。新发展主义福利观强调经济发展成果惠及各个阶层。中国社会福利具有新发展主义走向。在注重社会政策的投资和发展效应的同时，更为强调对福利对象保障水平及其福利水平的提升（方巍，2011）。社会福利制度必须具有合法性。合法性机制转型与我国政府福利责任承诺变迁是对应关系。我国逐步确立了民生为本的合法性机制（袁同成，2013）。国家是社会福利中的重要概念。在中国社会福利制度改革积极向西方取经的背景下，构成当代中国的“安抚型国家”（郑广怀，2012）。包容性发展强调人人有责、全面协调、机会均等、利益共享。依据此理论，中国近期突破的重点应该是建立覆盖全民的社会保障体系，充分优化国民收入分配政策（高传胜，2012）。在社会支持理论视角下进行的分析发现，社会支持在现代社会保障制度建设中受到了不同程度的忽视和削弱。他们应该是互补而不应该是互替关系（梁君林，2013）。以互构性思想为视角，社会福利与社会工作之间具有同源、同构、共变和共生的内在逻辑关系。建立互构性关系机制，以实现两者之间良性互动和谐共生的发展目标（徐选国、阮海燕，2013）。

本阶段研究中特别值得注意的是对福利治理的讨论。福利治理是近些年来兴起的新理念和实践模式。福利治理的目标是建构新福利体制，福利体制的生成应该遵循特定的逻辑，提升人类福祉是其必然的价值追求。福利治理的核心问题是科学与政策的关系问题。政策来源于科学，科学建基于证据；公民参与是福利治理的核心要义，是福利治理与证据为本的交集。福利治理的行动准则应以证据为本（臧其胜，2014）。随着第三部门在社会福利领域的规模化和专业化，福利治理才逐渐被普遍采纳为西方福利国家改革的新思路。这形成了对既有政府范式的解构，并推动了福利领域向治理范式的转型（韩央迪，2012）。韩国社会福利体制建设是一个有效治理与发展过程。韩国战后从贫穷转变为繁荣富裕；社会安全网已经广泛建立，从独裁政权转变为民主政体。韩国威权体制的一个特点是，社会政策从一开始就处在重要地位，韩国的治理模式是国家主导的发展型福利国家（斯泰恩·林根等，2012）。

以中国社会福利与社会保障的面板数据等进行的研究能够全面分析发展态势。《中国社会福利发展指数报告（2010—2012）》由中国社会福利发展指数等9个指数构成，测度与监测中国社会福利发展进程（杨立雄、李超，2014）。《国民福祉理论与实证研究》考察了我国1996—2009年国民福祉的演进历程和时空分布，对我国各地区在福祉水平上所存在的发展不平衡矛盾进行了实证分析和研究，构造出我国国民福祉分布的金字塔（万树，2012）。以省级地方政府社会保障投入—产出的视角测量发现，尽管财政性社会保障投入的省际差异减缓，但社会福利主观感受的省际差异和财政性社会保障投入与社会保障覆盖面间的不均衡发展状况仍然十分明显，已经在省际形成逆向分配的趋势（果佳、唐任伍，2013）。我国社会保障是调节收入分配的工具，社会保障调节收入分配的功能体现在收入分配的多个层次中。覆盖范围、筹资机制、补偿机制、融合性与便携性、转轨方案等因素不同程度地影响其收入分配调节作用。但应该看到，目前我国的社会福利与社会保障仍存在诸多问题（王延中、龙玉其，2013）。

三　社会福利与社会保障提供领域研究

政府是解决贫困问题的最大责任承担者之一。在社会福利视野下，社会救助必须向高层面的发展型福利目标转变，即从单一维持基本生活的救助转变为多层级的发展型福利供给。有学者通过测算并比较了传统收入贫困识别策略和多维度贫困识别策略下的农村低保瞄准效果发现，除家庭人均收入外，影响因素还包括家庭人口结构、人力资本状况、家庭财产拥有情况。如果仅通过家庭收入来识别贫困，农村低保会存在严重的瞄准偏误（韩华为、徐月宾，2013）。城市低保对象有部分人员因为下岗从中年就陷入贫困困境，其摆脱低保的期望就是能达到法定退休年龄退休后领取退休金。由于各种原因，低保对象脱离贫困的动机可能不具备充分的主客观条件（Chen，et al.，2015）。一个针对城镇低保对象的探索性研究发现，街道工作人员在低保审批过程中会弹性采取工作能力、家庭单位和庇护主义原则。街道官僚主义阻碍了国家救助资源抵达生活在城镇的贫困家庭，最终对合法性产生影响（Lei，2014）。在针对贫困群体的保障房体系中，廉租房由于缺乏有效的退出机制，使得准入制度设计存在缺陷，使得住房保障体系层次间流转不畅（盛婷婷、张海波，2013）。物质贫困和心理贫困既相关也有不同。心理贫困是指个体或群体的心理需求无法得到满足而导致的一种缺乏状况。应采取家庭、市场和社会福利提供相结合方式，选择型与普惠型福利提供相结合机制解决心理贫困问题（同雪莉，2014）。

社区是社会福利提供的重要一方。社区公共服务是社会福利体系的重要组成部分。英国经历了在社区照顾到由社区照顾的转变，其经验可为我国社区服务发展提供借鉴。社区作为国家与民众互动的基本界面，既有户籍人口和流动人口的多种社会政策需求，又有丰富的组织和人力资源可资利用。可借鉴能促型国家理念，激发社区、居民的潜能，从而夯实社会管理之基（陈伟，2012；李凤琴，2011；张秀兰、徐晓新，2012）。以社区为基础的社会保障、社会福利和地域福利有四个未来发展方向：地域社会的稳定——社会资本的积累，地域协动的开展——社会治理的形成，社区开拓新市场——社会商业的培养和社区社会工作的开展（野口定久、罗佳，2012）。中国农村的“多村—社区”有其必然性与合理性，“多村—社区”通过在中心村建社区服务中心向本社区各村居民提供服务（高灵芝，2012）。改革开放初期，土地成为农民最重要的福利供给，而宗族福利功能的逐渐恢复和市场功能的渐渐兴起提供了一定的福利替代；改革深化时期村庄逐渐呈现出多元化福利供给的雏形，国家强化对农村福利供给的责任，市民组织和新型集体等制度安排也提供了福利补充（吴小芳，2013）。

社会组织（或称民非企业、非政府组织、NGO、NPO 等）是社会福利服务提供的重要机构。新管理主义的价值观已深植于 NGO 领域，但其市场化价值与组织的社会倡导价值矛盾。NGO 为了获得发展资源形成妥协（田蓉，2012）。专业教育和专业支持构成了自助组织专业化的两个主要方面。存在的问题是专业教育不足使组织发展陷入恶性循环之中。直接参与组织运作与管理和志愿性专业支持是主要专业支持的表现方式，但志愿性专业支持存在临时性的缺陷（何欣、魏雁滨，2011）。妇女问题是具有社会性别视角的非政府组织工作的重点。在特殊社会情境中困扰着妇女的性关系、性别关系与性别角色问题，可以通过福利服务的提供以及她们自身对工作的参与得到化解（裴谕新，2011）。劳工 NGO 动员和组织农民工的三种主要策略：法律动员、文化动员以及倡议式的介入。劳工 NGO 需要探索出新的动员策略以应对被日渐压缩的市民社会空间（Xu，2012）。我国在计划经济时期有社会保障性生产企业、社会事业服务性生产企业、生产自救性企业、社会改造性生产企业四种模式，以及市场经济时期的创业型社会企业和企业投资型社会企业模式。这个结论纠正了学界认为社会企业是国外专利的认识误区（时立荣等，2011）。

家庭福利与性别开始成为被重视的领域。家庭政策包括直接以家庭为干预对象的显性政策和间接影响家庭福利的隐性政策。美国社会政策理念逐渐由“替代家庭功能”转向“支持家庭功能”，其可为建构中国家庭政策提供参考。在社会变迁加剧时代，家庭能力建设比以往更加依赖外部的支持。应将家庭作为社会福利政策的基本对象，积极构建家庭友好型社会环境和制度支持（何欢，2013；吴帆、李建民，2012）。独生子女不幸死亡，给独生子女的父母造成了极其沉重的心理创伤，构建失独群体社会保障制度是缓解失独群体后顾之忧的有效途径。应从满足失独群体需要出发，对服务的碎片化与需要的协同性、服务的长效性等核心问题进行厘定，其实现路径在于要从福利的生产、组织和输送各环节入手（许小玲，2013）。探讨中国家庭人口政策影响下的女性地位研究发现，孩子数量较少的女性做的家务更少并对自己家庭地位更满意。从代际影响来看，生育率下降意味着孩子的兄弟姐妹减少，因此女孩在家中更有可能获得更好的家庭福利（Wu，et al.，2014）。

慈善也是福利提供的来源。慈善事业的发展受多种因素的影响，是社会合力作用的结果。研究慈善事业的伦理根基和理性建构发现，它基于个体利他倾向的人性，亦是基于社会关系天然纽带和共同责任（林卡、吴昊，2012）。以韦伯的双利益驱动模型及其“扳道夫”假设对温州民营企业主慈善捐赠行为进行研究，发现企业主的政治和宗教信仰均能对捐赠行为产生积极推动作用，但不同信仰在捐赠方向、形式和结果上存在明显差异。采用竞争—承诺—服从的理论框架分析企业的捐款行为发现，企业捐款不仅仅为了市场竞争的目的，也可能基于管理者对企业社会责任的承诺或者对外部压力的服从（张建君，2013；周怡、胡安宁，2014）。

汶川地震后灾害救助和灾害管理研究得到更多发展。灾后重建是一种综合的全社会过程，社区是其基本操作单元，社区发展则是灾后重建工程的重要路径（夏提古丽·夏克尔、李程伟，2014）。对汶川地震灾区进行实地考察发现，国家主流意识形态中的发展话语被村民巧妙地操作化运用，演绎出某种较新的草根政治版本（辛允星，2013）。灾害概念在管理实践中逐渐被突发事件概念所取代。防灾减灾的战略构想是：生命至上，减灾、安全与发展协调；预防为主，防灾、减灾与救灾结合；政府主导，政府、市场与社会合作；群防群治，自救、互救与他救互补；管理创新，领导、专家与民众共治（童星，2011）。

土地本身不是社会福利与社会保障形式，但在中国特殊的社会经济背景下演变成为保障的物品并备受争议。土地换保障是针对失地农民社会保障的制度创新。有学者认为土地换保障不能真实反映土地对农民的价值，也容易混淆补偿和保障的区别（赫新琪，2013）。还有学者认为，它解决了农民改变身份后的社会保障问题，但相关权益冲突实质在于“域际关系混乱”，是各利益相关者利用自身优势，混淆“域”际界限甚至“越域”行动造成的（郑雄飞，2013）。失地农民的社会保障制度建设要与公民无偿享有基本生产保障权利以及农村社会养老保险的自愿参加相协调，与农村土地资本化和城乡最低生活保障制度相衔接，要逐步取消土地换保障模式，将失地农民纳入统一的城乡社会保障体系（张士斌，2010）。

四　社会福利与社会保障接受群体研究

农民工与流动人口是社会福利与社会保障研究中最热的主题。中国全国流动人口的总量为2.45亿人，超过总人口的1/6（国家卫生计生委，2014），第六次人口普查数据显示，居住在乡村的人口为6.74亿人，占总人口的1/2（国家统计局，2011）。他们是中国社会福利与社会保障提供水平最低的人群。农民工市民权的缺失表现为非正规工作、社会保障有限性与不平等性、政治参与和利益代表不足、家庭分离的居住形式、平等教育权缺失。失地农民要成为一个真正的市民，必须将身份转为市民，建立与城市市民相同的城市归属感以及自我新身份认同等。超时加班、工作环境有危害和强迫劳动会恶化外来工精神健康状况。精神健康是劳动权益的内容，应该得到社会制度保护（刘爱玉，2012；刘林平等，2011；王慧博，2011）。户籍类型作用于个体社会保障的可获得性，社会保障水平呈现出显著的梯级差别。要对外来人口社会福利和公共服务实行渐进性的增量改革，促进他们的社会融入（李涛、任远，2011）。

中国在1999年进入老龄社会。年龄认同与健康和福祉密切相关。2000年中国男性的感知的老年开始期为63.70岁；女性感知的老年开始期为59.95岁。年龄认同并非与年龄有着简单对应关系（Liang，2014）。以发展型福利的视角重新审视中国养老制度，首先重塑养老制度安排的价值立场，在行政管理体制创新的基础上推进老年福利的适度普惠性，在机会平等的基础上促进老年人口参与发展过程、增进对未来劳动人口的人力资本投资，以及关注家庭能力发展在养老可持续性中的作用。老年人福利需求呈多样化趋势。其研究理论基础是适度普惠型福利、基本公共服务均等化及福利多元主义等理论。居家养老服务是社会养老服务体系的核心和基础，传统的居家养老力量不足，迫切需要完善老年社会福利服务制度（成海军，2012；丁建定，2013；胡湛、彭希哲，2012）。

退休制度、养老保险和失能照护研究领域争议不断。学者根据自我负担系数决定退休年龄原理和世界165个国家的实践数据，对中国2010—2060年的退休年龄区间进行了测算，提出了以5年为周期的退休年龄调整幅度和建议的退休年龄（褚福灵，2013）。延迟退休年龄之争的背后，隐藏着中国社会政策独特的决策模式，即存在民粹主义与精英主义之争。养老保障制度改革应该在政策共识的基础上出台利于民生发展的好政策（韩克庆，2014）。从2000年起日本实施的护理保险制度受福利多元主义影响，实现了向“护理钻石”结构的转变，克服了社会性住院困境。此制度与2008年韩国实行的老人长期疗养保险制度相比，在具体制度上虽有些差异，但在通过立法确保对老龄照顾产业的公、私多元经营，实现护理结构有效转变的目标上是一致的（高春兰、班娟，2013；杨锃，2011）。为了推动中国失能老人护理补贴政策出台，学者设计了中国失能老人护理补贴的制度框架（唐钧，2014）。中国新型农村社会养老保险呈现从群体包容到体制包容的趋向。虽然新农保仍属于初级包容，但它已成功嵌入农村社会，成为农村多元养老模式的重要组成部分（高鉴国，2011；聂建亮、钟涨宝，2014）。

中国人口结构变化显示儿童迫切需要加强儿童福利制度建设。中国儿童福利的发展战略原则就是把儿童优先发展作为国家战略来考虑，构建独立的中国儿童福利体系；完善中国儿童福利制度的行政系统；提升中国儿童福利制度的专业化水平。儿童福利制度建设应将国家政治智慧、政治承诺、责任承担转变为国家行动议程和战略规划活动，制定《儿童福利法》与《家庭福利法》（刘继同，2013；王振耀等，2012）。对中国31个省份的少儿教育福利状况进行综合比较之后发现，各省份的教育福利供应大体上呈现东优西劣的阶梯形下降格局，且现行教育福利政策未能形成反向阶梯的优化效果（万国威，2012）。困境儿童特性决定了他们的福利集合了物质保障和权利保护，包括监护支持制度、监护监督制度和儿童安置制度。理想的流浪儿童多元救助服务体系应该在市场、政府、社区和民间社会的共同参与下形成，救助服务责任分散但在服务提供上形成合力。农村艾滋孤儿的受损身份由外在建构与内在认同两方面交织而成。他们需要特别的福利提供（程福财，2012；冯元，2013；杨生勇，2013）。

中国8000多万残疾人是特殊的弱势群体。传统的残疾人社会保障是一种消极性与消费型的福利制度。残疾人社会权利整体上还处于浅度配置和轻度配置阶段，因此，要从社会权利重度配置和深度配置的角度出发，建立健全以最低生活保障制度为基础、多层次的残疾人社会保障体系；加快残疾人由生存型保障到发展型福利转变的进程（吕学静、赵萌萌，2012；周林刚，2011；周沛，2014）。农村残疾人的社会保障与服务体系建设同城市存在巨大差别，要建立以乡镇为核心、村为依托的残疾人服务体系，解决重度残疾人和精神病残疾人集中供养问题，建立普惠基础上的特惠制度（宋宝安，2012）。智障儿童教育是儿童教育福利的重要组成部分。政府应向社会组织让渡一定的参与兴办智障儿童特殊教育的权利，或向社会组织购买智障儿童特殊教育服务（谢俊贵，2012）。比较香港、上海两地老年残障人士发现，老年人的残障状况与其生活质量显著负相关，社区排斥表现最显著，沪港两地同类人群亦有不同境遇（Chen，2013）。

医疗保险和医疗服务是社会保障和社会福利中问题多、专业强、技术难的研究领域。中国地方税务机构和社会保险经办机构并存，形成二元征缴局面。通过构建1999—2008年的面板数据库发现，地方税务机构征收社会保险费更有利于扩大社会保险覆盖面以及促进社会保险基金收入增长（刘军强，2011）。农村村民对村医和乡镇卫生院医生采取的分别是人际信任和制度信任的信任逻辑；而在农村社会从传统向现代转型、农民对医疗专业化预期提高、医疗服务更加专业化和制度化的背景下，未来村民对于村医的信任逻辑将是人际信任与制度信任的叠加。医疗体制与社会环境共同形塑了医生的行为（房莉杰等，2013）。

五　结论与反思

纵观中国社会福利与社会保障领域的发展，如果改革开放后前30年研究是以三个趋势为特征，即从以经济分析附属为中心转到以社会福利和社会保障专业研究为中心、从以国外借鉴研究为中心转到以中国社会福利与社会保障制度建设研究为中心、从以宏观论述为中心转到以制度研究数据实证分析结合为中心。那么，2011—2014年本领域的研究特征是，以整合型组合式社会福利体制构建为中心，以消除城乡分割碎片化建立一体化制度为核心，以农民工和流动人口社会福利和社会保障研究为热点，以福利服务和资金保障并重为制度建设内容，福利与保障提供从传统三大弱势群体扩展到更多的群体。国家、社会、市场福利三角互动频繁，福利治理、性别视角、家庭福利研究等异军突起，百花齐放异彩纷呈。

从2011—2014年研究成果发表的情况来看，学术成果数量出现跳跃式增长，高水平成果不断涌现。学术成果不仅仅局限于中文刊物，而且也在英文刊物上发表，我们的研究正在走向世界。通过对这个阶段组织发展、学术活动和发表成果的分析，可以看到中国社会福利与社会保障学者的社会情怀，其研究与意识形态、经济形态和社会制度有密切的互动关系；同时可发现国家在福利保障提供责任、社会福利保障接受人群、社会福利与保障体制类型等方面的变迁；其中有与西方社会福利体制发展相似之处，但更明显的是有着中国社会福利发展的独特轨迹。

反思这个阶段的研究，笔者认为仍然存在几个问题需要在未来加以讨论：第一，大社会福利和大社会保障概念争论并非已经完成，既然大社会保障体系不能回应中国未来的发展需要，大社会福利体系怎样能够建成？第二，福利治理问题的讨论刚刚起步，与国际相关研究领域的水平存在巨大差距。福利治理中的福利发展目标、福利提供精准化、福利产品市场化、福利管理科层化等内容需要深入展开。第三，社会福利与社会保障的理论研究和方法研究仍然非常薄弱，需要有规模的项目支持连续性学术成果，使本土系统理论发展成为可能。

参考文献

毕天云，2012，《论大福利视域下我国社会福利体系的整合》，《学习与实践》第2期。

陈伟，2012，《英国社区照顾之于我国“居家养老服务”本土化进程及服务模式的构建》，《南京工业大学学报》第1期。

程福财，2012，《家庭、国家与儿童福利供给》，《青年研究》第1期。

成海军，2012，《当前中国老年人社会福利的困境与对策》，《首都师范大学学报》第1期。

丁建定，2013，《居家养老服务：认识误区、理性原则及完善对策》，《中国人民大学学报》第2期。

房莉杰，2013，《福利模式的选择：一个县域案例》，《中国人民大学学报》第6期。

房莉杰、梁小云、金承刚，2013，《乡村社会转型时期的医患信任——以我国中部地区两村为例》，《社会学研究》第2期。

方巍，2011，《中国社会福利的新发展主义走向》，《社会科学》第1期。

冯元，2012，《优势视角下流浪儿童救助模式创新与转型》，《宁夏社会科学》第6期。

高传胜，2012，《论包容性发展的理论内核》，《南京大学学报》第1期。

高春兰、班娟，2013，《日本和韩国老年长期护理保险制度比较研究》，《人口经济》第3期。

高和荣、夏会琴，2013，《去身份化和去地域化：中国社会保障制度的双重整合》，《哈尔滨工业大学学报》（社会科学版）第1期。

高鉴国，2011，《中国新型农村社会养老保险的社会包容特征：解释框架》，《社会科学》第3期。

高灵芝，2012，《“多村一社区”的社区公共服务供给的非均衡问题——基于山东省的调查》，《山东社会科学》第12期。

关信平，2013，《当前我国社会保障制度公平性分析》，《苏州大学学报》第3期。

果佳、唐任伍，2013，《均等化、逆向分配与“福利地区”社会保障的省际差异》，《改革》第1期。

赫新琪，2013，《失地农民“土地换保障”问题探析》，《劳动保障世界》（理论版）第9期。

韩华为、徐月宾，2013，《农村最低生活保障制度的瞄准效果研究》，《中国人口科学》第4期。

韩克庆，2014，《延迟退休年龄之争——民粹主义与精英主义》，《社会学研究》第5期。

韩央迪，2012，《从福利多元主义到福利治理：福利改革的路径演化》，《国外社会科学》第2期。

韩央迪、李迎生，2014，《中国农民福利：供给模式、实现机制与政策展望》，《中国农村观察》第5期。

何欢，2013，《美国家庭政策的经验和启示》，《清华大学学报》第1期。

何欣、魏雁滨，2011，《专业化：残疾人自助组织发展的影响因素》，《中国人民大学学报》第5期。

胡湛、彭希哲，2012，《发展型福利模式下的中国养老制度安排》，《公共管理学报》第3期。

景天魁，2013，《社会福利发展路径：从制度覆盖到体系整合》，《探索与争鸣》第2期。

景天魁、高和荣、毕天云等，2014，《普遍整合的福利体系》，北京：中国社会科学出版社。

李凤琴，2011，《中国城市社区公共服务研究述评》，《城市发展研究》第10期。

李涛、任远，2011，《城市户籍制度改革与流动人口社会融合》，《南方人口》第3期。

李迎生，2014，《中国普惠型社会福利制度的模式选择》，《中国人民大学学报》第5期。

梁君林，2013，《基于社会支持理论的社会保障再认识》，《苏州大学学报》第1期。

刘继同，2013，《中国儿童福利制度构建研究》，《青少年犯罪问题》第4期。

刘林平、郑广怀、孙中伟，2011，《劳动权益与精神健康——基于对长三角和珠三角外来工的问卷调查》，《社会学研究》第4期。

刘军强，2011，《资源、激励与部门利益：中国社会保险征缴体制的纵贯研究（1999—2008）》，《中国社会科学》第3期。

林卡、吴昊，2012，《官办慈善与民间慈善：中国慈善事业发展的关键问题》，《浙江大学学报》第4期。

吕学静、赵萌萌，2012，《典型国家残疾人社会福利制度比较研究》，北京：首都经济贸易大学出版社。

聂建亮、钟涨宝，2014，《新型农村社会养老保险推进的基层路径——基于嵌入性视角》，《华中农业大学学报》第1期。

潘屹，2012，《国家福利功能的演变及启示》，《东岳论丛》第10期。

裴谕新，2011，《性、社会性别与充权：关于四川地震灾区妇女刺绣小组领袖的个案研究》，《妇女研究论丛》第5期。

彭华民，2011，《中国组合式普惠型社会福利制度的构建》，《学术月刊》第10期。

——，2014，《社会福利评论》第一辑《东亚福利：福利责任与福利提供》，北京：中国社会科学出版社。

——，2015，《社会福利评论》第二辑《福利服务：华人社会社工范式互构》，北京：中国社会科学出版社。

钱宁，2011，《社会正义、公民权利和集体主义：论社会福利的政治与道德基础》，昆明：云南大学出版社。

斯泰恩·林根、权赫周、李一清，2012，《社会福利、有效治理与发展》，《公共行政评论》第4期。

宋宝安，2012，《农村残疾人社会保障与服务体系建设现状与对策》，《残疾人研究》第1期。

盛婷婷、张海波，2013，《住房保障体系中的廉租房退出机制》，《南京人口管理干部学院学报》第1期。

时立荣、徐美美、贾效伟，2011，《建国以来我国社会企业的产生和发展模式》，《东岳论丛》第9期。

唐钧，2014，《失能老人护理补贴制度研究》，《江苏社会科学》第2期。

童星，2011，《关于国家防灾减灾战略的一种构想》，《甘肃社会科学》第6期。

同雪莉，2014，《高校心理贫困的度量与福利提供》，《教育评论》第11期。

万国威，2012，《中国少儿教育福利省际均衡性研究》，《中国人口科学》第1期。

万树，2012，《国民福祉理论与实证研究》，北京：中国财政经济出版社。

王延中、龙玉其，2013，《社会保障与收入分配：问题、经验与完善机制》，《学术研究》第4期。

王子今、刘悦斌、常宗虎，2013，《中国社会福利史》，武汉：武汉大学出版社。

王振耀、尚晓援、高华俊，2013，《让儿童优先成为国家战略》，《社会福利》（理论版）第4期。

吴帆、李建民，2012，《家庭发展能力建设的政策路径分析》，《人口研究》第4期。

吴小芳，2013，《农村福利供给变迁研究》，《华中农业大学学报》（社会科学版）第2期。

谢俊贵，2012，《从社会协同学的视角看我国智障儿童教育发展的体制缺陷及其优化》，《学前教育研究》第12期。

熊跃根，2010，《中国福利体制建构与发展的社会基础：一种比较的观点》，《经济社会体制比较》，第5期。

许小玲，2013，《需要为本的失独群体综合服务体系构建研究》，《理论导刊》第12期。

徐选国、阮海燕，2013，《试论我国适度普惠社会福利与社会工作的互构性发展》，《天府新论》第1期。

杨立雄、李超，2014，《中国社会福利发展指数报告：2010—2012》，北京：人民出版社。

杨生勇、杨洪芹，2013，《"污名"和"去污"：农村艾滋孤儿受损身份的生成和消解》，《中国青年研究》第7期。

杨伟民，2014，《论国家福利政策的根据》，《中国人民大学学报》第3期。

杨锃，2011，《日韩两国护理保险制度比较及其启示》，《中国青年政治学院学报》第4期。

野口定久、罗佳，2012，《日本地域福利与中国社区福利的政策与实践》，《社会福利》第6期。

袁同成，2013，《合法性机制转型与我国政府福利责任承诺变迁》，《学术界》第3期。

臧其胜，2014，《证据为本：福利治理的行动准则》，《社会保障研究》第4期。

赵一红，2013，《宏观与微观双重视角下中国社会福利制度的路径选择》，《社会科学》第1期。

张建君，2013，《竞争—承诺—服从：中国企业慈善捐款的动机》，《管理世界》第9期。

张思锋、雍岚、王立剑，2012，《社会保障制度演进规律及其在中国的体验》，《西安交通大学学报》（社会科学版）第4期。

张士斌，2010，《衔接与协调：失地农民“土地换保障”模式的转换》，《浙江社会科学 》第4期。

张秀兰、徐晓新，2012，《社区：微观组织建设与社会管理》，《清华大学学报》（哲学社会科学版）第1期。

郑秉文，2013，《中国社会保险经办服务体系的现状、问题及改革思路》，《中国人口科学》第6期。

郑功成，2014，《中国社会保障演进的历史逻辑》，《中国人民大学学报》第1期。

郑广怀，2012，《安抚型国家的形成——对中国社会福利体制的新制度主义批判》，《二十一世纪》10月号。

郑雄飞，2013，《“域际关系”视角下“土地换保障”权益冲突的原因探析》，《华东师范大学学报》第6期。

周林刚，2011，《残疾人社会保障体系爱与公共服务体系建设研究》，《中国人口科学》第2期。

周沛，2014，《积极福利视角下残疾人社会福利政策研究》，《东岳论丛》第5期。

周怡、胡安宁，2014，《有信仰的资本——温州民营企业主慈善捐赠行为研究》，《社会学研究》第1期。

褚福灵，2013，《构建基于自我负担系数的退休年龄决定机制》，《经济管理》第7期。

Chen, H. L. , 2013, “A Study of Older People with Disability: Evidence from Two Cosmopolitan Cities.” *Ageing International* 38 (4).

Chen, H. L. , Y. C. Wong & Q. Zeng, 2013, “Negotiating Poverty from Mid - life to Pre - old Age: A Longitudinal Study on Social Assistance Recipients in Shanghai.” *Asia Pacific Journal of Social Work & Development* 23 (4).

Lei, J. , 2014, “Covering Whoever is Eligible?: An Exploratory Study on the Eligibility of the Urban Minimum Living Standard Guarantee in China.” *Critical Social Policy* 34 (2).

Liang, K. , 2014, “A Descriptive Study of Age Identity among Older Adults in China.” *China Journal of Social Work* 7 (3).

Wu Xiaogang, Hua Ye & Gloria Guangye He, 2014, “Fertility Decline and Women's Status Improvement in China.” *Chinese Sociological Review* 46 (3).

Xu, Y. , 2012, “Labor Non - governmental Organizations in China: Mobilizing Rural Migrant Workers.” *Journal of Industrial Relations* 55 (2).

作者单位：南京大学社会学院

社会工作研究综述

王思斌

2011—2014 年，社会工作实践在加快社会建设、社会管理创新和社会治理创新的大背景下稳步发展。以下是对这段时间内我国大陆社会工作研究的基本情况和成果做的简要梳理。主要分为理论研究、政府购买服务和教师领办社会服务机构、社会工作参与社会治理研究、社会工作实务研究、社会工作发展逻辑研究、社会工作实务和研究的新领域等方面。

一 社会工作的理论研究

关于社会工作理论研究主要涉及中国社会工作理论及发展模式的构建。

文军在他的文章中指出，作为社会工作，如果认为只要掌握了具体的、操作性的实务技术就可以了，这会导致社会工作学科发育滞后，理论建设与实务技能分割运行，会影响社会工作的整体发展。他呼吁要开展社会工作的理论研究（文军，2014）。何雪松阐述了社会工作的"文化自觉"问题，他认为，建构贴近中国现实的社会工作知识框架与实践体系这一使命与费孝通倡导的文化自觉是紧密勾连在一起的。社会工作与文化自觉有较强的关联性，强调文化自觉是建构社会工作知识体系与实践框架题中应有之义，并认为社会工作推动社会工作的"文化自觉"要坚持"中层理论"取向和后实证主义立场（何雪松，2014）。黄耀明指出，社会工作本土化本身就是社会工作伦理与中国传统文化不断对话与融合的过程。在这过程中一方面要重视中西方文化在社会工作伦理概念及观念上的差异，另一方面要在社会工作伦理与中国传统道德伦理之间寻求契合的元素，构建适合中国社会具体情境的社会工作专业伦理（黄耀明，2012）。

对于中国社会工作的模式问题，王思斌认为中国有自己的社会工作本土实践，在实践形态上主要是由政府及人民团体、单位组织进行的，面对民众和社会成员的服务活动，特别是社会福利服务活动。本土社会工作可分为直接服务型社会工作和动员教育型社会工作，本土社会工作实践表现为具体服务和社会事业发展两个层面。在市场化转型过程中本土社会工作遇到挑战，借鉴专业社会工作方法是其发展的重要选择（王思斌，2011）。

近些年来，随着后现代思潮的发展，关于社会工作的基本使命和干预模式也成为讨论的热点问题。陈涛指出，中国推进社会工作专业建设必须考虑当今世界正在进入后现代的基本事实。他对国际社会工作界既有的有关社会工作专业使命的论述做出批判性检视，提出自己的一个后现代社会工作的构形并阐述其使命主张，认为建构中国社会工作专业，应以“遣使者—受任者”关系为据来决定使命（陈涛，2011）。郭伟和等人指出，证据为本的实践模式（evidence - based practice model）把社会工作实践置于实证主义的研究指引下，希望借此提升社会工作干预效力。但这种模式往往遮蔽了反思性能动主体。因此，要把理论研究嵌入反思行动的实践过程，实现理论和实践的反思对话，这样才能更好地平衡好社会工作价值投入和干预效力之间的紧张关系（郭伟和等，2012）。熊跃根认为，伴随着社会与文化变迁以及社会福利制度的改革，社会工作早期发展起来的价值判断、技巧与实践模式，已难以适应变迁的文化与政策环境。因此，社会工作需要进入新的启蒙状态，对过去的理论基础和实践方法做全面的反思（熊跃根，2012）。

古学斌介绍了行动研究的方法及论证行动研究与社会工作介入的关系，并通过作者自己亲身参与的一项云南农村社会工作行动研究项目，展示行动研究的实际过程，展示社会工作研究者如何通过行动研究的方法，回应在地社区民众的需求，通过赋权/培力在地民众，使他们成为自己发展的主体（古学斌，2013）。

赵芳指出，限制双重关系是社会工作专业伦理的重要内容，但对双重关系的限制一直存在争议。她的研究指出，来自上海和万载城乡实务社会工作者的实证研究证实，双重关系确实会对专业关系造成破坏，但西方社会工作伦理中的双重关系限制不完全适合中国文化。目前在中国开展社会工作，双重关系难以避免。但在开展社会工作实务的过程中，社会工作者应该保持良好的“伦理意识”，采取措施保护当事人，并有责任设定清楚的、恰当的、具有文化敏感性的界限，以做出更符合专业伦理的行为选择（赵芳，2013）。

童敏从社会学、心理学的角度分析了功能理论的基本逻辑框架：个人意志—个人参与—体验式互动关系—机构功能，指出功能理论对社会工作的产生发挥了重要影响（童敏，2014）。陈劲松研究了灵性社会工作，他指出，对个体的灵性的真正关注，与新纪元运动、心理学中的第四势力、灵性社会资本、社会工作中的灵性视角密切相关。灵性社会工作理论是结合了中国传统文化及当前急剧的社会变迁所做出的创新。它可以从概念框架和实践框架两个方面来把握（陈劲松，2012）。

政策实践是一种新兴的社会工作实践方法。马凤芝在她的文章中指出，政策实践在目的、对象及互动范围等方面与直接服务实践不同：遵循社会正义、人在环境中的理念，以及五个操作原则；在立法系统等四个场合、地区等三个层次上实行；社会工作者的政策实践角色包括政策专家、内外部工作环境的改变代理者、政策管道和政策化身；政策实践者从事设定议程、界定问题以及立法倡导、诉讼改革等纵向和横向的活动；政策实践者使用价值澄清、沟通、谈判、协作等技巧。在借鉴政策实践的国际经验同时，应立足本国国情，建构中国特色的政策实践理论和实践体系（马凤芝，2014a）。

总的来说，这一时段社会工作理论方面的研究有了一些新的进展，主要表现为对社会工作理论和理性主义实践模式进行反思，对中国社会工作理论的建构更具自觉性，并尝试对中国社会工作的模式进行总结概括。

二 政府购买社会工作服务及教师办机构研究

近几年，在推进社会工作服务方面，政府购买社会工作服务和高校教师领办社会工作机构成为一种现象，也成为研究的热点问题。

研究者们指出，高校教师领办社会工作机构的动机包括：第一，为了满足学生专业实习的需要。第二，通过开办服务，教师可以增加自己的实践知识，以提高自己的教学质量。第三，为社会工作毕业生创造就业机会。第四，提供社会所需要的社会服务（易松国，2011；王思斌，2013）。研究者也指出了教师领办机构现实存在和潜在的问题，包括：第一，教师领办机构实际上是教师角色的“叠加”（王思斌，2013a），可能导致角色紧张以致角色冲突。第二，教师办机构是教师的一种“跨域实践”（王思斌，2013b），这可能会影响教师的本职工作。第三，学生在教师开办的机构中实习和服务，教师的行为可能会产生职业伦理方面的问题。一些领办机构的高校教师还指出，教师应该在适当的时候从机构主要负责人的位置上退下来（易松国，2011），这应该说是一种理性的思考和选择。

孙佳伟和范明林用科尔曼的信任理论分析政府购买社会组织服务问题，把政府购买服务的双方视为科尔曼分析框架中信任关系的“委托人”和“受托人”。认为在不同的历史时期和不同的社会组织发展程度下，形成不同的购买服务的模式，指出作为本土化的购买服务的理性选择是基于“制度信任”和“组织信任”的双重机制（孙伟林、范明林，2013）。费梅苹通过检讨上海某区预防和减少犯罪工作体系中政府购买社会工作服务的实际运作，分析为何难以真正发挥社会工作在社会治理和社会管理服务中的专业优势。研究的主要结论是，简单的政府购买服务和在社会管理事务中使用社会工作者，使社会工作“同化”在政府行政事务管理工作中，难以构建良好的政社合作基础上的社会工作服务机制和体制（费梅苹，2014）。

三 社会工作参与社会治理研究

近几年，我国社会治理体制改革的一个重要现象是社会工作参与社会治理。学者们对社会工作参与社会管理创新和社会治理做了较深入研究。

王思斌在这方面做了一系列研究。他提出和运用“实践权”的概念分析社会工作在进入服务和治理领域中的困难，认为社会工作要介入现有体制，就要争得实践权（2012a）。在社会工作与创新社会管理关系的研究中，他指出社会工作可以对社会管理发挥协同作用，协同作用有制度性协同和功能性协同两种类型，并阐明了整体性协同的视角以及社会工作发挥协同作用的条件（王思斌，2012b）。在国家治理体系和治理能力现代化的框架下，王思斌阐述了社会工作参与社会治理的逻辑结构，指出了社会工作参与社会治理的基础性、服务性特点，并将其概括为基础—服务型治理（王思斌，2014a）。他认为，社会工作参与社会治理具有基础—整合的特征，这表现于其面向底层民众及其基本需要，既治标也治本，既遵循政策规则又重视情理，既注重环境因素也不忽略个人方面的原因，既从事治疗也重视预防和发展，协助居民形成参与和治理经验，既致力于基本服务又从事政策倡导等。社会工作参与社会治理，其创新反映在：形成新的治理结构，倡导新的治理理念，形成新的治理机制，形成可发展的治理结构和实现社会治理的功能创新等方面（王思斌，2014b）。王思斌认为，社会治理是政府自我完善的过程，也是社会管理系统的进化过程。他用新社会进化论理论分析社会治理的创新，指出作为新的社会制度和结构，政府在社会治理系统创新中吸纳社会工作也存在着张力，这来自政府与社会工作一定程度的目标差异、二者之间的非平等关系和地方政府潜在的维稳思维（王思斌，2014c）。

顾东辉认为社会工作与社会治理的结构和内涵有一定相通性。可从两个层面对社会治理进行主体操作化：一是社会工作机构要成为社会治理的平等参与伙伴；二是社会工作机构内部各团队进行对话、沟通、协同、合作。社会工作可以对社会治理的对象细化，对社会治理有伦理启示，对社会治理的目标继续深化，对社会治理的方法进行诠释（顾东辉，2014a）。李迎生认为，现代社会工作与社会管理在功能上存在着内在的契合（耦合）性，它在加强和创新社会管理中可以发挥独特的作用（李迎生，2014a）。在社会工作参与社会治理创新方面，他认为，在改进社会治理方式、激发社会组织活力、创新有效预防和化解社会矛盾体制、健全公共安全体系等方面，社会工作都可以有效介入并从中发挥独特的作用（李迎生，2014b）。

周昌祥指出，创新社会治理，基点在社区，核心在服务。运用社会工作的“柔性”服务，可以优化社区治理体制、机制和方式，明晰各个治理主体的地位，重建居民的主体责任，以专业的力量促进基层社会自助、互助与公助，探索创新基层社区治理的有效路径（周昌祥，2014）。社会治理的核心问题之一是社会参与，而现实的社区参与中的障碍则是居民参与不足。谭祖雪的研究以成都市社区建设实践为例，引入增权视角，认为参与不足的根本原因在于社区及社区居民权能的缺失，提出“赋权与增能”是推进城市社区参与的重要路径，通过个体主动增权和外力推动增权，增加社区及社区居民的权能，推进城市社区参与（谭祖雪，2014）。

四 社会工作的实务研究

社会工作实务研究是对社会工作实务进行的研究，它研究社会工作实务过程和在服务过程中社会工作者与服务对象的互动，并进行一定的理论概括。

费梅苹对上海社区戒毒康复服务中的同伴教育进行了研究，发现同伴教育小组及同伴示范员的角色，使社区戒毒康复人员的自信心、自我效能感、价值观产生了巨大的改变。助己、互助及助社会的目标，建构了社区戒毒康复人员新的生命意义（费梅苹，2011）。她用社会建构论和权力论来解释青少年偏差行为和边缘性活动的形成，认为知识—自我—权力的互动关系不断推动着偏差青少年边缘性的社会化过程的发展（费梅苹，2012b）。

周昌祥认为，灾害社会工作以其专业特质，有助于提高综合减灾能力和风险管理水平，能够在预防灾害、处置危机与灾后重建中发挥积极作用，成为在灾害危机管理中的重要角色。他探析了灾害社会工作的研究视阈以及介入灾害危机管理的作用、基本路径和方法（周昌祥，2011）。谭祖雪以自己参与四川“5·12”地震救援的经历，对社会工作参与灾害救援和灾区重建的过程进行分析和反思。她指出，构建社会工作介入灾害救援机制，能有效地补充政府管理框架下的救灾体制，是我国社会工作本土化进程中的重要环节。构建社会工作介入灾害救援机制不仅涉及构建原则、构建内容，还涉及构建内容之间的内在衔接机制；不仅涉及社会工作服务机构的准入机制的构建，还包括监管机制、协调机制、信息共享机制、激励机制、评价机制的构建（谭祖雪，2011）。她在另一项研究中，从理论和实证上分析研究了灾害社会工作的功能与作用，从制定依据、指导思想、思路、目标和基本任务、组织机构及设施体系、主要举措及保障措施等方面构建了我国灾害社会工作的发展战略（谭祖雪，2013）。

随着我国社会的深入转型和社会矛盾的复杂化，信访、维稳和维权一直成为政府和学界关心的问题。朱眉华通过自己介入因动迁安置而导致信访的长达两年的社会工作实践指出，在信访领域中，社会工作在沟通政府与百姓、反映民情民意、维护公民合法权益等方面能发挥重要作用。社会工作者的服务角色和介入方法，可以对解决信访问题提供新的思路和方法，也成为社会力量参与信访工作的新机制（朱眉华，2012）。顾东辉研究了上海预防和减少犯罪工作，指出其基本经验是多方共担责任，政府主买项目，社会工作开展服务。社会工作的引入推动了犯罪预防从传统行政管理向新公共管理转变，服务对象也因此在多方面产生了积极变化（顾东辉，2011）。张昱等以对上海民政干部的问卷调查为基础，指出社会工作服务已经成为民政工作的核心能力需求，因此要促进民政工作与社会工作的互融性发展和制度性协同（张昱、彭少锋，2014）。

五　社会工作发展的新领域

社会工作学者对社会工作的新领域，如民族社会工作、农民工社会工作、失独家庭服务等进行了实践和理论探索。

任国英等人认为，社会工作在解决民族问题方面有很多优势。结合中国的国情和民族问题的具体情况，作者对我国民族社会工作的基本意含、价值理念、实务体系等基本问题进行了讨论和分析（任国英、焦开山，2012）。王思斌区分了民族社会工作与民族地区工作，阐述了我国民族社会工作的发展视角和文化视角，并以经济发展、文化持守为向度，以群体（族群）、个人（家庭）为层次，建构了民族社会工作的任务结构框架，同时指出我国的民族社会工作应具有发展的特征（王思斌，2012c）。王思斌等认为，在不同族群成员之间开展社会工作可能存在“动态差异”问题。其文章提出“族群优势视角”的社会工作发展思路，认为要注重培养本民族（族群）的社会工作人才队伍，同时要与现有社区工作者的岗位转化相结合（王思斌、赛牙热·依马木，2013）。杨晶在研究少数民族残疾人社会工作时介绍了两个领域典型工作模式——二元文化社会化模式和三阶段模式，指出它们是研究民族社会工作的有潜力的模式，并提出建构我国少数民族残疾人社会工作的服务模式——服务理念本色化，服务手法本土化，研究与实务相结合（杨晶，2014）。

马凤芝将发展性社会工作的思路运用于流浪青年服务，认为遵循发展性社会工作理念和策略的社会企业介入模型，把投资策略同支持性向导及健康和精神健康服务结合起来，可以为解决流浪青年问题提供一条新的途径（马凤芝，2014b）。高万红用个案研究的方法，阐述了应用抗逆力理论帮助青少年抑郁症患者康复的过程，进而提出了社会工作者在帮助青少年抑郁症患者提升抗逆力的过程中应坚持的基本原则，包括：以满足服务对象的需要为切入点，以提升服务对象的生命意义为核心，建构积极的社会生态环境（高万红，2013）。

谢建社认为，农民工服务是社会工作开拓服务的新领域，他以珠三角社会工作服务农民工的实践为例，探讨农民工社会工作的新领域和新方法（谢建社，2014）。郭伟和认为，如何通过社会工作的干预，促进建筑工人意识的觉醒和权益保护，从而实现公平的社会转型，是中国社会工作的独特使命。其文章探索了中国转型社会工作的本土模式：持久的公民教育；工人组织发育；公共知识分子的倡导；推动农民工的权益表达和增权行动（郭伟和，2012）。陈涛以“绵竹青红社工服务站”为例，探究项目管理在社会组织的社会服务中的运用，指出项目管理在社会组织的社会服务中的特点及未来社会服务项目管理的发展趋势，提出了适合于社会服务项目运作的 EPC + Partnering 组合模式（陈涛，2012）。

史柏年等的研究以民政部与李嘉诚基金会合作开展的“重生行动——全国贫困家庭唇腭裂儿童手术康复计划”为例，运用福利可获得性的理论分析框架，从服务的存在状态与福利资源的丰歉、服务对象对于福利政策信息的获得途径、政策主体的目标端正与相互契合、服务设施充足且可及性强、政策措施随情势变化而作调整五个维度，研究分析了社会政策服务对象福利获得性的影响因素，为类似的医疗救助性社会政策的实施提供可资借鉴的经验（史柏年等，2014）。黄耀明的研究指出，如何让失独家庭在价值迷失甚至绝望之时进行价值重塑，以及如何帮助失独家庭在面临家庭破裂之时实现家庭重建，是当下帮助失独家庭重建生活信心的关键问题。在国家尚未完善具体应对失独家庭的政策背景下，社会工作独特的专业理念、方法与技巧，在介入失独家庭的价值重塑与家庭重建的本土化探索中可以发挥特殊作用（黄耀明，2014）。

陈劲松认为，随着网络社会的崛起，开展以互联网为基础的社会工作是一项新的挑战。网络社会工作是传统社会工作应对网络社会崛起的一种策略。其基本原则包括：承认个体存在着虚拟性权利、在社会工作者与案主之间建立互为主体性的专业关系、注重虚拟社会的沟通给案主带来的解放意义、坚信案主具有一种内在的觉察能力、关注案主的经验生活的意义等（陈劲松，2014）。朱眉华等指出，影像发声法（Photovoice）可以作为参与式行动研究的新方法，通过组织参与者拍摄照片并进行讨论的方式来激发个人和社区的改变。在社会工作介入和研究中，同样可以运用此方法来进行社区需求的评估和开展以增能为目标的介入实践。文章介绍了影像发声法在实际操作过程中的基本程序，探讨了运用影像发声法的优点与局限性（朱眉华等，2012）。

彭华民认为，服务学习是一种推动青年志愿服务社会的行动模式，它包含在学习中服务、在服务中学习、在社区中参与和在行动中反思四个要素。社会工作者介入服务学习，会形成社会工作督导志愿服务的新模式（彭华民，2012a）。她的《服务学习：社会工作督导志愿服务新模式》则是既有社会政策和实务发展的理论研究，又有实务分解操作的行动步骤的一部整合性的社会工作实务专著（彭华民，2012b）。

六　社会工作自身发展问题研究

王思斌等撰写的《中国社会工作教育的发展》是对中国社会工作教育发展历史进程的系统呈现和分析。该书以比较权威的历史资料，呈现了我国社会工作教育的恢复重建过程，并以对244家社会工作院校的调查资料和74家大学的自评报告为基础，较详细地呈现了社会工作教育发展的面貌，是国内比较权威的关于我国社会工作教育发展的学术研究（王思斌等，2014）。孙志丽、张昱等人研究指出，在鸦片战争中，西方教会在华获得了传教权，其为传教而在中国创办了教会大学。教会大学的创办直接促成了社会工作教育在中国的出现，而社会工作教育又间接促进了西方社会工作理论、方法在中国的传播与本土化（孙志丽、张昱，2011）。王壬、罗观翠的文章以专业化运动为视角，对广州、上海、香港三地的社会工作发展经验的专业化水准做定序测量，发现我国社会工作专业化在职业培养、专业组织培养、专业伦理规范形成、社会效益展示方面存在不足，并提出加强专业教育的建议（王壬、罗观翠，2012）。

关于我国社会工作的发展逻辑是学术界的一个研究热点。王思斌的研究指出，专业社会工作在我国的发展是一种嵌入性发展。他对“嵌入”概念从结构的角度进行理解，认为社会工作恢复重建以来，其发展基本上呈政府主导下专业弱自主嵌入状态；随着改革开放的深入和社会转性的加深，社会工作将走向政府—专业合作下的深度嵌入。他讨论了社会工作嵌入发展的建构性，并从社会建设的角度理解社会工作的嵌入性发展。“嵌入性发展”的概念已经得到较多同行的认可（王思斌，2011a）。有学者对社会工作的嵌入性发展的现实做了某些讨论。朱健刚等以一个政府购买服务项目的实践为个案，揭示了专业社会工作以政府购买服务的机制嵌入原有的行政社会工作之后，产生了外部服务行政化、内部治理官僚化和专业建制化的现象。复杂的街区权力关系限制了专业社工深度嵌入社区治理。作者认为，要挽回社会工作的专业权利，就要有批判意识，策略性地与街区政府建立既独立又合作的关系（朱健刚、陈安娜，2013）。有学者认为，与供给相比我国社会工作的社会需求市场却远未形成，社会服务仍依赖于行政性的、非专业化的供给方式。供求失衡已成为社会工作职业发展的瓶颈。要通过培育民间组织、改变服务方式、探索自下而上的发展路径等方式，促进需求市场逐渐成形（赵怀娟、林卡，2012）。

在我国，社会工作的发展与政府的制度安排密切相关。柳拯等研究者认为，中国社会工作制度建设面临着实践形式和实施路径的不同和分立、社会理解和公众认同的差异和疏离、服务理念和管理目标的碰撞与隔离等一系列挑战。中国社会工作本土化的基本思路是加快社会工作专业化、职业化、制度化进程，积极推动由单一政府主体向多元主体过渡，由政府包办向"政府购买"机制转型，形成具有本土特色的制度体系、工作程序、服务经验和实务方法，实现专业理念与中国文化深度对接，切实增强社会工作发展的内生动力（柳拯等，2012）。王思斌认为，我国的社会工作制度建设正在加快，社会工作制度建设应具有整体性、实践性特征，除了社会工作人才队伍建设制度外，还要大力在人才使用和激励方面开展制度建设工作。我国社会工作制度建设具有党政主导—专业引导，局部先行的非均衡发展等特征，认为政府部门之间应该协力、持续推动社会工作制度的整体性建设（王思斌，2013c）。张昱、杨超认为社会工作立法是社会工作制度建设和法治化的必然要求。当前我国社会工作立法体系诸多问题的根源在于立法理念的偏差或忽视，我国社会工作立法应当坚持实质正义立法、福利性立法、社会本位立法、专业性立法和依法立法理念（张昱、杨超，2013）。

社会工作的发展需要社会工作的能力建设。顾东辉认为，中国社会工作的本土导向既包括外来社会工作进入中国后的适应变化，也包括中国社会服务经验对社会工作的领悟、借鉴和融汇。社会工作在上海还是"准专业"，体现出"环境充满机会而人员弱点明显"的特性，需要依托社会工作智慧促进本土导向的未来发展（顾东辉，2014b）。费梅苹以上海的服务案例为基础讨论了社会工作专业人才能力建设的路径，认为促进社会工作专业人才能力提升的途径和机制在于构建社会工作服务的制度环境，形成能力建设的组织管理机制，能激发社会工作者提升其专业能力的动机和热情，能促进社会工作专业服务的不断创新和发展（费梅苹，2012a）。

王思斌运用承认理论分析我国社会工作的发展问题。他秉持承认的主体性、主体间关系、承认的共同体的基本视角，分析了社会工作群体和政府部门对社会工作的承认内容和形式，给出了承认的基本框架，指出从形式的承认向实质性承认是我国社会工作的基本发展方向。他认为，对社会工作的承认反映了社会工作群体与政府部门的差异性及合作的承认关系。在促进社会工作发展的实践向度上，处于优势地位的政府负有主要责任，社会工作群体的自我承认也很重要（王思斌，2013d）。

七 简单的评论

2011—2014年是我国社会工作和社会工作教育发展较快的阶段，社会工作的服务范围扩大，服务的深度和专业化程度不断提高，政府购买社会工作服务和社会治理体制创新推动了我国社会工作的发展，但是社会工作的合法地位、专业认同和社会认同仍存在明显问题。学者们的社会工作理论研究有了新高度，但尚待深入细致；实务研究则需要进一步提高和提炼。社会工作研究的目的是推进我国的社会工作服务，理论研究与实务研究进一步结合将是我国社会工作研究的发展方向。

参考文献

陈劲松，2012，《社会工作研究与实践中的"灵性转向"》，王思斌主编《中国社会工作研究》（第九辑），北京：社会科学文献出版社。

——，2014，《网络社会工作的特性及基本原则探讨》，《中国人民大学学报》第5期。

陈涛，2011，《社会工作专业使命的探讨》，《社会学研究》第6期。

——，2012，《社会组织的社会服务项目管理的本土经验研究——以绵竹青红社工服务中心为例》，中国社会工作协会编《本土化社会工作理论与实务探索论文集（2011—2012）》，北京：中国社会出版社。

费梅苹，2011，《意义建构：戒毒社会工作服务的实践研究——以上海社区戒毒康复服务中的同伴教育为例》，《华东理工大学学报》（社会科学版）第2期。

——，2012a，《社会工作专业人才能力建设的路径研究：基于上海预防和减少犯罪工作体系中社会工作实践的反思》，《华东理工大学学报》（社会科学版）第4期。

——，2012b，《社会建设和权力理论视角下的青少年问题研究》，《当代青年研究》第6期。

——，2014，《政府购买社会工作服务中的基层政社关系研究》，《社会科学》第6期。

高万红，2013，《青少年抑郁症患者的抗逆力建构过程研究》，王思斌主编《中国社会工作研究》（第十辑），北京：社会科学文献出版社。

古学斌，2013，《行动研究与社会工作的介入》，王思斌主编《中国社会工作研究》（第十辑），北京：社会科学文献出版社。

顾东辉，2011，《社会工作：犯罪预防工作的上海探索》，《中国社会工作》第7期。

——，2014a，《社会治理及社会工作的同构演绎》，《社会工作与管理》第1期。

——，2014b，《上海社会工作实践的本土导向》，《青年学报》第4期。

郭伟和，2012，《觉醒和行动：公平社会转型的微观基础——以建筑业农民工社会工作为例》，王思斌主编《中国社会工作研究》（第九辑），北京：社会科学文献出版社。

郭伟和、徐明心、陈涛，2012，《社会工作实践模式：从"证据为本"到反思性对话实践——基于"青红社工"案例的行动研究》，《思想战线》第3期。

何雪松，2014，《社会工作的"文化自觉"》，《社会建设》第2期。

黄耀明，2012，《对话与融合：社会工作专业伦理与中国传统文化》，《社会福利》（理论版）第4期。

——，2014，《失子之殇——社会工作介入失独家庭重建的本土化探索》，王思斌主编《中国社会工作研究》（第十一辑），北京：社会科学文献出版社。

李迎生，2014a，《加强和创新社会管理：社会工作的视角》，《社会科学研究》第1期。

——，2014b，《探索社会工作介入社会治理创新的有效路径》，《社会工作与管理》第3期。

柳拯、黄胜伟、刘东升，2012，《中国社会工作本土化发展现状与前景》，《广东工业大学学报》（社会科学版）第4期。

马凤芝，2014a，《政策实践：一种新型的社会工作实践方法》，《东岳论丛》第1期。

——，2014b，《流浪青年的发展性社会工作介入策略》，《中国青年政治学院学报》第3期。

彭华民，2012a，《服务学习之核心要素、行动模式与角色结构》，《探索与争鸣》第10期 。

——，2012b，《服务学习：社会工作督导志愿服务新模式》，北京：中国人民大学出版社。

任国英、焦开山，2012，《论民族社会工作的基本意涵、价值理念和实务体系》，《民族研究》第4期。

史柏年、彭振、马烨、董小源，2014，《医疗救助政策实施过程中的福利可获得性研究》，王思斌主编《中国社会工作研究》（第十一辑），北京：社会科学文献出版社。

孙佳伟、范明林，2013，《理性选择视野下政府购买社会组织服务研究——以W街道购买养老服务为例》，王思斌主编《中国社会工作研究》（第十辑），北京：社会科学文献出版社。

孙志丽、张昱，2011，《中国近代教会大学与社会工作》，《华东理工大学学报》（社会科学版）第2期。

谭祖雪，2011，《社会工作介入灾害救援机制研究—— 以5·12汶川大地震为例》，《天府新论》第2期。

——，2103，《灾害社会工作——基于5·12汶川地震的实证研究》，北京：石油工业出版社。

——，2014，《赋权与增能：推进城市社区参与的重要路径——以成都市社区建设为例》，《西南民族大学学报》（人文社会科学版）第6期。

童敏，2014，《功能理论的历史演变、基本逻辑框架以及对社会工作的影响》，王思斌主编《中国社会工作研究》（第十一辑），北京：社会科学文献出版社。

王壬、罗观翠，2012，《我国社会工作专业化发展路径分析及对社会工作教育的启示》，王思斌主编《中国社会工作研究》（第九辑），北京：社会科学文献出版社。

王思斌，2011a，《中国社会工作的嵌入性发展》，《社会科学战线》第2期。

——，2011b，《中国本土社会工作实践片论》，《江苏社会科学》第1期。

——，2012a，《社会工作实践权的获得与发展》，《学海》第1期。

——，2012b，《试论社会工作对社会管理的协同作用》，《东岳论丛》第1期。

——，2012c，《民族社会工作：发展与文化的视角》，《民族研究》第4期。

——，2013a，《高校教师领办社会工作机构的叠错现象分析》，《广东工业大学学报》（社会科学版）第4期。

——，2013b，《高校教师领办社会工作服务机构的跨域实践》，《江苏社会科学》第5期。

——，2013c，《我国社会工作制度建设分析》，《广东工业大学学报》（社会科学版）第6期。

——，2013d，《走向承认：中国专业社会工作的发展方向》，《河北学刊》第6期。

——，2014a，《社会工作在创新社会治理体系中的地位和作用：一种基础—服务型社会治理》，《社会工作》第1期。

——，2014b，《社会工作参与社会治理创新研究》，《社会建设》第1期。

——，2014c，《社会治理结构的进化与社会工作的服务型治理》，《北京大学学报》（哲学社会科学版）第6期。

王思斌、赛牙热·依马木，2013，《多民族地区发展社会工作的族群视角》，《甘肃社会科学》第4期。

王思斌、阮曾媛琪、史柏年，2014，《中国社会工作教育的发展》，北京：北京大学出版社。

文军，2014，《增强社会工作学科的理论自觉》，《人民日报》10月10日。

谢建社，2014，《开拓农民工社会工作新领域之思考》，《社会建设》第2期。

熊跃根，2012，《从社会诊断迈向社会干预：社会工作理论发展的反思》，《江海学刊》第4期。

杨晶，2014，《少数民族残疾人社会工作服务初探》，《贵州民族研究》第7期。

易松国，2011，《大学教师创办社工机构的背景、问题及建议》，《社会工作》（实务版）第2期。

张昱、彭少锋，2014，《走向社会工作服务：民政干部能力建设的发展方向——基于上海的实证分析》，《华东理工大学学报》（社会科学版）第5期。

张昱、杨超，2013，《论社会工作立法理念》，《福建论坛》（人文社会科学版）第6期。

赵芳，2013，《社会工作专业伦理中双重关系的限制、困境及其选择》，王思斌主编《中国社会工作研究》（第十辑），北京：社会科学文献出版社。

赵怀娟、林卡，2012，《需求与供给：中国社会工作职业发展环境分析》，《山东社会科学》第6期。

周昌祥，2011，《灾害危机管理中的社会工作研究——以中国自然灾害危机管理为例》，《社会工作》（学术版）第2期。

——，2014，《创新基层社会治理的有效方式：以服务为本的社区社会工作》，《社会工作》（学术版）第2期。

朱健刚、陈安娜，2013，《嵌入中的专业社会工作与街区权力关系：对一个政府购买服务项目的个案分析》，《社会学研究》第1期。

朱眉华，2012，《社会工作介入信访领域的探索与思考》（上），《容志》第4期。

朱眉华、吴世友、Mimi V. Chapman，2012，《社会工作介入与研究的新方法：影像发声法——以T村外来务工家庭的母亲形象项目为例》，《华东理工大学学报》（社会科学版）第4期。

作者单位：北京大学社会学系

中国医学社会学研究回顾

房莉杰

医学社会学是一门新兴的社会学分支学科，它采用社会学的观点、理论和方法来研究健康和医学实践（庞元正、丁冬红，2001）。笔者曾经在另一篇文章中回顾了中国从20世纪80年代初期到2008年近30年的医学社会学发展情况。从回顾中可以发现，中国医学社会学一方面是中国社会科学学科建设的一部分，受到中国社会科学建设大环境的影响；另一方面，它也嵌入在中国更宏观的社会发展环境中，其研究热点和热度与医疗卫生体系密切相关。它并未受到国外医学社会学发展的过多影响，却表现出与中国社会变迁更为相关的“中国特色”（房莉杰，2008）。中国新医改启动于2009年，同时中国的社会学也在持续发展，而且不同学科的交叉研究也越来越多。2011—2014年4年的医学社会学就是在上述背景下发展的。

医学社会学发源于帕森斯关于医患关系的研究，之后日益完善的医学社会学的研究议题主要包括：微观层面的病人角色、医生职业、医患关系、就医行为；宏观层面的健康的社会决定因素、健康不平等、健康和疾病的社会建构、卫生政策等（科克汉姆，2000；沃林斯基，1999）。本文回顾的主要是2011—2014年在“中国知网”（CNKI）上搜索到的医学社会学相关文章。搜索方法是：1. 用“医学社会学”作为“主题”在所有文献中进行精确搜索；2. 用“社会学研究”“社会”“社会学评论”作为“期刊”在所有文献中进行精确搜索，然后从这三份社会学期刊目录中挑选出与医学社会学相关的文章；3. 用“疾病”“医疗”“医患”“健康”“医改”“卫生政策”“医院”“医生”作为“主题”；并且将“作者单位”设为“社会学”进行精确搜索。这一结果虽然并不精确，但是基本上可以代表整体情况。

本文接下来将分主要议题，对2011—2014年的医学社会学文献进行回顾，最后对回顾进行总结。

一　医患关系

医生角色、病人角色、医患关系一直是西方医学社会学研究最主流的议题之一。它起源于帕森斯的研究，帕森斯笔下的医患关系是抽象的病人角色和医生角色之间的关系，在他的《社会系统》（*Social System*）一书中，医患关系是作为西方工业社会背景下的一种社会结构或者社会系统进行分析的。西方学界之后的相关研究基本也是延续帕森斯开创的研究范式。

2011—2014年，在中国的医学社会学研究中，医患关系也是受到最多关注的议题。然而这不仅仅是主流的研究传统使然，更是过去几年来医患冲突日益激烈的反映。在具体的期刊论文中，我们可以看到这种问题导向非常突出，大部分的论文并不满足于描述和解释医患关系的本质，而是试图寻求医患冲突的出路。除此之外，帕森斯医患关系研究的社会背景是二战之后的工业革命成熟期，之后的西方医患研究也是默认的工业社会和后工业社会的背景。然而中国目前的状况却与西方社会不同，尤其是在农村社会，它兼具了传统农业社会与现代工业社会的双重特征，因此其医患角色和关系必定呈现另一番图景。因此这一阶段也有学者尝试突破西方工业社会范式，理解中国农村的医患状况。

在中国特色的农村医患关系方面，张奎力（2014）试图利用社会资本理论来观察和分析赤脚医生时期的农村社区医患关系。研究发现，赤脚医生时期所形成的本土经验即社会相似性信任、互惠性社会道德规范和同质性横向关系网络，虽然对于当代中国具有一定的历史局限性，但是对于农村社区医患关系重塑仍具有重大启发。房莉杰等（2013）也持类似的观点，她认为改革开放以来的市场化并没有根本打破村医和村民之间的“熟人关系”。村民对村医和乡镇卫生院医生采取的分别是“人际信任”和“制度信任”的信任逻辑。然而在农村社会从传统向现代转型、农民对医疗专业化预期提高、医疗服务更加专业化和制度化的背景下，未来村民对于村医的信任逻辑将是人际信任与制度信任的叠加。这两篇文章都暗示，村庄内部的医患关系有其特殊性，村医与村民之间的医患信任仍是重要的社会资本，从促进社会整合的角度，这种资本应予以重视和保护。

在医患冲突的研究中，邢朝国、汤珍珍（2014）基于定性研究资料指出，相较于新病户，老病户与医护人员互动的次数更多、打交道的时间更长，这有利于缩小老病户与医护人员之间的社会关系距离，增进双方的亲密感、理解和信任，呈现社会心理学上经典的单纯接触效应。邢朝国、李飞（2013）基于对中国农村地区的医疗纠纷及其解决状况进行实证分析发现，约4.5%的农村居民遇到过医疗纠纷，并且有1/3的医疗纠纷是由严重疾病或重伤引起的；农村地区大部分的医疗纠纷是通过自己直接找对方商量等非正式的纠纷解决途径来处理的；农村地区医疗纠纷引发暴力事件的比例并不高，但潜在的医疗暴力需要被防范。另外，被访者的身体健康状况、受教育程度、劳动状态（是否外出务工）以及引发医疗纠纷的疾病的严重程度与医疗纠纷解决方式的选择之间存在显著的相关关系。

2011—2014年医患研究的另一个特点是与社工职业的结合，希望通过医务社工的介入缓解中国医患矛盾。当前关于医务社工介入医患关系的相关研究多针对社工介入医患关系的必要性和介入理论方法展开，强调医务社工的专业工作方法，以及作为“第三方”的调节角色。如安民兵（2013）认为，医患利益协调是当前我国医务社会工作发展的时代议题。社会工作作为一项利他的助人服务活动，其专业价值观包含平等、尊重、个别化，专业方法包括个案工作、小组工作、社区工作、社会行政等可以运用于医患利益协调的实践，扮演“第三方力量”的角色，但在具体介入路径上须重点解决制度性和专业性嵌入的问题。张艳（2014）也认为传统的纠纷调处机制在复杂的医患利益冲突面前表现乏力。面对日益严重的医患矛盾，要着手对医患纠纷解决方式进行改进和优化，尝试引入社会工作介入医患纠纷第三方调解。除了理念和必要性方面的讨论外，祝平燕、柳大川（2012）提出医务社工干预医患关系的“四步服务”法：第一步，建设信任关系，开启沟通渠道；第二步，提供有效医疗及社会信息资源；第三步，倡导健康行为，扩大服务层次与深度；第四步，发掘患者自身价值和主动性，建立患者之间的联系。通过医患关系满意度及心理情绪问卷调查对其效果进行的评估表明，“四步服务”法在调节医患关系、促进医患沟通中发挥了积极作用。

二　健康的社会决定因素与健康不平等

社会分层、社会不平等一直以来都是社会学研究的主流领域之一。该领域与健康研究相交叉，表现为社会学家和社会流行病学家关注健康与社会阶级、性别、种族、年龄和地理分布等变量之间的关联（吉登斯，2009）。社会学关于社会分层研究的方法论也是相对成熟的，而且主要以定量研究为主，这就要求有相关的数据库来支持。就中国的情况而言，几年前因受调查数据的限制，这并不是一个主流社会学研究领域；但是近年来开始有越来越多的社会学者从事这一领域的研究，其主要原因除了医疗、健康日益受到重视外，一些相关调查的成熟也是必要条件，这些调查有北京大学组织实施的“中国健康与养老追踪调查”（以下简称 CHARLS）和“中国家庭动态跟踪调查”（以下简称 CFPS）和中国人民大学组织实施的“中国综合社会调查”（以下简称 CGSS）等。

焦开山（2014）和李建新、李春华（2014）都对 2011 年 CHARLS 的相关数据进行了分析。前者关注的是随着年龄的增加，不同社会经济地位群体在身体功能状况、抑郁症、自评健康三个指标上的差异。数据分析显示，在较富裕的地区，不同社会经济地位群体在所有三个健康指标上的差异是缩小的；在较贫困的地区则是扩大的。而后者关注的是城乡老年人口在健康状况方面的差异。数据分析的结果是，农村老人在生理健康上优于城镇老人，而在心理健康上城镇老人优于农村老人，相对综合的自评健康方面不存在统计上的显著性差异。在控制一些重要的影响因素之后，城乡老年人在生理健康上的差异实际上要比观测到的大，而在心理健康上的差异实际上要比观测到的小。另外，人口、社会经济、生活方式和外部支持等因素在各健康维度上的影响作用也不尽相同。

王甫勤（2011）和周彬、齐亚强（2012）均利用 2005 年 CGSS 数据进行分析。王甫勤关注的是社会流动对健康水平的影响，数据分析表明，只有长距离的社会流动才对人们的健康水平有明显的提升/抑制作用。从总体上看，在当下中国，社会因果论的解释力强于健康选择论。社会流动在健康不平等的产生过程中起到了一定的“混合”作用，有助于降低健康不平等水平。而周彬、齐亚强分析了地区收入不平等程度对个体健康状况的影响。结果表明，即使在控制了个体收入对健康的凹陷效应之后，县级收入不平等程度仍对个体自评健康具有显著的负面影响。对收入不平等影响健康的作用机制的进一步分析表明，社会心理机制仅能部分地解释不平等对健康的负面效应，而新唯物主义机制未能得到经验支持。

池上新（2014）和胡安宁（2014）分别利用 CGSS 2008 年和 2010 年的数据，分析了教育对于城乡居民健康的影响。所不同的是，池上新引入了社会网络和心理资本作为变量，认为教育程度对于农村居民健康的积极作用要远远大于城市居民；社会网络有助于居民健康水平的提高，但对于城乡居民的健康呈现不同的作用效应，即网络规模更有助于农村居民健康水平的提高，而网络资源总量更有助于城市居民健康水平的提高；心理资本有助于居民健康水平的提高，其中韧性因子对城乡居民的健康都具有显著的积极作用，乐观因子对农村居民的健康更有显著的积极作用，而自信因子对城市居民的健康更有促进作用。胡安宁则分析了不同的教育阶段对健康回报影响的差异，认为教育对城乡居民健康都具有正向回报，但农村与城市居民在义务教育与高中教育不同阶段所体现的健康回报有所不同，这或可归因于城乡之间义务教育质量上的差距。

裴晓梅等（2014）利用 2008 年的 CGSS 数据，对老年人群健康不平等的社会经济因素进行回归分析，结果显示扩展的家庭网络、生命历程中工作变换的频率、自评所属社会阶级和自评家庭所处经济地位对晚年健康有着显著的影响。前两个影响因素作为个人社会资本的测量带有明显的转型中国社会的特征，因而对它们与老年人健康之间关系的理解需要限定在对当代中国老年人的研究；相对而言，后两个影响因素作为社区社会资本的测量则更具有解释普遍现象的能力，因为它们与老年人健康之间的关系再次证实了一些基本社会学理论观点。此研究的发现有助于人们认识社会因素影响健康差异的机制和过程。

李建新、夏翠翠（2014）文章采用 CFPS 2012 年的数据，显示社会经济地位对人们健康的影响具有持久性，贯穿于各个年龄阶段，并在某些健康指标上具有累积性。

除了这些常用的数据库之外，赵延东、胡乔宪（2013）利用“中国西部省份社会与经济发展监测研究”数据，检验了社会网络对“母乳喂养”这一健康行为的影响机制。研究结果发现，新生儿母亲社会网络中强关系比例越高，越可能在新生儿成长的早期为母亲提供实际的帮助和社会支持，从而提高母亲提供母乳喂养的可能性；她们的社会网络中如果有医务人员，能更有效地传递相关知识和信息，也可提高母乳喂养的可能。因此，社会网络主要通过提供社会支持与信息来促进健康行为，从而提高健康水平。刘晓婷（2014）根据 2010 年浙江省城乡老年人口生活状况调查的数据认为，在揭示医疗服务使用与健康水平负向关系这一主效应的基础上，职工医保可以改善使用较多医疗服务老人的健康水平，新农合的作用则相反。研究希望对医疗保险的改革思路进行反思，全民医保的改革思路不仅是医疗服务可及性的提高，更应该使不同社群享有平等的医疗福利，并最终促进健康结果的平等。

齐亚强（2014）利用2008年“中国流动与健康调查”（IMHC）数据，分析了自评一般健康指标的信度和效度。研究发现，自评一般健康具有较好的信度，被访者先后两次回答的结果高度一致，两次回答结果的微小变动表现为随机性的波动，而非系统性偏差。该指标在一定程度上会受到调查中题目次序效应的影响。关于自评一般健康指标效度的分析发现，该指标能够有效反映被访者自我感知的各种健康状态和个体既有的关于自身健康的知识，但不能很好地反映个体无法感知的机体变化等健康问题。自评一般健康存在较为复杂的回答偏误问题，受不同年龄、社会经济地位群体关于健康的评价标准、期望与认知差异的影响，其回答结果在不同人群中的可比性值得商榷。

上述研究中，除了齐亚强（2014）对于自评一般健康指标的信度和效度的讨论外，其他研究的关注点都是健康公平性。从研究结论来看，既包括社会经济地位、社会网络、教育等具有“普遍解释意义”的影响机制，同时也包括颇具中国特色的地区差异、城乡差异，以及医疗保险制度差异对健康的影响。

三　健康与疾病的社会建构

在医学社会学看来，健康与疾病不仅是生理方面的症状和感受，更有其社会意义。其表述不仅是个人行为，也关系到社会和文化。此外，随着医学权力和地位的上升，医学成为一种主要的社会控制机制，这时出现了“社会的医学化”。这方面最有影响力的研究来自福柯，他意识到了现代医学的兴起及其社会控制作用，因而提请人们注意国家对于身体的控制和规训（福柯，2001）。综观中国2011—2014年的相关文献，我们可以看到一部分是对国外理论的梳理，另一部分是对中国现状进行解释的尝试。

在对国外其他理论的介绍和梳理方面，李婉君、向振东（2013）梳理了近年来西方学界对疾病隐喻的最新研究成果，按照疾病隐喻化的转变、军事隐喻、疾病隐喻与社会构建和新疾病的隐喻四个部分，从不同角度评述了这一领域的最新理论前沿。

周如南（2011）和袁曦（2014）都对福柯的“微观权力”的分析进行了梳理。进一步的，萧易忻（2014）将“社会的医疗化”这一传统议题置于“新自由主义的全球化”的现代背景下，认为在物质上，产、官、学复合体网络的多方利益形成有力的市场力量，从而促成医疗化；在制度上，则是由于药品之国际专利权的制定与各国制定的医疗化的政策；在观念上，某些压力团体因为要强化“竞争力”而推动某种服药的观念、个人自主健康管理的盛行、风险恐慌的论述普遍化及另类医疗的兴起等氛围都加剧了“医疗化”。

在中国目前医患关系紧张的背景下，有学者试图从疾病社会建构的角度解读医患关系。吕小康、汪新建（2012）认为，在传统医学模式下，患者体验的表达与医生的治疗解释间并不存在明显的分歧。但生物医学的兴起赋予了医生，尤其是医学仪器垄断性的地位，使疾病的定义从患者的自身感受转移到仪器标志的指标；但患者依然凭借其自身体验求医问诊，这使医患双方使用的话语出现分歧。甘进（2014）认为疾病在其本质上不是自然的实在或者生理病理的简单呈现，而是被外在的政治、经济、社会和文化定义的。在医患矛盾突出和医患纠纷激增的背景下，社会建构主义视角中的疾病和医学社会学研究无疑叩开了修复医学技术与人文精神裂缝的大门，也促使学界重新思考中国医学的“现代化”。

此外，也有学者尝试用其他视角解释中国的某种“健康”现象。林晓珊（2011）的民族志观察显示，医疗技术的干预使孕妇自身的身体经验被不断贬低，并屈从于医学话语的建构，怀孕的身体亦被医学凝视所客体化并失去其自身的主体性，母职的体验也因此变成了一种经由现代医学健康方案所主导的想象。韩俊红（2012）观察到多动症的诊断目标从儿童到成人的全覆盖，他认为这表明越轨行为医学化的社会逻辑正在扩张。黄盈盈、鲍雨（2013）关注的是乳腺癌患者如何面对和管理被医学与社会标定为“残缺”的身体。余成普等（2014）以礼物理论重新检视将器官捐赠作为生命礼物的社会事实。“生命的礼物”是多部门参与的、经历获取和分配过程的复杂循环，它造就了一种陌生的、匿名的社会关系。揭示了个人与家庭、自我与他者、生与死乃至医学与文化之间的关系。

四　卫生政策与医疗机构

在医学社会学关注的所有领域中，卫生政策是最为社会实践导向或者说社会问题导向的领域，研究的视角包括组织社会学、制度主义等。就中国的情况而言，2009 年中国新一轮卫生改革的启动，使这一领域的研究热度不断上升。尽管从数量上看，社会学领域的学者所产出的相关作品很多，但是进一步阅读这些文献会发现，其中流于表面情况描述的占大多数，而真正以社会学视角分析的作品很少。其主要原因在于医学是一个完全不同于社会学的学科，其专业性极强，国内研究卫生政策的主流学者主要集中在卫生经济学、流行病学等与医学相关性更强的专业。社会学相较这些专业，在专业性上处于劣势，而且在方法论和研究范式上也没有寻找到其专业优势。因此在卫生政策领域，比较有研究经验的社会学者非常少。进一步，由于专业积累较少，社会学视角的卫生政策研究难免被边缘化。

2011—2014 年少数研究性文章有如下几篇：

房莉杰（2011）从制度变迁的角度出发，认为现在之所以会导致公立医院种种恶劣的局面，恰是因为公立医院一直处于计划式管控和市场调控的夹缝中，过时的、僵死的计划制度安排与市场条件下医院的生存选择产生了结构性矛盾，表现为公共领域筹资缺位、市场领域监管缺位以及相关的管制性规定不适应市场经济环境。

郑文焕（2011）从组织的两面性出发，提出“组织区别度”和“共识区别度”两个概念，利用国家—政策网络—社会—个人这一分析框架，比较了改革开放前后两个历史阶段中国医疗保障体系的典型特征。研究发现，改革前的医疗保障制度与生产系统结构融合在一起，而现阶段是与行政系统融合在一起，文章分别将之概括为“社会分散化模式”和“行政集中化模式”。

李斌（2011）从组织社会学的视角出发，分析了农村集体经济时期、市场化改革时期和新农合制度实施之后三个时期村医的行为逻辑，其呈现的事实上是村医与外部卫生政策的互动。不同时期的“农合”制度改变村医行为的事实丰富了中国经验。

杜丽红（2014）从制度变迁的视角出发，以 1905—1937 年北京公共卫生制度变迁为具体个案，将其分为移植、扩散和转化三个阶段，揭示出近代中国制度变迁是一个复杂多变的过程——既是由上而下的强制性变迁与由下而上的诱致性变迁相结合的产物，也是受内外因素影响的渐变过程。这背后实际上反映出的是国家治理结构的变化。

五　总结与讨论

回溯到 20 世纪 80 年代初期，医学社会学作为一个新的社会学分支学科被引入中国，与很多其他社会科学分支学科类似，在 80 年代蓬勃起步，出现了很多学科介绍性文章；进入 90 年代，却立即转入“萧条”；21 世纪以来，随着医疗卫生问题热度的提升，相关文章数量再次迅速增长。然而纵观这一过程可以发现，尽管是“医学社会学”，但是真正的社会学者投入其中的并不多，无论是第一个 10 年对医学社会学的引入，还是 21 世纪以来强调用“社会学”方法研究医学问题，事实上都是卫生经济学和流行病学领域的学者倡导的。也正因如此，在卫生政策和“医学与社会”研究领域，一度将“定性访谈”当作“医学社会学”的代名词，而真正的社会学视角和方法论并未充分呈现。

再对比 2011—2014 年的发展情况可知，尽管医学社会学无论在社会学领域，还是“医学与社会”领域都仍处于一贯的边缘位置，但是相比之前的 30 年还是有进步的。这主要表现在医患关系、健康不平等、健康与疾病的社会建构这几个领域都有更多的社会学者投入其中，研究不再停留于对国外理论的介绍和现象的简单描述，而是用社会学视角与方法解读中国现实，甚至尝试解释中国不同于西方的特质，或者说西方医学社会学不足以解释的中国特色。

此外，美国医学社会学研究的有两大传统——“医学的社会学”和“医学中的社会学”。前者倾向于偏重理论的基础性研究，它是学科发展取向的，目的在于完善和发展社会学理论；后者倾向于偏重实践的应用性研究，它是社会问题取向的，目的在于用社会学理论和方法指导医学领域的实践。从上述文献综述情况看，中国目前仅处于规范性的医学社会学研究的开始阶段，而且这一阶段有很强的“社会问题导向”。而学科建设是需要以大量的研究积累为基础的，从这个角度说，未来的发展仍是先做好“医学中的社会学”，然后在研究实践中逐步强化“医学的社会学”的学科建构意识。

参考文献

安民兵，2013，《第三方力量：社会工作介入医患利益协调的思考及探索》，《华东理工大学学报》（社会科学版）第3期。

池上新，2014，《社会网络、心理资本与居民健康的城乡比较》，《人口与发展》第3期。

杜丽红，2014，《近代北京公共卫生制度变迁过程探析（1905—1937）》，《社会学研究》第6期。

房莉杰，2008，《健康问题的社会学研究发展》，李强主编《中国高校哲学社会科学发展报告（1978—2008）》（社会学卷），桂林：广西师范大学出版社。

——，2011，《计划与市场：夹缝中的公立医院薪酬现状及制度环境》，《中国卫生政策研究》第12期。

房莉杰、金承刚、梁小云，2013，《乡村社会转型时期的医患信任——以我国中部地区两村为例》，《社会学研究》第2期。

福柯，米歇尔，2001，《临床医学的诞生》，刘北成译，南京：译林出版社。

甘进，2014，《医患矛盾背景下疾病概念的本质论析》，《江西社会科学》第12期。

韩俊红，2012，《从越轨行为到医学问题：多动症问题与医学化研究》，《广西民族大学学报》（哲学社会科学版）第2期。

胡安宁，2014，《教育能否让我们更健康——基于2010年中国综合社会调查的城乡比较分析》，《中国社会科学》第5期。

黄盈盈、鲍雨，2013，《经历乳腺癌：从“疾病”到“残缺”的女性身体》，《社会》第2期。

吉登斯，安东尼，2009，《社会学》（第五版），李康译，北京：北京大学出版社。

焦开山，2014，《健康不平等影响因素研究》，《社会学研究》第5期。

科克汉姆，威廉，2000，《医学社会学》（第七版），杨辉、张拓红等译，北京：华夏出版社。

李斌，2011，《村医行为、农合制度与中国经验》，《湖南师范大学社会科学学报》第5期。

李建新、李春华，2014，《城乡老年人口健康差异研究》，《人口学刊》第5期。

李建新、夏翠翠，2014，《社会经济地位对健康的影响：“收敛”还是“发散”——基于CFPS 2012年调查数据》，《人口与经济》第5期。

李婉君、向振东，2013，《对疾病隐喻的意识建构》，《理论界》第6期。

林晓珊，2011，《母职的想象：城市女性的产前检查、身体经验与主体性》，《社会》第5期。

刘晓婷，2014，《社会医疗保险对老年人健康水平的影响——基于浙江省的实证研究》，《社会》第2期。

吕小康、汪新建，2012，《何为“疾病”：医患话语的分殊与躯体化的彰显——一个医学社会学的视角》，《广东社会科学》第6期。

庞元正、丁冬红主编，2001，《社会发展理论新词典》，长春：吉林人民出版社。

裴晓梅、王浩伟、罗昊，2014，《社会资本与晚年健康——老年人健康不平等的实证研究》，《广西民族大学学报》（哲学社会科学版）第1期。

齐亚强，2014，《自评一般健康的信度和效度分析》，《社会》第6期。

王甫勤，2011，《社会流动有助于降低健康不平等吗?》，《社会学研究》第2期。

沃林斯基，F. D.，1999，《健康社会学》，孙牧虹等译，北京：社会科学文献出版社。

萧易忻，2014，《新自由主义全球化对“医疗化”的形构》，《社会》第6期。

邢朝国、汤珍珍，2014，《社会距离与医患之间的不满情绪——基于鲁西北某乡镇中心卫生院的考察》，《医学与哲学》第12期。

邢朝国、李飞，2013，《中国农村地区的医疗纠纷及其解决方式——基于五省份调查数据的分析》，《中州学刊》第3期。

余成普、袁栩、李鹏，2014，《生命的礼物——器官捐赠中的身体让渡、分配与回馈》，《社会学研究》第3期。

袁曦，2014，《福柯哲学应用：医患关系中的微观权力分析》，《医学与社会》第6期。

赵延东、胡乔宪，2013，《社会网络对健康行为的影响——以西部地区新生儿母乳喂养为例》，《社会》第5期。

张奎力，2014，《赤脚医生与社区医患关系——以社会资本理论为分析范式》，《社会主义研究》第6期。

张艳，2014，《论社会工作介入医患纠纷第三方调解》，《安庆师范学院学报》（哲学社会科学版）第6期。

郑文焕，2011，《改革开放前后医疗保障制度组织结构比较研究——从政策网络的角度分析》，《华东理工大学学报》（哲学社会科学版）第1期。

周彬、齐亚强，2012，《收入不平等与个体健康：基于2005年中国综合社会调查的实证分析》，《社会》第5期。

周如南，2011，《权力视野：疾病与文化的研究路径》，《医学与社会》第6期。

作者单位：中国社会科学院社会学研究所

中国环境社会学研究述评

洪大用　龚文娟

在2006年召开的首届中国环境社会学学术研讨会上，洪大用曾提出以20世纪90年代中期为界，将中国环境社会学的发展大致区分为“无学科意识的自发介绍和研究”与“有学科意识的自觉研究和建构”两个阶段（洪大用主编，2007：2）。事实上，从文献发表情况看，2000年以后中国环境社会学才进入快速成长时期（洪大用，2008）。顾金土等人在2011年发表的文章中也指出，相比2000年之前所发表的15篇环境社会学方向学术论文，2000—2010年发表了155篇（顾金土等，2011），显示出中国环境社会学研究进入了快车道。本文对2011—2014年中国环境社会学研究文献的考察表明，该学科确实已经呈现加速发展之势，这一时期仅在学术期刊上公开发表的论文就达333篇，明显超过2010年前所有年份发表的论文数量。本文试图对这4年间中国环境社会学研究状况进行概要的述评，并探讨未来值得深化的方向。

一　中国环境社会学研究概况

为了更加全面地考察2011—2014年中国环境社会学的研究状况，我们选择了期刊论文、学位论文、出版专著、科研课题、科研机构、学术会议、学术杂志和学术网站等多个观察点。

首先，我们以“环境社会学”和“环境与社会”为检索词，检索了中国学术期刊网络出版总库、中国优秀硕士学位论文全文数据库、中国博士学位论文全文数据库、国家图书馆和当当图书网中收录的2011—2014年所发表的论文与出版的专著，凡主题、篇名、关键词或摘要中出现“环境社会学”或“环境与社会”字样的文献均作收集，再逐一甄别，剔除重复和明显不符合环境社会学学科定义的文献，最后得到期刊论文333篇，硕士学位论文122篇，博士学位论文26篇，专著38部，共计519篇（部）学术研究成果。

以上研究成果的分布情况大体如下：从发表年份来看，2011年147篇（部），2012年106篇（部），2013年137篇（部），2014年129篇（部），各年度大体均衡；从研究内容来看，如果按照理论与方法研究、经验研究、政策研究和综述进行大致归类，数量最多的是经验研究，其次是政策研究，再次是理论与方法研究，综述最少。其中，经验研究又包括专项环境问题①、环境意识与环境关心、环境行为与环境抗争、环境风险与健康、环境信息传播与环境组织等内容。参见表1。

表1 **2011—2014年中国环境社会学研究内容分布**

		篇（部）数	百分比（%）
理论与方法		46	8.9
经验研究	专项环境问题	117	22.5
	环境意识/环境关心	39	7.5
	环境行为/环境抗争	84	16.3
	环境风险/健康	41	7.9
	环境信息传播/环境组织	35	6.7
政策研究		119	22.9
研究综述		38	7.3
合计		519	100

其次，我们通过登录全国哲学社会科学规划办公室网站和中国高校人文社会科学信息网（教育部人文社会科学研究管理平台），统计了2011—2014年国家社科基金和教育部人文社科基金中环境社会学方向的立项数目，合计96项。其中，国家社科基金合计立项38项，研究范围涵盖环境风险、海洋环境、气候变化、环境意识、环境行为、环境抗争与环境群体事件、生态移民、少数民族村落环境问题、环境政策等；教育部人文社科基金合计立项58项，研究范围覆盖了灾害（如极端气候、地震、洪涝、核污染等）应急机制、农村面源污染、生态补偿机制、农民环境维权、环境集群行为、风险认知、公众参与、环境非政府组织、海洋环境、全球气候变迁等。

再次，从承担科研课题和发表研究成果情况看，中国人民大学环境社会学研究所、河海大学社会学系、中央民族大学社会学系、中国海洋大学社会学系、中国社会科学院城市发展与环境研究所、厦门大学人口与生态研究所、南京大学社会学系、吉林大学社会学系、中山大学社会学系、中南大学社会学系等，已经成为国内主要的环境社会学人才培养和科学研究机构。

最后，中国社会学会环境社会学专业委员会自2009年正式更名重建以来，制度化地组织了环境社会学者之间的学术交流。其中，第三届、第四届中国环境社会学学术年会分别于2012年6月、2014年10月由中央民族大学社会学系和中国海洋大学法政学院承办。第三届、第四届东亚环境社会学国际学术研讨会分别于2011年10月、2013年11月在韩国加图尔大学和中国河海大学举办。2011年7月，环境社会学专业委员会还

① 指针对某一类型环境问题展开的研究，如水体、大气、土壤、城市生活垃圾、核污染、沙漠化、海洋环境、气候变迁等。

在中国社会学会学术年会上组织了“环境风险与社会转型”分论坛。结合中国环境社会学学术年会的举办，环境社会学专业委员会还与承办单位一起编辑出版《中国环境社会学》，以书代刊呈现代表性研究成果，2011—2014 年已正式出版了 2 辑。除此之外，关心支持环境社会学研究成果发表的正式学术刊物也越来越多。《社会学研究》《社会》《社会学评论》等专业杂志，以及《中国社会科学》《江苏社会科学》《学海》《中国地质大学学报》《南京工业大学学报》《中国农业大学学报》《鄱阳湖学刊》等综合性期刊，都曾刊发过不少环境社会学的研究成果。

此外，环境社会学专业委员会还与中国人民大学环境社会学研究所于 2013 年 7 月和 2014 年 7 月联合举办了两届“环境社会学研究沙龙”，并于 2013 年 8 月创建了“中国环境社会学网”，秉承“促进环境社会学研究、推动生态文明建设”之宗旨，设置了“学术动态”“环境新闻”“研究机构”“学术论文”“环境政策”“环境数据”和“发展研究”等栏目，吸引了数万人次的读者浏览学习。

综上，2011—2014 年，中国环境社会学研究大致呈现如下特点：一是学术生态大为改善，正在形成学术研究的有效需求和良好氛围；二是学术成果迅速增加，呈现加速发展之势；三是研究议题非常广泛，基本上涉及了环境社会学的各个领域；四是具体环境问题、环境政策和环境抗争等领域成为研究热点；五是环境社会学基础理论与方法研究尚显薄弱；六是主流学术期刊发表环境社会学论文的数量在增加；七是环境社会学研究日益制度化、常规化，有了可持续的基本保证。

二　中国环境社会学研究重点

对 2011—2014 年环境社会学研究成果的进一步分析表明，其在环境与社会关系、环境问题的社会原因、环境问题的社会影响和环境问题的社会应对等重点领域都取得了一定的进展，为进一步研究奠定了基础。

（一）环境与社会关系

环境与社会的关系是环境社会学着力研究和建构的核心议题。西方环境社会学围绕此议题的研究形成了若干理论流派，例如人类生态学、政治经济学、社会建构主义、生态现代化，等等。中国环境社会学者近年来对于环境与社会关系的研究有几个值得注意的趋向。

一是进一步指出环境与社会的关系是具体的、复杂的。洪大用认为，抽象地讨论环境与社会关系不应该是环境社会学的主要特点。环境社会学应该关注“环境”内涵的差异性、变动性以及社会性，要体现社会学对于“环境”的认识和解构，而不能停留在对“环境”概念的抽象认识和使用上。与此同时，“社会”的概念也是具体的、多样的。环境社会学应该更为关注具体社会与具体环境之间的关系，要明白研究的是什么样的“社会”与什么样的“环境”之间的关系。研究中国环境与社会，就要看中国人口、社会发展阶段和发展模式、文化传统、阶层结构等与中国特定的环境条件之间的互动。考虑到中国幅员辽阔，还应该更进一步地根据不同地区的情况开展具体分析（洪大用，2014）。考虑到西方环境社会学趋向于将环境单一地定义为一个不断受到破坏和污染的实体，而西方自然资源社会学对于环境的理解则着重于地方或区域的生态和地形动态，秦华等人指出在中国环境社会学的发展过程中，应当注意结合这两门学科，以便更为全面地理解社会与环境关系（秦华等，2009，2012）。

二是进一步强调了从历史的视角研究环境与社会关系的重要性。洪大用指出，环境与社会关系的发展演变是一个历史过程，环境社会学研究应当借鉴环境史学的研究成果和方法，坚持历史的视角（洪大用，2014）。张玉林以历史的视角回顾了中国农业文明时代生态环境的演变、工业化以来环境问题“危机化”的动力和过程，梳理了生态系统的一般规律，以及衡量生态—环境—资源状况的标尺性理论、方法，在此基础上考察了当代中国环境治理方式的演变及其绩效（张玉林，2013，2014）。陈阿江也以比较翔实的数据对新中国成立以来，特别是改革开放以来的环境变迁史做出了有价值的分析（陈阿江，2012）。

三是对西方生态现代化理论进行了比较系统的分析和反思。作为源自西方的关于环境与社会关系的一种主要理论，生态现代化理论在近年来受到了国内学者的广泛关注（洪大用，2012；洪大用、马国栋等，2014；马国栋，2011，2013，2014；金书秦等，2011）。洪大用等人的研究表明，生态现代化理论所预期的社会与环境协同进化、经济增长与生态改善兼得的社会趋势在世界一些地区和国家，包括中国，确实有所显现。但是，生态现代化理论在其西方现代化取向、实证分析单位、路径分析、结果分析、对社会公正议题的处理以及对环境的定义等方面都存在诸多局限，需要对其保持批判性的反思。在实践中推进生态现代化可能有多种路径和模式，应正视其进程中的各种冲突，重视推进社会建设、保障社会公平正义，避免新的“绿与非绿”的二元社会分割，特别是有必要从基于相互联系的全球社会视角深入反思和重构生态现代化理论（洪大用，2012）。

四是尝试应用社会建构的视角分析环境与社会的关系。在建构主义看来，环境与社会的关系主要取决于社会行动者的主观建构，这种建构过程必然涉及建构主体对于一些文化、科学和社会技术等的使用，不同的建构过程呈现了环境与社会关系的不同方面和不同性质。从建构主义视角看，特定环境状况是否真的恶化以及是否到了影响社会运行的地步并不重要，重要的是考察环境问题的议题化过程，分析环境利益相关者的活动如何使客观环境状况转化为社会议题（龚文娟，2013a）。建构主义使人们从关注客观环境问题转向关注社会对环境状况的反应（蔡萍，2012）。一些研究表明，现代社会的自然环境并不是一个静态的、稳定的存在物，而是被置于复杂的政治、商业、文化与伦理语境中，接受各种话语的暴力改造或隐性收编（刘涛，2011）；传媒发挥了重要的建构现实与阐释意义的中介作用（许加彪，2013）；异地媒体的不平衡与戏剧化表征，以及网民的污名化与语境化是环境风险放大的重要机制（邱鸿峰，2013）。

五是初步探讨了全球气候变化对于社会变迁的影响。全球气候变化作为全球环境变化的重要表征，其对社会影响的范围、强度、深度和类型等方面受到了越来越多的关注（洪大用、罗桥，2011；王书明、崔璐，2011；张倩，2011；肖雷波、柯文，2012；王晓毅，2013a，2013b；洪大用等，2013a）。王晓毅通过研究内蒙古一个草原社区，发现不适当的社会制度变迁加剧了气候变化的危害，在干旱和制度变迁的共同作用下，牧民生计陷入不可持续的境地（王晓毅，2013a）；张倩也认为牧民适应气候变化能力的强弱取决于当地的社会经济制度安排（张倩，2011）。通过世界31个国家公众对气候变化认知的比较，洪大用等人发现公众对于气候变化成因及其影响的了解有限，公众行为反应呈现积极倾向，但行为的自觉性不容乐观（洪大用等，2013a）。

（二）环境问题的社会原因

洪大用指出，人类社会与环境之间关系失调所导致的环境问题，在本质上不是一个人的“德性”问题。社会学更加注重结构性制约，更加注重分析人们行为背后的制度因素（洪大用，2014）。王晓毅强调要整体地和历史地去研究环境问题背后“难缠”的社会因素，将环境问题放回社会生活中、将环境变化视为社会变迁的一个部分去理解（王晓毅，2014）。张玉林着重分析了特定的社会—政治结构与环境问题之间的互动关系（张玉林，2013）。王芳在其编著的《环境与社会：跨学科视阈下的当代中国环境问题》一书中，从人口增长、科学技术、经济发展、制度变迁、文化价值、社会公正、公众参与等多个方面探讨了转型期中国环境问题产生、形成和发展的社会原因（王芳，2013）。其他研究者在对诸如大气污染、水污染、生活垃圾污染、海洋环境、草原生态和气候变化等具体环境问题的研究中也都提出了一些有价值的观点（崔凤等，2011，2013，2014；王书明、崔璐，2011；任国英、王子艳，2011；麻国庆、张亮，2012；陈阿江、王婧，2013；陈阿江、吴金芳，2013；荀丽丽，2013；王晓毅，2013a）。

值得强调指出的是，这一时期很多研究者似乎都将区域性的环境恶化或衰退归因于外部力量主导的发展对基层社区及其生产、生活规则的破坏。例如，任国英认为，草原生态恶化不应简单归因于不合理的人类行为，其根本原因在于现代国家权力和市场力量通过草场承包制度和市场机制，对自然进行管控和利用，重塑了人们的观念和行为，使人与自然关系异化（任国英、王子艳，2011）。荀丽丽指出，现代化背景下高度依赖资本和技术投入的资源利用方式，带来水资源的过度消耗；与此同时，权力与资本主导的水资源利用的集权化及其“社会排斥”效应使基层社区日益丧失合理利用和保护当地自然资源的能力（荀丽丽，2013）。王晓毅的分析指出，随着牧民定居、草原分割和市场化，草原生态严重退化，面对干旱呈现出严重脆弱性（王晓毅，2013a）。王旭辉等人认为，在民族地区的资源开发中，对民族地区生态环境、制度环境和文化环境层面的特殊性考虑不足，“社会嵌入”不足是生态环境恶化的重要原因（王旭辉、包智明，2013）。陈阿江的研究也表明，草场承包制将大空间的草原破碎为小空间的家庭牧场，网围栏则使游牧固化在小块土地上，在“公地悲剧”式环境问题解决的同时却引发了

“私地悲剧”式环境问题（陈阿江、王婧，2013）。

王书明等人在研究气候变化问题时则关注了国家间博弈行为的影响，认为气候公地悲剧源于博弈主体对自身短期利益的追求，即发达国家受制于自由民主制度放纵的内部博弈，而发展中国家受制于国际体系的无政府状态与不平等现状下外部博弈引发的安全需求（王书明、崔璐，2011）。

（三）环境问题的社会影响

相比环境问题之社会原因的分析，似乎有更多的研究者关注环境问题所带来的社会影响，这种影响包括环境风险的分配和公众认知、公众环境意识和环境关心、公众环境行为和环境抗争、媒体和社会组织对环境问题的反应，等等。

陈阿江基于若干“癌症村”的经验研究，讨论了村民对“癌症”、污染及“癌症—污染”关系的认知及健康风险应对，发现村民对“癌症—污染”关系的认知受外部认识的影响，在风险应对过程中，经济因素影响其环境行动的强度及策略，也衍生出其他社会行动。此外，村民的风险应对嵌入乡村宗族势力、地方“绅权”及“单位制”遗存等社会结构中（陈阿江、程鹏立，2011；陈阿江，2013）。龚文娟基于城市生活垃圾处理影响的调查数据分析发现，处于快速转型期的中国，社会经济地位分化的影响力渗透环境领域，低社会经济地位者不成比例地承担着环境风险，环境风险分配与财富、权力分布在一定程度上反向交叠，二者强化了阶层分化（龚文娟，2013b，2014）。垃圾处理项目风险分配不公与公众参与不足已经成为引发居民抗争的二维动因（吴金芳，2013）。方芗针对核电风险的研究表明，应更加重视社会及文化对大众核风险意识的塑造和影响（方芗，2012）。郭巍青等人基于市民反对垃圾焚烧厂建设事件的分析指出，民众规避风险的“反推断”和更为主动的“风险戏剧化”策略使国家风险管理的话语和行动失灵（郭巍青、陈晓运，2011）。

环境衰退中的公众意识与关心，历来是环境社会学研究的重点内容之一。洪大用等人进一步探讨了环境关心概念的复杂性和测量工具的有效性，指出修订后的 NEP 量表中国版在测量中国公众环境关心方面具有较好的信度和效度（卢春天、洪大用，2011；洪大用、肖晨阳等，2012；洪大用等，2014）。吴建平等人对此有所质疑，同时也对量表进行了修订和再应用（吴建平等，2012）。更多的研究关注于环境关心水平的影响因素，包括性别、年龄、居住地、环境状况和社会结构等，大多运用定量数据进行分析，并与国内外的已有相关研究开展了有价值的对话（洪大用、肖晨阳等，2012；洪大用、卢春天，2011；刑朝国、时立荣，2012；张斐男，2013；林明水等，2014）。聂伟对城乡居民的环境关心差异的研究表明，社会人口特征与环境知识变量能解释城乡环境关心的大部分差异，而城乡的二元经济结构、环境再生产结构、人口科学文化素质导致的城乡居民的二元价值理念、环境科学素质、公共参与等结构，最终导致环境关心二元结构的再生产（聂伟，2014）。钟兴菊基于国家退耕还林政策实践过程的田野调查发现，环境关心受到多元文化价值观、物质财富水平以及生产生活方式等因素的影响，其并不一定指向环境保护行为（钟兴菊，2014）。该项研究探索了新的研究方法与路径。另外有学者从公众对政府环保工作评价的角度探讨了环境关心及其影响（卢春天、洪大用等，2014）。也有学者专门研究了公众对海洋环境的意识（赵宗金，2011，2013）。借助于最新调查数据（ISSP2010 和 CGSS2010），有学者针对公众环境风险认知与环保倾向进行了国际比较，指出要谨慎对待按照经济发展水平将国家分类，同时对“后物质主义转变”命题提出了初步的质疑（洪大用等，2013b）。

针对公众环境行为的一些研究表明，公众环境行为有弱参与、浅层性、简易性等特征，同时碎片化的阶层状况、环境保护欠缺阶层基础以及趋中化的阶层认同等使不同阶层公众的环境行为表现参差不齐（彭远春，2011，2013a，2013b）。焦开山指出，童年期家庭社会经济地位对环境保护行为的直接影响较弱，其通过影响个人成年期社会经济地位而产生的间接影响比较显著；个人社会经济地位对环境保护意愿和环境保护行为的直接影响和间接影响都很显著；环境意识显著影响了环境保护意愿和环境保护行为，但是他们之间的关系强度受到客观情境因素的制约（焦开山，2014）。林兵等人则引入环境身份概念并初步考察了其对环境行为的影响（林兵、刘立波，2014）。环境衰退还推动了环境组织的发展，促进了公众行为的组织性（崔岩，2014）。张萍等人的案例研究表明，环境组织在环境事件中出现了三种介入模式：依靠媒体动员，干预环境开发；介入环境纠纷，助力维权；提起环境公益诉讼，凸显自身在利用法律手段解决环境纠纷中的主体地位（张萍、丁倩倩，2014）。

公众环境抗争作为一种特殊的环境行为，近年来受到了比较广泛的关注。张金俊指出了环境抗争研究的三种视角：环境公正、国家与社会关系和社会文化（张金俊，2011，2012）。童志锋的系列研究表明，国家的政治机会结构变迁、互联网和社会媒体的勃兴、公众的集体认同和组织模式等因素对环境集体行动有显著影响（童志锋，2011，2013a，2013b，2014）。王全权等人则指出了网络媒体影响的复杂性。在环境抗争呈现“网络化”趋向的同时，随着抗争客体在网络空间中的霸权再造，以及网络媒体自身局限性的不断显现，草根民众的网络优势逐渐丧失，并产生诸多负效应（王全权、陈相雨，2013）。周志家基于厦门 PX 事件分析指出，居民的参与行为可以分为信息性参与、诉求性参与和抗争性参与，社会动机是影响居民各类参与行为最为显著的共同因素（周志家，2011）。罗亚娟指出农民环境抗争策略包括“依法抗争”“以法抗争”和“依情理抗争”等多种类型（罗亚娟，2013）。张金俊则提出了“诉苦型上访”分析框架，认为农民在环境信访中的诉苦是他们寻求现代国家权力支持的一种重要资源（张金俊，2014）。农民在表达自身利益的环境抗争过程中，面临着比城市居民更多的障碍，受到其记忆、知识、权力、体制和发展状况等多方面的限制（司开玲，2011；张祝平，2014；李晨璐、赵延东，2012；陈占江、包智明，2013，2014）。

媒体对环境衰退的社会反应和建构亦是环境社会学研究的重要内容之一。媒体发挥了重要的建构现实与阐释意义的中介作用，同时也是舆论引导与社会动员的载体（许加彪，2013）。现代社会中的大众传媒对环境的报道成为公众了解环境保护的重要渠道，并且上升为影响公众环境关心的主要因素（仲秋、施国庆，2012）。有研究表明，异地媒体的不平衡与戏剧化表征，以及网民的污名化与语境化是环境风险放大的重要机制（邱鸿峰，2013）。黄河等人通过对《人民日报》2003—2012 年环境报道的整理和分析，发现环境报道已经越来越多地受到传统主流媒体的重视，但议题建构呈现以政策叙事为主的特点，很可能使传统主流媒体在环境议题上越来越失去话语权，并危及其在环境议题上的公信力与影响力（黄河、刘琳琳，2014）。作为新兴媒体的互联网虽然为公众环境行动提供了新的平台和资源，但是也有可能成为管制方或商业利益方的有力工具（黄晗，2014）。在环境传播过程中，存在诸多复杂机制，如环境话语争夺的权力运作机制、公共议题构造的符号修辞机制、“反话语空间”的生产机制、新社会运动的动员机制、社会资本与生态公民身份的建构机制、话语事件与图像政治的视觉修辞机制等（刘涛，2011）。

（四）环境问题的社会应对

事实上，研究者在分析环境问题的社会原因和社会影响时都或多或少地明示或者隐含了其政策主张。例如，张玉林在分析特定社会—政治结构与环境问题互动关系时强调了确立公众“环境权”的作用和意义（张玉林，2013）。李培林等人在研究西部地区环境衰退背景下的生态移民时指出，需要重视调整产业结构以提供更多非农就业机会、增加移民资产、关注移民社会管理创新、保护移入地区的生态环境（李培林、王晓毅，2013）。孟和乌力吉基于内蒙古新巴尔虎左旗巴彦共嘎查水文化的研究，指出在草原地区进行水资源开发和现代经济建设时，必须借鉴牧民的本土知识，创建草原人地和谐的共生模式（孟和乌力吉，2011）。麻国庆等人在研究草原生态时也强调了尊重地方文化合理性的自主性发展，指出现代牧区社会需要形成协商和对话的机制（麻国庆、张亮，2012）。洪大用等人在对环境关心进行系统研究时也指出加强环境教育、传播环境知识等的重要性（洪大用、肖晨阳等，2012）。彭远春认为要培育积极的公众环境行为，需要构建多元主体共同参与的环保模式和合理的阶层结构，充分发挥大众传媒的作用（彭远春，2011）。王全权等人在研究网络环境抗争时指出，需要政府提高舆论引导能力、推进经济发展方式转变、吸引公众参与环境政策生产、建构正规有效的利益表达机制（王全权、陈相雨，2013）。陈占江强调化解农村环境危机、缓和政府与农民关系紧张的根本之途是改革现行经济政治制度（陈占江、包智明，2013，2014）。邱鸿峰指出地方政府的环境传播战略应作出相应调整，促进技术公共领域、大众传媒公共领域以及公众—专家—政府的商议性公共领域的发展（邱鸿峰，2013）。方芗分析了环境风险管理，指出政府应当重视群众的“不信任”情绪，注重真实客观的科学技术知识传播，并建构积极有效的多角色参与平台（方芗，2014）。

考虑到很多研究将区域性的环境恶化或衰退归因于外部力量主导的发展对基层社区及其生产、生活规则的破坏，有必要关注这一时期国内学者对日本环境社会学界生活环境主义的介绍。日本学者鸟越皓之撰写的《环境社会学：站在生活者的角度思考》是生活环境主义的代表作，指示了环境保护的一种基本的政策取向。该书于2009年经宋金文翻译在中国环境科学出版社出版。鸟越皓之本人撰写的文章也在中国发表，该文从理论构造、分析概念和调查方法等方面对生活环境主义进行了介绍（鸟越皓之，2011），并得到了国内学者的响应。王书明、张曦兮和鸟越皓之合作发表的文章指出，生活者更加了解当地的环境状况和风土人情，“生活者的视角”在处理环境问题时更有深度，技术专家为了单一目标采取的行动会影响生活者多种生活需求的满足。因此，居民的利益是政策制定时应该考虑的关键环节，政策制定需要尊重居民要求发展的选择（王书明等，2014）。王书明等人还尝试从生态社区建设的内容、实例，以及我国生态社区指标体系建设等方面，对生态社区研究进行了梳理，强调了关注社区的重要性（王书明、贾茹，2011）。

在应对环境问题方面，有学者指出了政策模式转变的必要性，认为“事件—应急”型环境治理存在诸多缺陷，只有采用“预防—控制”型环境治理模式才能从根本上解决环境问题；其中，生态利益自觉成为一种普遍性的社会行为是关键（陈涛，2012）。另有学者分析了作为政策制定和执行主体的政府的行为特征。例如，周雪光等人基于对某市环保局进行的田野追踪调查，分别就环境政策领域中政府上下级谈判行为、权威关系及政府行为的组织基础进行了有价值的理论模型建构。一方面，作者建构了委托方（如省环保厅）和代理方（如市环保局）之间的博弈模型，区分了委托方的两种策略选择（“常规模式”与“动员模式”）和代理方的三种策略选择（“正式谈判”“非正式谈判”和“准退出”）；另一方面，作者还借鉴经济学不完全契约和新产权理论的视角，提出一个中国政府内部权威关系的理论模型，将政府各级部门间的控制权概念化为三个维度：目标设定权、检查验收权和激励分配权。作者认为诸种控制权在中央政府、中间政府、基层政府间的不同分配方式导致迥然不同的政府治理模式，并诱发了相应的政府行为（周雪光、练宏，2011，2012）。

作为中国政府自觉提出的缓解生态环境危机、促进可持续发展和文明整体转型的综合性政策主张，生态文明建设议题是这一时期环境社会学者研究的热点之一。洪大用等人明确指出，生态文明是与生态现代化既有联系又有区别的理论概念和政策主张。相对而言，生态文明建设立意更高、视野更开阔、内涵更丰富，它包含了对现代性、技术主义、物质主义、人类中心主义、生态中心主义、西方中心主义以及资本主义制度等的合理反思，超越了西方中心观念，注重从全球和地方互动中分析文明转型的进程，代表了人类文明的前进方向。生态文明建设内在地包括生态建设与社会建设两方面，其实质是通过社会建设促进生态建设，是一个体现以人为本、重视文明对话、不断趋近的历史过程（洪大用，2013；洪大用、马国栋等，2014）。包智明指出，生态文明建设必须理顺与经济建设、政治建设、文化建设和社会建设之间的关系，特别要处理好中国与世界、生态系统与社会系统、城市与农村和西部地区生态环境保护与经济社会发展这四对关系（包智明，2014）。张海洋等人从生态政治学角度，指出生态文明建设要与中国区域和民族文化多样性相结合，构建和谐发展的民族关系，实现生态文明与政治文明的联袂建设（张海洋、包智明，2013）。王晓毅认为生态文明的社会意涵是通过基层社会的参与，建立与生态环境相适应的公平的多样性社会（王晓毅，2013c）。包双叶讨论了中国转型社会呈现的“时空压缩”特征对生态文明建设的双重影响，指出生态文明建设的稳步健康推进需要社会转型目标和社会结构的优化，以及对地方性生态思维的超越（包双叶，2014a）。一些学者还基于地方实践讨论了生态文明建设路径与效果。例如，郑杭生等人基于浙江省临安市的调研指出，统筹农业生产、社会关系和自然生态，建设“绿色家园、富丽山村”，是大力推进新型城镇化、建设“美丽中国”的一种创新实践（郑杭生、张本效，2013）。麻国庆基于广东地区的研究指出，工业化进程中的生态文明建设也是文化再造的实际进程（麻国庆，2013）。包双叶基于上海市的研究表明，只有在综合考察不同城镇化区域生态承载能力、开发强度和开发潜力的基础上，统筹谋划人口、经济、生态资源的合理布局，才能形成城镇化与生态文明建设的协同发展（包双叶，2014b）。

三　中国环境社会学研究展望

以上文献分析表明，在过去的 4 年中，中国环境社会学确实是在快车道上加速前行，取得了比较丰硕的研究成果，这是可喜可贺的。但是，越是在快车道上加速行进，我们越是需要保持清醒、冷静和必要的反思与警惕，要对走过的路进行必要的梳理和总结，要注意检修车况并进一步明确前进的方向，这是学科持续快速健康发展所必需的。

事实上，洪大用在 2014 年发表的《环境社会学的研究与反思》一文，已经对环境社会学学科及其方法论作出了必要的检讨，指出中国环境社会学研究应当在方法论上坚持整体的、历史的、辩证的和实践的分析视角，围绕中国转型社会的运行逻辑，揭示社会与环境互动的复杂机制，深入探讨多样化环境问题形成的具体社会过程、社会影响和社会及其成员的反应状态与模式；继续深化公众环境意识与行为的调查研究；重视环境信息传播及其效果的研究；重视公众参与类型和过程的研究；关注发展的社会影响评估和复合型环境治理政策研究（洪大用，2014）。结合前文的分析，我们试图在此进一步强调以下四个方面。

首先，我们想到的是中国环境社会学研究确实需要进一步深化学术对话。目前学者之间的学术交流已经逐步制度化了，但是大体上还是处在各说各话、“各美其美”的阶段。环境社会学研究成果呈现丰富多彩的同时，彼此之间的有机联系则有所欠缺，这种状况不利于环境社会学研究的深入，也不利于有效的知识积累。中国环境社会学的未来研究似乎应在五个维度上深化对话：一是环境社会学者之间的对话。学者之间应该更多地彼此借鉴并开展健康的学术批评，逐步凝练出一些核心的研究问题、研究概念、研究方法，促进经验研究的理论总结和升华，努力避免低水平的重复研究。二是环境社会学者与其他学科学者，特别是与其他社会科学学者之间要积极开展适度对话。此种对话，一方面有利于借鉴其他学科的理论与方法，同时凸显社会学的学科特色；另一方面也有利于弄清楚哪些研究发现是与其他学科发现一致的、重复的，哪些才是原创性的有价值的独特发现。三是环境社会学者与国外环境社会学者之间要积极开展对话。这种对话，一方面可以推介中国环境社会学的研究成果，另一方面也有助于知识传承和积累，并使我们明确哪些研究成果才是真正原创性的、具有中国特色和世界意义的。四是环境社会学者与环境政策的制定与执行者之间要加强对话。这种对话有利于环境社会学者了解环境政策制定和执行的背景、内容、过程和结果等，这本身就是一种研究过程。与此同时，环境社会学者也可以通过对话影响政策的制定与执行，这是反映学科价值观和实现学科价值的一个重要路径。五是环境社会学者与公众之间也要加强对话。作为一门新兴学科，公众目前对于环境社会学的了解还有很大不足，环境社会学者要自觉增进这种了解，并在与公众的对话中找到一些更接地气、更有价值的研究课题。

其次，我们认为要进一步加强环境社会学的基础理论与方法研究。如果说动力、底盘与方向盘对于高速行驶的汽车是非常重要的，那么基础理论与方法的研究就是环境社会学学科前行的动力、底盘与方向盘，这方面的研究越扎实，环境社会学学科发展就会越稳越好。从目前情况看，中国环境社会学的基础理论与方法研究还是很薄弱的，甚至可以说是受到忽视的；其在已有研究成果中所占的比重过低，未来深化这方面的研究完全可以有所作为。洪大用在2015年7月举办的“中国环境社会学青年论坛”上曾经指出了5个方面的议题：一是环境与社会关系，包括如何深入认识环境与社会关系的性质和表现，如何认识多样性的环境与多样性的社会之间的耦合关系，如何看待环境与社会之间的协同进化，以及如何理解环境与社会关系对于社会学和环境社会学研究的意义，等等；二是在分析环境问题之社会原因、社会影响和社会应对时，如何扩展理论视野，兼顾地方、国家与全球不同层次的因素；三是如何使用国家、市场与公民社会的概念，如何分析它们之间复杂的、多变的关系，如何把握全球化进程中国家、市场与市民社会关系的演化，这些都直接关系到环境社会学研究视角、研究框架和研究取向的确立；四是如何理解并对待环境治理，如何分析环境治理的不同模式和政策主张，如何研究并促进不确定社会中的环境治理实践，如何看待环境社会学研究者自身在环境治理进程中的角色，等等；五是如何看待环境社会学的学科性质、研究模式和价值主张。我们相信，围绕这些议题开展研究并取得有价值的成果，将会为环境社会学学科建设和发展作出重要贡献。

再次，在经验研究领域，我们认为有两个领域需要特别强调。一是信息技术革命背景下的环境传播，特别是新媒体发展对于环境传播的影响。环境传播对于环境社会学研究具有重要意义。一方面，它是人们认知环境问题并了解其社会影响和社会应对的重要中介，公众的环境意识和行为也受到这种认知与了解的影响，环境传播具有重要的社会动员作用；另一方面，各种媒体也是环境话语聚合的平台，这种聚合会产生广泛的社会、经济、文化乃至政治影响，是环境社会学研究环境影响下的环境政策发展和社会变迁的重要窗口。此外，对于环境传播的深入研究也有助于深化我们对于环境与社会关系的理论认识。二是环境政策发展过程及其实践分析。虽然前文对于已有文献的分类表明，环境政策研究占有很高的比重，但是，客观地说，目前环境政策研究的质量还有不足，环境社会学者对中国整体环境政策的发展还是缺乏足够的、有深度的研究，至于对中国环境政策制定和执行的影响则更是微弱。大概是受社会学母学科的某种影响以及面临着客观的研究限制，很多环境社会学研究是直接面向田野、基层、社区和大众收集资料的，对政府政策的制定和执行过程关注不够，参与其中的机会和能力也还不足，甚至自觉的建设性参与意愿也不足。一些人似乎更愿意采取在野的、反思的和批判的研究立场，将反思、批判与建设结合起来的“建设性反思批判精神”（郑杭生，2008）似有不足。实际上，环境社会学者自觉加强社会影响评估研究，完善相关的理论和方法，积极从环境政策执行效果评估开始，是有利于逐步扩大对环境政策制定的参与和影响的。社会学重视组织和制度研究的传统，也会为开展环境政策与治理体制研究提供独特的视角和优势。特别是在当前，国家强调以制度建设保障和促进生态文明建设，中国环境治理的政策体系和体制机制正在面临转型和重构，这为环境社会学者发挥社会学综合性、整体性分析以及注重制度分析的传统优势提供了广阔的空间。

最后，与前三个方面有些相关的是，环境社会学者对于中国环境治理经验的认识和研究似有不足，未来应该以一种更加积极乐观而又科学客观的态度，进一步加强对特定地区、特定行业和企业实施环境治理成功经验的调查研究和理论总结。虽然整体上讲，中国环境衰退的形势还很严峻，但是中国环境治理并不完全是乏善可陈的，更不是有些人所认为的一片黑暗。实践中确实存在着一些环境治理成功的案例，而且这种案例的出现是有规律上的必然性的，我们需要对这种规律进行分析和总结，上升到理论层次，由此开展国际学术对话并丰富环境社会学研究。甚至，在整体上讲，中国环境治理也是在一些方面取得了显著成效的，我们需要从积极的方面，加强对一个发展中国家处理环境与发展关系的经验研究，提升对于这种关系的理论认识，肯定其值得肯定的方面，并用于拓展理论视野和指导未来实践。毕竟，我们环境社会学者是有责任为环境善治提供范例并积极探寻未来之路的，一味地批评否定或者消极悲观是无济于事的。我们的取向和选择不仅影响着我们的研究发现，事实上也会影响我们生态文明建设的未来。

参考文献

包双叶，2014a，《社会转型、时空压缩与生态文明建设》，《华东师范大学学报》（哲学社会科学版）第 4 期。

——，2014b，《论新型城镇化与生态文明建设的协同发展》，《求实》第 8 期。

包智明，2014，《社会学视野中的生态文明建设》，《内蒙古社会科学》（汉文版）第 1 期。

蔡萍，2012，《环境建构论的方法论意义》，《河海大学学报》（哲学社会科学版）第 2 期。

陈阿江，2012，《剧变：中国环境 60 年》，《河海大学学报》（哲学社会科学版）第 4 期。

——，2013，《“癌症村”内外》，《广西民族大学学报》（哲学社会科学版）第 2 期。

陈阿江、程鹏立，2011，《“癌症—污染”的认知与风险应对——基于若干“癌症村”的经验研究》,《学海》第3期。

陈阿江、王婧,2013,《游牧的“小农化”及其环境后果》,《学海》第1期。

陈阿江、吴金芳,2013,《社会流动背景下农村用水秩序的演变》,《南京农业大学学报》(社会科学版)第6期。

陈涛,2012,《从“生态自发”到“生态利益自觉”》,《社会科学辑刊》第2期。

陈占江、包智明,2013,《制度变迁、利益分化与农民环境抗争》,《中央民族大学学报》(哲学社会科学版)第4期。

——,2014,《农民环境抗争的历史演变与策略转换》,《中央民族大学学报》(哲学社会科学版)第3期。

崔凤、王启顺,2013,《海洋管理的社会学阐释》,《中国海洋大学学报》(社会科学版)第1期。

崔凤、张双双,2011,《“海洋世纪”的环境社会学阐释》,《海洋环境科学》第5期。

崔凤等,2014,《海洋社会学的建构:基本概念与体系框架》,北京:社会科学文献出版社。

崔岩,2014,《中国公民环境组织响应的动机研究》,《黑龙江社会科学》第5期。

方芗,2012,《风险社会理论与广东核能发展的契机与困局》,《广东社会科学》第6期。

——,2014,《社会信任重塑与环境生态风险治理研究》,《兰州大学学报》(社会科学版)第5期。

龚文娟,2013a,《约制与建构:环境议题的呈现机制》,《社会》第1期。

——,2013b,《社会经济地位差异与风险暴露》,《社会学评论》第4期。

——,2014,《环境风险在人群中的社会空间分配》,《厦门大学学报》(哲学社会科学版)第3期。

顾金土、邓玲、吴金芳、李琦、杨贺春,2011,《中国环境社会学十年回眸》,《河海大学学报》(哲学社会科学版)第2期。

郭巍青、陈晓运,2011,《风险社会的环境异议——以广州市民反对垃圾焚烧厂建设为例》,《公共行政评论》第1期。

洪大用,2008,《环境社会学》,《中国社会学30年(1978—2008)》(第十八章),北京:中国社会科学出版社。

——,2012,《经济增长、环境保护与生态现代化》,《中国社会科学》第9期。

——,2013,《关于中国环境问题和生态文明建设的新思考》,《探索与争鸣》第10期。

——,2014,《环境社会学的研究与反思》,《思想战线》第4期。

洪大用、范叶超,2013a,《公众对气候变化认知和行为表现的国际比较》,《社会学评论》第4期。

——,2013b,《公众环境风险认知与环保倾向的国际比较及其理论启示》,《社会科学研究》第6期。

洪大用、肖晨阳等,2012,《环境友好的社会基础:中国市民环境关心与行为的实证研究》,北京:中国人民大学出版社。

洪大用、范叶超、肖晨阳,2014,《检验环境关心量表的中国版(CNEP)——基于CGSS2010数据的再分析》,《社会学研究》第4期。

洪大用、卢春天,2011,《公众环境关心的多层分析》,《社会学研究》第6期。

洪大用、罗桥,2011,《迈向社会学研究的新领域——全球气候变化问题的社会学分析》,《中国地质大学学报》（社会科学版）第4期。

洪大用、马国栋等，2014，《生态现代化与文明转型》，北京：中国人民大学出版社。

洪大用主编，2007，《中国环境社会学：一门建构中的学科》，北京：社会科学文献出版社。

黄晗，2014，《网络赋权与公民环境行动》，《学习与探索》第4期。

黄河、刘琳琳，2014，《论传统主流媒体对环境议题的建构》，《新闻与传播研究》第10期。

焦开山，2014，《社会经济地位、环境意识与环境保护行为》，《内蒙古社会科学》（汉文版）第6期。

金书秦、Arthur P. J. Mol、Bettina Bluemling，2011，《生态现代化理论：回顾和展望》，《理论学刊》第7期。

李晨璐、赵延东，2012，《群体性事件中的原始抵抗》，《社会》第5期。

李培林、王晓毅，2013，《移民、扶贫与生态文明建设》，《宁夏社会科学》第3期。

林兵、刘立波，2014，《环境身份：国外环境社会学研究的新视角》，《吉林师范大学学报》（人文社科版）第5期。

林明水、龚芳华、袁书琪，2014，《大陆赴台游客环境意识与旅游行为特征研究》，《福建论坛》（人文社科版）第5期。

刘涛，2011，《环境传播：话语、修辞与政治》，北京：北京大学出版社。

卢春天、洪大用，2011，《建构环境关心的测量模型》，《社会》第1期。

卢春天、洪大用、成功，2014，《对城市居民评价政府环保工作的综合分析》，《理论探索》第2期。

罗亚娟，2013，《依情理抗争：农民抗争行为的乡土性》，《南京农业大学学报》（社会科学版）第2期。

麻国庆，2013，《工业化进程中的生态文明》，《广东社会科学》第5期。

麻国庆、张亮，2012，《进步与发展的当代表述：内蒙古阿拉善的草原生态与社会发展》，《开放时代》第6期。

马国栋，2011，《发展中的生态现代化理论：阶段、议题与关系网络》，《中国地质大学学报》（社会科学版）第5期。

——，2013，《批判与回应：生态现代化理论的演进》，《生态经济》第1期。

——，2014，《生态现代化理论产生和发展的理论背景分析》，《南京工业大学学报》（社会科学版）第3期。

孟和乌力吉，2011，《传统环保文化与草原和谐发展》，《云南师范大学学报》（哲学社会科学版）第1期。

鸟越皓之，2011，《日本的环境社会学与生活环境主义》，《学海》第3期。

聂伟，2014，《公众环境关心的城乡差异与分解》，《中国地质大学学报》（社会科学版）第1期。

彭远春，2011，《试论我国公众环境行为及其培育》，《中国地质大学学报》（社会科学版）第5期。

——，2013a，《城市居民环境行为的结构制约》，《社会学评论》第4期。

——，2013b，《城市居民环境行为研究》，北京：光明日报出版社。

秦华、科特尼·弗林特，2009，《西方环境社会学与自然资源社会学概论》，《国外社会科学》第2期。

——，2012，《建构跨学科的中国环境与资源社会学》，《资源科学》第6期。

邱鸿峰，2013，《环境风险的社会放大与政府传播》，《新闻与传播研究》第8期。

任国英、王子艳，2011，《内蒙古S苏木草原生态恶化原因的结构化解析》，《中南民族大学学报》（人文社科版）第4期。

司开玲，2011，《农民环境抗争中的“宣判性真理”与证据展示》，《开放时代》第8期。

童志锋，2011，《认同建构与农民集体行动》，《中共杭州市委党校学报》第1期。

——，2013a，《政治机会结构变迁与农村集体行动的生成》，《理论月刊》第3期。

——，2013b，《互联网、社会媒体与中国民间环境运动的发展（2003—2012）》，《社会学评论》第4期。

——，2014，《变动的环境组织模式与发展的环境运动网络》，《南京工业大学学报》（社会科学版）第1期。

王芳编著，2013，《环境与社会：跨学科视阈下的当代中国环境问题》，上海：华东理工大学出版社。

王全权、陈相雨，2013，《网络赋权与环境抗争》，《江海学刊》第4期。

王书明、崔璐，2011，《从工业文明走向生态文明的契机——气候危机的哲学反思》，《自然辩证法研究》第5期。

王书明、贾茹，2011，《我国生态社区研究进展》，《河海大学学报》（哲学社会科学版）第4期。

王书明、张曦兮、鸟越皓之，2014，《建构走向生活者的环境社会学》，《中国地质大学学报》（社会科学版）第6期。

王晓毅，2013a，《制度变迁背景下的草原干旱》，《中国农业大学学报》（社会科学版）第1期。

——，2013b，《从适应能力的角度看农牧转换》，《学海》第1期。

——，2013c，《建设公平的节约型社会》，《中国社会科学》第5期。

——，2014，《环境与社会：一个“难缠”的问题》，《江苏社会科学》第5期。

王旭辉、包智明，2013，《脱嵌型资源开发与民族地区的跨越式发展困境》，《云南民族大学学报》（哲学社会科学版）第5期。

吴建平等，2012，《新生态范式的测量：NEP量表在中国的修订及应用》，《北京林业大学学报》（社会科学版）第4期。

吴金芳，2013，《论城市垃圾处理项目与周边居民的关系》，《东疆学刊》第3期。

肖雷波、柯文，2012，《社会建构论视角下的气候变化研究》，《科学与社会》第2期。

刑朝国、时立荣，2012，《环境态度的阶层差异》，《西北师范大学学报》（社会科学版）第6期。

许加彪，2013，《中国环保传播：话语结构转型与传媒角色重塑》，《陕西师范大学学报》（哲学社会科学版）第6期。

荀丽丽，2013，《干旱风险的社会成因及其社会应对》，《黑龙江社会科学》第6期。

张斐男，2013，《黑龙江省城市居民环境关心状况研究》，《黑龙江社会科学》第2期。

张海洋、包智明，2013，《生态文明建设与民族关系和谐》，《内蒙古社会科学》（汉文版）第4期。

张金俊，2011，《国外环境抗争研究述评》，《学术界》第9期。

——，2012，《国内农民环境维权研究：回顾与前瞻》，《天津行政学院学报》第2期。

——，2014，《“诉苦型上访”：农民环境信访的一种分析框架》，《南京工业大学学报》（社会科学版）第 1 期。

张萍、丁倩倩，2014，《环保组织在我国环境事件中的介入模式及角色定位》，《思想战线》第 4 期。

张倩，2011，《牧民应对气候变化的社会脆弱性》，《社会学研究》第 6 期。

张玉林，2014，《环境社会学的特殊性与环境史》，《江苏社会科学》第 5 期。

张玉林主编，2013，《环境与社会》，北京：清华大学出版社。

张祝平，2014，《论农民环境权实现的困境及发展走向》，《社会科学研究》第 6 期。

赵宗金，2011，《海洋环境意识研究纲要》，《中国海洋大学学报》（社会科学版）第 5 期。

——，2013，《海洋文化与海洋意识的关系研究》，《中国海洋大学学报》（社会科学版）第 5 期。

郑杭生，2008，《论建设性反思批判精神》，《华中师范大学学报》（人文社会科学版）第 1 期。

郑杭生、张本效，2013，《“绿色家园、富丽山村”的深刻内涵——浙江临安“美丽乡村”农村生态建设实践的社会学研究》，《学习与实践》第 6 期。

钟兴菊，2014，《环境关心的地方实践：以大巴山区东溪村退耕还林政策实践过程为例》，《中国地质大学学报》（社会科学版）第 1 期。

仲秋、施国庆，2012，《大众传媒：环境意识的建构者》，《南京社会科学》第 11 期。

周雪光、练宏，2011，《政府内部上下级部门间谈判的一个分析模型——以环境政策实施为例》，《中国社会科学》第 5 期。

——，2012，《中国政府的治理模式：一个“控制权”理论》，《社会学研究》第 5 期。

周志家，2011，《环境保护、群体压力还是利益波及——厦门市民 PX 环境运动参与行为的动机分析》，《社会》第 1 期。

作者单位：中国人民大学社会学理论与方法研究中心（洪大用）

厦门大学社会学系（龚文娟）

新征途上的中国经济社会学*

符　平

2014年，中国经济总量已突破10万亿美元，位居世界第二大经济体。事实上，改革开放以来中国最让世界瞩目的一个方面便是蓬勃发展的市场经济以及由此取得的经济成就。一直致力于回应时代问题的中国社会学，理应从本学科的独特视角对当代处于快速变迁中的经济问题展开系统研究。然而经济社会学虽然起步较早且一直被认为是社会学学科体系里十分重要的分支学科，其发展却一直较为缓慢。2011—2014年对于中国的经济社会学来说，应该说是自社会学恢复重建以来最为重要的时期之一，即在历经多年积累的学科建设、人才培养和科学研究之后，开始迈上新的征途。这主要体现在两个方面：一是学科建设有了重要进步，制度化发展获得实质性的突破。经济社会学专业委员会的成立是中国的经济社会学学科制度化的重要标志，而随后常规化的专业会议则使经济社会学内部的交流合作迈上了一个新的台阶。二是经济社会学的研究无论是质还是量上，都涌现了更多重要成果。这些研究有的延续了传统议题，有些则拓展了新的研究领域。本文旨在回顾过去4年间中国经济社会学的学科建设和若干重要领域的成果，并反思当前在发展过程中仍然存在的问题，以及有待改进和完善的方向。

一　学科建设

经济社会学领域最早公开发表的成果可能是杨继明在1985年专门介绍富永健一的经济社会学理论的文章。如果以此为起点，至今中国的经济社会学研究已走过了30年的发展历程。虽然费孝通先生在社会学重建之初便将经济社会学视为社会学专业建设的“六腑”之一，指出其是社会学必须要开设的基础课程（陆学艺，2000），然而经济社会学的发展却一直较为缓慢，甚至还落后于“六腑”之外的一些分支学科和研究领域。总体来看，过去的30年对于经济社会学来说又可根据其发展的阶段性特征分为前后两个15年：前15年（1985—2000年）是初创阶段，这期间主要是译介国外的教材、理论与方法，研究上以直白的调研报告和将西方理论简单运用到中国经济现象的解释中为

---

* 全国优秀博士学位论文作者专项资金资助项目（批准号：201306）、霍英东教育基金会高等院校青年教师基金基础性研究课题（批准号：141089）和华中师范大学中央高校基本科研业务费项目（编号：CCNU15Z02015）的阶段性成果。

主。承接前15年奠定的基础，后15年（2001—2015年）属于快速发展和提升的阶段。随着社会学学科建设和人才培养体系趋于完善，加上海外学成归来的学者陆续加入经济社会学研究队伍，这期间中国学者对西方经济社会学的把握臻于理性、理解更为深刻。在研究上，中国的经济社会学对西方研究的立场和态度开始进入基于建设性反思基础上的扬弃和借鉴阶段，逐渐建立起了实质性的学术对话关系。过去4年间，中国的经济社会学在学科建设上尤其取得了长足进步。概括起来主要体现在两个方面。

其一是专业组织的创建与专业会议的常规化。在刘少杰、刘世定、沈原、周长城等老一辈学者多年的努力下，经济社会学专业委员会于2012年正式成立了。刘少杰教授任首任会长，刘世定、沈原两位教授任名誉会长。2014年经济社会学专业委员会在武汉举行的中国社会学年会之际换届，由周长城教授任会长。全国性专业委员会的创建是中国经济社会学发展历程中的里程碑事件，是学科走向成熟的标志，对锻造经济社会学的学术共同体起到了显而易见的积极作用。在北京、上海、南昌、安徽、武汉等地举办的系列专业学术会议及在这期间创办的专业杂志，不仅助推了经济社会学内部的交流合作，也可望明确研究课题，凝练学科发展的重点方向。此外，经济社会学领域的交流平台有了新的载体。《经济社会学研究》辑刊在2014年正式创刊出版（沈原主编，2014）。

其二是一批新的重要教材或经典参考书籍出版面世。包括两个方面，一方面是国内学者撰写的新教材。重要的有刘世定（2011）毕其数年教学研究之功而编著的《经济社会学》，系统地介绍了经济学的基本模型及其内在逻辑、假定和解释边界，并在此基础上引入社会学因素，重点在于探讨市场主体在制度、地位和关系网络等因素的影响下如何进行经济行为的问题。刘少杰主编（2013）的《西方经济社会学史》则是一部较系统地介绍西方经济社会理论发展历史的教材，对古典、现代和当代不同历史时期的经济社会学主要代表人物的学术立场、基本观点、方法原则、理论贡献与思想局限做了较明确的评述。周长城主编（2011）的《经济社会学》（第二版）于2014年入选了第二批“十二五”普通高等教育本科国家级规划教材，系全国经济社会学领域唯一入选教材。

另一方面是国内学者翻译出版了西方经济社会学界的一些重要教材和参考书。英文版的《经济生活中的社会学》于1992年初版，第2、3版分别于2001年和2011年出版，主要汇集了自20世纪70年代以来西方经济社会学的最新成果。该书在美国甫一出版便成为经济社会学制度化过程中的重要标志之一。国内翻译出版了这本重要著作第2版的中文版（格兰诺维特、斯维德伯格主编，2014）。同时，美国哈佛大学道宾（Frank Dobbin）主编的《经济社会学读本》从制度、网络、权力与认知视角遴选了经济社会学从古典到当代的重要篇章（道宾，2013），也是西方众多大学经济社会学课堂的必读书目。这两本著作中文版的出版，是对国内经济社会学教学和研究资料的重要补充，也是担纲翻译的学者对学科建设的重要贡献。此外，还有其他一批西方经济社会学书籍翻译出版，不再一一列举。

二 中国经济社会学的研究

（一）古典议题和方法论的再研究

对于古典经济社会学，中国学者逐渐认识到，相比较于具体的理论和观点，韦伯、马克思和涂尔干的经济社会学方法、视角和精神的价值更加重要（张敦福、周汝静，2012；马良灿，2013），因此这些方面值得在“再发现”和“再探讨”的基础上予以继承和发扬，而当下研究的一些转向便可视为是对古典议题和方法论传统的回归（符平，2013c）。古典时代的经济社会学对理论的综合策略便是其重要特色，而理论综合视角也在关于经济与社会关系的若干研究中得到了体现（如汪和建，2012；符平，2013a、2011）。

韦伯对包括经济社会学在内的方法论主张对当代学者具有持久的吸引力。王楠深刻检讨了韦伯方法论中理性、价值信念与非理性等诸多对立范畴之间的复杂纠葛关系。他认为，韦伯的社会科学方法论力图围绕价值来建立一套化解理论与经验、主观与客观、理性与非理性等对立紧张的方法论程式，让研究者在各种对立之间往复运动，借助包含价值的历史个体和理想类型，通过超越主客观对立的价值阐释来说明历史、文化与社会的各种独特现象（王楠，2014）。张旅平（2013）认为，韦伯把“价值分析”引入社会学研究，设立了因果性说明与意义理解两种研究进路。这不仅弥补了方法论的不足，而且还形成了文化意义的社会动力学。凭借此种方法，韦伯最终较为合理地解释了西欧不同地区以及东西方的文化差异和社会现代性变迁问题。对于韦伯方法论中饱受争议的“价值中立”，有学者指出韦伯并不是指向价值无涉的价值中立，而是指进入研究领域后研究者对科学外价值立场超脱和对科学内价值立场移情的价值中立，因此在研究中研究者只有兼具科学精神和人文精神的两种移情，才能实现事实判断与价值判断之间的内在一贯性（张彦，2014）。韩秀记（2011）则较为系统地论述了韦伯是如何为当代经济社会学的制度分析特别是市场研究中的制度主义奠定了理论基础的。上述研究从议题或方法论层面对韦伯思想进行了精到分析，而中国的经济社会学如何面对韦伯理论和中国的韦伯命题，事实上仍然是值得认真思考的问题。此外，马克思、齐美尔、涂尔干等为经济社会学的古典传统同样做出了突出贡献，但相对于韦伯来说他们却较少受到重视。他们各自的经济社会学思想及可能存在的关联，还有待学界关注和深入挖掘。

（二）市场与公司研究

市场是现代经济的核心，更是当今中国进行资源配置的一个轴心制度。就西方学界而言，围绕市场秩序何以可能的中心议题，社会学家摒弃了主流经济学里去历史性和非制度化的普遍市场模型，从市场的复杂性、历史性和制度化特征入手尝试去重新认识和解释市场现象，分析了市场的社会建构过程和机制（符平，2013b）。对国外市场社会学研究的引介和消化自20世纪90年代便已开始——最早的成果应该是沈原（1998）的博士论文，如今经过学界多年的共同努力，可以说业已基本告一段落。最近几年，中国学者虽然还在检讨北美和欧洲的市场社会学理论范式对于中国研究的可借鉴之处（刘米娜、丘海雄，2013；陈林生，2012；王茂福，2011），但主要的兴趣和精力集中在通过理论导向的本土经验研究与国外研究建立起对话关系，中国的市场社会学由此逐渐兴起并迸发出较好的发展态势。

两本基于中国经验的市场社会学著作在 2013 年同年出版，社会学视角被证明有助于增进我们对市场和产业的形成和演化的理解。汪和建（2013）的《自我行动的逻辑——当代中国人的市场实践》以市场实践为经验研究对象，建构了一种自我行动的逻辑的理论，并使用该理论解释和分析了中国人市场实践的三个主要特征即自主经营、网络生产和派系竞争，认为引导中国人市场实践之特征的根本力量来源于其自我行动的逻辑，包括“自我主义”“关系理性”“工具化他人”“差等性给予”“关系操作”等。符平（2013a）的《市场的社会逻辑》从对理论的反思和批判入手，提出了市场社会学的一种综合分析范式：政治—结构框架。作者以这个框架为观察和分析视角，深入考察了改革以来惠镇石灰产业不同链条上的历史变迁和秩序转型，认为市场结构的变迁和市场秩序的形成，归根结底是因为市场所嵌入的政治—结构条件发生了变化：政治、显结构和潜结构因素在特定的历史和社会背景下，通过特定的组合方式结合在一起，以独特的交互关系模式形塑着市场的日常运转、决定着市场如何演化。

竞争是市场的本质特征和得以可能的前提。市场在提供产品和服务之外，还需提供一套确保交易的行业标准和调控竞争的规范，这样才能持续存在和良性发展。市场中的技术标准是一种特殊的制度规范，既是产业稳定有序发展的条件，也影响到产业链条中各方的收益。李国武（2014）对无线局域网领域的中国自主标准 WAPI 与美国企业主导的 Wi－Fi 标准之间竞争的案例研究表明，在后来者与先行者存在明显实力差距且政府完全不干预的条件下，市场机制会使先行者的标准赢家通吃，而政府过度保护方式同样也不利于自主标准的设定和实施。汪和建（2011）对地方性产业区陷入过度竞争困境现象的研究揭示，有助于生产网络内部团结与合作的亲缘认同还是引致产业区生产网络间过度竞争的根本力量。符平（2013d）对惠镇石料市场竞争行为及其规范转型的研究发现，针对竞争的标准惯例的产生，是厂商的商业竞争观和政府权力两股力量交织在一起并通过协会的中介协调和运作而共同起作用的结果。

交易秩序与市场的人际关系之间的关联近年来受到一些学者的重点关注。理想的市场交易理当是以交易关系的去人际化和去人格化为前提条件的。中国学者的研究阐释了市场交易关系的多种社会学意涵。刘少杰的研究发现，进入市场经济快速发展阶段的中国社会从总体上仍然还在延续熟人社会的传统，熟悉关系的思维方式和行为方式仍然支配着人们的市场交易行为。经营者对陌生关系做熟悉化处理，对于稳定交易关系、形成良好的市场秩序具有积极的作用。更进一步的，中国市场经济存在于注重伦理关系的熟悉社会基础之上（刘少杰，2010，2014a，2014b）。王水雄（2012）从镶嵌式博弈的视角，深入分析了中关村“电子一条街”的商家信誉无法有效建立的原因，并认为当前我国市场秩序的建设既需要“陌生关系熟悉化”，也还需要形成合理的层级体系“租金”分配机制。艾云和周雪光（2013）以中国北方一个农业镇农产品市场为个案，分析了金融资本缺失背景下农产品市场兴起的社会机制。他们的研究发现，存在动员金融资本和促进市场交易的两个机制：“礼物交换”的互惠机制和市场权力基础上的“强征性信用”机制，农户、商贩和厂家借此得以克服资本匮乏困难、顺利实现了市场交易。

20世纪80年代以来西方社会学界兴起了一种不同于“老”经济社会学的学术实践的“新经济社会学”，而其虽然产生并繁荣于美国社会学（以定量分析和非激进取向为特色），但实际上也刺激了欧洲的经济社会学，使欧洲也出现了一种既不同于“老”经济社会学，也迥异于当代美国的“新经济社会学”。尽管欧洲的新经济社会学同样也很难说形成了一个学术共同体，却孵化出了颇具影响、具有独特学术取向和风格的“述行学派”（对该学派较为详细的介绍参见杨玲丽，2009）。该学派的一个突出方面是承认非人类行动者在经济建构中的角色和作用（该学派的经验研究对其之于经济的正向和负向建构均有揭示），并将其纳入“行动者—网络”的分析范式之中。杨玲丽（2014）介绍了述行学派在这方面的理论分析思路和研究成果。而陈氚（2013）则以述行理论为理论视角，以中关村电子产品市场的重构为个案揭示了市场建构失败的原因。他的研究发现，市场重建过程中相互冲突的行动者、建构过程中生成的利益格局使一个理想的经济学意义上的市场无法顺利建构。人的行动者（卖场管理者、商会、商户）与非人的行动者（报价系统、明码标价制）之间的矛盾和斗争，扭曲了市场改革过程。述行学派的经验研究往往以市场为对象，然而技术对市场的建构首先是从改变公司开始的。任敏（2012）通过某大型国企公司的研究揭示，信息技术的引入对公司的建构不仅体现在促进生产管理技术的升级，还在于铸造了职业文化而替代了原先的人情文化，从而能改造公司中活的生产力，对国企的二次改革意义甚大。

公司是现代市场最为重要的主体之一。中国社会学关于公司特别是大型和上市公司的大样本实证研究在过去基本上处于空白状态，但现在有了很大突破。杨典（2011，2012）对中国上市公司的实证研究充分说明了，中国企业的多元化发展战略更多的是取决于制度过程，而非经济过程；同样，“权力逻辑”而非“效率逻辑”甚至还强烈影响到了CEO解职这样原本被想象为纯粹的经济决定过程的现象。他的另一项研究还发现，所谓的“最佳”公司治理模式是在特定社会、政治、文化等制度环境下各种复杂社会力量和利益群体进行“建构”的结果，其作用的发挥在很大程度上取决于是否契合所在的制度环境，因此并不存在放之四海而皆准的普世“最佳”公司治理模式（杨典，2013）。杨典的系列研究进一步证明了理性的经济行为和选择是历史性地演化的观点（比如在理论上通常被归属为“纯经济”过程的企业战略抉择），说明了经济行为以及企业的理性观念本身极大地被历史和制度环境所塑造。这些研究实际上回应了韦伯给经济社会学指出的重要任务，即研究理性的经济行为或者说“经济理性”是如何作为更大的历史运动之部分而发生变化的问题。尽管韦伯一生的研究议题颇多，也可以从不同方面来定位其终生致力于回答的中心问题，我们还是可以从某种意义上说韦伯一生的核心议题是回答现代经济社会的理性化是如何实现和演化的问题。当代中国萌生的新经济现象显然赋予了韦伯问题新的含义和研究价值。在学科意义上，这样对经济学和管理学中的经典问题进行社会学分析，也较大地拓展了经济社会学的传统研究领域，凸显了社会学理论视角的解释力，并使社会学的研究产生了实质性的跨学科影响。

（三）政府与市场或产业发展关系研究

在对中国经济繁荣的解释中，国家中心主义历来都是主导性的理论。国家或其代理地方政府在市场或产业中究竟扮演了怎样的角色、造成了何种经济后果的问题，是学界研究的一个热点问题。熊万胜（2011）以粮食购销市场秩序的构造为例，通过概念化其中国家与企业以及企业之间的关系，刻画了脱胎于传统计划经济的新型经济形态的特征。他发现在我国粮食购销市场中存在着一种表现为“差序格局”的基本结构，即以中央粮食行政部门为核心、将不同身份的企业依序排列的身份体系。在这个不平衡的格局里，中央对不同身份的企业实施了差序化的控制。

地方市场的健康发展尤其离不开地方政府扮演积极的恰当角色。有学者认为，中国经济增长呈现鲜明的政府投资驱动型特征，地方政府更是通过土地财政化和金融化等方式突破了条件约束，实现了投资能力的大幅度提高（刘长喜等，2014）。冯猛（2014）的实地调查分析了基层政府打造地方产业发展谋求晋升的运作机制。他的研究揭示，衡量地方政府官员政绩的制度结构约束并激励了基层政府通过引领性干预——甄别、选择、投入、扶持、包装等方式达到打造地方产业的目的。为了在政府竞争中获得更高的比较效用，基层政府官员会选择与其他乡镇有所区别的产业打造策略，新任政府官员也会选择与本乡镇原有产业不同的产业策略。这样造成的结果是基层政府联手塑造了地方辖域内以产业区别度高、更新率快、典型性强为特点的产业格局。地方市场或产业要真正繁荣起来离不开优良的制度环境。对微观层面地方政府与市场发展关系的研究表明，地方政府根据市场发展的阶段性特征顺势而为、提供制度上的激励结构，做出有利于推动企业家成长、市场发展壮大和产业升级转型的战略抉择和扶持举措，对市场繁荣起到重要作用（刘成斌，2014；符平，2014）。

在国家中心主义视角之外，从社会—文化视角对产业发展的社会学研究虽不多见，却是十分重要的一个研究脉络，是对国家中心主义的有力补充。比如，王宁（2014）基于比较个案研究揭示了地方消费品质量如何影响了产业结构的优化升级问题，指出城市政府吸引高新技术公司，不但要考虑这些公司的盈利需要，而且要考虑人才的舒适物偏好或人才的地方消费主义观念。在劳动力自由流动的条件下，地方消费主义构成助推城市产业结构优化升级的社会—文化力量。

（四）产权与经济组织治理研究

21 世纪的头几年中国社会学界集中涌现了一批产权的研究成果（一个阶段性评论见曹正汉，2008），形成了有别于经济学的“产权的社会视角”。近年，创刊不久的

《经济社会学研究》第1辑便以产权研究为主题，主要汇集了近年来经济社会学的年轻学者对产权理论的反思和推进。其中既有抽象的理论建构和理论探讨，也有基于具体经验的个案研究，但都旨在从社会学视角阐释产权的界定机制和建构逻辑（沈原主编，2014）。此外，臧得顺（2012）沿着周雪光的“关系产权”思路，提出了“关系地权”的概念并构建一个针对地权研究的分析框架，用以分析当下中国乡村的地权制度与乡村社会结构的新变化，通过个案研究剖析了“谋地型乡村精英”是如何对地权分配方式起到严重扭曲和变形作用的。张杨波（2012）从国家、市场与社会三重视角建构了一个用以分析房屋产权现象的理论框架，提出了房屋产权中的法定产权、法人产权和认知产权三种理想类型，并基于广地区新移民的访谈调查分析了不同类型的产权在建构过程中所呈现的不同逻辑。

经济组织研究可谓经济社会学与组织社会学的交汇之处。两项在企业治理和员工行为的研究虽然问题很不一样，但在分析思路上都将劳动者较高层次的社会性需求纳入了视野。汪和建（2014）把尊严与交易转型联结起来，通过综合的策略构建了一个理论框架，揭示出尊严和交易转型在劳动组织治理中的作用，由此对富士康员工自杀事件进行了新颖的解读。他认为，建立在连续性短期契约交易基础上的“内部市场交易”（以“压低底薪，支付加班费”为特征）对员工尊严产生的损害，会随着员工人力资产的专用性程度的提高而增大。当企业的实际尊严供给小于员工的尊严需求，同时员工对职位的依赖性强且又对组织改善丧失信心时，尊严需求较高的员工便容易选择自杀以维护其尊严认知。严维实（2012）将经济社会学的社会性互惠行为理论运用于内部劳动市场研究，发现在劳动分工边界模糊情况下，企业内部劳动者之间群体的互惠行为促进交易成本的节省与劳动和谐的提高，从而能提高劳动效率。因此通过提升高技能者的社会赞誉与尊重方式，可以补偿其劳动技能溢出的收益外部性，进而缓解高技能劳动者短缺的问题。

三　海外关于中国的经济社会学研究

中国经济社会学研究的另一个重要构成是海外对中国的经济社会学研究。西方学者在惊叹中国的经济奇迹之余更对中国的发展模式十分好奇，因此这方面的研究也很丰富。这些研究无论是议题还是视角大多带有多学科色彩，经济社会学视角的研究则以华裔学者为主，且研究主题相对集中在改革以来中国经济特别是市场经济发展的社会过程及其机制。限于篇幅，这里仅择取制度和文化视角下几项代表性成果予以介绍。

网络视角下“关系”与中国经济的研究在20世纪90年代到21世纪初经历了一个研究高潮后，学界转向制度和文化分析的研究逐渐多了起来。基于新制度主义的思路，倪志伟和欧普尔（Sonja Opper）的《自下而上的资本主义：中国的市场与制度变迁》为改革以来中国的私营经济何以繁荣的问题提供了一种解释。他们的基本结论是，在国家的市场改革过程中，私营部门自下而上的制度创新最初使一种动态的资本主义经济的发展成为可能，而后政治精英使既已发生的事实合法化。自下而上的内生经济制度相对于国家法规政策而言具有更大的因果解释权。私营企业家在商业实践的相似的试错过程（a process of trial and error）中产生了制度创新和合适的组织规范，成功的规范和方法通过模仿机制在地方和地区性的商业社区里迅速扩散，也有助于企业家通过集体行动游说政府改变正式制度规则以与非正式规范相一致。政治家最终通过改变正式规则来回应自下而上的创新，以适应和规制新兴的经济现实（Nee & Opper，2012）。这项研究将非正式制度的作用提升到了新的高度，很显然试图突破国家中心主义视角的桎梏，但无论是研究过程还是观点结论，仍有诸多值得商榷之处。蔡欣怡对中国非正式金融业的研究同样侧重于从制度视角分析中国经济奇迹的动力。她探讨了中国的私营企业主在一个政治和金融具有压制性的环境中是如何可能进行制度创新、成功实现融资的问题。研究发现，各地企业家根据实际需要和机会主义创造出多种多样的金融机制，非正式金融业依靠当地的政治保护和社会强制得以实施。各地的非正式金融业在运行机制上呈现出明显差别，而这源于地方政府对私营经济的倾向性以及他们对这种不寻常（经济实践）的制度伪装。用她自己的话来说，这项研究揭示出“人们认定的金融交易的市场逻辑，实际上是由一种政治及社会的逻辑所调节”（蔡欣怡，2013：5）。

中国经济繁荣的动力在未来仍将是海外学者关注的重点。不过对于一味地信奉特定理论、坚持单一视角研究的学者来说，弗雷格斯坦和张建君的观点具有警示的作用。他们指出，一些导致中国经济增长的因素也使增长未能达到原本可达到的（更高）程度，一些在某个时期驱动了经济增长的因素随后也会成为阻碍因素（Fligstein & Zhang，2011）。这在很大程度上应该是符合中国发展实际情况的。比如有研究表明，家族涉入对中国民营企业的经营绩效具有积极影响，即家族涉入越深，企业经营绩效越好；但这种正效应随着企业规模扩大而减弱，当企业突破一定规模后，家族涉入甚至对企业经营绩效产生消极影响（李路路、朱斌，2014）。推而广之，研究者似乎有必要对在宏观层面推动或阻碍经济增长的因素的阶段性特征和作用边界加以反思。因此从某种意义上来说，放弃固守理论教条和先验的理论假设，基于现实经验去细致观察驱动经济发展诸因素的变与不变并谨慎做出结论，才是管窥中国经济增长真实动力的理想路径。

从经济社会学的文化视角来分析中国市场形成和发展的研究特别少见，而陈纯菁的著作《营销死亡：文化与中国人寿保险市场的创造》则是其中一部难得的力作。她在研究中主要提了这样一个问题：一种特殊的市场（人寿保险市场）在面对文化阻碍的场景下如何发展起来？与之相关的问题则是，文化阻碍因素在多大程度上、以怎样的方式影响了市场的形成及其特征？陈纯菁的民族志研究结论认为，中国文化虽然有不少因素与商业人寿保险的风险可能性假设和商业化逻辑不相容，但作为策略之工具箱的文化使中国人寿保险市场得以可能，而作为意义系统的文化也显著形塑了市场运作和发展的特征（Chan，2012a）。在其中的一篇论文中，陈纯菁采取了政治—文化框架分析了在相同的文化偏好背景下，台湾的人寿保险市场要比香港发展得更好的原因。她的研究发现，台湾在保险业兴起之初便极力保护本土企业，本土公司则通过重新界定人寿保险的含义而更好地克服了当地的文化禁忌问题。而香港政府采取的事实上更有利于国外公司的自由放任政策却并没有使其发展起来的原因在于，国外公司在面临本土文化适应和公司利润之间的张力时选择了后者，从而未能拓展更大的市场（Chan，2012b）。

另有一些稍显“非主流”的经济社会学研究，将研究视野投放到了非生产性的市场现象上，而这在国内还较为少见，但代表了经济社会学研究的一个值得推进的潜在研究方向。比如，刘思达以中国的法律服务市场为对象，分析了律师、基层的法律工作者和其他的一般性法律工作从业者之间的竞争关系。他认为，在中国的法律服务市场上，律师面临强烈的职业竞争可以从市场上法律从业者与他们的管制机构及政府官员的共生性交换（symbiotic exchange）中得到解释，中国律师的市场地位之所以很弱是因为其与国家的交换同其竞争者相比并不那么强烈和稳定。其理论上的观点是，共生性交换的盛行导致了中国转型经济中的市场和国家制度之间的结构性同形（Liu，2013）。

四 反思与前瞻

激烈变迁的经济形态和轰轰烈烈的经济实践是社会学天然的实验室，给经济社会学者提供了广阔舞台。在历经多年积累的学科建设、人才培养和科学研究之后，过去4年间经济社会学的学科建设有了重大进展。学术研究的规范意识和对话意识明显提高，不仅挖掘了更多“中国经验”，也更加注重学理贡献，从不同角度提升和发展了相关理论，还有研究尝试了新的研究方法和研究视角。在研究主题上，有的研究还拓展了新的研究领域。这些成就加速了经济社会学的发展步伐。但我们仍须清醒地意识到，中国当下的经济社会学虽然获得了可喜的进步，但还是存在具有学术潜力的原创性本土理论非常少见、研究视野日益窄化且平庸泛化、回应时代大问题的研究阙如、研究议题过于分散且相互之间的对话意识薄弱、研究队伍的规模停滞不前等诸多现象。更为严峻的情势是，当代经济学都已凸显出“社会学化”的趋势，这一方面体现在经济学越发注重对传统社会学议题的研究，另一方面经济学在研究方法、模型和思路上也在更多地借鉴社会学知识。因此面对上述种种，我们不得不说，经济社会学事实上潜藏着深刻的学科地位危机。在这样的背景下，如下几个方面似乎尤其值得我们警惕和深刻反省。

首先是面向时代提出大问题、回答重大现实问题的能力还很欠缺。这突出地体现在中国经济社会学受美国“新经济社会学”的影响，多将眼光关注在研究中易于分析和可操作化的中微观经济现象，而未能如古典经济社会学家那样关注宏大的经济过程和重大的经济趋势。片面而执拗地追求与西方理论对话也使中国的经济社会学研究丧失了对重大现实经济问题的关怀。中国自改革以来经济繁荣的动力机制已经吸引众多学者加入对该问题的研究之中，由此产生了诸多相互补充或截然不同甚至相互对立的理论和解释。但这其中根本性的研究课题可能并不在于中国经济发展模式是否与西方标准理论一致或相悖，而是在于通过对现实经济运行过程的深度观察和解析来揭示中国经济运行机制的黑匣子，并在这样的基础上发展和提升经济社会学的本土理论。经济社会学如何能够避免在西方研究之后亦步亦趋，又避免陷入自我中心主义的泥潭？就此而言，周晓虹（2012：16—63）为中国研究所指明的方向不失为经济社会学走出困境和危机的一个有效策略，即基于“主体间性”形成视界融合，同时注重本土意义和国际视野，通过主客体并置进行范式重构。

其次，时至今日我们仍然对业已深刻影响了当代中国社会各领域的若干重要经济制度、经济现象和经济群体研究不够。比如，金融市场在当代中国的经济和社会生活中的重要性越来越大，虽有学者对金融机构、银行借贷交易等的经验研究开启了金融的社会学研究工作（如向静林、张翔，2014；张翔，2010；赵琼，2009），但资本和金融市场的社会学研究事实上还十分不够。经济社会学对影响深远的互联网经济的研究也还没有出现，对市场经济中地位举足轻重的企业家群体虽然一直不乏研究，但对企业家与市场建构之间的复杂关系却缺乏深入研究。再如，经济全球化背景下国际市场之于中国经济越来越重要，但迄今社会学者未曾给予国际市场应有的重视和充分研究（符平、段新星，2015）。如何理解和解释国际市场与中国经济、中国企业乃至中国人日常生活之间的关系，也需要经济社会学加以研究。同样缺乏关注的重要研究议题还包括非市场的经济譬如财政社会学、波兰尼意义上的再分配和互惠经济行为，地下经济和非正规经济。这些不同于市场的经济组织形式，是中国多元经济的重要组成部分，经济社会学将这些“非主流”经济纳入研究范畴很有必要。

再次，在研究路径上当前研究的结构分析和实证主义居于主流，基于综合路径与文化和意义视角的经验研究仍十分薄弱。经济社会学同中国社会学一样受到美国社会学过于强烈的影响。事实上中国经济与美国经济在政府和市场之间的关系、劳动力和资本市场特征等核心要素上大不一样，反而与欧洲的某些国家和其他一些发展中国家很相似。因此今后更加重视偏向综合路径、注重文化和意义视角的欧洲经济社会学对于国内本土研究的可借鉴之处，似乎是一个合理的发展方向。另外，当前的经济社会学在研究进路上大多是考察社会如何形塑经济的问题，还较少研究经济特别是变革中的经济制度、经济事件和经济群体如何影响和建构社会的反向过程——已有少数学者开启了这方面的研究，比如黄冬娅（2013）研究了企业家对地方政府决策过程的影响，吕鹏基于对私营企业主当选人大代表和政协委员的分析考察了企业家参政议政的状况（Lu，2014），周怡和胡安宁（2014）研究了温州地区民营企业主的慈善捐赠行为。这种反向过程如经济变迁对环境治理、社会分层结构、底层境遇、社会道德等方面的影响，理应作为经济社会学之有机构成部分加以系统的研究。

就当下而言，经济新常态也给经济社会学带来了新的机遇和挑战。基于社会学视角分析经济新常态下非市场力量、市场与国家关系、市场与社会关系、市场与文化关系等问题将会面临哪些改变，有助于我们有的放矢地挖掘经济发展的中国经验，提高建构本土化经济社会学的自觉意识。应该看到，新常态经济从旧常态中脱胎而出，在稳定运行之前还存在一个诸方面剧烈变化和不断调试的阶段。尽管新常态经济正在改变非市场因素与经济和市场发展之间的关系，但如何防止旧常态下不利于经济良性发展的因素以变异的形式卷土重来，如何创造更好的条件、稳步迈向新常态的市场竞争过程和机制，仍是值得我们认真对待的问题。这也是经济社会学当下的新课题。

参考文献

艾云、周雪光，2013，《资本缺失条件下中国农产品市场的兴起——以一个乡镇农业市场为例》，《中国社会科学》第8期。

蔡欣怡，2013/2002，《后街金融：中国的私营企业主》，何大明、湾志宏译，杭州：浙江人民出版社。

曹正汉，2008，《产权的社会建构逻辑——从博弈论的观点评中国社会学家的产权研究》，《社会学研究》第1期。

陈氚，2013，《“操演性”视角下的理论、行动者集合和市场实践——以重构中关村电子产品市场的失败为例》，《社会学研究》第2期。

陈林生，2012，《市场场域：经济社会学对市场研究的新转向》，《江淮论坛》第2期。

道宾，2013，《新经济社会学读本》，沈原等译，上海：上海人民出版社。

冯猛，2014，《基层政府与地方产业选择——基于四东县的调查》，《社会学研究》第2期。

符平，2014，《地方市场发展中的适应型政府——中山市个案分析》，《人文杂志》第2期。

——，2013a，《市场的社会逻辑》，上海：上海三联书店。

——，2013b，《市场社会学的逻辑起点与研究路径》，《浙江社会科学》第8期。

——，2013c，《新经济社会学的古典转向》，《社会学评论》第1期。

——，2013d，《市场秩序如何从失序走向有序——惠镇石料市场个案研究》，《华中科技大学学报》（社会科学版）第2期。

——，2011，《次生庇护的交易模式、商业观与市场发展——惠镇石灰市场个案研究》，《社会学研究》第5期。

符平、段新星，2015，《国际市场上中国企业的地位危机及其化解——以鞋企抗辩欧盟“反倾销”为个案》，《社会学研究》第1期。

格兰诺维特、斯维德伯格主编，2014，《经济生活中的社会学》，瞿铁鹏等译，上海：上海人民出版社。

韩秀记，2011，《马克斯·韦伯的遗产：当代经济社会学制度分析的古典传统》，《中国社会科学院研究生院学报》第5期。

黄冬娅，2013，《企业家如何影响地方政策过程——基于国家中心的案例分析和类型建构》，《社会学研究》第5期。

李国武，2014，《政府干预、利益联盟与技术标准竞争：以无线局域网为例》，《社会科学研究》第5期。

李路路、朱斌，2014，《家族涉入、企业规模与民营企业的绩效》，《社会学研究》第2期。

刘长喜、孟辰、桂勇，2014，《政府投资驱动型增长模式的社会学分析——一个能力论的解释框架》，《社会学研究》第5期。

刘成斌，2014，《活力释放与秩序规则——浙江义乌市场治理经验研究》，《社会学研究》第

6 期。

刘米娜、丘海雄，2013，《市场是什么？——新经济社会学视野下的市场研究：派别理论比较研究及启示》，《河南社会科学》第 2 期。

刘少杰主编，2013，《西方经济社会学史》，北京：中国人民大学出版社。

——，2014a，《陌生关系熟悉化——优化市场交易秩序的本土化选择》，《福建论坛》（人文社会科学版）第 2 期。

——，2014b，《中国市场交易秩序的社会基础——兼评中国社会是陌生社会还是熟悉社会》，《社会学评论》第 2 期。

——，2010，《陌生关系熟悉化的市场意义——关于培育市场交易秩序的本土化探索》，《天津社会科学》第 4 期。

刘世定，2011，《经济社会学》，北京：北京大学出版社。

陆学艺，2000，《新中国社会学五十年》，载中国社会科学院科研局编《新中国社会科学五十年》，北京：中国社会科学出版社。

马良灿，2013，《论韦伯经济社会思想中的形式主义传统及认知困境》，《华中科技大学学报》（社会科学版）第 1 期。

任敏，2012，《信息技术应用与组织文化变迁——以大型国企 C 公司的 ERP 应用为例》，《社会学研究》第 6 期。

沈原，2014，《经济社会学研究（第 1 辑）》，北京：社会科学文献出版社。

——，1998，《论新经济社会学的市场研究》，中国社会科学院研究生院博士论文。

汪和建，2014，《尊严、交易转型与劳动组织治理：解读富士康》，《中国社会科学》第 1 期。

——，2013，《自我行动的逻辑——当代中国人的市场实践》，北京：北京大学出版社。

——，2012，《经济与社会：新综合的视野》，北京：中国社会科学出版社。

——，2011，《亲缘认同与网络间竞争——地方性产业区何以陷入过度竞争的困境?》，《社会科学》第 1 期。

王茂福，2011，《新经济社会学的价格理论论析》，《社会学研究》第 5 期。

王楠，2014，《价值的科学——韦伯社会科学方法论再探》，《社会》第 6 期。

王宁，2014，《地方消费主义、城市舒适物与产业结构优化——从消费社会学视角看产业转型升级》，《社会学研究》第 4 期。

王水雄，2012，《有效的信誉机制为何建立不起来?》，《中国社会科学》（内部文稿）第 4 期。

向静林、张翔，2014，《创新型公共物品生产与组织形式选择——以温州民间借贷服务中心为例》，《社会学研究》第 5 期。

熊万胜，2011，《市场里的差序格局——对我国粮食购销市场秩序的本土化说明》，《社会学研究》第 5 期。

严维实，2012，《内部劳动市场中的互惠行为与技能外溢效应——基于经济社会学视角》，《浙江大学学报》（人文社会科学版）第 2 期。

杨典，2013，《公司治理与企业绩效——基于中国经验的社会学分析》，《中国社会科学》第 1 期。

——，2012，《效率逻辑还是权力逻辑——公司政治与上市公司 CEO 强制离职》，《社会》第 5 期。

——，2011，《国家、资本市场与多元化战略在中国的兴衰——一个新制度主义的公司战略解释框架》，《社会学研究》第6期。

杨继明，1985，《后发社会的产业化和近代化——富永健一经济社会学理论简介》，《天津社会科学》第3期。

杨玲丽，2014，《新经济社会学应该忽视非人类行动者吗》，《求索》第11期。

——，2009，《欧洲经济社会学研究新流派——述行学派——评介》，《外国经济与管理》第12期。

臧得顺，2012，《臧村"关系地权"的实践逻辑——一个地权研究分析框架的构建》，《社会学研究》第6期。

张敦福、周汝静，2012，《马克思主义经济社会学及其消费理论研究：危机与重建》，《中共福建省委党校学报》第4期。

张旅平，2013，《马克斯·韦伯：基于社会动力学的思考》，《社会》第5期。

张翔，2010，《以政府信用为信号——改革后温台地区民营存款类金融机构的信息机制》，《社会学研究》第6期。

张彦，2014，《论社会科学研究的价值移情与超脱——兼评韦伯的"价值中立"观》，《上海财经大学学报》第2期。

张杨波，2012，《从房子到家：产权建构中的社会逻辑——一项关于广州地区新移民的实证研究》，《兰州大学学报》（社会科学版）第4期。

赵琼，2009，《制度嵌入与关系嵌入：银行借贷交易的经济社会学分析》，北京：社会科学文献出版社。

周长城主编，2011，《经济社会学（第二版）》，北京：中国人民大学出版社。

周晓虹，2012，《全球化视野下的中国研究》，北京：中国社会科学出版社。

周怡、胡安宁，2014，《有信仰的资本——温州民营企业主慈善捐赠行为研究》，《社会学研究》第1期。

Chan, Cheris Shun - ching, 2012a, *Marketing Death: Culture and the Making of a Life Insurance Market in China*. Oxford: Oxford University Press.

——, 2012b, "Culture, State and Varieties of Capitalism: a Comparative Study of Life Insurance Markets in Hong Kong and Taiwan." *The British Journal of Sociology* 63.

Fligstein, Neil & Jianjun Zhang, 2011, "A New Agenda for Research on the Trajectory of Chinese Capitalism." *Management and Organization Review* 7.

Liu, Sida, 2011, " Lawyers, State Officials and Significant Others: Symbiotic Exchange in the Chinese Legal Services Market." *The China Quarterly* 206.

Lu, Peng, 2014, "Wealthy - gentry Politics: How Are Capitalists in China Chosen for the 'Houses'." *Australian Journal of Political Science* 49.

Nee, V. & S. Opper, 2012, *Capitalism from Below: Markets and Institutional Change in China*. Cambridge, MA: Harvard University Press.

作者单位：华中师范大学社会学院

中国法律社会学学科的新进展

黄家亮

法律社会学（sociology of law）是运用社会学的理论和方法研究法律问题、分析法律与社会关系、探讨法律在实际运行过程中的内在逻辑与规律的学科，是社会学与法学的交叉学科。在过去的几年中，无论是在学术研究还是在学科建设方面，我国法律社会学都取得了明显的进展。

一　法律社会学学术研究的新进展

过去几年，我国法律社会学的研究主要集中在法律意识与法律行为、法律多元与民间规范、纠纷解决与法律实践、司法系统与法律职业、法律文化与法律传统等方面，形成了一些相对成熟的研究领域。随着实证研究的推进，研究者们在研究方法上的自觉和反思意识也明显提升。

（一）法律意识与法律行为研究

随着2010年中国特色社会主义法律体系的形成，我国立法工作取得了实质性的进展，“有法可依”的问题基本解决，但真正要实现“依法治国”，还需要老百姓法律意识的提高并在行动上遵守和运用法律。因此，公民的法律意识和法律行为是法律社会学关注的重要问题。

刘子曦（2014）通过分析行动者的诉讼经验，认为法律意识并非行动者对法律条文的了解程度，而是行动者对法律（作为概化的规章系统）和司法体系（作为具体化的组织机构）内部运行逻辑的理解。有关法律的霸权性话语、行动者个人的生活经历及行动者的法庭体验共同形塑着行动者的法律意识，并影响着行动者动员法律资源的策略。黄家亮和邢朝国（2012）将法律意识细化为对法律知识的了解程度，对法律的公正性、客观性和平等性的评价，诉讼倾向以及维护自身利益的权利意识等考察指标。

多位学者对当前我国公民的法律意识进行了研究。通过对“中国综合社会调查”（CGSS）数据的分析，杨敏、陆益龙（2011）认为，近年来居民的法律权威意识和法律合理性意识都呈现增强的趋势，居民对法律性的认识也表现出多元化的特征，即规范主义法律意识与工具主义法律意识同时并存。人们既认同法律权威、服从法律权威，同时也认为法律是可变通的、可以利用的。韩丹（2011）指出当前中国人的法律信仰结构表现出实用理性的特征，对待法律的态度呈现功利性、工具性、多变性等特征。黄家亮和邢朝国（2012）对北京市建筑行业农民工法律意识进行了代际比较研究，发现新老农民工在法律意识上并没有明显的代际差异，新生代农民工的法律意识并不比老一代农民工高。韩大元（2014）通过2002年、2007年和2012年三次调查数据的比较，分析了10年来中国公民宪法意识变化的总体情况，指出民众对于完善宪法监督制度的期待与日俱增。

人们的法律行为受多种社会因素的影响。不少学者利用CGSS的调查数据对这一主题进行了研究。陆益龙（2013）的研究表明，纠纷当事者选择权威介入的纠纷解决方式，既不是因为对该权威有更高的认同度，也主要不是因为拥有更多资源能够利用该权威，而是因为对该权威解决特定类型纠纷的有效性具有理想预期。杨敏和陆益龙（2011）指出，法律权威意识越强，选择法律解决机制的概率越低；人们越是把法律当作工具，选择法律途径解决纠纷的可能性就越大。程金华和吴晓刚（2010）研究了中国不同的社会阶层在对民事纠纷的反应上存在的显著差异，权力精英相对来说更少依赖政府渠道而更多诉诸法律途径来解决纠纷，中下层社会阶层成员更多地信赖政府渠道。肖阳等人（2014）的分析表明，在当前中国城市中，个体自身拥有的权力和个体社会网络中的权力影响着居民的纠纷卷入及其应对行为。

（二）法律多元与民间规范研究

多元主义法律观是法律社会学的一个基本立场。相对于形式主义法学单纯强调国家法的作用来说，法律社会学认为国家颁布的、由国家强制力作保障的法律固然重要，民间正在发挥作用的一些风俗习惯、乡规民约甚至是传统观念同样需要得到重视。因为这些“民间法”同样具有自身功能，同样能够生成和维系社会秩序，而且它们对于国家法能否顺利“落地”具有至关重要的作用。

作为民间法最重要组成部分之一的少数民族习惯法，近年来同样受到学者们的关注。高其才曾对少数民族习惯法进行了系统的调查和研究，出版了《中国习惯法论》（1995/2008）、《中国少数民族习惯法研究》（2003）、《瑶族习惯法》（2008）等颇具分量的学术著作。近年来，他继续在这一领域进行了探索。2013年，由他主编出版了“乡土法杰”丛书（《桂瑶头人盘振武》《洞庭乡人何培金》以及《浙中村夫王玉龙》），对三个比较具有代表性的民间社会秩序维持人进行了深入的个案研究。龙大轩（2010）通过大量的文献、碑刻、协约、口碑资料对羌族习惯法进行了系统研究。赵旭东和周恩宇（2014）对苗族习惯法中的“榔规”进行了考察，分析了其在特定时空条件下运行的文化机制。苏力（2014）则利用其在西藏支教的机会，对藏区的一妻多夫制进行了系统考察，认为这一特殊“制度”是高原农牧民在严苛自然环境下创造的最有利于他们生存和长期可持续发展的制度，除了繁衍养育后代外，还支持了更为复杂的家庭内劳动分工、家庭内的财富分配和代际转移等。

在少数民族之外，同样存在大量的习惯法，如家产制和祖业观就是近几年法律社会学研究者们关注比较多的议题。高其才（2014）对中国分家析产习惯法进行了系统研究，分析了以“诸子均分制”为核心内容的中国分家析产制度的演变过程，认为其虽然已退出国家法，但作为一种习惯法仍广泛存在于我国民间尤其是乡村社会，并实际影响着我国民众的生活和行为。林辉煌（2012）则从产权制度的角度分析了家产制与现代所有权制度的区别，认为中国的家庭立法应该尊重并回归新的家产制，并以其为中心确立起“发展型家庭法律”体系。郭亮（2012）在对土地纠纷的研究中，发现农民在不同于新产权规定的祖业权、生存权和土地占有的平均主义等方面的诉求，是引起农村地权冲突的重要原因。陈锋（2012）更为系统地分析了农民“祖业观”支配下对土地产权认识具有人格化、象征性和社区化的特征，“祖业权”嵌入在以血缘为主要纽带的乡土社会之中，与建立在西方市民社会基础上的私有产权观对土地产权的认知有明显的区别。在国家建构的地权建设中，尤其要注意地方社会也在建构关于土地产权的“地方性共识”。

（三）纠纷解决与秩序重建研究

社会秩序何以形成及如何构建，是法律社会学关注的一个核心问题。其中，纠纷及其解决机制是讨论这个问题的重要切入点。近年来，法律社会学关于纠纷与秩序的研究，已经远远超出多元纠纷解决机制、调解等传统议题，而将纠纷解决放在特定社会结构和社会变迁的背景中去考察。

纠纷及其解决方式都是与特定社会形态联系在一起的，传统社会的纠纷及其解决机制都有其自身的特殊逻辑。郭星华和李飞（2014）用“全息”这一概念来概括传统熟人社会的纠纷特点，认为在熟人社会中，人与人之间的冲突往往也是由各种极其微妙、错综复杂甚至难以言明的原因所引起的，而且，往往是初级纠纷无法得到及时解决，进而形成激烈程度更高的次级纠纷。而现代社会语境下的法治基本只关注“此时此地”的次级纠纷，而不顾纠纷的“全息”形态，不注重初级关系的修复，这不利于纠纷的真正彻底的解决。刘正强（2014）则分析认为，现代乡村司法的运行逻辑中存在一种“甩干”机制，即基层法院在处理案件时会按照形式理性的要求，以洁净化、纯粹化为目标，甩掉道德、习惯等诸多非法律的元素，实现对案件事实的重新建构；而问题是那些被“甩”掉的、无法纳入诉讼程序的因素往往正是乡村冲突中真正重要的部分。赵旭东（2013）的研究则表明，乡土社会的纠纷解决遵循一种“差序正义”的逻辑。王汉生和王迪（2012）的研究同样表明，农村民间纠纷调解过程中，遵循着独特的公平逻辑，而社会关系维系、公平的关系性以及综合性等，是中国农民公平观的重要特征。因此，建构和发展融合地方性知识和国家法律规定的公平规范，是非常重要的。

伴随着乡土社会的变迁，农村纠纷及其解决方式也在发生变化。何绍辉和黄海（2011）研究发现，中国农村社会已经和正在部分地内生出对现代法律的基本需求，营造出农村法治化所需的社会空间、社会结构与社会土壤，农民“拿起法律的武器”行为日渐成为乡村化解纠纷实践的常态；但农民在运用法律时亦遭遇行为选择的权宜性、法律运作的关系化与社会效果的内卷化等深层次困境，应重塑农村社会整合机制。栗峥（2013）分析了由安土重迁到城乡间的巨大流动给农村纠纷解决方式带来的变化，如失去了乡村内在秩序的结构性支持，调解逐渐从原有的“结构性调解”蜕变成为“尝试性调解”。陈柏峰和董磊明（2010）认为，当前乡村司法呈现双二元结构形态：基层法官的司法有着法治化和治理化两种形态，乡村干部的司法则是治理化形态；在很长时间内，乡村司法都应当在法治化和治理化之间保持某种平衡。

由弗尔斯丁勒和萨拉特（Felstinler & Sarat，1980）等学者在20世纪80年代提出的纠纷金字塔模型（dispute pyramid）是纠纷研究中的经典模型，后来麦宜生（Michelson，2007）在对中国农村纠纷的调研中对这一项模型进行了改进，提出了纠纷宝塔模型，即强调中国农村居民在遇到纠纷时，特别倚重双方之间的忍耐、协商等私力救济方式。郭星华和王希（2011）在对东北某监狱进行调研时发现，无论是纠纷金字塔模型还是宝塔模型都不足以充分地展现部分民间纠纷发展的逻辑，他们提出了“纠纷震荡”和“漏斗效应”两个新的概念。储卉娟（2010）的研究也关注到大量“溢出”在例行民间纠纷解决机制之外的那部分所谓“失落的纠纷”（rediscovery），并进一步对纠纷解决的“国家—社会”框架进行了反思。

（四）司法系统与法律职业研究

司法系统和法律职业是法律社会学研究的一个新兴领域。麦宜生和刘思达是较早关注中国法律职业的学者。早在2000年，麦宜生就针对中国律师群体做了一次较大规模的问卷调查，比较系统地分析了中国律师的现状及面临的问题（Michelson，2006）。刘思达（2010，2011）的研究发现，在我国的法律边疆地区，包括律师、基层法律工作者、司法助理员、“赤脚律师”乃至乡镇干部和村干部在内的各种法律服务提供者构成了一个相互关联的，分化成县城、乡镇、村落三层的法律职业层级系统。这一层级系统内部的劳动分工与互动过程不仅构成了国家与乡土社会之间纠纷解决的传导机制，而且塑造了我国农村地区法律职业的基本样态，是律师业在法律边疆地区发展缓慢的一个根本原因。刘思达、梁丽丽、麦宜生（2014）还研究了中国律师跨地域流动的模式、原因、后果及其结构性影响，认为中国律师的空间迁移不仅加剧了北京、上海等大城市律师业内部的层级分化和不平等现象，而且使内陆和农村地区的法律服务更为短缺，法律职业之间的竞争愈加激烈。程金华和李学尧（2012）则分析了改革开放以来我国律师职业的变迁及其“结构性制约”，并进一步指出，改革开放以来中国法律体系变迁已逐步由国家主导的格局演变成国家、市场、社会和法律体系之间相互直接和间接影响的格局。应星和徐胤（2009）通过分析中国法院在行政诉讼立案中的“立案政治学”（“立审分离的形式主义”和“选择性立案”）及其运作机制，解释了行政诉讼率徘徊的原因。

（五）法律文化与法律传统研究

随着研究的深入，法律文化和法律传统这些相对比较宏观的议题，也开始进入我国法律社会学的研究视野。谢宏仁（2015）以传统知识产权保护为例，分析了中国传统法律体系的特殊性，认为由于中国并未萌发西方的“权利”意识，借由惩罚侵犯者来保护受侵害者之“权利”构成一种义务观社会下独特的权利行使方式。一些学者对传统社会的诉讼文化进行了研究。尤陈俊（2012）、范愉（2013）的研究发现，不能简单从统治阶层追求和谐的理想中推演出来的“无讼”和“息讼”来概括中国传统诉讼文化，大量史料表明，中国历史上不乏“健讼”或“诉讼社会”的时期或区域，“诉讼社会”和“无讼社会”这两种理想类型都不能独立成为社会治理的合理模式，现实的选择只能是通过多元化纠纷解决机制来应对各种社会需求和危机。郭星华（2014）分析指出，“无讼”只是古代国家精英不懈追求的社会理想，中国传统文化具有“抑讼”的特征，存在非制度化、制度化和半制度化等三种抑制诉讼的途径，“抑讼”力度的强弱直接影响诉讼规模的大小。

法律传统是对一种法律风格及其内在逻辑的概括。林端（2014）从社会学方法论和实质社会学两个方面系统分析了韦伯关于中国传统法律和司法审判的误解和限制，若要深刻理解中国法律传统，关键在于把握体现于其中的“多值逻辑”。

高其才和左炬（2014）通过对 1949—1956 年华县人民法院诉讼档案、文书档案以及访谈材料的研究，用“政治司法”来概括那一时期法律的根本特征，并分析了其功能、特点与影响。丁卫（2014）以陕西关中地区的秦窑人民法庭为个案，较为全面地呈现了当代中国基层司法的实践及其逻辑，认为当代中国的乡村法治实际上遵循着一套“政治—法律”的逻辑，而不是单纯的司法的逻辑。黄宗智（2010）则从历史变迁的视角提出，当前我国的法律体系实际上来自中国古代、西方现代以及中国现代革命这三种不同传统的成分。中国不一定要像西方现代法律那样，从个人权利前提出发，而要通过对三个传统的融合创造出一种兼顾道德、权利与实用三个维度的法律传统。

（六）法律社会学研究方法的拓展与反思

近年来，我国法律社会学在研究方法上取得了一些新的突破。这首先表现为越来越多的社会学理论视角被用于法律研究。如刘子曦（2015）将组织生态学视角引入法学教育的研究中；张洪涛（2011）将社会网络分析的视角引入对关系密切群体的法律治理研究中，提出了“法律洞”这一概念；印子（2014）将常人方法学引入乡土纠纷的研究之中；吕万英（2011）则用话语分析的理论视角对法庭话语权力进行了分析，研究法庭话语中法官，公诉人，律师，原、被告和证人之间话语权力不平等的权势关系，分析权力支配方控制和支配权力受支配方以及对方抵制和消解权力主体控制与支配的言语策略。

同时，研究者开始有意识地对法律社会学的研究方法进行了反思，最为突出的成果是苏力、侯猛等学者发起的关于社科法学与教义法学讨论，以及黄宗智对历史社会法学的倡导。苏力（2014）从中国法学研究格局演变的角度分析了社科法学的特点。侯猛（2013）强调实证才是社科法学得以立足的根本，实证研究才是社科法学寻求更大突破的基本方向，当前社科法学在实证方法的运用上还有很大的提升空间。2013 年 11 月 7 日，“法律的经验研究高级研修班”在云南大学召开，来自法学界、社会学界和人类学界的 16 位社科法学研究者围绕社科法学的基本问题和“法律的经验研究”进行了研讨，其成果以《法律的经验研究——方法与应用》为题正式出版。黄宗智认为当前我国的法律研究应该更加重视历史维度和社会维度，他倡导的“历史社会法学”（Historical – Social Jurisprudence；Historical – Social Study of Law）强调历史—社会—法学以及形式主义—实用主义—历史主义等三方面并重。在他的号召和组织下，不少青年学者开展了这方面的探索（黄宗智、尤陈俊主编，2014）。

二　法律社会学学科建设的新进展

伴随着学术研究的深入开展和研究者队伍的壮大，我国法律社会学的学科建设也逐渐从自发走向自觉。

（一）学术研究与交流平台的建立

作为一门交叉学科，法律社会学的研究力量长期以来分散在社会学、人类学、法学等学科领域，不同学科之间的交流较少。近几年，随着多种交流平台和交流机制的建立，这种状况有了明显改善。

第一，中国社会学会法律社会学专业委员会。该组织是国内首个法学与社会学交流的正式平台，于 2011 年 10 月成立，由郭星华教授担任首任会长。该组织每年举行一次学术年会暨“法律与社会”高端论坛，从 2011 年到 2014 年，已经连续举办了 4 届，分别由中国人民大学、华东政法大学、浙江农林大学、中山大学的相关研究机构承办；2015 年 11 月下旬，第五届“法律与社会”高端论坛将在西南政法大学召开。此外，该组织还编辑电子期刊《法律社会学研究通讯》。

第二，“社科法学连线”。2013 年，以《法律和社会科学》集刊编辑和作者群为纽带，海内外从事社科法学研究的青年学者共同成立了“社科法学连线”。该组织的主要活动包括：（1）举办“法律与社会科学”年会，2013 年和 2014 年年会分别在云南大学和西南政法大学召开，主题分别是“法律的经验研究：过去、现在和未来”和“个案研究与定量研究”；2015 年年会于 10 月下旬在中国海洋大学（青岛）召开，主题为“法律经济学与法律社会学的讲话”。（2）每年举办一次社科法学研习营。2013 年至今，已连续举办了 3 期，分别由云南大学法学院、西南政法大学法学院和北京大学法学院承办。此外，“社科法学连线”的学术活动还包括举办“社科法学连线”系列讲座、编辑出版社科法学读本系列、召开相关主题的学术研讨会等。

第三，法律社会学研究机构的设立。除了中国人民大学法律社会学研究所、北京大学比较法与法社会学研究所、华东政法大学法社会学研究所、华东理工大学法律社会学研究中心等较早设立的法律社会学专业研究机构外，近年来，西南政法大学、上海交通大学、上海大学等高校也设立了法律社会学研究所或法（律）社会学研究中心。其中，上海交通大学凯源法学院的法社会学研究中心在增进法律社会学的学术交流方面发挥的作用比较突出，如该中心牵头举办了“全球化时代的中国律师业”（2011）、第三届东亚法与社会（2013）、“跨学科视野下的法律和正义”（2013）等系列重要的国际学术会议，还开展了法社会学系列工作坊、法社会学研习坊、社会认知与行为科学系列沙龙等常规性学术活动。此外，2014 年，上海市法学会法社会学研究会正式成立，并计划从 2015 年起，每年举办一次“中国法律与社会论坛”。

（二）教材、期（集）刊和译作的出版

教材在学科知识的体系化和广泛传播方面发挥着重要作用。郭星华主编的《法社会学教程》是国内第一部由社会学者编写的法律社会学教材，具有鲜明的社会学视角。该教材 2011 年由中国人民大学出版社正式出版，并于 2015 年推出第二版。近年来出版的法律社会学教材还有朱景文主编的《法社会学（第三版）》（中国人民大学出版社 2013 年版）、高其才撰写的《法社会学》（北京师范大学出版社 2013 年版）、何珊君撰写的《法社会学》（北京大学出版社 2013 年版）、陈信勇主编的《法律社会学教程（第 3 版）》（浙江大学出版社 2014 年版）、付子堂主编的《法社会学新阶》（中国人民大学出版社 2014 年版）等。除此之外，一些国外的经典法律社会学教材也被翻译出版，如美国学者瓦戈的《法律与社会（第 9 版）》（梁坤、邢朝国译，中国人民大学出版社 2011 年版）、德国学者卢曼的《法社会学》（宾凯、赵春燕译，上海人民出版社 2013 年版）、德国学者莱塞尔的《法社会学导论（第 6 版）》（高旭军等译，上海人民出版社 2014 年版）等。

在法律社会学专业期（集）刊方面，原有的《法哲学与法社会学论丛》（郑永流主编，1998 年创刊）、《民间法》（谢晖、陈金钊主编，2002 年创刊）、《法律和社会科学》（朱苏力主编，2006 年创刊）等学术集刊影响力进一步扩大。2014 年，上海交通大学凯原法学院和剑桥大学出版社合作出版《亚洲法律与社会》杂志（*Asian Journal of Law and Society*）正式出版，成为我国第一份法社会学专业杂志，也是亚洲第一份英文的法社会学专业杂志。此外，西南政法大学法学理论学科主办的《社会中的法理》（2010 年创刊，法律出版社，半年刊）、吴大华主编的《法律人类学论丛》（2013 年创刊，中央民族大学出版社，年刊）、李瑜青和张斌主编的《法律社会学评论》（2014 年创刊，华东理工大学出版社，年刊）等学术集刊也纷纷出版。

海外研究成果的引入，对我们开阔视野、及时了解西方法律社会学研究的前沿成果颇有裨益。从 2009 年起，北京大学出版社推出了“法律与社会译丛”，目前已经出版了《律师、国家与市场：职业主义再探》（汉隆，2009）、《法社会学讲义——学术脉络与理论体系》（戴弗雷姆，2010）、《社会权力与法律文化——中华帝国晚期的讼师》

（梅利莎·麦柯丽，2012）等著作。从 2012 年起，上海交通大学出版社推出了由季卫东主编的“法社会学文库”，该文库分两个系列出版，一个是“思想坐标系列”，另一个是“研究前沿系列”，目前已出版了《秩序与争议——法律人类学导论》（西蒙·罗伯茨，2012）、《上天·审判：中国与欧洲司法观念历史的初步比较》（罗伯特·雅各布，2013）等著作。

总之，过去几年中，我国法律社会学的理论视野更加开阔，经验研究更加扎实，学术共同体逐渐形成，学科地位也更加巩固。但从总体上来看，这一分支学科的发展目前还处于初级阶段，未来还需要在提升理论自觉、拓展研究领域、创新研究方法、加强学术交流等方面下功夫。相信伴随着全面推进依法治国实践的脚步，我国法律社会学的发展会迎来空前的历史机遇和广阔的发展前景。

参考文献

陈柏峰、董磊明，2010，《治理论还是法治论——当代中国乡村司法的理论建构》，《法学研究》第 5 期。

陈锋，2012，《“祖业权”：嵌入乡土社会的地权表达与实践——基于对赣西北宗族性村落的田野考察》，《南京农业大学学报》（社会科学版）第 2 期。

程金华，2012，《法律变迁的结构性制约——国家、市场与社会互动中的中国律师职业》，《中国社会科学》第 7 期。

程金华、吴晓刚，2010，《社会阶层与民事纠纷的解决——转型时期中国的社会分化与法治发展》，《社会学研究》第 2 期

储卉娟，2010，《暴力的弱者：对传统纠纷解决研究的补充——基于东北某市监狱的实证研究》，《学术研究》第 2 期。

丁卫，2014，《秦窑法庭：基层司法的实践逻辑》，北京：生活·读书·新知三联书店。

范愉，2013，《诉讼社会与无讼社会的辨析和启示——纠纷解决机制中的国家与社会》，《法学家》第 1 期。

高其才，2014，《政治司法的功能、特点与影响——以 1949—1956 年华县人民法院为对象》，《政治法学研究》第 2 期。

——，2014，《当代中国分家析产习惯法》，北京：中国政法大学出版社。

郭亮，2012，《土地“新产权”的实践逻辑——对湖北 S 镇土地承包纠纷的学理阐释》，《社会》第 2 期。

郭星华、李飞，2014，《全息：传统纠纷解决机制的现代启示》，《江苏社会科学》第 4 期。

郭星华、曲麒翰，2011，《纠纷金字塔的漏斗化——暴力犯罪问题的一个法社会学分析框架》，《广西民族大学学报》（哲社版）第 4 期。

韩丹，2011，《中国人法律信仰结构的张力与融合——一项基于国家与社会关系视角的社会学考察》，《江海学刊》第 6 期。

韩大元、孟凡壮，2014，《中国社会变迁六十年的公民宪法意识》，《中国社会科学》第 12 期。

何绍辉、黄海，2011，《“拿起法律的武器”：法律何以下乡？——湘中四个个案的比较研究》，《中国农村观察》第1期。

龙大轩，2010，《乡土秩序与民间法律：羌族习惯法探析》，北京：中国政法大学出版社。

黄宗智，2010，《中西法律如何融合？——道德、权利与实用》，《中外法学》第5期。

黄宗智、尤陈俊，2014，《历史社会法学：中国的实践法史与法理》，北京：法律出版社。

栗峥，2013，《流动中的乡村纠纷》，《现代法学》第1期。

林端，2014，《韦伯论中国传统法律：韦伯比较社会学的批判》，北京：中国政法大学出版社。

林辉煌，2012，《家产制与中国家庭法律的社会适应》，《法制与社会发展》第4期。

刘正强，2014，《“甩干”机制：中国乡村司法的运行逻辑》，《社会》第5期。

刘子曦，2014，《法律意识的两个维度：以业主诉讼维权为例》，《开放时代》第4期。

——，2015，《法治中国历程——组织生态学视角下的法学教育（1949—2012）》，《社会学研究》第1期。

刘思达，2011，《割据的逻辑：中国法律服务市场的生态分析》，上海：上海三联书店。

刘思达、梁丽丽、麦宜生，2014，《中国律师的跨地域流动》，《法律与社会科学》第1期。

刘思达、吴洪淇，2010，《法律边疆地区的纠纷解决与职业系统》，《社会学研究》第1期。

陆益龙，2013，《权威认同、纠纷及其解决机制的选择》，《江苏社会科学》第6期。

苏力，2014，《藏区的一妻多夫制》，《法律和社会科学》第2期。

——，2014，《中国法学研究格局的流变》，《法商研究》第5期。

王汉生、王迪，2012，《农村民间纠纷调解中的公平建构与公平逻辑》，《社会》第2期。

肖阳、范晓光、雷鸣，2014，《权力作用下中国城市居民的纠纷卷入与应对》，《社会》第1期。

谢宏仁，2015，《“义务观”社会与中国传统法律体系的特殊性——以传统知识产权保护为例》，《社会学评论》第2期。

杨敏、陆益龙，2011，《法治意识、纠纷及其解决机制的选择——基于2005 CGSS的法社会学分析》，《江苏社会科学》第3期。

应星、徐胤，2009，《“立案政治学”与行政诉讼率的徘徊——华北两市基层法院的对比研究》，《政法论坛》第1期。

印子，2014，《乡土纠纷的解决与正义供给——来自赣南宋村的田野经验》，《环球法律评论》第2期。

尤陈俊，2012，《“厌讼”幻象之下的“健讼”实相？重思明清中国的诉讼与社会》，《中外法学》第4期。

赵旭东，2013，《差序正义与乡土社会的纠纷解决机制》，《中国研究》第1期。

赵旭东、周恩宇，2014，《“榔规”运行的文化机制——以贵州雷山甘吾苗寨“咙当”仪式为例》，《民族研究》第1期。

张洪涛，2011，《法律洞的司法跨越——关系密切群体法律治理的社会网络分析》，《社会学研究》第6期。

吕万英，2011，《法庭话语权力研究》，北京：中国社会科学出版社。

王启梁、张剑源，2014，《法律的经验研究——方法与应用》，北京：北京大学出版社。

Felstiner, W., R. Abel & A. Sarat, 1980. “The Emergence and Transformation of Disputes: Naming, Blaming, Claiming.” *Law and Society Review* 15: 631 - 654.

Michelson, E., 2007, "Climbing the Dispute Pagoda: Grievance and Appeals to the Official Justice System in Rural China." *American Sociological Review* 72: 459-485.

Michelson, E., 2007, "The Practice of Law As an Obstacle to Justice: Chinese Lawyers at Work." *Law & Society Review* 40 (1): 1-38.

作者单位：中国人民大学社会学系

国内教育社会学研究综述*

郑 磊

一 引言

本文对2011—2014年国内教育社会学领域的研究进行综述。综述的研究成果范围限定在该时间段内发表于中文学术期刊、以教育社会学为研究主题的论文。

教育社会学是一个内容庞杂的涉及社会学和教育学的交叉学科，在中国知网的"中国期刊全文数据库"中仅仅以"教育社会学"进行"主题搜索"，就可以得到287条检索结果。① 考虑到篇幅的限制，本文无法将这4年来国内教育社会学研究的所有主题、内容都涵盖在内，因此综述的重点集中在以下三个主题：（1）以定量研究为主的有关教育分层和不平等研究；（2）宏观社会变迁中的教育发展，例如城市化进程中流动儿童和留守儿童的教育发展，乡村治理背景下的农村学校等；（3）微观教育系统中的各个参与角色，例如针对教师、学生、学校、班级、社区、课程文化和课堂教学的研究。本文接下来就对这些研究主题依次进行综述，重点关注第一个研究主题。

二 教育分层和不平等研究

作为教育社会学的一个传统研究主题，教育分层与不平等研究一直占有重要的地位。② 这一研究主题主要包含两大研究内容：一是从宏观制度出发，讨论政治制度、经济改革、教育扩展等制度变迁对个人教育机会获得的影响；二是从微观行为出发，讨论个人教育成就、学业表现的影响因素。得益于越来越多的微观调查数据的公布，有关这

---

* 感谢楚江亭教授、朱志勇教授的建议和评论。

① 以"教育社会学"进行题名检索和关键词检索，分别可以得到94篇和226篇检索结果。上述结果均为精确匹配的检索结果。

② 来自文献计量学的研究表明，2000—2011年美国《教育社会学》（*Sociology of Education*）期刊发表的总计227篇论文当中，前20位高频关键词当中与教育分层和不平等研究主题相关的关键词包括achievement（成就）、race（种族）、performance（表现）、stratification（分层）、gender（性别）、attainment（获得）、inequality（不平等）、segregation（隔离）、earning（收入）等。这些关键词在前20位高频关键词中不仅占比接近一半，并且排序也靠前（基本都在前10位）。参见魏新岗等，2012。

一主题的研究基本使用了定量研究方法。

（一）阶层和城乡之间的教育差异

梁晨和李中清（2012）基于北京大学、苏州大学1952—2002年学籍卡资料的研究发现，1949年之后的中国教育领域出现了一场“无声的革命”——精英高等教育机会的分配越来越多地向工农阶层子弟倾斜，有效地打破了社会上层子女垄断高等教育机会的格局。作者认为，这种开放且多样化的生源结构得益于1949年之后基础教育的扩展普及、各种参考出身的高考招生制度以及重点中学制度的设置。

该文发表之后受到学界和公众的广泛关注。不少学者利用其他数据考察“无声的革命”是否仍在延续。李春玲（2014a）基于三次全国抽样调查数据发现，尽管“80后”普遍受益于教育扩张，但在高等教育机会获得上，仍然存在着类似于“70后”的阶层和城乡差异。这意味着“无声的革命”没有在“80后”这一代人身上发生。但是王伟宜、吴雪（2014）利用16所高校样本的研究发现，高等教育机会数量方面的城乡差异一直在缩小，到2010年已经基本消失。即使考虑所获高等教育的质量，城乡差异也呈现缩小的趋势。

梁晨和李中清（2012）认为重点中学制度是“无声的革命”得以延续的观点也受到质疑。有学者详细探讨了重点学校制度和学轨制（tracking）对后续教育机会的不平等以及劳动力市场职业地位的影响。研究表明，教育路径选择上存在着明显的阶层分化，优势阶层子弟更有可能选择重点学校或学术教育轨道就读，前一阶段的教育选择直接关系到下一阶段教育机会的分配（李春玲，2014a；吴愈晓，2013a），并影响初职地位获得（王威海、顾源，2012）。

高等教育扩展对教育机会不平等的影响继续受到关注。基于省级统计数据的研究发现，1999年开始的高校扩招并未缩小精英高等教育机会在地区之间的分配差异（杨江华，2014）。利用CGSS2008年数据的研究则发现，高校扩招显著改变了不同阶层出身子弟在高中教育分流时的路径选择，扩大了高中阶段的教育分层（李丽、赵文龙，2014）。这表明，教育扩展并未有效消除教育分层现象。对此，罗燕和杨钋（2011）从新制度主义的视角进行了解释。他们认为，政府对高校“分层”而非“分类”的管理体制导致中国的高等教育具有国家管制的垄断市场特征，这不仅制造了教育系统内部不同院校间的差异，也损害了大学的自主权。高等教育的增长并不必然促进公平，其正义目标取决于制度设计。

其他有关城乡教育不平等的研究基本都发现，小学教育机会的城乡差异在下降，初中教育机会的城乡差异没有变化，高中和大学教育机会的城乡差异有所扩大（李春玲，2014b；吴愈晓，2013b）。这些发现与李丽和赵文龙（2014）的结果共同表明，要想有效缩小高等教育机会分配的城乡差异，需要预先缩小初中升高中阶段的城乡机会不平等（李春玲，2014b）。

综合这些研究，可以初步判定，以普及和规模扩张为特征的教育发展尽管提高了各类人群受教育机会的数量，但是教育机会质量的差异仍然显著地存在于阶层和城乡之间。教育似乎并未有效地促进个人向上流动，高等教育大众化造就了一批显性的“毕业即失业”和隐性的“过度教育”的“教育失败者”，根源则在于看似开放的教育被优势阶层垄断，将弱势阶层排斥在外（刘云杉，2014a）。基于某打工子弟学校的田野调查从一个侧面证实了这一点：农民工子弟高度边缘化的生存状态导致他们难以通过教育向上流动，因此这些“小子”以拒绝知识的形式放弃学业，完成了自己出身的社会再生产（周潇，2011）。

然而，以父母社会经济地位、户籍等家庭背景变量衡量的“出身”在个人教育获得的影响因素中是否具有决定性作用？个人能力发挥着怎样的作用？刘精明（2014）发现，随着高等学校层级的提高，个人能力和出身在教育机会获得上的作用越来越强，但是能力的影响始终高于出身的作用。这意味着当前中国高等教育机会分配虽然存在着较为明显的分层现象，但在本质上“唯才是举”的选拔机制仍然发挥了决定性作用。这一结论发现将引发一系列的后续研究，例如教育代际流动的机制是怎样的？教育的作用是社会再生产抑或体现了绩能主义特征？这些问题也是国外社会学、经济学有关代际流动的前沿问题（Björklund & Salvanes，2011）。

（二）教育性别不平等

吴愈晓（2012）发现，教育性别不平等主要体现在父母社会经济地位较低、生育数量较多或者农村家庭之间。来自这些家庭的女性，一直在父母人力资本投资决策中处于不利地位。而高校扩招新增的教育机会将更多地惠及父辈教育程度较低以及农村地区的女性，因此扩招可以缩小教育性别差异（张兆曙、陈奇，2013）。

巫锡炜（2014）利用序列 logit 模型（sequential logi model）考察了男女最终教育结果的不平等的成因和趋势。研究发现，对于较晚出生的队列而言，初中升高中这一层级转换逐渐取代之前的小学升初中，成为教育结果不平等的主要来源。该研究深化了研究者对教育性别不平等的理解——教育性别差异并未随着教育扩展而有效缩小，因此仅仅依靠宏观的促进平等的社会经济发展政策或者高校扩招政策难以有效缩小教育性别差异，影响教育性别差异的更深层原因可能来自家庭内部。

从微观的家庭行为和决策出发，解释教育性别不平等的成因和变化趋势，是近年来同类研究的新进展。比如有研究发现，计划生育政策带来的家庭生育率下降有效地缓解了家庭进行子女教育投资时面临的预算约束，这将增加女性的受教育机会（叶华、吴晓刚，2011），缩小农村儿童在学业成就上的性别差异（郑磊等，2014）。此外，在既定的生育规模下，同胞性别结构的差异也会影响家庭内部资源分配以及个人教育机会获得。父母的“男孩偏好”在本质上源自家庭经济约束前提下的一种理性决策结果（郑磊，2013）。

随着教育性别差异的缩小，越来越多的国内外研究发现了“男孩落后”现象——男生在学业表现上不如女生。王进和陈晓思（2013）利用学校固定效应模型研究了班级环境对该现象的解释。研究发现，男生成绩不如女生主要发生在学习环境较差的学校，一个重要原因在于男生比女生更容易受到同伴的不利影响。

（三）家庭对教育分层的影响

已有的教育不平等研究几乎一致地发现阶层、城乡之间存在明显的教育分层。即使面临宏观制度的冲击，这种教育获得的差异仍然保持着稳定的模式。这就引发学者从家庭层面的微观行为去解释教育不平等的成因，例如家庭拥有的社会资本、文化惯习、教育期望、教育选择等因素对子女教育获得或学业表现的影响。

刘保中等人（2014）利用2010年CFPS数据发现，家庭社会经济地位越高，父母对子女的教育期望也越高。这种教育期望存在显著的民族、城乡、生育数量之间的差异。王甫勤和时怡雯（2014）利用上海市的调查数据发现，父母的教育程度越高，对子女的教育期望就越高，这将有助于激发子女本人的教育期望，并最终提高其获得大学教育的机会。王进和汪宁宁（2013）从理性和文化的因素解释了不同阶层在教育期望和教育选择上的差异。对于农民工子女而言，父母的教育期望同样具有很强的自证性影响（高明华，2012）。因此在研究教育不平等的成因时，除了要关注那些可测的家庭社会经济地位的影响之外，还要关注不可见的心理资源——也即父母期望——的作用。在此基础上，高明华（2013）进一步提出了造成教育不平等的“身心机制”。

社会资本对教育获得的影响也受到关注。赵延东和洪岩璧（2012）比较了布迪厄提出的“网络资源”类型的社会资本和科尔曼提出的“社会闭合”类型的社会资本对子女教育获得的不同作用。研究发现，“网络资源”的作用在于帮助子女获得更好的教育机会，虽然它不会直接影响子女的成绩，但是会通过“社会闭合”型的社会资本间接产生影响。

仇立平和肖日葵（2011）利用上海市的调查数据发现，父母和子女拥有的文化资本有助于提高子女的教育获得，文化资本是父代社会经济地位影响子代教育的重要中介机制。对于社会下层家庭而言，积累文化资本，特别是非高雅的文化资本，是一种容易实现的向上流动的途径。

与布迪厄“文化资本”概念相关的另一个概念是“惯习”，两者既相关也可能错位。基于全国调查数据的研究发现，中国不同阶级家庭的父母在对子女教育的资本投入上存在显著差异，但在教养态度惯习上并无差别（洪岩璧、赵延东，2014）。

政府在义务教育阶段日益强调均衡发展，通过限制择校、标准化办学等政策促进教育公平。然而，家庭仍然可以通过其他选择行为力图让子女在教育上处于优势地位。比如在“就近入学”政策下，父母通过购买学区房为子女选择优质教育资源。郑磊和王思檬（2014）利用北京市两个城区的小学资源分布和楼盘价格数据发现，楼盘周边拥有较好或极好口碑的小学与对口楼盘的价格具有显著的正相关关系。因此旨在促进教育公平的“就近入学”政策可能适得其反，将加剧社会阶层在居住空间和教育获得上的分割。家庭的另一种教育选择手段就是课外补习，也即“影子教育”（shadow education)。朱洵（2013）讨论了影子教育对文化资本理论的影响，程天君和陈晓陆（2014）从社会学视角分析了辅导机构学校化与学校辅导机构化的现象，薛海平等人（2014）定量研究了课外补习对留守儿童学业成绩的影响。

三 社会变迁与教育发展

社会变迁与教育发展的互动关系是教育社会学另一个关注重点，研究成果很多，在此只介绍其中两个研究主题：与大规模乡—城人口迁移相伴的流动人群受教育问题，以及乡村变迁中的农村教育和农村学校问题。

（一）人口流动与教育发展

根据2010年的第六次人口普查资料推算，全国0—17岁流动儿童规模为3581万人，其中0—14岁流动儿童的规模为2291万人（段成荣等，2013）。农村留守儿童的规模为6100万人，占农村儿童的40%，占全国儿童的22%（段成荣等，2014）。

段成荣等人（2014）在文献回顾和实证研究的基础上指出，当前农村留守儿童在教育发展方面存在的主要问题是：学前教育机会获得偏低、高中教育阶段入学率较低、随教育层次提高超龄入学现象越发突出等。和之前学术界普遍持有的留守儿童教育发展状况落后的印象所不同的是，近年来的研究表明，留守儿童的教育机会获得、学业表现未必如想象的那样差。比如一项基于西部农村抽样数据并利用二重差分估计方法的研究发现，尽管父母外出打工会因为“教养角色缺失效应”对留守儿童的教育产生不利影响，但是打工汇款的“收入效应”有可能弥补这种负效应。综合而言，父亲外出打工对留守儿童的学业成绩并无显著影响，但是母亲外出打工则会产生显著的负效应（郑磊、吴映雄，2014）。杨菊华（2011）的研究也表明，母亲在家监护的留守儿童获得高中教育的机会最高，而父亲监护的留守儿童获得高中教育的机会最低。

针对流动儿童的研究发现，这部分群体接受义务教育机会的状况较好，但是在非义务教育阶段的教育机会获得上仍然处于不利地位，比如学前教育机会不足，接受高中教育的比例偏低且存在延迟（段成荣等，2013）。

有关流动儿童和留守儿童教育问题的研究主要集中在教育机会获得、学业表现、心理适应性等教育发展成果指标上。今后的研究可以增加对流动儿童的社会信任、流动/留守儿童的主观幸福感等指标的讨论。此外，基于社会互动和同伴效应的视角，研究流动儿童在流入地学校就读对自身以及本地儿童的影响也是一个值得关注的主题。

（二）乡村变迁中的农村教育与农村学校

费孝通先生曾经提出过“文字下乡”的概念。1949年之后人民政府推行的各种成年人扫盲和教育普及运动，以“教育下乡”的方式将国家权力向基层延伸（沈洪成，

2014)。进入20世纪90年代之后，在城镇化进程中，农村学校或主动或被动地接受了以城镇学校为标准的改造。大规模的农村学校布局调整导致“撤点并校”“学校进城”“文字上移”，乡村学校成为“悬浮的孤岛”。这种调整和改造不仅仅关涉教育系统自身的资源整合，也与更为宏观的乡村治理背景下的乡镇“悬浮型政权”有关（刘云杉，2014b，2014c）。对此，不少研究讨论了乡村学校与乡村社区的关系、乡村教育课程的话语体系、乡村教育与农民日常生活以及社会流动的关系。例如程天君和王焕（2014）以及姚荣（2014）梳理了乡村小学发展兴衰的变迁，借此反思了乡村学校与农村发展的互动关系。高水红（2012）研究了乡村教育知识体系中的现代性与传统性的冲突。沈洪成（2014）分析了农村教育发展和治理过程中的诸多问题。刘云杉（2014b）探讨了乡村学校作为“悬浮的孤岛”如何改造才能更好地实现扎根农村、融入农民生活的目的。

四 对教育参与主体的互动的研究

教育自身作为一种社会系统，包括教师、学生等基本社会角色，学校、班级等社会组织，以及课程和课堂教学等社会文化和活动。对这些教育参与主体及其互动的研究是教育社会学的另一大研究主题，在此仅简单列举若干研究成果。

杜亮（2014）、王国明和郑新蓉（2014）以及郑新蓉和武晓伟（2014）研究了农村学校教师队伍建设过程中的困境以及农村教师的分层与社会流动。董泽芳（2013）、张俭明和董泽芳（2014）从符号互动论的视角分析了大学文化、高校师生课堂关系的重构。季瑾和胡金平（2013）以及胡春光和董泽芳（2013）利用福柯的规训理论研究了班级场域的活动、中小学行为规范教育。桑志坚（2012，2014）则将学校教育时间视作一种规训策略的社会时间。张爱华和贺晓星（2012）将建筑风水文化培训班作为个案探讨了知识的合理化合法化路径。

五 总结

过去几年里，中国的教育社会学研究在研究主题的拓展上和研究方法的精细化方面都取得了进展。在行文的最后，笔者尝试对未来的教育社会学研究进行展望，供同行商榷。

在以定量研究为主的教育分层和不平等研究方面，“学籍卡”等大数据逐渐进入社会科学研究者的视野（梁晨、李中清，2014），有关教育的专门性微观抽样调查数据也逐渐面向学者公布，相关研究势必进入一个新的阶段。比如对教育分层原因的研究将更多地关注家庭内部行为的影响，特别是个人能力等自致性因素与家庭背景等先赋性因素的交互作用。对教育结果不平等的考察不仅关注受教育年限、教育转换等教育获得指标（attainment），也关注学业表现、心理发展等教育成就指标（achievement）。在定量研究当中最值得关注的一个发展趋势就是对因果推断的重视。工具变量方法（instrumental variable，IV）、倾向性得分匹配（propensity score matching，PSM）、断点回归设计（regression discontinuity design，RDD）、二重差分方法（difference in differences，DID）等估计方法为提高因果推断的准确性提供了新的工具。

在以质性研究和思辨研究为主的其他教育社会学领域，也进行了方法论或理论视角上的尝试和反思，至少体现在如下两点：首先，引入了一些新的研究方法、范式，例如以批判理论的话语分析方法进行教育政策的文本分析（王熙，2012），对作为教育研究文学化现象的“教育社会理论”的讨论（贺晓星，2012），提倡“叙事资本”在理解教育社会史、生活史中的价值（贺晓星，2013），利用公民身份认同研究少数族群的教育（陈学金、滕星，2012；杜亮，2012；郭台辉，2013）。其次，对已有方法进行了反思，例如对源自“音声中心”的西方世界的深度访谈方法在“言文分离”的中国的适用性的评价（贺晓星，2014），对教育社会学研究方法论从“纯粹主义”到“实用主义”过渡的反思（程天君，2014）。

参考文献

陈学金、滕星，2013，《全球化时代“三种认同”与中国民族教育的使命》，《广西民族大学学报》（哲学社会科学版）第3期。

程天君，2014，《从“纯粹主义”到“实用主义”——教育社会学研究方法论的新动向》，《教育研究与实验》第1期。

程天君、陈晓陆，2014，《杂乱有章：辅导机构学校化与学校辅导机构化——兼对校外“辅导热”的社会学分析》，《教育学报》第1期。

程天君、王焕，2014，《从“文字下乡”到“文字上移”：乡村小学的兴衰起伏》，《教育学术月刊》第8期。

董泽芳，2013，《社会学视域中的大学文化》，《现代大学教育》第1期。

杜亮，2012，《民族主义、民族教育与身份认同》，《中国人民大学教育学刊》第4期。

——，2014，《教师分层、社会流动与教育政策的完善：以“特岗教师”为例》，《河北师范大学学报》（教育科学版）第1期。

段成荣、吕利丹、王宗萍、郭静，2013，《我国流动儿童生存和发展：问题与对策——基于2010年第六次全国人口普查数据的分析》，《南方人口》第4期。

段成荣、吕利丹、王宗萍，2014，《城市化背景下农村留守儿童的家庭教育与学校教育》，《北京大学教育评论》第3期。

高明华，2012，《父母期望的自证预言效应——农民工子女研究》，《社会》第4期。

——，2013，《教育不平等的身心机制及干预策略——以农民工子女为例》，《中国社会科学》第4期。

高水红，2012，《乡村学校教育变迁与时空意识的变革》，《北京大学教育评论》第4期。

郭台辉，2013，《公民身份认同：一个新研究领域的形成理路》，《社会》第5期。

贺晓星，2012，《表层分析宣言：教育社会理论的文学张力》，《教育学报》第6期。

——，2013，《叙事资本：对教育社会史、生活史研究的一种深度理解》，《高等教育研究》第3期。

——，2014，《教育中的权力—知识分析——深度访谈的中国经验》，《北京大学教育评论》第2期。

洪岩璧、赵延东，2014，《从资本到惯习：中国城市家庭教育模式的阶层分化》，《社会学研究》第4期。

胡春光、董泽芳，2013，《规范还是规训？——对中小学行为规范教育的反思》，《教育学术月刊》第7期。

季瑾、胡金平，2013，《班级场域中的规训揭示与教育构型》，《教育科学研究》第4期。

李春玲，2014a，《“80后”的教育经历与机会不平等——兼评〈无声的革命〉》，《中国社会科学》第4期。

——，2014b，《教育不平等的年代变化趋势（1940—2010）——对城乡教育机会不平等的再考察》，《社会学研究》第2期。

李丽、赵文龙，2014，《高校扩招背景下高中分流与教育机会公平研究》，《西安交通大学学报》（社会科学版）第5期。

梁晨、李中清，2012，《无声的革命：北京大学与苏州大学学生社会来源研究（1952—2002）》，《中国社会科学》第1期。

——，2014，《大数据、新史实与理论演进——以学籍卡材料的史料价值与研究方法为中心的讨论》，《清华大学学报》（哲学社会科学版）第5期。

刘保中、张月云、李建新，2014，《社会经济地位、文化观念与家庭教育期望》，《青年研究》第6期。

刘精明，2014，《能力与出身：高等教育入学机会分配的机制分析》，《中国社会科学》第8期。

刘云杉，2014a，《教育失败者究竟遭遇了什么?》，《清华大学教育研究》第4期。

——，2014b，《“悬浮的孤岛”及其突围——再认识中国乡村教育》，《苏州大学学报》（教育科学版）第1期。

——，2014c，《人惟求旧，物惟求新——城镇化进程中学校如何重建》，《中小学管理》第5期。

罗燕、杨钋，2011，《中国高等教育的制度正义：在扩张与平等之间——新制度主义社会学的分析》，《清华大学教育研究》第6期。

仇立平、肖日葵，2011，《文化资本与社会地位获得——基于上海市的实证研究》，《中国社会科学》第6期。

桑志坚，2012，《社会时间：重审学校教育时间的新视角》，《现代教育管理》第3期。

——，2014，《作为一种规训策略的学校时间》，《湖南师范大学教育科学学报》第5期。

沈洪成，2014，《教育下乡：一个乡镇的教育治理实践》，《社会学研究》第2期。

王甫勤、时怡雯，2014，《家庭背景、教育期望与大学教育获得——基于上海市调查数据的实证研究》，《社会》第1期。

王国明、郑新蓉，2014，《农村教师补充困境的政策与社会学考察》，《教师教育研究》第4期。

王进、陈晓思，2013，《学校环境与学生成绩的性别差异：一个基于广州市七所初中的实证研究》，《社会》第5期。

王进、汪宁宁，2013，《教育选择：理性还是文化？——基于广州市的实证调查》，《社会学研究》第3期。

王威海、顾源，2012，《中国城乡居民的中学教育分流与职业地位获得》，《社会学研究》第4期。

王伟宜、吴雪，2014，《高等教育入学机会获得的城乡差异——基于1982—2010年我国16所高校的实证调查》，《复旦教育评论》第6期。

王熙，2012，《简论批判理论的话语分析》，《四川大学学报》（哲学社会科学版）第6期。

魏新岗、李德显、周宁丽，2012，《近二十年美国教育社会学的前沿主题与热点领域——基于〈教育社会学〉杂志刊载文献可视化分析》，《全球教育展望》第8期。

巫锡炜，2014，《中国教育不平等的变动趋势：队列视角的考察》，《人口研究》第6期。

吴愈晓，2012，《中国城乡居民教育获得的性别差异研究》，《社会》第4期。

——，2013a，《教育分流体制与中国的教育分层（1978—2008）》，《社会学研究》第4期。

——，2013b，《中国城乡居民的教育机会不平等及其演变（1978—2008）》，《中国社会科学》第3期。

薛海平、王东、巫锡炜，2014，《课外补习对义务教育留守儿童学业成绩的影响研究》，《北京大学教育评论》第3期。

杨江华，2014，《我国高等教育入学机会的区域差异及其变迁》，《高等教育研究》第12期。

杨菊华，2011，《父母流动、家庭资源与高中教育机会》，《学海》第2期。

姚荣，2014，《从“嵌入”到“悬浮”：国家与社会视角下我国乡村教育变迁研究》，《清华大学教育研究》第4期。

叶华、吴晓刚，2011，《生育率下降与中国男女教育的平等化趋势》，《社会学研究》第5期。

张爱华、贺晓星，2012，《高等教育场域中的知识建构——建筑风水文化培训班事件的案例研究》，《北京大学教育评论》第4期。

张俭明、董泽芳，2014，《从冲突到和谐：高校师生课堂互动关系的重构——基于米德符号互动论的视角》，《现代大学教育》第1期。

张兆曙、陈奇，2013，《高校扩招与高等教育机会的性别平等——基于中国综合社会调查（CGSS2008）数据的实证分析》，《社会学研究》第2期。

赵延东、洪岩璧，2012，《社会资本与教育获得——网络资源与社会闭合的视角》，《社会学研究》第5期。

郑磊，2013，《同胞性别结构、家庭内部资源分配与教育获得》，《社会学研究》第5期。

郑磊、王思檬，2014，《学校选择、教育服务资本化与居住区分割——对“就近入学”政策的一种反思》，《教育与经济》第6期。

郑磊、吴映雄，2014，《劳动力迁移对农村留守儿童教育发展的影响——来自西部农村地区调查的证据》，《北京师范大学学报》（社会科学版）第2期。

郑磊、侯玉娜、刘叶，2014，《家庭规模与儿童教育发展的关系研究》，《教育研究》第4期。

郑新蓉、武晓伟，2014，《我国农村教师队伍建设与支持性政策的思考》，《河北师范大学学报》（教育科学版）第1期。

周潇，2011，《反学校文化与阶级再生产：“小子”与“子弟”之比较》，《社会》第5期。

朱洵，2013，《教育全球化中的影子教育与文化资本理论》，《清华大学教育研究》第4期。

Björklund, A. & K. G. Salvanes, 2011, "Education and Family Background: Mechanisms and Policies." In E. Hanushek, S. Machin & L. Woessmann (eds.), *Handbook of the Economics of Education* (Vol. 3). Amsterdam: Elsevier Science.

作者单位：北京师范大学教育学部暨首都教育经济研究院

消费社会学研究综述

王　宁

过去的4年（2011—2014年）是国内消费社会学研究快速推进、成果丰硕的4年。一方面，在这期间涌现了一批学术著作，[①] 以及一批对消费社会学学科进行理论和方法论反思的论文，代表着消费社会学基础理论的扎实推进；另一方面，有关消费社会学的本土化的实证研究得到实质性发展，学者们扎扎实实地从事调查和田野研究，积累了丰富的定量数据和田野资料，并在此基础上逐步形成消费社会学的各种研究主题。具体来说，学者们在这4年期间的研究主要围绕下面十个主题展开。

一　消费社会学的基础理论与方法论的反思

消费社会学是从国外引进的一门分支学科，国内的学者在从事国内的消费现象的研究的过程中，主要是借鉴西方学者的理论框架。这样做的好处在于可以让我们少走弯路，但也会带来一些弊病，如：用西方的理论来“裁剪”或“切割”中国的现实。有鉴于此，学者们进行了各种学术反思。

朱迪（2012a）发现，目前国内学术界在消费社会学方面的研究大多是实证研究，缺乏相关理论的建构。在理解中国的消费问题上，不得不依赖传统的西方理论。她倡导一种“批判”和“发展”的眼光来应用西方理论。她主张在外来文化和本地文化互动的全球化理论的框架中来解释消费行为。她的著作《品味与物质欲望：当代中产阶层的消费模式》（2013）就是贯彻这一理念的杰作。

用西方的理论概念来“裁剪”中国现实的一个例子是国内关于中国的消费主义的研究。据朱迪（2012a）的观察，很多国内的文献将在中国新出现的消费现象盲目地归

---

① 在这期间，彭华明的《消费社会学新论》（北京师范大学出版集团，2011年）出版。王宁的《消费社会学》第二版也于2011年出版（社会科学文献出版社）。这一期间的消费社会学的相关著作还有：《消费社会》（刘方喜、党圣元，中国社会科学出版社，2011年）、《西方新马克思主义的消费社会理论研究》（闫方洁，上海世纪出版集团，2012年）、《性属、媒介与权力再生产——消费社会背景下电视对男性气质的表征》（吕鹏，北京理工大学出版社，2011年）、《节约型社会背景下的奢俭消费研究》（何昀，湖南师范大学出版社，2012年）、《消费文化理论研究：基于全球化的视野和历史的维度》（杨魁、董雅丽，人民出版社，2013年）、《品味与物质欲望：当代中产阶层的消费模式》（朱迪，社会科学文献出版社，2013年）、《家庭消费行为的制度嵌入性》（王宁，社会科学文献出版社，2014年），等等。

结为“消费主义”。她认为，“消费主义”是一种起源和发展于西方且具有争议的名词。用这样一个语义含混的概念来指涉中国的各种新兴、复杂的消费现象，显得过于简单化。无独有偶，吴金海（2012）也对国内关于消费主义研究中的简单的“贴标签”现象进行了批评。他认为，由于国内学界倾向于对“消费主义”赋予强烈的道德贬义，中国消费社会研究呈现单一的批判基调，现实中千姿百态的消费现象在许多学者眼里几乎都成了批判的对象。国内一些学者习惯于把消费主义视为外来物，同时立足于自身传统“节俭”或“禁欲”的价值观立场，认为作为“外来物”的消费主义与中国的传统文化格格不入。他认为，中国学术界对消费主义的理解上出现了典型的“过敏”症状。如果不能克服“过敏症”，那么，对消费主义的批评将会变得苍白无力。

当然，强调学者要避免简单地用西方的概念来“裁剪”中国的现实，并不是说学者就可以完全撇开西方的理论或文献。事实上，理论只存在“好”与“坏”之分，不存在“中”与“外”之分。有鉴于此，王宁（2013）在与西方的“消费自主性”这个主流研究范式的对话中，提出“消费嵌入性”的研究范式。他认为，消费的自主性和消费的脆弱性是现代消费生活的两个基本特点。但是，在消费研究的主流文献中，占据主导地位的是“消费的自主性”范式。这一范式忽略了现代社会中由系统所引发的消费的脆弱性。为了更有效地应对消费的脆弱性，需要建立新的理论工具和新的研究范式。他提出“消费嵌入性”的研究范式，并将其运用于分析中国的消费实践（王宁，2014a）。从制度分析的角度来研究消费，得到越来越多的学者的响应（方劲，2012；赵卫华，2014；林晓珊、张翼，2014）。方劲（2012）也提出，要从制度不确定性的视角来研究消费。

对消费社会学理论的反思还体现在对西方消费社会学理论的介绍和研究。例如，波德里亚已成为炙手可热的研究对象（郑震，2014）。对布迪厄和鲍曼的消费社会学思想的研究也取得了进展（朱伟珏，2012a，2012b；汪冬冬，2013）。关于西方新马克思主义的消费社会理论的研究也取得显著成果（闫方洁，2012）。

学者们对消费社会学视角的解释力也进行了反思，并试图把消费社会学的视角扩展到分析一些表面上似乎同消费没有关系的现象。张敦福与吴玉彬（2012）就试图运用消费社会学视角来对有关工人阶级意识研究进行新综合。文军与罗峰（2014）则试图从消费社会学视角来分析公共知识分子的污名化现象。

除了对消费社会学的基础理论进行反思，学者们还从方法论角度对消费社会学研究进行了反思。例如，朱迪（2012b）对混合研究方法进行了方法论反思。她以中产阶级消费模式的研究为例，详细阐述了该研究使用混合研究方法的原因、目的、方法论、具体研究策略及其应用。

二　消费社会的形成、性质及其社会—文化后果

消费社会学的研究主题之一，是对消费社会的研究。它关注的问题是：消费在社会

发展中具有什么作用？消费社会有什么性质和特征？其后果是什么？

在传统的人文社会科学领域，生产主义视角占据主导地位。虽然生产主义视角对社会变迁具有很强的解释力，但仍然留下了解释的盲点。如果采取消费的视角，那么，这些盲点就可以克服。例如，李新宽（2013）就运用消费的视角来分析世界历史何以从农本向重商的转变。张敦福、段媛媛（2012）分析了西方消费社会的形成、性质及其社会后果，揭示了社会物质化以后人与人社会关系贫乏的结果。

学者们也意识到，消费社会是与市场经济相联系的，不论是在西方，还是在东方，只要奉行市场经济，消费社会就是一个绕不开的发展阶段。就中国来说，消费社会的到来，同样不可避免（莫少群，2012）。但消费社会是一个令人好恶交织的社会。它是经济逻辑的产物，但也造成一系列社会与文化的后果。例如，朱伟珏（2013）把自恋主义看作消费社会的后果。她指出，自恋主义对公共及私人领域均已产生不可估量的影响。消费社会还把原来许多不可作为商品的东西，都变成了可供交易的商品。例如，人的亲密关系，也变成可以通过交易消费的商品（潘绥铭、侯荣庭，2014）。陈晓敏、杨柳（2012）则揭示了消费社会中性如何成为商业营销手段的过程和后果。她们发现，消费领域中性符号的多种形式的呈现，成了商业和娱乐业运作的主要手段。性被纳入消费主义所培养的享乐主义运动中，成了消费主义一个有力的辅助。

三　消费全球化

随着全球化研究范式在社会科学中越来越普及，消费全球化也引起了国内学者的重视（朱迪，2012a；王宁，2012a）。在全球化的今天，富裕的西方消费社会与贫穷的发展中国家之间不再仅仅限于功能上或经济上的联系。借助大众媒体和人口流动，前者对后者在文化层面上的影响越来越大。

王宁（2012a）试图对西方的消费全球化范式进行理论上的整合。他发现，在有关消费全球化的研究中，存在三个不同的命题：全球同质化命题、文化混合化命题、不均衡全球化命题。王宁试图用嵌入性的理论框架来对这三个命题进行整合。在他看来，“全球同质化”命题实质上描述的是一个产品脱嵌的过程，“文化混合化”命题所揭示的是脱嵌产品的再嵌过程，而“不均衡全球化”命题则分析了脱嵌产品在其再嵌过程中的嵌体结构及其对再嵌过程的影响。

消费全球化还体现为人们的跨国实践。人们能动地利用全球化框架下的地方差异来分别实现人的不同方面的价值的最大化兑现。基于对美国的福州移民的两栖消费现象的研究，黎相宜与周敏（2014）揭示了国际移民跨境消费中的消费的社会价值的最大化兑现的逻辑。她们区分了消费的两种价值：功能性价值和非功能性价值。功能性价值指的是个人对于商品所带来的用于完成其基本劳动力再生产的物质需求。而非功能性价值指的是个人对于商品所期望的、除去功能性价值的需求，如享乐价值和社会价值。她们认为，国际移民在移居地的消费活动大多只能实现消费的功能性价值，但消费的非功能性价值则受到不同程度的结构性限制。在全球化和区域性不平衡发展的脉络下，国际移民又有可能将消费的非功能性价值通过跨国实践从移居地转移到祖籍地来实现。

消费全球化中的跨国消费实践不但包括国际移民回到祖籍地进行“地位消费”，而且包括发展中国家的中产阶层成员跨境到富裕的西方消费社会中从事旅游、购物和其他各种消费体验。例如，中国的中产阶层把他们的子女送到国外游学，就是一种典型的跨国消费实践。在全球化的背景下，中国中产阶层子女的国际游学是中产阶层的隔代文化资本的投资方式，是阶层化的文化体验（徐盈艳，2012）。

四 消费现象的制度嵌入性

消费不但是一种符号表达（周素戎、朱虹，2013），而且是一种制度性行为。消费不但可以彰显消费者的主观能动性，而且也不可避免地受到制度和社会结构的约束。因此，对消费现象的社会学研究，不能仅仅限于符号分析的角度，而且也必须采纳制度分析的视角。王宁（2014a）在其著作《家庭消费行为的制度嵌入性》中，系统地论述了制度分析视角对于消费社会学研究的必要性，以及如何从制度视角来对消费行为进行分析。

从制度分析的视角出发，可以解释许多符号分析视角所无法分析的中观层面和宏观层面的消费现象。林晓珊与张翼（2014）把制度变迁作为消费不平等的分析视角，揭示了消费不平等的深层根源。他们通过对制度变迁中私人消费领域和集体消费领域不平等状况的考察，发现消费不平等不仅与个人在市场化中的境遇有关，而且与国家一系列集体消费模式的制度转型密切关联。赵卫华（2014）也从涉及私人消费与集体消费的关系的制度安排来分析中国城市居民的民生（即消费模式）的演变。赵锋（2014）则从生活实践逻辑和制度逻辑的互动来分析信用卡消费现象。

五 新生代农民工的消费及其身份认同建构

消费领域的社会分层与社会不平等是近些年消费社会学领域的热门研究话题（侯玲，2013；扈海鹂，2012；林晓珊、张翼，2014；李春玲，2014；孟蕾，2014；张杨波，2011；张品、林晓珊，2014；朱迪，2014）。这些研究既有侧重分析工人阶级与消费文化的关系，揭示了工人阶级与中产阶级的不平等（扈海鹂，2012）；也有分析大学生内部的消费不平等（朱迪，2014）以及大学生文化消费不平等（孟蕾，2014）；还有分析交通工具（如是否选择乘坐高铁）消费上的不平等（张杨波，2011），以及地方与地方之间的消费资源和机会上的不平等（王宁，2014b）。但大部分研究都集中在分析农民工，尤其是在新生代农民工的消费以及农民工与城市居民的不平等上。

尽管农民工人力资本的市场地位以及不平等的制度约束了农民工的消费能力（孙凤、王少国，2013），消费对于农民工的身份认同还是起着重要作用的。王雨磊

（2012）通过分析大样本的定量数据显示，消费对于农民工的身份认同具有显著影响。赵晔琴与梁翠玲（2014）基于2010年度中国综合社会调查的资料（CGSS 2010）年的数据，分析了住房消费对于农民工身份认同的影响。纪江明等（2013）利用“2010年上海市外来务工人员情况”问卷调查数据，对新生代农民工消费方式转型与身份认同困境进行了实证研究。研究表明，新生代农民工在消费行为和身份认同上试图模仿上海市民的消费方式，不断加强和建构对自身“新上海人”身份的认同。但是，由于受到整体收入水平、未来收入预期的不确定性、城乡二元制度及其社会观念等方面的影响，新生代农民工的消费方式呈现“二元化”的特征。高梦媛与郑欣（2013）从娱乐消费的角度研究新生代农民工的城市适应。他们发现，新生代农民工在生活方式、心理态度等方面与老一代存在着较大差异。新生代农民工在消费观念上更加认同城市的文化娱乐消费方式，融入城市文化生活的态度也更加积极主动。

尽管侯玲（2013）认为新生代农民工面临着阶层固化的问题，但他们依然具有炫耀性消费行为（金晓彤、崔宏静，2013）。然而，炫耀性消费无法充分刻画农民工消费的全貌。有鉴于此，王宁与严霞（2011）通过对广州市J工业区服务业打工妹身体消费的质性研究，揭示了新生代农民工的两栖消费与两栖认同的对应关系。游伟荪（2014）认为，农民工的回乡消费，纳入了乡村社会的消费攀比与竞争的逻辑之中。她通过对江西省Q镇在外务工青年驾车回乡现象的研究发现，驾车回乡固然为农民工回乡提供了交通的便利和方便，但同时也具有身份展示的效用。回乡盖房也成为农民工的一种补偿性消费策略。张品与林晓珊（2014）发现，虽然农民工消费不起城市的生活方式所需要的商品房，但是他们可以通过无偿的宅基地使用权在农村社区实践城市生活方式，建设现代化的住宅。农村居民将现代住宅引入农村社区之中，也是对城乡居民住房不平等的一种反应。

如果说，户籍制度构成新生代农民工城市融入的障碍，那么，是否意味着农民工如果获得城市户籍（农转非）就可以充分实现城市融入呢？事实并非如此。梁晨（2012）认为，城市化不仅仅是获得城市户籍、实现制度性身份的转变（农转非），而且是生活方式的全方位的市民化。

六　中产阶层的消费文化

对中国中产阶层的研究是近些年来的热门领域，其中也包括对中产阶层的消费文化的研究。朱迪（2013a）在其著作《品味与物质欲望：当代中产阶层的消费模式》中，以全球化、城市化和扩大内需为背景，利用全国大样本调查数据和对30位中产阶层成员的访谈资料，从日常消费、物质文化和品味三个维度对中国中产阶层的消费模式和消费倾向进行了深入研究。她发现，现有文献在研究中国中产阶层消费者时，常常强调一种“他人导向型的消费倾向”——热衷炫耀性消费。但是，她的研究显示，中产阶层在其消费实践中呈现自我导向型的消费倾向。中产阶层成员对乐趣和舒适的追求是审美辩护的一种显著形式，量入为出是主要的道德辩护（朱迪，2013a，2013b）。朱迪（2013c）还从城市化背景下对“边缘中产阶层”上升到中产阶层的可能性进行了探讨。

李春玲（2011）基于全国抽样调查数据，描述了中产阶层的家庭消费水平、消费结构、家庭耐用品拥有率、消费行为模式及住房和汽车消费，并比较了中产阶层与其他社会阶层的差异。结果显示，中产阶层展现出与其他阶层不同的消费特征，中产阶层的消费文化正在形成。大多数中产家庭保持着适度的、可持续的或逐步提升的消费水准。孙秀林与张璨（2014）运用问卷调查数据对上海青年中产阶层的奢侈品消费进行了研究。他们的研究显示，中产阶层的主观认同地位比其客观阶层地位更影响奢侈品消费。李怀与程华敏（2014）则对中产阶层的一个特殊群体——大学教师——的旅游消费体验进行了研究。他们分析职业习惯、制度环境和文化资本等非经济因素与同质性游客群体的旅游消费体验之间的关系。他们发现，大学教师的旅游消费体验呈现出专业型、探索型、审美型、休闲型与补偿型五种不同的“镜像”。

七 消费行为模式

除了从分层的角度研究消费，学者们也从更一般的角度研究消费者的行为模式。具体来说，这些研究包括消费者行为研究、仪式消费研究和生活方式研究。

（一）消费者行为

吴金海（2011）提出了“差异化的进化”的分析角度。他从这一视角出发，回答炫耀性闲暇如何被炫耀性消费所替代，以及炫耀性消费如何被符号消费所替代的问题。他认为，人们通过消费表达与他人的差异（差异化），是为了达到某种效用，即差异化效用（以下用“U”表示）。它主要由两个因素决定。第一，该差异化手段的社会注目度（以下用“I”表示）。第二，该差异化手段在社会中的使用可能度（以下用“P”表示）。很显然，I和P对U起着相反的作用，当I和P出现同时变动时我们很难确定U的最终变化趋势。但至少有一点是肯定的，那就是当P为定值时，U值随着I值的增大而增大；当I值为定值时，U值随着P值的增大而减小。显然，差异化的进化是存在客观规律的。

吴金海（2013）还从“效率性消费”的视角出发，就“两栖消费”的概念与王宁进行商榷。他认为，王宁所提出的“两栖消费”所描绘的我国消费者既节约又阔绰的消费策略，可以从山崎正和所提出的“效率性消费”中得到另外一种理解，即“两栖”消费中的“节俭主义”和“享乐主义”其实都遵循了统一的“效率性”原则。

王宁（2011）则从场域逻辑的角度对炫耀性消费进行了重新解读。他发现，凡勃仑提出的炫耀性消费的概念含义模糊。相应的，学术界对这一概念进行了不同的解读，包括竞争主义范式的解读和规范主义范式的解读。王宁通过两个典型案例的研究，揭示了竞争主义范式和规范主义范式在解释力上的不足，并提出了炫耀性消费的“场域逻辑”的观点。

张敦福（2012）对上海的团购现象进行了研究。他发现，近些年，越来越多的都市居民（以年轻白领为主）在网络媒体公司组织下，参加砍价师与供应商的集体砍价活动，获得比一般市场零售更优惠的价格和服务。他的研究显示，团购是一种新的消费形式，但团购既不同于单位制下的集体主义，也有别于日本和法国的消费者运动，消费者更多的是在网络传媒等商业公司组织下“多、快、好、省”地满足自身需求的相对弱者。

关于支付行为的研究也在近年取得进展。王宁（2014c）发现，在中国人的朋友聚餐活动中，存在着“抢单”的现象。“抢单”的结果是轮流买单。这种现象涉及一个更为一般的“人情结算周期与义务承担模式”的问题。他认为，“抢单”制既是一种道德表演机制，也是一种通过积极主动地履行私人义务以再生产社会资本的一种方式。陈文超与陈文（2012）则研究了哈尼族乡村日常生活中的消费赊账形式。他们发现，在“春种秋收”农业经济模式中，消费赊账具有使村民的日常生活得以维系和延续的功能。在实践中，地缘与情感因素的叠加使坐商的赊账发生率高于行商。消费赊账是一种生活型经济行动，是在“互惠”支配机制作用下的实践经济。赵锋（2014）从社会学角度研究了信用卡支付现象。他从消费者生活风格的内在关联性和资本体制的现实性的角度出发，分析了信用卡消费实践所蕴含的逻辑。

一些学者则进一步从社会性别的角度来研究消费者行为。李聪等（2014）从社会性别视角出发对西部贫困山区农户家庭消费结构进行了分析。他们发现，丈夫文化程度的提高有利于家庭消费倾向的改善和消费结构的合理化，当农户中两性之间越是趋于平等时，家庭的边际消费倾向就越大。此外，妻子贡献家庭主要收入时，其家庭消费倾向于教育投资。当家庭倾向于性别平等或家庭中女性权力较大时，其消费支出较多，消费水平较高。池上新（2013）以厦门的调查数据为基础，研究了城市居民名牌消费的性别差异及其原因。他也发现，城市居民的名牌消费行为存在性别差异。方英（2011）则从“性别政治”与“生活实验”的角度分析了当地城市居民家务劳动分工的实践逻辑。

（二）仪式消费

蒋建国（2012）论述了仪式消费及其时代意涵。他指出，仪式是连接过去和现实的桥梁，对民众的精神信仰和价值取向起着极为重要的引导作用。由于消费主义、个人主义、拜金主义等方面的影响，当下中国社会出现了仪式消费异化的现象。杨天保与袁丽红（2013）则对少数民族的礼俗消费进行了人类学分析，揭示了礼俗消费乃是“礼俗交往经济”的一部分，而“礼俗交往经济”则是近代广西农村的“内循环运行机制”。闵学勤（2011）则从仪式消费的角度解读了当地城市青年的住房消费现象。他指出，城市青年的购房行为已从集体消费转向集体展演，对住房的认同已从经济资本扩展到符号资本。孙沛东（2012）对“文革”期间广东居民的着装时尚研究，揭示了居民的日常着装行为如何演变成一种政治宣示仪式。

（三）生活方式

王雅林（2013）回顾了我国30年来开展生活方式研究的历程，揭示了生活方式研究的现时代意义。他力图突破西方社会学研究范式，以“生活论”为解释框架，指出社会的实质是以生活为内在核心结构，以生活需要为内驱力，在整体结构关系中的组织和个人互动生成所形成的动态复合体；而我们要建设的“好社会”就是，组织机构和个人在特定的结构关系中共同呵护生活、日益满足人们过更好生活愿望的社会，由此决定了生活方式问题将成为“好社会”建设的必要条件。生活方式在“好社会”建设中具有作为价值导向的“意义系统”、作为生活资源的“配置系统”、作为主体的“调适系统”和作为社会运行的“软动力系统”四大系统功能。王雅林（2012）还通过对“生活型社会”的论述，解释了中国为什么不能选择西方“消费社会”的发展模式。赵丽娜与鞠晓峰（2013）通过分析生活与消费的关系，揭示二者关系的错位，即：消费由生活服务的工具变成了一切活动的终极目标。它导致一系列负面社会后果。郭景萍与陈小娟（2013）则从实证的角度研究了广东人的生活方式。

八　新技术产品的消费：手机、网络与汽车

随着手机、社会媒体、汽车等新技术产品在日常生活中占据的位置越来越重要，对这一类新技术产品消费的社会学研究也日渐多了起来。

孙秋云与费中正（2011）透过西江苗寨的手机消费现象，揭示了农村地区兴起的消费现代性及其相应的社会变迁。杨嫚（2011）通过武汉新生代农民工的手机使用的研究，揭示了新技术产品对于身份建构的作用。但是，她发现，受到其日常生活与生活情境的影响，农民工的手机消费并不能从根本上重塑他们的社会身份。朱迪与陈恩海（2014）通过调查发现，大学生的手机消费体现出文化品位的“全球化”，但同时也体现出理性。徐波与朱丽丽（2013）对苹果品牌手机消费的迷（或“粉丝”）群体进行了研究。他们发现，苹果迷群体利用苹果产品建构属于他们自己的“领地”，并在“领地”里展示自己的符号生产力、声明生产力和技术生产力。作为商品消费者，“苹果迷”与大众文化工业具有“收编”与“反收编”的特殊关系。

林晓珊（2011）通过青年的网络消费来分析当代青年消费文化的变迁。他指出，作为一种新的消费工具，网络消费使当代青年消费文化具有消费观念的超前性、消费行为的时尚性、消费需求的差异性和消费方式的便捷性的特征；作为一种新的消费空间，网络消费呈现出了流动性、隐秘性和意识形态化的特征；而作为一种新的消费体验，网络消费给当代青年带来了新奇体验、认同体验以及现代性的“好恶交织”体验等方面的新内涵。王雨磊（2014）对都市青年的汽车消费的实质进行了分析。他认为，消费过程实为一场游戏，而汽车消费品则为游戏中的重要道具。

九　地方作为总体性消费品与产业转型升级

近些年国内消费社会学发展的一个动态是把消费与产业转型升级联系起来。王宁（2014d）认为，具有高人力资本的人才往往更看重地方作为一个总体性消费品的质量。他们的择地行为影响了高新技术产业公司的选址行为。而城市政府为了吸引高新技术公司，不但要考虑这些公司的盈利需要，而且要考虑人才的舒适物偏好。在劳动力自由流动的条件下，地方作为总体性的消费品质量构成助推城市产业结构优化升级的力量。

那么，地方作为一个总体性消费品，其构成是什么呢？王宁（2014d，2014e）认为，它的主要构成是各种舒适物。王宁（2014e）借鉴经济学中的“消费外部性”理论，认为集体消费品（舒适物系统）也是一种资本；但它不是传统的生产型资本，而是一种消费型资本。地方作为一个总体性消费品在促进产业转型升级中的作用，主要借助的是地方分层机制，即通过地方分层吸引人才从低层的地方向高层的地方流动（王宁，2014f）。

既然人才流动对于产业升级发挥不可或缺的作用，那么，人才流动如何同消费联系起来呢？王宁（2014g）认为，消费流动是社会流动的一个向度。消费流动不但涉及与市场相联系的社会不平等，而且涉及与再分配机制相联系的社会不平等。通过引入消费流动的向度，社会分层与流动的理论就不但解释了个体之间或阶层之间的不平等，而且解释了地方之间的不平等。它有助于分析地方与地方之间在人才竞争上的优势与劣势的体制根源。

十　消费问题

近些年，学者们也对一些重要的消费问题进行了深入研究。

（一）消费者权利及保护

胡杨玲、周林刚（2012）揭示了当前弱势群体在文化权利上面临的困境。既有的公共文化服务体系还没有惠及广大弱势群体。他们认为，政府必须通过各种政策确保弱势群体的文化权利。消费者维权运动也成为学者关注的一个重要问题。林晓珊（2012）探讨了消费维权运动中的市场、国家与消费者组织的关系，提出了消费公民权的一个分析框架。他通过对2009年以来轰动全球的“丰田召回事件”的剖析，探讨了中国消费者的合法权益是如何遭到跨国公司的侵犯，以及国家与消费者组织在消费维权运动中所扮演的角色和所遭遇的尴尬。

（二）宏观领域的消费问题

在中国宏观领域的消费问题中，最突出的是“三公消费”问题。严霞与王宁

(2013)通过对一个县级政府的个案研究，揭示了“公款吃喝”的隐性制度化过程。王宁（2012b）还对国家在扩大消费政策上所隐含的矛盾——对居民的消费欲进行“符号刺激”和对居民的消费力进行“结构抑制”——进行了分析。这一矛盾则与“消费私民化”（王宁，2014h）有内在的关联。王宁认为，消费供给模式现代化的制度包括消费的市场化制度和消费的社会化制度。中国的消费供给模式的制度特征体现为“长于市场化制度，短于社会化制度”。它使中国的家庭消费在一定程度上呈现“消费私民化”趋势。消费私民化包括结构性和文化性两种类型：二者相互促进，并在一定条件下陷入恶性循环（王宁，2014h）。

（三）农村消费问题

农村消费问题也引起了学者的重视。侯俊芳（2013）发现，改革开放30多年来，我国中部农村地区普遍出现婚姻高消费等现象。贺雪峰（2011）研究了农村的人情往来及其日益加码的送礼给农民居民所造成的负担。他认为，农村人情普遍出现了异化。徐京波（2013）研究了农村个体化趋势与消费主义在农村蔓延的关系。他认为，消费主义的流行瓦解了农村的互助关系，乡村社会日趋个体化，农村社会关系出现危机。

（四）消费、犯罪与山寨消费

消费与犯罪的关系是一个被国内学者所忽略的问题。杨玲丽（2011）基于改革开放30年的统计数据的分析，对消费与犯罪的关系进行了研究。她发现，改革开放30年以来，我国经济发展取得了成就，我国犯罪率也在节节攀升。她认为，犯罪率的攀升与中国进入消费社会和日益变迁的消费文化密切相关。她的回归分析结果显示，微观个体层面的“消费支出”和“消费结构”、中观社会层面的“消费差距”、宏观政策层面的“消费价格指数CPI”均对犯罪率有着显著的正影响效应。中国社会中的另外一个消费问题是“山寨”消费，即仿冒品牌的消费。焦若水（2011，2014）从宏观社会学角度对这一问题进行了新的解读。他认为，山寨消费是一种典型的亚文化。山寨消费其实是一种底层消费者对符号霸权的反抗活动。

参考文献

陈文超、陈文，2012，《哈尼族乡村日常生活中的消费赊账形式——以云南省元阳县箐口村为例》，《云南民族大学学报》（哲学社会科学版）第1期。

陈晓敏、杨柳，2012，《“性”与消费主义的优先选择》，《社会科学战线》第3期。

池上新，2013，《城市居民名牌消费的性别差异及其原因分析——以厦门市为例》，《消费经济》第2期。

方劲，2012，《制度不确定性：消费社会学的一个研究视角》，《天府新论》第5期。

方英，2011，《家务劳动分工：女性的“生活实验”与“性别政治”》，《广东社会科学》第4期。

高梦媛、郑欣，2013，《文化自觉：从娱乐消费看新生代农民工的城市适应——基于长三角地区外来务工人员的考察》，《新疆社会科学》第3期。

郭景萍、陈小娟，2013，《消费文化与广东人生活方式流变的调查与分析——一种观念实证研究的角度》，《广东社会科学》第3期。

贺雪峰，2011，《论熟人社会的人情》，《南京师大学报》（社会科学版）第4期。

侯俊芳，2013，《我国中部农村结婚消费变迁研究——以河南省D村为个案》，《农村经济》第9期。

侯玲，2013，《消费视野下新生代农民工阶层固化的表现及危机》，《中国青年研究》第6期。

胡杨玲、周林刚，2012，《弱势群体公共文化服务体系建设研究——基于残疾人公共文化消费状况的调查》，《经济社会体制比较》第1期。

扈海鹂，2012，《消费文化与工人阶级》，《中国劳动关系学院学报》第6期。

纪江明、陈振营、赵毅，2013，《新生代农民工“二元化”消费方式与身份认同研究——基于2010年上海市外来农民工的调查》，《人口与发展》第2期。

蒋建国，2012，《仪式消费及其时代意涵》，《天津社会科学》第4期。

焦若水，2014，《反抗符号：山寨消费与消费政治》，《兰州大学学报》（社会科学版）第1期。

——，2011，《生活政治视野中的山寨消费——山寨现象的社会学再解读》，《社会科学研究》第5期。

金晓彤、崔宏静，2013，《新生代农民工社会认同建构与炫耀性消费的悖反性思考》，《社会科学研究》第4期。

黎相宜、周敏，2014，《跨国空间下消费的社会价值兑现——基于美国福州移民两栖消费的个案研究》，《社会学研究》第2期。

李春玲，2011，《中产阶级的消费水平和消费方式》，《广东社会科学》第4期。

——，2014，《中国城乡消费鸿沟变化趋势2001—2011》，《北京工业大学学报》（社会科学版）第1期。

李聪、黎洁、李亚莉，2014，《社会性别视角下的西部贫困山区农户家庭消费结构分析》，《妇女研究论丛》第1期。

李怀、程华敏，2014，《旅游消费的体验镜像：一个合法性逻辑的分析》，《兰州大学学报》（社会科学版）第5期。

李新宽，2013，《从消费视角看世界历史农本向重商的转变》，《武汉大学学报》（人文科学版）第5期。

梁晨，2012，《生活方式市民化——对农转非居民消费模式与闲暇模式的探讨》，《青年研究》第5期。

林晓珊，2011，《网络消费与当代青年消费文化的变迁》，《青年探索》第2期。

——，2012，《消费维权运动中的市场、国家与消费者组织：消费公民权的一个分析框架》，《学术研究》第7期。

林晓珊、张翼，2014，《制度变迁与消费分层：消费不平等的一个分析视角》，《兰州大学学报》（社会科学版）第1期。

孟蕾，2014，《中国大学生文化消费的社会分化》，《兰州大学学报》（社会科学版）第6期。

闵学勤，2011，《空间拜物：城市青年住房消费的仪式化倾向》，《中国青年研究》第1期。

莫少群，2012，《消费型社会：历史逻辑与现实价值》，《南京社会科学》第12期。

潘绥铭、侯荣庭，2014，《21世纪中国的“亲密消费”：国家法理与民间信念的互构》，《云南师范大学学报》（哲学社会科学版）第1期。

孙凤、王少国，2013，《农民工消费能力研究》，《学习与探索》第4期。

孙沛东，2012，《总体主义背景下的时尚——“文革”时期广东民众着装时尚分析》，《开放时代》第4期。

孙秋云、费中正，2011，《消费现代性：手机与西江苗寨的社会变迁》，《贵州民族研究》第3期。

孙秀林、张璨，2014，《上海青年中产阶层的奢侈品消费研究》，《青年研究》第5期。

汪冬冬，2013，《消费社会中新穷人的生存境遇研究——论鲍曼的后现代穷人观》，《华东理工大学学报》（社会科学版）第4期。

王宁，2011，《炫耀性消费：竞争策略还是规范遵从》，《广东社会科学》第4期。

——，2012a，《消费全球化：视野分歧与理论重构》，《学术研究》第8期。

——，2012b，《消费欲的“符号刺激”与消费力的“结构抑制”——中国城市普通居民消费张力的根源与后果》，《广东社会科学》第3期。

——，2013a，《从“消费自主性”到“消费嵌入性”——消费社会学研究范式的转型》，《学术研究》第10期。

——，2014a，《家庭消费行为的制度嵌入性》，北京：社会科学文献出版社。

——，2014b，《地方分层、人才流动与城市人才吸引力——“地理流动与社会流动”理论探究之二》，《同济大学学报》（社会科学版）第6期。

——，2014c，《人情结算与义务承担——以朋友聚餐消费中的“买单”行为为例》，《广东社会科学》第1期。

——，2014d，《地方消费主义、城市舒适物与产业结构优化——从消费社会学视角看产业转型升级》，《社会学研究》第4期。

——，2014e，《城市舒适物与消费型资本——从消费社会学视角看城市产业升级》，《兰州大学学报》（社会科学版）第1期。

——，2014f，《地方分层、人才流动与城市人才吸引力——“地理流动与社会流动”理论探究之二》，《同济大学学报》（社会科学版）第6期。

——，2014g，《消费流动：人才流动的又一动因——“地理流动与社会流动”的理论探究之一》，《学术研究》第10期。

——，2014h，《“公责私揽”：消费私民化探析》，《社会科学》第1期。

王宁、严霞，2011，《两栖消费与两栖认同——对广州市J工业区服务业打工妹身体消费的质性研究》，《江苏社会科学》第4期。

王雅林，2012，《“生活型社会”的构建——中国为什么不能选择西方“消费社会”的发展模式》，《哈尔滨工业大学学报》（社会科学版）第1期。

——，2013，《生活方式研究的现时代意义——生活方式研究在我国开展30年的经验与启示》，《社会学评论》第1期。

王雨磊，2012，《工人还是农民——消费对于农民工身份认同的影响分析》，《南方人口》第

4 期。

王雨磊，2014，《汽车消费：都市青年的游戏道具》，《青年探索》第 4 期。

文军、罗峰，2014，《公共知识分子的污名化：一个消费社会学的解释视角》，《学术月刊》第 4 期。

吴金海，2011，《“差异化的进化”视角下的差异化消费》，《福建论坛·人文社会科学版》第 4 期。

——，2012，《对消费主义的“过敏症”：中国消费社会研究中的一个瓶颈》，《广东社会科学》第 3 期。

——，2013，《“效率性消费”视角下的“两栖”消费现象》，《江海学刊》第 6 期。

徐波、朱丽丽，2013，《消费与抵抗：科技浪潮下的苹果迷群体》，《南京邮电大学学报》（社会科学版）第 1 期。

徐京波，2013，《消费主义与农村个体化趋势》，《华南农业大学学报》（社会科学版）第 4 期。

徐盈艳，2012，《竞争性的阶层再生产——青少年“国际游学”的文化动因探析》，《青年探索》第 4 期。

闫方洁，2012，《西方新马克思主义的消费社会理论研究》，上海：上海世纪出版集团。

严霞、王宁，2013，《“公款吃喝”的隐性制度化——一个中国县级政府的个案研究》，《社会学研究》第 5 期。

杨嫚，2011，《消费与身份构建：一项关于武汉新生代农民工手机使用的研究》，《新闻与传播研究》第 6 期。

杨天保、袁丽红，2013，《传统礼俗消费的经济人类学考量——兼以桂东南为例》，《广西民族研究》第 2 期。

游伟苏，2014，《身份展示与观众效应——对江西省 Q 镇在外务工青年驾车回乡现象的研究》，《青年探索》第 4 期。

张敦福，2012，《让祛魅的世界再着魅——上海团购网的案例》，《青年研究》第 1 期。

张敦福、段媛媛，2012，《发达资本主义社会的消费文化》，《福建论坛·人文社会科学版》第 4 期。

张敦福、吴玉彬，2012，《工人阶级意识研究：传统的路径及消费视角的新综合》，《人文杂志》第 2 期。

张品、林晓珊，2014，《制度与观念：城镇化与农民工家庭的住房消费选择》，《青年研究》第 2 期。

张杨波，2011，《高铁时代下的时空压缩与社会分化——以武广客运专线开通事件为例》，《湖北行政学院学报》第 2 期。

赵锋，2014，《嵌入在资本体制中的信用卡消费》，《社会学研究》第 6 期。

赵丽娜、鞠晓峰，2013，《生活与消费：关系的错位及其社会后果》，《哈尔滨工业大学学报》（社会科学版）第 5 期。

赵卫华，2014，《从私人消费/集体消费的关系看我国民生发展的阶段性》，《北京联合大学学报》（人文社会科学版）第 2 期。

赵晔琴、梁翠玲，2014，《融入与区隔：农民工的住房消费与阶层认同——基于 CGSS 2010 的数据分析》，《人口与发展》第 2 期。

郑震，2014，《布希亚消费社会理论批判》，《天津社会科学》第5期。

周素戎、朱虹，2013，《身份认同与青少年符号消费——以鞋为例》，《中国青年研究》第12期。

朱迪，2012a，《消费社会学研究的一个理论框架》，《国外社会科学》第2期。

——，2012b，《混合研究方法的方法论、研究策略及应用——以消费模式研究为例》，《社会学研究》第4期。

——，2013a，《品味与物质欲望：当代中产阶层的消费模式》，北京：社会科学文献出版社。

——，2013b，《品味的辩护：理解当代中国消费者的一条路径》，《广东社会科学》第3期。

——，2013c，《城市化与中产阶层成长——试从社会结构的角度论扩大消费》，《江苏社会科学》第3期。

——，2014，《大学生消费不平等的实证研究——从消费文化的维度》，《兰州大学学报》第6期。

朱迪、陈恩海，2014，《“90后”大学生手机消费的全球化倾向》，《青年研究》第6期。

朱伟珏，2012a，《权力与时尚再生产：布迪厄文化消费理论再考察》，《社会》第1期。

——，2013，《消费社会与自恋主义——一种批判性的视角》，《社会科学》第9期。

朱伟珏、姚瑶，2012b，《阶级、阶层与文化消费——布迪厄文化消费理论研究》，《湖南社会科学》第4期。

作者单位：中山大学社会学与人类学学院

政治社会学研究述评

——以国家治理为中心

冯仕政　朱展仪

2010年以来，中国政治社会学研究得到长足的发展，并在总体上呈现出以围绕现实问题的实证研究逐步取代纯粹学理性的思辨研究的趋势。其中，又以国家治理问题最受关注，研究最为发达。顺应这样一种态势，本文拟以国家治理问题为中心，述评过去几年中中国政治社会学研究的进展。

中国社会的治理问题一直深受中国社会学者重视。2013年年底，十八届三中全会专题讨论“国家治理”问题后，该领域研究获得新的更大的发展动力，课题和发表论文数量迅速增长，进一步成为中国政治社会学中的“显学”。所谓“治理”，概言之，即统合各种资源以达成公共目标、增进公共福祉的政治过程。更进一步，因所强调的治理主体不同，而有“国家治理”与“社会治理”之别。但在很多研究者那里，这两个概念并无显著差别。因此，本文将两个概念混合使用，一般情况下不作严格区分。

近年社会学界关于中国治理问题的研究，大体可以划分为三个方面：1. 基层社会治理；2. 特色制度运作；3. 理论抽象与建构。其中，基层社会治理研究延续中国社会学和人类学长期以来的村镇研究传统，起步最早，成果最多。特色制度运作研究则是近年崛起的新领域，起步较晚，但发展很快。这两个方面都属于经验研究。如果沿用“条块分割”的说法，那么可以说，前者更重视“块”，后者更重视“条”。在这些经验研究的基础上，一些社会学家开始重视一般理论模型的提炼，也取得令人瞩目的成果。

一　基层社会治理

中国社会学素来对基层社会保持浓厚的研究兴趣。随着社会学的恢复重建，这一传统也获得了新的生机。总的来看，最近几年的基层社会研究在方法上延续着该议题上注重案例的一贯传统，但在研究思路和内容上却有新的开拓。这主要表现在：第一，问题意识越来越强烈，研究内容的界定不再泛泛地以某个地理范围为界，而倾向于以理论或现实关切为界；第二，超越以往村庄研究的传统，关于乡镇层次和城市基层社会的研究越来越多；第三，观察越来越细腻，一些很不起眼的现象也开始进入研究视野。

中国社会学早期关于基层社会的研究深受人类学影响，倾向于选择一个有确定边界的地理单元——通常是村庄——进行个案研究，村庄里发生的事就构成研究的基本内容，村庄的边界基本就是研究内容的边界。恢复重建以后的中国社会学亦曾在某种程度上继承了这一传统。但最近几年来，尽管研究的仍然是村庄里的事，但以村庄为中心的研究越来越少，以问题为中心的研究越来越多。这些“问题”的形成，有些是基于对理论的关切，更多的则是基于对现实的关切。在此过程中，除了乡土文化、土地分配、人情网络、农民工等老议题，城镇化、农村社会组织、农村社区建设、农村金融等新问题、新现象也得到关注和研究（李志强，2014；田先红、陈玲，2013）。

在此过程中，一些并非社会热点，甚至很边缘的农村社会现象和问题也进入社会学者的研究视野。比如李祖佩（2011）注意到，近年来，乡村“混混”逐渐实现从乡村社会边缘人向经济精英的转型，而这种转型的实现与乡村基层组织在治理过程中引入“混混”等灰色势力的做法不无关系，由此导致“混混”的实力与国家政策的倾斜力度和地方社会发展同步增长，国家政策无法达到预期效果，基层治理面临内卷化困境。狄金华、钟涨宝（2014）以“黑地”的产生与演变为线索，展现村庄社区内部的治理逻辑，进而勾画出基层治理的实践形态。周雪光（2012a）则以一个“村村通”修路工程的故事片段为案例剖析中国村庄集体债务的形成，揭示政府重新将农村纳入国家治理体系并将国家意志强加于农村后可能出现的问题。这些研究体现了社会学家敏锐的社会洞察力和脚踏实地的研究风格。

研究单位从村庄向乡镇转移，是近年基层社会治理研究的另一个重要取向。围绕乡镇政权的运作，近年出现了一大批深入细致的田野调查作品。这些研究关注的问题和现象很广泛，涉及维稳（张永宏、李静君，2012）、信访（焦长权，2010）、“文件治国”（李林倬，2013）、普及义务教育（沈洪成，2014），等等。在诸多研究中，吴毅的《小镇喧嚣》一书非常引人注目。该书以“小镇”为个案，通过翔实而生动的一个个“故事”，全景式地展现了乡、村政权内部及其与农民之间围绕税费改革、农业结构调整、招商引资、土地征用、上访等问题而发生的种种政治博弈，同时叙中有议，力图揭示“乡域政治”运作的特征和机制。

社会学家还对概括乡镇政权运作的总体特征及机理表现出浓厚的兴趣。欧阳静（2011a，2011b）认为，乡镇政权处于官僚组织末梢，同时面对自上而下和自下而上的压力，总体特征表现为“维控型”。有学者（李里峰，2014；吕德文，2012）注意到群众路线与基层治理的关系，指出群众路线有利于社会动员，却难以制度化、常规化，由此造成强大的国家动员能力与薄弱的专业治理能力之间难以消解的矛盾。乡村非正式关系与基层治理逻辑之间的内在冲突也受到关注。袁泉（2013）发现，基层政府在具体推进落实工作的过程中既要以理服人，又要以情动人，两种合法性逻辑之间存在冲突，基层治理面临合法性困境。纪莺莺（2012）则梳理讨论中国社会关系的四种路径，为进一步讨论关系与科层制之间的关系做理论铺垫。

或许与中国社会是一个乡土社会有关，在很长时间内，社会学界对基层社会的关注集中于农村，对城市关注甚少。近年来，随着城乡交流和城镇化的加速，一方面，大量农村问题的形成及解决与城市息息相关；另一方面，城市基层社会治理本身也产生了许多新的问题，于是关于城市基层社会治理的研究越来越多。其中，最受关注的问题主要有：社区治理与建设（郑杭生、黄家亮，2012；冯敏凉，2014）、城市基层政权的转型与运作（朱健刚、陈安娜，2013）、业主维权抗争（王汉生、吴莹，2011；石发勇，2013），等等。除此之外，一个值得注意的动向是，一些学者开始关注政权组织之外的其他基层组织的运作，并将眼光投向历史。比如，李晚莲（2012）利用国有企业职工代表大会的运作去研究新中国成立初期城市基层治理逻辑，剖析在政权合法性与治理有效性的双重逻辑下，国企职代会是如何成为基层治理的组织载体的。贾文娟（2012）研究了“大跃进”前后日常生产中的国家控制与基层实践。她发现，国家出于对现代化目的的强烈追求而对企业生产实行严格的控制，反而导致事物走向反面。

综观近几年来关于基层社会治理的社会学研究，一个总的印象是：田野调查非常扎实，研究视野在不断扩展，同时表现出比以往更强的理论建设欲望。但另一方面，弱点也很明显。主要是理论视野不够开阔，问题和论域的界定不够清晰，造成理论对话的对象散乱且层次较低，进而导致理论成果难以在有效的对话中积累和递进，低水平重复的现象仍然严重。

二　特色制度运作

基层社会治理研究着眼于横向，即“块”上的社会现象，特色制度运作研究则致力于纵向，即“条”上的社会现象。新中国成立以来，中国逐渐形成了若干有鲜明特色的制度。这些制度是国家遂行治理目标的重要载体和支柱。然而，在相当长的时间内，关于各种制度之形成、演变和运作的社会学研究却凤毛麟角；直到近几年才进入社会学研究的视野。究其原因，主要有三个方面：第一，许多制度尽管就运作在人们身边，但正因为如此，人们往往习焉不察，未将其视为一个值得专门研究的问题；直到近年来，由于运作效果不佳或改革力度较大，这些制度才引起社会学者注意。第二，对特色制度及其运作的研究，涉及国家多个层级的决策和执行等方面情况，田野调查和资料获取较大。近年来，各种渠道披露的信息越来越大，在一定程度上改善了研究条件。第三，社会学长期以来以“社会”为中心且偏重于截面研究，缺乏足够的历史视野，也不利于开展对中国特色的国家制度的研究，而这样一种研究取向近年来有所改善。上述三个方面条件的变化，使关于中国特色的制度运作的研究近年来迅速崛起，取得了可喜的成绩。

在诸多有中国特色的制度运作中，目前最受关注的是“项目制”。项目制研究源于对分税制改革的研究。渠敬东、周飞舟、应星（2009）认为，财政支出的专项化与项目化是行政科层化的必然的、最具实质性的后果，“项目管理”体现了中国从总体支配到技术治理的转变。渠敬东（2012）针对项目制做了一个专门的、总领性的研究。在他看来，项目制是一种能够将国家从中央到地方的各层级关系以及社会各领域统合起来的治理模式，它既是一种体制，又是一种能够使体制运转起来的机制，更是一种思维模式；在这样一种治理模式下，中央政府能够通过项目制的运作和对专项资金的控制，直接干预基层社会的公共事务。经验研究也发现，项目制正在深入各个领域，如公共领域中的专项整治（倪星、原超，2014）、农村公共品供给（桂华，2014）、文化惠民过程（陈水生，2014）；并且已经从政府机构逐渐扩散到社会组织管理等社会领域（王向民，2014；陈家建，2013），开始与运动式治理、目标责任制等既有治理模式以及县级党政领导制度（黄红华，2014）相互融合。

不过，也有研究发现，国家通过项目制实现的社会控制并未达到想象的深度和效果，基层政府和组织自有其周旋的策略，并在一定程度上赢得所需要的政治空间。在这方面，折晓叶、陈婴婴（2011）对项目制下基层政权的应对模式做了细致的观察和阐述。黄宗智等（2014）甚至认为，事实上，项目治理遵循的是“官商勾结”的权钱结合逻辑，尽管能够在一定程度上推动中国经济增长，但从长远来看会加剧社会不平等。这显然不是项目制的初衷。

对于如何理解项目制，周黎安（2014）从经济学出发提供了一种有新意的参考视角。他认为，中国国家长期、稳定而鲜明的治理模式可称为“行政发包制”。该体制的基本特征是，不同政府层级之间存在着类似于市场的项目发包关系。国家通过行政权分配、经济激励和内部控制等三个方面的配合来保证制度的运转和产出，发包形式的选择和效率受着质量压力、统治风险和治理成本等三重因素的约束。周黎安并未清晰地呈现项目制与行政发包制的关系，但在其眼中，行政发包制是介于韦伯意义上的科层制与纯粹的外包制之间的一种混合制度形态，暗示着他可能将项目制视为行政发包制在特定条件下的一种特殊表现形式。周黎安的研究并未与社会学中的项目制研究对话，但其经济学的思维和论述方式对推进社会学的项目制研究是有积极意义的。不过，也有社会学者（周雪光，2014a；冯仕政，2014b；张静，2014；曹正汉，2014）批评周黎安的行政发包制研究过分套用经济学思维，以致重“市场”而轻“政治”，严重低估国家需要、国家意识以及国家权力运作的复杂性。

在关于中国特色的制度运作的研究中，“运动式治理”是另一个重要主题。新中国成立以来，中国的政治运动和“运动式治理”连绵不断；但长期以来，在国内是中共党史党建研究的内容，在国外是“中国研究”的内容，社会学鲜有涉足。近年来，立足于社会学范式而展开的研究越来越多。在这方面，冯仕政（2011）力图以政体为中心，为“国家运动”（包括政治运动和运动式治理）的形成及变异的历史规律提供一个整体性解释，认为“国家运动”的历史和形态演变应从中国近代革命中逐渐形成的“革命教化政体”去理解。与此类似，李里峰（2013）也将运动式的乡村治理模式追溯到20世纪中叶开展的土改运动，认为中国共产党在土改运动中发明的种种动员技术和治理手段，改变了乡村权力结构及其运作方式。周雪光（2012b）则从组织的角度讨论运动型治理的特征和渊源。他认为，运动型治理与常规型治理是国家治理的双重过程和有机组成部分，两者既相互矛盾，又互为倚赖，并在一定条件下转化。当常规治理失控或者失败时，运动型治理可以发挥纠偏的功能。

与上述偏于宏观和理论阐述的研究不同，更多的研究（如狄金华，2010；欧阳静，2014；樊佩佩、曾盛红，2014）是以案例为中心的经验研究，丰富地展现了运动式治理在推行过程中的面貌，包括动员机制和过程，与科层制的结合或较量，目标的偏离和纠偏手段，等等。有学者注意到运动式治理与其他治理模式相结合而产生的新型治理模式。折晓叶（2014）发现，当前的县域治理模式在很大程度上统合了科层制、非常规动员和公司等三种机制，形成“行政—政治—公司”三位一体的治理模式。

除上述现象之外，社会学家还努力揭示其他中国特色的制度运作，包括：信访（倪宇洁，2010；王浦劬、龚宏龄，2012；田先红，2012；刘正强，2014）、树典型（王明生、董颖鑫，2010；韩国明、王鹤，2012）、干部选任（吴清军，2012；艾云，2011）、政府部门之间的竞争和谈判（周雪光、练宏，2011）、政策执行中的波动与变形（陈家建、张琼文，2015；曹正汉等，2014；曹正汉、周杰，2013；陈家建等，2013）。这些观察都扎根于中国社会现实，并富有启发性。

三　理论抽象与建构

在过去五年中，中国政治社会学研究越来越重视理论对话和抽象，理论思考的氛围越来越浓。这样一种发展趋势是继承和反思以往研究的必然结果：一方面，以往片面重视田野调查而忽视理论阐发的研究路数，导致大量论著流于资料堆砌，相互之间缺乏对话，也难以对话，研究成果难以累积，整个领域欲振乏力，必须创新才有出路；另外，此前大量的个案研究和田野调查为理论思考提供了足够丰富的数据和资料，正是在此基础上，理论反思和建构才有可能。两个方面相互作用，理论建构的兴趣趋于高涨。

近年来，周雪光一直致力于揭示中国国家治理模式的一般特征和规律。国家内部不同层级和部门之间的关系是当前的热点课题之一，以案例为中心的经验研究很多，周雪光（周雪光、练宏，2012；周雪光，2015）则希望将中国政府内部权威关系的理论一般化，以便为分析中国政府在不同领域、不同阶段的治理结构、权威关系、行为类型及其变化过程提供一个统一的理论框架。为此，他借鉴经济学的不完全契约和新产权理论提出了一个“控制权”模型。他将政府各级部门间的控制权概念化为三个维度：目标设定权、检查验收权和激励分配权，然后用这三种权力在中央政府、中间政府、基层政府间的不同分配方式，去刻画和分类不同的国家治理模式及行为。

更进一步，他（周雪光，2011）指出，中国政治体制面临权威体制与有效治理之间的深刻矛盾，由此导致中央管辖权与地方治理权之间的紧张。这一矛盾无法得到根本解决，只能在动态中寻找暂时平衡。中国社会治理过程中交替往复的集权与放权、频繁发生的运动式治理、收效甚微却连绵不绝的政治教化、举步维艰的专业化与法治化、政策执行中的变通和共谋等现象，皆根源于此。

由此追根溯源，周雪光（2013，2014b）又尝试从历史的高度揭示中国国家治理的一般规律。他认为，官僚体制是国家权力与民众间的稳定纽带，为国家治理提供着组织基础，也是千百年来中国国家治理的一个重要特色，因此，以官僚体制为着力点，进而解剖国家与民众之间的关系，就可以解开国家治理逻辑的密码。他于是借助韦伯“权威类型—支配方式—合法性基础”三位一体的理论思路和概念工具，在大历史背景下追寻中国国家支配方式及其合法性基础的历史、演变和现状，分析中国官僚体制在其中的位置、体制、源流和行为特征；然后在这一框架下分析国家权力、官僚体制与民众之间的关系和张力，以及在转型时期所面临的困难与挑战。关于中华帝国官僚体制的运作逻辑，周雪光将其概括为三对关系——委托与代理、正式与非正式、名与实，特别是正式制度与非正式制度的并存与转化在其中具有核心地位。他还认为，当代中国的治理遵循着与中华帝国相似的逻辑，面临类似的困境，但由于历史情势的变化，这一逻辑在当前和未来面对的危机更为深刻。

周雪光的这些理论阐述视野开阔，知识脉络清晰，高度重视界定概念和命题的适用条件。其观点或可商榷，但其运思和论述的方式是社会学理论对话和建构的典范。

与周雪光倾向于强调当代中国的国家治理逻辑与中华帝国的连续性不同，冯仕政（2014a）更强调中国自近代以来连绵不绝的革命历程对当代国家治理逻辑的深刻影响。他认为，与在西方国家意识形态中盛行的公民政治逻辑不同，当代中国政治体系构造和运作的基本逻辑是人民政治逻辑。人民政治逻辑的立足点是敌我之别。在这一逻辑中，国家是广大人民根本利益的化身，因此而享有极大的专断权力。另外，强烈的敌我意识使国家对政治环境的变化十分敏感。在上述两个方面的共同作用下，在整个社会治理过程中，国家对权力的行使都具有显著的策略主义特征。在冯仕政看来，在国家建构过程中舍公民政治而就人民政治逻辑，是近代以来中国现代化进程的必然结果，即彼时全面的社会危机要求彻底的社会革命，相对而言，马克思主义提供的革命方案更彻底、更完整，更符合社会革命对于思想武器的要求；在革命胜利后的建政中，中国共产党踵法阶级史观而构造出人民政治体系，是历史的选择。

在这一理论框架下，冯仕政考察了当代中国的社会治理，尤其是社会冲突治理。他（冯仕政，2011）认为，继承革命遗产，新中国在国家建构过程中形成的是“革命教化政体”。在这一政体下，国家推行社会改造的愿望十分强烈，同时拥有强大的道义合法性和强大的专断权力。在这三种因素的共同驱动下，国家不但倾向于而且能够不时打破制度、常规和专业分际，强力动员国家改造社会所需要的资源，于是形成“国家运动”，即通常所说的政治运动和运动式治理。这一研究旨在以政体为中心，对国家运动在基本取向、变革目标和动员范围上的变异，以及形成和演变的历史规律做一个整体性解释。

在社会冲突治理方面，冯仕政（2014a）认为，倾向于把社会冲突划分为人民内部矛盾和敌我矛盾，然后区别对待的“两类矛盾学说”便是人民政治逻辑的具体表现。该学说在实践中表现出平和、暴烈和柔弱等三种面相；虽然反差极大，但本质上都是人民政治逻辑在不同政治形势下的具体展现，即都是国家以人民政治逻辑赋予的专断权力为基础，再斟酌具体的政治形势予以策略性调整的结果。人民政治逻辑也深刻地影响着国家的制度创制，信访制度便是其中之一。群众路线是人民政治体系的根本政治路线和组织路线，信访制度便是国家根据群众路线而创立的。基于群众路线的内在精神，国家信访工作有社会动员和冲突化解两种基本取向。这样两种取向之间的内在张力决定着信访制度的历史演变趋势，以及信访矛盾的基本类型（冯仕政，2012）。从“两类矛盾学说”和信访制度的实践效果来看，人民政治逻辑有其固有的局限，如不反思和调整，社会冲突治理或将难以走出革命复生革命的困境。

另有一些学者试图借用社会学之外的其他学科，特别是经济学的思维、框架和范畴去概括和总结中国国家治理的基本逻辑。其中，周黎安的“行政发包制”理论已引起社会学家关注和讨论。前已述及，此处不赘。曹正汉（2011）则认为，中国治理体制的基本特征不是“行政发包”，而是“上下分治”，即治官权与治民权分设，中央治官，地方治民，其目的是分散执政风险和自发调节集权程度，以保持治理体制的长期稳定。他还比较了行政发包制、帝国治理逻辑和上下分治等三种理论模型，认为它们发生分歧的根本原因在于：一是对兵民能否分治隐含着不同的假定；二是对统治风险的来源也持不同的看法（曹正汉，2014）。

四　总结与展望

上面以国家治理为中心，从基层社会治理、特色制度运作，以及理论抽象和建构等三个方面对过去几年中国政治社会学研究的重要成果做了一个提纲挈领的检视。中国正处在大转型的时代，以往高度集权的政治体制在此过程中面临很多困境，与此同时也主动或被动地进行了大量改革和创新。这些都为政治社会学研究提供了良好的机遇和素材。可喜的是，中国社会学家在很大程度上抓住了这一机遇。他们扎根本土，立足于中国社会现实提出和阐述问题，选题视野越来越开阔，田野调查越来越扎实，个案资料越来越丰富。与此同时，他们努力与西方及其他学科进行理论对话。这些工作，包括选题、田野调查和理论建构，使中国政治社会学较为显著地摆脱了以往无所适从或盲从西方的状态，无论是在选题上还是在研究范式上都越来越有自己独特的风格和气派。

展望未来，中国政治社会学研究还需要在以下三个方面继续努力。

第一，加强田野与理论之间的互动与互生。重视田野调查是社会学学科的优良传统，是社会学学科的立身之本。作为社会学的分支，政治社会学也不例外。但另一方面，学术研究的根本目的是从纷繁芜杂的经验现实中抽象出具有一般性、普遍性的理论，俾使人类能够更好把握自然和社会规律。因此，政治社会学决不可满足于占有数据和资料的丰富性，而应有热切的理论追求；也不可满足于就事论事的理论批驳，而应致力于在理论的稳健性、系统性和简洁性上全面超越既有理论。如前所述，在过去五年中，中国政治社会学研究的田野工作越来越扎实，理论意识也有所加强。但总的来说，田野与理论之间的互动与互生还需要加强，尤其是理论建构还有很长的道路要走。这主要表现在，为数甚多的著述对相关的理论谱系缺乏足够深入和系统的了解，以致难以找准一个经验问题在既有知识体系中的定位，从而理论对话的取向不明、效率不高。当然，理论建构也不能成为脱离经验素材的向壁虚构或高谈阔论。但就目前而言，加强田野工作向理论成果的转化是更迫切的任务。

第二，在理论建构过程中，如何理解和分析国家是一个中心问题。政治社会学的核心课题是分析权力的形成、运作和后果。在权力的多种表现形式中，国家是最广泛、最严整和最具有终极性的形式，因此，在中国研究政治社会学，尤其是研究治理问题，居于中心地位的理论课题便是分析国家。但以往，社会学倾向于把国家视为一个没有中心意志的“政治系统”，进而把政治系统视为一个依附于社会系统的子系统。受此影响，即使在政治社会学中，国家亦未被视为一个独立变量而引起足够重视。在过去，这一倾向在中国政治社会学研究中也有显著表现。近年来，这一倾向有所扭转，但在理论上如何解剖国家，以使相关分析简洁而有力，仍然是当前理论分析和建构面临的一个重大挑战。在理论史上，关于国家有多种解析方案，相互之间的争论亦很激烈。中国政治社会学要取得重大进展，必须在该问题有所突破。

第三，要更好地理解和分析国家，必须具备历史视野和眼光，因此必须引入历史分析。不管哪个社会都有一个不断发展变化的历史过程，中国社会近150年来的变化更是剧烈。对于社会学来说，历史最重要的意义不在于它是人们的记忆或所谓乡愁，而在于它作为历史上形成的思想意识和物质结构，不管人们愿意不愿意，都会作为一种条件实实在在地约束着后期的社会创造，以及相应而来的社会演进。因此，重拾历史不是一种情怀，而是一种科学的研究态度和方法。在马克思、韦伯、涂尔干等经典社会学家那里，历史研究都占有相当重的分量；然而，第二次世界大战以后，受结构功能论影响，社会学，包括政治社会学，长期只研究当前社会而忽视历史。从前面的研究回顾来看，在过去几年中，中国政治社会学研究正在“重拾历史”。这表现在，一方面，一些学者的研究题材已经不再局限于近期发生的社会现象，而开始将选题投向“历史上的事”，比如新中国成立初期的工厂劳动、政治运动，等等；另一方面，如本文第三部分所显示的，一些学者已经开始尝试从历史的高度进行理论观察和总结，重点不是展现历史事实，而是揭示历史演进的逻辑和机制。在这两方面中，第二个方面更为根本。如果只展现历史事实，而无意或无力揭示历史逻辑，这些样的历史分析是没有意义的。国家作为一种具有悠久历史的社会建制，必须将其置于历史的过程和情境之下，才可能对其变异的形态及条件有更深切的了解，从而避免在理论抽象和建构时一叶障目，以偏概全。

要言之，中国政治社会学今后必须坚持重视田野调查的优良传统，在此基础上进一步加强理论建设。而就当前而言，理论建设的重点是国家分析和历史视野。理论建设、国家分析和历史视野，既是当前中国政治社会学研究的弱项，也是较长一段时间内中国政治社会学研究面临的挑战。

参考文献

艾云，2011，《上下级政府间“考核检查”与“应对”过程的组织学分析》，《社会》第 3 期。

曹正汉，2011，《中国上下分治的治理体制及其稳定机制》，《社会学研究》第 1 期。

——，2014，《统治风险与地方分权——关于中国国家治理的三种理论及其比较》，《社会》第 6 期。

曹正汉、周杰，2013，《社会风险与地方分权——中国食品安全监管实行地方分级管理的原因》，《社会学研究》第 1 期。

曹正汉、薛斌锋、周杰，2014，《中国地方分权的政治约束——基于地铁项目审批制度的论证》，《社会学研究》第 3 期。

陈家建，2013，《项目制与基层政府动员——对社会管理项目化运作的社会学考察》，《中国社会科学》第 2 期。

陈家建、边慧敏、邓湘树，2013，《科层结构与政策执行》，《社会学研究》第 6 期。

陈家建、张琼文，2015，《政策执行波动与基层治理问题》，《社会学研究》第 3 期。

陈水生，2014，《项目制的执行过程与运作逻辑——对文化惠民工程的政策学考察》，《公共行政评论》第 3 期。

狄金华，2010，《通过运动进行治理：乡镇基层政权的治理策略对中国中部地区麦乡“植树造林”中心工作的个案研究》，《社会》第 3 期。

狄金华、钟涨宝，2014，《变迁中的基层治理资源及其治理绩效——基于鄂西南河村黑地的分析》，《社会》第 1 期。

樊佩佩、曾盛红，2014，《动员视域下的“内生性权责困境”——以“5·12”汶川地震中的基层救灾治理为例》，《社会学研究》第 1 期。

冯仕政，2011，《中国国家运动的形成与变异：基于政体的整体性解释》，《开放时代》第 1 期。

——，2012，《国家政权建设与新中国信访制度的形成及演变》，《社会学研究》第 4 期。

——，2014a，《人民政治逻辑与社会冲突治理：两类矛盾学说的历史实践》，《学海》第 3 期。

——，2014b，《政治市场想象与中国国家治理分析——兼评周黎安的行政发包制理论》，《社会》第 6 期。

冯敏凉，2014，《隔离社区的兴盛与社区治理的迷思——中国式社区治理的范式危机》，《学术界》第 3 期。

桂华，2014，《 项目制与农村公共品供给体制分析——以农地整治为例》，《政治学研究》第 4 期。

黄红华，2014，《县级党政领导行为的多维度分析——以浙江省 D 县为例》，《中国行政管理》第 3 期。

黄宗智、龚为纲、高原，2014，《项目制”的运作机制和效果是“合理化”吗?》，《开放时代》第 5 期。

韩国明、王鹤，2012，我国公共政策执行的示范方式失效分析——基于示范村建设个案的研究》，《中国行政管理》第 4 期。

纪莺莺，2012，《文化、制度与结构：中国社会关系研究》，《社会学研究》第 2 期。

焦长权，2010，《政权“悬浮”与市场“困局”：一种农民上访行为的解释框架——基于鄂中G镇农民农田水利上访行为的分析》，《开放时代》第6期。

贾文娟，2012，《从热情劳动到弄虚作假：“大跃进”前后日常生产中的国家控制与基层实践——以对广州市TY厂的考察为例（1956—1965）》，《开放时代》第10期。

李里峰，2013，《革命中的乡村——土地改革运动与华北乡村权力变迁》，《广东社会科学》第3期。

——，2014，《群众运动与乡村治理——1945—1976年中国基层政治的一个解释框架》，《江苏社会科学》第1期。

李林倬，2013，《基层政府的文件治理——以县级政府为例》，《社会学研究》第4期。

李晚莲，2012，《毛泽东时代的国企职代会与国家基层治理逻辑》，《开放时代》第10期。

李祖佩，2011，《混混、乡村组织与基层治理内卷化——乡村混混的力量表达及后果》，《青年研究》第3期。

李志强，2014，《转型期农村社会管理创新研究新视野——“结构—功能”理论框架下农村社会组织分析维度》，《社会主义研究》第4期。

刘正强，2014，《信访的“容量”分析——理解中国信访治理及其限度的一种思路》，《开放时代》第1期。

吕德文，2012，《群众路线与基层治理——赣南版上镇的计划生育工作（1991—2001）》，《开放时代》第6期。

倪星、原超，2014，《地方政府的运动式治理是如何走向“常规化”的——基于S市市监局“清无”专项行动的分析》，《公共行政评论》第2期。

倪宇洁，2010，《我国信访制度的历史回顾与现状审视》，《中国行政管理》第11期。

欧阳静，2011a，《“维控型”政权——多重结构中的乡镇政权特性》，《社会》第3期。

——，2011b，《压力型体制与乡镇的策略主义逻辑》，《经济社会体制比较》第3期。

——，2014，《论基层运动型治理——兼与周雪光等商榷》，《开放时代》第6期。

渠敬东、周飞舟、应星，2009，《从总体支配到技术治理——基于中国30年改革经验的社会学分析》，《中国社会科学》第6期。

渠敬东，2012，《项目制：一种新的国家治理体制》，《中国社会科学》第5期。

沈洪成，2014，《教育下乡：一个乡镇的教育治理实践》，《社会学研究》第2期。

石发勇，2013，《“准公民社区”：中国城市基层治理的一个替代模型》，《社会科学》第4期。

田先红，2012，《基层信访治理中的“包保责任制”：实践逻辑与现实困境——以鄂中桥镇为例》，《社会》第4期。

田先红、陈玲，2013，《“阶层地权”：农村地权配置的一个分析框架》，《管理世界》第9期。

王汉生、吴莹，2011，《基层社会中“看得见”与“看不见”的国家——发生在一个商品房小区中的几个“故事”》，《社会学研究》第1期。

王浦劬、龚宏龄，2012，《行政信访的公共政策功能分析》，《政治学研究》第2期。

王向民，2014，《中国社会组织的项目制治理》，《经济社会体制比较》第5期。

王明生、董颖鑫，2010，《陕甘宁边区劳模运动的政治分析》，《学海》第5期。

吴清军，2012，《集体协商与“国家主导”下的劳动关系治理——指标管理的策略与实践》，《社会学研究》第3期。

吴毅，2007，《小镇喧嚣——一个乡镇政治运作的演绎与阐释》，北京：生活·读书·新知三联书店。

袁泉，2013，《基层治理中的二重合法性——“非正式权力运作”的一种解释》，《浙江社会科学》第2期。

张静，2014，《行政包干的组织基础》，《开放时代》第6期。

张永宏、李静君，2012，《制造同意：基层政府怎样吸纳民众的抗争》，《开放时代》第7期。

折晓叶、陈婴婴，2011，《项目制的分级运作机制和治理逻辑——对“项目进村”案例的社会学分析》，《中国社会科学》第4期。

折晓叶，2014，《县域政府治理模式的新变化》，《中国社会科学》第1期。

郑杭生、黄家亮，2012，《论我国社区治理的双重困境与创新之维——基于北京市社区管理体制改革实践的分析》，《学术界》第1期。

周雪光，2011，《权威体制与有效治理：当代中国国家治理的制度逻辑》，《开放时代》第10期。

——，2012a，《通往集体债务之路：政府组织、社会制度与乡村中国的公共产品供给》，《公共行政评论》第1期。

——，2012b，《运动型治理机制：中国国家治理的制度逻辑再思考》，《开放时代》第9期。

——，2013，《国家治理逻辑与中国官僚体制：一个韦伯理论视角》，《开放时代》第3期。

——，2014a，《行政发包制与帝国逻辑——周黎安〈行政发包制〉读后感》，《社会》第6期。

——，2014b，《从“黄宗羲定律”到帝国的逻辑：中国国家治理逻辑的历史线索》，《开放时代》第4期。

——，2015，《项目制：一个“控制权”理论视角》，《开放时代》第2期。

周雪光、练宏，2011，《政府内部上下级部门间谈判的一个分析模型——以环境政策实施为例》，《中国社会科学》第5期。

周雪光、练宏，2012，《中国政府的治理模式：一个“控制权”理论》，《社会学研究》第5期。

周黎安，2014，《行政发包制》，《社会》第6期。

朱健刚、陈安娜，2013，《嵌入中的专业社会工作与街区权力关系——对一个政府购买服务项目的个案分析》，《社会学研究》第1期。

作者单位：中国人民大学社会与人口学院

国家、社会与市场：组织社会学研究综述

纪莺莺

过去4年间，组织社会学领域的研究敏锐而深刻地捕捉到了国家、市场和社会领域组织形态、过程与机制的变迁。在国家层面，有关政府及政党组织运转机制的讨论上升到了新的理论高度；在社会层面，则突出体现为社会组织研究在理论和经验两方面的丰富与进步；在市场层面，企业研究则出现了把握时代发展的新议题和突破旧观察的新意见。本文试图从上述三大范畴入手，扼要介绍每一范畴之下近几年的主要进展。

一　政府与政党

近几年的研究提炼出中国政府组织运行及治理体系的三种重要机制："运动型治理""项目制"和"行政发包制"；此外也积累了诸多微观经验研究，刻画了处于政治体系末端之基层政权或单位的行动逻辑和角色；最后，中国共产党的早期组织和动员问题也进入了组织社会学的视野。

（一）运动型治理

所谓的"运动型治理"（周雪光，2012）或"国家运动"（冯仕政，2011），即国家各级部门和政府为了完成特定政治、经济或其他任务而发起和组织的运动，它"打断、叫停官僚体制中各就其位、按部就班的常规运作过程，意在替代、突破或整治原有的官僚体制及其常规机制，代以自上而下、政治动员的方式来调动资源、集中各方力量和注意力来完成某一特定任务"（周雪光，2012：106）。运动型治理既应用于剧烈的政治运动，也发生在日常事务中。对于这项具有历史延续性和广泛性的核心治理机制的成因，学者给出了不同的解释。冯仕政（2011）视其本质为一种非制度化、非常规化和非专业化的治理方式，将其发生原因归结于"革命教化政体"。革命力量在建立新政权时创制的"革命教化政体"对于社会改造具有强烈的使命感，并且把拥有与社会改造相适应的超凡禀赋作为执政合法性的基础，例如推进现代化，但是它本身却没有足够的基础权力来实现这一目标，因此它借助专断能力，打破制度、常规和专业的限制来"集中力量办大事"。虽然单一国家运动本身会逐渐衰退，但结构本身会不断催生出新运动。然而随着政体的演进，国家运动的效果越来越差，并终将趋于消亡。

周雪光（2011，2012）先是把运动型治理视为权威体制与有效治理之间深刻矛盾的后果之一，稍后又提出一个更为完整而集中的分析。他认为，运动型治理的发生并非随意或非制度化的，而是建筑于在稳定的制度基础和环境之上的。运动型治理是常规治理机制失败而产生的替代或纠正机制，两者实际上都已成为国家治理制度逻辑的组成部分。运动型治理机制本身具有长久的历史渊源。而在人民共和国时期，执政党继承了中国传统上的卡里斯玛权威并成为其常规化的具体体现，并以党务系统成为后者落实的组织系统。从而，运动型治理的落实和启动都系于“党务权威”之上，与“政务系统”的常规型治理机制并驾齐驱。政务系统依循官僚制原则进行常规治理，但执政党却可以通过党的系统打破常规治理过程。周雪光认为，运动型治理模式在当代面临着深刻的危机，它与常规机制的边界越来越不清晰，与发展中的法理权威碰撞增多，需要寻找新的替代机制。

蔡禾（2012）则从政权合法性和有效性的视角提出了另一种阐释。威权体制的“体系特征合法性”（即卡里斯玛型领袖及组织）的不足导致对“体系作为合法性”（即治理能力）提出了更高的要求，但是威权体系面对复杂多元中国社会时的治理有效性困境，导致它难以实现有效的常规化治理，转而依靠非常规化治理模式来积累合法性。但非常规治理模式运转得越频繁，其经济成本就越高，常规化治理的有效性也就越难以实现，从而距离“体系特征合法性”也越远。

（二）项目制

“项目制”在近几年中已经发展成为具有丰富经验研究支持的重要理论，被视为“单位制”之后一个极具现实穿透力的新概念。

折晓叶（2011）以“项目进村”为例，说明项目的运作过程包括了国家部门的“发包”制度、地方政府的“打包”制度和村庄的“抓包”制度，从而项目操作实际上是多重治理逻辑之间的互动和博弈，是“条条”控制逻辑与“块块”反控制逻辑的交锋。国家部门希望贯彻发展意志并调动地方财力，地方政府则希望争取项目拉动经济发展，后者的意图超出项目原始目标和资金而旨在利用项目所提供的机会运作一整套基于自身需求的综合性发展规划，把项目改装成了服从地方政府利益需要的一部分。如此，这可能导致项目原初目标被消解，项目资源最终并没有流向原初设计的受益者，而流向了最有能力组织各方面资源、达成项目要求和增添政绩的对象。周飞舟（2012）的观点与折晓叶一致，认为项目制增强了中央到地方职能部门（“条条”）的力量，但是它却加强了县级职能部门的力量而弱化了乡镇政府的力量，造成“公共财政覆盖县城”而非反哺农村的结果。结果，“项目治国”反而导致了偏离于原始目标的意外后果。“项目体制越完备、审计体系越严格，专项资金的管理和控制越规范，这些资金就越难以深入到乡村基层”（周飞舟，2012：35）。

渠敬东（2012）系统阐述了“项目制”的理论价值，视其为一个可用来描述现代中国社会总体运转之主导性机制的新体制性概念。从根本上说，项目制是一种将国家从中央到地方的各层级关系以及社会各领域统合起来的治理模式，并且决定了国家、社会集团乃至个人的行动策略和思维模式。他认为，项目制是历史情势、社会条件、发展理念、体制结构共同塑造的产物。在“保存存量、培育增量”的双轨制改革线索之中，项目制实际上确立了一种新的增量逻辑，旨在突破单位制结构的局限和控制市场的过度扩张，通过转移支付来提供公平普惠的公共服务。在分级治理的体系中，项目制为地方政府提供了巨大的激励，后者依靠项目这一枢纽和中介来提升自身对经济、政治和社会的综合运营能力。但是，项目制带来的后果威胁了基层的社会整合、社会结构的稳定、社会组织的稳固。

项目制深刻地重塑了地方和基层政府的角色。折晓叶（2014）指出，在城市化项目经营的过程中，县域治理演变为“行政—政治—公司”三位一体的统合治理模式。这一模式中，政府借助“项目制”平台，通过行政审批权获得对核心资源的垄断权力，通过政治动员发挥了主导力量，通过公司制承担了经济发展主体的角色。这一模式推动过了县域城市化的突飞猛进，但它同时又会导致过度或虚假的城市化，破坏政府动员能力和违背社会绩效。折晓叶强调，这一治理模式的能量和意义远超此前学界所论之“地方政府法团主义”。陈家建（2013）认为地方政府不仅是项目制的受体，他们也模仿中央的项目制方式进行资源分配。项目制为基层行政提供了非常规的增量资源和多种优于常规行政的优势，有助于“发包”部门快速有效地动员基层单位。从而，项目制成功地重构了基层政府科层体系。政府内部动员由“层级动员”转向“多线动员”，行政资源的分配也演变为项目中心模式。项目制是“总体性”和“技术性”治理模式的结合，具有优势，但是对治理体系带来的负面后果也正在凸显。付伟和焦长权（2015）则认为，项目制运作机制下，由于大量转移支付资金进入中西部基层社会，乡镇政权由“悬浮型政权”转变成为“协调型政权”。它们的资源和权力继续被上收，而同时又必须为项目进村疲于奔命。项目制并没有在基层实现技术治理的形态，反而导致了基层政权的治理困境。黄宗智、龚为纲和高原（2014）则不同意“项目制”指示着治理体系的专业化、合理化和技术化，其理由正是项目制在基层的运作导致“权钱结合”和“官商勾结”利用项目谋取利益，这种坚韧利益结构损害了社会公平。

（三）行政发包制

行政发包制的概念虽早已提出，但近期学者对其进行了严密而细致的讨论。周黎安（2014）提出，行政发包制即在一个统一权威之下，在科层组织的上级与下级之间嵌入了发包的关系。上层将事务外包给下层，鼓励下层追求经济收入，并用结果考核衡量外包效果。它“将跨地区的协调性和整合性功能维持到最低水平；它是以整体性问责代替各司其职，以承包人的无限责任代替代理人的有限责任，以结果考核代替过程和程序控制，以人格化问责代替职业主义要求”（周黎安，2014：17）。周黎安认为，中国特殊的地理文化自然条件带来了治理成本上升，威权体制降低了服务质量的压力，国家追求降低治理成本和防范统治风险。委托人只需要保持在重要领域（人事权、干预权、审批权和指导权）采取集中控制的方式，防止统治风险的发生，行政发包制是更低成本更有效率的方式。更进一步，周黎安将纵向上的行政发包制和横向上的“锦标赛体制”（周飞舟，2009）结合起来。这两个重要而独立的理论视角互相融合，有效地解释了国家治理能力的内部差异。周黎安提出，中国国家治理能力强的领域基本发生在横向竞争与纵向发包程度“高—高”和“低—低”的组合里。前者是中央目标单一而地方自主空间大，官员受到激励很强，因此整体激励互相强化。后者的情况则是整体上由中央垂直控制，地方政府并不因此受益也不受损。反之，行政发包程度高，但是它们对于晋升并不重要，就会导致这些领域被牺牲，行政发包也会成为寻租工具。

张静（2014）认为，行政发包制的本质可理解为“多重角色及治理中心”，即社会由一种多权威组织合体而非内在一致科层组织来治理。她从行政机体本身的特性和历史关系来解释发包制的历史形成，指出周黎安的解释将政府设定为只关注收益和成本的行为主体，忽略了内在的组织性质，也缺乏历史维度的关注。中国的政府组织具有“行政吸纳代理”的历史遗产，即中央政府吸纳了地方组织作为其基层代理，但后者仍然保持了大量的自主权，形成既合作又矛盾的关系格局。政府组织内部的实际控制权分立，多个、多层的权属之间互不协调。这样一种治理体系本身就与科层制的原则相去甚远，行政发包制正是上述组织结构和角色的产物。在这种组织结构中，为了实现治理任务，政府系统采用具有灵活性且适应于既定组织环境的方法。行政发包制“通过默许、交换和隐形授权，将目标和利益不同的组织容纳一体，形成了今天治理体系中混合共生的形态”（张静，2014：97）。

周雪光（2014）重申了基于“控制权”视角的解释模型。他认为关键不是“行政”与“发包”这个二维关系，而是“剩余控制权”分配所造成的“集权”与“分权”选择。执政者面临提高效率（既要提高服务质量也要降低治理成本）和降低统治风险的约束。中央政府控制剩余控制权时表现为集权模式，地方所受激励程度变弱，国家治理成本增加，但降低了统治风险。地方政府控制剩余控制权时表现为分权模式，有利于地方治理的积极性，降低国家的治理成本，但容易诱发失控，提高了统治风险。进而，执政者偏好效率时会倾向于分权，需要降低统治风险时则倾向于集权。尽管执政者在效率与风险之间周期性摆动，但是他们永远优先追求低风险。总之，各种控制权分配组织的变化，导致了中央和地方关系的变化，表现出不同的治理模式，行政发包制只是其中的重要形式之一，在某种意义上算是国家治理的“常态”（周雪光、练宏，2012）。从而，行政发包制并不构成对经验现象的全部解释，它的意义需要在国家治理的整体性背景中、在与其他治理模式和机制的关系中得到充分的认识。

曹正汉（2014）比较了“行政发包制”（周黎安，2012）、“中央治官、地方治民”（曹正汉，2013）、“帝国的治理逻辑”（周雪光，2011，2014）这三种理论模型。前两者认为中央政府的效率目标和政权稳定目标可以兼容，但周雪光则认为权威体制和有效治理之间存在持久矛盾，从而执政者始终处在集权—分权的周期性波动中。在冯仕政（2014）看来，行政发包制这一概念是基于经济学视角对国家的“政治市场想象”而提出的，即把国家想象为一个追求不同效用之多重主体在其中进行交易的市场。在国家的多主体性、市场性和政治性三个方面，行政发包制理论都做出了更为精细的发展，将经济学的中国国家治理理论推进到了一个新高度。但是由于经济学理论范式内在的对国家政治性的轻视，这一模型缺乏对于国家权力的分类、含义以及各种权力之间的关系的清晰说明，这导致了核心概念的界定不够清晰。冯仕政精辟地说明，“控制权”理论立足于“委托方、管理者和代理方三者之间的权威关系和控制权（的）分配”，“行政发包制”理论立足于“行政、预算、内控和人员激励的协同关系”，两者恰恰分别立足于国家的政治性和市场性。未来理论需要对于国家政治性和市场性的有机结合。

（四）基层政权或单位

基层治理领域尤其是乡村治理方面的研究，从“士绅”到“地方精英”再到对于具体治理规则和实践逻辑的探讨，体现了“从主体到规则的转向”（狄金华、钟涨宝，2014）。

杨爱平（2012）认为某些城市社区居委会采取“选择性应付”的策略，有选择地采取弄虚作假形式主义的方法来应对上级派发的各种任务。居委会资源短缺，街道办事处只关心政绩，居民则受经济理性主导，三方态度共同造成了选择性应付。艾云（2011）则从科层制本身的特点来解释下级政府破解“上级检查”的各种“应对”策略，例如造假、陪同、越级求助等。而应对行为出现的根本原因，主要是组织结构和组织设计的不合理。陈家建（2013）认为诸多国家政策的执行面对的是横向和纵向上皆高度分化的科层结构，各个部门根据自身面临的目标、激励与约束采取行动，因此政策不得不牺牲原初的目标定位而增加被行政系统接受的可行性，结果使实际执行中的政策远不同于初始设计。张兆曙（2012）认为改革中所有新制度的推行都是自上而下落实到基层单位的。但对处于行政体系末梢的单位而言，它们在本性上和策略上都倾向于抗拒新制度。单位组织内部存在决策层和普通成员“上下分际”的二元结构。决策层通过“后台决策”的方式基于本单位出台具体政策实施方案，而成员的内部分化则使其丧失了与决策层博弈的能力，仪式性组织活动则促成新实施方案获得合法性。这一观点基于针对大学的案例研究提出，其可推广性有待检验。

欧阳静（2011）认为乡镇政权处于官僚制组织和自上而下压力体制的末端，而又直接面对乡村社会，这种多重处境塑造了乡镇政权“维控型”的本质特征。田先红（2012）讨论了乡村基层信访治理中存在“包保责任制”的实践逻辑和现实困境。田特别提出，中国基层权力运作中的“名实分离”困境，不仅仅是科层制内部多主体博弈或激励设置的问题，乡土社会本身所提供的社会基础和制度环境亦是原因。陈锋（2012）认为乡村治理存在一种“连带式制衡”的机制，村组干部将各种正式与非正式的资源统筹配置、捆绑连带，通过利益和情感等连带方式来规制村民，村民同样也将义务和权利捆绑连带，以责任连带的方式对村组干部实行反制。这种制衡维持了基层社会秩序。他同样强调乡土社会为基层权力运转提供了特定的社会基础和机制基础。

（五）政党组织

应星和李夏（2014）指出中共在建党初期移植了俄共的民主集中制作为自身的组织制度，但早期组织形态中存在三重张力：职位关系与个人因素之间的张力；组织纪律的有效性与地方领袖的自主性之间的张力；革命组织与传统资源及地方利益之间的张力。应星（2015）认为，制度环境塑造了政党的早期组织形态，而学校与地缘是其中最重要的两个因素。对江西中共党团组织在北伐前组织网络的分析说明，中共早期的组织形成和发展一方面嵌入民国政治和教育格局中，另一方面嵌入传统社会关系中。具体地说，新式学校为共产党的组织发展提供了合法性基础；普通中学和师范学校又促成了不同的组织结构，正是基于南昌一师形成的网格状革命网络，建立了江西各地最早的党团组织。特别的，从整体上说中共早期组织网络的形成对世家子弟和富家子弟的资源多有借助。黄文治（2012）提出，大别山区中共革命最早由革命知识分子引入。主要来自大别山区地富家庭的革命知识分子，主要采用同乡、同宗等传统社会网络在城市进行串联活动，但初期将这一模式扩展到乡村时，联络的主要是乡村知识分子等地方精英，而未能普遍动员群众。后期动员农民的模式因此从非正式网络动员转向了组织化动员，并发展出了一套动员体制。

总体而言，在运动型治理、项目制和行政发包制的烛照之下，基层政权的特征呈现出特别的意义。一些研究中，它是上述核心治理机制塑造的微观后果；在另外一些研究中，它将研究视野延伸至核心机制所不及之区域，突出了中国农村的乡土特质及其后果。值得追问的问题有，项目制与运动型治理是什么关系？项目制是否构成了对于行政发包制的突破？这三种机制之间的关系有待深入的讨论。

二 社会组织

就社会组织研究而言，“公民社会”与“法团主义”是被广为使用的两个竞争性理论框架，且已受到广泛而深入的批评（吴建平，2012a；纪莺莺，2013）。但是，公民社会与法团主义之间的争论始终能得到解决。它陷入了囿于理论推论和难以洞穿实践的“认知瓶颈”，亟须从宏观理论层次转向中观维度的机制分析（李友梅，2012）。因此，近期讨论的一大趋向就是从结构论争转向行动策略研究（张紧跟，2012；陈为雷，2013）。但是，除“行动策略转向”之外，近几年诸多社会组织研究都注意到了中国国家与社会在现实生活中相互嵌入的复杂机制。这些研究在根本上不同于理论框架的预先设定，而揭示出国家与社会之间更为复杂与生动的机制，具有更大的理论潜力。广义上说，上述两方面的研究可被视为是从“国家与社会”到“制度与生活”的视角转换的一部分，它不再从“国家与社会”这样的规范性认知切入，而关心行动者与正式制度之间的复杂实践逻辑（肖瑛，2014）。

（一）微观行动策略

社会组织的行动策略可归纳为组织自身目标达成与组织间关系构造两个方面。

就前者而言，朱健刚（2011）提出“以理抗争”的概念来提炼以中老年人为主体的城市中产阶级业主维权的行动策略。与利益理性导向型的“依法抗争”相比，“以理抗争”体现出了更深的文化动力。在利益之外，行动者还追求一种基于家园认同的生活道德感和价值理性，也反映出行动者经历了社会主义群众动员运动所形成的人民抗争思维与实践。姚华（2013）基于上海某社会组织的案例研究提出，非政府组织（NGO）必须非常具有策略才能够在与政府合作的过程中获得自主性。在“强国家弱社会”的背景下，做加法是同政府妥协的一种有智慧、有成效、可复制的策略，理念与责任和专业化道路则是必须坚守的底线，在自主性成长的内部条件中，它们比“经济基础”更为重要。

就后者而言，社会组织的微观行动策略，亦对组织间关系乃至组织生态产生重要影响。赵小乐和王乐实（2013）发现，并非所有的 NGO 对公民社会的发育都有积极的促进作用。如果 NGO 为自我提升价值观所主导，它将倾向于对权力、社会声望以及项目资金等资源的占有和控制，在与其他主体出现对峙、冲突或控制时，组织间就可能形成兼并、寄生、偏害、偏利甚至互害等消极型生态关系，最终对公民社会的发展产生扭曲。朱健刚和赖伟军（2014）则指出，在 NGO 组织之间存在一种“不完全合作”的策略，它表现为联合行动策略的自我约束、有限的组织参与和弹性的组织形式三个方面。造成这种行动策略的原因则是，外部政治机会空间有限、组织关系网络的非正式性等外部因素。正是这种不完全合作策略使 NGO 联合救灾成为可能，也使其难以持续。

（二）政府治理结构与社会组织

政府治理结构的固有特征，对社会组织的运转产生了重要的影响（纪莺莺，2013）。近期诸多研究体现了这一视角的分析力度。江华等人（2011）的“利益契合”的概念，认为国家对于行业协会的态度是控制还是支持，以及行业协会是否能够进入政策过程，取决于国家对于两者之间“利益契合”的判断程度。其背后假设是，将国家视为一个能够计算利益的整体理性人。管兵（2013）发现，在单级政府结构的城市，政府对社会组织有较高的渗透能力，政府有意愿并且有能力去进行社会管理，持续保持强政府弱社会的格局；而在具有多级政府结构的城市中，更高级别的政府对社会组织采取更为宽容甚至支持的态度，高级别政府可对下级政府产生限制，从而给社会自发力量的发展提供了机会。黄晓春和嵇欣（2014）就复杂的政府制度背景与社会组织自主性的关系做出了系统性分析。就制度环境而言，中国社会组织所处的宏观政策环境具有含混不清的特点，而不同政府部门在与各类社会组织打交道时也会根据自身的治理逻辑工具性来处理与社会组织的关系。从而，“各种明文规定背后隐藏着具有不同治理逻辑的实践制度生产者，它们为社会组织提供了不尽相同的预期、约束与激励，导致后者为控制不确定性发展出种种组织战术”（黄晓春、嵇欣，2014：100）。黄荣贵和桂勇（2013）则基于治理结构与政治机会（威胁）的差异来解释了两个城市业主联盟形态的差异。与广州相比，上海的物业管理制度更为完善，基层治理组织架构更为健全，体制内支持者相对缺乏，从而降低了社会冲突发生的可能。纪莺莺（2015）说明，政府主导的政经发展格局下，基于企业在地方政经格局中权重的分化，商会成员的利益诉求及其与政府互动关系各不相同。当前的社会组织体系试图将分化的社会成员聚集到同一个组织中，破坏了组织凝聚力，阻碍了制度化利益传输渠道的形成。

当前中国的社会组织不仅是理论界关心的焦点，更是由国家推进的顶层设计和社会工程的重点。从宽广的体制变迁的意义上说，社会组织的发展是对“计划经济时代体制下形成的政府全能的社会组织体系”的突破和转型，也是构建现代社会之组织架构的关键（李培林，2013）。可以说，迅速而丰富的社会实践正在对这一领域的理论能力提出更高要求。

三　企业组织

转型时期存在多种企业组织，不同的企业组织形态所牵涉的社会学议题也非常不同。

（一）国有企业及工人组织

近几年国企研究仍然关心工人动员和激励的问题。吴长青（2012）认为，革命伦理既激发了工人的劳动积极性和提高了生产效率，但也形成了违反劳动纪律的意外后果，从而导致新中国成立初期国营企业的劳动纪律问题。林超超（2013）基于20世纪50年代的上海国营企业提出，劳动竞赛这种群众运动式的生产动员方式，是国家意识到诸多体制缺陷时而采取的激励策略。但是国家没有能够有效减少来自单位组织及成员的体制内博弈行为带来的损耗，从而使旧体制下的中国经济还是陷入了高增长、低效益状态。贾文娟（2012）认为“大跃进”前后工人的劳动意识形态发生了巨大变化。新中国成立初期，工人获得了尊重、地位的提高和物质条件的改善，这使他们具有极高的劳动热情。随着国家逐渐走向对现代化项目的偏执，官员强压、指标管理和政治运动等生产控制策略在基层实践中损害了直接生产者的利益和需要，后者进而采取各种弄虚作假的策略来对付。这种情感、态度与行动上的转变，也是改制前国企工人“集体懈怠”的源头。

国企改制形成了“国家—资本—工人阶级”结构之下对劳动的严重剥夺，这提高了企业内法制建设和集体化组织建设的要求（李锦锋，2013）。但是，作为工人集体化组织形式的职工代表大会和工会制度，其实际角色或职能是什么？蔡禾和李晚莲（2014）提出，合法性逻辑和效率逻辑之间的张力导致了某厂职工代表大会在不同的历史时期的差异性特征。合法性逻辑推动国有企业实践职代会，效率逻辑则制约实践。国有企业改革至今，效率逻辑本质上压倒了合法性逻辑，职代会逐渐进入一个高度程式化、形式化的发展阶段，工人事实上失去了与企业讨价还价的有效组织保障。吴建平（2012b）发现，中国工会是一种在国家与工人之间发挥国家治理参与职能的中介性组织，根据不同时期的国家治理模式的转变而调节自身的职能目标。游正林（2011）则发现工会介入生产过程的动力是出于政绩驱动。闻效仪（2014）研究了2014年广东深圳启动163家企业工会直选的实践。这一带有突出地域特色的工会制度化行为，既受到工人日益激进的行动主义的推动，也来自国家自上而下的社会建设要求，同时也是广东产业转型的政策结果。工会直选带来了一些显著的效果，但其进一步制度化面临着资本强势、工人成熟度、地方政府思维方式等因素的影响，尚无法实现罢工和集体谈判等组织功能。

（二）乡镇企业与农业

过去4年间，一些学者发起了对于乡镇企业的再思考。郑风田等人（2012）综合了强调产权明晰村企分离的正式制度视角和认为模糊产权具有内在效率的非正式制度视角，考察村企关系的演变及其内在逻辑。在正式制度的作用之下，村企关系模式的趋势是从村庄绝对主导逐渐演化为企业绝对主导。但在非正式制度的作用之下，村企关系仍然会通过社会关系、资源交换、互惠关系等交织在一起，降低交易成本的社会性合约会使得村企合一模式优于村企分离模式。因此，在正式制度与非正式制度的交互影响下，村企关系必将表现出多样性。从“村庄型公司”转变为“公司型村庄”的案例正说明，正式制度使得村庄和企业的相对权力发生了变化，但村企合一仍然是优于村企分离的模式。从而，村企合一仍然有可能是一种具有可持续性和效率的模式。

渠敬东（2013）恰恰批评了类似于“正式”与“非正式”二分的概念方法，主张有关中国企业组织变革的经验研究“需要重新回到分析概念的层次上做基础性的讨论”（2013a：3）。渠敬东认为，占有、经营和治理这三个经典概念“在三个层面上塑造的不同社会关联和其中所贯彻的不同逻辑，才使中国的乡镇企业组织始终处于动态变迁过程之中，因三个维度在不同情势中的相互作用和调整而呈现出阶段性的发展特征”（2013a：15）。乡镇企业在占有关系上汇合了公有制、共有制和私有制等多重因素。在经营关系上，乡镇企业则充分利用双轨制的体制环境，将土地承包、企业承包经营和财政包干结合起来。治理包括了体制、话语和民情三个重要维度。而在治理关系上，乡镇企业将双轨制、承包制话语和家庭与宗族的复兴等多向度的治理机制相融合，解放了家庭、宗族、习俗等各种传统资源，并以此寻求实践中的改革与创造。可见，不同于某一向度理论视角的应用，渠敬东把乡镇企业作为社会运行的多重因素和多重环节的交集点，从而这个看似局部的社会现象，“在理论分析上却具有总体的意义”（2013b：28）。渠敬东更强调了乡镇企业的实践意义，其中不仅蕴含着丰富的制度创新空间，也充分反映出改革时代的制度精神。

乡镇企业热潮的逝去已久，但近几年由国家所推动的农业生产组织化趋势由于其在发展农村经济和重组乡土社会方面的意义而激发了研究者的兴趣。叶敏等人（2012）发现，地方政府和官员推动农业组织化经营不仅出于规模经济效应，也更多地出于一种组织化经营者更“便于管理”的治理逻辑。熊万胜和石静梅（2011）认为，希望通过企业带动农户的模式具有很大局限性。小农既不容易被龙头企业带动，也不容易被专业合作社所带动。赵晓峰与何慧丽（2012）则指出，农民的社会阶层及其带来的利益诉求分化，使他们对发展农民专业合作社的态度也不相同。

（三）公司研究

杨典（2011）揭示在市场机制之外，中国特殊的外部制度环境对公司战略的塑造。量化模型证明，无论中国公司初期的多元化和之后的迅速去多元化，都是由国家政策驱动的；并且，中国新生的资本市场也对公司战略产生了很大影响。模型还显示在中国多元化和绩效之间的关系比理论预测得要更复杂，这充分说明中国企业的多元化发展更多地取决于制度过程而非经济环境。在理论层面上，杨典的研究展现了社会学新制度主义组织分析对中国企业发展历程的优于经济学与管理学的解释力。在同样的理论视角下，杨典（2012）说明中国上市公司 CEO 的解职不仅仅是受到“效率逻辑”支配的经济过程，更是一个受“权力逻辑”支配的社会政治过程。中国上市公司对 CEO 的解职通常并非由董事会决定，而是由大股东决定，这主要是与高度集中的股权结构有关。尽管公司业绩也有影响，但这只是说明权力逻辑受到效率逻辑的一定制约。可以说，中国组织中普遍存在的权力逻辑压倒效率逻辑的现象，不利于组织的制度变迁与改革。马磊（2014）指出，连锁董事网这一重要的组织间关系网络，对理解公司治理、公司绩效、资本家阶级凝聚、商业精英政治行动等议题都具有重要意义。随着中国现代公司制度的建立，它在中国的商业网络中也成为一种普遍存在的组织现象。作者主张，应当把制度背景引入连锁董事网的研究，充分考虑网络形成和演化的政治经济背景。这几项研究开拓了从社会学角度进行公司研究的新思路和新议题。

无论是在以正式组织为研究对象的“组织研究”的意义上，还是在运用组织学理论的“组织分析”（the organizational analysis）的意义上，本文都不可能穷尽过去 4 年间的全部组织社会学研究。本文旨在借助国家、社会和市场的架构梳理近年组织社会学领域的研究状况。如果说，市场化改革前 30 年涉及的是国家与企业组织关系的重构，则近年的社会治理改革则涉及国家与社会组织关系的重构。国家、社会与市场组织各自的运转机制以及三者之间关系的调整，仍然是未来中国社会发展的主题，也构成了社会学研究、探索与理解的经验基础和理论源泉。

参考文献

艾云，2011，《上下级政府间“考核检查”与“应对”过程的组织学分析——以 A 县“计划生育”年终考核为例》，《社会》第 3 期。

蔡禾，2012，《国家治理的有效性与合法性——对周雪光、冯仕政二文的再思考》，《开放时代》第 2 期。

蔡禾、李晚莲，2014，《国有企业职工代表大会制度实践研究——一个案例厂的六十年变迁》，《开放时代》第 5 期。

曹正汉，2011，《中国上下分治的治理体制及其稳定机制》，《社会学研究》第 1 期。

——，2014，《统治风险与地方分权——关于中国国家治理的三种理论及其比较》，《社会》第 6 期。

陈锋，2012，《连带式制衡：基层组织权力的运作机制》，《社会》第 1 期。

陈家建，2013，《项目制与基层政府动员——对社会管理项目化运作的社会学考察》，《中国社会科学》第 2 期。

陈为雷，2013，《从关系研究到行动策略研究——近年来我国非营利组织研究述评》，《社会学研究》第 1 期。

陈家建、边慧敏、邓湘树，2013，《科层结构与政策执行》，《社会学研究》第 6 期。

狄金华、钟涨宝，2014，《从主导到规则的转向——中国传统农村的基层治理研究》，《社会学研究》第 1 期。

冯仕政，2011，《中国国家运动的形成与变异：基于政体的整体性解释》，《开放时代》第 1 期。

——，2014，《政治市场想象与中国国家治理分析——兼评周黎安的行政发包制理论》，《社会》第 6 期。

付伟、焦长权，2015，《“协调型”政权：项目制运作下的乡镇政府》，《社会学研究》第 2 期。

管兵，2013，《城市政府结构与社会组织发育》，《社会学研究》第 4 期。

黄荣贵、桂勇，2013，《为什么跨小区的业主组织联盟存在差异——一项基于治理结构与政治机构（威胁）的城市比较分析》，《社会》第 5 期。

黄晓春、嵇欣，2014，《非协同治理与策略性应对——社会组织自主性研究的一个理论框架》，《社会学研究》第 6 期。

黄文治，2012，《山区“造暴”：共产党、农民及地方性动员实践——以大别山区中共革命为中心的探讨（1923—1932）》，《开放时代》第 8 期。

李培林，2013，《我国社会组织体制的改革和未来》，《社会》第 3 期。

李友梅，2012，《中国社会管理新格局下遭遇的问题——一种基于中观机制分析的视角》，《学术月刊》第 7 期。

李锦峰，2013，《国企改制过程中的国家与工人阶级：结构变迁及其文献述评》，《社会》第 3 期。

林超超，2013，《生产线上的革命——20 世纪 50 年代上海工业企业的劳动竞赛》，《开放时代》第 1 期。

纪莺莺，2013，《当代中国的社会组织：理论视角与经验研究》，《社会学研究》第 5 期。

——，2015，《商会的内部分化：社会基础如何影响结社凝聚力》，《公共管理学报》第 1 期。

江华、张建民、周莹，2011，《利益契合：转型期中国国家与社会关系的一个分析框架》，《社会学研究》第 3 期。

贾文娟，2012，《从热情劳动到弄虚作假：“大跃进”前后日常生产中的国家控制与基层实践——以对广州市TY厂的考察为例（1956—1965）》，《开放时代》第10期。

马磊，2014，《连锁董事网：研究回顾与反思》，《社会学研究》第1期。

欧阳静，2011，《“维控型”政权——多重结构中的乡镇政权特性》，《社会》第3期。

渠敬东，2012，《项目制：一种新的国家治理体制》，《中国社会科学》第5期。

——，2013a，《占有、经营与治理：乡镇企业的三重分析概念——重返经典社会科学研究的一项尝试（上）》，《社会》第1期。

——，2013b，《占有、经营与治理：乡镇企业的三重分析概念——重返经典社会科学研究的一项尝试（下）》，《社会》第2期。

田先红，2012，《基层信访治理中的“包保责任制”：实践逻辑与现实困境——以鄂中桥镇为例》，《社会》第4期。

闻效仪，2014，《工会直选：广东实践的经验与教训》，《开放时代》第5期。

吴长青，2012，《革命伦理与劳动纪律——20世纪50年代初国营企业的劳动激励及其后果》，《开放时代》第10期。

吴建平，2012a，《理解法团主义——兼论中国国家与社会关系研究中的适用性》，《社会学研究》第1期。

——，2012b，《中国工会为什么要创办企事业：1980—2000》，《学海》第4期。

肖瑛，2014，《从“国家与社会”到”制度与生活”：中国社会变迁研究的视角转化》，《中国社会科学》第9期。

熊万胜、石静梅，2011，《企业“带动”农户的可能与限度》，《开放时代》第4期。

杨典，2011，《国家、资本市场与多元化战略在中国的兴衰——一个新制度主义的公司战略解释框架》，《社会学研究》第6期。

——，2012，《效率逻辑还是权力逻辑——公司政治与上市公司CEO强制离职》，《社会》第5期。

杨爱平，2012，《选择性应付：社区居委会行动逻辑的组织分析》，《社会学研究》第4期。

姚华，2013，《NGO与政府合作中的自主性何以可能——以上海YMCA为个案》，《社会学研究》第1期。

叶敏、马流辉、罗煊，2012，《驱逐小生产者：农业组织化经营的治理动力》，《开放时代》第6期。

应星，2015，《学校、地缘与中国共产党早期组织网络的形成——以北伐前的江西为例》，《社会学研究》第1期。

应星、李夏，2014，《中共早期地方领袖、组织形态与乡村社会——以曾天宇及其领导的江西万安暴动为中心》，《社会》第5期。

游正林，2011，《政绩驱动下的工会行动——对F厂工会主动介入生产管理过程的调查与思考》，《学海》第1期。

张静，2014，《行政包干的组织基础》，《社会》第6期。

张兆曙，2012，《新制度落实：单位内部的上下分际及其运作》，《社会学研究》第3期。

张紧跟，2012，《从结构论争到行动分析：海外中国NGO研究述评》，《社会》第3期。

赵小平、王乐实，2013，《NGO的生态关系研究——以自我提升型价值观为视角》，《社会学研究》第1期。

赵晓峰、何慧丽，2012，《农村社会阶层分化对农民专业合作社发展的影响机制分析》，《农业经济问题》第12期。

折晓叶，2014，《县域政府治理模式的新变化》，《中国社会科学》第1期。

折晓叶、陈婴婴，2011，《项目制的分级运作机制和治理逻辑——对“项目进村”案例的社会学分析》，《中国社会科学》第4期。

郑风田、阮荣平、程郁，2012，《村企关系的演变：从“村庄型公司”到“公司型村庄”》，《社会学研究》第1期。

周飞舟，2009，《锦标赛体制》，《社会学研究》第3期。

——，2012，《财政资金的专项化及其问题——兼论项目治国》，《社会》第1期。

周黎安，2014，《行政发包制》，《社会》第6期。

周雪光，2011，《权威体制与有效治理：当代中国国家治理的制度逻辑》，《开放时代》第10期。

——，2012，《运动型治理机制：中国国家治理的制度逻辑再思考》，《开放时代》第9期。

——，2014，《行政发包制与帝国逻辑——周黎安〈行政发包制〉读后感》，《社会》第6期。

周雪光、练宏，2012，《中国政府的治理模式：一个“控制权”理论》，《社会学研究》第5期。

周雪光、赵伟，2009，《英文文献中的中国组织现象研究》，《社会学研究》第6期。

朱健刚、赖伟军，2014，《“不完全合作”：NGO联合行动策略——以“5·12”汶川地震NGO联合救 灾为例》，《社会》第4期。

朱健刚，2011，《以理抗争：都市集体行动的策略——以广州南园的业主维权为例》，《社会》第3期。

作者单位：南京大学社会学系

社会人类学研究综述

郑少雄　李荣荣

近几年社会人类学研究呈现逐渐深入之势，表现为人类学家的主体性观念逐渐加强，视野渐次打开，希望从中国意识出发，把人类学田野资料放在地方社会、周边社会以及现代世界的多重格局中进行审视，从而发展出兼具多元和整体、反思性和主体性的中国人类学风格（赵旭东，2012）。与此相关，王铭铭（2013）继续推进关于“三圈”的论述，目的是反思现代社会科学所隐含的西方中心论，试图建立一种从中国意识出发、以关系为特征的关于诸文明差异的论述。在他看来，“差序格局”式的天下观本身是具有普遍意义的。与此同时，西方汉学人类学对中国的研究视角同样不能忽视。赵树冈（2014）发现近30年来汉学人类学的研究主题几乎都围绕革命、传统与现代性这三条主轴展开，取得了认识中国社会的人类学洞见，但一定程度上似乎没有形成系统的理论（如前代学者所做的）。本土学者的探索一方面针对西方，通过对西方知识谱系的梳理，指出“母权社会”神话的背后不是实证问题，而是对人性自然的探索（吴飞，2014a，2014b）；另一方面反观中国，通过对古代丧服制度的社会科学考察来反思“差序格局”概念，认为差序格局概念只反映了“亲亲”的平面关系，而没有体现包括“尊尊”在内的立体结构；由于“尊尊”等级关系的引入，家、国、天下也就不是同心圆中先后被牺牲的顺序；家是一种特殊的存在处境，并非可以普通同心圆之一环视之（吴飞，2011）。这个独特的考察具有较强的理论穿透力。

在视野和理论概念之外，学者对方法和方法论的关注也在提升。张小军和阿皮孜（2014）与蔡华（2014）形成了有意义的对话：前者认为民族志应翻译成“文化志”方为妥当，文化志书写应当充分关注真实性的达成条件，以及关注“互主体性”的田野经验，才能回应后现代理论挑战；后者持有相反的看法，他以自己在纳人社会中的参与观察、深度访谈和民族志写作经验为据，深入论证了科学民族志的可能性，回应了克利福德关于失真、主观性和文学文本性的解释学质疑。罗红光（2012，2013）通过“常人民族志”和“对话的人类学”方法，来探讨知识的公共性和共建问题，反思道德、知识权威的自我检验可能，并探索大规模文化研究的方案。

对汉人社会的研究，重要者在于问题意识和理论对话能力。张亚辉（2014）考察晋祠所祭神祇在历史上的变化和空间、权力争夺。三个神祇分别代表的皇权、儒家和乡土社会，三者既相互制衡又相互依赖，构成了传统中国社会结构的整体图景，富于历史人类学的论证逻辑。胡宗泽（2011）则通过对一个华北乡村非典防御过程的参与观察发现，国家在地方社会的眼中，是一个奇妙并且形象多变的复合体，它既是完整的官僚体系，又是由分化并且时而矛盾的机构、场域和过程拼接而成的。

以下侧重回顾近年来新兴的分支研究领域的发展状况。

一　民族与海外地区的新拓展

（一）民族走廊概念持续升温，流域、道路研究兴起

费孝通先生于20世纪80年代初提出的民族走廊概念，现已成为中国人类学界的一个研究热点；国际社会自20世纪90年代以来在申遗工作中引入“文化线路”（cultural route）遗产类别，一定程度上也助推了对跨文化互动的线路研究的热情。麻国庆（2013）回顾了民国以来关于“岭南民族走廊”的研究成果，指出对该走廊的研究应当具备中心、边缘时空转换的视角，并且要意识到不同生态空间之间的有机联系，即要具备流域乃至环南中国海的视野。杨志强、赵旭东和曹端波（2012）提出“古苗疆走廊”概念，用以指称自湘西横穿贵州中部入滇的古代驿道；认为这一通道的独特性在于并非依自然地貌自发形成的，实质是明清国家权力的贯彻，连接起西南边地的多样生态和族群。重视对“古苗疆走廊”的跨学科研究，可以对当代民族（族群）理论提出具有中国特色的反思。李星星（2013）试图明确界定民族走廊的内涵，认为应该兼具地理特征和历史内容。他主张把“巫山—武陵走廊”列入民族走廊的范畴中加以探讨。张原（2014）认为以走廊与通道研究为代表的区域模式，与族群模式、跨国模式相比，因具备关系主义视角而更贴近社会历史现实。

人类学者进一步开辟了流域研究、“路学”研究等新领域。明确以流域研究为号召的活动，有2015年在西南大学举行的“中国流域人类学工作坊”（还将出版《流域人类学》辑刊），也强调流域的廊道特征和多学科协同研究的必要性。“路学”（roadology）最主要的策动者是周永明，他多次阐述路学的理论框架和研究方法，并于2014年底在重庆大学召开了以“道路、文化和空间”为题的路学工作坊，标志着路学已经得到了学界较为广泛的回应。要言之，“路学”是一种跨学科的研究进路，在生物文化多样性的总体框架下，从生产、使用、建构和消费等几个方面讨论现代道路带来的复杂动态影响。在具体研究方法上，强调“点”“线”结合、“动”“静”结合、“质”“量”结合，以及“史”“志”结合。他还针对汉藏公路展开现代性的时空分析，重点关注道路之于人群的文化象征意义和引发社会重组的可能性（周永明，2010，2012，2015）。赵旭东和周恩宇（2014）着重评述道路与族群关系及国家统治合法性的关系，认为传统驿道卫所与生态环境较为亲和，现代交通道路则只关注效率和理性，但两者都服从于政治治理的需要，只是实现方法各异，前者表现为分隔地方非汉族群，后者表现为对族群交融及一体化的追求。总体而言路学目前还处于起步阶段。

（二）海外民族志及海外研究继续向前迈进

海外民族志在学界的合力推动下向前迈进，继续为中国人类学用汉语生产及表达有关世界的知识积累个案与理论。马强（2011）以俄罗斯黑土区乡村地区为田野点，围绕“俄罗斯心灵”这个俄罗斯文明的代表性概念，探讨其在不同时代被建构的文化实践，力求展现俄罗斯乡村社会百年来的转型历程。20 个世纪 20 年代末，社会学家林德夫妇在人类学方法的启发下，在印第安纳州曼西（Muncie）开展中镇（Middle Town）研究，随后开启了对当代美国社会进行社区研究的传统，而中国人类学美国研究的继续推进也难以绕开这一传统。迄今为止，已有高卉（2012）、梁文静（2013）、向星（2013）等研究者以中镇为田野点，分别关注慈善公益事业如何守护社会底线、公益建房项目及其体现的社区精神、花园生活呈现的美国人的社会结合方式等内容。夏循祥和陈健民（2014）以香港反拆迁运动为个案，探讨了“无权者之权力”的生成与增长过程，进而反思了特定语境中的权力关系结构，体现出人类学惯有的“绕道他者反观自我”的文化批评精神。罗杨（2012）以柬埔寨、赵萱（2014）以以色列东耶路撒冷为田野点的研究，分别完成了博士论文。徐薇（2012）对博茨瓦纳叶伊人的研究也有成果发表。另外，跨境民族受到关注，如李伟华（2014）以中缅边境文蚌人为对象，探讨了边疆及跨境民族主义等问题。围绕着国家与族群关系这一兼具理论与现实意义的核心议题，云南大学民族研究院积极推动以东南亚跨境民族为对象的研究，并推出东南亚民族志丛书等成果。移民研究的重要性亦随跨国流动之日益普遍而不断显现，张少春（2014）以生活在新加坡的中国技术移民为对象，展现了流动的家庭如何在传统文化理想和跨国生活现实之间被塑造出来的过程。

随着海外民族志个案研究的积累，相关学者开始尝试超越零散的个案研究，并在认识论、方法论等层面予以反思及提升。高丙中（2014）提出以“世界性社会”支撑海外民族志，既继承了费孝通先生 20 世纪 40 年代提出的这一概念，又回应了当代世界性社会不断显现的经验事实。杨春宇（2014）尝试在方法论层面进行小结，提出海外研究的基本特性在于田野工作者往往需要应对因阶层、年龄、学科和意识形态等方面的“越界”带来的各种问题。龚浩群（2014）倡导亚洲学界与非洲学界之间进行交互性研究，以推动全球知识生产体系的多主体参与。最后需要指出的是，如何在地方性场景中通过对日常生活的细致考察来认识海外以及中国与海外共同构成的世界社会，需要我们继续开展有民族志深度的研究。

二　介入公共议题，参与当代进程

（一）环境（生态）人类学研究逐渐成熟，灾难研究崭露头角

虽然环境和生态就概念来源而言并不一致（罗桥，2013），在 20 世纪 80 年代之前倾向于使用生态，之后倾向于使用环境（张雯，2013），但是国内生态和环境人类学研

究往往互不区分（如几个大学合办的刊物命名为《生态环境人类学通讯》）。鉴于大部分地区环境污染、水源枯竭、土壤退化、生计受损的严重性，近年来环境（生态）人类学发展较为突出，逐渐走向团队化。其中比较突出的例子包括，2012 年成立了中国人类学民族学研究会生态人类学专业委员会，2010 年年底“石河子大学绿洲生态人类学研究中心”成立，以及众多期刊开办生态人类学专栏。与此同时，中国学者对国外理论转型和研究进展的了解、掌握越发敏锐直接（张雯，2013），关于国内环境（生态）人类学研究成果的综述（尹绍亭，2012；崔明昆、崔海洋，2013；张珊，2014）能让我们对此有比较完整的认识。

受到国际学术界的影响，以及以 2008 年汶川地震为代表的自然灾难的强烈冲击，国内人类学界开始关注对灾害成因、灾害干预、灾后重建等议题的研究。最近几年的引介和研究都大有升温之势，其中《西南民族大学学报》《民族学刊》《云南民族大学学报》等期刊常年开设灾害人类学专栏；彭文斌牵头广泛翻译引介的美国灾难人类学研究作品尤为引人关注。风险与灾难被认为是环境及人类系统中的内在成分，可用以有效测试社会适应和可持续性；同时，救灾过程中多重知识间的冲突与协调决定了人类学家在社会重建中可以发挥更大的作用（参见奥利弗—斯密斯，2011，2013，2014；奥利弗—斯密斯、霍夫曼，2011）。按照他们的界定，通过民族志田野调查，人类学因其综合研究灾难中交织在一起的环境、生物和社会文化三个面向，在社会科学中最具备整体性视角的优势（霍夫曼，2011）；认为灾难很大程度上是在人类社会自身长时段过程中构建起来的，人类学对灾难的研究主要形成了“考古与历史”“政治生态学”“社会文化与行为”以及“应用与实践”几大范式（霍夫曼、奥利弗—斯密斯，2014）。

国内学者开展的灾难（灾害）人类学述评和研究工作也明显增加。夏少琼（2011）回顾了国外灾难研究的历史、现状与趋势，把灾难研究内容分为灾前、灾时、灾后三个阶段，指出灾难研究存在着从片段到系统、从客位到主位、从变迁到连续、从经验到理论的变化趋势。周大鸣和夏少琼（2012）进一步指出近百年来国外灾难研究在研究立场、视角和方法等方面的十大转变，并提炼出从共识到冲突、从例外到常态、从事实到建构等几方面对灾难的看法。李永祥和彭文斌（2013）回顾了本土灾害人类学研究的基本现状和成就，其中较具启发意义的是作者讨论了脆弱性、政治生态学、传统知识等概念和理论取向在中国的应用。李永祥还在脆弱性概念框架下讨论了云南傣族社区对泥石流灾害的反应（2011）、傈僳族社区对干旱灾害的反应（2012），既强调国家的力量，也挖掘地方文化和社会结构在灾害应对中的价值。

社会、文化、政治权力对于灾害（灾难）的处理和建构，也引起了学者的关注。王晓葵（2013）比较了中日两国对于大型灾难记忆空间建构方式的异同，将作为“自然”后果的灾害引入了文化探讨的空间。比较特别的是梁永佳（2013），他通过自己的印度田野经验，讨论了占星术对印度洋海啸的解释，从中敏锐地发现作为印度民族主义两大基石的科学和宗教在印度社会中的共处模式，既有反思当代中国社会的力量，也深具人类学独有之魅力。张原、汤芸（2011）更明确提出“面向生活世界的灾难研究”，认为人类学者应当充分意识到灾难的社会属性，视灾难为人类历史经验的内在组成部分，从而从整体论的视角着手讨论不同文化背景下的灾难形成、认知和应对。范可（2011）从仪式理论入手，直陈对于灾难的仪式化纪念，实际上是社会、政治权力竞争的场域，也导致了对灾难的多样化建构。

（二）医疗（药）、健康与社会身体观

作为一门关注人类健康与社会或文化之间的互动关系的分支学科，医学人类学近年来逐渐显现繁荣之势。景军（2012）指出，中国医学人类学已经完成了一个历史性转型，即从早期的学科介绍、学科建设倡导、著作翻译、基本理论和研究方法的探讨迈向了教材编写、课程开设、研究人才培养和比较扎实的田野调查。随后，景军和薛伟玲（2014）在理论层面检视了与医学人类学研究密切相关的四种社会理论，即社会阶梯理论、社会建构理论、生物权力理论以及未预结局理论，并讨论了这四种理论之于医学人类学揭示社会不平等、医学知识的建构、镶嵌在医学中的权力关系以及医学干预的未预结局等问题的价值与意义。经验研究方面，讨论较多的是生殖医学的社会影响、少数民族医药医学的现代经验，以及器官移植与身体观念、身份认同的关系等内容。例如赖立里与冯珠娣（2014）力图展示国家“发掘整理少数民族医药”这一宏大项目从认识论到实践上对民族医药的规范化努力，及其与地方性的文化创新，尤其是与积极发展本地医药的地方知识与文化精英之间既摩擦又共生、交会的复杂场域。余成普从身体不但作为生物性存在，亦作为社会文化性存在的整体观视角出发，追问基于身心二元论或机械论的器官移植技术给患者移植后的日常生活带来的变化（余成普，2011）；探讨器官移植者因身体变化而产生的自我认同的转变与重塑（余成普，2014）；并从人类学礼物研究出发检视器官捐赠作为生命礼物的社会事实（余成普等，2014）。可以说，民族志方法的运用为医学人类学的经验研究提供了深度个案，进而为我们思考“生命”“身体”“健康”在人类社会不同文化的多元表现以及应该如何提供了有益启示。

（三）饮食、认同及食品安全

早在人类学作为一门现代学科建立之初，食物就已是人类学者关注的内容之一。人类学对食物的研究不但将其置于社会文化语境中，考察其实用功能以及生产、加工、食用等环节，亦将食物与宗教仪式、文化认同等主题联系，探讨饮食的象征意涵。彭兆荣、肖坤冰（2011）提出，尽管中国人类学的食物研究开展较晚，但已取得长足进展。回顾本阶段的相关研究，饮食与身份认同（李伯彬，2014）、饮食与祭祀仪式（王斯，2014）等传统主题仍然受到关注。

对与饮食相关的食品安全问题的讨论则彰显了人类学作为一门人文社会科学的公共价值。在人类学的研究中，食品安全不单纯是食品自身的问题抑或政府监管的问题，更是转型时期人与社会之关系问题的特定反映。例如，邵京（2012）从食品安全来反思社会转型时期人们对于社会、伦理、政治等各种问题的忧虑。赵旭东与王莎莎（2013）

则引入对转型时期社会信任特点的讨论，指出食品安全问题以及民众对于食品安全的焦虑与当代中国由熟人社会向陌生人社会转变有关，以及与差序性的信任有关。此外，倘若我们将转基因农作物及其商业种植也纳入饮食研究的范畴，那么，范可（2014）从风险社会及政府公信力的视角切入，讨论了当下转基因之争的政治化特征。在此可见，人类学的整体论视角使其得以在讨论食品安全等公共议题时提出别具深度的独特洞见，而人类学作为一门学科的公共价值也将随着对这些与普通民众生命、生活息息相关的议题的深入讨论而不断彰显。

（四）边缘人群的学校与社会教育

教育人类学是由人类学和教育学相互交叉形成的一门综合性人文社会学科，使用人类学的理论框架、概念、思想观点和研究方法分析研究教育中的问题（陈学金、滕星，2013）。近年来教育人类学在中国获得长足的发展，其标志之一是中国人类学民族学研究会教育人类学专业委员会于2013年成立，2014年召开首届年会。甘永涛、刘倩（2014）简要回顾了教育人类学在国内外的发展经过，并且通过具有相当直观性和新颖性的知识图谱研究，展示了1988—2013年中国教育人类学的研究热点和发展态势，以及最具影响力的研究者群体和期刊名录。陈学金（2014）详尽回顾了中国教育人类学所取得的研究成果，认为少数族群地区是教育人类学研究的主要阵地，成果也最丰富，汉人地区的研究在不断拓展，对海外社会的教育研究初见端倪。他还认为进入21世纪之后，教育研究出现理论和方法上的“人类学化”趋势，并且主要关注弱势边缘群体的教育公平与正义问题。

纳日碧力戈（2014）从认同的多重性出发，认为教育人类学是讨论各族美美与共的学问，应对弱势群体持有人文关怀，以语言和文化的中层相对主义呼应国家治理和市场运行的高层普遍主义，沟通国家治理和社群需要之间的利益诉求，实现“爱民族”和“爱国家”之间的互补共存。滕星（2011，2012）也在“多元一体化教育”的框架下，研究并推动少数民族地区双语教育情况。作为中国教育人类学的早期开拓者，庄孔韶正在开展一项关于农村教育变革的人类学评估课题。他认为对教育的关注不应局限于学校，还应重视家庭及社会教育；教育内容不应局限于知识传递，还应包括文化传承和人性转换（庄孔韶等，2014）。涉及农村教育中的一对悖论“离农”抑或“为农”，他认为这两种进路都和中国传统的约束性教育体制有关，应该下放权力，让乡村教育提供者和接受者根据城乡结构关系的动态变化，自行选择“离农”到“为农”之间的连续统上的任何一种路径（庄孔韶、王媛，2011）。樊秀丽关注日本学校安全法立法状况（2011）和家庭教育支撑事业的保障状况（2014），滕星、孔丽娜（2011）关注墨西哥印第安人多元文化教育情况，但主要侧重于对国外实践经验的介绍。

三　其他交叉学科的发展

（一）影视人类学的理论和实践

2011—2014 年，影视人类学在中国蓬勃发展，且在国际学界崭露头角。本阶段中国知网以“影视人类学”为主题的文章已达百余篇。其中，鲍江（2014）透过对中国人类学电影开山作品的解读，提出以“你我”为民族志的视阈；朱靖江（2014）通过探讨不同时期“藏边影像”所呈现的社会形态与文化图景，揭示这些影像背后的文化立场、创作方法与权力关系。《雪山之书》（郭净，2012）、《娲皇宫志》（鲍江，2013）、《田野灵光》（朱靖江，2014）、《云南纪录影像口述史》（第一卷）（郭净等编著，2013）、《鄂伦春族——纪录片档案》（杨光海，2011）等专著相继出版。此外，郭净、朱靖江、雷建军、陈学礼、鲍江、陆文东等学者在暂无经费支持亦无法支付稿费的情况下志愿发起主编电子期刊《影视人类学论坛》，为学术交流搭建平台。

在民族志电影领域，本阶段呈现作者、作品日益增多态势。第一届视觉人类学与当代中国文化论坛（2014）、广西国际民族志影展（2014）、第七届中国影视人类学会学术研讨会（2014 年中国影视人类学年会）、“相处之道”——中国民族志电影展（2013）等为众多民族志电影提供了展映平台。此外，云南大学、中国社会科学院、新疆师范大学、北京大学、清华大学等诸多机构展开持续的相关教学与研讨活动，中国社会科学院 2013 年始招收影视人类学方向硕士研究生，这些都在为该领域的发展积蓄力量。由影视人类学学者带动的乡村（社区）作者影像实践在云南、青海、广西、四川等地开展，其学术意涵及学术潜力亦令人瞩目。

（二）艺术人类学方兴未艾

艺术人类学的学术阵营大致集中在中国艺术研究院、中央民族大学、云南大学、复旦大学、上海交通大学、广西师范大学等科研机构与高校。本阶段艺术人类学不乏具体案例研究发表，如洪颖（2014）对农民版画生发历程及身份定位的探讨。大体看来，具体案例的研究往往侧重阐释艺术实践的社会文化语境。此外，本阶段关于理论与方法以及学科定位的总体讨论相对突出。李修建（2014）指出，艺术人类学研究在这一阶段开始出现体系性的理论著述，同时，国外相关理论的译介亦受到重视。并且，各艺术门类研究者具有了方法论的自觉，充分认识到人类学方法对于艺术研究的必要性和重要性。有鉴于艺术研究特有的关注对象与切入路径，王建民（2013）指出相关研究有可能弥补以往人类学研究中重理性、轻情感，重访谈、轻体验等弊端，故有望为人类学探索文化提供一种新途径。人类学向来以整体观见长，人类学艺术研究是否体现了对生活世界的整体观照相应地成了学者们呼吁或反思的对象。例如何明（2011）强调了人类学艺术研究须在整体观视角下参与观察生活世界如何建构艺术，以及艺术如何表述生活世界。李立（2012）则提出不能将艺术人类学的对象完全等同于“文化”，并呼吁当前的艺术人类学研究回到并回应艺术学、美学提出的艺术问题，为艺术人类学寻找相应的对象和议题，进而促使学科之间形成有意义的对话主题，使艺术对象真正成为艺术人类学研究的焦点。此外，对于艺术人类学是否已成为人类学内的一个分支学科仍然存在争议。例如，刘正爱（2011）认为，艺术人类学在目前还没有形成为一个学科分支，无论是对于美学、文艺学，还是对于人类学而言，它仍只是一种研究方法与视角。尽管非物质文化遗产运动的蓬勃兴起有可能成为艺术人类学成为分支学科的契机，但学者们须在“问题意识”上保持学术自觉。

（三）企业（工商）人类学研究逐渐开拓

经济人类学作为社会人类学的四个基本分支学科之一，一直受到中国人类学界的重视，学者借助其概念体系来解释中国乡村，尤其是西部少数民族地区的经济生活世界（罗康隆、田广，2014）。近年一个比较突出的现象是，直接针对工商企业经营的人类学研究开始出现，具有开拓之功。西方企业人类学研究起源于20世纪30年代美国的“霍桑试验”及50年代英国的“曼城工厂研究”，发现了现代工厂中个体身份和非正式组织的作用，并把工厂视为“文化的组织”（袁同凯等，2013；殷鹏，2014）。田广和周大鸣（2013）也简要回顾了西方工商人类学的历史，指出在中国开展工商人类学研究的必要性和迫切性。张继焦（2014b）则认为从费孝通江村经济、昆厂劳工时代开始，中国已经有了本土的企业人类学研究。事实上，对近几年中国企业人类学研究有重要推动作用的还有日本传统。被称为“经营人类学之父”的中牧弘允屡次到中国访问并协助组织相关会议及论坛，并于2012年在北京大学做了关于日本企业人类学的专题讲座。他主要讨论日本现代企业（会社）中的神社、墓地、入社礼、社葬，以及公司博物馆等要素，将会社视为一个文化生活共同体，认为会社取代大名（传统日本封建领主）成为日本文化传统的承载者（中牧弘允，2015）。

潘天舒和洪浩瀚（2011）所讨论的上海“麦工”（麦当劳的工作）世界，虽然没有中牧弘允所关注的那些传统符号，但仍然形成了深嵌在中国社会转型和本土意义体系中的文化景观，从而与西方世界关于“麦工”的刻板负面印象形成了较大反差。陈刚主持过若干工商人类学研究（李文睿、陈刚，2014；陈刚、白廷斌，2012），以参与观察法和访谈、问卷方法，探讨昆明出租车司机的工作环境和压力，以及泸沽湖地区旅游商品的经营状况，提出了一些政策建议。国内在企业人类学研究方面比较活跃的学者还有张继焦（2013；2014a），他先后进行关于“老字号”企业的研究，探讨企业与政府关系如何影响“老字号”企业发展；提出在中国经济社会结构转型下，政府与企业之间庇护与被庇护关系的“伞式社会”特征是中国经济崛起的原因之一；他还主持出版了两部关于老字号企业的皮书。

参考文献

奥利弗—斯密斯，安东尼，2011，《风暴中的声音：救灾与重建中的社会关系》，《西南民族大学学报》第7期。

——，2013，《“何为灾难?”：人类学对一个持久问题的观点》，《西南民族大学学报》第12期。

——，2014，《人类学对危险与灾难的研究》，《西南民族大学学报》第1期。

奥利弗—斯密斯，安东尼、苏珊娜·M. 霍夫曼，2011，《人类学者为何要研究灾难》，《民族学刊》第4期。

鲍江，2013，《娲皇宫志》，北京：社会科学文献出版社。

——，2014，《“他者”到“你我”——中国人类学电影开山作品的启发》，《中央民族大学学报》第5期。

蔡华，2014，《当代民族志方法论：对J. 克利福德质疑民族志可行性的质疑》，《民族研究》第3期。

陈刚、白廷斌，2012，《川滇泸沽湖地区民族文化旅游商品市场调查：以工商人类学为视角》，《黑龙江民族丛刊》第3期。

陈学金，2014，《当前的中国教育人类学研究：内容领域与焦点议题》，《社会学评论》第6期。

陈学金、滕星，2013，《论中国教育人类学的几个根本问题》，《中南民族大学学报》第3期。

崔明昆、崔海洋，2013，《近三年来中国生态人类学研究综述》，《中央民族大学学报》第4期。

范可，2011，《灾难的仪式意义与历史记忆》，《中国农业大学学报》第1期。

——，2014，《全球化与转基因问题的政治想象》，《江苏行政学院学报》第4期。

樊秀丽，2011，《日本学校安全法立法运动》，《首都师范大学学报》第3期。

——，2014，《日本家庭教育支援事业的保障》，《比较教育研究》第6期。

甘永涛、刘倩，2014，《当代中国教育人类学研究热点及其演化的知识图谱》，《民族教育研究》，第4期。

高丙中，2014，《海外民族志与世界性社会》，《世界民族》第1期。

龚浩群，2014，《全球知识生产的新图景与新路径：以推动“亚洲研究在非洲”为例》，《中央民族大学学报》第2期。

高卉，2012，《守护社会底线》，北京大学社会学系人类学专业博士毕业论文。

郭净，2012，《雪山之书》，昆明：云南人民出版社。

郭净、徐菡、徐何珊编著，2013，《云南纪录影像口述史》（第一卷），昆明：云南人民出版社。

何明，2011，《迈向艺术建构经验的艺术人类学》，《思想战线》第4期。

洪颖，2014，《辩与识：中国农民版画的定位与实践刍论》，《民族艺术》第3期。

胡宗泽，2011，《村民眼中的“国家”：对华北一个乡村预防“非典”事件过程的考察》，《社会》第6期。

霍夫曼，苏珊娜，2011，《彰显的关怀：灾难与人类学领域》，《西南民族大学学报》第7期。

霍夫曼，苏珊娜、安东尼·奥利弗—斯密斯，2014，《人类学与灾难研究的范式》，《云南民族大学学报》第1期。

景军，2012，《穿越成年礼的中国医学人类学》，《广西民族大学学报》第2期。

景军、薛伟玲，2014，《医学人类学与四种社会理论之互动》，《思想战线》第2期。

赖立里、冯珠娣，2014，《知识与灵验：民族医药发展中的现代理性与卡里斯玛探讨》，《思想战线》第2期。

李伯彬，2014，《略谈清真拉面在饮食文化中的象征含义》，《回族研究》第4期。

李立，2012，《贴近“艺术”的艺术人类学》，《思想战线》第1期。

李伟华，2014，《边疆与民族主义：中缅边境文蚌人的认同研究》，北京大学社会学系人类学专业博士毕业论文。

李文睿、陈刚，2014，《压力、挑战和利益的博弈：昆明出租车司机的工商人类学个案研究》，《青海民族研究》第1期。

李星星，2013，《再论民族走廊：兼谈“巫山—武陵走廊”》，《广西民族大学学报》第2期。

李修建，2014，《2013年度中国艺术人类学学科发展研究报告》，《民族艺术》第4期。

李永祥，2011，《傣族社区和文化对泥石流灾害的回应：云南新平曼糯村的研究案例》，《民族研究》第2期。

——，2012，《傈僳族社区对干旱灾害的回应及人类学分析：以云南元谋县姜驿乡为例》，《民族研究》第6期。

李永祥、彭文斌，2013，《中国灾害人类学研究述评》，《西南民族大学学报》第8期。

梁文静，2013，《美国中下阶层何以实现有房梦?》，北京大学社会学系人类学专业博士毕业论文。

梁永佳，2013，《在科学与宗教之间：印度占星术视野中的海啸》，《西南民族大学学报》第1期。

刘正爱，2011，《“抢注”中的中国艺术人类学》，《思想战线》第4期。

罗红光，2012，《常人民族志：利他行动的道德分析》，《世界民族》第5期。

——，2013，《对话的人类学：关于“理解之理解”》，《广西民族大学学报》第3期。

罗康隆、田广，2014，《论经济人类学中国本土化实践及理论贡献》，《中央民族大学学报》第3期。

罗桥，2013，《区隔与融合：中国环境社会学与生态人类学的跨学科融合》，《南京工业大学学报》第2期。

罗杨，2012，《王城中的“文明”——柬埔寨吴哥的知识、王权与宗教生活》，北京大学社会学系人类学专业博士论文。

麻国庆，2013，《南岭民族走廊的人类学定位及意义》，《广西民族大学学报》第3期。

马强，2011，《俄罗斯心灵的历程》，北京大学社会学系人类学专业博士毕业论文。

纳日碧力戈，2014，《教育人类学：美美与共的学问》，《民族教育研究》第4期。

潘天舒、洪浩瀚，2011，《上海“麦工”意义世界的人类学解读：基于田野体验的视角与洞见》，《社会》第5期。

彭兆荣、肖坤冰，2011，《饮食人类学研究述评》，《世界民族》第3期。

邵京，2012，《证与症——食品安全中的科学与文化》，《广西民族大学学报》第1期。

滕星，2011，《中华民族多元一体格局中的新疆双语教育》，《新疆教育学院学报》第1期。

——，2012，《壮汉双语教育的问题及转向》，《广西民族大学学报》第4期。

滕星、孔丽娜，2011，《墨西哥印第安人的多元文化教育发展》，《中国民族教育》第9期。

田广、周大鸣，2013，《中国需要工商人类学》，《民族论坛》第6期。

王建民，2013，《人类学艺术研究对于人类学学科的价值与意义》，《思想战线》第1期。

王铭铭，2013，《三圈说：另一种世界观，另一种社会科学》，《西北民族研究》第1期。

王斯，2014，《西方人类学视域下的祭祀饮食文化研究述评》，《世界宗教研究》第5期。

王晓葵，2013，《灾害文化的中日比较：以地震灾害记忆空间建构为例》，《云南师范大学学报》第6期。

吴飞，2011，《从丧服制度看“差序格局”：对一个经典概念的再反思》，《开放时代》第1期。

——，2014a，《母权神话：“知母不知父”的西方谱系》（上），《社会》第2期。

——，2014b，《父母与自然：“知母不知父”的西方谱系》（下），《社会》第3期。

夏少琼，2011，《国外灾难研究历史、现状及趋势》，《广西民族大学学报》第4期。

夏循祥、陈健民，2014，《论无权者之权力的生成》，《社会》第1期。

向星，2013，《花园里的美式生活》，北京大学社会学系人类学专业硕士毕业论文。

徐薇，2012，《非洲博茨瓦纳叶伊人社会研究——以塞波帕村为例》，《广西民族大学学报》第2期。

杨春宇，2014，《汉语海外民族志实践中的“越界”现象——基于方法论的反思》，《世界民族》第3期。

杨光海，2011，《鄂伦春族——纪录片档案》，北京：民族出版社。

杨志强、赵旭东、曹端波，2012，《重返“古苗疆走廊”：西南地区、民族研究与文化产业发展新视阈》，《中国边疆史地研究》第2期。

殷鹏，2014，《“霍桑试验”与“曼城工厂研究”：企业人类学研究的方法回顾、比较和反思》，《杭州师范大学学报》第4期。

尹绍亭，2012，《中国大陆民族生态研究（1950—2010年）》，《思想战线》第2期。

余成普，2011，《器官移植病人的后移植生活：一项身体研究》，《开放时代》第11期。

——，2014，《身体、文化与自我：一项关于器官移植者自我认同的研究》，《思想战线》第4期。

余成普、袁栩、李鹏，2014，《生命的礼物——器官捐赠中的身体让渡、分配与回馈》，《社会学研究》第3期。

袁同凯、陈石、殷鹏，2013，《现代组织研究中的人类学实践与民族志方法》，《民族研究》第5期。

张继焦，2013，《从企业与政府的关系看“中华老字号”企业的发展：对鹤年堂、同仁堂的比较研究》，《思想战线》第3期。

——，2014a，《“伞式社会”：观察中国经济社会结构转型的一个新概念》，《思想战线》第4期。

——，2014b，《企业人类学：作为一门世界性的前沿学科》，《杭州师范大学学报》第7期。

张珊，2014，《2013年中国生态人类学研究综述》，《民族学刊》第6期。

张少春，2014，《“做家”：一个技术移民群体的家庭策略与跨国实践》，《开放时代》第3期。

张雯，2013，《近百年来环境人类学研究》，《广西民族大学学报》第6期。

张小军、木合塔尔·阿皮孜，2014，《走向“文化志”的人类学：传统“民族志”概念反思》，《民族研究》第4期。

张亚辉，2014，《皇权、封建与丰产：晋祠诸神的历史、神话与隐喻的人类学研究》，《社会学研究》第1期。

张原，2014，《“走廊”与“通道”：中国西南区域研究的人类学再构思》，《民族学刊》第4期。

张原、汤芸，2011，《面向生活世界的灾难研究：人类学的灾难研究及其学术定位》，《西南民族大学学报》第7期。

赵树冈，2014，《革命、传统与现代性：西方人类学中国研究的向度》，《开放时代》第5期。

赵萱，2014，《是非之地的冲突与文明——东耶路撒冷橄榄山地区的民族志》，北京大学社会学系人类学专业博士论文。

赵旭东，2012，《中国意识与人类学研究的三个世界》，《开放时代》第11期。

赵旭东、王莎莎，2013，《食物的信任——中国社会的饮食观念及其转变》，《江苏行政学院学报》第2期。

赵旭东、周恩宇，2014，《道路、发展与族群关系的“一体多元”：黔滇驿道的社会、文化与族群关系的形塑》，《北方民族大学学报》第6期。

中牧弘允，2015，《日本人类学三讲：中牧弘允在北大的演讲（连载之三）》，《西北民族研究》第2期。

周大鸣、夏少琼，2012，《国外灾难研究百年：十大转变》，《西南民族大学学报》第4期。

周永明，2010，《道路研究与“路学”》，《二十一世纪》8月号。

——，2012，《重建史迪威公路：全球化与西南中国的空间卡位战》，《二十一世纪》8月号。

——，2015，《汉藏公路的“路学”研究：道路空间的生产、使用、建构》，《二十一世纪》4月号。

朱靖江，2014，《“藏边影像”——从“他者”窥视到主体表达》，《云南民族大学学报》第1期。

庄孔韶、冯跃、生龙曲珍，2014，《中国农村教育的人类学评估》，《贵州民族研究》第3期。

庄孔韶、王媛，2011，《评议“离农”“为农”争论：教育人类学视角下的农村教育》，《广西民族大学学报》第2期。

作者单位：中国社会科学院社会学研究所

中国城市社会学研究与学科建设

良警宇

2011 年中国城镇化率首次突破 50% 关口（51.27%），城镇人口达到 6.91 亿人，① 标志着中国以城市型社会为主体的新时代的开始。随着中国城市社会到来，国家深化改革和发展政策全面调整，中国城市社会学研究和学科发展面临着历史性的机遇和挑战。总体而言，4 年来城市社会学研究与学科建设的突出特点包括：第一，重视对“城市中的社会”的研究；第二，重建关注城市研究的空间视角的学科传统；第三，延续都市社会运动与社区研究的中国范式；第四，学科建设活动广泛开展，跨学科研究对话活跃，学术会议交流、教材建设、成果出版及国外学术研究成果译介、智库建设等成果丰富，从多方面对学科理论及其体系进行反思与重构。

一　社会学的城市社会现象研究：基于两种学术期刊相关论文的分析

对城市社会学的研究成果进行汇总，并分析和总结其特点是一项充满挑战的工作。因为确定哪些成果可以归入这门社会学分支学科，涉及对这门学科的界定。

自芝加哥学派创立城市社会学以来，对这门社会学分支学科的界定方式就多种多样。综合而言，国内通常以研究对象和使用的理论与方法来界定学科边界，城市社会学也因此多被方便地界定为：是一门运用社会学理论与方法，系统地、整体地研究城市社会现象和规律的社会学分支学科（王光荣，2010；向德平，2005；李强，2013a）。这一界定，自然地就将社会学中所有涉及城市议题的成果都纳入。② 由此，社会学及其分支的许多议题，如社会分层与流动研究、社会组织研究、婚姻家庭研究、社区研究，等等，当被限定为城市尺度的研究时，往往都被视为是城市社会学的研究组成。虽然一些学者对这一界定有异议（蔡禾，2011；陈映芳，2012a），但考虑到现实状况，本文在此只能暂且以这一界定对社会学中所有涉及城市议题的研究成果进行总结与介绍，并在

① 国家统计局公布数据。

② 这种研究界定，也令一些学者提出：城市社会学是否有专属的研究领域，是否有城市社会学理论，以及随着城乡空间一体化和网络社会的发展，城市社会学与一般社会学将可能合二为一而失去作为分支学科存在的意义（张品，2014）。

本文后面的内容中，从学科建设的角度做进一步的讨论。

此外，考虑到城市是一个多学科共同关注研究的领域，对于综合性期刊和各类学术专著中与城市议题相关的成果中哪些可以明确归类为社会学的研究成果，在操作上也具有一定的困难性。因此，作为权宜之计，本文在此主要通过对 2011—2014 年刊载在《社会学研究》和《中国社会科学》① 中的相关论文的分析，管窥这一时期中国城市社会学研究成果的特点及学科地位。并在本文后面的两个部分，主要结合这 4 年中对学科理论体系构建有重要意义的如何“重建”和“延续”的问题，重点对表现突出的两个议题的特点进行总结和讨论。

基于对这两种期刊相关论文议题进行分类和汇总，可以看出这一时期社会学的城市社会现象研究主要有两大关注点：一是对中国城镇化发展、新型城镇化理论和模式，以及对由城乡空间一体化和城乡研究一体化背景下的学科建设问题予以了关注；二是注重以问题视角对“城市社会现象”进行研究，其中重点关注的议题主要包括：“流动人口/移民与社会融合”“城市/城乡社会分层与不平等”“空间、社区与都市社会运动”“社会心理与信任”“社会制度”和“社会组织”等。基于对不同议题的文献刊载篇数、研究方法和研究视角进行分析，可以管窥这 4 年城市社会学分支的地位及其成果呈现出以下几方面特点。

第一，论文刊载数目方面，显示城市议题在社会学研究中的地位相对稳定。从《社会学研究》刊载的相关论文数量来看，其每年发表的与城市议题直接相关的文章为 9—10 篇，占每年发表总数的 1/7 左右，4 年间每年刊载的数量没有大的起伏。但需要说明的是，仅仅从论文议题分类上就可以发现：一些城市议题的论文也可以被归类到社会学的其他分支中，因此，仅从研究对象的城市尺度以及是否使用社会学的研究方法和理论进行区分，很难划清城市社会学与社会学其他分支学科之间的界限，也难以完全用文章篇数来定位城市社会学的学科地位。

第二，研究议题方面，从论文数目看，“城市/城乡社会分层与不平等”以及“空间、社区与都市社会运动”是最受关注的议题。这两类议题在笔者的分类中都分别有 8 篇，占全部 9 个议题共 38 篇论文比重的 42. 11%。其次是涉及“流动人口/移民与社会融合”“城镇化”两个议题的研究各有 6 篇和 5 篇。显示了对中国社会转型进程中的社会秩序与社会整合问题的关切。

第三，研究方法方面，不同议题使用定量、定性方法的比重各有侧重，如“社会分层与不平等”“流动人口/移民与社会融合”“社会心理与信任”等议题主要以定量研究为主，而“空间、社区与都市社会运动”等议题则主要以定性研究为主。总体而言，定量和定性方法的使用主要根据研究问题的需要而定。

第四，研究视角方面，显现出对作为“城市中的社会”的研究的重视，以及对

---

① 这两种期刊分别被学界公认为社会学专业领域和社会科学综合研究领域的标杆性期刊，因此本文权宜性地选择这两种期刊中的相关论文进行汇总和分析，以管窥城市社会学的发展状况。

“作为社会的城市”的研究的忽视。陈映芳（2012a）对此进行反思提出：对“城市化”和“城市发展”过程中的问题，中国社会学者“多半倾向于将问题设置为具体的社会系统或社会行动等的问题，或者以社会学的中观理论去探讨诸如‘社会分层’‘社会网络’‘社会资本’等问题，而较少对意识形态及国家目标展开反思……在操作层面社会学者也较难将社会问题设置为‘城市的问题’”，其具体表现在对作为“社会的城市”研究视角的忽视。她认为，这种普遍以“城市中的社会”为研究对象的界定办法，难以看到当今城市“自身的结构也构成了国家、市场、社会及其相互间关系变动的特殊驱动力和规定力量”的现实。而在城市社会来临的时代，正如陈映芳所反思的那样：不充分认识“现代城市”之于中国所具有的意义，“就无法真正说明当今中国社会变动的逻辑。”但由于学科分异等原因，许多社会学者将已形成的对社会事实的空间性把握的学科传统，让位给了其他相关城市研究学科，使自身“逐渐丧失了观察研究城市社会形态、城市生活方式等的本来优势”。

此外，对性别、全球化、族群/民族、文化研究视角关注不够。比如，即使研究中涉及性别，也仅仅是作为变量予以讨论，而非从性别视角进行研究；即使涉及国际移民问题的研究，也主要是通过挖掘中国移民移出地的地区性和城乡性来分析其身份认同的底色，或者以社会网络自身规律分析移民行为，而忽视了全球化过程、城市及其结构自身对移民群体及其行为的建构和影响。对城市社会学的传统主题“城市性”或者城市生活方式、城市文化的研究比较淡漠。此外，“忽视”城市民族或者族群问题研究成果，这并不是说中国社会学者不研究城市民族/族群问题，而更可能是与中国主流社会学刊物的定位和分类有关，这从一个侧面也反映了中国主流社会科学的“惯例”，即有关民族社会问题的研究论文都被“惯例性”地分流到民族类期刊中，而这类期刊又被冠以民族学学科的阵地，一般期刊都有意识地回避或者很少涉及本国民族或者族群问题的探讨，这事实上也是主流社会现实状况的一种表现。反映到国内各类城市社会学教材中也是如此，即使有涉及族群/民族问题的章节，也是对国外情况的介绍，对于中国的城市民族/族群关系及其社会问题，一般城市社会学教材都是忽视不论的。

考虑到城市议题的社会学研究成果丰硕，以下本文将从“重建”和“延续”的角度，重点对以下表现突出的两个议题进行总结和讨论。

二　重建关注城市研究的空间视角的学科传统

这几年中，面对城市社会学学科的既有问题，一些学者提出应当重新反思当前中国城市社会学学科界定的方式，确立学科存在的独特性和意义。对此，陈映芳（2012a）提出应重视对“作为社会的城市”的研究。她认为“城市社会的空间形态、空间结构，社会事实的空间性以及城市间/社会间的网络结构等，一直也是社会学者赖以建构社会事实、说明社会结构、生活方式的重要的观察角度和分析维度”。但显然多数研究对于这些历史性地汇入城市社会学学科知识体系中的分析视角重视不够。蔡禾（2011：6—7）也反思了社会学恢复以来，国内学者关于城市社会学的学科界定方式，提出以研究对象来划分学科的传统做法，难以面对当前交叉学科发展的事实。应该淡化对象，回到城市社会学的历史中，重新梳理经典学者的著作和分析前人的研究，找出城市社会学中所存在的稳定的传统和一致的核心问题。他提出在城市社会学经典作家们的工作中可以梳理出两个传统："对空间的关注传统"以及"对基本的城市生活共同体形式的研究传统"。由此他提出，迄今为止的城市社会学的核心问题是"人类群体生活与都市环境的关系"。围绕这一核心问题，他认为城市社会学有两个基本研究方向和两个主要研究范式。两个基本学术研究方向是：人类群体生活与都市环境的关系在空间结构和社会结构上的展现。两个主要研究范式则分别是：人类生态学和新都市社会学。

这4年的学术实践中，在城镇化、城市社会空间等一些研究议题下，社会学学者出版了一些关注城市空间形态和结构、社会事实的空间性研究的系统成果。

第一，在城镇化议题下，李强等（2013b）的《多元城镇化与中国发展：战略及推进模式研究》对20世纪90年代中后期以来中国城镇化的特征和7种推进模式进行了研究和总结，认为这种"推进"特征主要表现为政府主导、大范围规划、整体推动以及在空间上具有明显的跳跃性等，通过建立开发区、建设新城、城市扩展、旧城改造、建设中央商务区、乡镇产业化和村庄产业化7种推进模式，城市空间和形态被广泛重构。这一研究清晰地展现了中国城镇化进程中重构城市空间和形态的多元化实践及其动力机制。张鸿雁（2012）的《城市化理论重构与城市化战略研究》则力图建构中国本土化城市化理论，区分了中国的整体城市化、区域城市化、都市圈化、省域城市化、县域城市化模式，提出了中国城市化的10种理论：复合多元型、适度紧缩型、循环社会型、以大城市为主导的差序格局型、县域城乡一体化、中国式城市化空间形态、"城市文化资本"再生产的动力理论、以充分就业为前提的幸福城市化理论、嵌入性城市发展定位理论，以及全球城市价值链高端介入理论等。这一研究是对多元城市化策略的分类梳理，也显示了对城市空间和形态的关注以及对中国城镇化道路复杂性的认识。

人口城乡流动、城乡空间一体化的现实，使一些农村问题研究专家也加入城镇化问题的研究（贺雪峰，2014）。而田毅鹏（2012）一篇有关日本"地域社会学"学科建设的论文，也启发学者们思考在城乡关系发生变动的条件下，城市社会学如何正视城乡一体化以及城乡研究一体化的演进态势，调整自身的学科研究目标和研究内容，构建基于中国经验上的研究理论。

第二，关于当代城市问题及其研究方法。陈映芳一直以来积极倡导对社会事实的空间性把握，强调对作为社会的城市的研究，强调关注城市与资本、国家的互动关系。她与水内俊雄主编（2011）的《直面当代城市：问题及方法》对城市开发背景下城市公平及城市住宅问题进行研究，对城市现实背后的社会性、空间性及历史性进行挖掘，对政府住宅政策与市民抵抗运动之间的互动轨迹进行探讨，并试图从城市的空间系统、教育系统、产业系统及家族系统等与城市住宅问题的关系中，讨论社会不公的隐性形态，以及国家、资本和社会的隐性逻辑。此外，陈映芳（2012b）的《城市中国的逻辑》以上海为“田野”，基于对20世纪90年代以来中国大规模的城市更新，以及居民大动迁的过程的研究，对城市开发体制的运行机制、城市开发与国家权力之间的关系，以及开发资本进入中国的政治经济体系及其在国家与社会之间的角色等问题进行了分析与探讨，并依此实践其所倡导的如何通过研究“作为社会的城市”来研究中国社会的发展逻辑的学术主张。

第三，关于流动人口的空间视角的研究。在流动人口的研究成果中，张鹂（2014）的《城市里的陌生人：中国流动人口的空间、权力与社会网络的重构》通过对外来人口社区的兴衰重建历程的个案研究，细致展现了人口流动所引发的空间、社会关系重构，以及跨区域联系网络的建立，中国社会治理模式的转变，以及私人社会空间对传统管理制度的挑战。虽然作者主意是强调要从更为复杂的日常实践和持续的变迁当中去理解当代中国的“国家—社会”关系，但其关注到从空间生产、空间权力、跨区域空间网络等角度来把握这种关系。

第四，关于社会融合的城市空间视角研究。谭日松（2012）的博士论文《一个南方城市的空间社会学研究》是一部将社会诸因素与城市空间结合进行实证研究的作品。虽然这部作品以量化研究为主，但因为将空间作为重要变量引入对社会群体的分析中，从而使其研究具有了对社会事实进行空间性把握的视角。他利用统计数据和社会调查数据，从宏观层面上研究了城市社会空间结构的演变，以及就业、人口、报酬和居住空间重构的现状，社会空间与居住隔离状况及其影响因素；从中观层面上关注社会空间与社会交往，即社会空间对邻里关系、社区活动参与、社会交往形式、社会交往对象以及闲暇时间交往的影响状况；从微观层面上研究了社会空间与社会评价与社会态度之间的关系。通过对这三种层面的分析，这一研究较好地展现了社会融合的城市空间问题，从而使自己的研究群体和研究问题落地，进而提出切实可行的可以落地的政策对策，而非仅仅是对着一群不能落地的“群体”谈一些不能落地的对策建议。

第五，关于都市政府与城市空间开发的逻辑。施芸卿（2014）的论文以国家构造房地产市场之初的“开发带危改”阶段为例，辨析了都市政府所并有的“代理型”和“谋利型”两种角色，及其在城市开发中并用的“增长逻辑与道义逻辑”策略，以此揭示了都市政府如何将城市开发的增长逻辑，嵌入具有道义优先性和行政合法性的全民公共利益中，削弱了市民反抗的正当性，使持续和高效的城市开发得以实现。这一研究较好地展现了中国社会转型过程中的都市政府在城市空间重构进程中的关键作用。

三　延续都市社会运动与社区研究的范式

都市社会运动是新城市社会学的重要议题，是指在日常生活中围绕具体的利益问题展开的、一般不涉及根本性的制度变革的单一议题运动，其缘起的背景在于对芝加哥学派的关于社会整合学术取向的批判。都市运动强调在地性（locality），侧重特定的城市政治经济语境中的本地特征，因此关于都市运动的研究更多地与社区研究联系在一起（魏伟，2008；陈映芳，2006）。

这4年社会学城市研究的一个突出成果就是对围绕日常生活空间而展开的各种“维权”“抗争”的都市社会运动进行研究（一些研究也称之为社区运动、公民运动）。社会学在民众（包括农民）维权与抗争研究领域积累了许多实证和理论成果，提出了一些受关注的基本问题，如在国家——社会关系的讨论框架下，各种维权抗争行动是削弱了还是强化了国家的权威？是促进了行动者的公民意识，进而可以由此培育出公民社会；或只是一种道义经济式的诉求，其本质是对生存权的诉求而不会触及政治系统（沈原，2007；裴宜理，2008）。对于抗争形式，既有的研究也构建了从“日常抵抗”“依法抗争”“以法抗争”“草根动员”到“策略性均衡”或“协商对话”等解释框架（于建嵘，2008；尹利民，2010）。这些解释框架或者突出民众视角，或者从国家与民众互动的视角进行分析，形成了许多研究成果。这4年的成果较多采用了后一种框架，即分析各种利益分化的行动主体如何策略性地运用资源、互动并达成妥协、均衡或者合作、合谋（陈映芳，2013；黄晓星，2012；施芸卿，2013；熊易寒，2012；王星，2012）。其中陈映芳结合法律社会学和新城市社会学的分析视角，细致分析了城市社会中的“违规”及“违法”空间的发生机制，展示了包括政府和民众在内的各类行动者如何运用多元的法资源，在“情”与“法”之间游走，如何共同制造了非正式性的共享的社会空间，以及共享的政治文化如何以道德主义消解了法律主义。

对于各类城市社区研究，肖林（2011）将之分为本体论和方法论意义上两种不同性质的社区研究。前者关心的核心问题的是作为共同体的社区在现代城市社会是否可能；后者的核心问题是通过社区去“透视”国家与社会之间复杂的互动关系。这种研究方法似乎已经成为中国城市社区的研究“范式”。以此划分，可以发现这4年的社区研究成果仍多是在方法论意义上研究城市社区，即将社区视为各种行动者相互博弈的场域，通过对不同利益与目标的行动者的考察，来讨论国家、基层社会、社区组织和行动者之间的复杂辩证关系，以及国家—社会关系的可能走向，并尝试以此进一步细化和修正国家—社会的理论框架（王汉生、吴莹，2011；黄晓星，2011，2012；施芸卿，2013）。这几年的成果尤其重视从行动者角度的分析，比如施芸卿引入社会心理学视角，将对于社会转型的关注从宏观的社会结构层面拓展到更为微观的个体层面，使“社会的生产”的问题进一步延伸到“公民的生产”，建构了现代社会的国家—市场—社会—个人的解释框架，以此尝试将国家—个人关系纳入研究视野。关于“社区参与”，王星（2012）引入利益分化概念，研究了城市基层社会的生计型参与者和权责型参与者之间及其内部存在的利益冲突，使城市基层社会成为一个混合着多种关系的场域；表明社区自治能力不足除了因国家控制过甚外，基层社会治理参与主体之间的利益分化也是其更深层动因。熊易寒（2012）则讨论了以“外来人口”为主体的中产阶层社区的政治参与特点，以及新移民的社会融合途径，探讨了互联网作为社会动员手段在社区参与、都市抗争中作用。

与强调利益多元分化的行动者的角度不同，也有一些研究从“共同体”意义的角度关注社区运动及社区建设。黄晓星（2011）通过考察基于空间因素的社区日常生活与社区运动的关系，提出包含空间、人口、组织三要素的“社区性”是影响社区运动产生与维系的核心变量，具体分析了三要素如何不断互动循环，在社区运动中促使“自在”的邻里走向“自为”的社区共同体。在实践社会学的范式下，郭于华等（2014）的《居住的政治：当代都市的业主维权和社区建设》研究，将城市居住空间的重构视为“居住的政治”，将研究视为社会干预，透视国家、市场与社会的复杂互动关系以及其内在的机制与逻辑，在对中国住房商品化改革的影响进行评估的同时，以公民权和行动社会学理论为视角，从微观社区的角度，揭示当前城市业主维权对社区建设乃至公民社会建设的意义。这一著作可以说是作者所倡导的“社会科学研究应具有价值介入和人文关怀，应通过研究干预和改变现实生活”的一种学术和社会实践成果。该著作在2015年首届“中国社会学年度好书”推荐活动中被推荐为社会学优秀图书。

除此之外，这一时期还有一些其他专著出版，涉及城市社区治理、基层社会组织行动逻辑的研究。如夏建中（2012）的《中国城市社区治理结构研究》考察了中国社区建设中的社区治理结构的三种主要模式，以及主要由这些不同的治理结构影响的社区居民参与、社会资本培育等主要问题。田毅鹏（2014）等著的《“单位共同体”的变迁与城市社区重建》，将“地方性”作为变量引入“单位—社区”研究，以老工业基地所在的超大型工业社区为研究个案，揭示单位体制变革背景下城市社区发展的模式与经验。石发勇（2013）的《准公民社区：国家、关系网络与城市基层治理》则通过对社区政治各类主体行动及其相互作用的研究，展现了城市基层治理中的理性化趋势与传统关系网络的作用。夏建中、特里·N. 克拉克（2011）的《中国与全球经验分析：社区社会组织发展模式研究》考察和研究了中外社区社会组织的发展模式与主要特点。论文方面，杨爱平、余雁鸿（2012）从组织分析视角，对城市社区居委会采取各种办法应付上级派发的各种工作压力的选择性应付行为的逻辑及其制度根源问题进行探究，构建了街道办（政府）、居委会、居民三者间行动逻辑和策略选择的解释框架。耿敬、姚华（2011）通过对城市社区权力运作的具体实践层面的观察、分析，展现了行政权力依赖何种资源、通过怎样的行动策略重构城市社区权力关系，并完成了在社会领域的生产与再生产。

产生于20世纪70年代的新城市社会学学派认为，城市并非城市生活方式形成的原因，城市是更广泛的政治、经济关系的产物。这一理论对于分析城市空间扩张和生产过程有很强的解释力，因而产生了广泛的影响。但也因此被批评为是经济决定论，忽视了文化的多样性，忽视了人作为行动者的作用。批评者提出，“对于当代大城市复杂综合体的现象，应当将政治、经济和文化因素结合起来进行分析，应当将国家社会政策、城市的独特性、地方精英与普通市民组织结合起来分析”（夏建中，1998）。对比这样的批评，可以发现，虽然以上所列举的中国的城市社区研究中，社区被视为是检验社会理论的场域，但其对行动者的细致分析恰恰能比较好地弥补西方新城市社会学过于关注宏观的结构—制度，而忽略了对社区中的行动者的研究的问题。而中国伴随着社会学的恢复和所出现的突出的社会问题，一开始就积累了这样的一种研究传统。但正如肖林（2011）的反思，中国的问题是过于关注微观社区的行动者的研究，而忽略了社区研究的结构—制度的视角。此外，“共同体”视角的研究在利益分化的现实和强调中也被冲淡了。

四 学科反思与学科建设

这4年中，学科反思与建设活动极为活跃，主要体现在：广泛进行跨学科研究与对话，学术会议交流活动、教材建设、专著出版及对国外学术研究的成果译介、智库建设等活动开展广泛，研究者从多个层面对学科地位和学科理论体系进行了反思与重构。

（一）学科建设活动

教材与教学实践成果出版。城市社会学与其他学科的密切关系，使多学科背景的学者加入城市社会学教材的编写中。这4年，除了社会学者蔡禾主编的《城市社会学讲义》（2011）出版之外，其他几本教材主要是由建筑与城市规划、公共管理等背景的学者所编著，这些教材也都从各自专业角度，加强了适合本专业的内容（顾朝林等，2013；张嵩，2011；刘珊等，2013）。另外戈特迪纳等（2011）撰写的《新城市社会学》（第3版）被翻译出版，这部教材在国外有一定影响力，对社会空间理论方法进行了系统阐述。

此外，一些学者在讲授“城市社会学”课程的同时，组织学生进行城市社会调查，并编辑出版了成果。如李强等（2013a）组织清华大学学生进行调查撰写论文形成的《城市社会学：北京城市社会生活调查》。① 郑也夫与陈映芳组织北京和上海两地学生对中国两个特大城市进行社会调查，共同编辑出版了《双城记：京沪众生素描》。这些社会学家带领学生一同观察和记录城市生活的经验性研究论文，不仅仅是一种教学实践的成果，对于认识城市社会变化和发展也有一定价值。

译介活动。这4年中的译介活动也极为活跃，除了前述戈特迪纳等的教材的翻译出版，一些出版社也组织了城市研究的系列译丛，如商务印书馆的“城市与社会译丛”、上海书店出版社的“都市与文化译丛”、上海人民出版社的“都市文化研究译丛”、江苏教育出版社的“世界城市研究精品译丛 ”、格致出版社和上海人民出版社的“城市治理与城市发展经典译丛”、社会科学文献出版社的“城市学编译丛刊” 等。这些译丛的作品中不乏国外社会学家所撰写的有影响力的著作。

学术交流。这4年中，许多涉及城市议题研究的社会学会议召开。比如每年举办的

① 这一做法，郑也夫（2002）曾在中国人民大学较早地实施。之后他组织北京大学等三所学校的学生进行城市调查，又编辑出版了《众生的京城》（2009）。

中国社会学年会上，涉及“城市化/城镇化”和“城市社会问题”的论坛自2013年以来迅速增加，[①] 有的论坛连续多次召开设立，极大地促进了学者之间的学术交流。中国社会学会城市社会学专业委员会也不定期组织各种形式和规模的学术交流会议和活动，2011年在中国社会学年会上举办“城市社区建设和城市化进程中的民生问题研究”分论坛，2013年举办了“城镇化发展战略与中国的城市化发展道路”分论坛。2014年与中央民族大学、天津社会科学院联合主办了“城市社会学前沿研究暨学科建设研讨会”。学会定期出刊《城市社会学专业委员会通讯》，2014年开始出版《城市社会学辑刊》（张宝义，2014），并计划以后每年公开出版1部，以促进城市社会学学者的研究和交流。

智库建设。在政府的推动下，一些高校和科研机构纷纷建立关于城市问题研究的智库。其中，上海大学牵头联合高校科研机构以及政府部门于2013年成立了“特大城市社会治理协同创新中心”，围绕特大城市的治理架构创新、区域人居环境治理、破解新老二元结构等重大问题协同开展研究，以实现理论研究成果向实践转化。

（二）学科理论及其体系的反思与重构

正如前文所显示，这一时期学者们对城市社会学学科地位和学科理论体系进行了积极反思和讨论。除陈映芳（2012a）、蔡禾（2011）的讨论之外，李强（2013a：1—4，6—7，9）提出了城市社会学的4个大的理论视角：生态的视角、社会活动方式（或生活方式）的视角、政治经济的视角和空间结构的视角。并将生态的视角拆分为4个流派：传统城市生态学派、社会文化生态学派、新正统生态派、城市规划界的生态城市思想，强调了城市社会学诸多的理论视角特别突出地体现了城市社会学的综合性知识体系的特征。

而这一时期由戈特迪纳等（2011）撰写、黄怡翻译的《新城市社会学》（第3版）出版，系统引介了社会空间视角理论。[②] 虽然戈特迪纳的教材也承认自己所整合的社会空间视角是对社会生态图式与政治经济图式的整合，但更重要的是，他在对传统社会学和当代社会学理论批判的基础上，提出一种他认为能更好地适应当代城市社会的新的理论模式——社会空间模型。这种模式在运用社会—空间辩证法对社会生态图式与政治经济图式加以整合的基础上，融进全球观点，建立起了全球化与城市变化的当代进程之间关系的理解。在这一模式中，他还特别强调了国家在社会空间发展中重大和复杂的作用，强调了以符号学的方法来理解文化和思想方式在城市发展和城市生活中的作用角

---

① 论坛名称直接包含“城市”以及“城市化/城镇化”主题词的，根据笔者的统计，结果如下：2011年5个论坛，2012年1个论坛，2013年11个论坛，2014年10个论坛。除此之外，许多其他论坛的会议论文涉及城市议题的讨论，本统计未计算在内。比如社区研究类的论坛不包含在本统计中，但其中很多论文事实上是讨论城市社区的。

② 向德平（2005）和夏建中（2010）在其编写的教材中曾分别引介过的社会空间视角以及全球化和全球城市理论两种范式。

色，打破了传统的城市中心城区/郊区二分法，对大都市区域持续变化的本质进行分析，并针对大都市蔓延的现实，提出以区域而不是地方的观点进行大都市研究与治理，并提出“定居空间社会学”的概念，研究城市化进程和都市蔓延现实下的城镇、城市、郊区、大都市、多中心区域以及巨型都市等人类定居的所有形式。他也对城市社会学的未来关注点提出建议，包括要重点关注：全球化、世界城市、城市环境中的主题提供、城市空间的族群化，以及网络空间与城市的终结问题等（戈特迪纳等，2011：360—361）。戈特迪纳在对21世纪城市社会学学科地位给予的评价中提出：21世纪是人类历史上的新纪元，全球经济、大众媒体和互联网使世界连接成为一个全球世界，“但是不止于此，开天辟地第一次，它是一个城市世界”。因此，“没有任何研究领域比城市社会学更重要”（戈特迪纳等，2011：349）。

在当前中国城市社会来临的背景下，中国城市社会学如何能洞悉现实发展，构建一个既能正视现实世界的新变化和新议题，又能对于经验现象进行理论回应，且包含中国经验的学术累进的学科理论体系？虽然目前国内的学者还并未如戈特迪纳那样提出一个整合的理论模型来系统分析中国的城市社会，但基于中国的城市化和社会研究实践，在这一阶段，中国学者也提出了对理解城市和中国社会的理论关注点。如陈映芳（2012b）借鉴各国学者的分析成果，提出应从四个方面把握“现代城市”的结构性力量：资本的逻辑、国家干预、区别于欧洲古典城市的现代城市的“社会”与“国家”间的关系、全球化与城市在全球经济体系中地位的上升。对于如何认识作为“社会的城市”，她提出资本和国家力量扩张下的现代城市形态自身也形成了特殊的结构性力量。在广泛的互动和互构中，国家已经成为现代城市的重要主体和主要的发展驱动力，而城市的结构性力量也为国家提供了介入资本市场、支配社会生活的极为有利的条件。中国的城市社会学研究应当关注到这些层面的变化，并构建新的研究视角。

此外，黄怡（2014）提出中国城市社会学研究必须寻找到有效的突破点，即在研究视角上，进行全球—区域—城市—社区层面上的适应性变焦研究；在研究方法论上，以多元论替代根深蒂固的二元论；在研究观念上，注重社会学研究的空间、时间边界效应，对城市问题进行与其所存在的空间地理（区位）、所发生的时间历史相关联的对应研究，以准确地判定问题的实质、根源和解决办法。结合目前中国发展的具体情境，应重点对城镇化、城市（生活）方式、城市问题、城市治理等内容展开研究。

总之，近几十年，由于快速的城镇化，国内城乡规划学、建筑学等城市研究学科发展迅速，而城市社会学却未能获得相匹配的发展进度，这与城市社会学自身的学科定位密切相关。如何在城市社会来临之时，构建一个既能正视现实世界的新变化和新议题，又能对于经验现象进行理论回应，且包含中国经验的学术累进的学科理论体系，需要更多学者的思考和参与。

参考文献

陈映芳，2006，《行动力与制度限制：都市运动中的中产阶层》，《社会学研究》第 4 期。

——，2012a，《城市与中国社会研究》，《社会科学》第 10 期。

——，2012b，《城市中国的逻辑》，北京：生活·读书·新知三联书店。

——，2013，《“违规”的空间》，《社会学研究》第 3 期。

陈映芳、水内俊雄，2011，《直面当代城市：问题及方法》，上海：上海古籍出版社。

戈特迪纳等，2011，《新城市社会学》（第 3 版），黄怡译，上海：上海译文出版社。

耿敬、姚华，2011，《行政权力的生产与再生产——以上海市 J 居委会直选过程为个案》，《社会学研究》第 3 期。

顾朝林、刘佳燕，《城市社会学》（第 2 版），北京：清华大学出版社。

郭于华、沈原、陈鹏，2014，《居住的政治：当代都市的业主维权和社区建设》，南宁：广西师范大学出版社。

贺雪峰，2014，《城市化的中国道路》，北京：东方出版社。

黄晓星，2011，《社区运动的“社区性”：对现行社区运动理论的回应与补充》，《社会学研究》第 1 期。

——，2012，《“上下分合轨迹”：社区空间的生产——关于南苑肿瘤医院的抗争故事》，《社会学研究》第 1 期。

黄怡，2014，《中国城市社会学研究的若干问题》，“城市社会学前沿研究暨学科建设研讨会”会议论文。

李强等，2013a，《城市社会学 ：北京城市社会生活调查》，北京：社会科学文献出版社。

——，2013b，《多元城镇化与中国发展：战略及推进模式研究》，北京：社会科学文献出版社。

刘珊、邱梦华、许敏等，2013，《城市社会学》，北京：清华大学出版社。

裴宜理，2008，《中国式的“权利”观念与社会稳定》，阎小骏译，《东南学术》第 3 期。

沈原，2007，《市场、阶级与社会转型——社会学的关键议题》，北京：社会科学文献出版社。

施芸卿，2013，《自我边界的“选择性固化”：公民运动与转型期国家—个人关系的重塑——以 B 市被拆迁居民集团行政诉讼为例》，《社会学研究》第 2 期。

——，2014，《增长与道义：城市开发的双重逻辑——以 B 市 C 城区“开发带危改”阶段为例》，《社会学研究》第 6 期。

石发勇，2013，《准公民社区：国家、关系网络与城市基层治理》，北京：社会科学文献出版社。

谭日松，2012，《一个南方城市的空间社会学研究》，长沙：湖南人民出版社。

田毅鹏，2012，《地域社会学：何以可能？何以可为？——以战后日本城乡“过密—过疏”问题研究为中心》，《社会学研究》第 5 期。

田毅鹏等，2014，《“单位共同体”的变迁与城市社区重建》，北京，中央编译出版社。

王光荣，2010，《关于城市社会学界定的辨析与整合》，《学习与实践》第 7 期。

王汉生、吴莹，2011，《基层社会中“看得见”与“看不见”的国家——发生在一个商品房小区中的几个“故事”》，《社会学研究》第 1 期。

王星，2012，《利益分化与居民参与——转型期中国城市基层社会管理的困境及其理论转向》，《社会学研究》第 2 期。

魏伟，2008，《都市运动研究：理论传统的界定和中国经验的嵌入》，《社会》第1期。

夏建中，1998，《新城市社会学的主要理论》，《社会学研究》第4期。

——，2010，《城市社会学》，北京：中国人民大学出版社。

——，2012，《中国城市社区治理结构研究》，北京：中国人民大学出版社。

夏建中、特里·N. 克拉克，2011，《中国与全球经验分析：社区社会组织发展模式研究》，北京：中国社会出版社。

向德平，2005，《城市社会学》，北京：高等教育出版社。

肖林，2011，《“‘社区’研究”与“社区研究”——近年来我国城市社区研究述评》，《社会学研究》第4期。

熊易寒，2012，《从业主福利到公民权利——一个中产阶层移民社区的政治参与》，《社会学研究》第6期。

杨爱平、余雁鸿，2012，《选择性应付：社区居委会行动逻辑的组织分析——以G市L社区为例》，《社会学研究》第4期。

尹利民，2010，《策略性均衡：维权抗争中的国家与民众关系——一个解释框架及政治基础》，《华中科技大学学报》第5期。

于建嵘，2008，《当代中国农民的“以法抗争”——关于农民维权活动的一个解释框架》，《文史博览》第12期。

张宝义主编，2014，《城市社会学辑刊》，天津：天津社会科学院出版社。

张鸿雁，2012，《城市化理论重构与城市化战略研究》，北京：经济科学出版社。

张鹂，2014，《城市里的陌生人：中国流动人口的空间、权力与社会网络的重构》，袁长庚译，南京：江苏人民出版社。

张品，2014，《城市社会学的兴起与困境——兼议城市在当代社会理论研究中的地位》，蔡禾主编《城市社会学讲义》，北京：人民出版社。

张嵩主编，2011，《城市社会学》，大连：大连理工大学出版社。

郑也夫，2002，《都市的角落》，北京：中国城市出版社。

郑也夫、陈映芳，2013，《双城记：京沪众生素描》，上海：上海交通大学出版社。

朱健刚，2010，《国与家之间：上海邻里的市民团体与社区运动的民族志》，北京：社会科学文献出版社。

作者单位：中央民族大学民族学与社会学学院

家庭与性别研究综述

吴小英

家庭与性别研究作为跨学科的边缘领域，常被视为与私领域相关，研究者也大多为女性。与社会学中其他主流领域相比，它们更不易受到研究资源和学界关注，尽管在媒体和流行文化中永远占据着头条的位置。从研究议题来看，二者之间也有诸多交叉和相互包含之处，很难完全分开。但是由于研究传统和发展路径的差异，从国内学者圈来看，这两个领域的研究者自20世纪80—90年代以来很长时期内都是相互分离的，直到后来与国际接轨的潮流让性别视角在学界的融入逐渐成为可能；同时在本土化的探索中，国内性别研究也日益回归学科化和专业化，才使二者之间的相互影响和交融日益明显。鉴于此，本文仍将2011—2014年国内社会学中的家庭与性别研究分成两个部分来梳理：一是家庭研究的主要特点及重要议题；二是性别研究的主要特点及重要议题。①

一　家庭研究的特点与议题

2011—2014年，国内家庭社会学在历经多年冷寂之后，出现明显的复苏和回潮现象，表现为以下几点：（1）从相关成果来看，尽管《社会学研究》《社会》等几大知名专业期刊这几年刊发的有关家庭研究的论文数只略有增长，但搜索知网上家庭相关主题的CSSCI期刊论文、硕博士学位论文以及会议论文和报纸文章等却有成倍的增长，并且涉及的研究议题也越来越广泛。（2）从学术共同体的活动来看，相比以前可以用“异常活跃”来形容。中国社会学会家庭专业委员会自2009年正式成立以来，每年都能吸引国内众多家庭研究同仁聚集在年会论坛上，开展家庭相关主题的研讨。这些研讨不仅仅满足于关注社会热点，而且已经开始返回学科自身进行检讨和反思。② 与此同时，还涌现了有关家庭的大规模调查及海内外合作项目，家庭相关主题的国内国际学术会议也如火如荼；（3）从研究者的构成来说，越来越多受过不同专业训练的年轻学者

---

① 由于篇幅和知识结构所限，本文的梳理主要集中于社会学领域的家庭和性别研究文献，只有个别涉及其他学科；同时，由于这两个领域的研究主题比较琐碎和分散，本文只选择其中对学理性问题有所涉及或者产生一定社会影响力的议题和文献加以讨论，其他忽略不计。第二部分的性别研究只包含了女性主义或者性别视角的主要成果，而未将仅以性别为对象的一般研究纳入其中。

② 如2013年社会学年会家庭论坛的主题就是“中国家庭研究：现状、问题与前景”，围绕家庭研究存在的问题和瓶颈，深入探讨了学科边缘化的原因，以及拓展未来研究和发展空间的可能。

的加入，以及一些跨学科学者对家庭议题的涉猎和探讨，也给这个边缘化的领域注入了新鲜血液，并扩展了研究视野和在学界的影响力。

与国内学界不同领域兴衰起伏的一般规则相类似，这一时期家庭研究的火热也源自两方面的因素：一是社会变迁伴生的家庭问题及其困境，成为大众和媒体关注的热点，也激发了学术界追踪和探寻的兴趣；① 二是政府强调民生的同时，注意到家庭在化解风险、保障支持方面的独特作用，主流意识形态开始重新强调家庭的传统价值和功用，也催生了家庭问题特别是家庭政策研究的新一轮热潮。② 市场需求和官方偏好的推动，给这一时期的家庭研究带来了前所未有的契机，也带动了更多的研究资源和力量。以下择其要点议题简述之。

（一）家庭变迁及其理论检验

家庭变迁仍是家庭研究的核心议题，包括家庭结构、关系、模式及观念的变迁。与以往不同的是，这一时期的研究多将家庭变迁放在与社会变迁的互动中来考察，因而具有更广阔的视野。同时，一些研究试图与经典的家庭社会学理论进行对话，检验中国转型期家庭变迁的独特性以及西方理论的适用性和局限，进而将本土化研究推向深入。

中国社会科学院社会学研究所“五城市家庭调查”课题组的研究发现，过去几十年中，中国城市家庭的变迁并非简单地遵循着西方经典的家庭现代化理论所提示的路线，而是呈现出自己独有的复杂性和多元性。传统和现代因素在这里并非对立，而是可以同时并存、相互交融和补充。比如核心家庭与亲属网络之间保持着密切的交往，形成了独特的核心家庭“网络化”而非“孤立化”现象（马春华等，2011）。唐灿等通过对五城市居民亲属关系不同维度的考察也发现，中国城市家庭的亲属关系并不像经典现代化理论所预示的那样趋于“消失”，而是存在亲密的情感互动和其他互助行为，只不过这种关系不再对个人具有支配和控制权，个人的自主性在亲属关系中依然得以保持（唐灿、陈午晴，2012）。

除了围绕家庭现代化理论的争论和修正之外，另一个引起国内家庭社会学界关注的理论就是个体化。作为最早运用个体化理论研究中国社会的教父级人物，阎云翔有关中国社会个体化的系列论文不仅给国内家庭研究同行提供了一种新的理论资源和很好的研究范例，也提出了令人深思的问题：即家庭结构和规模上的变化似乎并不能揭示转型期中国家庭变迁的最重要部分；家庭中个体自主性的增长，以及家庭关系中个体成为中心的趋势，才是最令人瞩目的变化。也就是说，家庭变迁还应包含着家庭模式和观念的变革，“对隐私、独立、选择和个人幸福的追求已经普及并逐渐成为一种新的家庭理想”，

---

① 近些年来媒体和网络上家庭和婚恋相关话题、栏目或剧情的火爆，充分说明了社会对这一研究领域的巨大需求。许多热点事件及争论直接拉动了学界对家庭相关问题的研究热忱。

② 2011 年国家颁布的“十二五”规划纲要中，首次提出了“提高家庭发展能力”的要求，成为官方激活家庭研究的一个重要契机。此后国家社科基金项目每年的社会学类课题指南中，都包含了多个与家庭问题和家庭政策相关的题目。

这使个体与家庭之间的关系发生了变化，“个体已经从以前家庭施加于他们身上的众多约束中解放出来”，家庭则从个人必须为之做出自我牺牲的一个生存和奋斗的集体单位，变成为个人提供幸福的“私人生活港湾”（阎云翔，2012：11—13）。

沈奕斐运用个体化理论考察上海中产阶层白领家庭多元和流动背后的变迁逻辑，提出了富有创建性的“个体家庭”（iFamily）概念和分析框架。她认为中国家庭变迁并没有朝着西方家庭现代化理论所描述的“核心化”进程发展，而是出现了独具中国特色的“个体家庭”。这是一种“强调以个体为中心但受制于社会条件而代际关系紧密的家庭模式”（沈奕斐，2013：37），其特点就在于“个体形塑了家庭的面貌，而不是家庭决定个体的生活”，因而具有不确定性和灵活性（沈奕斐，2013：279—281）。从方法论上说，这种框架的特点在于打破以家庭整体为单位的分析传统，强调把个体独立出来作为分析家庭的中心。而以往所谓核心—主干—联合这样的家庭分类已经成了缺乏生机和活力的“僵尸类别”（沈奕斐，2013：20），不能解释转型期中国家庭多样化的丰富类型及其变迁。

另一些学者从更加宏观的角度考察了社会与人口变迁给家庭带来的种种令人忧心的变化。生育率的降低、人均预期寿命的延长加快了人口老龄化的进程，加上人口跨地域流动的加剧，以及离婚率的上升等，使传统的家庭结构和功能进一步弱化，空巢家庭比例大增，并出现了流动家庭、留守家庭等多种形式，使家庭原有的抚育和赡养功能面临巨大挑战（杨菊华、何炤华，2014）。在少子化、老龄化以及人口迁移流动成常态的情境下，“家庭成员在生命周期不同阶段可资利用的资源正在减少”，家庭内部互助合作、应对外在风险方面的能力变得更加脆弱（胡湛、彭希哲，2014）。这些改变通过价值观的变化影响了家庭的功能、结构与关系，给家庭带来离散、不稳定的因素，使家庭成员之间的凝聚力下降（杨善华，2011）。

（二）代际关系和孝道

代际关系是转型期家庭变迁中最令人关注的部分，因为它在中国社会呈现出复杂的两面：独立与冲突或者相互依赖与合作。不过许多研究不仅仅停留在关于代际变迁正面或负面的简单描述上，而是试图探寻生成这种复杂性的背后机制；而关于孝道的讨论或重新诠释，则成为其中绕不过去的一部分。

王跃生从历史和现实两个维度考察了代际关系的维系、变动、问题和未来趋向，指出家庭代际关系的传统维系力量已经随着社会变动而削弱，而代际关系的变动既呈现出进步的一面（如代际成员的约束减少、自由度增大；亲子地位更加平等），也存在许多问题（如代与代之间抚育与赡养义务、责任、亲情和交换关系失衡，出现亲代向子代倾斜过度而子代“回馈”不足的现象），需要通过制度变革来推动（王跃生，2011）。有学者将社会转型期乡村代际关系的现状描述为“紧张”二字，并从三个维度概括其中的原因：孝道的衰落、代与代之间资源的不对称（失衡）以及有关养与孝的地方性共识（舆论）的改变（张婷婷，2011）。也有学者通过对城市家庭代际关系的微观研究和分析，对孝道衰落的说法提出了质疑。例如研究者在对广州出资为独生子女买房的一些家庭进行深度访谈后发现，父母并不认为自己是被“啃老”的单一受害者；相反，他们往往主动发起或积极参与子女的购房行为，其动机是为了与成年子女之间建立起一种“协商式的亲密关系”。因此将中国当今的孝道期待简单地理解为极端化的金钱与情感二元对立或分割是有问题的。买房过程拉近了亲子两代人之间的距离，实际上是父母采取主动策略重建一种理想的家庭关系和孝道，可视为个体化进程中重新嵌入社会的一种努力（钟晓慧、何式凝，2014）。

值得一提的是，在有关孝道及其传统反馈模式的讨论中，一些学者试图走出泛道德主义的局限，致力于寻找代际关系变迁的社会结构性因素。刘汶蓉认为，在“子代掌权的合作社模式”以及具有强烈个体主义色彩的“现代家庭主义代际观”的冲击下，传统反馈模式的制度基础已经发生了变迁；她更愿意用“代际支持失衡”这样的描述来替代“孝道衰落”这样的道德评判（刘汶蓉，2012a：186—195）。在对成年子女的孝道观念、认同及行为等进行区分和测量之后，她发现孝道观念虽然得到大多数人的首肯和认同，但仅在对父母的情感支持方面有显著作用，而对工具性的代际支持方面影响十分有限，因此所谓代际失衡不能简单地归于“孝道衰落”，而是两代人共同应对风险的一种家庭策略，或者说是社会结构性压力转嫁给家庭的结果，应该更多地从制度上寻找原因（刘汶蓉，2012b）。

也有学者指出代际关系的改变并非始于市场经济转型，而是可以追溯到20世纪中叶以来国家力量的介入和干预。他们认为正是土地的集体化改变了原先的家庭财富累积方式，导致代与代之间权力关系的变化。因为在传统的家庭模式中，土地私有制使家户主掌握着家庭财务的支配权，而农业集体化运动以及工分制使父代与子代间支配与被支配、领导与从属的关系失去了维系的基础。随着家户主权力的缩水以及子代成员独立意识的增强，代际间权力、地位、财富自上而下的传递渠道被破坏，同时也影响到代际间自下而上的反馈和交换，使家庭代际模式发生了转型，传统的反馈型养老模式也开始走向衰落（王飞、王天夫，2014）。代际间权力关系的微妙变化还在代际合作与互助中体现出来。有学者对北京一些代际合作育儿家庭进行了考察和研究，发现家庭内部形成了一种“严母慈祖”的分工和权力格局，即母亲作为权力中心的“育儿总管”，主导儿童抚育的话语权与决策权，祖辈作为处在边缘的、缺乏话语权的“帮忙者”，承担着大量的儿童“生理性抚育”和家庭照料职责。这样一种“非制度化的弹性权力关系”，给家庭成员间的协商与博弈留下了空间，“慈”成为祖辈在以子辈为中心的家庭中谋求话语权和地位的情感策略。因此城市家庭中常见的代际合作育儿不仅体现了家庭互助传统的延续，也昭示了家庭内部代际权力关系的变迁（肖索未，2014）。

（三）关于家庭价值观的争论

有关家庭变迁背后机制的讨论，最终都会追踪到关于家庭价值观的预设和争论。如杨善华把转型期中国城市家庭所面临的问题归咎于社会结构变迁带来的价值观的变化，认为两种因素或社会力量影响着中国城市家庭的凝聚力："一种是中国传统的'家本位文化'及其主导的价值观，另一种是功利主义文化以及与此相连的个人本位的价值观"，其中与前者相联系的是一种"父母对子孙负责的、在代际关系上向下倾斜的责任伦理"，而后一种价值观的影响在市场经济后出生的"80后"、"90后"一代身上得到了拓展，由此产生两代人在价值与文化方面的代沟，可能导致他们对"母家庭"的疏离和家庭凝聚力的下降。而改变这种状况的途径就是"向家本位传统的回归"（杨善华，2011）。

支持这种观点的家庭研究学者不在少数。徐安琪指出，以往有关家庭价值观的研究通常都以传统或现代、正确或错误、家族主义或个人主义的简单二分法做区分，由此出现两种偏颇：一是褒传统贬现代，二是对家庭价值观的变迁只关注"变"而忽略"不变"。为此她主张将家庭价值观区分为具有主导作用和普世意义的、基础性的核心价值观以及一般价值观来考察。对上海等地的调查和分析显示，一些传统的核心价值观，如和谐团结、敬老爱幼、白头偕老等依然获得普遍认同，而传统的性别观、婚育观和性观念等一般价值观则去除了刻板化倾向，趋向多元化和更具包容性。虽然个人本位的家庭价值观正在为越来越多的人所认同，但是家庭本位（或者家庭集体主义）仍为主流价值观，因此所谓家庭传统衰退、家庭伦理失范、家庭价值功利化等的悲观论调并没有得到证实或支持（徐安琪，2013：171—199）。

家庭主义与个体主义一直是家庭价值观争论的焦点，也被视为传统与现代、东方与西方文化的分野。黄宗智在分析中国现代化的发展模式时指出，中国的乡村和城镇工业化很大程度上依赖的仍是半工半耕的小农家庭以及非正规经济，这种经济主要是以家庭而不是以个人为单位。全球化背景下的中国家庭仍作为一个经济单位普遍存在，同时三代家庭的组织模式仍然强韧地持续着，并没有像西方社会那样被核心家庭所取代，法律体系在实践层面上也同样展示出一个庞大的家庭主义而不是个人主义的非正规领域。同时在非正规—家庭主义和正规—个人主义之间，还存有一个巨大的两者拉锯的中间领域，二者之间如何平衡还是个有待观察的问题（黄宗智，2011）。

家庭主义以家庭为认同单位，个体主义则以个人为认同单位，因而二者通常被视为对立的两极。但有学者在对家庭中两代人对家庭主义不同维度的认同程度进行比较分析后发现，虽然两代人都认同家庭的重要性和价值，但是双方遵循的逻辑是不一样的：亲代更认同家庭利益与个体利益的一致性，而子代则对二者的冲突更加敏感，他们看重的是家庭对于个人利益的保护作用，家庭对于他们来说只是满足个体需求和自我实现的资源和手段。因此，作者认为家庭主义变迁的结果并没有导致个体主义，而是出现了"以家庭价值的稳固和个体意识的崛起为双重特征的'新家庭主义'"，它区别于以前"一味强调家庭高于个人、个人要为家庭利益无条件牺牲和奉献的传统家庭主义"，并具有"将个体权利和家庭责任相结合的独特性"，试图在家庭利益与个体利益之间达到平衡（康岚，2012）。

（四）家国关系和家庭政策

中国的家庭问题一向无法脱离家国关系来谈，尤其近些年许多公共政策的出台都跟家庭有着直接或间接的关联，因此说这一时期最热门的家庭研究主题是家庭政策并不为过。[①] 尽管这一领域的研究总体上还处在初级阶段，但许多学者已经尝试从学理上探讨相关问题，主要集中在对家庭政策基本概念和议题的讨论和界定、对国外家庭政策的介绍和评述，以及对国内家庭政策存在问题和原因的梳理和分析等方面。

关于家庭政策的概念和定义仍五花八门，有广义和狭义之分。研究者一般更多集中在狭义范围，即那些直接针对家庭本身并以支持家庭为目标的政策或者法规体系（马春华，2013：18—20；吴帆，2012；胡湛、彭希哲，2012）；也有学者将家庭政策区分为以家庭为政策背景还是政策目标两类，并将它理解为作为“领域”的政策和作为“视角”的政策（陈卫民，2012a，2012b），从而将家庭相关的议题范围与家庭友好的价值立场结合起来。有关家庭政策的议题和内容，由于跟不同地区和文化对于家庭的理解以及相关的福利制度密不可分，因而常常差异很大，有残补型和普惠型、福利型和发展型等不同划分（马春华，2013：20—27；潘屹，2014）。有关西方福利体系及其家庭政策不同类型的历史梳理，以及对其遭遇的困境和经验的分析，还有国外主管家庭事务的相关政府机构的介绍等，都是这类研究中最基础性的工作（唐灿、张建，2013；韩央迪，2014a；潘屹，2014）。

这一主题的研究往往始于对中国家庭政策现状的不满，因而研究者对国内家庭政策存在的问题有诸多批评，包括政策呈现碎片化特点，缺乏系统性；仅限于救助和补缺，覆盖范围太窄；公共政策着眼于个人而以家庭为基本单位的视角或立法缺位，权威的家庭政策常态统筹机构缺失；政策缺乏前后一致的逻辑和价值立场，导致不同政策之间彼此相悖；政策制定过程缺乏透明程序，政策执行结果缺乏有效评估等等（吴帆，2012；胡湛、彭希哲，2012；唐灿、张建，2013：10—11；吴小英，2012；韩央迪，2014b）。关于产生这些问题的原因，有学者指出是由于中国传统的“家国同构”理念在公共政策中表现为基于“国家主义”的治理模式（吴小英，2012a）；也有学者指出家庭政策的核心问题是“从政策制定层面反思政府对家庭的责任与态度”，而过去政府一直以来对家庭的干预太多而支持太少（祝西冰、陈友华，2013）；也有学者强调中国正在面临家庭问题丛生的转型时期，“从单纯强调家庭责任，简单地将政府原来承担的责任转移给家庭，转向积极扶植、帮助和支持家庭行使自己的传统责任，这是政府在设计家庭政策方面应当完成的理念转型”（唐灿、张建，2013：12）。这种被称为“建构发展型家庭政策体系”、让家庭政策朝着

① 来自官方的重视和支持力度是这一领域研究的重要催化剂。国家卫生与计划生育委员会、民政部等在过去几年中都推出了多个有关家庭政策的研究项目，2014 年卫计委在全国众多人口与家庭研究专家参与的基础上完成并发布了第一部有关中国家庭发展状况的白皮书。

“家庭化”方向转型的思路，成为国内这一领域众多学者为未来家庭政策开出的药方（吴帆，2012；胡湛、彭希哲，2012；陈卫民，2012b）。

然而，有关家庭政策背后隐藏的深沉问题，目前学界研究得还不多。有学者在介绍西方福利体系中的女性主义思潮时，注意到了性别与家庭问题在家庭政策中可能存在的张力（熊跃根，2012；韩央迪，2014a；佟新，2012），也有人注意到了西方福利思潮背后的意识形态分野以及家庭政策背后的价值观冲突，提出了“在家庭主义、去家庭化和再家庭化之间取得平衡”的思路，以及尊重家庭的多样性和多元模式、考量家庭内不同群体和成员之间的均衡性、避免因家庭政策而制造新的不平等问题等建议（韩央迪，2014a，2014b，马春华，2013：57—59），不过这些问题还有待于进一步深入探讨。

二　性别研究的特点与议题

2011—2014 年，国内性别研究与家庭研究相比没有明显的起落，既没有火热也不是默默无声。从学术活动看，少量有关性别的研讨班或学术会议依然活跃在一线，[①] 专业学术期刊中性别相关的论文虽没有明显增长，但研究的问题更加深入。例如，有关女性主义以及性别研究的理论反思仍在继续，不过更具本土问题意识；性别视角的经验研究也更加成熟和专业化，走的是精而专的路线。但与以往相比，这一时期的许多经验性研究并不热衷于学科化或主流化，而是对意识形态领域的左右思潮以及由青年女权行动派带动的网络事件和热点话题的传播十分敏感，[②] 并因其具有的政治性和大众文化色彩而更接地气。同时随着社会文化对性多元的开放和包容态度，有关 LGBT 群体的生活研究，以及关于身体、性和性产业这些传统中被视为另类的主题研究也表现出更加丰富的内涵。这些变化很大程度上得益于这一时期国内性别研究领域一群年轻的“70 后”学者的崛起，他们各自受过良好的专业训练，同时熟悉性别研究理论和范式，更难能可贵的是对中国现实问题的敏锐观察和愿意公开表达自己价值立场的主体意识。这一群像不仅给学术界的性别研究共同体注入了活力和多元化的视角，同时也跟现实中的青年女权行动派形成了呼应、对话或辩论的格局。[③]

---

① 值得一提的是 2013 年 10 月南京大学社会学院举办的“中国女社会学家论坛”，以及 2014 年 6 月底至 7 月初南京大学当代中国研究中心举办的以“性别与中国”为主题的为期半个月的国际暑期研讨班以及系列活动，都在学界产生了不小的反响。

② 2012 年被媒体称为中国“女权行动元年”，一北一南两个以“80 后”、“90 后”新生代女权主义志愿者为主体的民间 NGO 浮出水面，并以高调的女权宣言或演出、网络辩论以及街头行为艺术和抗议活动等方式引起坊间注意，它们分别是北京的“女权之声”和广州的“新媒体女性”网络。由于青年女权行动派在网络和线下的活动都相当活跃，他们带动的话题不仅影响了大众文化和媒体传播，也吸引学界加入研究和讨论。

③ 有学者专门就近几年来青年女权行动派的占领男厕所、光头抗议教育部、“受伤的新娘”“我可以骚、你不能扰”等“快闪”式街头行为艺术和抗争行动进行了研究（魏伟，2013，2014）；也有学者对 2014 年东莞的扫黄事件以及某大学教授性骚扰事件曝光后公共论坛上关于联署信内容的分歧进行了专门的分析和讨论（宋少鹏，2014a，2014b；李军，2014）。《妇女研究论丛》和《开放时代》等期刊成为这些学者发表成果和表达话语的重要平台。这种大众文化界、女权行动界和性别研究界共同聚焦并讨论热点事件的格局，具有相当的影响力和震撼力。

（一）女性主义及其性别研究的本土化理论反思

这一时期关于女性主义的知识构建及理论探讨著作并不多见，但都打出了本土化的招牌。例如张李玺主编的《中国女性社会学：本土知识建构》一书，强调的就是“女性化和本土化双重性格”，试图建构出一种学科化的中国本土女性社会学的知识体系雏形（张李玺主编，2013：95—153）。吴小英的《回归日常生活：女性主义方法论与本土议题》一书收集了有关女性主义方法论的理论探讨以及在中国本土议题上的应用的文章，作者试图通过倡导“重返日常生活”的方法论姿态，寻找一种理解中国转型社会普通人的更接地气的方式，将女性主义视角与通过底层人的日常生活实践探索另类的现代性的“社会学的想象力”结合起来（吴小英，2012b：1—8）。尽管该书算不上典型的女性主义之作，但可以看出作者试图将女性主义的知识构建纳入本土化视野的努力。

然而更具创建性和敏锐性的本土化尝试仍来自年轻一代的“70后”学者。过去几年中围绕着国内思想界纷扰的左右之争，有学者勇敢地投入其中，阐释女性主义对转型期中国社会问题的独到见解，探讨在当前的市场化过程中中国女性主义面临的困境以及需要批判和澄清的立场。例如在讨论市场化过程中出现的“妇女回家”现象时，宋少鹏批评了那种将原因简单归结为“观念的转变和妇女的自主选择”的说法，指出“妇女回家”的真正原因在于公私领域的分离和家庭的私人化导致社会将生育这个“再生产”过程相关的职能推回家庭，使女性成为市场中的“劣”质劳动力而造成了“群体性的结构性不利”。因此看上去很美的“回家”其实是“被回家”，人们恰恰忽略了妇女选择动机背后的制度性约束（宋少鹏，2011）。这种解释并不新鲜，但是文章的独特之处在于由此推进的对主流意识形态的批判。宋少鹏在回顾了20世纪80年代以来关于“妇女回家”的四次讨论后指出，从这四场论战可以看出中国主流社会意识形态在性别问题上从马克思主义妇女解放理论向自由主义的转变（宋少鹏，2011）。为此，她提出了要重建马克思主义女权主义批判的主张，并将矛头指向新自由主义给女性带来的伤害：通过市场化转型过程中的两种私化——“产权的私有化和家庭的私人化”实现了“经济上的分配不公和文化上的贬低”（宋少鹏，2012）。她提出要正视社会主义妇女解放运动的遗产，重建一种超越国家主义和自由主义、“基于社区的社会主义女权主义”（宋少鹏，2012）。尽管这个分析和结论受海内外新左派影响的痕迹太重而有许多可商榷的地方，但是这种结合本土化情境的理论探讨和反思勇气值得肯定。它将女性主义与新自由主义的关系以及对社会主义过往时期妇女境况的回顾与解读重新带回这一研究领域的核心。

除了基于底层立场、具有新左派趋向的女性主义批评之外，另一种立场鲜明的反思来自以研究身体和性为主的“性学派”学者。[①] 黄盈盈在分析gender概念在中国社会的

---

① 这些学者因呼吁尊重普通人的性权利以及倡导在性别研究中加入性学内容和立场而被称为“性权派”或“性学派”，主要代表人物为以性和性学研究著称的潘绥铭、黄盈盈、方刚、李银河、裴谕新等学者。

知识生产历程时指出，国内现有的社会性别研究依然局限于冠名为“妇女研究”及“性别研究”的学科领域，社会性别作为“视角”并没有扩散到其他的社会科学研究中，它所带来的思想上的挑战是有限的，总体上并未形成气候，其局限性可概括为三个方面：（1）研究对象上由于缺乏对性别认同多元化的认知，难以突破男女二元性别思维模式的局限；（2）研究内容上对于身体、性、欲望等主题的忽视，使性别研究成为“无性”或“忌性”之研究；（3）分析策略上多以“父权制”或“性别政治”为核心，忽略女性内部的多样性与丰富性，导致无视性别权力关系和女性自主性的“唯性别政治”或“伪性别政治”。这些局限不仅限制了社会性别理论的发展，也难以把握中国社会日益复杂多变的性别局面（黄盈盈，2013）。

（二）关于性工作、性骚扰及其治理等热点事件的讨论和争议

这一时期几个公共热点性事件的传播中，无论是民间的女权行动小组还是学界的性别研究学者的参与或发声，都展示了当前国内女性主义行动者与研究者的不同派别之间在有关性话语和性治理的理念和价值取向上的分歧。[①]

例如，2014 年央视曝光的东莞色情业及其随后的扫黄行动，一时间成为网络吐槽的热门议题。根据宋少鹏的分析，网络的话语场中主要呈现出两极分化的态势：一端是扫黄的执政当局，“剑指体制内的腐败和渎职”，意在“打击性行业背后的政经联盟”；而另一端是高呼“东莞挺住”的自由派声音，以为弱势群体代言的名义反抗政府公权力对私领域和个人自由的干预。她敏锐地观察到，这场论争中作为舆论两极的官媒/官方与自由派人士都只是“借‘性’言政”，其中“性”和“性从业者”都只是个“空洞化的符号”，是“双方政治言说或是推动政治变革的工具”（宋少鹏，2014a）。女权主义借助新媒体将“东莞扫黄”的话题重新拉回“性别政治”的讨论轨道中，却无可避免地陷入了关于性工作是“性压迫”还是“性自主”的争论。而宋少鹏的批评视角依然针对新自由主义，她认为在市场社会性交易获得了道德赦免权，同时既有男性性消费需求的土壤，又有“底层妇女的无产化”这种供需方的结构性存在，因此探讨性工作者自身的选择究竟是否自愿并无意义，因为这是由资本主义体制下的性经济和性秩序决定的（宋少鹏，2014a）。而性学派的学者在这一问题上显然表现出不同的立场。黄盈盈曾批评在主流女性主义的性别政治框架中根深蒂固的“忌性”特点以及在“小姐”问题上的“被动论”，认为这样的观点使他们“对扫黄过程中出现的针对道德边缘妇女的赤裸裸的暴力熟视无睹”，甚至“巩固了公权力对于私领域的暴力介入”（黄盈盈，2013）。在分析针对“小姐”这样的边缘人群应采取怎样的社会治理方式时，她指出几十年的扫黄实践不仅是失败的，而且带来了强烈的负面效应，这不但不能治理“小姐”

---

① 李银河的新书《新中国性话语研究》（李银河，2014）对 60 年来中国主流媒体《人民日报》的涉性话题进行了文本梳理和分析，从中可以看出主流话语中有关性的认知和文化的变化以及与政治和社会变迁之间的关联。其中有关性行为规范和管理的许多争论对于理解今天的性治理理念依然有启发意义。

这类边缘人群，反而“恶化了她们的生存环境，增加了她们遭受暴力侵害的风险，扩大了制度偏差带来的不良作用”，因为“扫黄的最大缺失与漏洞，是把治理实际上建立在某种道德假设的基础之上，无视于社会的现实，把治理对象客体化与模糊化，对小姐而言则是‘罪化’”（黄盈盈、潘绥铭，2012）。

在2014年另一个关于高校教师的性骚扰以及预防机制的热点事件[①]讨论中，所谓“女权派”和“性学派”之间也形成了很大的争议，有学者归之为在性骚扰问题上的“观念分歧和范式之争”，认为“性学派担忧女权派反性骚扰的话语和行动，其实质还是对何为性骚扰以及哪些行为属于性骚扰有着不同的看法”，他们对于性骚扰的定义、类型和边界都有各自的理解和侧重，而纷争背后隐藏的是范式的不同：“中国女权派与性学派之争，实质上是平等范式与自主范式之争，而中国现有的性骚扰立法却是建立在尊严范式上”（宋少鹏，2014b）。有学者分析了中国高校师生之间学术性骚扰的结构性成因及其持续发生且不被检举或惩罚的原因，认为学术权力、组织氛围和性别歧视构成了国内校园“学术性骚扰的共犯性结构”（李军，2014）。但也有学者指出，尽管从实践行动的角度出发，反对性骚扰的正义性和迫切性毋庸置疑，但我们仍然需要从理论上进一步思考我们所反对的究竟是谁加以定义的“性骚扰”，并警惕这方面的“启蒙”是否有可能变质为一种“规训”。因为21世纪以来反对性骚扰已经成为一种主流话语，强势地介入中国人的日常生活，使人们对它的焦虑与日俱增。这种政治正确是如此强大，以致压制了对于性骚扰的任何质疑、分析与反思（黄盈盈、潘绥铭，2013；黄盈盈，2013）。

（三）关于不同类型的性和亲密关系的研究

这一时期关于不同类型的性和亲密关系的研究主题更加丰富，不再集中在边缘化的特殊人群如“小姐”“二奶”身上，而是扩展到普通的女性如城市白领等；也不仅限于女性，还包含了对部分男性阶层如农民工的研究。就亲密关系的类型来说，也不局限于异性恋或者所谓合法的夫妻关系，还涉及婚外包养关系、同性恋伴侣关系的研究，等等。

裴谕新关于上海都市“70后”女性的性生活口述史研究，成为近年来学术著作中罕见的畅销书。她采用“社会建构主义与后现代主义相结合的角度来理解性”（裴谕新，2013：35），运用“性资本”这个概念作为理论工具，试图解释性欲望形成的社会机制。研究的特别之处在于不再将女性视为“男人性欲望的客体”，或者只是“通过性

---

① 事件的背景是：2014年6—7月，某大学的几位女研究生在互联网爆出了导师性骚扰事件，受到校方高压。广州的民间组织“新媒体女性”网介入调查和援助，并将部分资料公之于众，引起网络公愤。同年教师节前夕，一些女权主义者以高校师生及学者的名义发起了一封给教育部长的联署信，呼吁关注校园性骚扰问题，建议在高校建立性骚扰的预防和处理机制。几天后，部分从事性教育和性学研究的学者和教育工作者也在网上发出了另一封公开联署信，指责女权派联署信单纯地反性骚扰和性侵，而没有强调开展全面的性教育，可能会导致性的污名化，从而损害校园中的性权利。

来换金钱的女人”，而是把她们看成“运作着自己关于欲望的计划、工程”的“经纪人”，从而挖掘出女性的主体性（裴谕新，2013：43—46）。她认为这是围绕着都市年轻女性的“亲密麻烦”（intimate trouble）展开社会考察的一种尝试，“在论述她们如何把这些麻烦转化成性的资本、社会或者文化资本的过程中，我们看到她们如何做出选择与决定，怎么样掌控自己的身体、身体认同与情色经验，利用一切资源增强自己的主体性”（裴谕新，2013：220）。

有学者以北京工地的男性农民工如何“谈小姐”作为切入点，探究他们通过“谈话”这种日常活动如何构建出自身的阶层地位、社会性别与性文化。研究发现“谈小姐”不仅谈出了男性对女性的性别形象和性的消费，以及对于“小姐”的歧视和男性的道德优势，也体现着民工群体对于自己在城市生活中的极为弱势的社会地位的表达。因此通过“谈小姐”的实践过程，性、社会性别、阶层这几个重要的分析范畴在男民工自己的生活中得到了充分的表达和诠释（黄盈盈等，2011）。还有学者对进入婚外包养关系的打工妹的情感生活进行了考察和研究，发现流行的功利化揣测和“以钱换性”的说法并不足以解读这种亲密关系存在的复杂性及其不可忽略的情感意义。作者指出，在阶层、城乡、性别多重弱势的情况下，打工妹在城市生活中遭遇个体价值和生命意义的迷失、“被爱感”的缺失和对婚恋前景的迷惘等多重情感困境，这是促使她们进入包养关系的一个重要原因。而在与已婚男性的亲密关系中，她们获得了不同类型的情感支持和满足的可能途径（肖索未，2011：90—115）。这些研究的特点是将性别与阶层、城乡等不同的分析框架结合起来，因而勾画出一个社会变迁的更加真实立体的图景。

有关同性恋伴侣关系的研究虽仍不多见，但已有学者深入这种亲密关系和日常家庭生活的实践进行考察，并以此反思它对现有的婚姻制度、主流的异性恋家庭模式以及亲属体系带来的启示。魏伟和蔡思庆关于成都男同性恋伴侣关系的研究发现，尽管过去的“同志”关系大多只能以临时或不正式关系的状态存在，无法长久维系，而婚姻和性的分离为他们同时享受制度内异性恋婚姻和婚外同性性关系创造了更大的空间；但是中国社会中的同性之间的亲密关系正在转型，同性恋伴侣关系开始挣脱占据主导地位的异性恋亲属体系，成为一种“可供选择的家庭模式”。这种“同志”关系和家庭模式虽然还不能得到来自国家和社会的承认，但是他们在亲密关系领域进行了自我创造的表达和实践，“挑战了生物基因在决定家庭和亲属关系中的特权地位，创造了另类的亲属制度和完全不同的家庭类别”（魏伟、蔡思庆，2012）。

（四）关于女性身体、母职和性别认同的研究

身体研究在国内社会学中算是引进的新兴领域，原先以译介的著作为主，这些年开始出现越来越多的经验研究，并且结合本土问题和性别视角，拓展了性别研究的一个新领域。

黄盈盈和鲍雨对乳腺癌患者的研究关注了两方面的问题：一是女性的身体从“疾病”到“残缺”的感受；二是在这个过程中身体认同产生的危机及其重建（黄盈盈、

鲍雨，2013；鲍雨、黄盈盈，2014）。研究者在对患者进行深度访谈后意识到，面对乳腺癌仅仅依靠传统的“疾病”分析框架的解释力是不够的，因而提出了“残缺”的概念和分析框架，认为后者“能较好表达经历乳腺癌女性的身体经验和感受，从而使分析和审视的视角从医疗空间扩展到更为宽泛的社会空间”。在经历乳腺癌的过程中，身体之所以成为生活的重心和关注的重点，不仅仅因为生命受到威胁，还因为乳腺癌让女性的身体成为“残缺”的、不符合正常性别规范的女性身体，并使她们在亲密关系以及其他一般的社会交往中面临全新的挑战。这种分析使“身体的政治性与性别特点在‘残缺—正常’的框架下进一步彰显”，也从女性主体的角度出发更深刻地审视社会规范（包括医学和性别规范）对于身体和日常生活的控制（黄盈盈、鲍雨，2013）。在探讨患者面对“残缺”的身体重建社会认同的过程中，研究者提出了“身体认同”的概念，认为乳腺癌患者存在两种类型的身体认同形式——“疾病健康态的身体认同与社会性别态的身体认同”。疾病的来临改变了女性原本健康的、完整的身体认同，她们会发展出一系列身体实践与印象管理的手段，“在病人/健康人、残缺女性/完整女性两个维度上进行抗争与妥协，形成新的身体认同”。这种分析框架“挑战了以男性为主导的医学话语对于身体的解读”，把社会性别的视角纳入疾病研究中，并展现了女性作为主体在面对疾病时的主动性与实践性（鲍雨、黄盈盈，2014）。

林晓珊关于城市孕产妇母职体验的研究，则将关注点放在医疗体系下的主流健康话语和医疗技术对于性别话语和母职想象的塑造上。通过对城市女性妊娠期产检的民族志观察和个案分析，作者发现在“健康高于一切”的社会准则下，女性在生产过程中的身体经验受到医疗化社会不断蔓延的影响，怀孕被当作充满风险和危险的“疾病”来对待。通过一次次的产检，“母职”被不断地想象与实践，女人也完成了多重身份角色的转变与认同。而这个过程中医学的权威介入“致使身体经验的言说被医学话语所霸占”，母职体验变成了一种“经由现代医学健康方案所主导的想象”，而孕妇自身的身体经验则被不断贬低。作者指出，想要“重构其被现代医疗技术和性别话语所异化的主体性，破除‘母职神话’，不仅需要立足于女性自己真实的经验，将身体作为一种策略，激发女性主体意识，还需要改变医学话语和性别话语中视怀孕的女性为偏离常态的观点”（林晓珊，2011）。

关于“母职”的讨论并不限于与女性身体相关的体验和想象，更多研究侧重于媒体和社会对于母亲形象和角色的塑造及其流变。沈奕斐选择了近些年来流行的“辣妈”一词进行考察和分析，发现“辣妈”概念正在不断泛化过程中，成为一个“全能妈妈”的概念，兼顾美丽、事业和家庭，就是一个可以搞定一切的多面手。媒体中的辣妈很少或者完全不提及女性的独立、自主、建构新型家庭关系等“为自己而活”的内容，也看不到和女权相关的阐述，而是依然站在国家和家庭的视角，强调女性的母权，并增加了对女性更矛盾更苛刻的要求。商业的利用使辣妈作为女性主体性表达的概念意涵迅速下降，最终成了一个“既不强调女权、也不强调母权”的概念，而仅仅是男权文化中一个消费的主体（沈奕斐，2014）。金一虹关于转型期工作母亲的研究也发现，20 世纪

90年代市场转型以来，单位福利制度的解体以及公共育儿体系的瓦解，使得育儿变成了纯属家庭私人的事情，而私人化了的育儿事业又毫不含糊地落在了母亲身上，因而加重了工作母亲的工作和家庭负担。与此同时，消费主义带来整个社会文化的转型，出现了对母亲亲职的强化以及性别角色分工向传统的复归。今天的母亲不仅意味着要承担起对幼儿的照顾，而且必须成为符合现代性标准的“全知全能”的“教育妈妈”。一个“拼妈”时代正在到来，而好妈妈的权威评判已经形成由官方、市场和网络共同形塑的格局（金一虹，2013）。

以上关于家庭和性别研究的梳理相比这一时期浩瀚的成果来说，只能是挂一漏万。一些看似热门的议题因为缺乏新意或没有见到很成熟规范的研究而未被纳入。由于目前来说国内同时跨越家庭和性别研究的学者并不多见，因二者的研究范式和立场存在很大差异，这也在一定程度上限制了家庭研究的视野。总体上这一领域仍停留在对主导的异性恋主干家庭与核心家庭的研究上，而对变动中的多元化的婚姻、家庭和亲密关系模式关注不够。另外，不幸的是，家庭与性别这两部分学者在彼此关注的许多公共议题上常常存在明显的分歧甚至相互冲突的理念。但有趣的一点是，与国家或政治的关系都成为这一时期两个不同领域共同关注的议题。这也说明在中国社会中，尚不存在真正的私人空间和私人生活。

参考文献

鲍雨、黄盈盈，2014，《经历乳腺癌：疾病与性别情境中的身体认同》，《妇女研究论丛》第2期。

陈卫民，2012a，《社会政策中的家庭》，《学术研究》第9期。

——，2012b，《我国家庭政策的发展路径与目标选择》，《人口研究》第4期。

韩央迪，2014a，《家庭主义、去家庭化和再家庭化：福利国家家庭政策的发展脉络与政策意涵》，《南京师范大学学报》（社会科学版）第6期。

——，2014b，《转型期中国的家庭变迁与家庭政策重构——基于上海的观察与反思》，《江淮论坛》第6期。

胡湛、彭希哲，2012，《家庭变迁背景下的中国家庭政策》，《人口研究》第2期。

——，2014，《中国当代家庭户变动的趋势分析——基于人口普查数据的考察》，《社会学研究》第3期。

黄盈盈，2013，《反思Gender在中国的知识再生产》，《社会学评论》第5期。

黄盈盈、鲍雨，2013，《经历乳腺癌：从“疾病”到“残缺”的女性身体》，《社会》第2期。

黄盈盈、潘绥铭，2012，《边缘人群的社会治理——河南“性奴案”引发的思考》，《探索与争鸣》第1期。

——，2013，《21世纪中国性骚扰：话语介入与主体建构之悖》，《探索与争鸣》第7期。

黄盈盈、王文卿、潘绥铭，2011，《男民工与阶层、社会性别、性的主体建构》，《社会》第

5 期。

黄宗智，2011，《中国的现代家庭：来自经济史和法律史的视角》，《开放时代》第 5 期。

金一虹，2013，《社会转型中的中国工作母亲》，《学海》第 2 期。

康岚，2012，《代差与代同：新家庭主义价值的兴起》，《青年研究》第 3 期。

李军，2014，《学术性骚扰的共犯性结构：学术权力、组织氛围与性别歧视——基于国内案例的分析》，《妇女研究论丛》第 6 期。

李银河，2014，《新中国性话语研究》，上海：上海社会科学院出版社。

林晓珊，2011，《母职的想象：城市女性的产前检查、身体经验与主体性》，《社会》第 5 期。

刘汶蓉，2012a，《反馈模式的延续与变迁：一项对当代家庭代际支持失衡的再研究》，上海：上海社会科学院出版社。

——，2012b，《孝道衰落？成年子女支持父母的观念、行为及其影响因素》，《青年研究》第 2 期。

马春华，2013，《欧美和东亚家庭政策：回顾与评述》，唐灿、张建主编《家庭问题与政府责任：促进家庭发展的国内外比较研究》，北京：社会科学文献出版社。

马春华、石金群、李银河、王震宇、唐灿，2011，《中国城市家庭变迁的趋势和最新发现》，《社会学研究》第 2 期。

潘屹，2014，《社会福利思想和福利制度辨析》，《社会福利》（理论版）第 7 期。

裴谕新，2013，《欲望都市：上海 70 后女性研究》，上海：上海人民出版社。

沈奕斐，2013，《个体家庭 iFamily：中国城市现代化过程中的个体、家庭与国家》，上海：上海三联书店。

——，2014，《辣妈：个体化进程中母职与女权》，《南京社会科学》第 2 期。

宋少鹏，2011，《“回家”还是“被回家”？——市场化过程中“妇女回家”讨论与中国社会意识形态转型》，《妇女研究论丛》第 4 期。

——，2012，《资本主义、社会主义和妇女——为什么中国需要重建马克思主义女权主义批判》，《开放时代》第 12 期。

——，2014a，《性的政治经济学与资本主义的性别奥秘——从 2014 年“东莞扫黄”引发的论争说起》，《开放时代》第 5 期。

——，2014b，《何为性骚扰?：观念分歧与范式之争—— 2014 年教师节前后“性学派”对“女权派”的质疑》，《妇女研究论丛》第 6 期。

唐灿、陈午晴，2012，《中国城市家庭的亲属关系——基于五城市家庭结构与家庭关系调查》，《江苏社会科学》第 2 期。

唐灿、张建，2013，《家庭问题与政府责任：促进家庭发展的国内外比较研究》，北京：社会科学文献出版社。

佟新，2012，《平衡工作和家庭的个人、家庭和国家策略》，《江苏社会科学》第 2 期。

王飞、王天夫，2014，《家庭财富累积、代际关系与养老模式的变化》，《老龄科学研究》第 1 期。

王跃生，2011，《中国家庭代际关系的维系、变动和趋向》，《江淮论坛》第 2 期。

魏伟，2013，《上海地铁女性着装“骚”“扰”之争：性别化公共空间的后果》，《妇女研究论丛》第 1 期。

——，2014，《街头·行为·艺术：性别权利倡导和抗争行动形式库的创新》，《社会》第2期。

魏伟、蔡思庆，2012，《探索新的关系和生活模式：关于成都男同性恋伴侣关系和生活实践的研究》，《社会》第6期。

吴帆，2012，《第二次人口转变背景下的中国家庭变迁及政策思考》，《广东社会科学》第2期。

吴小英，2012a，《公共政策中的家庭定位》，《学术研究》第9期。

——，2012b，《回归日常生活：女性主义方法论与本土议题》，呼和浩特：内蒙古大学出版社。

肖索未，2011，《"今天不知明天事"——婚外包养与打工妹的情感困境》，周晓虹、谢曙光主编《中国研究2010年春秋季合卷》，北京：社会科学文献出版社。

——，2014，《"严母慈祖"：儿童抚育中的代际合作与权力关系》，《社会学研究》第6期。

熊跃根，2012，《国家、市场与家庭关系中的性别与公民权利配置》，《学习与实践》第1期。

徐安琪，2013，《家庭价值观变迁：去传统化？去集体主义化?》，周晓虹、谢曙光主编《中国研究2012年秋季卷》，北京：社会科学文献出版社。

阎云翔，2012，《中国社会的个体化》，陆洋等译，上海：上海译文出版社。

杨菊华、何炤华，2014，《社会转型过程中家庭的变迁与延续》，《人口研究》第2期。

杨善华，2011，《中国当代城市家庭变迁与家庭凝聚力》，《北京大学学报》（哲学社会科学版）第2期。

张李玺主编，2013，《中国女性社会学：本土知识建构》，北京：中国社会科学出版社。

张婷婷，2011，《社会转型与乡村代际关系研究：基于文献的述评》，《中国农业大学学报》（社会科学版）第3期。

钟晓慧、何式凝，2014，《协商式亲密关系：独生子女父母对家庭关系和孝道的期待》，《开放时代》第1期。

祝西冰、陈友华，2013，《中国家庭政策研究：回顾与相关问题探讨》，《社会科学研究》第4期。

作者单位：中国社会科学院社会学研究所

社会变迁与青年问题

——近年来青年社会学的关注点及研究取向

李春玲

自中国社会学恢复以来，青年研究一直是社会学中极为重要但又相对独立的研究领域。高速的经济增长和急剧的社会变迁，使人们的生活水平极大提高，社会生活环境发生重大变化，人们的态度与观念也在随之改变。这导致代际差异现象日益突出，以“80后”和“90后”为代表的青年群体成为社会新事物和新潮流的代言者。社会学家通过对他们的研究来观察社会变迁和未来社会发展趋势，近几年青年社会学的研究主题和研究成果体现了社会学家对社会变迁最新趋势的理解。

一　青年社会学的方法取向与主题选择

青年研究是一个跨学科的研究领域，包括了社会学、教育学、心理学、人口学、政治学等诸学科。不过，在中国学术界，社会学在青年研究领域占据着主导性的位置，社会学取向的青年研究往往引领着青年研究的主流走向。这一特征在最近五年表现得更为突出，部分原因是《青年研究》（国内影响最大、学术水平最高的青年研究期刊）是由中国社会科学院社会学研究所的社会学家编辑出版的。此期刊在2009年改版之后，使《青年研究》由原来的综合学科性的青年研究期刊转变为以青年社会学为主的学术期刊，从而促进了近年来青年社会学的迅速发展，也使社会学研究方法及相关理论成为青年研究的主流取向，而这一研究取向明显提升了青年研究的学术水平。国内青年研究领域的另外三本主要学术期刊——《中国青年研究》《当代青年研究》和《青年探索》也或多或少与社会学相关。《当代青年研究》原由上海社会科学院青少年研究所编辑出版，现也归入上海社会科学院社会学研究所，其学科导向也以青年社会学为主。《中国青年研究》和《青年探索》是由共青团下属机构（中国青少年研究中心和广州市青年研究会）编辑出版，偏重青年政策和青年工作相关问题，其学术取向也越来越与社会学紧密相关。青年研究学术期刊的这种走向，使社会学方法主导的实证研究成为近年来青年研究的主流取向，特别是以问卷调查数据分析为基础的定量研究发展极为迅速，产生了大量的研究成果。

社会学对青年研究的影响不仅体现在研究方法上，同时也反映在研究主题方面。近年来青年社会学成果最突出的两个研究主题——教育及就业的不平等和新生代农民工研究，也是主流社会学领域最受关注的研究问题。教育和就业是决定青年生存和发展状况的关键性因素，青年的教育和就业状况也是青年研究的最重要的主题。与教育学和经济学取向的青年研究不同，青年社会学在这方面重点关注的是社会结构因素（城乡二元结构、体制内外分割和家庭社会经济背景或阶层出身等）对青年的教育和就业的影响以及由此产生的不平等现象，这主要是由于教育不平等和社会经济地位获得研究是近年来主流社会学研究的热点问题。农民工研究是近十几年主流社会学中的一个重点研究领域，而近年来这一研究关注的重点是新生代农民工，从而使新生代农民研究成为近5年青年社会学中最重要也是成果最多的研究主题。

青年社会学研究人员队伍十分年轻化，主要以“80后”和“70后”的青年学者为主。他们对于社会变迁带来的新社会现象最为敏感，尤其是那些与青年人生活息息相关的新事物和新变化，而这些新事物和新变化也成为近年来青年社会学研究的热点问题，其中一个重要研究主题是互联网的兴起对青年人的影响，包括青年网络行为及网络和社交媒体对青年社会生活和青年文化的影响。另一个研究主题是婚恋和性观念及行为（包括性别关系）的变化趋势。快速的社会变迁必然引发人们的价值观念及行为的变化，婚恋和性观念的变化就是其中一个重要方面，而年轻人正是新的婚恋和性观念的实践者，他们的观念和行为代表了未来发展方向。

近年来青年社会学研究的另一个成果众多的研究主题是关于青年的思想、态度和价值观念研究。近年来青年问题研究者队伍的一个重要变化是大量高等院校学生思想政治教育课程教师加入其中，这主要是政府政策带来的结果。政府决策者及相关教育部门十分关注青年人尤其是大学生的思想状况，强化高等院校学生思想政治教育课程，并鼓励相关教员从事青年思想教育研究，从而产生了大量的有关青年思想态度的调研成果。虽然大部分这类研究学术水平不高，但这类研究也引发了一些青年社会学家的兴趣，他们以更严谨的社会学研究方法和理论对当代青年的价值观念、社会态度和政治价值观进行了深入研究。

二 青年群体的社会分化与教育和就业的不平等

近年来的青年研究反映出当代中国青年的两个主要社会性特征：突出的代际差异和强烈的阶层分化。一方面，大量的研究显示出青年一代与中年和老年代际的明显差异；即使在青年群体当中，“80后”与“90后”也有差异，甚至“80后”内部也有“85前”和“85后”的差异。另一方面，青年群体本身的社会分化十分突出。这一点从青年研究的研究对象区分就可以反映出来，大量的青年研究成果是分别针对两大青年群体的研究，一是针对大学生及大学毕业生（包括城市白领）的研究，二是针对青年农民工的研究。农民工和大学生（及大学毕业生）是青年群体中两个最大的子群体，其教育经历、就业及生活状况和未来发展机遇大为不同。大众媒体中的流行语——“富二代”和“官二代”与“穷二代”和“农二代”、“高富帅”和“白富美”与“屌丝”和“矮穷矬”，则更加明确地显现出青年群体中的贫富分化。家庭出身被认为是导致这种社会分化的一个重要根源，它被称之为“拼爹现象”。正如李春玲、施芸卿等对“80后”一代的研究结论所示：“80后”是“打上代际与阶级双重烙印的一代”；“代际共性未能打破社会不平等的再生产模式，跨阶级的代际文化无法突破社会生活领域中的阶级分割”；“最重要的是城乡不平等和家庭背景的阶级差异，在实质上影响了这一代人的受教育机会，在这代人中存在着教育分层，最终导致他们的就业教育和社会经济地位的差异”（李春玲、施芸卿，2013：440）。

大量的有关青年职业和社会流动的实证研究证明社会经济地位的再生产导致了青年群体的社会分化。杨菊华（2014）根据多期人口普查和小普查数据对青年流动人口职业地位纵向趋势的研究，显示“社会分层的故事却依旧通过制度性和结构性要素而继续传递和再生产”。韩嘉玲等人的研究（2014：40）则显示社会分化在儿童期就已经开始显现，“城乡二元结构带来的不同儿童群体所获得的社会资源的差异已经在制造儿童群体的分化”。他们发现，“城市儿童在三个方面均优于其他三类儿童。在教育资源可及性方面，城市儿童以及生活在城市地区的流动儿童优于生活在农村地区的儿童，在健康资源的可及性方面也呈现类似的趋势。在家庭支持方面，城市儿童和农村一般儿童则优于流动儿童和留守儿童，因为劳动力流动造成的拆分型家庭对后两者影响较大”。蒙冰峰（2014）从重点院校农村子女比例、城乡大学生就业情况和社会观念三个方面阐述了“寒门难出贵子”现象，认为这“直接体现了社会阶层流动停滞与阶层固化”。不过，张乐、张翼（2012）和芦强（2014）等人的研究注意到，在精英生成过程中，虽然精英再生产和阶层固化现象明显，但上升社会流动的渠道并未完全封闭。芦强（2014）对青年精英初职获得过程的研究显示，“管理精英的资源获得体现出一定的封闭性，而专业技术精英的资源获得体现出一定的开放性，在非精英当中资源传递的庇护性特征明显”。张乐和张翼（2012）对青年职业地位获得的研究发现，“市场转型期，精英阶层的更替过程越来越强调个人能力和高等学历的作用，但这种机制并不排除精英再生产逻辑的运作，政治精英和技术精英都可以将自己的阶层优势传递给下一代。只是精英阶层的再生产规模和阶层固化的程度都是有限的，家庭背景等因素对青年成为精英的作用是基础性的，但不是无限制扩大的”。

教育是农村子弟和劣势家庭背景青少年突破地位再生产的一种最重要的手段，在现代社会的市场竞争中，学历发挥着关键性的作用，是决定个人未来社会经济地位的重要因素。然而，教育机会的不平等却使来自农村家庭和弱势群体的孩子在教育机会竞争中处于劣势地位，从而强化了阶层地位再生产。吴愈晓（2013）、李春玲（2014a）等人的研究证实，近十几年城乡教育不平等持续扩大，农村子弟上大学和高中的机会与城市家庭子女的差距不断拉大。李春玲针对“80后”青年教育机会的研究发现：“从小学升入初中、初中进入高级中等教育、从高级中等教育升入大学等层层关口（加上初中阶段和高中阶段的辍学），有大批农民子弟被淘汰出局。多数最终突破层层关口的农村子弟进入的是二三流大学，即使获得大学文凭，还面临着更难突破的关口——找到有发展前途和稳定保障的工作。对于农民子弟来说，的确是寒门难出贵子”（李春玲，2014：76）。黄四林等人（2014：46）对北京某重点大学2007—2012年各届学生的调查发现，不仅城乡教育不平等在扩大，而且阶层之间教育不平等也在扩大，尤其高校自主招生政策实施之后：“家庭社会经济文化地位的预测作用呈现明显扩大化趋势，并且以中上阶层家庭之间的相互竞争为主；家庭所在地和户籍的巨大作用持续存在，城市和非农业户口家庭处于绝对优势地位；高校自主招生更有利于中上阶层家庭子女获得高等教育机会，进一步扩大了不同阶层家庭之间的差距”。

青年社会学对教育不平等的研究特别关注教育不平等环境中的最弱势的青少年群体——流动二代青少年（农民工子女），根据流动状态，他们又被区分为两个子群体：流动儿童（父母流动到城市并在城市接受教育）和留守儿童（未随流动而在农村家乡接受教育）。周潇针对农村青少年辍学现象的研究指出，“大规模的持续的农民流动带来了村庄生活方式、社会组织以及家庭结构的深刻变迁，这对农村青少年学校教育造成了深远影响”；“农村流动儿童所遭遇的生活教育障碍使得农村青少年在‘文凭竞争’中本有的不利地位愈加恶化”；“所有这些因素连同日益泛滥的功利价值观，致使很多孩子在学业受阻之后很快转向打工挣钱而非继续学业”。吕利丹（2014）的研究则发现，“农村留守儿童进入高中学龄阶段后，教育机会急剧下降。受父母外出流动影响，高中学龄农村留守儿童终止学业后很快就外出打工，身份过早地从‘农村留守儿童’转换为‘新第一代农民工’”。另外还有大量的专题研究（陈晨，2012；肖庆华，2012；吴霓、田慧生，2012；袁连生、王红，2013；李涛、邬志辉，2013）指出，现有的教育政策和社会政策使流动二代青少年在教育竞争中处于极端劣势地位，他们过早中止教育并进入劳动力市场，而低教育水平又使他们在劳动力市场竞争中也成为失败者，进一步强化了青年群体的社会分化。正如曹晶（2014）所指出的那样：“城乡二元社会结构下优先发展城市教育的原则”“以‘市场能力’和学业成绩为标准的学校选拔规则”和“重点学校制度对农村学生获得教育机会的制约”，共同导致了对农村学生的“教育排斥”，从而并未使教育促进农村子弟社会上升流动的功能得以很好的发挥。

三　新生代农民工的认同与社会融合

新生代农民工是近年来社会学研究的热点问题，作为当今青年群体中最重要的一个组成部分，新生代农民工必然成为青年社会学最主要的研究对象，其中的一个研究重点是新生代农民工的身份认同与社会融合。与老一代农民工不同，绝大多数新生代农民工想要长期定居于城市，希望成为真正的城市人。然而，他们成为城市人的过程（“市民化过程”）却极为复杂，社会融入障碍重重。张庆武的研究发现，新生代农民工的社会融入呈现出不同的维度，而且各维度社会融入不是齐头并进，而是“差序融入”。相对而言，文化适应较好，社会生活次之，政策接纳和经济整合最差，而以户籍为主所衍生的政策差异是影响青年流动人口社会融入的重要因素（张庆武，2014：59）。张陆的研究指出，青年移民群体存在城乡双重认同问题，其社会认同模式主要是分离型（低移居地认同、高原居地认同）和边缘型（低移居地认同、低原居地认同），从而导致社会融入困难（张陆，2014：10）。刘建娥（2014）对青年农民工的政治融入状况进行了深入研究，发现青年农民工政治融入的渠道尚未打开，政治资本匮乏，政治融入水平偏低。她认为，青年农民工政治融入的困境在于城市正式组织发展滞后带来的资本匮乏及参与不足，例如：农民工难以加入当地的党团组织、工会组织和社区组织，从而缺乏正规渠道表达他们的利益诉求。吴伟东（2014）利用上海、深圳和天津等10个城市的调查数据对新生代农民工的工会参与状况进行了专门研究。他发现工会组建的短缺以及基于工作岗位或者劳动合同签订状况的身份歧视，阻碍了新生代农民工的工会组织参与和活动参与，而对预期收益的增加有助于促进新生代农民工的工会活动参与行为。

社会保障体系的城乡分割也是农民工城市化进程中的一大障碍。汪国华指出，政府的社会保障制度设计未把新生代农民工纳入城市社会保障体系之上，现行的社会政策客观上把新生代农民工捆绑于农村社会保障体系之上，但新生代农民工想要融入城市社会保障体系而不愿意加入农村社会保障，这导致新生代农民工在城市和农村都不能获得"社会保障权"。这些保障权包括"医疗保障权、养老保险权、失业保险权、生育保险权和工伤保险权"，"没有这些保障，一个人的基本生存就会缺少生活来源、缺少突发事故保障和缺少劳动力再生产安全"。"因此，就基本生存保障而言，新生代农民工很难与城市和农村社会融合"（汪国华，2012：42—43）。

另外一些研究者对新生代农民工的城市融入持一种较为积极的态度。例如，杨菊华等人（2013）的研究采用全国106个城市的动态监测数据，推导出目前中国新生代农民工的市民化水平为50.18%，已经达到了"半"市民化水平。他们认为经济因素是新生代农民工市民化的关键，而个体特征、社会归属感及社区参与维度也是影响新生代农民工的市民化水平的显著因素。

新生代农民工与默默忍受的老一代农民工不同，他们经常采取激烈的抗争行动，抗议企业老板损害其权益和政府相关部门不作为。对于这一群体及其抗争运动的研究引发了"新工人阶级"形成的论题和新马克思主义阶级理论的复兴，成为近年来中国社会学研究中的一种新的理论思潮。这一研究取向也影响了青年研究领域对新生代农民工的研究，特别是在2010年富士康连续出现青年员工跳楼自杀现象之后，出现了这种理论取向研究的高潮。这类研究通常采用质性研究方法对个案进行深入分析，以论证新工人阶级是如何形成的，并深受美国社会学家布洛维（Michael Buraway）的"工厂政体"（Factory Regime）理论的影响，通过分析劳动场域中的劳动关系，显示资本主义生产体系中剥削工人的"关系霸权"。程平源等人（2011）研究了富士康准军事化工厂管理体制，如何"通过延长劳动时间、克扣工人工资以及制造各种形态的血汗劳动"来获得"绝对剩余价值"。张春龙（2013）的研究借用福柯的"全景敞视主义"概念，通过对工厂农民工的访谈和对工厂的观察，发现全景敞视结构的现代工厂通过各种技术手段对工人进行监视、规训和控制。“在这种规训机制中，农民工受到监督和改造，正在形成产业工人所具有的相关特征”（张春龙，2013：37）。黄志辉（2013）的研究则关注“工厂政体”之外的非正规就业的农民工们，他将那些没有劳资关系的工人的生产方式称作“自我生产政体”。通过对珠三角、北京郊区的代耕菜农的观察，以及对济南家装建筑劳动力市场的农民工的观察，他认为，自我生产政体受整个资本市场体系的调控，它与“工厂政体”乃至整个资本主义生产链条之间存在关联。“自我生产政体的‘自我性’或曰独立性，只是一种表面现象……无论是其劳动过程还是劳动价格的制定，都要受到……企业生产制度、包工劳动体制的调控……都是由整个工业市场说了算，‘自我生产政体’中的劳工没有发言权……整个市场体系已经在‘世界工厂’中形成了一种指挥棒式的霸权”（黄志辉，2013：46）。上述两个研究都是从资本主义的生产方式和劳动关系出发来研究新工人阶级的形成，而吴玉彬（2013）则从消费视角分析工人阶级意识的形成。他以富士康工人为案例，分析了新生代农民工的阶级认同感、阶级对抗感和对本阶级总体性的把握，发现中国新生代农民工的阶级意识是以个体的形式表现出来的。

大部分有关新生代农民工研究侧重于蓝领体力工人，但也有一部分研究关注到白领工人，他们被称为城市“新移民”，这些城市新移民一部分来自农村，另一部分来自小城市和小城镇，他们大多受过中等或高等教育。廉思的研究（2014）注意到，在特大型城市中“内生了一个数量庞大的新兴群体——城市新移民”。“城市新移民”是这样一个群体：没有所在城市户籍，无法享受城市福利；高度流动性的工作与生活以及因流动导致的社会经济状况使得他们具有双重边缘人的特征：既难融入城市，也难重回乡土。高生活成本与低生活水平使得新移民有别于城市市民，在他们内部有着共同的底层群体认同。廉思的调查显示，即使大多数“新移民”认为自己的经济收入“过得去”，甚至“还不错”，但多数都认为自己的社会经济地位处于“中下层”甚至“底层”。有81.5%的白领、85.1%的新生代农民工认为自己生活在底层。这些共性特征既是他们之所以成为一个群体的原因，也恰恰是其形成文化共性的基础（廉思，2014：5）。基于上海市调查数据，丛玉飞（2014）系统考察白领新移民身份建构状况及其对社会信心的影响后发现：白领新移民内部分化为根植型、边缘型和漂泊型三种不同的群体类型；身份疏离致使白领新移民社会信心呈现差异化，每一类白领新移民内部的差异较小，而各类白领新移民间的差异较大。进一步分析表明，白领新移民身份建构过程中面临的制度性“失根”和身份认同失调是提升该群体社会信心必须重视的因素。

四　互联网与青年社会化和社会参与

当代青年被称为“互联网的一代”，他们是网络参与最活跃的人群，青年研究学者从各个方面研究了网络社会的兴起对青年人的生活、观念、行为和文化产生的深远影响。李文革和陈立红（2012）认为在互联网上形成了青少年的网络社区，这些虚拟社区具有媒体化、娱乐化和社交化的功能，其特征主要表现为成员的低龄化、行为的民主化、文化的多元化和功能的实用化。青少年通过网络社区的互动，交流情感和思想，形成独特的文化。邓志强（2014）则指出，网络时代的青年认同出现了困境：青年的虚拟认同与现实认同之间存在张力；青年的社会认同处于不确定性中；青年的社会认同面临的阻力增大；青年的社会认同面临场域的转换。聂伟（2014）的研究则发现，互联网已全面渗透到青少年的日常生活中，“网络消费、网络交往、网络闲暇娱乐、网络政治参与成为青少年生活方式的新时尚和新主流。新型的生活方式给青少年带来全新的生活体验；同时给青少年行为带来异化等问题”（聂伟，2014：96）。路向军（2012）探讨了互联网对青少年社会化的影响，他指出互联网的出现及迅猛发展，社会信息获取和处理手段的变革使青少年社会化过程和结果的不确定性大大增加。

“光棍节”作为一种青年网络文化现象，吸引了许多青年学者的眼球，研究者特别关注商业化和消费主义对青年文化的影响。王璐（2014）的文章以淘宝网为例，具体分析商业对于光棍节这一青年亚文化的“收编”过程。她发现商业对于青年亚文化的全面收编使“网购狂欢节”逐步取代“光棍节”成为11月11日的符号意指，而节日本身的特殊性、文化内核的一致性、群体的相似性和媒介的共通性，为电子商务收编光棍节创造了绝佳条件。她总结道：“作为青年亚文化的‘光棍节’逃不开网络和商业的力量，终将会被支配文化收编和消解”（王璐，2014：81）。王秀艳（2014）也指出，“光棍节”异化的根本原因在于现代休闲的特殊矛盾，表现为休闲的经济属性和文化属性互为助推，演变为前者对后者的入侵和殖民。

互联网对青年政治参与行为的影响是近几年青年研究的一个热点，这类研究通常也试图为政府提出一些政策建议。王雁等人（2013）通过对浙江省高校近500名大学生网络政治参与现状调查，分析探讨了大学生网络政治参与的认知和行为的现状和相关特征，他们发现大学生的网络政治参与在一定程度上弥补了现实政治参与的“缺位”问题，但大学生网络政治参与尚需进一步培育，网络政治参与存在知行落差大和实际效果欠缺等问题。“在现实政治参与中，大学生的认知与行为存在脱节现象。当代大学生绝大多数具备较高的政治参与意识，但实际参与行为确实存在欠缺；就是在网络上参与政治活动比较活跃的大学生在现实政治参与中，对实际的政治活动也相当消极”（王雁等，2013：139）。王雁（2014）的研究还进一步发现，大学生网络政治参与过程中存在四大困境：局限于围观式政治参与的层次；以动机精神为主，但带有较大的随意性和盲目性；内在政治效能感与外在政治效能感存在较大落差；有相当的政治参与热情，但存在参政行为的无序。一些学者担忧青年政治参与行为与互联网的结合易于引发群体事件，特别是在某些“网络大V”的鼓动下，有可能影响社会稳定（胡献忠，2011；刘倩，2014）。这些学者认为，“我国青年参与网络政治活动表现出诸多不成熟和不规范的地方……务必要调动国家与政府、社会、高校等多方面的力量，引领与督导广大青年群体健康、科学地参与网络政治活动，推动青年网络政治参与和国家政治稳定形成良性的共赢发展态势，促使其可持续发展”（李兵2014：33）。孟利艳（2014）通过对218

个网络群体性事件的总结，深入分析了其发起方式、引起关注方式、运作路径、运作时间、政府应对方式等运作逻辑。她发现："在网络群体性事件中，理性计算因素的作用几乎可以忽略不计，社会认同是网络群体性事件发生的动力系统，而且最主要的动力是政府及其公职人员和民众的群体冲突。"（孟利艳，2014：88）

上述几方面是近几年青年研究的热点主题，同时也是研究进展较快、分析较为深入的领域。除此之外，在有关青年婚恋观念与行为、独生子女问题、青年价值观和政治态度等方面，也有大量的研究成果。不过，与社会学其他一些领域相比，中国的青年社会学在学术规范水平和理论分析深度上还有待进一步推进。

参考文献

曹晶，2014，《转型期农村教育社会分层功能弱化的制度性因素》，《当代青年研究》第5期。

陈晨，2012，《教育贫困反思：关于农民工流动子女的研究》，北京：知识产权出版社。

程平源、潘毅、沈承、孔伟，2011，《囚在富士康——富士康准军事化工厂体制调查报告》，《青年研究》第5期。

丛玉飞，2014，《白领新移民身份疏离与社会信心差异化——以上海市为例》，《中国青年研究》第1期。

邓志强，2014，《网络时代青年的社会认同困境及应对策略》，《中国青年研究》第2期。

韩嘉玲、高勇、张妍、韩承明，2014，《城乡的延伸——不同儿童群体城乡的再生产》，《青年研究》第1期。

黄四林、辛自强、侯佳伟，2014，《家庭背景与高等教育入学机会的关系及其趋势——基于北京某重点大学2007—2012年的调查》，《中国青年研究》第3期。

黄志辉，2013，《自我生产政体：被忽视的劳动形态——来自城郊农地与建筑工地的两类中国经验》，《青年研究》第1期。

胡献忠，2011，《互联网与青年：影响政局的工具变量——由突尼斯、埃及"街头革命"引发的思考》，《中国青年研究》第3期。

李兵，2014，《青年参与网络政治活动的理论基础与政治稳定》，《中国青年研究》第12期。

李春玲，2014a，《教育不平等的年代变化趋势（1940—2010）——对城乡教育机会不平等的再考察》，《社会学研究》第2期。

——，2014b，《"80后"的教育经历与机会不平等——兼评〈无声的革命〉》，《中国社会科学》第4期。

李春玲、施芸卿主编，2013，《境遇、态度与社会转型：80后青年的社会学研究》，北京：社会科学文献出版社。

李文革、陈立红，2012，《对青少年网络社区发展趋势和对策的探讨》，《中国青年研究》第7期。

李涛、邬志辉，2013，《中国"异地高考"公共政策议题争论的背后：一种政治社会学的分析》，《中国青年研究》第7期。

廉思，2014，《城市新移民文化研究》，《当代青年研究》第2期。

刘建娥，2014，《青年农民工政治融入的影响因素及对策分析——基于2084份样本的问卷调查数据》，《青年研究》第3期。

刘倩，2014，《网络大V舆情失范的表现、成因及治理——基于微时代网络舆情与青年价值观的视角》，《中国青年研究》第6期。

路向军，2012，《互联网给青少年社会化带来的不确定性及应对策略》，《中国青年研究》第6期。

芦强，2014，《青年精英再生产与代际资源传递》，《青年研究》第6期。

吕利丹，2014，《从“留守儿童”到“新生代农民工”——高中学龄农村留守儿童学业终止及影响研究》，《人口研究》第1期。

孟利艳，2014，《近年网络群体性事件的运作规律探析》，《中国青年研究》第10期。

聂伟，2014，《网络影响下的青少年生活方式研究》，《当代青年研究》第4期。

蒙冰峰，2014，《“寒门难出贵子”：现象、原因与破解》，《中国青年研究》第12期。

汪国华，2012，《“间架性社会保障权”与新生代农民工社会融合》，《中国青年研究》第1期。

王璐，2014，《11月11日：从文化建构到商业收编》，《青年研究》第3期。

王秀艳，2014，《救赎还是异化：光棍节的休闲学批判》，《当代青年研究》第6期。

王雁，2014，《大学生网络政治参与的困境探讨——以浙江10所高校为例》，《中国青年研究》第2期。

王雁、王鸿、谢晨、王新云，2013，《大学生网络政治参与：认知与行为的现状分析与探讨——以浙江10所高校为例的实证研究》，《浙江社会科学》第5期。

吴霓、田慧生主编，2012，《农民工子女教育问题研究》，北京：教育科学出版社。

吴伟东，2014，《新生代农民工工会参与的影响因素研究》，《中国青年研究》第12期。

吴愈晓，2013，《中国城乡居民的教育机会不平等及其演变1978—2008》，《中国社会科学》第3期。

吴玉彬，2013，《消费视野下新生代农民工阶级意识个体化研究》，《青年研究》第2期。

肖庆华，2012，《农村留守与流动儿童的教育》，北京：中国社会科学出版社。

杨菊华，2014，《“代际改善”还是“故事重复”？——青年流动人口职业地位纵向变动趋势研究》，《中国青年研究》第7期。

杨菊华、张莹、陈志光，2013，《北京市青年流动人口行为适应比较研究》，《青年研究》第4期。

袁连生、王红，2013，《流动儿童义务教育及财政问题研究》，北京：北京师范大学出版社。

张春龙，2013，《规训效应：全景敞视主义在现代工厂中的体现——基于对工厂农民工的访谈》，《青年研究》第6期。

张乐、张翼，2012，《精英阶层再生产与阶层固化程度——以青年的职业地位获得为例》，《青年研究》第1期。

张陆，2014，《青年城乡移民的城乡双重认同研究》，《青年研究》第2期。

张庆武，2014，《青年流动人口社会融入问题研究——以北京市为例》，《青年研究》第5期。

周潇，2011，《农村青少年辍学现象再思考：农民流动的视角》，《青年研究》第6期。

作者单位：中国社会科学院社会学研究所

第二篇

论著题录

著作题录

综论

中国研究（2009年秋季卷　总第10期）　周晓虹、谢曙光主编，社会科学文献出版社，2011年2月。

中国社会　李培林主编，社会科学文献出版社，2011年7月。

中国社会学（第8卷）　中国社会科学院社会学研究所编，上海人民出版社，2011年7月。

中国社会学年鉴（2007—2010）　中国社会科学院社会学研究所编，社会科学文献出版社，2011年7月。

社会转型与中国社会学的理论自觉　郑杭生等著，中国人民大学出版社，2011年8月。

新世纪中国社会学（2006—2010）——“十一五”回顾与“十二五”瞻望　郑杭生主编，中国人民大学出版社，2011年8月。

社会科学概览　陈必滔主编，社会科学文献出版社，2011年9月。

中国变革：社会学在近代中国兴起的视角　宋国恺著，中国社会科学出版社，2011年9月。

中国的社与会　陈宝良著，中国人民大学出版社，2011年9月。

中国社会学文选（上、下册）　应星、周飞舟、渠敬东编，中国人民大学出版社，2011年9月。

当代中国社会学　孙本文著，商务印书馆，2011年11月。

中国研究（2010年春秋季合卷　总第11—12期）　周晓虹、谢曙光主编，社会科学文献出版社，2011年11月。

社会学引论　赵连文、张玉玲编著，中国社会科学出版社，2012年1月。

中国研究（2011年春季卷　总第13期）　周晓虹、谢曙光主编，社会科学文献出版社，2012年2月。

中国研究（2011年秋季卷　总第14期）　周晓虹、谢曙光主编，社会科学文献出版社，2012年11月。

中国社会学（第9卷）　中国社会科学院社会学研究所编，上海人民出版社，2012年12月。

清华社会学评论（第六辑）　沈原主编，社会科学文献出版社，2013年1月。

生活和文本中的社会学　李培林著，生活·读书·新知三联书店，2013年1月。

社会学名家讲坛（第一辑）　包智明主编，中国社会科学出版社，2013年3月。

中国研究（2012年春季卷　总第15期）　周晓虹、谢曙光主编，社会科学文献出版社，2013年4月。

社会学概论新修（第四版）　郑杭生主编，李强、李路路、林克雷副主编，中国人民大学出版社，2013年4月。

中国研究（2012 年秋季卷　总第 16 期）　周晓虹、谢曙光主编，社会科学文献出版社，2013 年 11 月。

社会学名家讲坛（第二辑）　包智明主编，中国社会科学出版社，2014 年 1 月。

中国研究（2013 年春季卷　总第 17 期）　周晓虹、谢曙光主编，社会科学文献出版社，2014 年 3 月。

社会学与社会发展学科前沿研究报告（2010—2012）　中国社会科学院科研局编，中国社会科学出版社，2014 年 3 月。

中国社会学（第 10 卷）　中国社会科学院社会学研究所编，上海人民出版社，2014 年 6 月。

社会学与人类学　［法］马塞尔·莫斯著，佘碧平译，上海译文出版社，2014 年 7 月。

社会学概论　吕世辰、蒋美华编，高等教育出版社，2014 年 8 月。

中国社会学说史（第 2 版）　杨善民著，山东大学出版社，2014 年 8 月。

社会学导引：一条务实的路径（第 11 版）　［美］詹姆斯·M. 汉斯林著，林聚任等译，上海人民出版社，2014 年 9 月。

社会学视角下的全球化　［英］卢克·马特尔著，宋妍译，辽宁人民出版社，2014 年 9 月。

中国研究（2013 年秋季卷　总第 18 期）　周晓虹、谢曙光主编，社会科学文献出版社，2014 年 9 月。

论社会科学（上、中、下）　李铁映著，中国社会科学出版社，2014 年 11 月。

社会学导论（第四版）　孙立平主编，应星、吕新萍副主编，首都经济贸易大学出版社，2014 年 12 月。

社会学名家讲坛（第三辑）　包智明主编，中国社会科学出版社，2014 年 12 月。

社会理论、方法与社会史

广义潜变量模型——多层次纵贯性以及结构方程模型　［美］斯科隆多、赫斯基思著，陈华珊、刁鹏飞译，重庆大学出版社，2011 年 1 月。

问卷设计手册：市场研究、民意调查、社会调查、健康调查指南　［美］诺曼·布拉德、伯恩希摩·萨德曼、布莱恩·万辛克著，赵锋译，重庆大学出版社，2011 年 1 月。

自我归类论　［澳］特纳等著，杨宜音、王兵、林含章译，中国人民大学出版社，2011 年 1 月。

马克思解放视野中的社会政治生活　杨晓东著，中国社会科学出版社，2011 年 2 月。

社会原论：历史与社会研究　舒建军著，中国社会科学出版社，2011 年 3 月。

社会风险论（社会认识与社会形态研究丛书）　潘斌著，中国社会科学出版社，2011 年 4 月。

关系社会学：理论与研究　边燕杰著，社会科学文献出版社，2011 年 6 月。

当代中国马克思主义社会观　刘强、刘滨、刘兰剑著，中国社会科学出版社，2011 年 7 月。

费孝通与中国社会学　李培林著，社会科学文献出版社，2011 年 7 月。

论方法：社会学调查的本土实践与升华　潘绥铭、黄盈盈、王东著，中国人民大学出版社，2011 年 9 月。

马克思的幽灵　［美］帕特森著，何国强译，社会科学文献出版社，2011 年 10 月。

社会关系与空间结构　［英］格里高利、［英］厄里编，北京师范大学出版社，2011 年 10 月。

市场经济与现代社会的公共理性研究——当代“公共哲学”的理论视角　袁祖社著，中国社会科学出版社，2011 年 10 月。

中国隐士：身份建构与社会影响　胡翼鹏著，社会科学文献出版社，2011 年 10 月。

社会调节机制论　万斌、王学川著，社会科学文献出版社，2011 年 11 月。

近代福建社会史论　杨齐福著，社会科学文献出版社，2011 年 12 月。

后社会学　谢立中著，社会科学文献出版社，2012 年 1 月。

田野中的艺术　洪颖著，社会科学文献出版社，2012 年 1 月。

社会思潮专题研究　邓卓明著，中国社会科学出版社，2012 年 3 月。

全球公民社会?　约翰·基恩著，李勇刚译，中国人民大学出版社，2012 年 3 月。

感知与洞察：实践中的现象学社会学　杨善华著，社会科学文献出版社，2012 年 4 月。

情感、叙事与修辞——社会理论的探索（紫金社会学论丛）　成伯清著，中国社会科学出版社，2012 年 4 月。

走向社会的基础结构　王思斌著，社会科学文献出版社，2012 年 4 月。

共同体的进化　张康之、张乾友著，中国社会科学出版社，2012 年 5 月。

日常生活的文化与政治：见证公民性的成长　高丙中著，社会科学文献出版社，2012 年 5 月。

孙本文文集（10 卷本）　孙本文著，社会科学文献出版社，2012 年 5 月。

社会调查方法　风笑天主编，中国人民大学出版社，2012 年 5 月。

量化数据分析：通过社会研究检验想法　唐启明著，社会科学文献出版社，2012 年 7 月。

社会调查教程（精编本）　江立华、水延凯主编，中国人民大学出版社，2012 年 7 月。

个人与国家的关系：近现代西方相关思想研究（中国人民大学世界史书系）　赵秀荣著，中国社会科学出版社，2012 年 8 月。

道德社会学引论　龚长宇著，中国人民大学出版社，2012 年 10 月。

漂泊的精英：社会史视角下的清末民国内蒙古社会与蒙古族精英　常宝著，社会科学文献出版社，2012 年 10 月。

行动社会学：论工业社会　［法］图海纳、卞晓平、狄玉明著，社会科学文献出版社，2012 年 11 月。

社会学方法与定量研究（第二版）　谢宇著，社会科学文献出版社，2012 年 12 月。

时空社会学：理论和方法　景天魁著，北京师范大学出版社，2012 年 12 月。

A Comparative Sociology of Publicness（公共性的比较社会学研究）（英文版）　［日］田中重好、折晓叶主编，社会科学文献出版社，2013 年 1 月。

宏观社会学（第 4 版）　［美］斯蒂芬·K. 桑德森著，高永平译，中国人民大学出版社，2013 年 1 月。

质性研究方法导论（第 4 版）　格莱斯著，王中会译，中国人民大学出版社，2013 年 1 月。

定量研究基础（第一卷）　［美］佩达泽、［美］施梅尔金著，夏传玲译，重庆大学出版社，2013 年 3 月。

回归分析（修订版）　谢宇著，社会科学文献出版社，2013 年 3 月。

进步的幻象　乔治·索雷尔著，吕文江译，中国社会科学出版社，2013 年 3 月。

社会理论的定位（第二版）　［英］提姆·梅伊、［英］詹森·L. 鲍威尔著，姚伟、王璐雅译，中国人民大学出版社，2013 年 5 月。

抗日战争时期人口内迁研究　程朝云著，中国社会科学出版社，2013 年 6 月。

模糊偏好形成机制研究（逻辑与科学方法论研究丛书） 王志远著，中国社会科学出版社，2013年6月。

社会及行为科学研究法（一）·总论与量化研究法 杨国枢、瞿海源、毕恒达、刘长萱主编，社会科学文献出版社，2013年7月。

社会及行为科学研究法（二）·质性研究法 杨国枢、瞿海源、毕恒达、刘长萱主编，社会科学文献出版社，2013年7月。

社会及行为科学研究法（三）·资料分析 杨国枢、瞿海源、毕恒达、刘长萱主编，社会科学文献出版社，2013年7月。

英藏敦煌社会历史文献释录（第十卷） 王晓燕、郝春文、周尚兵、陈于柱、聂志军、杜立晖编著，社会科学文献出版社，2013年8月。

社会研究方法（第四版） 风笑天著，中国人民大学出版社，2013年8月。

社会统计学 尹海洁、李树林编著，中国人民大学出版社，2013年9月。

社会科学研究方法的应用（中国社会科学院研究生重点教材） 郑真真著，中国社会科学出版社，2013年9月。

马克思主义与社会科学方法论集（武汉大学马克思主义理论系列学术丛书） 黄瑞祺著，中国社会科学出版社，2013年10月。

保守主义：知识社会学论稿 卡尔·曼海姆著，霍桂桓译，中国人民大学出版社，2013年11月。

冲突与和谐：基于人的主体视角的理论研究 王满荣著，中国社会科学出版社，2013年11月。

新中国社会变迁与当代社会史研究 杨学新、范铁权、肖红松编，河北大学出版社，2013年11月。

从形式主义到实质主义：经济社会关系视域中的范式论战与反思 马良灿著，社会科学文献出版社，2013年12月。

意识形态和乌托邦——知识社会学引论 卡尔·曼海姆著，霍桂桓译，中国人民大学出版社，2013年12月。

“社会资本”的中国本土化定量测量研究 方然著，社会科学文献出版社，2014年1月。

法兰克福学派史：评判理论与政治 ［德］埃米尔·瓦尔特—布什著，郭力译，社会科学文献出版社，2014年1月。

马克思主义哲学与现代领导 薛广洲、汪世锦主编，石太林、顾保国、薛泽洲、陈亮副主编，中国社会科学出版社，2014年1月。

社会空间论（社会认识与社会形态研究丛书） 王晓磊著，中国社会科学出版社，2014年1月。

晚清至五四的国民性话语 孙强著，中国社会科学出版社，2014年3月。

定性数据的统计分析 赵平著，社会科学文献出版社，2014年4月。

多元文化模式与文化张力：西方社会的创造性源泉 张旅平著，社会科学文献出版社，2014年4月。

走出西方的社会学：中国镜像中的欧洲 ［法］劳伦斯·罗兰—伯格、胡瑜著，社会科学文献出版社，2014年4月。

社会调查中的问卷设计（第三版） 风笑天著，中国人民大学出版社，2014年4月。

发明社会学：奥格本学派思想研究 吴红著，上海交通大学出版社，2014年5月。

社会调查教程（第六版） 水延凯、江立华主编，中国人民大学出版社，2014年5月。

许烺光的大规模文明社会比较理论研究　游国龙著，社会科学文献出版社，2014 年 6 月。

质性社会学研究（2014 年第 1 期　总第 1 期）　石英著，社会科学文献出版社，2014 年 7 月。

同意的计算　［美］詹姆斯 · M. 布坎南、［美］戈登 · 图洛克著，陈光金译，上海人民出版社，2014 年 9 月。

理论的邂逅：社会学与社会心理学的路径　周晓虹著，北京大学出版社，2014 年 9 月。

西方看中国：18 世纪西方中国国民性思想研究　陈丛兰著，中国社会科学出版社，2014 年 9 月。

社会研究：设计与写作　风笑天著，中国人民大学出版社，2014 年 10 月。

新社会学想象力　［美］史蒂夫 · 福勒著，施丽华译，江苏古籍出版社，2014 年 10 月。

社会研究方法实例分析　文化、马忠才著，中国社会科学出版社，2014 年 10 月。

与社会学同游：人文主义的视角　［美］彼得 · 伯格著，北京大学出版社，2014 年 10 月。

布迪厄体育社会学思想研究　高强著，知识产权出版社，2014 年 11 月。

古典社会学理论（第 6 版）　［美］乔治 · 瑞泽尔著，王建民译，世界图书出版公司，2014 年 11 月。

社会学研究方法与社会分层研究　张小天著，浙江大学出版社，2014 年 11 月。

另类视野：论西方建构主义社会学（紫金社会学文库）　郑震著，中国社会科学出版社，2014 年 11 月。

中国统计发展报告（2014）：开启中国统计的大时代　陈梦根、王亚菲、石刚著，中国社会科学出版社，2014 年 11 月。

国家与社会关系视阈中的私人领域建构　俞睿著，人民出版社，2014 年 11 月。

同济社会学评论 · 社会理论卷　朱伟珏著，社会科学文献出版社，2014 年 12 月。

政治学、社会学与社会理论——经典理论与当代思潮的碰撞　安东尼 · 吉登斯著，格致出版社，2014 年 12 月。

马克思主义人学理论研究：在科学与人文的视野中　孙波著，中国社会科学出版社，2014 年 12 月。

价值观溯源——信念的哲学与社会学追问　雷蒙 · 布东著，邵志军译，江苏教育出版社，2014 年 12 月。

文化反哺：变迁社会中的代际革命　周晓虹著，商务印书馆，2015 年 4 月。

社会结构

阶级与分层（第 3 版）　［英］罗丝玛丽 · 克朗普顿著，陈光金译，复旦大学出版社，2011 年 3 月。

社会分层十讲（第二版）　李强著，社会科学文献出版社，2011 年 7 月。

中国成年人健康的分层研究：基于个体因素和社区因素的分析　毕秋灵著，社会科学文献出版社，2011 年 8 月。

中国城市阶层：北京镜像　胡建国著，社会科学文献出版社，2011 年 9 月。

金砖国家社会分层：变迁与比较　［俄］戈尔什科夫、［印度］沙尔玛、［巴西］斯坎隆著，社会科学文献出版社，2011 年 10 月。

农政变迁的阶级动力　汪淳玉、［英］伯恩斯坦著，社会科学文献出版社，2011 年 10 月。

新产业工人阶层：社会转型中的农民工 谢建社著，社会科学文献出版社，2012年1月。

农民工与中国社会分层（第二版） 李强著，社会科学文献出版社，2012年4月。

中国职业结构变迁30年 张国英著，社会科学文献出版社，2012年11月。

中等收入阶层实证研究：以福建省东南沿海县域为例 程丽香著，社会科学文献出版社，2013年2月。

不平等挑战中国：收入分配的思考与讨论 王丰、宋晓梧、李实、王天夫著，社会科学文献出版社，2013年9月。

新小农阶级：帝国和全球化时代为了自主性和可持续性的斗争 ［荷］扬·杜威·范德普勒格著，社会科学文献出版社，2013年10月。

城市中家庭背景对子女学业表现的影响 王平著，社会科学文献出版社，2013年12月。

阶层分化与中国梦的实现 张素梅著，社会科学文献出版社，2013年12月。

战后香港社会流动研究：婴儿潮世代打造的“香港梦” 黄绮妮著，中国社会科学出版社，2013年12月。

涌动的活力：中国私营企业主阶层探析 樊爱霞著，电子科技大学出版社，2014年3月。

边界渗透与不平等：兼论社会分层的后果 范晓光著，社会科学文献出版社，2014年12月。

社会发展

现代化起飞阶段的中国：社会学和社会心理学的视点 沈杰著，中国社会科学出版社，2011年3月。

“十二五”民生发展对策：以辽宁为例 孙洪敏著，社会科学文献出版社，2011年1月。

村域发展管理研究 陈凤荣、赵兴泉、王景新著，中国社会科学出版社，2011年3月。

转型中国之价值冲突与秩序重建 张思宁著，社会科学文献出版社，2011年3月。

后危机时代：制度与结构的反思 董伟著，社会科学文献出版社，2011年5月。

北京社会服务管理创新 冯晓英著，社会科学文献出版社，2011年6月。

中国道路与社会发展：中国社会学会学术年会获奖论文集 王爱丽主编，社会科学文献出版社，2011年7月。

上海调查2010：上海居民的经济与社会生活 李友梅著，社会科学文献出版社，2011年7月。

社会质量研究：理论、方法与经验 张海东著，社会科学文献出版社，2011年7月。

新市民的社会管理 吕世辰、顾昭明著，社会科学文献出版社，2011年7月。

遭遇发展：第三世界的形成与瓦解 ［美］埃斯科瓦尔著，吴惠芳、汪淳玉、潘璐译，社会科学文献出版社，2011年7月。

中国社会发展研究报告2011·走向民生为重的社会：现阶段社会建设面临的挑战及其应对 郑杭生，中国人民大学出版社，2011年7月。

中国社会建设与社会管理：对话、争鸣 陆学艺著，社会科学文献出版社，2011年7月。

中国社会建设与社会管理：探索、发现 陆学艺著，社会科学文献出版社，2011年7月。

农民工改变中国——农村劳动力转移与城乡协调发展 甘满堂著，社会科学文献出版社，2011年9月。

农民工社会网络结构 任义科、杜海峰、陈盈晖著，社会科学文献出版社，2011年9月。

中国乡—城移民的城市社会融入 刘建娥著，社会科学文献出版社，2011 年 9 月。

社会管理的共构 王彦斌著，社会科学文献出版社，2011 年 10 月。

社会理性的生成与培育——中国市民社会的价值理想与实践逻辑 袁祖社著，中国社会科学出版社，2011 年 10 月。

行政改革蓝皮书 中国行政体制改革报告（2011）No. 1 魏礼群著，社会科学文献出版社，2011 年 12 月。

流动与定居——定居农民工城市适应研究 罗遐著，社会科学文献出版社，2011 年 12 月。

2012 年中国社会形势分析与预测 汝信、陆学艺、李培林著，社会科学文献出版社，2012 年 1 月。

中国城市社区治理结构研究 夏建中著，中国人民大学出版社，2012 年 1 月。

陕西蓝皮书 陕西社会发展报告（2012） 杨尚勤、江波、石英著，社会科学文献出版社，2012 年 3 月。

社会建设论 陆学艺著，社会科学文献出版社，2012 年 3 月。

社会建设与社会管理创新研究 中共北京市委社会工作委员会、北京市社会建设工作办公室，中国人民大学出版社，2012 年 3 月。

创新社会管理 童星著，中国社会科学出版社，2012 年 3 月。

湖南县域绿皮书 湖南县域发展报告 No. 1——聚焦民生 朱有志、周小毛、袁准著，社会科学文献出版社，2012 年 4 月。

农民工的社会融合研究：现状、影响因素与后果 李树茁、［美］费尔德曼、悦中山著，社会科学文献出版社，2012 年 4 月。

让知识推动政策的改变：如何使发展研究发挥最大的作用 徐秀丽、李小云、齐顾波、［加］卡登著，社会科学文献出版社，2012 年 4 月。

社会发展：理论、评估、政策 谢立中著，社会科学文献出版社，2012 年 4 月。

社会管理——理论、实践与案例 陈振明等著，中国人民大学出版社，2012 年 5 月。

社会建设蓝皮书 2012 年北京社会建设分析报告 陆学艺、唐军、张荆著，社会科学文献出版社，2012 年 5 月。

广州蓝皮书 2012 年中国广州社会形势分析与预测 易佐永、杨秦、顾涧清著，社会科学文献出版社，2012 年 6 月。

贵州蓝皮书 贵州社会发展报告（2012） 王兴骥著，社会科学文献出版社，2012 年 7 月。

新发展阶段：社会建设与生态文明 王明美著，社会科学文献出版社，2012 年 7 月。

让社会运转起：宁波市海曙区社会建设研究 郁建兴等著，中国人民大学出版社，2012 年 8 月。

北京蓝皮书 北京社会发展报告（2011—2012） 戴建中著，社会科学文献出版社，2012 年 10 月。

社会矛盾调节机制：以珠三角为例 翁礼成著，社会科学文献出版社，2012 年 10 月。

社会现代化：太仓实践（上、下册） 陆学艺、陆留生著，社会科学文献出版社，2012 年 10 月。

社会转型：中韩两国的考察 谢立中、郑根埴著，社会科学文献出版社，2012 年 10 月。

“失序”的自然：一个草原社区的生态、权力与道德 荀丽丽著，社会科学文献出版社，2012 年 11 月。

上海志愿服务发展报告（2011—2012） 上海市精神文明建设委员会办公室、上海市志愿者协会著，社会科学文献出版社，2012年11月。

新生代农民工市民化中的价值观 黄丽云著，社会科学文献出版社，2012年11月。

中国农民工市民化研究 单菁菁著，社会科学文献出版社，2012年11月。

2013年中国社会形势分析与预测 陆学艺、李培林、陈光金编著，社会科学文献出版社，2012年12月。

社会转型与中国经验 李培林著，中国社会科学出版社，2013年1月。

中国汽车社会发展报告（2012—2013） 王俊秀著，社会科学文献出版社，2013年1月。

老龄事业与创新社会管理 施祖美著，社会科学文献出版社，2013年2月。

失地农民职业转换及其扶助机制：基于调研数据与风险预估 谢俊贵著，社会科学文献出版社，2013年2月。

城乡公共服务一体化的理论与实践 吴业苗著，社会科学文献出版社，2013年3月。

后现代化理论视野下的青年价值观研究 吴鲁平、王静、刘涵慧著，社会科学文献出版社，2013年3月。

上海调查：新白领生存状况与社会信心 李友梅著，社会科学文献出版社，2013年3月。

社会管理 汪大海主编，中国人民大学出版社，2013年3月。

中国社会发展研究报告（2012）·走向有序活力兼具的社会：现阶段社会管理面临的挑战及其应对 郑杭生主编，中国人民大学出版社，2013年3月。

流动中国：迁移、国家和家庭 黄河、[美]范芝芬、邱幼云著，社会科学文献出版社，2013年4月。

上海城市发展与市民精神 忻平著，社会科学文献出版社，2013年4月。

包容性发展与减贫 左常升著，社会科学文献出版社，2013年5月。

冲突与弥合：社会群体冲突及调节机制的实证研究 杨建华著，社会科学文献出版社，2013年5月。

前工业城市：过去与现在 [瑞]伊德翁·舍贝里、冯昕、高乾著，社会科学文献出版社，2013年6月。

社会管理的前馈控制 阎耀军著，社会科学文献出版社，2013年6月。

生态移民与发展转型——宁夏移民与扶贫研究 李培林、王晓毅著，社会科学文献出版社，2013年6月。

中国社会道德发展研究报告2011—2012 葛晨虹等著，中国人民大学出版社，2013年6月。

中国城乡社会变迁研究 沈崇麟主编，中国社会科学出版社，2013年6月。

当代中国社会建设 陆学艺著，社会科学文献出版社，2013年7月。

多元城镇化与中国发展：战略及推进模式研究 李强著，社会科学文献出版社，2013年7月。

社会管理创新：理论与实践 张进海著，社会科学文献出版社，2013年7月。

社会体制改革：理论与实践 李培林著，社会科学文献出版社，2013年7月。

社会资本与多元化贫困治理：来自逢街的研究 刘敏著，社会科学文献出版社，2013年8月。

中国经济发展的人口视角 蔡昉著，中国社会科学出版社，2013年8月。

当代中国和谐稳定 张翼、李培林、陈光金、李炜著，社会科学文献出版社，2013年9月。

当代中国城市化及其影响 李培林、陈光金等著，社会科学文献出版社，2013年9月。

社会管理概论 唐钧主编，中国人民大学出版社，2013 年 9 月。

综合农协：中国“三农”改革突破口 杨团、孙炳耀著，社会科学文献出版社，2013 年 9 月。

中国社会科学论坛文集·农村治理、社会资本与公共服务 党国英、冯兴元，克里斯蒂娜·萨夫拉尼克著，中国社会科学出版社，2013 年 9 月。

中国社会科学论坛文集·政治精英与近代中国 中国社会科学院近代史研究所政治史研究室、杭州师大浙江省民国浙江史研究中心著，中国社会科学出版社，2013 年 9 月。

“80 后”青年志愿服务与公民意识 梁绿琦著，社会科学文献出版社，2013 年 10 月。

北京社会建设概论 宋贵伦编著，中国人民大学出版社，2013 年 11 月。

大国之难——20 世纪中国人口问题宏观 田雪原著，中国社会科学出版社，2013 年 11 月。

农民集中居住与移民文化适应：基于江苏农民集中居住区的调查 叶继红著，社会科学文献出版社，2013 年 11 月。

社会理想与社会稳定 祁志祥著，社会科学文献出版社，2013 年 11 月。

中国流动人口经济融入 杨菊华著，社会科学文献出版社，2013 年 11 月。

多元与整合：改革开放时代中国发展方式实证研究 康晓光、许文文著，社会科学文献出版社，2013 年 12 月。

返乡农民工研究：一个生命历程的视角 张世勇著，社会科学文献出版社，2013 年 12 月。

国家治理与社会建设 李培林著，社会科学文献出版社，2013 年 12 月。

和谐社会论要 黎昕著，社会科学文献出版社，2013 年 12 月。

境遇、态度与社会转型：80 后青年的社会学研究 李春玲著，社会科学文献出版社，2013 年 12 月。

社会发展研究（第二期） 李汉林著，社会科学文献出版社，2013 年 12 月。

中国劳动力动态调查：2013 年报告 中山大学社会科学调查中心著，社会科学文献出版社，2013 年 12 月。

2014 年中国社会形势分析与预测 李培林、陈光金、张翼编著，社会科学文献出版社，2013 年 12 月。

甘肃蓝皮书 甘肃社会发展分析与预测（2014） 安文华、包晓霞著，社会科学文献出版社，2014 年 1 月。

黑龙江蓝皮书 黑龙江社会发展报告（2014） 艾书琴著，社会科学文献出版社，2014 年 1 月。

基层社会治理 吴锦良著，中国人民大学出版社，2014 年 1 月。

上海蓝皮书 上海社会发展报告（2014）：加强社会建设 卢汉龙、周海旺著，社会科学文献出版社，2014 年 1 月。

中国绿色就业研究 游钧、张丽宾著，社会科学文献出版社，2014 年 1 月。

和谐公正——社会建设与风险应对 杨敏、方舒著，中国人民大学出版社，2014 年 3 月。

气候变化与社会适应——基于内蒙古草原牧区的研究 王晓毅、张倩、荀丽丽著，社会科学文献出版社，2014 年 3 月。

包容共享：社会管理的精神内核 郑杭生、胡宝荣著，中国人民大学出版社，2014 年 3 月。

2014 年温州经济社会形势分析与预测 潘忠强、王春光、金浩著，社会科学文献出版社，2014 年 4 月。

农民工体制改革：以自雇佣的个体农民工城市社会融合为视角 宋国恺著，社会科学文献出版社，2014 年 4 月。

中国幸福指数报告（2006—2010） 邢占军著，社会科学文献出版社，2014 年 4 月。

村落的终结——羊城村的故事 李培林著，中国社会科学出版社，2014 年 5 月。

新市民：北京市农民工市民化研究 张英洪著，社会科学文献出版社，2014 年 5 月。

中国流动人口：健康与教育 郑真真、张妍、牛建林、林宝著，社会科学文献出版社，2014 年 5 月。

北京人口发展研究报告（2013） 北京人口发展研究中心著，社会科学文献出版社，2014 年 6 月。

当代中国社会管理创新研究 王玉生、刘敬鲁主编，人民出版社，2014 年 6 月。

河南社会治理发展报告（2014） 郑永扣著，社会科学文献出版社，2014 年 6 月。

后人口转变迎来新改革机遇 田雪原著，社会科学文献出版社，2014 年 6 月。

社会建设研究（第一辑） 陈健秋著，社会科学文献出版社，2014 年 6 月。

新中国社会形态研究 吴波著，江苏人民出版社，2014 年 6 月。

社会改革与社会治理 李培林著，社会科学文献出版社，2014 年 7 月。

美丽中国：城镇化与社会发展（中国社会学会学术年会获奖论文集（2013·贵阳）） 吴大华、李建军著，社会科学文献出版社，2014 年 7 月。

农民工社会网络与观念行为变迁 任义科、杜海峰、靳小怡著，社会科学文献出版社，2014 年 7 月。

社会建设与扶贫开发新模式的探求 王春光、孙兆霞、曾芸著，社会科学文献出版社，2014 年 7 月。

中国民间信仰的当代变迁与社会适应研究 张祝平著，中国社会科学出版社，2014 年 7 月。

中国社会巨变和治理 李培林著，中国社会科学出版社，2014 年 7 月。

中国社会舆情年度报告（2014） 喻国明编，人民日报出版社，2014 年 7 月。

多元利益诉求时代的包容共享与社会公正：社会建设和社会治理创新的“中山经验” 郑杭生著，中国人民大学出版社，2014 年 8 月。

行动者、关系与过程：基层社会治理的结构性转换 孔娜娜著，中国社会科学出版社，2014 年 8 月。

社会治理：新思维与新实践 张翼著，社会科学文献出版社，2014 年 8 月。

中国社会福利发展指数报告（2010—2012） 杨立雄、李超著，人民出版社，2014 年 8 月。

青年与社会变迁：中国和俄罗斯的比较研究 李春玲、［俄］科兹诺娃著，社会科学文献出版社，2014 年 9 月。

加强与创新社会治理 李德、于洪生编，人民出版社，2014 年 10 月。

全面深化改革二十论 李培林著，社会科学文献出版社，2014 年 10 月。

社会发展与社会政策创新研究丛书：城市流动青少年犯罪的社会学研究 金小红著，华中科技大学出版社，2014 年 10 月。

社会管理创新案例读本 姜晓萍主编，中国人民大学出版社，2014 年 10 月。

涉农制度联动机制构建 彭新万著，社会科学文献出版社，2014 年 10 月。

微观视角下劳动力外出务工与农户生计可持续发展 李树茁、［美］费尔德曼、李聪著，社会科学文献出版社，2014 年 10 月。

空间的梦：流动人口的“他乡”与“返乡”：流动人口的一项调查研究 文化著，中国社会科学出版社，2014年10月。

社会稳定建设论 贺电等著，中国人民公安大学出版社，2014年11月。

互联网与转型中国 李强、刘强著，社会科学文献出版社，2014年11月。

就地城市化：强政府与弱产业下的农村发展 李阿琳著，社会科学文献出版社，2014年11月。

新生代农民工贫困代际传承问题研究 李怀玉著，社会科学文献出版社，2014年11月。

中国农村留守人口（全三卷） 叶敬忠、吴惠芳、潘璐、贺聪志著，社会科学文献出版社，2014年11月。

城乡关系演变的制度逻辑和实践过程 折晓叶、艾云著，中国社会科学出版社，2014年11月。

海沧跨越：在共同缔造中提升社会治理 徐勇，邓大才、白雪娇等著，中国社会科学出版社，2014年11月。

中国社会科学论坛文集：人文科学与社会发展 朴光海、肃草著，中国社会科学出版社，2014年11月。

变革时代中的流动人口 王辉著，社会科学文献出版社，2014年12月。

当代中国社会转型时期的价值重构 刘燕著，人民出版社，2014年12月。

改善民生创新治理：社会发展活力的源泉 李友梅、汪丹等著，上海人民出版社，2014年12月。

空间隔离与外来人口的城市融入 景晓芬著，中国社会科学出版社，2014年12月。

老年服务业态研究 王齐彦、李慷编，人民出版社，2014年12月。

青岛实践：新型城镇化背景下的社会建设与管理创新 杨善民、史伟著，社会科学文献出版社，2014年12月。

少数民族城镇居民幸福感与构建和谐边疆 张爱萍著，社会科学文献出版社，2014年12月。

社会建设理论、实践与评价 深圳市统计局、北京大学社会学系课题组著，社会科学文献出版社，2014年12月。

中国社会治理研究 龚维斌著，社会科学文献出版社，2014年12月。

珠三角非公企业劳资矛盾调处机制：基于社会治理创新视角 曾秀兰著，社会科学文献出版社，2014年12月。

社会资本与区域经济增长 金丹著，人民出版社，2014年12月。

2015年中国社会形势分析与预测 李培林、陈光金、张翼著，社会科学文献出版社，2014年12月。

社会治理创新发展报告（2014） 姜晓萍主编，中国人民大学出版社，2014年12月。

分支社会学

劳资关系治理与工会绩效：基于中国私营企业研究 胡建国著，社会科学文献出版社，2011年1月。

法社会学教程 郭星华主编，中国人民大学出版社，2011年1月。

“气”与抗争政治：当代中国乡村社会稳定问题研究 应星著，社会科学文献出版社，2011年3月。

出生性别比偏高的社会性别机制 朱秀杰著，社会科学文献出版社，2011年3月。

三峡库区人居环境建设的社会学问题研究 黄勇著，东南大学出版社，2011年3月。

文学社会学新编 方维规主编，北京师范大学出版社，2011年3月。

人口转变与老年贫困 杨菊华著，中国人民大学出版社，2011年3月。

发展社会学概论 景天魁、邓万春、何健著，中国社会科学出版社，2011年4月。

全球化下的劳工处境与劳动研究 冯同庆、徐斯勤、黄德北著，社会科学文献出版社，2011年4月。

人口大国的希望：中国人口转变的理论与实践 田雪原著，社会科学文献出版社，2011年4月。

网络化的后果：日常生活与生产实践的变迁 唐魁玉著，社会科学文献出版社，2011年4月。

法律与社会（第9版） ［美］史蒂文·瓦戈著，梁坤、邢朝国译，中国人民大学出版社，2011年4月。

发展理论导论 ［英］普雷斯顿著，徐秀丽、李小云、齐顾波译，社会科学文献出版社，2011年5月。

社会网络与城市化意识：以珠三角农民工为例 曹志刚著，社会科学文献出版社，2011年5月。

身份政治：国家整合中的身份建构——以土地改革以来鄂北洪县为分析对象 李海金著，中国社会科学出版社，2011年5月。

消费社会学新论 彭华民主编，北京师范大学出版社，2011年5月。

虚拟世界与现实社会 何明升著，社会科学文献出版社，2011年5月。

越轨社会学（第10版） ［美］亚历克斯·梯尔著，王海霞等译，中国人民大学出版社，2011年5月。

趋向老龄化的劳动力：期待与愿景 ［英］泰勒、于戈著，社会科学文献出版社，2011年6月。

消费的政治：旧报纸、电影院、动漫产业及其他 盘剑著，中国社会科学出版社，2011年6月。

西部水电移民风险管理 施国庆、郑瑞强著，社会科学文献出版社，2011年7月。

消费社会学（第二版） 王宁著，社会科学文献出版社，2011年7月。

经济社会学（第二版） 周长城主编，中国人民大学出版社，2011年8月。

老年学概论（第2版） 邬沧萍、姜向群主编，中国人民大学出版社，2011年8月。

精英的合法性危机：高等教育改革的社会学研究 彭拥军著，广西师范大学出版社，2011年9月。

送医下乡：现代中国的疾病政治 胡宜著，社会科学文献出版社，2011年9月。

长寿的代价：老龄化对社会经济的影响研究 陈绍军、黄润龙著，社会科学文献出版社，2011年9月。

教育社会学——系统的分析（第6版） ［美］珍妮·H. 巴兰坦等著，熊耕等译，中国人民大学出版社，2011年10月。

中国低生育水平研究 姜全保、韦艳、果臻著，社会科学文献出版社，2011年11月。

中国老年社会学 张仙桥、李德滨著，社会科学文献出版社，2011年11月。

发展社会学（增订版） 张琢、马福云著，中国社会科学出版社，2011年12月。

集体性知识：中国教育改革的社会学解释 马维娜著，广西师范大学出版社，2011年12月。

中国城市消费者绿色消费行为的影响因素研究 马瑞婧著，中国社会科学出版社，2011年12月。

出生人口性别比升高问题及其对策研究 蔡菲著，社会科学文献出版社，2012年1月。

人口统计学：人口过程的测量与建模 郑真真、［美］吉略特、［美］普雷斯顿、［美］霍伊维兰著，社会科学文献出版社，2012年1月。

社会与政治运动讲义（第二版） 赵鼎新著，社会科学文献出版社，2012年1月。

医学社会学（第11版） ［美］威廉·考克汉姆著，高永平、杨渤彦译，中国人民大学出版社，2012年1月。

社会冲突的结构性来源 张静著，社会科学文献出版社，2012年4月。

社会网络分析：方法与应用 斯坦利·沃瑟曼等著，陈禹译，中国人民大学出版社，2012年4月。

中国的低生育水平与被忽略的人口风险 郭志刚著，社会科学文献出版社，2012年4月。

中国人太多了吗？ 李建新、梁建章著，社会科学文献出版社，2012年4月。

汽车梦的社会建构：中国城市家庭汽车消费研究 林晓珊著，社会科学文献出版社，2012年6月。

煤殇：煤矿安全的社会学研究 颜烨著，社会科学文献出版社，2012年7月。

浙江省老年人口生活状况及其性别差异研究 朱旭红著，社会科学文献出版社，2012年7月。

中国人口问题与人口学发展：21世纪初十年的回眸与展望 宋健、巫锡炜著，社会科学文献出版社，2012年7月。

工作社会学 ［英］马立克·科尔钦斯基等主编，中国人民大学出版社，2012年7月。

环境社会学理论与方法 林兵著，中国社会科学出版社，2012年9月。

环境与社会互动问题研究：沈殿忠文集 沈殿忠著，社会科学文献出版社，2012年9月。

人口新论 张伟著，社会科学文献出版社，2012年9月。

社会网络与地位获得 边燕杰著，社会科学文献出版社，2012年9月。

生活质量研究导论 周长城、［澳］拉普勒著，社会科学文献出版社，2012年9月。

嵌入式行动主义在中国：社会运动的机遇与约束 ［美］安德蒙、［荷］何主编，李婵娟译，社会科学文献出版社，2012年10月。

网络舆情：社会学的阐释 张春华著，社会科学文献出版社，2012年10月。

产权的文化视野：雨山村的集体、社群与土地 胡亮著，社会科学文献出版社，2012年12月。

地位与健康：农民的健康风险、医疗保障及医疗服务可及性 赵卫华著，社会科学文献出版社，2012年12月。

中国步入低生育率（1980—2000） 巫锡炜著，社会科学文献出版社，2012年12月

福利社会学 杨伟民主编，中国人民大学出版社，2013年1月。

中国人口：结构与规模的博弈 莫龙、韦宇红著，社会科学文献出版社，2013年3月。

人口老龄化与“中等收入陷阱” 田雪原著，社会科学文献出版社，2013年4月。

西方社会运动理论研究 冯仕政著，中国人民大学出版社，2013年4月。

西方经济社会学史 刘少杰主编，中国人民大学出版社，2013年4月。

地根政治：江镇地权纠纷研究（1998—2010） 郭亮著，社会科学文献出版社，2013年5月。

环境污染与农民环境抗争：基于苏北N村事件的分析 朱海忠著，社会科学文献出版社，2013年5月。

海洋法律、社会与管理（第4卷） 徐祥民著，社会科学文献出版社，2013年6月。

宗教社会学（第一辑） 金泽、李华伟编著，社会科学文献出版社，2013年6月。

地方治理中的有序公民参与 孙柏瑛、杜英歌著，中国人民大学出版社，2013年7月。

法社会学 高其才著，北京师范大学出版社，2013年7月。

教育社会学 雷通群著，东方出版社，2013年7月。

社会学视野下的企业社会责任：企业社会责任与劳动关系研究 刘爱玉著，北京大学出版社，2013年7月。

西南民族地区纠纷解决机制研究 胡兴东著，社会科学文献出版社，2013年7月。

中国海洋社会学研究（2013年卷 总第1卷） 崔凤著，社会科学文献出版社，2013年7月。

消弭冲突：解决边疆地区群体性事件的法律机制 佴澎著，社会科学文献出版社，2013年8月。

中国老年人居住模式之变迁 沈可著，社会科学文献出版社，2013年11月。

宗教社会学：范式转型与中国经验 胡安宁著，社会科学文献出版社，2013年11月。

当代中国游牧业：政策与实践 郝时远、扎洛、奥塞·科拉斯著，社会科学文献出版社，2013年12月。

海洋渔业转型与渔民转型 同春芬著，社会科学文献出版社，2013年12月。

面向生活世界的休闲问题研究 李云霞著，中国社会科学出版社，2013年12月。

品味与物质欲望：当代中产阶层的消费模式 朱迪著，社会科学文献出版社，2013年12月。

人口流动、制度壁垒与新型城镇化：基于实地调查的报告 耿明斋著，社会科学文献出版社，2013年12月。

人口与健康蓝皮书 深圳人口与健康发展报告（2013） 苏杨、陆杰华、曾序春著，社会科学文献出版社，2013年12月。

区域差异与调控：西南边疆人口发展论 丁世青著，社会科学文献出版社，2014年1月。

人口老龄化与养老模式 苏振芳著，社会科学文献出版社，2014年1月。

微博诉求表达与虚拟社会管理 毕宏音著，中国社会科学出版社，2014年1月。

原始的叛乱：十九至二十世纪社会运动的古朴形式 杨德睿、［英］艾瑞克·霍布斯鲍姆著，社会科学文献出版社，2014年1月。

网络公民社会研究 朱鱻灏著，中国社会科学出版社，2014年1月。

地方政府对劳资关系的软性调控：基于浙江省诸暨市的调查 游正林著，社会科学文献出版社，2014年3月。

人口行政行为与行政程序监督 尚裕良、张勰、杨丽著，社会科学文献出版社，2014年3月。

规则竞争：乡土社会转型中的纠纷解决与法律实践 张浩著，中国社会科学出版社，2014年4月。

建设全球城市的人口战略重构与人口制度完善——基于上海的系列实证研究 黄苏萍著，中国社会科学出版社，2014年4月。

知识和社会意象 ［英］大卫·布鲁尔著，霍桂桓译，中国人民大学出版社，2014年4月。

中国的低生育率与人口可持续发展 郭志刚等著，中国社会科学出版社，2014年4月。

中国网络社会研究报告2014 刘少杰主编，王建民副主编，中国人民大学出版社，2014年4月。

教育人口学 周仲高著，社会科学文献出版社，2014年5月。

经济社会学研究（第一辑） 沈原主编，社会科学文献出版社，2014年5月。

老年学与老有所为——国际视野 孙鹃娟等著，中国人民大学出版社，2014年5月。

中日韩人口老龄化与老年人问题（日本社会文化研究丛书） 王伟著，中国社会科学出版社，2014年5月。

发展社会学理论：评介、创新与应用　徐泽民著，中国人民大学出版社，2014年5月。

从人口红利到改革红利　蔡昉著，社会科学文献出版社，2014年6月。

法律社会学评论　李瑜青著，华东理工大学出版社，2014年6月。

司法社会学引论　姚小林著，厦门大学出版社，2014年6月。

网络文化与虚拟社会管理　陶鹏著，河南人民出版社，2014年6月。

中国海洋社会学研究（2014年卷　总第2卷）　崔凤、赵宗金著，社会科学文献出版社，2014年6月。

当代中国劳动问题的社会学研究　佟新著，社会科学文献出版社，2014年7月。

犯罪社会学　夏玉珍著，华中科技大学出版社，2014年7月。

教育社会学研究：学科·学理·学术　钱民辉著，社会科学文献出版社，2014年7月。

经济生活中的社会学　［美］马克·格兰诺维特、［瑞典］理查德·斯威德伯格著，瞿铁鹏、姜志辉译，上海人民出版社，2014年7月。

群体性劳资冲突事件的演化及应对　何勤著，社会科学文献出版社，2014年7月。

中国人可以多生！：反思中国人口政策　李建新、梁建章、黄文政著，社会科学文献出版社，2014年7月。

产业转型的社会逻辑：大公圩河蟹产业发展的社会学阐释　陈涛著，社会科学文献出版社，2014年8月。

海洋社会学的建构：基本概念与体系框架　崔凤、宋宁而、陈涛、唐国建著，社会科学文献出版社，2014年8月。

社会学视域下的学校心理健康教育　李国强著，湘潭大学出版社，2014年8月。

非自愿移民社会学研究　嵇雷，湖北人民出版社，2014年9月。

健康老龄化的挑战与思考　张开宁、邓启耀、童吉渝、伊继东著，中国社会科学出版社，2014年9月。

思想政治教育的社会学研究　杨威著，中国社会科学出版社，2014年9月。

中国环境社会学（第二辑）　崔凤、陈涛著，社会科学文献出版社，2014年9月。

中国体育人文社会学研究十年发展报告（2002—2011）　王子朴著，中国社会科学出版社，2014年9月。

从农民到市民：乡城移民家庭的城市融入之路　胡书芝著，社会科学文献出版社，2014年10月。

文化自觉之路：网络社会治理的实践与思考　陈华著，人民出版社，2014年10月。

灾后重建纪事：社群社会资本对重建效果的分析　罗家德、帅满、方震平、刘济帆著，社会科学文献出版社，2014年10月。

知识社会学问题　马克斯·舍勒著，译林出版社，2014年10月。

亲人的力量：中国城市亲属关系与精神健康研究　孙薇薇著，中国社会科学出版社，2014年10月。

人口老龄化与城镇基本养老保险制度的可持续性　林宝著，中国社会科学出版社，2014年10月。

法律社会学教程（第3版）　陈信勇著，浙江大学出版社，2014年11月。

海洋法律、社会与管理（第5卷）　徐祥民著，社会科学文献出版社，2014年11月。

技能形成的社会建构：中国工厂师徒制变迁历程的社会学分析　王星著，社会科学文献出版社，2014年11月。

经济社会学手册（第二版） ［美］尼尔·斯美尔瑟、［瑞典］瑞查德·斯威德伯格编，罗教讲、张永宏等译，华夏出版社，2014年11月。

品味社会学 郑杭生等著，江苏人民出版社，2014年11月。

知识城市与城市发展研究 王志章等著，人民出版社，2014年11月。

教育学知识的社会学考察 徐继存著，北京师范大学出版社，2014年12月。

老年教育社会学 叶忠海、张东平编，同济大学出版社，2014年12月。

设计类研究生设计理论参考丛书：设计社会学 杨先艺著，中国建筑工业出版社，2014年12月。

社会资本与地位获得：基于复杂因果关系的理论建构与经验检验 吕涛著，人民出版社，2014年12月。

网络空间群体行为规律与政府治理研究 汤志伟著，人民出版社，2014年12月。

知识、技术与精细社会 司汉武著，中国社会科学出版社，2014年12月。

住宅社会学 张仙桥、纪晓岚著，华东理工大学，2014年12月。

转型社会司法热点案件的法社会学研究 莫良元著，人民出版社，2014年12月。

农村社会学

农村家庭养老的变迁和老年人的健康 李树茁、王萍著，社会科学文献出版社，2011年2月。

农村劳动力就业与流动的性别差异 中国21世纪议程管理中心可持续发展战略研究组著，社会科学文献出版社，2011年3月。

农村留守流动儿童状况调查报告 全国妇联儿童工作部著，社会科学文献出版社，2011年4月。

话语政治：中国乡村社会变迁中的符号权力运作 纪程著，中国社会科学出版社，2011年6月。

“谋地型乡村精英”的生成：巨变中的农地产权制度研究 臧得顺著，社会科学文献出版社，2011年12月。

李罗侯村七十六年的变迁（中国国情调研丛书·村庄卷） 朱文强著，中国社会科学出版社，2011年12月。

村政组治——解读村庄治理 梁信志著，社会科学文献出版社，2012年2月。

辽河岸畔锡伯村 曹晓峰著，社会科学文献出版社，2012年3月。

流动与瓦解：中国农村的演变及其动力 张玉林著，中国社会科学出版社，2012年4月。

学术与时势——1990年代以来中国乡村政治研究的“再研究” 李德瑞著，社会科学文献出版社，2012年5月。

治理基层中国：桥镇信访博弈的叙事（1995—2009） 田先红著，社会科学文献出版社，2012年5月。

集市乡村的再造：一个中国西南村落精英的成长历程 李珂著，社会科学文献出版社，2012年7月。

绿树成荫工业村（北录树村） 李美峰、康惠著，社会科学文献出版社，2012年8月。

嬗变中的古村镇（巡检村） 水延凯、李咬明著，社会科学文献出版社，2012年10月。

农地政策与农民权益 樊平、宓小雄、吴建瓴、齐慧颖著，社会科学文献出版社，2012年11月。

围绕农村土地的权力博弈：不确定产权的一种经验分析 张林江著，社会科学文献出版社，2012年11月。

农村土地流转制度下的农民社会保障　吕世辰著，社会科学文献出版社，2013 年 3 月。

村庄权威与集体制度的延续："明星村"个案研究　张银锋著，社会科学文献出版社，2013 年 5 月。

发现钱庙（钱庙村）　王开玉、姚多咏著，社会科学文献出版社，2013 年 6 月。

公私定律：村庄视域中的国家政权建设　赵晓峰著，社会科学文献出版社，2013 年 6 月。

生存的基础：农业的社会学特性与政府责任　朱启臻著，社会科学文献出版社，2013 年 6 月。

一个北方村落的百年变迁（冷水沟村）　林聚任著，社会科学文献出版社，2013 年 6 月。

金钱的傲慢与社会的偏见：当代乡村社会建设与社区互助研究　谭同学、王首燕著，社会科学文献出版社，2013 年 7 月。

乡村社会纠纷处理过程的叙事与反思　张丽琴著，中国社会科学出版社，2013 年 7 月

维护农村妇女土地权益报告　全国妇联权益部著，社会科学文献出版社，2013 年 10 月。

西部资源匮乏型社区村民自治研究：以陕西农村为例　吴南著，社会科学文献出版社，2013 年 10 月。

饮水思源：一个中国乡村的道德话语　［美］欧爱玲、钟晋兰、曹嘉涵著，社会科学文献出版社，2013 年 10 月。

无相支配：代耕农及其底层世界　黄志辉著，社会科学文献出版社，2013 年 11 月。

两种行动逻辑的遭遇：基于一个西北村庄公共危机管理过程的社会学考察　郭占锋著，中国社会科学出版社，2013 年 12 月。

无主体熟人社会及社会重建　吴重庆著，社会科学文献出版社，2014 年 6 月。

农村公共服务供给：模式创新与城乡均等化　俞雅乖著，中国人民大学出版社，2014 年 7 月。

农民自杀研究　刘燕舞著，社会科学文献出版社，2014 年 8 月。

熟人社会是如何可能的：乡土社会的人情与人情秩序　宋丽娜著，社会科学文献出版社，2014 年 9 月。

农村公共服务多元主体协同治理机制研究　范逢春著，人民出版社，2014 年 10 月。

农村社会保障制度建设与发展研究　曹立前、殷永萍著，山东人民出版社，2014 年 12 月。

农村社会管理体制创新研究　曲延春、李齐著，山东人民出版社，2014 年 12 月。

西部民族地区乡村治理的逻辑与实践　谢治菊著，社会科学文献出版社，2014 年 12 月。

城市社会学

城市社会学理论与方法——历史与逻辑的本土化视角　张鸿雁著，中国社会科学出版社，2012 年 3 月。

城市生活品质与文化：以杭州为例　张卫良、石向实著，社会科学文献出版社，2012 年 9 月。

都市中国社会学新探　刘林平、周大鸣、梁在著，社会科学文献出版社，2012 年 9 月。

城市社会转型与幸福感变迁（1978—2010）　上海大学"城市社会转型与幸福感变迁"课题组著，社会科学文献出版社，2013 年 5 月。

城市社会学：北京城市社会生活调查　李强、王昊著，社会科学文献出版社，2013 年 7 月。

全球城市史　王旭、［美］乔尔·科特金著，社会科学文献出版社，2014 年 1 月。

城市社会治理　李友梅著，社会科学文献出版社，2014 年 9 月。

城市社会学：文化—空间与结构研究 胡小武著，南京大学出版社，2014年10月。

城市交通社会学 何玉宏等著，华中科技大学出版社，2014年12月。

城市社会学辑刊 张宝义主编，天津社会科学院出版社，2014年12月。

组织与社区研究

社区管理学 汪大海主编，北京师范大学出版社，2011年1月。

公共性的重建：社区建设的实践与思考（上、下册） 黄平、王晓毅著，社会科学文献出版社，2011年3月。

公益性社会组织约束机制研究 杨道波著，中国社会科学出版社，2011年4月。

社区体育服务绩效评价 陈旸著，北京师范大学出版社，2011年6月。

社区孝道的再生产：话语与实践 黄娟著，社会科学文献出版社，2011年12月。

民间组织蓝皮书 中国民间组织报告（2011—2012） 黄晓勇著，社会科学文献出版社，2012年3月。

信息化改变社区 王颖著，社会科学文献出版社，2012年4月。

社区建设与社区治理 中国社会科学院社会学研究所社区信息化研究中心著，社会科学文献出版社，2012年7月。

人人时代——无组织的组织力量 克莱·舍基著，胡泳译，中国人民大学出版社，2012年8月。

企业社会学 王积超主编，中国人民大学出版社，2012年8月。

企业伦理与社会责任 叶陈刚主编，中国人民大学出版社，2012年9月。

旅游、现代性与社区变迁：以徽村为例 周春发著，社会科学文献出版社，2012年11月。

现行性与虚拟社区 赵联飞著，社会科学文献出版社，2012年11月。

中国组织认同 王彦斌著，社会科学文献出版社，2012年11月。

中国第三部门观察报告（2013） 冯利、康晓光著，社会科学文献出版社，2013年1月。

草根非政府组织扶助弱势群体功能探究 杜倩萍著，社会科学文献出版社，2013年3月。

社会企业评论、（2013年卷 总第1期） 陆汉文、蔡志海著，社会科学文献出版社，2013年6月。

社会中介组织的多视角透视——对温州的实证分析 王尚银、戴海东、陈和著，中国社会科学出版社，2013年6月。

血汗和麻将：一个海外华人社区的家庭与企业 ［美］欧爱玲、吴元珍著，社会科学文献出版社，2013年6月。

广州社区党建与社区自治 王永平著，社会科学文献出版社，2013年7月。

上好一村：十八个充满阳光与希望的台湾小镇故事 李昂、刘克襄、林文义著，社会科学文献出版社，2013年7月。

民间组织蓝皮书、中国民间组织报告（2013） 黄晓勇著，社会科学文献出版社，2013年8月。

社区管理学（第2版） 汪大海主编，北京师范大学出版社，2013年8月。

准公民社区：国家、关系网络与城市基层治理 石发勇著，社会科学文献出版社，2013年8月。

当代中国公共行政的组织基础：组织社会学视野的分析 刘圣中著，复旦大学出版社，2013年9月。

基督徒心灵与华人精神：香港的一个客家社区　［美］郭思嘉、谢胜利著，社会科学文献出版社，2013 年 10 月。

公共财政制度下的慈善组织发展　朱俊立著，社会科学文献出版社，2013 年 11 月。

社会中介组织的伦理审思　朱虹著，中国社会科学出版社，2013 年 11 月。

社会组织蓝皮书　中国社会组织评估发展报告（2013）　徐家良、廖鸿著，社会科学文献出版社，2013 年 12 月。

西北地区社会组织发展现状及其管理研究　陆春萍、张珺珺著，中国社会科学出版社，2013 年 12 月。

中国民间组织国际化的战略与路径　邓国胜等著，中国社会科学出版社，2013 年 12 月。

社区工作案例教程　高琦、李卫华主编，中国人民大学出版社，2014 年 1 月。

社区文化建设若干问题的理性透析　谢晶仁著，电子科技大学出版社，2014 年 1 月。

灾后扶贫与社区治理　王卓著，社会科学文献出版社，2014 年 1 月。

行动中的社区建设：转型和发展　潘泽泉著，中国人民大学出版社，2014 年 3 月。

流动的家园："攸县的哥村"社区传播与身份共同体研究　丁未著，社会科学文献出版社，2014 年 3 月。

小区善治研究　杨玉圣著，社会科学文献出版社，2014 年 3 月。

组织中的领导者与领导过程　徐莉著，中国社会科学出版社，2014 年 4 月。

业主选择与城市社区自主治理　陈建国著，社会科学文献出版社，2014 年 6 月。

中国公共物品非营利组织供给研究　冷功业著，中国社会科学出版社，2014 年 6 月。

转型与创生："村改居"社区组织建设　杨贵华著，社会科学文献出版社，2014 年 6 月。

田纳西河流域管理局与草根组织：一个正式组织的社会学研究　菲利浦·塞尔兹尼克著，重庆大学出版社，2014 年 7 月。

管理创新与政策选择：政府培育扶持社区社会组织的研究　谭日辉、罗军著，中国社会科学出版社，2014 年 8 月。

现代社会组织与社会和谐发展　李永杰著，社会科学文献出版社，2014 年 8 月。

云村重建纪事：一次社区自组织实验的田野记录　罗家德、孙瑜、楚燕著，社会科学文献出版社，2014 年 10 月。

中国 NGO 口述史（第二辑）　王名著，社会科学文献出版社，2014 年 10 月。

企业、政府与非营利组织的管理比较研究　黄群慧、张蒽著，中国社会科学出版社，2014 年 11 月。

民间意愿互融之树——新思维中的民间组织理论与方法　王凤仙、米晓琳著，中国社会科学出版社，2014 年 12 月。

性别与家庭研究

当代农村家庭养老性别分工　李树茁、宋璐著，社会科学文献出版社，2011 年 1 月。

全球背景下的性别平等与社会转型　谭琳、周颜玲著，社会科学文献出版社，2011 年 1 月。

中国和谐家庭建设报告　洪天慧著，社会科学文献出版社，2011 年 1 月。

家庭中的心理健康研究　牛荣华、蔡晓红著，中国社会科学出版社，2011 年 4 月。

性社会学 潘绥铭、黄盈盈著，中国人民大学出版社，2011 年 4 月。

回归日常生活：女性主义方法论与本土议题 吴小英著，内蒙古大学出版社，2011 年 5 月。

社会性别与妇女反贫困 王云仙、赵群著，社会科学文献出版社，2011 年 5 月。

西方女性研究 朱影主编，中国人民大学出版社，2011 年 6 月。

性别视角下的《易》、《礼》、《诗》妇女观研究 焦杰著，中国社会科学出版社，2011 年 6 月。

家庭与性别评论（第 3 辑） 吴小英著，社会科学文献出版社，2011 年 7 月。

女性主义研究方法解析 郑丹丹著，社会科学文献出版社，2011 年 7 月。

农村大龄未婚男性的社会支持网络 李树茁、李艳著，社会科学文献出版社，2011 年 8 月。

当代大学生性现状研究：基于珠三角地区若干高校的实证调查 张栋贤、谢爱华著，社会科学文献出版社，2011 年 9 月。

女性类型与城市性别秩序 方英著，社会科学文献出版社，2011 年 9 月。

中国妇女运动研究文集 李静之著，社会科学文献出版社，2011 年 11 月。

“北京 +15”：中国性别平等与妇女发展回眸与前瞻 谭琳著，社会科学文献出版社，2011 年 12 月。

当代中国家庭生命周期 田丰著，社会科学文献出版社，2011 年 12 月。

汉代妇女生活情态 顾丽华著，社会科学文献出版社，2012 年 2 月。

女性生命历程的角色实践——以湖北省燕山村为例 孔海娥著，中国社会科学出版社，2012 年 3 月。

妇女发展蓝皮书 中国妇女发展报告 No. 4：妇女与农村基层治理 王金玲、高小贤著，社会科学文献出版社，2012 年 5 月。

女性视界——女性主义哲学的兴起（当代新哲学丛书） 陈英、陈新辉著，中国社会科学出版社，2012 年 6 月。

性别平等与文化构建（上、下册） 姜秀花、谭琳著，社会科学文献出版社，2012 年 7 月。

性别与健康：城镇非正规就业女性健康需要和政策回应 刘春燕著，社会科学文献出版社，2012 年 7 月。

学术编辑视角下的女性文化研究 曲雯著，社会科学文献出版社，2012 年 8 月。

中国反对针对妇女暴力的研究与行动 肖扬著，社会科学文献出版社，2012 年 8 月。

中国性别失衡治理：战略和模式 朱楚珠著，社会科学文献出版社，2012 年 9 月。

女性主义与中国当代文化 王澄霞著，社会科学文献出版社，2012 年 10 月。

性别平等与社会可持续发展 李树苗、尚子娟、杨博著，社会科学文献出版社，2012 年 10 月。

中国妇女发展与性别平等：历史、现实、挑战 姜秀花、谭琳著，社会科学文献出版社，2012 年 10 月。

家庭政策 吕青、赵向红著，社会科学文献出版社，2012 年 12 月。

中国残疾儿童家庭经验研究 尚晓援著，社会科学文献出版社，2013 年 1 月。

转型期中国城市家庭变迁：基于五城市的调查 马春华著，社会科学文献出版社，2013 年 5 月。

世界城市妇女发展状况比较研究 赵津芳、金莉著，社会科学文献出版社，2013 年 9 月。

性别话语与社会行动 王金玲著，社会科学文献出版社，2013 年 9 月。

社会主义文化发展繁荣与性别平等 姜秀花、谭琳著，社会科学文献出版社，2013 年 10 月。

家庭问题与政府责任：促进家庭发展的国内外比较研究 唐灿、张建著，社会科学文献出版社，

2013 年 11 月。

妇女绿皮书 2008—2012 年：中国性别平等与妇女发展报告　谭琳著，社会科学文献出版社，2013 年 12 月。

家庭与性别评论（第 4 辑）　马春华著，社会科学文献出版社，2013 年 12 月。

社会性别与生态文明　胡玉坤著，社会科学文献出版社，2013 年 12 月。

在平等与差异之间：女性主义对自由主义的批判　付翠莲著，社会科学文献出版社，2013 年 12 月。

扎根于生态、生计、文化的“和平妇女”行动研究　赵群、陈顺馨、陈惠芳、罗燕著，社会科学文献出版社，2013 年 12 月。

性与宗教：世界信仰史上的信条与禁忌　达格·埃思腾·恩德斯鸠、周云水、李旺旺、何小荣著，中国社会科学出版社，2014 年 4 月。

性别与战争：上海 1932—1945　陈雁著，社会科学文献出版社，2014 年 5 月。

婚姻挤压下的中国农村男性　［美］费尔德曼、靳小怡、刘利鸽著，社会科学文献出版社，2014 年 7 月。

性别失衡的社会风险研究：基于社会转型背景　李树茁、刘慧君著，社会科学文献出版社，2014 年 8 月。

大龄未婚男性的性福利与性安全：基于性别失衡背景的研究　杨雪燕、李树茁、［法］阿塔尼·伊莎贝拉著，社会科学文献出版社，2014 年 9 月。

婚姻·家庭·性别研究（第四辑）　梁景和著，社会科学文献出版社，2014 年 9 月。

全面建成小康社会与性别平等　姜秀花、谭琳著，社会科学文献出版社，2014 年 10 月。

家庭消费行为的制度嵌入性　王宁著，社会科学文献出版社，2014 年 11 月。

双重强制：乡村留守中的性别排斥与不平等　叶敬忠、潘璐、贺聪志著，社会科学文献出版社，2014 年 11 月。

家庭与性别评论（第 5 辑）　汪建华、陈午晴著，社会科学文献出版社，2014 年 12 月。

家庭教育社会学　关颖著，教育科学出版社，2014 年 12 月。

社会问题

社会问题　向德平主编，中国人民大学出版社，2011 年 3 月。

艾滋病对中国经济和社会的影响　李京文著，社会科学文献出版社，2012 年 1 月。

风险社会视野下的农民工融入性教育　谢建社著，社会科学文献出版社，2012 年 1 月。

边缘与贫困：贫困群体研究反思　朱晓阳著，社会科学文献出版社，2012 年 3 月。

中国农户贫困脆弱性的测度研究　李树茁、郃秀军著，社会科学文献出版社，2012 年 3 月。

虐待儿童：全球性问题的中国式诠释　乔东平著，社会科学文献出版社，2012 年 8 月。

“失组织”城市贫民的生存行动　陈云著，社会科学文献出版社，2013 年 1 月。

城市犯罪与基层治理　吴鹏森、章友德著，社会科学文献出版社，2013 年 7 月。

城市化、犯罪与社会管理　吴鹏森、章友德著，社会科学文献出版社，2013 年 7 月。

当代中国民生　李培林、陈光金等著，社会科学文献出版社，2013 年 9 月。

自杀研究　李建军著，社会科学文献出版社，2013 年 12 月。

当代中国社会道德热点问题研究 马进、韩昌跃著，中国社会科学出版社，2014 年 3 月。

边缘化的打工者：中西部地区乡村教师工作和生活状况调查研究报告 亓昕、姚晓迅著，社会科学文献出版社，2014 年 5 月。

中国青少年吸毒与家庭治疗 沈文伟著，社会科学文献出版社，2014 年 5 月。

残疾人服务业跨越式发展研究：基于融会中西的广东视角 左晓斯、刘小敏、张永安、江明旭著，社会科学文献出版社，2014 年 6 月。

艾滋病的跨区域扩散与统筹治理 肖群鹰、刘慧君著，社会科学文献出版社，2014 年 9 月。

俄罗斯与中国：21 世纪的青年（俄文版） 李春玲、［俄］科兹诺娃著，俄罗斯科学院，2014 年 9 月。

风险社会视角下的中国食品安全：以动物性食品为例 田永胜著，社会科学文献出版社，2014 年 10 月。

中国拐卖拐骗人口问题研究 王金玲著，社会科学文献出版社，2014 年 10 月。

女犯社区矫治的可能性研究——基于辽宁省的实证考察 艾晶著，中国社会科学出版社，2014 年 11 月。

当代中国社会矛盾化解机制研究 刘建明、史献芝著，人民出版社，2014 年 11 月。

社会政策与社会工作

中国城市老人社区照顾综合服务模式的探索 李昺伟著，社会科学文献出版社，2011 年 3 月。

社会工作实习督导实务：理论与过程（第二版） ［加］博戈著，社会科学文献出版社，2011 年 4 月。

社会工作专业服务的规划与设计 童敏著，社会科学文献出版社，2011 年 4 月。

中国慈善发展报告（2011） 杨团编著，社会科学文献出版社，2011 年 4 月。

民生为向：推进包容性增长的社会政策 苏杨、贡森著，社会科学文献出版社，2011 年 5 月。

社会支持、污名与需求满足：艾滋孤儿救助形式的比较研究 行红芳著，社会科学文献出版社，2011 年 5 月。

灾害社会工作：中国的实践与反思 张和清著，社会科学文献出版社，2011 年 5 月。

医疗社会工作：保健的视角（第二版） ［美］洛伊斯·A. 考尔斯著，刘梦、王献蜜译，中国人民大学出版社，2011 年 5 月。

中国儿童福利前沿（2011） 王小林、尚晓援著，社会科学文献出版社，2011 年 6 月。

社会保障的政府责任研究 张邦辉著，中国社会科学出版社，2011 年 7 月。

制度理性与福利公正——基于国民幸福视角的分析 张映芹著，中国社会科学出版社，2011 年 7 月。

当代社会政策研究 VI 杨团著，中国劳动社会保障出版社，2011 年 8 月。

老年社会工作方法与实务 卞国凤、陈宇鹏主编，北京师范大学出版社，2011 年 9 月。

弱势群体的社会支持：香港模式及其对内地的启示 刘祖云著，社会科学文献出版社，2011 年 9 月。

卫生服务提供体系创新：公立医院法人化 ［英］亚历山大·S. 普力克、［英］阿普里尔·哈丁主编，李卫平、王云屏、宋大平主译，中国人民大学出版社，2011 年 10 月。

大扶贫：公益组织的实践与建议　刘海英著，社会科学文献出版社，2011 年 11 月。

建立有效的中国儿童保护制度　尚晓援著，社会科学文献出版社，2011 年 11 月。

丧亲青少年的哀伤与箱庭治疗　徐洁著，社会科学文献出版社，2011 年 11 月。

城镇基本养老保险制度的再分配效应　侯慧丽著，社会科学文献出版社，2011 年 12 月。

博文中的社会政策　唐钧著，社会科学文献出版社，2012 年 1 月。

社会工作实习指导（第六版）　［美］戴维·罗伊斯等著，何欣译，中国人民大学出版社，2012 年 1 月。

公务员养老保险制度国际比较研究　龙玉其著，社会科学文献出版社，2012 年 3 月。

社会工作实习教育与发展：本土化视角　叶少勤、马良著，社会科学文献出版社，2012 年 4 月。

中国社会工作研究（第八辑）　王思斌主编，中国社会工作教育协会编，社会科学文献出版社，2012 年 4 月。

残疾人社会工作　周沛著，社会科学文献出版社，2012 年 6 月。

社会保险学　孙树菡、朱丽敏编，北京师范大学出版社，2012 年 6 月。

中国儿童福利前沿（2012）　尚晓援著，社会科学文献出版社，2012 年 6 月。

中国社会建设与社会工作　陆学艺著，社会科学文献出版社，2012 年 6 月。

趋同与趋异：社会工作专业教育模式比较　周利敏著，社会科学文献出版社，2012 年 7 月。

中国慈善发展报告（2012）　杨团编著，社会科学文献出版社，2012 年 7 月。

中国社会保障发展报告（2012）No. 5：社会保障与收入再分配　王延中著，社会科学文献出版社，2012 年 9 月。

中国五保供养制度的创新与拓展：基于供养对象需求视角的研究　苗艳梅著，社会科学文献出版社，2012 年 9 月。

社会工作本土化与中国传统文化　黄耀明著，社会科学文献出版社，2012 年 11 月。

华人社会政策与服务：问题与机遇　魏雁滨著，社会科学文献出版社，2012 年 12 月。

社会性别视角下的中国社会政策　宋健著，社会科学文献出版社，2012 年 12 月。

中国慈善发展报告（2013）　杨团编著，社会科学文献出版社，2013 年 1 月。

中国生育政策调整　张丽萍、王广州、胡耀岭著，社会科学文献出版社，2013 年 2 月。

中国社会保障收入再分配状况调查　王延中著，社会科学文献出版社，2013 年 3 月。

需求与介入：基于进城农民工子女社会工作支持的行动研究　何昕、庄勇著，社会科学文献出版社，2013 年 4 月。

青少年社会工作服务模式及成效研究：广州市海珠区“青年地带”的实践探索　罗观翠著，社会科学文献出版社，2013 年 5 月。

社会工作实习教育与指导手册　罗观翠著，社会科学文献出版社，2013 年 5 月。

双重困境下的养老保险体系改革研究：基于老龄化和城镇化的视角　李时宇著，中国人民大学出版社，2013 年 5 月。

灾害康复社会工作　欧羡雪著，社会科学文献出版社，2013 年 5 月。

中国农民工政策变迁　李莹著，社会科学文献出版社，2013 年 5 月。

当代社会政策研究（八）：老龄时代的新思维　杨团著，社会科学文献出版社，2013 年 7 月。

现代慈善与社会服务：2012 年度中国公益事业发展报告　王振耀著，社会科学文献出版社，2013 年 7 月。

小组工作（第二版） 吕新萍等编著，中国人民大学出版社，2013年7月。

社会工作蓝皮书 中国社会工作发展报告（2011—2012） 王杰秀、邹文开著，社会科学文献出版社，2013年8月。

中国社会工作研究（第十辑） 王思斌著，社会科学文献出版社，2013年8月。

底线公平福利模式 景天魁著，中国社会科学出版社，2013年8月。

变迁中的社会政策：理论、实证与比较反思 莫家豪、岳经纶、黄耿华著，社会科学文献出版社，2013年9月。

社会工作教育：中美的研究与比较 赵一红、黄建忠、赵芮、罗格斯著，社会科学文献出版社，2013年9月。

抗逆力研究：运用于学校与青少年社会工作 田国秀著，社会科学文献出版社，2013年10月。

社会公正与制度创新 马俊峰等著，中国人民大学出版社，2013年11月。

中国儿童福利前沿（2013） 李景国著，社会科学文献出版社，2013年11月。

自我分裂与自我整合：精神分裂个案的实践与挑战 叶锦成著，社会科学文献出版社，2013年11月。

行动研究与社会工作 杨静、夏林清、张杨著，社会科学文献出版社，2013年12月。

社会工作跨境专业督导：山东经验 马丽庄、吴丽端、区结莲著，社会科学文献出版社，2013年12月。

社会政策评论（2013年夏季号 总第四辑）：社区发展与社区福利 王春光著，社会科学文献出版社，2013年12月。

中国社会工作的发展：加拿大华人学者的回顾与探讨 高鉴国、曾家达、殷妙仲、辛伟泉著，社会科学文献出版社，2013年12月。

灾害救助政策评估：以灾民为中心的新框架 张欢、任婧玲著，社会科学文献出版社，2014年2月。

普遍整合的福利体系 景天魁等著，中国社会科学出版社，2014年4月。

青春期教育社工指南 罗观翠著，社会科学文献出版社，2014年5月。

中国慈善发展报告（2014） 杨团编著，社会科学文献出版社，2014年5月。

中国农村福利 潘屹著，社会科学文献出版社，2014年5月。

社会工作个案管理——社会服务传输方法（第四版） ［美］玛丽安娜·伍德赛德、特里西娅·麦克拉著，中国人民大学出版社，2014年5月。

社会服务研究（第一辑） 邹文开著，社会科学文献出版社，2014年6月。

当代中国社会工作总论 李培林、王春光著，社会科学文献出版社，2014年7月。

儿童福利论 王雪梅著，社会科学文献出版社，2014年7月。

社会政策评论2014年第一辑（总第五辑）人口流动对社会政策的挑战 王春光著，社会科学文献出版社，2014年7月。

现代慈善与社会治理：2013年度中国公益事业发展报告 王振耀著，社会科学文献出版社，2014年7月。

中国社会工作研究（第十一辑） 王思斌著，社会科学文献出版社，2014年7月。

中国失业保险制度与再就业问题研究 聂爱霞著，中国社会科学出版社，2014年7月。

当代社会政策研究（九）：朝向更加公平的社会政策 杨团著，社会科学文献出版社，2014年

8月。

企业社会工作　张默著，社会科学文献出版社，2014年8月。

现代社会保障通论（高等学校公共管理专业精品教材）　林闽钢、鲁全、童文莹著，中国社会科学出版社，2014年8月。

以法促善：中国慈善立法现状、挑战及路径选择　王振耀著，社会科学文献出版社，2014年9月。

灾害社会工作：介入机制及组织策略　周利敏著，社会科学文献出版社，2014年10月。

当代中国社会救助制度比较与借鉴　邓大松等主编，人民出版社，2014年11月。

专业的良心：转型时代中国社会工作的守望　李昺伟著，社会科学文献出版社，2014年11月。

社会工作与社会问题：中国本土化理论与实务的探索　卫小将著，社会科学文献出版社，2014年12月。

社会政策与"社会中国"　岳经纶著，社会科学文献出版社，2014年12月。

外国政府购买社会公共服务研究　张汝立著，社会科学文献出版社，2014年12月。

新型农村合作医疗制度信任的形成过程　房莉杰著，社会科学文献出版社，2014年12月。

中国失业农民工政治参与及其治理研究　孔凡义著，湖北人民出版社，2014年12月。

社会心理学

2011年中国社会心态研究报告　王俊秀、杨宜音著，社会科学文献出版社，2011年5月。

社会心理学　俞国良著，北京师范大学出版社，2011年6月。

社会心理学理论与体系　乐国安、汪新建主编，北京师范大学出版社，2011年6月。

社会心理学（第三版）　沙莲香主编，中国人民大学出版社，2011年10月。

社会心态论　胡红生著，中国社会科学出版社，2011年11月。

身份污名与认同融合：城市代际移民的社会表征研究　管健著，社会科学文献出版社，2012年12月。

中国社会心理学评论　赵志裕、陈侠主编，社会科学文献出版社，2012年12月。

中国社会心态研究报告（2012—2013）　王俊秀、杨宜音著，社会科学文献出版社，2012年12月。

演进与形塑：青年公务员的社会认同　孙秀艳著，社会科学文献出版社，2013年2月。

中国社会心理学评论（第六辑）　赵志裕、陈侠特约主编，社会科学文献出版社，2013年2月。

当代中国社会心态研究　杨宜音、王俊秀著，社会科学文献出版社，2013年7月。

中国城市化进程的社会心理研究　石向实著，社会科学文献出版社，2013年7月。

转型心理学　方文著，社会科学文献出版社，2014年1月。

中国社会心理学评论（第七辑）　杨宜音、杨中芳、韦庆旺著，社会科学文献出版社，2014年4月。

社会心态理论：一种宏观社会心理学范式　王俊秀著，社会科学文献出版社，2014年5月。

社会心理学　胡竹菁、胡笑羽编，中国人民大学出版社，2014年6月。

心理学视野中的网络舆论引导研究　曹茹、王秋菊等著，人民出版社，2014年6月。

社会信任：理论及其应用　翟学伟、薛天山主编，中国人民大学出版社，2014年7月。

社会心理学纲要（第6版） 迈尔斯著，侯玉波译，人民邮电出版社，2014年10月。

中国社会心态研究报告（2014） 王俊秀、杨宜音著，社会科学文献出版社，2014年10月。

灾后社会心理需求评估工具手册 沈文伟、崔珂著，社会科学文献出版社，2014年11月。

社会行为中的自我监控 肖崇好著，社会科学文献出版社，2014年12月。

我们信谁?：关于信任模式与机制的社会科学探索 周怡著，社会科学文献出版社，2014年12月。

中国社会心理学评论（第八辑） 杨宜音著，社会科学文献出版社，2014年12月。

人类学与民族学

新疆民族混合家庭研究 李晓霞著，社会科学文献出版社，2011年1月。

传统与变迁：福建民众的信仰世界 刘大可著，社会科学文献出版社，2011年3月。

宇宙观与生活世界、花腰傣的亲属制度信仰体系和口头传承 吴乔著，中国社会科学出版社，2011年3月。

暴力与秩序——鄂南陈村的法律民族志 陈柏峰著，中国社会科学出版社，2011年4月。

人类社会的根基：人类学的重构 莫里斯·郭德烈著，董芃芃译，中国社会科学出版社，2011年4月。

走向市场的民族艺术 何明著，社会科学文献出版社，2011年5月。

仪式中的艺术 何明著，社会科学文献出版社，2011年6月。

族群的演进博弈：中国图瓦人研究 关丙胜著，社会科学文献出版社，2011年6月。

当代中国边疆民族地区典型百村调查：广西卷（第二辑） 吕俊彪、严月华、农青智、周建新、寇三军、郝国强、雷韵著，社会科学文献出版社，2011年9月。

美国的社会与个人——加州悠然城社会生活的民族志 李荣荣著，北京大学出版社，2011年10月。

民族社会学概论（第二版） 郑杭生主编，中国人民大学出版社，2011年10月。

民族学和社会学中国化的探索：抗战时期专家对西南地区的调查研究 聂蒲生著，中国社会科学出版社，2011年10月。

医学人类学 张有春编著，中国人民大学出版社，2011年10月。

当代中国边疆民族地区典型百村调查：广西卷（第一辑） 刘萍、张小娟、王柏中、蒋婉、郑一省、马菁著，社会科学文献出版社，2011年11月。

当代中国边疆民族地区典型百村调查：西藏卷（第二辑） 徐君、杜莉、范远江、边巴 著，社会科学文献出版社，2011年11月。

当代中国边疆民族地区典型百村调查：黑龙江卷（第一辑） 王利文、刁丽伟、宋伟东、董刚、董鑫、阚德刚、韩磊、马树森著，社会科学文献出版社，2011年12月。

人类学：人类多样性的探索（第12版） ［美］康拉德·菲利普·科塔克著，中国人民大学出版社，2012年1月。

主体人类学原理："主体人类学"概念提出及知识体系建构 陈秉公著，中国社会科学出版社，2012年3月。

当代中国边疆民族地区典型百村调查：内蒙古卷（第一辑） 黄河、孙驰、李卉青、杨建国、王海峰、王羽强、郭喜、韩巍著，社会科学文献出版社，2012 年 4 月。

当代中国边疆民族地区典型百村调查：云南卷（第二辑） 何廷明、唐晓云、李和、杨永福、田景春、邹建达、金少萍、黄梅、杨磊著，社会科学文献出版社，2012 年 4 月。

中国少数民族地区社会发展与族际交往 马戎著，社会科学文献出版社，2012 年 4 月。

莲花落：华北满铁调查村落的人类学再研究（田野中国） 兰林友著，社会科学文献出版社，2012 年 5 月。

文化生产与民族认同：以呼和浩特、银川、乌鲁木齐为例 麻国庆著，社会科学文献出版社，2012 年 5 月。

当代中国边疆民族地区典型百村调查：新疆卷（第二辑） 陈琪、何运龙、古丽燕、杨富强、马秀萍著，社会科学文献出版社，2012 年 6 月。

漂移的时空：当代中国少数民族的经济生活 王琛著，社会科学文献出版社，2012 年 6 月。

当代中国边疆民族地区典型百村调查：内蒙古卷（第二辑） 于永、哈达、赵淑梅、金泉著，社会科学文献出版社，2012 年 9 月。

中国少数民族干部队伍建设的理论与实践 孙懿著，社会科学文献出版社，2012 年 9 月。

当代中国边疆民族地区典型百村调查：吉林卷（第一辑） 姜学洙、崔振东、张晗、张艳春、李香喜、沈万根著，社会科学文献出版社，2012 年 10 月。

泰国北部的云南人：族群形成、文化适应与历史变迁 段颖著，社会科学文献出版社，2012 年 10 月。

文化人类学：欣赏文化差异（第 14 版） ［美］康拉德·菲利普·科塔克著，中国人民大学出版社，2012 年 10 月。

反思参与式发展：发展人类学前沿 朱健刚、陆德泉著，社会科学文献出版社，2013 年 3 月。

中心与边缘：客家民众的生活世界 刘大可著，社会科学文献出版社，2013 年 4 月。

娲皇宫志：探索一种人类学写文化体裁 鲍江著，社会科学文献出版社，2013 年 6 月。

边民生活政治：滇越跨境民族的记忆、心境与行动 谷家荣著，社会科学文献出版社，2013 年 7 月。

城步苗族：蓝玉故里的宗族与族群认同 于鹏杰著，社会科学文献出版社，2013 年 8 月。

社会变迁与文化传承：云南散杂居地区布朗族研究 郗春嫒著，社会科学文献出版社，2013 年 8 月。

新疆人口发展与计划生育研究 新疆维吾尔自治区党委政策研究室著，社会科学文献出版社，2013 年 9 月。

认识、互动与趋同——公众舆论心理解读 卢毅刚著，中国社会科学出版社，2013 年 9 月。

家计与市场 温士贤著，社会科学文献出版社，2013 年 10 月。

客家：华南汉族的族群性及其边界 濑川昌久、河合洋尚、姜娜著，社会科学文献出版社，2013 年 10 月。

日本客家研究的视角与方法：百年的轨迹 河合洋尚著，社会科学文献出版社，2013 年 10 月。

中国历史上的移民与族群性：客家人、棚民及其邻居 梁肇庭、冷剑波、周云水著，社会科学文献出版社，2013 年 10 月。

世界民族研究导论 李毅夫著，社会科学文献出版社，2013 年 11 月。

新疆社会保障若干问题研究 阿里木江·阿不来提、茹克亚·霍加著，社会科学文献出版社，

2013年11月。

当代中国边疆民族地区典型百村调查：新疆卷（第三辑） 杨巍、杨磊、孟楠、阿达莱提·塔伊尔、蒲燕妮、廖冬梅、姜龙、单昕、赵平著，社会科学文献出版社，2013年12月。

嫁给谁：新疆阿村维吾尔族妇女婚姻民族志 冯雪红著，社会科学文献出版社，2013年12月。

监狱亚文化 孙平著，社会科学文献出版社，2013年12月。

传统萨满教的复兴：对西伯利亚、东北亚和北美地区萨满教的考察 苑杰著，社会科学文献出版社，2014年1月。

满族石姓龙年办谱与祭祀活动考察 孟慧英、郭宏珍、于洋、苑杰、锡克特里氏（石姓）家族著，社会科学文献出版社，2014年1月。

人类学理论史 黄剑波著，中国人民大学出版社，2014年1月。

人类学研究方法 王积超主编，中国人民大学出版社，2014年2月。

萨米人萨满文化变迁研究 吴凤玲著，社会科学文献出版社，2014年3月。

当代中国边疆民族地区典型百村调查：黑龙江卷（第二辑） 王乐文、霍明琨、叶艳华、宋靖、宋涛著，社会科学文献出版社，2014年4月。

罗布人：绿洲文化变迁的人类学研究 艾比不拉·卡地尔著，社会科学文献出版社，2014年5月。

民族学与社会学中国化研究：以云南省为例（1937—1945年） 聂蒲生著，人民出版社，2014年5月。

人类学 罗红光著，中国社会科学出版社，2014年6月。

精武源头小南河：一个城郊村发展变迁的人类学考察 佟春霞著，社会科学文献出版社，2014年7月。

迁徙与适应：帕米尔高原塔吉克族民族志 刘明著，社会科学文献出版社，2014年7月。

民族团结云南经验："民族团结进步边疆繁荣稳定示范区"调研报告 中国社会科学院"云南省民族团结进步边疆繁荣稳定示范区建设研究"课题组著，社会科学文献出版社，2014年9月。

日本濑户内海的海民群体 宋宁而、姜春洁著，社会科学文献出版社，2014年9月。

神异资源：一个西部社区的宗教市场与宗教经营 文永辉著，社会科学文献出版社，2014年9月。

杜荣坤民族研究论集 杜荣坤著，中国社会科学出版社，2014年10月。

流动生计与社会变迁：云南少数民族区域调查 王云仙、赵群著，社会科学文献出版社，2014年11月。

人类学与"历史"：第一届东亚人类学论坛报告集 麻国庆、刘志伟、末成道男著，社会科学文献出版社，2014年12月。

山海之间：从华南到东南亚 麻国庆著，社会科学文献出版社，2014年12月。

粤东畲族：族群认同与社会文化变迁研究 谌华玉著，社会科学文献出版社，2014年12月。

灾害与文化定式：中外人类学者的视角 方素梅、[保]艾丽娅·查内娃、[美]埃德温·施密特著，社会科学文献出版社，2014年12月。

宗教人类学（第五辑） 陈进国著，社会科学文献出版社，2014年12月。

其他

汶川地震灾后贫困村救援与重建政策效果评估研究 向德平著，社会科学文献出版社，2011年

1 月。

汶川地震灾后贫困村重建：进程与挑战　陆汉文著，社会科学文献出版社，2011 年 1 月。

心理亚健康解决方案：自我催眠技术实战应用　邰启扬著，社会科学文献出版社，2011 年 1 月。

角色学导论　秦启文、周永康著，中国社会科学出版社，2011 年 4 月。

心理测量实践教程　廉串德、梁栩凌著，社会科学文献出版社，2011 年 4 月。

政府的价格：如何应对公共财政危机　［美］戴维·奥斯本、彼得·哈钦森著，商红日、吕鹏译，上海译文出版社，2011 年 5 月。

水利水电移民制度研究　施国庆、朱东恺著，社会科学文献出版社，2011 年 7 月。

跨文化心理学：希望理论与自我效能理论的适用性对比　廉串德、陈人语著，社会科学文献出版社，2011 年 8 月。

传承与发展：纪念中山大学社会学系建系 80 周年、复办 30 周年　李文波著，社会科学文献出版社，2011 年 10 月。

虚实之间：20 世纪 50 年代中国大陆谣言研究　李若建著，社会科学文献出版社，2011 年 12 月。

中国基金会发展报告（2011）　本书编委会著，社会科学文献出版社，2011 年 12 月。

中国应对气候变化的政策与行动——2011 年度报告　解振华著，社会科学文献出版社，2012 年 1 月。

人的发展问题研究　魏晨明著，中国社会科学出版社，2012 年 2 月。

政治文明视阈下舆论监督法治建设研究　赵双阁著，中国社会科学出版社，2012 年 2 月。

生态补偿的国际比较：模式与机制　中国 21 世纪议程管理中心著，社会科学文献出版社，2012 年 3 月。

水库移民安置人口优化配置　施国庆、贾永飞著，社会科学文献出版社，2012 年 3 月。

虚拟生存研究　郑元景著，社会科学文献出版社，2012 年 3 月。

大学生人际关系问题研究——基于压力与应对的视角　许志红著，中国社会科学出版社，2012 年 3 月。

普通发展学（第二版）　徐秀丽、李小云、齐顾波著，社会科学文献出版社，2012 年 4 月。

中国精神卫生服务：挑战与前瞻　叶锦成、高万红著，社会科学文献出版社，2012 年 4 月。

青少年蓝皮书　中国未成年人新媒体运用报告（2011—2012）　李文革、沈杰、季为民著，社会科学文献出版社，2012 年 6 月。

水库淹没集镇迁建与区域集镇优化　施国庆、余文学、黄莉著，社会科学文献出版社，2012 年 7 月。

韩国研究论丛（第二十四辑）　复旦大学韩国研究中心著，社会科学文献出版社，2012 年 8 月。

水电移民土地证券化安置模式　施国庆、尚凯著，社会科学文献出版社，2012 年 8 月。

舆情蓝皮书　中国社会舆情与危机管理报告（2012）　谢耘耕著，社会科学文献出版社，2012 年 8 月。

国际人才蓝皮书　中国留学发展报告（2012）No. 1　王辉耀著，社会科学文献出版社，2012 年 9 月。

北大清华人大社会学硕士论文选编 · 2012　郑也夫、沈原、潘绥铭著，中国社会科学出版社，2012 年 10 月。

解读“大和魂”：“缺德”的日本人　程麻著，中国社会科学出版社，2012 年 10 月。

社会学视角下的反酷刑问题　陈瑞华编，北京大学出版社，2012年10月。

上海·爱：名妓、知识分子和娱乐文化（1850—1910）　［美］叶凯蒂著，杨可译，生活·读书·新知三联书店，2012年11月。

水库移民可持续性生产生活系统评价研究　施国庆、孙中良著，社会科学文献出版社，2012年11月。

吴方言区宝卷研究　车锡伦、陆永峰著，社会科学文献出版社，2012年11月。

桂林景观生态与环境研究　蒋新平、袁鼎生、龚丽娟著，社会科学文献出版社，2013年1月。

大学生政治社会化的结果研究：以“社会互构论”为理论视角　吴鲁平著，社会科学文献出版社，2013年2月。

韩国华侨历史与现状研究　王淑玲著，社会科学文献出版社，2013年2月。

生态保育的民主试验：阿拉善行记　萧今著，社会科学文献出版社，2013年2月。

自由职业者群体与新时斯统一战线工作研究　卢勇著，中国社会科学出版社，2013年3月。

自治与他治：澳门的行政、司法与社团（1553—1999）　娄胜华、潘冠瑾、赵琳琳著，社会科学文献出版社，2013年3月。

个人—文化匹配、群体态度与组织行为　管延军著，社会科学文献出版社，2013年4月。

香港认同构建：政媒机制与媒体化再现　张萌萌著，社会科学文献出版社，2013年5月。

从中世纪到贝多芬：作曲家社会身份的形成与承认　夏滟洲著，社会科学文献出版社，2013年8月。

衢州样本：社会主义核心价值体系与道德文明建设的实践和创新　吴尚民、崔唯航著，社会科学文献出版社，2013年8月。

幸福社会价值论　周树智、许春玲著，社会科学文献出版社，2013年8月。

中英临终关怀比较研究　苏永刚著，中国社会科学出版社，2013年8月。

北大清华人大社会学硕士论文选编·2013　郑也夫、沈原、潘绥铭著，中国社会科学出版社，2013年9月。

社会信息论域下的社会真相　蔡东伟著，社会科学文献出版社，2013年9月。

艺道与日本国民性——以茶道和将棋为例　张建立著，中国社会科学出版社，2013年11月。

大学生蓝皮书　中国大学生生活形态研究报告（2013）　张新洲著，社会科学文献出版社，2013年12月。

风险社会与网络传播：技术·利益·伦理　张燕著，社会科学文献出版社，2014年1月。

华侨华人蓝皮书　华侨华人研究报告（2013）　丘进著，社会科学文献出版社，2014年1月。

幸福社会：提升幸福感的多元视角　孙健敏等，中国人民大学出版社，2014年2月。

核心价值与大众行为：春晖行动答卷　徐静著，社会科学文献出版社，2014年3月。

中国核电风险的社会建构：21世纪以来公众对核电事务的参与　方芗著，社会科学文献出版社，2014年3月。

利益认同机制研究——基于社会主义核心价值体系认同视角　谭培文著，中国社会科学出版社，2014年3月。

领导者公共形象与大众媒介互动关系研究　郑春晔著，中国社会科学出版社，2014年4月。

高校教师收入分配与激励机制改革研究　张荆、赵卫华著，社会科学文献出版社，2014年5月。

继往开来：陆学艺先生纪念文集　中国社会科学院社会学研究所、北京工业大学人文社会科学学院著，社会科学文献出版社，2014 年 5 月。

大陆台商社会适应与社会认同研究：基于福建的田野调查　严志兰著，社会科学文献出版社，2014 年 6 月。

陆学艺评传：一个社会学家的思想和学术人生　吴怀连著，中国言实出版社，2014 年 6 月。

新一代互联网环境下网络用户信息交互行为　邓胜利著，中国社会科学出版社，2014 年 6 月。

第四只眼：世界银行贷款贵州省文化与自然遗产保护和发展项目（中期）“社区参与工作”评估以及重点社区基线调查　孙兆霞、毛刚强、陈志永著，社会科学文献出版社，2014 年 7 月。

民国时期部分社会学家记事辑　赵定东、郑蓉、张飞等著，中国社会科学出版社，2014 年 7 月。

社会主义主流意识形态与当今中国社会思潮　艾四林、王明初编，人民出版社，2014 年 7 月。

生态文明与美丽中国梦　王春益著，社会科学文献出版社，2014 年 8 月。

政府统计数据质量评估研究（中南财经政法大学青年学术文库）　陈高著，中国社会科学出版社，2014 年 8 月。

北大清华人大社会学硕士论文选编·2014　郑也夫、沈原、郭星华著，中国社会科学出版社，2014 年 11 月。

国族、乡土与性别　王宇著，中国社会科学出版社，2014 年 12 月。

哲学社会科学创新论　汪信砚著，中国社会科学出版社，2014 年 12 月。

论文题录

综论

改革和发展的“中国经验” 李培林,《决策与信息》2011 年第 1 期。

学术话语权与中国社会学发展 郑杭生,《中国社会科学》2011 年第 2 期。

社会建设和社会管理研究与中国社会学使命 郑杭生,《社会学研究》2011 年第 4 期。

走向积极的社会管理 孙立平,《社会学研究》2011 年第 4 期。

“贵族化”到“平民化”:中国社会学的选择——兼论中国社会学的批判性与公共性 刘军奎,《内蒙古社会科学》(汉文版)2011 年第 4 期。

政府的第一要务是维护公平正义 孙立平,《今日中国论坛》2011 年第 5 期。

社会建设与我国新发展阶段的战略选择 李培林,《中共中央党校学报》2011 年第 6 期。

论“差序格局”对中国社会学理论的贡献 夏玉珍、刘小峰,《思想战线》2011 年第 6 期。

转型社会的秩序再造 孙立平,《学习月刊》2011 年第 7 期。

关注社会民生 重视实证研究 杨风,《重庆社会科学》2011 年第 8 期。

只有“分好蛋糕”才能“做大蛋糕” 渠敬东,《人民论坛》2011 年第 22 期。

社会管理创新与福利社会建设 景天魁,《北京工业大学学报》(社会科学版)2012 年第 1 期。

2011 年中国社会学领域中的关键词 黄家亮、邢朝国,《中国图书评论》2012 年第 1 期。

个体安全研究与中国社会学的理论自觉——社会学传统范式和研究方法的一种兼容汇聚 杨敏,《思想战线》2012 年第 2 期。

社会调查与中国社会科学的学术话语权——兼评郑杭生“社会调查系列丛书” 黄家亮,《中国图书评论》2012 年第 2 期。

转型陷阱:中国面临的制约 孙立平,《理论学习》2012 年第 3 期。

社会学建设的几点思考 李强,《北京工业大学学报》(社会科学版)2012 年第 3 期。

中国现代性的探寻与中国社会学的理论建构——以郑杭生社会学学术历程为例 黄家亮,《西北师大学报》(社会科学版)2012 年第 3 期。

创新福利模式 优化社会管理 景天魁,《社会学研究》2012 年第 4 期。

怎样面对“转型陷阱” 孙立平,《学习月刊》2012 年第 5 期。

论构建社会主义和谐社会的探索与成就 陈光金,《福建行政学院学报》2012 年第 5 期。

“理论自觉”与中国风格社会科学——以中国社会学为例 郑杭生,《江苏社会科学》2012 年第 6 期。

中国改革的四种思路 孙立平,《理论学习》2012 年第 6 期。

社会建设不平凡的十年 李培林,《时事报告》2012 年第 9 期。

“中国故事”期待学术话语支撑——以中国社会学为例 郑杭生、黄家亮，《人民论坛》2012 年第 12 期。

中国社会研究与中国社会学学派——以社会运行学派为例 郑杭生，《社会学评论》2013 年第 1 期。

更好满足人民物质文化需求 陈光金，《时事报告》2013 年第 1 期。

权力、利益、亲情的冲突与嵌合：再论中国社会的差序格局 何君安、刘文瑞，《青海社会科学》2013 年第 3 期。

我国社会组织体制的改革和未来 李培林，《社会》2013 年第 3 期。

社会建设之我见：趋势、挑战与契机 周雪光，《社会》2013 年第 3 期。

为了公共利益——一个经济学家的理想社会建设论纲 陆铭，《社会》2013 年第 3 期。

中国社会学的当代使命 邹农俭，《南京师大学报》（社会科学版）2013 年第 3 期。

变化发展中的中国社会学 姜利标，《中国图书评论》2013 年第 8 期。

转型背景下的社会体制变革 李培林，《求是》2013 年第 15 期。

新时期全面深化改革的若干重大举措 李培林，《观察与思考》2014 年第 1 期。

创新社会治理体制 李强，《前线》2014 年第 1 期。

全面建成小康社会的关键是让农民普遍富裕起来 李培林，《小康》2014 年第 1 期。

打造具有中国特色、中国风格、中国气派的对外话语体系 李培林，《马克思主义与现实》2014 年第 4 期。

社会治理与社会体制改革 李培林，《国家行政学院学报》2014 年第 4 期。

社会学本土化的当下语境与可能进路 李宗克，《华东理工大学学报》（社会科学版）2014 年第 6 期。

中国社会学不可回避的根本问题——从“社会学的春天”谈起 景天魁，《学术界》2014 年第 9 期。

从“小康社会”到“中国梦”——邓小平“小康社会”理论对中国社会发展的影响 张翼，《湖北社会科学》2014 年第 11 期。

当今中国社会正经历着哪些转折 李培林，《文史博览》（理论）2014 年第 12 期。

以更大决心突破利益固化的藩篱 李培林，《求是》2014 年第 13 期。

社会理论、方法与社会史

韦伯的理性“进步”及其意义问题 王俊敏，《社会学研究》2011 年第 1 期。

从丧服制度看“差序格局”——对一个经典概念的再反思 吴飞，《开放时代》2011 年第 1 期。

朝向一种韦伯式政治经济学——对于韦伯现代国家与经济发展论述的初步考察 何蓉，《中国农业大学学报》（社会科学版）2011 年第 1 期。

中国社会学史研究的理论框架与现实追求 郑杭生、童潇，《河北学刊》2011 年第 1 期。

论社会工程学的意义、内容与学科特征 王宏波，《西安交通大学学报》（社会科学版）2011 年第 1 期。

社会转型与主流意识形态的建构 杨新红，《湖南社会科学》2011 年第 1 期。

走向“集体欢腾”：涂尔干社会理论的危险 陈颀，《华中科技大学学报》（社会科学版）2011

年第1期。

社会生活中的具体与抽象——兼论“过程—事件分析” 李化斗，《社会》2011年第2期。

开启社会人文学的地平——从其出发点“公共性的历史学”谈起 白永瑞，《开放时代》2011年第2期。

社会冲突论研究述评 罗大文，《前沿》2011年第2期。

试析曼海姆知识社会学理论 杨生平，《北京行政学院学报》2011年第2期。

韦伯社会行动的理想类型及当代启示 杨成波，《山西师大学报》（社会科学版）2011年第2期。

中国早期社会学研究的回顾与反思——以“魁阁”学术集团为对象 张媚玲、张曙晖，《学术探索》2011年第2期。

“主体间性—干预行动”框架：质性研究的反思谱系 郑庆杰，《社会》2011年第3期。

“朝向底层”与“深度在场”——转型社会的社会学立场及其底层关怀 刘威，《福建论坛》（人文社会科学版）2011年第3期。

告别巴别塔：走入世界的中国社会科学 刘云杉，《北京大学教育评论》2011年第3期。

论经济社会关系视野下形式主义与实质主义范式的基本特征与重构 马良灿，《青年研究》2011年第3期。

社会学制度主义的发生路径、内在逻辑及意义评析 马雪松、周云逸，《南京师大学报》（社会科学版）2011年第3期。

文化论与制度论的统一——论韦伯学说的思想主题 郑飞，《江海学刊》2011年第3期。

行动历程中的叙事与筹划 吕炳强，《社会》2011年第4期。

“关系”动态过程理论框架的建构 曾国权，《社会》2011年第4期。

迪尔凯姆《自杀论》的当代反思 孙璐，《理论月刊》2011年第4期。

日常知识与生活世界——知识社会学的现象学传统评析 赵万里、李路彬，《广东社会科学》2011年第4期。

社会科学中的因果分析 彭玉生，《社会学研究》2011年第4期。

韦伯关于中国文化论述的再思考 苏国勋，《社会学研究》2011年第4期。

在结构中寻找自由——雷蒙·阿隆的社会学思想评析 李路彬、赵万里，《山西大学学报》（哲学社会科学版）2011年第4期。

行动历程中的叙事与筹划 吕炳强，《社会》2011年第5期。

流亡者与生活世界 孙飞宇，《社会学研究》2011年第5期。

知识分子与政治 李钧鹏，《社会》2011年第5期。

中国特色社会质量理论与评价指标体系初探 周小毛、何绍辉、杨畅，《湖南师范大学社会科学学报》2011年第5期。

文化反哺与器物文明的代际传承 周晓虹，《中国社会科学》2011年第6期。

列斐伏尔日常生活批判理论的社会学意义——迈向一种日常生活的社会学 郑震，《社会学研究》2011年第6期。

社会科学、价值判断与科学的价值——评施特劳斯的韦伯论述 杨子飞，《社会》2011年第6期。

在参与性行动中改变世界——读费根、薇拉的《解放社会学》 王建民，《社会》2011年第6期。

社会的自然史：亚当·斯密论文明社会的起源 康子兴，《清华法学》2011年第6期。

社会科学研究中多层线性模型方法应用的文献分析 李晓鹏、方杰、张敏强，《统计与决策》2011年第6期。

生活世界与行动意义研究的可能性——对舒茨现象学社会学的一项考察 郑庆杰，《前沿》2011年第6期。

扎根理论在深度访谈研究中的实例探析 孙晓娥，《西安交通大学学报》（社会科学版）2011年第6期。

风险社会：概念的提出及研究进展 张文霞、赵延东，《科学与社会》2011年第7期。

人类学本土化探索历程评述——以吴文藻、费孝通和李亦园为主的讨论 徐义强，《青海民族研究》2011年第7期。

社会互动中的风险与和谐机制研究 严新明，《江苏社会科学》2011年第8期。

社会建构论视野下的传统社会问题研究 洪长安，《学术论坛》2011年第8期。

社会风险评估机制的多维审视 张志红，《人民论坛》2011年第9期。

适应与不适——论布迪厄实践理论中的“惯习”概念与社会条件的关系 杨可，《华中科技大学学报》（社会科学版）2011年第9期。

中国人文社科研究自主性的慧觉与承继：以费孝通和赵汀阳为例 周炽成，《江海学刊》2011年第9期。

权威体制与有效治理：当代中国国家治理的制度逻辑 周雪光，《开放时代》2011年第10期。

质性方法在城市社会空间研究中的应用 冯健、吴芳芳，《地理研究》2011年第11期。

“中层理论”应用之再检视：一个基于跨学科演变的分析 杨念群，《社会学研究》2012年第1期。

通向“恶的平庸性”之路 冯婷，《社会》2012年第1期。

权力与时尚再生产——布迪厄文化消费理论再考察 朱伟珏，《社会》2012年第1期。

孙本文与“社会学学院派” 李培林、渠敬东，《中国研究》2012年第1期。

和弦与变奏：孙本文文化社会学与黄文山文化学 杨渝东，《南京大学学报》（哲学·人文科学·社会科学版）2012年第1期。

桑德尔的人类学重构及其还原 姚大志，《社会科学研究》2012年第1期。

社会抗争研究：西方理论与中国视角述评 王金红、黄振辉，《学术研究》2012年第1期。

社会史视野下的“文化大革命”研究 董国强，《中共党史研究》2012年第1期。

西方社会学理论视野下的中国社会建设 李萍，《行政论坛》2012年第1期。

“社会”的构成：自然法与现代社会理论的基础 李猛，《中国社会科学》2012年第2期。

“自我的道德地形学”——一个具有心理学和社会学意涵的本体诠释学理论 徐冰，《社会》2012年第2期。

生成图式与反思理性——解析布迪厄的知识社会学理论 赵万里、赵超，《社会》2012年第2期。

无产阶级化历程：理论解释、历史经验及其启示 刘建洲，《社会》2012年第2期。

社会调查质量研究：访员臆答与干预效果 严洁、邱泽奇、任莉颖、丁华、孙妍，《社会学研究》2012年第2期。

国家治理的有效性与合法性——对周雪光、冯仕政二文的再思考 蔡禾，《开放时代》2012年第

2 期。

“隐”的生成逻辑与隐士身份的建构机制——一项关于中国隐士的社会史研究 胡翼鹏，《开放时代》2012 年第 2 期。

话语分析与社会研究方法论变革 王鹏、林聚任，《天津社会科学》2012 年第 2 期。

青海民族地区多元文化与社会秩序的当代建构 骆桂花，《青海民族研究》2012 年第 2 期。

试论齐美尔的社会学研究视角及其学科启示 岳天明，《西北师大学报》（社会科学版）2012 年第 2 期。

杨庆堃的社会学研究及对中国社会学发展的贡献 孙庆忠，《河北学刊》2012 年第 2 期。

后社会学：探索与反思 谢立中，《社会学研究》2012 年第 3 期。

走向开源的社会学——定量分析中的复制性研究 陈云松、吴晓刚，《社会》2012 年第 3 期。

物质性与物质化——《身体之重》一书中的身体理论 范譞，《社会》2012 年第 3 期。

基于观测数据的社会关系网络测度 陈华珊，《青年研究》2012 年第 3 期。

社会互构论：超越经典二元对立社会学方法论的新探索 徐晓军，《西北师大学报》（社会科学版）2012 年第 3 期。

库恩与科学知识社会学 邢冬梅，《江苏社会科学》2012 年第 3 期。

论“传统”的现代性变迁——一种社会学视野 郑杭生，《学习与实践》2012 年第 3 期。

社区调查与中国社会学的“本土化”——纪念费孝通教授逝世 7 周年 马戎，《青海民族研究》2012 年第 3 期。

谈话分析与常人方法论的质性研究 范宏雅、赵万里，《山西大学学报》（哲学社会科学版）2012 年第 3 期。

文科课程实践教学的价值取向及实施模式探析——以“社会调查与研究方法”课程为例 肖云忠，《实验室研究与探索》2012 年第 3 期。

西方现代国家建构的理论逻辑与历史经验：从契约国家理论到国家建构理论 王威海，《人文杂志》2012 年第 3 期。

中国社会学的理论自觉（三篇）——郑杭生与中国特色社会学理论 陆益龙，《甘肃社会科学》2012 年第 3 期。

自由与秩序：西方社会管理思想的演进 张旅平、赵立玮，《社会学研究》2012 年第 3 期。

“共有地”的制度发明 张佩国，《社会学研究》2012 年第 4 期。

从“大众社会”到“社会学的想象力”理解米尔斯的一条内在线索 闻翔，《社会》2012 年第 4 期。

帝室与外家：西汉政治中的家族伦理 杭苏红，《社会》2012 年第 4 期。

社会结构与儒家理想：瞿同祖法律与社会研究中的断裂 杜月，《社会》2012 年第 4 期。

什么最重要？生活世界的回归评凯博文《道德的重量》 薛亚利，《社会》2012 年第 4 期。

“污秽”与道德秩序评玛丽·道格拉斯的《洁净与危险》 刘宏涛、潘建雷，《社会》2012 年第 4 期。

混合研究方法的方法论、研究策略及应用——以消费模式研究为例 朱迪，《社会学研究》2012 年第 4 期。

从发展实践中深化生态文明内涵 曾宪灵，《贵州社会科学》2012 年第 4 期。

从五四新文化运动看中国文化启蒙的特殊性 穆允军，《山东社会科学》2012 年第 4 期。

当代社会学中的阶级分析：理论视角和分析范式　李路路、陈建伟、秦广强，《社会》2012 年第 4 期。

社会空间研究的困境与反思　张品，《天津社会科学》2012 年第 4 期。

实践与实践性理解：布尔迪厄反思社会学的主题与品格　罗朝明，《上海大学学报》（社会科学版）2012 年第 4 期。

网络虚拟社会的管理模式创新　符永寿、刘飚，《广东社会科学》2012 年第 4 期。

韦伯“卡迪司法”论断辨正　张玲玉，《环球法律评论》2012 年第 4 期。

以社会公正奠定社会安全的基础　吴忠民，《社会学研究》2012 年第 4 期。

“新古典社会学”的宏图与迷思——以多元转型绩效比较为切口的批判性综述　吕鹏，《社会学研究》2012 年第 5 期。

当代社会学中的阶级分析：理论视角和分析范式　李路路、陈建伟、秦广强，《社会》2012 年第 5 期。

社会的制造与集体表象　陈涛，《社会》2012 年第 5 期。

爱国主义和世界主义：涂尔干的公共思想难题　何健，《社会》2012 年第 5 期。

友谊的可能性——一种自我认同与社会团结的机制　罗朝明，《社会》2012 年第 5 期。

经验与经验的现象学社会学化——读哈维·弗格森的《现象学社会学》　孙飞宇，《社会》2012 年第 5 期。

中国政府的治理模式：一个“控制权”理论　周雪光、练宏，《社会学研究》2012 年第 5 期。

常人方法论的谈话分析：理论旨趣与研究取向　赵万里、范宏雅，《广东社会科学》2012 年第 5 期。

分子遗传学的发展对社会学的影响　胡雯、张浩、李毅、刘世定、国光，《社会学研究》2012 年第 5 期。

个案研究的意义和限度——基于知识的增长　王富伟，《社会学研究》2012 年第 5 期。

国内外社会学专家齐聚塞上共话“社会管理与创新”——中国社会学会 2012 年学术年会在银川市隆重举行　张万静，《宁夏社会科学》2012 年第 5 期。

倾向值匹配与因果推论：方法论述评　胡安宁，《社会学研究》2012 年第 5 期。

人性与社会自然的二重性及深刻意蕴——涂尔干社会学思想的核心问题之一　石德生，《南京社会科学》2012 年第 5 期。

孙本文与 20 世纪上半叶的中国社会学　周晓虹，《社会学研究》2012 年第 5 期。

重新认识文化研究在中国社会学中的地位——兼论孙本文对文化社会学研究的贡献与局限　刘少杰，《社会科学研究》2012 年第 5 期。

“空间”的思想谱系与理想图景：一种开放性实践空间的建构　文军、黄锐，《社会学研究》2012 年第 6 期。

论社会官能征——现代性与微观的爱之政治社会学片论　孙飞宇，《社会学研究》2012 年第 6 期。

社会秩序的护卫者 ——亚当·斯密论“正义”与“自然法理学”　康子兴，《社会》2012 年第 6 期。

“人性宗教”的起源与经过 ——一个塑造现代社会的过程　张巍卓，《社会》2012 年第 6 期。

基于观测数据的社会关系网络测度　陈华珊，《青年研究》2012 年第 6 期。

运动型治理机制：中国国家治理的制度逻辑再思考 周雪光，《开放时代》2012 年第 9 期。

处在跨国主义和多重语境中的社会学 Laurence Roulleau - Berger、陈晋，《学术研究》2012 年第 6 期。

从心理学到社会学唯灵论对涂尔干《哲学讲稿》中早期社会哲学思想的述评 魏文一，《社会》2012 年第 6 期。

从社会成员“无感增长”转向“有感发展”——中国社会转型新命题及其破解 郑杭生、黄家亮，《社会科学家》2012 年第 6 期。

当代西方社会学的日常生活转向——以核心理论问题为研究路径 郑震，《天津社会科学》2012 年第 6 期。

反思与超越——贝克风险社会思想探究 刘秦民，《广东社会科学》2012 年第 6 期。

建设社会现代化：中国未来发展的战略重点 陆学艺，《西北师大学报》（社会科学版）2012 年第 6 期。

理解现代性的三个途径 赵联飞，《河北学刊》2012 年第 6 期。

社会发展与结构转换——马克思的研究视角 丰子义，《西南大学学报》（社会科学版）2012 年第 6 期。

深度访谈研究方法的实证论析 孙晓娥，《西安交通大学学报》（社会科学版）2012 年第 6 期。

因果理论的结构与类型——社会科学理论建构的方法论思考 吕涛，《西北师大学报》（社会科学版）2012 年第 6 期。

作为社会工程的道德重建——基于对涂尔干社会理论的理解 郑中玉、王雅林，《社会科学战线》2012 年第 6 期。

逻辑、想象和诠释：工具变量在社会科学因果推断中的应用 陈云松，《社会学研究》2012 年第 8 期。

我国社会预警体系建设的纠结及其破解 阎耀军，《国家行政学院学报》2012 年第 8 期。

重新思考群己权界：帕累托自由不可能性定理考辩 苏振华、赵鼎新，《社会学研究》2012 年第 8 期。

福柯与知识社会学的话语分析转向 赵万里、穆滢潭，《天津社会科学》2012 年第 9 期。

论社会学芝加哥学派的历史分期及理论贡献 柯泽，《社会科学辑刊》2012 年第 9 期。

“理论自觉”与中国马克思主义社会学的发展——郑杭生的社会学理论立场及意义 奂平清，《甘肃社会科学》2012 年第 10 期。

理论自觉与中国社会学学派的成长——郑杭生的社会运行学派及其贡献 董翔薇、董驹翔，《甘肃社会科学》2012 年第 10 期。

从文化自觉迈向理论自觉——郑杭生对中国社会学及理论的贡献 陆益龙，《甘肃社会科学》2012 年第 11 期。

生成图式与反思理性 解析布迪厄的知识社会学理论 赵万里、赵超，《社会》2012 年第 11 期。

孙本文的文化社会学与中国社会 郑震，《南京大学学报》（哲学·人文科学·社会科学版）2012 年第 12 期。

现代性的变奏与个体化社会的兴起——乌尔里希·贝克“制度化的个体主义”理论述评 李荣山，《学海》2012 年第 12 期。

“经验研究”与“理论研究”——古典社会学、心理学的诠释学意涵 徐冰，《社会学研究》

2012年第2期。

论日常生活 郑震，《社会学研究》2013年第1期。

方法论与生活世界舒茨主体间性理论再讨论 孙飞宇，《社会》2013年第1期。

道德、政治化与抽象的世界主义 基于对涂尔干《社会分工论》及相关著作的解读 刘拥华，《社会》2013年第1期。

范式的抗争：非主流社会学理论的形成及其影响 文军，《社会学评论》2013年第2期。

风起于青萍之末："大跃进"时期的劳动教养与管制初探 李若建，《开放时代》2013年第2期。

泛在信息社会的概念溯源及基本特征 单美贤，《贵州社会科学》2013年第1期。

风险社会、现代性与伦理危机 李义天、邵华，《国外理论动态》2013年第1期。

社会学理论视野中的中国城乡社会变迁——关于《三元化利益格局下"身份—权利—待遇"体系的重建》一文的访谈和思考 杨敏、王娟娟，《学习与实践》2013年第1期。

社会运行与社会发展：马克思与社会学家的对话 辛本禄、高和荣，《南京社会科学》2013年第1期。

现代性：思想政治教育社会学建构的起点 叶方兴，《河海大学学报》（哲学社会科学版）2013年第1期。

占有、经营与治理：乡镇企业的三重分析概念——重返经典社会科学研究的一项尝试（上） 渠敬东，《社会》2013年第1期。

占有、经营与治理：乡镇企业的三重分析概念——重返经典社会科学研究的一项尝试（下） 渠敬东，《社会》2013年第2期。

城市化：发展道路、特征与当前问题 何蓉，《国外社会科学》2013年第2期。

论韦伯经济社会思想中的形式主义传统及认知困境 马良灿，《华中科技大学学报》（社会科学版）2013年第2期。

论现代社会调查研究的三维规范体系 王忠武，《社会科学》2013年第2期。

曼海姆知识社会学关于青年思维方式的论述及其启示 林建成，《中国青年研究》2013年第2期。

市场秩序如何从失序走向有序——惠镇石料市场个案研究 符平，《华中科技大学学报》（社会科学版）2013年第2期。

维果茨基最近发展区理论及其应用研究 王颖，《山东社会科学》2013年第2期。

转型社会中的个体化与社会团结——中国语境下的个体化议题 王建民，《思想战线》2013年第2期。

国家治理逻辑与中国官僚体制：一个韦伯理论视角 周雪光，《开放时代》2013年第3期。

回归乡土与现实：乡镇企业研究路径的反思 周飞舟，《社会》2013年第3期。

客观分层与主观建构：城镇居民阶层认同的影响因素分析——对既往相关研究的梳理与验证 李飞，《青年研究》2013年第3期。

波兰尼对形式经济学的批判与实质主义传统的创生 马良灿，《青年研究》2013年第3期。

社会学实证研究方法及过程解读——以《自杀论》研究为例 库少雄、童玉英，《山东社会科学》2013年第3期。

深度分工条件下的社会团结如何实现——论涂尔干《社会分工论》的主旨 潘建雷、李海荣，《北京行政学院学报》2013年第3期。

时空社会学：一门前景无限的新兴学科 景天魁，《人文杂志》2013 年第 3 期。

拆解“结构—能动”的理论迷思 正负情愫交融现象的理论意涵 叶启政，《社会》2013 年第 4 期。

后结构主义语境下的社会理论：米歇尔·福柯与亨利·列斐伏尔 钱俊希，《人文地理》2013 年第 4 期。

涂尔干早期社会理论中的“社会”概念 李英飞，《社会》2013 年第 4 期。

伽达默尔诠释学对定性研究的启示 向家宇，《社会学评论》2013 年第 4 期。

伍尔夫模仿学习理论述评 邱关军，《全球教育展望》2013 年第 4 期。

移植与融会：民国时期社会学理论体系构建的美国学术渊源 阎书钦，《清华大学学报》（哲学社会科学版）2013 年第 4 期。

方法论与生活世界 舒茨主体间性理论再讨论 孙飞宇，《社会》2013 年第 5 期。

马克斯·韦伯：基于社会动力学的思考 张旅平，《社会》2013 年第 5 期。

论操作化：当代社会科学哲学的启示 吴肃然，《社会》2013 年第 5 期。

强制结构理论及实验检验 刘军、David Willer、Pamela Emanuelson，《社会》2013 年第 5 期。

人造社会还是自然社会——涂尔干对社会契约论的批判 陈涛，《社会学研究》2013 年第 5 期。

谭嗣同之“群学”、“社会学”辨析——兼论中国社会学一词的起点 刘祥、周慧，《社会学研究》2013 年第 5 期。

为自由的民主计划和社会技术——曼海姆晚期社会学思想解析 关锋，《社会学研究》2013 年第 5 期。

涂尔干早期社会理论中的“社会”概念 李英飞，《社会》2013 年第 6 期。

论共同行动中的合作行为模式 张康之，《社会学评论》2013 年第 6 期。

当代社会发展的文化动力 李云智，《北京工业大学学报》（社会科学版）2013 年第 6 期。

科塞与功能冲突论 霍韩琦，《山西师大学报》（社会科学版）2013 年第 6 期。

论知识的权力研究的四大传统 刘永谋，《天津社会科学》2013 年第 6 期。

面对新社会形态的当代社会学 刘少杰，《天津社会科学》2013 年第 6 期。

文化治理与社会重建：基于国家与社会互动的分析框 钟起万、邬家峰，《江西社会科学》2013 年第 6 期。

孙本文先生对早期中国社会学贡献的再认识 郑杭生，《华中师范大学学报》（人文社会科学版）2013 年第 9 期。

滕尼斯的梦想与现实 丁元竹，《读书》2013 年第 9 期。

韦伯“理想类型”与现代伦理形态 樊浩，《社会科学战线》2013 年第 9 期。

社会科学研究的价值立场 朱鹏、赵绍成、张冲，《学术界》2013 年第 12 期。

社会质量理论：理论阐释与实践探索 郑卫荣、李萍萍、刘志昌，《国外社会科学》2013 年第 12 期。

质性研究与社会学的中国化 石英，《人文杂志》2013 年第 16 期。

主权者：从主人到代表者——霍布斯的主权理论的发展 陈涛，《历史法学》2014 年 00 期。

问卷调查质量研究：应答代表性评估 任莉颖、邱泽奇、丁华、严洁，《社会》2014 年第 1 期。

以“村庄”为立身之本 袁松，《社会学评论》2014 年第 1 期。

饱和经验法——华中乡土派对经验研究方法的认识 贺雪峰，《社会学评论》2014 年第 1 期。

华中乡土派的经验立场 杨华，《社会学评论》2014 年第 1 期。

笔谈：乡村经验研究方法 贺雪峰，《社会学评论》2014 年第 1 期。

谈谈经验质感 吕德文，《社会学评论》2014 年第 1 期。

经验研究的“第三条道路” 王德福，《社会学评论》2014 年第 1 期。

如何做中国农村的经验研究 桂华，《社会学评论》2014 年第 1 期。

中国社会学本土化历程中的理论品质 缑文学，《社会学评论》2014 年第 1 期。

出场学视域下的马克思主义社会学再诠释 王力平，《社会科学辑刊》2014 年第 1 期。

反事实、控制变量和文本——对定性研究的反思 刘林平，《云南大学学报》（社会科学版）2014 年第 1 期。

流动性：社会理论的新转向 林晓珊，《国外理论动态》2014 年第 1 期。

社会治理：一个概念的社会学考评及其意义 陈成文、赵杏梓，《湖南师范大学社会科学学报》2014 年第 1 期。

韦伯与桑巴特比较视角下的现代社会起源——兼论中国现代性之发端 张金荣、徐佳，《东北师大学报》（哲学社会科学版）2014 年第 1 期。

现代性的扩展与现代社会理论的兴起 董才生、王彦力，《贵州社会科学》2014 年第 1 期。

增长混合模型：分析不同类别个体发展趋势 王孟成、毕向阳、叶浩生，《社会学研究》2014 年第 1 期。

中国家庭追踪调查：理念与实践 谢宇，胡婧炜，张春泥，《社会》2014 年第 2 期。

母权神话：“知母不知父”的西方谱系（上） 吴飞，《社会》2014 年第 2 期。

荀子对“得地兼人”的论述与国家规模理论 刘世定，《社会发展研究》2014 年第 2 期。

新官上任：清代地方政治秩序研究 王绍琛，《社会发展研究》2014 年第 2 期。

国外社会风险理论研究的进展及启示 王京京，《国外理论动态》2014 年第 2 期。

哈贝马斯的“沟通有效性理论”：前提或限制 谢立中，《北京大学学报》（哲学社会科学版）2014 年第 2 期。

环境社会学的本土化与国际性 洪大用，《江苏社会科学》2014 年第 2 期。

价值的科学 韦伯社会科学方法论再探 王楠，《社会》2014 年第 2 期。

试论斯密视野中的“我” 马良灿、杨欢，《社会学评论》2014 年第 2 期。

社会稳定风险评估的社会理论图景 朱德米，《南京社会科学》2014 年第 2 期。

乡土纠纷的解决与正义供给——来自赣南宋村的田野经验 印子，《环球法律评论》2014 年第 2 期。

简析马克思主义与实证主义社会研究范式的区别 谢立中，《天津社会科学》2014 年第 3 期。

社会史研究的最新发展趋势 常建华，《安徽师范大学学报》（人文社会科学版）2014 年第 3 期。

侠气与民情：19 世纪中叶地方军事化演变中的社会转型 侯俊丹，《社会》2014 年第 3 期。

重新思考公民与公共生活：基于儒家立场和中国历史经验 姚中秋，《社会》2014 年第 3 期。

公共话语的演变与危机 任锋，《社会》2014 年第 3 期。

邸报与中晚明的公开议政 任文利，《社会》2014 年第 3 期。

社会学的传记取向：当代社会学进展的一种维度 鲍磊，《社会》2014 年第 3 期。

重新思考量化社会研究的模式——读莱茵·塔格培拉《让社会科学更加科学化》 吴肃然，《社会》2014 年第 3 期。

国家治理、政府治理和社会治理的基本含义及其相互关系辨析 王浦劬，《社会学评论》2014 年第 3 期。

基于文献计量学的中国社会学学科半衰期分析 童国平，《西南民族大学学报》（人文社会科学版）2014 年第 4 期。

近十年来中国社会学研究进展——基于国家社科基金立项的统计分析 徐俊、风笑天，《北京社会科学》2014 年第 4 期。

论断与学理——陆学艺先生的社会与经济发展不协调性分析 刘世定，《社会学研究》2014 年第 4 期。

从“黄宗羲定律”到帝国的逻辑：中国国家治理逻辑的历史线索 周雪光，《开放时代》2014 年第 4 期。

人情与制度：平衡还是制衡？——兼论个案研究的代表性问题 翟学伟，《开放时代》2014 年第 4 期。

认真对待劣势知识生产与奖励之马太效应的畸形叠合 舒国滢，《清华大学学报》（哲学社会科学版）2014 年第 4 期。

深度访谈的混合模型：个案金字塔阵 沈奕斐，《江苏社会科学》2014 年第 4 期。

性别视角下的社会学史重构 何祎金，《妇女研究论丛》2014 年第 4 期。

职业伦理与公民道德——涂尔干对国家与社会之关系的新构建 渠敬东，《社会学研究》2014 年第 4 期。

作为标签的越轨和艺术——从标签理论解读贝克尔的《局外人》与《艺术界》之关联 卢文超，《社会》2014 年第 4 期。

蒂利的历史社会科学——从结构还原论到关系实在论 李钧鹏，《社会学研究》2014 年第 5 期。

问题意识与调查研究 曹锦清，《社会学评论》2014 年第 5 期。

后殖民语境下社会学的学科认同与重构 何祎金，《社会学评论》2014 年第 5 期。

社会转型与中国社会科学的历史使命 周晓虹，《南京社会科学》2014 年第 5 期。

新史学与中国早期社会理论的形成——以陈黻宸的“民史”观为例 侯俊丹，《社会学研究》2014 年第 5 期。

中国历史上的“均”与社会正义观 何蓉，《社会学研究》2014 年第 5 期。

自由革命的专制命运：托克维尔的未完成革命著述 崇明，《社会》2014 年第 5 期。

社会学的传记取向：当代社会学进展的一种维度 鲍磊，《社会》2014 年第 5 期。

亲属法与新社会——陶希圣的亲属法研究及其社会史基础 白中林，《社会学研究》2014 年第 6 期。

西方建构主义社会学的基本脉络与问题 郑震，《社会学研究》2014 年第 6 期。

自杀与现代人的境况——涂尔干的“自杀类型学”及其人性基础 赵立玮，《社会》2014 年第 6 期。

从工具到范式：假设检验争议的知识社会学反思 吕小康，《社会》2014 年第 6 期。

社会类型与现代社会的性质 贾应生，《社会学评论》2014 年第 6 期。

全国居民纵贯调查抽样方案设计研究 李炜、张丽萍，《科研信息化技术与应用》2014 年第 6 期。

乡土之实与山川之灵——以费孝通为例对中国社会学与人类学两重性的再省思 齐钊、赵旭东，

《西北民族研究》2014 年第 7 期。

重返空间社会学：继承费孝通先生的学术遗产　刘能，《学海》2014 年第 8 期。

论社会科学研究的价值移情与超脱——兼评韦伯的“价值中立”观　张彦，《上海财经大学学报》2014 年第 9 期。

吴文藻与中国社会学的重建　王炳根，《读书》2014 年第 11 期。

社会结构

劳动力市场分割、职业流动与城市劳动者经济地位获得的二元路径模式　吴愈晓，《中国社会科学》2011 年第 1 期。

中产阶层与社会和谐　孙立平，《新经济》2011 年第 1 期。

中国改革以来阶级阶层结构的变化　李培林，《黑龙江社会科学》2011 年第 1 期。

消费、生活方式和社会分层　田丰，《黑龙江社会科学》2011 年第 1 期。

包容性增长与社会公平　陈家付，《学术界》2011 年第 1 期。

从丧服制度看“差序格局”——对一个经典概念的再反思　吴飞，《开放时代》2011 年第 1 期。

从社会分层看我国社会福利体系的完善　燕丽娜，《兰州学刊》2011 年第 1 期。

多元社会结构与社会形态的跳跃转型　查振华、黄群，《湖南社会科学》2011 年第 1 期。

关系与权力：从共同体到国家之路——如何认识传统中国人与中国社会总纲　翟学伟，《社会科学研究》2011 年第 1 期。

论圈层结构——当代中国农村社会结构变迁的再认识　宋丽娜、田先红，《中国农业大学学报》（社会科学版）2011 年第 1 期。

陌生人社会秩序的价值基础　龚长宇、郑杭生，《科学社会主义》2011 年第 1 期。

农民合作行为变化与社会变迁的微观机制——以华北平原 S 村为例　李义波、弓路沙，《中国农村观察》2011 年第 1 期。

社会力模型的改进研究　汪蕾、蔡云、徐青，《南京理工大学学报》（自然科学版）2011 年第 1 期。

社会网络资源及其收入效应研究——基于分位回归模型分析　张顺、郭小弦，《社会》2011 年第 1 期。

中国中产阶级的发展状况　李春玲，《黑龙江社会科学》2011 年第 1 期。

网络民粹主义的潜流：2000—2010 年中国网民行为意识的个案分析　王璐、方晓强，《内蒙古社会科学》（汉文版）2011 年第 1 期。

网络群体性事件：转型时期社会危机的新形态　罗亮、黄毅峰，《求实》2011 年第 1 期。

武婆信仰与桂林区域社会变迁　胡小安，《广西民族大学学报》（哲学社会科学版）2011 年第 1 期。

寻求变革还是安于现状：中产阶级社会政治态度测量　李春玲，《社会》2011 年第 2 期。

当前中国的贫富格局　孙立平，《团结》2011 年第 2 期。

新生代农民工就业信息获取渠道中的断裂现象　李红艳，《青年研究》2011 年第 2 期。

代际公平、向上流动与“穷二代”大学生的职业发展——以湖南的分析为例　豆小红、黄飞飞，《青年研究》2011 年第 2 期。

城市文化软实力的内涵及构成要素 余晓曼，《当代传播》2011年第2期。

社会流动有助于降低健康不平等吗？ 王甫勤，《社会学研究》2011年第2期。

市民社会结构的现代性特点刍议 何中华，《苏州大学学报》（哲学社会科学版）2011年第2期。

中国城市劳动力市场中的户籍分层 李骏、顾燕峰，《社会学研究》2011年第2期。

“空间的生产”理论、研究进展及其对中国城市研究的启示 叶超、柴彦威、张小林，《经济地理》2011年第3期。

参军：制度变迁下的社会分层与个体选择性流动 汪建华，《社会》2011年第3期。

社会资本与地位获得——简单与复杂的因果机制和因果联结 吕涛，《社会》2011年第3期。

中国社会阶层结构变动趋势研究——基于全国性CGSS调查数据的分析 张翼，《中国特色社会主义研究》2011年第3期。

论社会公正视野下的社区分化 吕东霞、姚亮，《理论与改革》2011年第3期。

农村“闪婚”现象及其村庄社会基础 王会，《南方人口》2011年第3期。

取消农业税后农村的阶层及其分析 贺雪峰，《社会科学》2011年第3期。

我国城市棚户区改造的困境与出路——以徐州棚户区改造的经验为例 楚德江，《理论导刊》2011年第3期。

代际流动与外群体歧视——基于2005年全国综合社会调查数据的实证分析 秦广强，《社会》2011年第4期。

城市在职青年的教育回报——基于性别与独生子女身份的分析 王晓焘，《社会》2011年第4期。

中产阶层对于自身政治参与有效性的评价——比较中国与越南中产阶层的政治效能感 朱妍，《青年研究》2011年第4期。

“亲而信”到“利相关”：人际信任的转向——一项关于人际信任状况的实证研究 朱虹，《学海》2011年第4期。

从疍民到“市民”：身份制与海洋渔民的代际流动 唐国建，《新疆社会科学》2011年第4期。

当代西方五种抗逆力模型比较研究 田国秀、邱文静、张妮，《华东理工大学学报》（社会科学版）2011年第4期。

空间正义：形成、内涵及意义 曹现强、张福磊，《城市发展研究》2011年第4期。

中产阶级的消费水平和消费方式 李春玲，《广东社会科学》2011年第4期。

论社会变迁与知识分子的角色——以现代精神传统为中心的考察 吉雅杰、吴园林，《湖南科技大学学报》（社会科学版）2011年第4期。

论社会风险不平等 姚伟，《内蒙古社会科学》（汉文版）2011年第4期。

农民集中居住、身份认同及其影响因素 叶继红，《内蒙古社会科学》（汉文版）2011年第4期。

群体性事件的网络舆情及其传播逻辑 陈潭、黄金，《理论探讨》2011年第4期。

马克思与哈贝马斯：社会结构范式的转换 杨淑静，《东北师大学报》（哲学社会科学版）2011年第5期。

社会关系、初职获得方式与职业流动 吴愈晓，《社会学研究》2011年第5期。

家庭背景与干部地位获得（1950—2003） 孙明，《社会》2011年第5期。

反学校文化与阶级再生产：“小子”与“子弟”之比较 周潇，《社会》2011年第5期。

中产阶层的现状、隐忧及社会责任 李春玲，《人民论坛》2011年第5期。

提升城市文化软实力的意义与路径选择 吴忠,《学术界》2011年第5期。

新浪微博中网民的情感动员 白淑英、肖本立,《兰州大学学报》(社会科学版)2011年第5期。

“网络暴力”:概念、根源及其应对——基于风险社会的分析视角 姜方炳,《浙江学刊》2011年第6期。

埃及社会运动中的机会结构、水平网络与架构共鸣 周明、曾向红,《社会学研究》2011年第6期。

农民工为何频繁变换工作 户籍制度下农民工的工作流动研究 张春泥,《社会》2011年第6期。

文化资本与社会地位获得——基于上海市的实证研究 仇立平、肖日葵,《中国社会科学》2011年第6期。

西方抗逆力理论:转型、演进、争辩和发展 刘玉兰,《国外社会科学》2011年第6期。

小农的终结与居村市民的建构——城乡一体化框架下农民的一般进路 吴业苗,《社会科学》2011年第7期。

学历与身份:特定时空下的链接 向冠春,《学术论坛》2011年第9期。

中国社会形态的基本特征与社会管理创新 李景治,《学术界》2011年第10期。

城市化与乡土社会变迁研究路径探析——村落变迁区域类型建构的方法 桂华,《学习与实践》2011年第11期。

积累的社会结构理论述评 丁晓钦、尹兴,《经济学动态》2011年第11期。

评拉克劳和墨菲对马克思社会结构理论的批判 王晓升,《马克思主义研究》2011年第11期。

市场化转型下的住房不平等——基于CGSS2006调查数据 胡蓉,《社会》2012年第1期。

精英阶层再生产与阶层固化程度——以青年的职业地位获得为例 张乐、张翼,《青年研究》2012年第1期。

社会分层下的居住逻辑及其中国实践 闵学勤,《开放时代》2012年第1期。

别让社会结构成为现代化的“瓶颈” 陆学艺,《人民论坛》2012年第1期。

从西南民族社会看财富、资源与性别分层的关系 李劼,《中央民族大学学报》(哲学社会科学版)2012年第1期。

当代藏区社会分层与社会流动问题——以甘肃藏区为例 迟玉花,《甘肃社会科学》2012年第1期。

户籍制度改革对流动人口收入的影响研究 魏万青,《社会学研究》2012年第1期。

阶层固化、社会流动与社会稳定 马传松、朱挢,《重庆社会科学》2012年第1期。

情感社会分层:另类社会结构探析 郭景萍,《广东社会科学》2012年第1期。

社会分层与社会空间领域的公平、公正 李强,《中国人民大学学报》2012年第1期。

思想政治教育视野中的社会心态培育 赵静,《河南师范大学学报》(哲学社会科学版)2012年第1期。

无声的革命:北京大学与苏州大学学生社会来源研究(1952—2002) 梁晨、李中清、张浩、李兰、阮丹青、康文林、杨善华,《中国社会科学》2012年第1期。

云南小凉山彝区村落空间生成研究——与杜赞奇“权力的文化网络”之理论对话 嘉日姆几,《民族研究》2012年第1期。

中国城市住房分层:基于2010年广州市千户问卷调查 刘祖云、毛小平,《中国社会科学》2012

年第2期。

基于空间再生产视角的西方城市空间更新解析 张京祥、陈浩，《人文地理》2012年第2期。

跨体制社会资本及其收入回报 边燕杰、王文彬、张磊、程诚，《中国社会科学》2012年第2期。

利益分化与居民参与——转型期中国城市基层社会管理的困境及其理论转向 王星，《社会学研究》2012年第2期。

社会结构阶层化和利益关系市场化——中国社会管理面临的新挑战 李路路，《社会学研究》2012年第2期。

社会经济地位、生活方式与健康不平等 王甫勤，《社会》2012年第2期。

庞大的人口数量 巨大的消费能量 中国中产的收入变化与消费潜力 李春玲，《博鳌观察》2012年第2期。

社会资本与弱势群体社会流动机制选择 李涛，《江汉论坛》2012年第2期。

文化、制度与结构：中国社会关系研究 纪莺莺，《社会学研究》2012年第2期。

中国体验：社会变迁的观景之窗 周晓虹，《探索与争鸣》2012年第2期。

收入不平等与公平分配：对转型时期中国城镇居民公平观的一项实证分析 李骏、吴晓刚，《中国社会科学》2012年第3期。

“中农”阶层：当前农村社会的中间阶层——“中国隐性农业革命”的社会学命题 杨华，《开放时代》2012年第3期。

中国农村的市场化发展与中间阶层——赣南车头镇调查 陈柏峰，《开放时代》2012年第3期。

江汉平原的农民流动与阶层分化：1981—2010——以湖北曙光村为考察对象 林辉煌，《开放时代》2012年第3期。

“中农”阶层：当前农村社会的中间阶层——“中国隐性农业革命”的社会学命题 杨华，《开放时代》2012年第3期。

精英移民——M型社会：当前中国社会结构困局解读 马金龙、李录堂，《西北人口》2012年第3期。

权威阶级体系的建构 李路路，《北京工业大学学报》（社会科学版）2012年第3期。

社会分化、分层与民主——基层民主研究的社会结构视角 陈明、慕良泽，《内蒙古社会科学》（汉文版）2012年第3期。

社会资本与城市居民社会经济地位认同 张顺、陈芳，《西安交通大学学报》（社会科学版）2012年第3期。

网络公共领域下我国社会结构的嬗变 方曙光，《中共浙江省委党校学报》2012年第3期。

中国城乡居民教育获得的性别差异研究 吴愈晓，《社会》2012年第4期。

风险社会与中国 肖瑛，《探索与争鸣》2012年第4期。

连续的插曲与插曲的连续——吉登斯对一般功能论关于社会变迁看法的批判 赵旭东，《江海学刊》2012年第4期。

汤因比的社会文化心理与社会变迁思想及其启示 付蕊，《学习与探索》2012年第4期。

中国城乡居民的中学教育分流与职业地位获得 王威海、顾源，《社会学研究》2012年第4期。

中国社会结构转型的理论拓展与经验研究 臧得顺，《思想战线》2012年第4期。

革命场域下的社会流动实证研究——以1937—1949年的冀中乡村为中心 杨豪，《开放时代》

2012 年第 5 期。

人力资本、劳动力市场分割与性别收入差距 邓峰、丁小浩，《社会学研究》2012 年第 5 期。

收入不平等与个体健康——基于 2005 年中国综合社会调查的实证分析 周彬、齐亚强，《社会》2012 年第 5 期。

外出务工与少数民族贫困地区的社会变迁——以广西凌云县背陇瑶为个案 杨小柳，《贵州社会科学》2012 年第 5 期。

中国农村社会结构演变的历程——从“乡土社会”到“新乡土社会” 饶旭鹏，《开发研究》2012 年第 5 期。

化解社会矛盾视角下的中国社会结构建设探析 吴玉敏，《青海社会科学》2012 年第 6 期。

农民工与社会结构的互构——以农民工就业为例的分析 胡杰成，《兰州学刊》2012 年第 6 期。

社会转型与规则变迁：潜规则盛行的结构性动力及其治理方向 吕小康、汪新建，《天津社会科学》2012 年第 6 期。

新中国农村基层干部的文化解读——兼谈乡村社会变迁与国家政权建设 张乐天、陆洋，《南京社会科学》2012 年第 6 期。

等级的、文化的分层模式：中国社会结构变迁机制分析 邵书龙，《社会科学战线》2012 年第 7 期。

浙江社会流动调查报告 杨建华、张秀梅，《浙江社会科学》2012 年第 7 期。

马克思、帕森斯与吉登斯社会结构理论之比较 彭国胜，《理论导刊》2012 年第 9 期。

快速城市化进程中的人口流出地乡村社会变迁研究——对山西省中部地区的实证研究 罗小龙、田冬、杨效忠，《地理科学》2012 年第 10 期。

网络化时代的社会结构变迁 刘少杰，《学术月刊》2012 年第 10 期。

社会结构阶层化给社会管理带来的挑战——以江苏省太仓市为例 李振刚，《中共福建省委党校学报》2012 年第 10 期。

转型期中国城市社会管理之痛——以社会原子化为分析视角 田毅鹏，《探索与争鸣》2012 年第 12 期。

中国社会结构变动趋势应对 谢志强，《人民论坛》2012 年第 19 期。

“邻避”行动的社会生成机制 张乐、童星，《江苏行政学院学报》2013 年第 1 期。

城市包容乡村：破解城乡二元的发展观 刘祖云、李震，《学海》2013 年第 1 期。

户口、“农转非”与中国城市居民中的收入不平等 郑冰岛、吴晓刚，《社会学研究》2013 年第 1 期。

低经济地位大学生对“富二代”的印象及其影响因素的实证研究 陈丽澧、赵玉芳、尹新红，《青年研究》2013 年第 1 期。

技术选择与劳动收入比重变迁的理论与实证研究 丁从明、刘明，《中国人口·资源与环境》2013 年第 1 期。

近代苏鲁地区的初夜权：社会分层与人格异变 马俊亚，《文史哲》2013 年第 1 期。

论影响地位获得的社会关系类型——林南异质性关系理论效度分析 刘娜，《青海社会科学》2013 年第 1 期。

民国江南社会结构变迁对市镇与乡村关系的重塑 杨虎、胡明，《中国农史》2013 年第 1 期。

全球智慧城市发展动态及对中国的启示 屠启宇，《南京社会科学》2013 年第 1 期。

社会资本代际传递之研究 成伟、牛喜霞、迟丕贤，《华东理工大学学报》（社会科学版）2013年第1期。

时空视角下的现代社会状况 邓万春，《北京工业大学学报》（社会科学版）2013年第1期。

转型期中国社会结构的演变趋势 骆正林，《华南农业大学学报》（社会科学版）2013年第1期。

人口流动对中国城乡居民健康差异的影响 牛建林，《中国社会科学》2013年第2期。

地区经济社会发展水平与城市居民教育不平等（1978—2006）——基于CGSS2006的多层线性模型的分析 魏延志，《青年研究》2013年第2期。

敌我之分：20世纪中国乡村的社会变迁和革命运动——以土改时期山东省郓城县乡村社会为中心 罗衍军，《江苏师范大学学报》（哲学社会科学版）2013年第2期。

高校扩招与高等教育机会的性别平等化——基于中国综合社会调查（CGSS2008）数据的实证分析 张兆曙、陈奇，《社会学研究》2013年第2期。

市场转型中的社会流动与内在机制：1978—2011——来自浙江省居民社会流动问卷调查的实证分析 莫艳清、杨建华，《浙江学刊》2013年第2期。

当代中国收入不平等影响因素分析——基于CGSS2008多分类比较研究 张永梅、庞圣民，《大连理工大学学报》（社会科学版）2013年第3期。

工人阶级的形成：一个争议话题 汪仕凯，《社会学研究》2013年第3期。

国企改制过程中的国家与工人阶级：结构变迁及其文献述评 李锦峰，《社会》2013年第3期。

规则改变 刘大先，《南方文坛》2013年第3期。

情感社会学的社会分层模式 王鹏，《山东社会科学》2013年第3期。

如何定义中国中产阶级：划分中国中产阶级的三个标准 李春玲，《学海》2013年第3期。

商人社会流动对宋代社会结构的影响 冯芸，《思想战线》2013年第3期。

中国城乡居民的教育机会不平等及其演变（1978—2008） 吴愈晓，《中国社会科学》2013年第3期。

教育不平等的身心机制及干预策略——以农民工子女为例 高明华，《中国社会科学》2013年第4期。

客观分层与主观建构：城镇居民阶层认同的影响因素分析——对既往相关研究的梳理与验证 李飞，《青年研究》2013年第4期。

城乡社会结构变动与高中教育机会分配——基于甘肃Q县初中毕业教育分流的分析 杨宝琰、万明钢，《华东师范大学学报》（教育科学版）2013年第4期。

风险社会与城市新移民公民权的建构 苏昕，《当代世界与社会主义》2013年第4期。

经典社会分层理论的哲学解读及时代价值 张玉琳，《科学经济社会》2013年第4期。

论农民和农民工的主动市民化与被动市民化 李强，《河北学刊》2013年第4期。

市场的社会结构——场域理论对市场社会学的应用 陈林生，《华东理工大学学报》（社会科学版）2013年第4期。

教育分流体制与中国的教育分层（1978—2008） 吴愈晓，《社会学研究》2013年第5期。

农民工市民化与中国经济社会结构转型问题研究 柳建平、张永丽，《河南师范大学学报》（哲学社会科学版）2013年第5期。

唯一"真实"的基尼系数是否可得？ 谢立中，《社会学研究》2013年第5期。

不仅有"相对剥夺"，还有"生存焦虑"——中国主观认同阶层分布十年变迁的实证分析

（2001—2011）　陈光金，《黑龙江社会科学》2013 年第 5 期。

西周社会结构的考古学观察　张天恩，《考古与文物》2013 年第 5 期。

城乡社会结构变化与社会不稳定的内生性原因　钟宁、赵连章，《东北师大学报》（哲学社会科学版）2013 年第 6 期。

社会分工和社会结构演变的视角：斯密—涂尔干典范——“中国迈向高收入过程中的现代化转型研究”之四　宣晓伟，《中国发展观察》2013 年第 6 期。

社会结构的中国研究：1962—2012　李晓壮，《北京社会科学》2013 年第 6 期。

社会结构：一个概念的再考评　杜玉华，《社会科学》2013 年第 8 期。

一个基于社会分工视角的社会变迁分析框架——“中国迈向高收入过程中的现代化转型研究”之六　宣晓伟，《中国发展观察》2013 年第 8 期。

强制性社会变迁、人力资本失灵与收入分层　程广帅、庞会、戢琨，《浙江社会科学》2013 年第 12 期。

中国城乡居民自感健康与社会分层——基于（CGSS）2008 年的一项实证研究　孙其昂、李向健，《统计与信息论坛》2013 年第 12 期。

农民子女社会流动问题探析　许二梅，《人民论坛》2013 年第 18 期。

市场转型与城镇居民收入不平等分析——基于 CGSS2006 调查数据　张展，《东南大学学报》（哲学社会科学版）2013 年第 S2 期。

“己”的二重性：社会结构与主体关系　刘忠魏，《学术月刊》2014 年第 1 期。

“农转非”之后的社会经济地位获得研究　谢桂华，《社会学研究》2014 年第 1 期。

《小城镇 大问题》与当前的城镇化发展　沈关宝，《社会学研究》2014 年第 1 期。

中国城乡消费鸿沟变化趋势 2001—2011　李春玲，《北京工业大学学报》（社会科学版）2014 年第 1 期。

个人与社会——云南省芒市傣族村寨的生活伦理、仪式实践与社会结构　褚建芳，《中南民族大学学报》（人文社会科学版）2014 年第 1 期。

近代长三角地区打工妹群体职业分层片论　池子华，《江海学刊》2014 年第 1 期。

社会流动、制度变迁与政府管理创新：以 C 市实证研究为例　孔凡义，《经济社会体制比较》2014 年第 1 期。

制度变迁与消费分层：消费不平等的一个分析视角　林晓珊、张翼，《兰州大学学报》（社会科学版）2014 年第 1 期。

高速公路项目嵌入少数民族村落的影响研究——基于桂中三个村落的调查　邹海霞、杨文健，《广西民族研究》2014 年第 2 期。

教育不平等的年代变化趋势（1940—2010）——对城乡教育机会不平等的再考察　李春玲，《社会学研究》2014 年第 2 期。

教育下乡：一个乡镇的教育治理实践　沈洪成，《社会学研究》2014 年第 2 期。

购房：制度变迁下的住房分层与自我选择性流动　毛小平，《社会》2014 年第 2 期。

基于社会互构论的农民工阶层认同分析　姚德薇，《社会学评论》2014 年第 2 期。

知识还能改变命运吗——教育对推动阶层结构合理化的意义探讨　王春光，《人民论坛》2014 年第 2 期。

空间生产视角下的城中村物质空间与社会变迁——南京市江东村的实证研究　张京祥、胡毅、孙东琪，《人文地理》2014 年第 2 期。

日本对华认识研究方面的社会分层问题探析 管秀兰，《日本问题研究》2014 年第 2 期。

网络社会与社会分层：结构转型还是结构再生产？——基于 CGSS2010 数据的实证分析 程士强，《兰州大学学报》（社会科学版）2014 年第 2 期。

信任社会——一个社会形态的理想类型 胡全柱、乔超，《武汉理工大学学报》（社会科学版）2014 年第 2 期。

中国高校扩大招生规模对代际社会流动的影响 郝雨霏、陈皆明、张顺，《西北大学学报》（哲学社会科学版）2014 年第 2 期。

转型背景下的社会怨恨 张凤阳，《学海》2014 年第 2 期。

体制分割与中国城镇居民的住房差异 方长春，《社会》2014 年第 3 期。

社会分层视野中的城市居民闲暇活动——基于 2010 中国综合社会调查的实证分析 卢春天、成功，《青年研究》2014 年第 3 期。

发展进程中的“双重印象”：中国城市居民的收入不公平感研究 魏钦恭、张彦、李汉林，《社会发展研究》2014 年第 3 期。

“80 后”的教育经历与机会不平等——兼评《无声的革命》 李春玲，《中国社会科学》2014 年第 4 期。

社会资本与不平等的再生产：以农民工与城市职工的收入差距为例 程诚、边燕杰，《社会》2014 年第 4 期。

有限机会的公平分配：中国农民子女市民化的水平与模式 李丁，《社会》2014 年第 4 期。

告别 i 奴：富士康、数字资本主义与网络劳工抵抗 邱林川，《社会》2014 年第 4 期。

劳动力市场中的民族分层：对新疆维吾尔自治区的实证研究 吴晓刚、宋曦，《开放时代》2014 年第 4 期。

农村社会流动进阶与农村教育功用变演 彭拥军，《教育研究与实验》2014 年第 3 期。

近十年来中国社会流动研究的新进展——社会流动视野下的“X 二代现象”研究综述 顾辉，《学术论坛》2014 年第 4 期。

新生代农民工流动特征及其治理：上海例证 刘博，《重庆社会科学》2014 年第 4 期。

教育能否让我们更健康——基于 2010 年中国综合社会调查的城乡比较分析 胡安宁，《中国社会科学》2014 年第 5 期。

社会排斥与农民工社会支持体系构建 赵常兴、佘博，《西安电子科技大学学报》（社会科学版）2014 年第 5 期。

土库曼人传统社会结构探析 吴宏伟、肖飞，《新疆师范大学学报》（哲学社会科学版）2014 年第 5 期。

中国社会变迁中的认同困境探析 刘莹，《中国特色社会主义研究》2014 年第 5 期。

子孙辈社会地位对农村家长社会地位影响研究 陈景亮，《南方人口》2014 年第 5 期。

户口、职业隔离与中国城镇的收入不平等 吴晓刚、张卓妮，《中国社会科学》2014 年第 6 期。

青年精英再生产与代际资源传递 芦强，《青年研究》2014 年第 6 期。

农民工的城市居住：经验研究与理论视角 朱磊，《城市发展研究》2014 年第 6 期。

从“国家与社会”到“制度与生活”：中国社会变迁研究的视角转换 肖瑛，《中国社会科学》2014 年第 7 期。

农民分化与先富阶层的社会确认 袁松，《人文杂志》2014 年第 7 期。

运用制度建设构建现代型社会结构 邹农俭，《社会科学》2014 年第 7 期。

能力与出身：高等教育入学机会分配的机制分析 刘精明，《中国社会科学》2014 年第 8 期。

基于收入分配的社会分层研究 宋清波，《学术论坛》2014 年第 8 期。

阶层的固化与再生产：流动人口子女的社会化与社会流动 张红霞、江立华，《广西社会科学》2014 年第 8 期。

中国社会分层结构的四个世界 李强、王昊，《社会科学战线》2014 年第 9 期。

社会结构视阈下社会预警指标体系的构建研究 陈光、谢星全，《广西社会科学》2014 年第 11 期。

农村分工深化与社会结构变迁 张清津，《理论学刊》2014 年第 12 期。

职业流动的性别差异与收入不平等——基于 2008 年 CGSS 数据的分析 李黎明，《东南大学学报》（哲学社会科学版）2014 年第 S2 期。

社会发展

基层社会中“看得见”与“看不见”的国家——发生在一个商品房小区中的几个“故事” 王汉生、吴莹，《社会学研究》2011 年第 1 期。

农民工经济贡献自我评价差异的影响因素研究 陈旭峰、田志锋、钱民辉，《社会》2011 年第 1 期。

推动与促进：家庭资本对青年农民非农就业行为的影响机制探析 董金秋，《青年研究》2011 年第 1 期。

农民工的抗争行动及其对阶级形成的意义——一个类型学的分析 刘建洲，《青年研究》2011 年第 1 期。

论基层政权的“嵌入式治理”——基于鲁中东村的实地调研 华桦，《青年研究》2011 年第 1 期。

社会建设的情感维度——从社群主义的观点看 成伯清，《南京社会科学》2011 年第 1 期。

提升城市居民幸福指数的调查与思考——以绍兴为例 俞灵燕，《调研世界》2011 年第 1 期。

中国上下分治的治理体制及其稳定机制 曹正汉，《社会学研究》2011 年第 1 期。

中国的新发展阶段和社会改革 李培林，《杭州（我们）》2011 年第 2 期。

农民工的城市定居意愿研究——基于七省（区）调查数据的实证分析 叶鹏飞，《社会》2011 年第 2 期。

锦标赛体制与中国省级开发区的增长——基于省级经验的研究 李国武、侯佳伟，《社会》2011 年第 2 期。

价值主导型群体事件中参与主体的行动逻辑 张荆红，《社会》2011 年第 2 期。

农民工“进城落户”意愿与中国近期城镇化道路的选择 张翼，《中国人口科学》2011 年 02 期。

“共同利益”的现实性奠基及其“异化”的历史进程——从马克思哲学看 董晋骞，《社会科学辑刊》2011 年第 2 期。

论差异性社会的正义逻辑 任平，《江海学刊》2011 年第 2 期。

民生建设与中国未来 陈光金，《青海社会科学》2011 年第 2 期。

农民住宅进市场可增加农民财产收入 李培林，《农村工作通讯》2011年第3期。

中国新生代农民工：社会态度和行为选择 李培林、田丰，《社会》2011年第3期。

2010—2011年社会形势分析与预测 中国社会科学院“社会形势分析与预测”课题组、李培林、陈光金、李炜、田丰，《中国经贸导刊》2011年第3期。

“维控型”政权——多重结构中的乡镇政权特性 欧阳静，《社会》2011年第3期。

资本下乡与山林流转——来自湖北S镇的经验 郭亮，《社会》2011年第3期。

中国新生代农民工：社会态度和行为选择 李培林、田丰，《社会》2011年第3期。

美国基金会发展现状及管理制度的考察与借鉴 王劲颖，《中国行政管理》2011年第3期。

社会转型期利益分化与执政党利益整合的路径选择 杨爱杰，《理论月刊》2011年第3期。

区域社会转型与城市居民的社会资本研究 郭云涛，《社会》2011年第4期。

转型社会下的多重复合性风险——三城市公众风险感知状况的调查分析 刘岩、赵延东，《社会》2011年第4期。

村落视野下壮族择偶标准的嬗变——壮族婚姻家庭研究之二 黄润柏，《广西民族研究》2011年第4期。

多元利益群体的协调：构建和谐社会中的挑战与对策 温志强，《兰州商学院学报》2011年第4期。

科学、知识、知识分子：分析的马克思主义社会发展动力论域 郑忆石，《浙江学刊》2011年第4期。

利益冲突对构建和谐社会的挑战 梅艳玲，《前沿》2011年第4期。

社会建设就是建设社会现代化 陆学艺，《社会学研究》2011年第4期。

社会学视角的民生指标体系研究 王威海、陆康强，《人文杂志》2011年第4期。

我国发展新阶段的社会建设和社会管理 李培林，《社会学研究》2011年第4期。

项目制的分级运作机制和治理逻辑——对“项目进村”案例的社会学分析 折晓叶、陈婴婴，《中国社会科学》2011年第4期。

协商民主理论指导下的弱势群体利益表达 侯莎莎，《前沿》2011年第4期。

青少年的科学素质发展状况实证分析 叶松庆，《青年研究》2011年第5期。

“弱势”心理蔓延：社会管理创新需要面对的新课题 赵中源，《马克思主义与现实》2011年第5期。

城乡差分与内外之别：流动人口社会保障研究 杨菊华，《人口研究》2011年第5期。

和谐社会构建中的返乡农民工利益协调问题探析 李智水，《青海社会科学》2011年第5期。

社会建设重点领域相关问题探析 陈光金，《北京工业大学学报》（社会科学版）2011年第5期。

创新社会管理是我国改革的新任务 李培林，《决策与信息》2011年第6期。

从“先赋”到“后致”：农民工的社会网络与社会融合 悦中山、李树茁、靳小怡、［美］费尔德曼，《社会》2011年第6期。

单一化的主流意识、教化机制与“越轨亚文化群体”的“集体抵抗” 金小红、应辰，《兰州学刊》2011年第6期。

柔性管理：社会管理的重要机制 龚长宇，《学习与探索》2011年第6期。

社会建设与我国新发展阶段的战略选择 李培林，《中共中央党校学报》2011年第6期。

优化社会关系与协调利益关系：构建和谐社会的重要途径 刘芳，《探索》2011年第6期。

城乡结合部治理新模式 景天魁、赵春燕，《前线》2011 年第 8 期。

传统文化信念、社会保障与经济增长 贾俊雪、郭庆旺、宁静，《世界经济》2011 年第 8 期。

国外社会管理的有益经验 周澍、郑晓东、毛丹，《浙江社会科学》2011 年第 8 期。

论思想导向机制对化解社会利益矛盾的必要性及作用 吴凤庭、张耀灿，《湖北社会科学》2011 年第 8 期。

转型期利益冲突的边界划分与整合 李琼、李洪强，《求实》2011 年第 9 期。

期待建构现代人文精神 陈光金，《人民论坛》2011 年第 31 期。

财政资金的专项化及其问题——兼论“项目治国” 周飞舟，《社会》2012 年第 1 期。

弃婴与收养：计划生育与村落生育文化的冲撞与耦合——对 1990 年代赣南农村计划生育政策运行逻辑的一项微观解读 田先红，《青年研究》2012 年第 1 期。

学校类型对农民工子女价值观与行为模式的影响——基于上海的实证研究 熊易寒、杨肖光，《青年研究》2012 年第 1 期。

当前中国社会管理创新向何处去？——基于国家与社会关系的分析视角 唐文玉，《思想战线》2012 年第 1 期。

美国经验对当前中国社会建设的启示 朱涛，《国家行政学院学报》2012 年第 1 期。

社会发展与现代理性构建 丰子义，《学习与探索》2012 年第 1 期。

当代社会变革中的“国家—社会”新型关系——社会学中国化视野下的社会建设与社会管理 杨敏，《华中师范大学学报》（人文社会科学版）2012 年第 2 期。

利益集团与社会管理：挑战与出路 张振华，《社会科学》2012 年第 2 期。

加快城乡社会管理和服务体制的一体化改革 王春光，《国家行政学院学报》2012 年第 2 期。

幸福学研究及其对建设幸福城市的启示 王汉林，《科学经济社会》2012 年第 2 期。

中国共产党引领婚姻家庭建设的策略选择与社会意义 宋学勤，《江海学刊》2012 年第 2 期。

扩大消费与我国新成长阶段 李培林，《北京工业大学学报》（社会科学版）2012 年第 3 期。

集体协商与“国家主导”下的劳动关系治理——指标管理的策略与实践 吴清军，《社会学研究》2012 年第 3 期。

社会保障支出结构与社会效应关系的实证研究——基于不同社会保障模式的分析 刘玥蓉，《社会保障研究》2012 年第 3 期。

社会质量研究及其新进展 张海东、石海波、毕婧千，《社会学研究》2012 年第 3 期。

“中等收入陷阱”还是“转型陷阱”？ 清华大学社会学系社会发展研究课题组，《开放时代》2012 年第 3 期。

80 后大学毕业生就业状况及影响因素分析——基于 6 所 985 高校毕业生的调查 李春玲，《江苏社会科学》2012 年第 3 期。

80 后知识精英：多元分割与动态流变 施芸卿，《江苏社会科学》2012 年第 3 期。

中国流动人口的人力资本回报与社会融合 谢桂华，《中国社会科学》2012 年第 4 期。

当代中国社会建设的公共性困境及其超越 李友梅、肖瑛、黄晓春，《中国社会科学》2012 年第 4 期。

基层信访治理中的“包保责任制”实践逻辑与现实困境——以鄂中桥镇为例 田先红，《社会》2012 年第 4 期。

沉与浮：我国弱势群体利益表达困境及其突破 王高贺、张居永，《理论月刊》2012 年第 4 期。

从利益诉求的视角看社会管理创新 蔡禾，《社会学研究》2012 年第 4 期。

文化适应与社会排斥——流动少年的城市融入研究 石长慧，《青年研究》2012 年第 4 期。

城市化与我国新成长阶段——我国城市化发展战略研究 李培林，《江苏社会科学》2012 年第 5 期。

项目制：一种新的国家治理体制 渠敬东，《中国社会科学》2012 年第 5 期。

中国农民工社会融入的代际比较 李培林、田丰，《社会》2012 年第 5 期。

80 后网民的个人传统性及现代性 赵联飞，《青年研究》2012 年第 5 期。

境遇与态度：社会转型进程中的当代青年 孟蕾，《青年研究》2012 年第 5 期。

生活方式市民化——对农转非居民消费模式与闲暇模式的探讨 梁晨，《青年研究》2012 年第 5 期。

传统观念与个人理性的碰撞：80 后知识精英婚恋观研究 马妍，《青年研究》2012 年第 5 期。

城市化进程中的劳动力市场分割 范雷，《江苏社会科学》2012 年第 5 期。

生活方式市民化——对农转非居民消费模式与闲暇模式的探讨 梁晨，《青年研究》2012 年第 5 期。

公共利益观念：一个思想史的考察 张方华，《社会科学》2012 年第 5 期。

马克思主义利益观与和谐社会构建 霍孟林，《理论导刊》2012 年第 5 期。

探索新的关系和生活模式——关于成都男同性恋伴侣关系和生活实践的研究 魏伟、蔡思庆，《社会》2012 年第 6 期。

宏观税负、公共支出结构与个人主观幸福感——兼论“政府转型” 谢舜、魏万青、周少君，《社会》2012 年第 6 期。

市场机制的缺失让农民富不起来 孙立平，《文史博览》（理论）2012 年第 6 期。

“共建”：社会网络变迁中的结构和理性——基于 E 市建筑散工网络的研究 蔡长昆，《社会》2012 年第 6 期。

进步与发展的当代表述：内蒙古阿拉善的草原生态与社会发展 麻国庆、张亮，《开放时代》2012 年第 6 期。

群众路线与基层治理——赣南版上镇的计划生育工作（1991—2001） 吕德文，《开放时代》2012 年第 6 期。

制造同意：基层政府怎样吸纳民众的抗争 张永宏、李静君，《开放时代》2012 年第 7 期。

“包容性增长”视阈下社会利益矛盾化解模式探索 顾绍梅，《当代世界与社会主义》2012 年第 6 期。

公正与平等：社会可持续发展的重要向度——基于性别和谐的分析 张励仁，《社会主义研究》2012 年第 6 期。

和谐社会构建背景下家庭文化功能的社会意义论析 陈旸，《理论月刊》2012 年第 6 期。

基于少子高龄化的日本社会保障改革：经验与借鉴 柳清瑞、王玥、刘静娜，《人口与发展》2012 年第 6 期。

马克思主义社会保障理论及其思想教育意义 欧阳万鹏、谢少华，《学校党建与思想教育》2012 年第 6 期。

儒学思想与当前幸福观的构建 陈水勇，《甘肃理论学刊》2012 年第 6 期。

中西方失地农民社会保障体系建设比较研究 郭晓霞，《学术探索》2012 年第 6 期。

中国城镇化“推进模式”研究　李强、陈宇琳、刘精明，《中国社会科学》2012 年第 7 期。

社会保障视角下的“民工荒”现象分析　景跃军、靳雄步，《江西社会科学》2012 年第 7 期。

农民工住房消费的影响因素分析　董昕、张翼，《中国农村经济》2012 年第 10 期。

个体化时代的中国式悖论及其出路——来自一个大都市的经验　熊万胜、李宽、戴纯青，《开放时代》2012 年第 10 期。

从县域实践看中国社会现代化轨迹——基于对太仓的考察　王春光，《探索与争鸣》2012 年第 12 期。

论科学发展观视阈下社会保障制度的构建与完善　郭静安，《学术交流》2012 年第 12 期。

论陌生人社会的治理：中国经验的表达　何绍辉，《求索》2012 年第 12 期。

构建社会主义和谐社会的理论贡献和重大成就　陈光金、李传柱、李璇，《求是》2012 年第 18 期。

欧洲福利国家的产生及其困境探析　李懋君，《人民论坛》2012 年第 27 期。

当前收入分配制度改革面临的困境与挑战　王春光，《人民论坛》2012 年 27 期。

缓解社会紧张度的“维稳”新路　景天魁，《人民论坛》2012 年第 S2 期。

非正式制度与村庄公共物品供给——T 村个案研究　温莹莹，《社会学研究》2013 年第 1 期。

社会风险与地方分权——中国食品安全监管实行地方分级管理的原因　曹正汉、周杰，《社会学研究》2013 年第 1 期。

同乡的力量：同乡聚集对农民工工资收入的影响　张春泥、谢宇，《社会》2013 年第 1 期。

新生代农民工市民化水平的现状及影响因素分析——基于我国 106 个城市调查数据的实证研究　李荣彬、袁城、王国宏、王领，《青年研究》2013 年第 1 期。

户籍制度改革与农民工市民化的路径　李强、胡宝荣，《社会学评论》2013 年第 1 期。

发展过程中的满意度　李汉林、魏钦恭、张晨曲，《社会学评论》2013 年第 1 期。

三元化利益格局下“身份—权利—待遇”体系的重建——走向包容、公平、共享的新型城市化　杨敏，《社会学评论》2013 年第 1 期。

“80 后”现象的产生及其演变　李春玲，《黑龙江社会科学》2013 年第 1 期。

构建基于社区的草原管理等级框架：以内蒙古荒漠草原的一个嘎查为例　张倩，《学海》2013 年第 1 期。

多元发展观——来自德钦的启示　王晓毅，《绿叶》2013 年第 Z1 期。

互联网对社会的影响及其建设思路　李强、刘强、陈宇琳，《北京社会科学》2013 年第 1 期。

“80 后”的职业群体差异　田丰，《黑龙江社会科学》2013 年第 1 期。

项目制与基层政府动员——对社会管理项目化运作的社会学考察　陈家建，《中国社会科学》2013 年第 2 期。

治理情境分析：风险约束下的地方政府行为——基于武陵市扶贫办“申诉”个案的研究　吕方，《社会学研究》2013 年第 2 期。

乡村社会转型时期的医患信任——以我国中部地区两村为例　房莉杰、梁小云、金承刚，《社会学研究》2013 年第 2 期。

区域经济发展模式下的劳工收入差异与分解——基于珠三角、苏南与浙江三地数据的实证研究　魏万青、谢舜，《社会》2013 年第 2 期。

流动儿童与本地儿童学校融合比较研究——基于社会融合的理论视角　周建芳、邓晓梅、石燕、杨灿君，《青年研究》2013 年第 2 期。

论中国社会形态跨越发展的理论依据和现实基础 闭伟宁，《社会学评论》2013 年第 2 期。

走向低代价开发：西北开发的历史反思与现实应对 刘敏，《社会学评论》2013 年第 2 期。

发达国家社会管理对中国的借鉴意义 段华明，《社会学评论》2013 年第 2 期。

中国现阶段劳动者利益诉求方式分析 吴忠民，《社会学评论》2013 年第 2 期。

城镇化与城乡社会保障制度统筹发展研究 汪国华，《天府新论》2013 年第 2 期。

论普遍交往与公民社会 卫扬中，《学海》2013 年第 2 期。

经济增长与生活质量：人文科学的视角 徐汶基、朴光海，《国外社会科学》2013 年第 3 期。

论“同城同待遇”与“同城同待遇指数”——杭州市新型城镇化的探索与实践 王国平，《社会学评论》2013 年第 3 期。

城市化与中小商人的“文化人”角色——以“北京成文厚”个案为例 董晓萍、蓝克利，《社会学评论》2013 年第 3 期。

社会融合的制度基础与条件——温州改革的调查与分析 温州综合改革课题组，《社会主义研究》2013 年第 3 期。

公平正义视野中的城镇化 孙立平，《中国党政干部论坛》2013 年第 3 期。

“回归社会”：中国社会建设与国家治理结构调适 何艳玲，《开放时代》2013 年第 3 期。

民国时期回族知识分子社会习俗改良宣传与实践 钟银梅，《回族研究》2013 年第 3 期。

民主与生活质量 曲夏夏、邢占军，《国外社会科学》2013 年第 3 期。

社会保障的发展：社会建设的首要任务与核心内容 申曙光、马颖颖，《苏州大学学报》（哲学社会科学版）2013 年第 3 期。

未来十年城镇化发展对人力资源和社会保障事业的影响与对策 唐镛、杨欣然，《中共天津市委党校学报》2013 年第 3 期。

小城镇依然是大问题 李培林，《甘肃社会科学》2013 年第 3 期。

移民、扶贫与生态文明建设——宁夏生态移民调研报告 李培林、王晓毅，《宁夏社会科学》2013 年第 3 期。

中国社会建设的文化禀赋与结构限定 宣朝庆，《社会学研究》2013 年第 3 期。

中国新型城镇化理论与实践创新 张鸿雁，《社会学研究》2013 年第 3 期。

土地财政与分税制：一个实证解释 孙秀林、周飞舟，《中国社会科学》2013 年第 4 期。

基层政府的文件治理——以县级政府为例 李林倬，《社会学研究》2013 年第 4 期。

留下还是离开：政治社会资本对农民工留城意愿的影响研究 刘茜、杜海峰、靳小怡、崔烨，《社会》2013 年第 4 期。

北京市青年流动人口行为适应比较研究 杨菊华、张莹、陈志光，《青年研究》2013 年第 4 期。

中国社会的“农民工化”：“民工体制”与“农民工学”——基于广州市农民工子弟学校教师的案例研究 孙中伟，《社会学评论》2013 年第 4 期。

论抵制低俗现象的四维向度 王新刚，《广西社会科学》2013 年第 4 期。

论构建和谐社会中利益群体的非均衡博弈 杨博文，《西南民族大学学报》（人文社会科学版）2013 年第 4 期。

论利益群体的非均衡博弈是组织系统演化的动力之源 杨博文，《理论探讨》2013 年第 4 期。

社会福利制度演进的内在逻辑 张林江，《中共中央党校学报》2013 年第 4 期。

社会协同治理：现实困境与路径选择——基于社会资本理论视角 刘卫平，《湘潭大学学报》（哲学社会科学版）2013 年第 4 期。

地方政府的非正式权力结构及其经济影响 刘明兴、张冬、钱滔、章奇，《社会学研究》2013 年第 5 期。

教育程度、收入水平与中国城市居民幸福感 ——一项基于 CGSS2005 的实证分析 黄嘉文，《社会》2013 年第 5 期。

走向东亚共同体：东亚社会面临的困境与出路 谢立中，《社会学评论》2013 年第 5 期。

融入取向与社会定位的紧张——对北京市流动少年社会融合的研究 石长慧，《社会学评论》2013 年第 5 期。

草根群体网络参政视野下的政府管理转型探析 谢建社、万春灵，《社会学评论》2013 年第 5 期。

农民消费与全面建成小康社会——宁夏生态移民家庭消费研究 范雷、田丰、李培林，《江苏社会科学》2013 年第 5 期。

利益群体在和谐社会构建中的非均衡博弈 于龙，《人民论坛》2013 年第 5 期。

我国社会保障水平对城乡收入差距的影响 丁煜、朱火云，《人口与发展》2013 年第 5 期。

科层结构与政策执行 陈家建、边慧敏、邓湘树，《社会学研究》2013 年第 6 期。

“建设社会现代化”命题：形成、内涵及价值 宋国恺，《社会学评论》2013 年第 6 期。

现代殡葬的转型与社会生态建设研究 郭林，《社会学评论》2013 年第 6 期。

主动城镇化与被动城镇化 李强，《西北师大学报》（社会科学版）2013 年第 6 期。

和谐社会视域下的和谐家庭论析 陈旸，《湖北社会科学》2013 年第 6 期。

经济资本社会化与社会资本增量的制度性后果——以社区组织体系为分析对象 刘玉东，《学术界》2013 年第 6 期。

马克思恩格斯分工理论视阈下的中国分工现状 张薇，《求索》2013 年第 7 期。

民生建设的“中国梦”：中国特色福利社会 景天魁，《探索与争鸣》2013 年第 8 期。

扶贫开发：惩防腐败应重点关注的新领域 王春光、孙兆霞，《中国党政干部论坛》2013 年第 9 期。

分享共赢视角下的武陵山区扶贫开发与社会建设 王春光、孙兆霞，《贵州社会科学》2013 年第 10 期。

个体化背景下社会建设的可能性问题研究 王春光，《人文杂志》2013 年第 11 期。

新型城镇化道路的思考 李培林，《前线》2013 年第 12 期。

让小城镇成为城市化的重要渠道 李培林，《中国老区建设》2013 年第 12 期。

转型背景下的社会体制变革 李培林，《求是》2013 年第 15 期。

从历史文献档案看中国古代救济思想与实践 薛洁，《兰台世界》2013 年第 S4 期。

县域政府治理模式的新变化 折晓叶，《中国社会科学》2014 年第 1 期。

马克思超越“西方中心论”的历史和逻辑 叶险明，《中国社会科学》2014 年第 1 期。

我国人口城镇化现状的剖析——基于 2010 年人口普查数据 郭志刚，《社会学研究》2014 年第 1 期。

农民工维权意愿的影响模式研究：基于长三角地区的问卷调查 郑卫东，《社会》2014 年第 1 期。

资本视角下新生代农民工的市民化影响因素分析 黄进、张舒婷，《社会发展研究》2014 年第 1 期。

集体维权行动暴力化的转型逻辑：基于扎根理论的分析 高恩新，《社会发展研究》2014 年第 1 期。

信访的“容量”分析——理解中国信访治理及其限度的一种思路 刘正强，《开放时代》2014 年第 1 期。

也谈公共管理研究方法 蓝志勇，《中国行政管理》2014 年第 1 期。

中国人文发展指数比较分析 杨家亮，《调研世界》2014 年第 1 期。

转型期乡域社会心理特征与社会管理创新的路径选择 谢炜，《华东师范大学学报》（哲学社会科学版）2014 年第 1 期。

反腐败是官民良性互动的切入点 孙立平，《廉政瞭望》2014 年第 2 期。

“项目制”的运作机制和效果是“合理化”吗？ 黄宗智、龚为纲、高原，《开放时代》2014 年第 2 期。

“数字原生代”大学生的手机使用及手机依赖研究 吴猛、田丰，《青年研究》2014 年第 2 期。

城乡关系演变的研究路径——一种社会学研究思路和分析框架 折晓叶、艾云，《社会发展研究》2014 年第 2 期。

“指标漂移”的社会过程——一个基于重庆“地票”制度的实证研究 曹亚鹏，《社会发展研究》2014 年第 2 期。

城市化进程中的农民工幸福感——一项探索性研究 王毅杰、丁百仁，《社会发展研究》2014 年第 2 期。

当前中国利益格局困境的分析与破解 郭根，《西南大学学报》（社会科学版）2014 年第 2 期。

国外社会公平建设路径的基本经验 莫凡、谭培文，《甘肃社会科学》2014 年第 2 期。

基层政府与地方产业选择——基于四东县的调查 冯猛，《社会学研究》2014 年第 2 期。

论主体多元化条件下的社会治理 张康之，《中国人民大学学报》2014 年第 2 期。

社会质量视域下城市居民创新意识研究 徐延辉、兰林火，《山东社会科学》2014 年第 2 期。

双重脱嵌与新生代农民工的阶级形成 黄斌欢，《社会学研究》2014 年第 2 期。

村域经济与生态环境同向谐变支点思考 张本效，《社会学评论》2014 年第 2 期。

一个新的社会稳定风险评估分析框架：风险感知的视角 胡象明、王锋，《中国行政管理》2014 年第 2 期。

农民工的社会保障与城市融入分析 石智雷、施念，《人口与发展》2014 年第 2 期。

社会质量测量维度与城市社区创新——基于深圳市的实证分析 李勇、徐延辉、兰林火，《中国社会科学》2014 年第 3 期。

进入 21 世纪以来的国企改革和发展 韩朝华、杨丽霞，《社会发展研究》2014 年第 3 期。

政策执行中的“包保责任制”——以 Q 市创建国家卫生城市工作为例 冯定星，《社会发展研究》2014 年第 3 期。

社会融合视角下的新生代农民工居留意愿研究 李振刚，《社会发展研究》2014 年第 3 期。

农村社会中的有限个体化——以华北 P 县西水村为例 梁晨，《社会发展研究》2014 年第 3 期。

“理想类型”与本土特质——对社会治理的一种社会学分析 郑杭生，《社会学评论》2014 年第 3 期。

中国社会治理的现代化　殷昭举,《社会学评论》2014 年第 3 期。

社会治理体系的法制化：趋势、问题和反思　朱景文,《社会学评论》2014 年第 3 期。

构建普惠型社会福利制度：误区与路径　刘敏,《广西社会科学》2014 年第 3 期。

环境风险在人群中的社会空间分配　龚文娟,《厦门大学学报》（哲学社会科学版）2014 年第 3 期。

略论现代生活方式的生态化转型　程秀波、郑园园,《河南师范大学学报》（哲学社会科学版）2014 年第 3 期。

社会发展视域中的机遇问题　丰子义,《哲学研究》2014 年第 3 期。

源头治理——社会治理有效性的基础和前提　景天魁,《北京工业大学学报》（社会科学版）2014 年第 3 期。

知识社会学视角下青年核心价值观认同探究　刘贝贝、林建成,《郑州大学学报》（哲学社会科学版）2014 年第 3 期。

大学生创业模式：现状、问题与对策——基于吉林省大学生科技园创业企业的调查分析　姚毓春、赵闯、张舒婷,《青年研究》2014 年第 4 期。

儿童抚养与进城务工农民的城市社会文化调试　肖索未、蔡永芳,《开放时代》2014 年第 4 期。

权力生产与社会控制："城管与摊贩"故事背后的逻辑　张晒,《社会学评论》2014 年第 4 期。

国家带动型法团主义与国家治理现代化　张兆曙、方劲,《社会学评论》2014 年第 4 期。

透析"个体幸福"与"文明发展"的辩证法　李振,《上海行政学院学报》2014 年第 4 期。

发展幻象的裂隙与社会化农业的兴起——以北京 L 市民农园为例　潘家恩、杜洁、钟芳,《青年研究》2014 年第 5 期。

"中国模式"何以可能——兼谈社会发展模式的主要特征　张宏程、王宏波、徐鹰,《山东社会科学》2014 年第 5 期。

社会共识与分歧：社会主义核心价值观的经验研究　李炜,《黑龙江社会科学》2014 年第 5 期

产业转型升级对我国农村转移劳动力就业的影响及对策研究　俞贺楠,《兰州学刊》2014 年第 5 期。

建成橄榄型分配格局问题研究　李培林、张翼,《江苏社会科学》2014 年第 5 期。

贫困陷阱与精英捕获：气候变化影响下内蒙古牧区的贫富分化　张倩,《学海》2014 年第 5 期。

民生需求及其结构：一个社会学视角的理论分析　李有发,《甘肃社会科学》2014 年第 5 期。

全球化下的"90 后"大学生：数字化生存与文化、物质消费　李春玲等,《青年研究》2014 年第 6 期。

制度资源对大学生创新能力的影响　邴浩、罗婧,《青年研究》2014 年第 6 期。

农民新生产要素的使用状况及其影响因素——基于 CGSS2010 的实证分析　陆益龙,《社会学评论》2014 年第 6 期。

论基层运动型治理——兼与周雪光等商榷　欧阳静,《开放时代》2014 年第 6 期。

建构一个新的城乡一体化分析框架：机会平等视角　王春光,《北京工业大学学报》（社会科学版）2014 年第 6 期。

数字不平等的再生产——以大学生网络使用为例　施芸卿,《兰州大学学报》（社会科学版）2014 年第 6 期。

"90 后"大学生的数字化生存　施芸卿、罗滁,《青年研究》2014 年第 6 期。

历史学与社会发展 赵文洪，《天津师范大学学报》（社会科学版）2014 年第 6 期。

网络语言的发展与社会价值选择的关系研究 孙莉玲，《江苏社会科学》2014 年第 6 期。

增长与道义：城市开发的双重逻辑——以 B 市 C 城区“开发带危改”阶段为例 施芸卿，《社会学研究》2014 年第 6 期。

论利益和谐是和谐社会建设的基础 袁会敏，《湖北社会科学》2014 年第 7 期。

近现代中国社会形态演进的特殊性与内在规律性探析 李春江、刘云华，《求实》2014 年第 8 期。

户籍改革释放制度红利 张翼，《决策探索》（下半月）2014 年第 8 期。

从“国家与社会”到“制度与生活”：中国社会变迁研究的视角转换 肖瑛，《中国社会科学》2014 年第 9 期。

论马克思社会发展理论的整体性逻辑 孙德海，《广西社会科学》2014 年第 11 期。

深化广西新医改与医患关系和谐构建的研究 罗萍，《学术论坛》2014 年第 11 期。

新型城镇化与社会治理 陈光金、张翼、王春光、汪建华、张文博，《学术研究》2014 年第 12 期。

中国大型基础设施项目社会影响评价指标体系构建 滕敏敏、韩传峰、刘兴华，《中国人口·资源与环境》2014 年第 12 期。

分支社会学

技术的政治经济学：基于马克思主义劳动过程理论的思考 王星，《社会》2011 年第 1 期。

经济社会地位、年龄与心理健康：一项基于上海的实证研究 袁浩，《社会》2011 年第 1 期。

中国私营企业主的形成机制、地位认同和政治参与 陈光金，《黑龙江社会科学》2011 年第 1 期。

中国国家运动的形成与变异：基于政体的整体性解释 冯仕政，《开放时代》2011 年第 1 期。

技术与社会的互构——以信息通讯技术在商村社会的应用为例 陈秋虹，《青年研究》2011 年第 1 期。

中国民族社会学学科的形成与发展 赵利生、刘敏、江波，《中南民族大学学报》（人文社会科学版）2011 年第 1 期。

回族社会中的移民宗教组织与家族——灵明堂固原分堂考察 王建新，《北方民族大学学报》（哲学社会科学版）2011 年第 1 期。

环境保护、群体压力还是利益波及：厦门居民 PX 环境运动参与行为的动机分析 周志家，《社会》2011 年第 1 期。

建构环境关心的测量模型：基于 2003 中国综合社会调查数据 卢春天、洪大用，《社会》2011 年第 1 期。

预防与抑制：社会资本在婚姻——暴力中的影响机制初探 赵延东、何光喜、朱依娜，《社会》2011 年第 1 期。

社会网络资源及其收入效应研究：基于分位回归模型分析 张顺、郭小弦，《社会》2011 年第 1 期。

论公民宗教 汲喆，《社会学研究》2011 年第 1 期。

劳动权益受损与行动选择研究：两代农民工的比较 刘爱玉，《江苏行政学院学报》2011 年第 1 期。

社会科学和公共政策的空间化和 GIS 的应用 王法辉，《地理学报》2011 年第 1 期。

社会资本的劳动力市场效应估算——关于内生性问题的文献回溯和研究策略 陈云松、范晓光，《社会学研究》2011 年第 1 期。

再论海洋社会学的学科属性 崔凤，《中国海洋大学学报》（社会科学版）2011 年第 1 期。

劳动权益的地区差异——基于对珠三角和长三角地区外来工的问卷调查 刘林平、雍昕、舒玢玢，《中国社会科学》2011 年第 2 期。

网络结构与权力分配：要素论的解释 刘军、David Willer、Pamela Emanuelson，《社会学研究》2011 年第 2 期。

留美科学家的国内参与及其社会网络——强弱关系假设的再探讨 孙晓娥、边燕杰，《社会》2011 年第 2 期。

劳工宿舍：企业社会责任还是经济理性——一项基于珠三角企业的调查 魏万青，《社会》2011 年第 2 期。

关系的本质与选择：基于一项实验的考察 王水雄，《青年研究》2011 年第 2 期。

网络舆情中的“网络推手”问题研究 王子文、马静，《政治学研究》2011 年第 2 期。

中国社会网络与社会资本研究 30 年（上） 张文宏，《江海学刊》2011 年第 2 期。

城郊农民集中居住区移民社区归属感研究 叶继红，《西北人口》2011 年第 3 期。

房子与骰子：财富交换之链的个案研究 赵丙祥、童周炳，《社会学研究》2011 年第 3 期。

农民社会支持网络的演变与农村宗教热现象研究 杨倩倩、陈岱云，《东岳论丛》2011 年第 3 期。

权力还是声望？——社会资本测量的争论与验证 尉建文、赵延东，《社会学研究》2011 年第 3 期。

社会网络分析方法在规划管理研究中的应用前景 李东泉、黄崑、蓝志勇，《国际城市规划》2011 年第 3 期。

社会资本、融资结网与企业间风险传染——浙江案例研究 吴宝、李正卫、池仁勇，《社会学研究》2011 年第 3 期。

社会资本与地位获得 简单与复杂的因果机制和因果联结 吕涛，《社会》2011 年第 3 期。

中国社会网络与社会资本研究 30 年（下） 张文宏，《江海学刊》2011 年第 3 期。

北京市优质公共资源配置与人口疏解研究 赵秀池，《人口研究》2011 年第 4 期。

近年来中国人口与就业热点问题研究 张翼，《河北学刊》2011 年第 4 期。

差序格局下的宗教信仰和信任——基于中国十城市的经验数据 阮荣平、王兵，《社会》2011 年第 4 期。

乡村中学生基督徒的文化冲突与文化适应——基于甘肃 W 村的田野调查 杨宝琰、万明钢，《社会》2011 年第 4 期。

人际关系、网络社会与社会舆论——以社会动员为视角 朱海龙，《湖南师范大学社会科学学报》2011 年第 4 期。

社会网络结构下的多元主体合作治理 唐秋伟，《郑州大学学报》（哲学社会科学版）2011 年第 4 期。

新时期的老龄问题我们应该如何面对 李建民、杜鹏、桂世勋、张翼，《人口研究》2011 年第 4 期。

市场社会还是市场性社会？——基于对波兰尼与诺斯争辩的分析 刘拥华，《社会学研究》2011 年第 4 期。

网络社群的组织特征及其社会影响 张文宏，《江苏行政学院学报》2011 年第 4 期。

当代中国超常信仰的经验研究——兼论中国宗教的内容与格局 夏昌奇、王存同，《社会学研究》2011 年第 5 期。

建筑业欠薪机制的形成与再生产分析 亓昕，《社会学研究》2011 年第 5 期。

次生庇护的交易模式、商业观与市场发展——惠镇石灰市场个案研究 符平，《社会学研究》2011 年第 5 期。

农民经商与市场分化——浙江义乌经验的表达 刘成斌，《社会学研究》2011 年第 5 期。

市场里的差序格局——对我国粮食购销市场秩序的本土化说明 熊万胜，《社会学研究》2011 年第 5 期。

新经济社会学的价格理论论析 王茂福，《社会学研究》2011 年第 5 期。

自雇者与受雇者的社会资本差异研究 邹宇春、敖丹，《社会学研究》2011 年第 5 期。

超越嵌入性范式：金融社会学的起源、发展和新议题 陈氚，《社会》2011 年第 5 期。

无名者生命的诗：中国女工多元主体的形成与抗争 陶艳兰，《社会》2011 年第 5 期。

囚在富士康——富士康准军事化工厂体制调查报告 程平源、潘毅、沈承、孔伟，《青年研究》2011 年第 5 期。

中国经验的环境之维：向度及其限度——对中国环境社会学研究的回顾与反思 包智明、陈占江，《社会学研究》2011 年第 6 期。

法律洞的司法跨越——关系密切群体法律治理的社会网络分析 张洪涛，《社会学研究》2011 年第 6 期。

公众环境关心的多层分析——基于中国 CGSS2003 的数据应用 洪大用、卢春天，《社会学研究》2011 年第 6 期。

从“先赋”到“后致”：农民工的社会网络与社会融合 悦中山、李树茁、靳小怡、费尔德曼，《社会》2011 年第 6 期。

控制与抵抗：雇主与家政工在家务劳动过程中的博弈 苏熠慧，《社会》2011 年第 6 期。

文化反哺与器物文明的代际传承 周晓虹，《中国社会科学》2011 年第 6 期。

人口结构变化与中国的“招工难”——基于劳动力供给、教育分流及收入变化等问题的研究报告 张翼、刘影翔，《中国特色社会主义研究》2011 年第 6 期。

典型贫困地区农村妇女生育观念和健康状况调查与分析 郭亚莉，《西北人口》2011 年第 6 期。

人情社会与契约社会——基于社会交换理论的视角 冯必扬，《社会科学》2011 年第 9 期。

器官移植病人的后移植生活：一项身体研究 余成普，《开放时代》2011 年第 11 期。

互联网动员与代工厂工人集体抗争 汪建华，《开放时代》2011 年第 11 期。

市场化改革与社会网络资本的收入效应 张顺、程诚，《社会学研究》2012 年第 1 期。

权力游戏与产业制度变迁——以中国石油产业外部合作战略转型为例（1988—2008） 梁波，《社会》2012 年第 1 期。

“科学是年轻人的游戏”？——对科研人员年龄与论文产出之间关系的研究 魏钦恭、秦广强、李飞，《青年研究》2012 年第 1 期。

虚拟世界中的公平演练——以《魔兽世界》为例探讨虚拟世界团队的合作机制 施芸卿，《青年研究》2012 年第 1 期。

市场社会中社会参与的路径问题：关系信任还是普遍信任 陈福平，《社会》2012 年第 2 期。

中国农民的环境公正意识与行动取向——以小溪村为例 刘春燕，《社会》2012 年第 1 期。

合法化资源与中国工人的行动主义——1957 年上海“工潮”再研究 林超超，《社会》2012 年第 1 期。

“找价”的社会学分析 胡亮，《社会》2012 年第 1 期。

土地“新产权”的实践逻辑——对湖北 S 镇土地承包纠纷的学理阐释 郭亮，《社会》2012 年第 2 期。

农村民间纠纷调解中的公平建构与公平逻辑 王汉生、王迪，《社会》2012 年第 2 期。

宗教对农民婚姻质量的影响——基于陕西杨凌区农户调查的经验研究 周易、唐轲、孟全省，《世界宗教文化》2012 年第 2 期。

消费社会学研究的一个理论框架 朱迪，《国外社会科学》2012 年第 2 期。

求职过程的社会网络模型：检验关系效应假设 边燕杰、张文宏、程诚，《社会》2012 年第 3 期。

求职过程的微观分析：结构特征模型 张顺、郭小弦，《社会》2012 年第 3 期。

求职过程的宏观—微观分析：多层次模型 梁玉成，《社会》2012 年第 3 期。

自雇过程的社会网络分析 王文彬、赵延东，《社会》2012 年第 3 期。

脱嵌型雇佣关系与农民工离职意愿——基于长三角和珠三角的问卷调查 孙中伟、杨肖锋，《社会》2012 年第 3 期。

媒介动员、钉子户与抗争政治——宜黄事件再分析 吕德文，《社会》2012 年第 3 期。

从暴力犯罪看乡村秩序及其“豪强化”危险——国家法/民间法视角反思 储卉娟，《社会》2012 年第 3 期。

“80 后”青年的住房拥有状况研究——以 985 高校毕业生为例 朱迪，《江苏社会科学》2012 年第 3 期。

韩国人推特网络的结构和动态 张德镇、金倚勋、周娟，《社会学研究》2012 年第 4 期。

建构跨学科的中国环境与资源社会学 秦华、科特尼·弗林特，《资源科学》2012 年第 4 期。

农民工收入与村庄网络——基于多重模型识别策略的因果效应分析 陈云松，《社会》2012 年第 4 期。

流散研究的兴起及其基本动向 朱敬才，《社会》2012 年第 4 期。

上海居民文化资本与政治参与——基于上海社会质量调查数据的分析 金桥，《社会学研究》2012 年第 4 期。

资源分布、阶层地位与社会支持——基于东亚华人社会的比较 范晓光，《社会》2012 年第 4 期。

大学生社会网络、知识水平与地位获得——基于西部高校学生调查的实证分析 程诚，《青年研究》2012 年第 4 期。

上海市新白领的政治态度与政治参与 孙秀林、雷开春，《青年研究》2012 年第 4 期。

国家政权建设与新中国信访制度的形成及演变 冯仕政，《社会学研究》2012 年第 4 期。

地域社会学：何以可能？何以可为？——以战后日本城乡“过密—过疏”问题研究为中心 田毅鹏，《社会学研究》2012 年第 5 期。

何以肩负使命：志愿行为的持续性研究——以大学生支教项目为例 罗婧、王天夫，《社会学研究》2012 年第 5 期。

效率逻辑还是权力逻辑——公司政治与上市公司 CEO 强制离职 杨典，《社会》2012 年第 5 期。

消散式遏制：中国劳工政治的比较个案研究 程秀英，《社会》2012 年第 5 期。

健康对家庭时间分配的影响 郭晓杰，《南方人口》2012 年第 5 期。

劳动力市场中的社会资本与市场化 张文宏、张莉，《社会学研究》2012 年第 5 期。

论微博与社会秩序的二重影响 张斯琦、张福贵，《甘肃社会科学》2012 年第 5 期。

民间宗教信仰复兴及“理事会”与基层政权的和谐互动——基于江西 X 县的考察 戴利朝、杨达，《江西社会科学》2012 年第 5 期。

宗教信仰对于社会秩序的意义 黄保罗，《西北民族大学学报》（哲学社会科学版）2012 年第 5 期。

中国青年人口的基本特征及其面临的主要问题——基于“第六次人口普查”数据的分析 张翼，《江苏社会科学》2012 年第 5 期。

“共建”：社会网络变迁中的结构和理性基于 E 市建筑散工网络的研究 蔡长昆，《社会》2012 年第 6 期。

重大自然灾害后社区情境对心理健康的调节效应——基于汶川地震过渡期两种安置模式的比较分析 毕向阳、马缨，《中国社会科学》2012 年第 6 期。

社会资本与教育获得——网络资源与社会闭合的视角 赵延东、洪岩璧，《社会学研究》2012 年第 6 期。

亲缘、地缘与市场的互嵌——社会经济视角下的新化数码快印业研究 谭同学，《开放时代》2012 年第 6 期。

老年人口居住安排与居住意愿研究 张丽萍，《人口学刊》2012 年第 6 期。

网络社会学研究的几个基本问题 任娟娟，《内蒙古社会科学》（汉文版）2012 年第 6 期。

重大自然灾害后社区情境对心理健康的调节效应——基于汶川地震过渡期两种安置模式的比较分析 毕向阳、马缨，《中国社会科学》2012 年第 6 期。

知识与生态：本土知识价值的再认识——以哈萨克游牧知识为例 陈祥军，《开放时代》2012 年第 7 期。

作为规训的生产——以大生产运动叙事为中心的话语考察 周海燕，《开放时代》2012 年第 8 期。

经济增长、环境保护与生态现代化——以环境社会学为视角 洪大用，《中国社会科学》2012 年第 9 期。

社会资本再生产：社会网中的关系变迁 王彪，《江汉论坛》2012 年第 9 期。

从热情劳动到弄虚作假：“大跃进”前后日常生产中的国家控制与基层实践——以对广州市 TY 厂的考察为例（1956—1965） 贾文娟，《开放时代》2012 年第 10 期。

工人参与、政治动员与国家政权建设——一项关于车间民主的社会学考察（1956—1965） 汪华，《开放时代》2012 年第 10 期。

毛泽东时代的国企职代会与国家基层治理逻辑 李晚莲，《开放时代》2012 年第 10 期。

革命伦理与劳动纪律——20世纪50年代初国营企业的劳动激励及其后果 吴长青，《开放时代》2012年第10期。

从政治呼号到法律逻辑——对中国工人抗争政治的话语分析 程秀英，《开放时代》2012年第11期。

集中居住区移民社会网络的变迁与重构 叶继红，《社会科学》2012年第11期。

六十年中国人口控制政策模式的变化与低生育水平时代的到来 张翼，《哲学基础理论研究》2013年。

二十世纪前期中国基层政权代理人的"差役化"——兼与清代华北乡村社会比较 渠桂萍，《中国社会科学》2013年第1期。

约制与建构：环境议题的呈现机制基于A市市民反建L垃圾焚烧厂的省思 龚文娟，《社会》2013年第1期。

学术发展与跨越：抗争政治理论的本土化尝试读《"气"与抗争政治：当代中国乡村社会稳定问题研究》 姜利标、卫小将，《社会》2013年第1期。

中国老年人口的家庭居住、健康与照料安排——第六次人口普查数据分析 张翼，《江苏社会科学》2013年第1期。

网络化时代的社会空间分化与冲突 刘少杰，《社会学评论》2013年第1期。

新生代农民工的集体抗争模式——从生产政治到生活政治 汪建华、孟泉，《开放时代》2013年第1期。

论关系文化与关系社会资本 边燕杰、张磊，《人文杂志》2013年第1期。

符号光环的追随与迷失——"80后"群体的奢侈品消费与时尚文化研究 孟蕾，《黑龙江社会科学》2013年第1期。

从适应能力的角度看农牧转换 王晓毅，《学海》2013年第1期。

制度变迁背景下的草原干旱——牧民定居、草原碎片与牧区市场化的影响 王晓毅，《中国农业大学学报》（社会科学版）2013年第1期。

农村环境问题的若干思考——王晓毅研究员访谈录 王晓毅、徐寅，《河海大学学报》（哲学社会科学版）2011年第2期。

建立环境素质评估指标体系提高公众环境素质 王耀先、李炜、杨明明、洪大用，《环境保护》2011年第6期。

性别、性别意识与环境关心——基于大学生环境意识调查的分析 李亮、宋璐，《妇女研究论丛》2013年第1期。

二重社会网络及其分布的中英比较 边燕杰、郝明松，《社会学研究》2013年第2期。

"操演性"视角下的理论、行动者集合和市场实践——以重构中关村电子产品市场的失败为例 陈氚，《社会学研究》2013年第2期。

从类型学到动态研究：兼论信仰的流动 卢云峰，《社会》2013年第2期。

对宗教组织之信任的探索性研究——以上海数据为例 李峰，《社会》2013年第2期。

关系网络与地下经济——基于上海一个自行车黑市的研究 强舸，《社会》2013年第2期。

区隔与融合：中国环境社会学与生态人类学的跨学科演绎 罗桥，《南京工业大学学报》（社会科学版）2013年第2期。

马克斯·韦伯宗教经济伦理思想产生的背景探究 刘凯，《云南大学学报》（社会科学版）2013

年第2期。

“违规”的空间 陈映芳，《社会学研究》2013年第3期。

“找关系”有用吗——非自由市场经济下的多模型复制与拓展研究 陈云松、比蒂·沃克尔、亨克·弗莱普，《社会学研究》2013年第3期。

中国的人口转变与未来人口政策的调整 张翼，《中国特色社会主义研究》2013年第3期。

表达空间的争夺：新媒体时代技术与社会的互构——以7·23动车事故相关微博分析为例 施芸卿，《青年研究》2013年第3期。

地方依附感与环境行为的关系研究——基于沙滩旅游人群的调查 赵宗金、董丽丽、王小芳，《社会学评论》2013年第3期。

海洋渔民何以边缘化——海洋社会学的分析框架 同春芬、张曦兮、黄艺，《社会学评论》2013年第3期。

海洋社会学英文译名辨析——以人类海洋开发活动变迁为视角的考察 崔凤、宋宁而，《社会学评论》2013年第3期。

GIS技术发展与社会化的困境与挑战 闾国年、袁林旺、俞肇元，《地球信息科学学报》2013年第3期。

没有边界的城市：从美国城市史到城市环境史 侯深，《中国人民大学学报》2013年第3期。

农村市场化、社会资本与农民家庭收入机制 王晶，《社会学研究》2013年第3期。

人们如何卷入公共参与事件——基于广州市恩宁路改造中公民行动的分析 黄冬娅，《社会》2013年第3期。

“捆绑式发展”与“隐喻型政治”——对汶川地震灾区平坝羌寨的案例研究 辛允星，《社会》2013年第3期。

全球化与场域精神：麦当劳在东亚城市的“文化定制”逻辑 邵颖萍，《社会》2013年第3期。

社会经济地位对人口健康的影响——以生活方式为中介机制 黄洁萍、尹秋菊，《人口与经济》2013年第3期。

品味的辩护：理解当代中国消费者的一条路径 朱迪，《广东社会科学》2013年第3期。

城市化与中产阶层成长——试从社会结构的角度论扩大消费 朱迪，《江苏社会科学》2013年第3期。

市场社会学的逻辑起点与研究路径 符平，《浙江社会科学》2013年第3期。

新古典社会学中的“阿尔吉之谜”：中国第一代最富有私营企业家的社会起源 吕鹏，《学海》2013年第3期。

因果判定与躯体化：精神病学标准化的医学社会学反思 吕小康、汪新建，《社会学研究》2013年第3期。

迈向“场域”脉络下的本土“关系”理论探析 沈毅，《社会学研究》2013年第4期。

流动性与空巢化：我国乡村小学教育的现状及变迁——基于豫北AZ村的解读 孙可敬，《青年研究》2013年第4期。

新生代农民工的同乡社会网络特征分析——基于“SZ人在北京”QQ群组的虚拟民族志研究 高崇、杨伯溆，《青年研究》2013年第4期。

主体性表达缺失：论新生代农民工的媒介话语权 吴麟，《青年研究》2013年第4期。

互联网、社会媒体与中国民间环境运动的发展（2003—2012） 童志锋，《社会学评论》2013年第4期。

城市居民环境行为的结构制约 彭远春，《社会学评论》2013年第4期。

社会经济地位差异与风险暴露——基于环境公正的视角 龚文娟，《社会学评论》2013年第4期。

网络资源、社会闭合与宏观环境——教育获得中的社会资本研究及发展趋势 赵延东、洪岩璧，《社会学评论》2013年第4期。

公众对气候变化认知和行为表现的国际比较 洪大用、范叶超，《社会学评论》2013年第4期。

民生公司的现代集团生活建设——一个社会学的视角 杨可，《开放时代》2013年第4期。

环境社会学的理论起源与发展 程鹏立、钟军，《生态经济》2013年第4期。

施压与抵制——从"窃线"案件看1940年代后期国家权力与乡村社会的关系 南昌，《近代史研究》2013年第4期。

私营企业主任人大代表或政协委员的因素分析 吕鹏，《社会学研究》2013年第4期。

住院康复精神病人日常生活实践中的充权：一个广州的个案研究 丁瑜、李会，《社会》2013年第4期。

我国人口与经济发展的环境效应分析 肖周燕，《西北人口》2013年第4期。

互联网使用是否扩大非制度化政治参与——基于CGSS2006的工具变量分析 陈云松，《社会》2013年第5期。

社会网络对健康行为的影响 赵延东、胡乔宪，《社会》2013年第5期。

学校环境与学生成绩的性别差异 王进、陈晓思，《社会》2013年第5期。

社会转型时期大学生职业声望评价——以北京大学本科生调查为例 田志鹏、邝继浩、刘爱玉，《青年研究》2013年第5期。

青年白领移民的职业倦怠感及其影响因素 雷开春，《青年研究》2013年第5期。

童年经验对青年网民"网络社交"行为的影响——一项基于30位中国网民生命史的经验研究 付晓燕，《青年研究》2013年第5期。

教育扩张背景下中国农村教育机会不均等的演进 杨奇明、林坚，《青年研究》2013年第5期。

社会资本、学习惯习和青年的教育获得 董金秋，《青年研究》2013年第5期。

海洋文化及其特征的识别与考辨 陈涛，《社会学评论》2013年第5期。

基于社会保护视角的农民工城市融入研究——以苏州市吴江区为例 叶继红、朱桦，《人口与发展》2013年第5期。

农民工传统熟人社会网络的延续与建构——一个信任分析视角 郭庆、吴瑞君、张红星，《西北人口》2013年第5期。

企业家如何影响地方政策过程——基于国家中心的案例分析和类型建构 黄冬娅，《社会学研究》2013年第5期。

求职与收入获得的关系机制：理论模型与实证研究 张顺、郝雨霏，《社会学研究》2013年第5期。

同胞性别结构、家庭内部资源分配与教育获得 郑磊，《社会学研究》2013年第5期。

现行生育政策下的劳动力供给分析 王广州、张丽萍，《行政管理改革》2013年第5期。

中国少数民族人口的生育转变 张丽萍，《黑龙江社会科学》2013年第5期。

文化安全背景下的国民消费宗教研究 陈振旺，《深圳大学学报》（人文社会科学版）2013年第

5期。

西藏宗教与社会镶嵌关系的历时性梳理 方晓玲、黎程，《西藏研究》2013年第5期。

中国人口对生态环境压力的变化格局：1990—2010 孙峰华、孙东琪、胡毅、李少鹏、徐建斌，《人口研究》2013年第5期。

地缘、利益、关系网络与三线工厂搬迁 胡悦晗，《社会学研究》2013年第6期。

关系对联盟的影响——基于网络交换论的实验研究 刘军、郭莉娜，《社会学研究》2013年第6期。

青年大学生宗教性的表现、制约因素及社会影响研究——基于对上海市高校大学生的问卷调查 黄聚云，《青年研究》2013年第6期。

制造亲密：虚拟网络社区中的日常生活——以人人网SNS人际互动平台为例 张兆曙、王建，《青年研究》2013年第6期。

业主论坛意见领袖——识别方法及其特点 陈华珊，《青年研究》2013年第6期。

基于质性材料的中国网民“主观非幸福感”语义网络研究 王广新、王雪，《青年研究》2013年第6期。

背景与策略：台湾“家庭暴力防治法”立法过程研究 王启梁，《社会学评论》2013年第6期。

无赖生存的社会环境——关于社会风气的一种法社会学探究 郭星华、石任昊，《社会学评论》2013年第6期。

缺位、越位和本位：多元纠纷解决视野下的行政信访——以T市信访局为中心的考察 张勤、刘晶，《社会学评论》2013年第6期。

出生队列规模变动对队列成员教育机会影响研究 马妍，《黑龙江社会科学》2013年第6期。

社会管理创新视角下的网格化治理模式研究 魏源、赵晖，《湖北民族学院学报》（哲学社会科学版）2013年第6期。

社会网络理论与开放获取的关系分析 潘以锋、盛小平，《情报理论与实践》2013年第6期。

社交网络：技术vs社会——社交网络使用的跨国数据分析 陈福平，《社会学研究》2013年第6期。

神话叙事：灾难心理重建的本土经验 社会人类学田野视角对西方心理治疗理念的超越 王曙光、丹芬妮·克莰，《社会》2013年第6期。

文化价值观、社会网络与普惠型公民参与 胡康，《社会学研究》2013年第6期。

社会地位、组织能力与技术红利的分配——以近代缫丝女工为例 张茂元，《中国社会科学》2013年第7期。

时空社会学研究（专题讨论） 景天魁，《人文杂志》2013年第7期。

资本缺失条件下中国农产品市场的兴起——以一个乡镇农业市场为例 艾云、周雪光，《中国社会科学》2013年第8期。

自组织运作过程中的能人现象 罗家德、孙瑜，《中国社会科学》2013年第10期。

村庄社区产权实践与重构：关于集体林权纠纷的一个分析框架 朱冬亮，《中国社会科学》2013年第11期。

论“关系”网络中的社会资本——一个中西方社会网络比较分析的视角 龚虹波，《浙江社会科学》2013年第12期。

从社会学角度认识宗教——以佛教中国化为例 范晓明，《人民论坛》2013年第17期。

当代中国宗教捐赠行为的初步研究　何蓉，《宗教社会学》2014 年 00 期。

尊严、交易转型与劳动组织治理：解读富士康　汪和建，《中国社会科学》2014 年第 1 期。

城市权利：全球视野与中国问题——基于城市哲学与城市批评史的研究视角　陈忠，《中国社会科学》2014 年第 1 期。

有信仰的资本——温州民营企业主慈善捐赠行为研究　周怡、胡安宁，《社会学研究》2014 年第 1 期。

论无权者之权力的生成：以香港利东街居民运动为例　夏循祥、陈健民，《社会》2014 年第 1 期。

从边缘到主流：集体行动框架与文化情境　夏瑛，《社会》2014 年第 1 期。

群体性事件的情感逻辑：以 DH 事件为核心案例及其延伸分析　陈颀、吴毅，《社会》2014 年第 1 期。

权力作用下中国城市居民的纠纷卷入与应对　肖阳、范晓光、雷鸣，《社会》2014 年第 1 期。

农民财产权是一个长期制度建设过程　王晓毅，《文史博览》（理论）2014 年第 1 期。

争夺的地带：劳工团结、制度空间与代工厂企业工会转型　汪建华、石文博，《青年研究》2014 年第 1 期。

农民工劳动权益状况的性别差异分析——长三角、珠三角农民工调查　吴炜、陈丽，《青年研究》2014 年第 1 期。

“社会互构论”视野下的大学生政治社会化　吴鲁平、杨巧，《社会学评论》2014 年第 1 期。

劳动合同和工会的权益保护作用——基于 CGSS2008 的经验分析　卿石松、刘明巍，《社会学评论》2014 年第 1 期。

全球化的转型与挑战：金融社会学的考察　翟本瑞，《社会发展研究》2014 年第 1 期。

中国经济改革与民营企业家竞争格局的演变　李路路、朱斌，《社会发展研究》2014 年第 1 期。

转型时期中等职业教育的“异化”——对一个县级职业高中历史和现实的考察　马学军，《社会发展研究》2014 年第 1 期。

道德空间的拆除与重建——鲍曼后现代道德社会学思想探析　龚长宇、郑杭生，《河北学刊》2014 年第 1 期。

家庭背景、教育期望与大学教育获得：基于上海市调查数据的实证研究　王甫勤、时怡雯，《社会》2014 年第 1 期。

关系与谋略：中国人的日常计谋　翟学伟，《社会学研究》2014 年第 1 期。

连锁董事网：研究回顾与反思　马磊，《社会学研究》2014 年第 1 期。

“反精神医学”的谱系：精神卫生公共性的历史及其启示　杨锃，《社会》2014 年第 2 期。

街头·行为·艺术：性别权利倡导和抗争行动形式库的创新　魏伟，《社会》2014 年第 2 期。

身份区隔：生发于本土土壤的劳动管理策略——对某国有建筑企业地铁工地的个案研究　郝彩虹，《青年研究》2014 年第 2 期。

中国新生代农民工的政治参与图景——基于 CFPS 的发现　郭未、宋天阳，《青年研究》2014 年第 2 期。

社会关系与订单获得——以浙江省丽水市来料加工业为例　田志鹏，《社会发展研究》2014 年第 2 期。

农村中小学教育中寄宿制影响的因果推断研究　乔天宇、狄雷，《社会发展研究》2014 年第

2 期。

城市家庭基督教会的组织过程探究——以 B 市高校园区为例 刘正爱,《社会发展研究》2014 年第 2 期。

进城创业：包工头家庭经济的实践逻辑 程士强,《社会学评论》2014 年第 2 期。

中国金融市场化的层级性与边界性——着眼于中小企业融资担保的一项探讨 王水雄,《社会学评论》2014 年第 2 期。

基于社会网络分析的长三角地区人口迁移及演化 王珏、陈雯、袁丰,《地理研究》2014 年第 2 期。

匮乏体验与风险规避——农村新兴宗教皈信现象研究 曹月如,《武汉理工大学学报》(社会科学版)2014 年第 2 期。

美国灾难社会学发展及其对中国的启示 孙中伟、徐彬,《社会学研究》2014 年第 2 期。

中国市场交易秩序的社会基础——兼评中国社会是陌生社会还是熟悉社会 刘少杰,《社会学评论》2014 年第 2 期。

效率逻辑还是合法性逻辑？——现代企业制度在中国私营企业中扩散的社会学解释 李路路、朱斌,《社会学评论》2014 年第 2 期。

城市社会学研究前沿：场景理论述评 吴军,《社会学评论》2014 年第 2 期。

西北民族地区村治特殊问题的政治学分析——基于甘青宁少数民族聚居区的研究 李双奎、张越、夏森,《西南民族大学学报》(人文社会科学版)2014 年第 2 期。

“关系人”没用吗？——社会资本求职效应的论战与新证 陈云松、比蒂·沃克尔、亨克·弗莱普,《社会学研究》2014 年第 3 期。

青年农民工政治融入的影响因素及对策分析——基于 2084 份样本的问卷调查数据 刘建娥,《青年研究》2014 年第 3 期。

“正常”分娩：剖腹产场域中的身体、权力与医疗化 范燕燕、林晓珊,《青年研究》2014 年第 3 期。

社会资本对大学生就业质量的影响——基于北京市 14 所高校的一项实证研究 薛在兴,《青年研究》2014 年第 3 期。

11 月 11 日：从文化建构到商业收编——对“光棍节”和“网购狂欢节”的分析 王璐,《青年研究》2014 年第 3 期。

城市居民的休闲活动与个人集体行动倾向——基于 CGSS2006 数据的分析 李秀玫、黄荣贵、桂勇,《社会学评论》2014 年第 3 期。

食品特供消费的历史、运作机制与社会后果 刘飞,《社会学评论》2014 年第 3 期。

基于变迁“惰性”之上的外力输入——对甘肃“双联”行动的学理分析 岳天明,《社会学评论》2014 年第 3 期。

个体化与当代中国农村宗教发展 吴理财,《江汉论坛》2014 年第 3 期。

出生队列规模变动对队列成员教育成就的影响研究 马妍,《人口研究》2014 年第 3 期。

社会网络、心理资本与居民健康的城乡比较 池上新,《人口与发展》2014 年第 3 期。

微博空间组织间网络结构及其形成机制——以环保 NGO 为例 黄荣贵、桂勇、孙小逸,《社会》2014 年第 3 期。

政府投资驱动型增长模式的社会学分析——一个能力论的解释框架 刘长喜、孟辰、桂勇,《社会学研究》2014 年第 3 期。

中国地方分权的政治约束——基于地铁项目审批制度的论证　曹正汉、薛斌锋、周杰浙，《社会学研究》2014 年第 3 期。

中国人口生育意愿变迁：1980—2011　侯佳伟、黄四林、辛自强，《中国社会科学》2014 年第 4 期。

检验环境关心量表的中国版（CNEP）——基于 CGSS2010 数据的再分析　洪大用、范叶超、肖晨阳，《社会学研究》2014 年第 4 期。

当代中国第二代农民工的身份认同、情感与集体行动　卢晖临、潘毅，《社会》2014 年第 4 期。

农民工社会认同的决定因素研究：基于上海的实证分析　褚荣伟、熊易寒、邹怡，《社会》2014 年第 4 期。

世界工厂的“中国特色”：新时期工人状况的社会学鸟瞰　郭于华、黄斌欢，《社会》2014 年第 4 期。

党校培训与职务变迁关系研究——以中央党校中青班学员为例　赵勇，《青年研究》2014 年第 4 期。

青年集体行动中的议题、身份与动员　苏萍，《青年研究》2014 年第 4 期。

网络热点事件的民间话语模式构建　奚冬梅、隋学深，《青年研究》2014 年第 4 期。

网络时代社会认同的时空转换——基于时空社会学的分析视角　邓志强，《人文杂志》2014 年第 4 期。

乡村纠纷解决中的法律失灵——湖南柳村林权纠纷的个案研究　周梅芳，《社会学评论》2014 年第 4 期。

农民工研究范式：主体地位与发展趋向　王道勇，《社会学评论》2014 年第 4 期。

劳动自评、自主性与劳动者的幸福感——基于 2012 年中国劳动力动态调查的分析　蔡禾，《社会学评论》2014 年第 4 期。

法律意识的两个维度：以业主诉讼维权为例　刘子曦，《开放时代》2014 年第 4 期。

参与行为与政府信任的关系模式研究　高勇，《社会学研究》2014 年第 5 期。

健康不平等影响因素研究　焦开山，《社会学研究》2014 年第 5 期。

中共早期地方领袖、组织形态与乡村社会：以曾天宇及其领导的江西万安暴动为中　应星、李夏，《社会》2014 年第 5 期。

移民的呼声——户籍如何影响了公共意识与公共参与　陈钊、陆铭、徐轶青，《社会》2014 年第 5 期。

留守经历与新工人的工作流动——农民工生产体制如何使自身面临困境　汪建华、黄斌欢，《社会》2014 年第 5 期。

转型社会学视野下的劳工研究　沈原、闻翔，《中国工人》2014 年第 5 期。

中国公民环境组织响应的动机研究　崔岩，《黑龙江社会科学》2014 年第 5 期。

高等教育对独生子女和非独生子女差异的影响分析　田丰、刘雨龙，《人口与经济》2014 年第 5 期。

环境与社会：一个“难缠”的问题　王晓毅，《江苏社会科学》2014 年第 5 期。

民众对党政人员的信任分析及对策研究　邹宇春，《黑龙江社会科学》2014 年第 5 期。

教育获得及其对职业生涯的影响（1956—2009）　杨江华、程诚、边燕杰，《青年研究》2014 年第5期。

青年白领劳动关系评价及影响因素分析——基于2013年北京市调查数据 李长安、王琦，《青年研究》2014年第5期。

上海青年中产阶层的奢侈品消费研究 孙秀林、张璨，《青年研究》2014年第5期。

青年流动人口社会融入问题研究——以北京市为例 张庆武，《青年研究》2014年第5期。

论藏传佛教寺院与村落的互惠共生关系——以西藏南木林县艾玛乡牛寺与牛村为例 苏发祥、王玥玮，《社会学评论》2014年第5期。

探索人民调解专业化的新路径 郭星华、刘蔚，《社会学评论》2014年第5期。

经济的嵌入分析评论 王茂福，《社会学评论》2014年第5期。

国有企业职工代表大会制度实践研究——一个案例厂的六十年变迁 蔡禾、李晚莲，《开放时代》2014年第5期。

从“权威性格”到“个人权威”——对本土组织领导及“差序格局”之“关系”形态的再探讨 沈毅，《开放时代》2014年第5期。

新自由主义全球化对“医疗化”的形构 萧易忻，《社会》2014年第6期。

自评一般健康的信度和效度分析 齐亚强，《社会》2014年第6期。

青年群体政策参与认知、态度与行为关系研究 郑建君，《青年研究》2014年第6期。

农民工劳动与休闲关系研究 栗治强、王毅杰，《青年研究》2014年第6期。

“90后”大学生流行文化的中外较量 孟蕾、宋作标，《青年研究》2014年第6期。

中国大学生文化消费的社会分化 孟蕾，《兰州大学学报》（社会科学版）2014年第6期。

大学生消费不平等的实证研究：从消费文化的维度 朱迪，《兰州大学学报》（社会科学版）2014年第6期。

“90后”大学生手机消费的全球化倾向 朱迪、陈恩海，《青年研究》2014年第6期。

嵌入在资本体制中的信用卡消费 赵锋，《社会学研究》2014年第6期。

社会经济地位、文化观念与家庭教育期望 刘保中、张月云、李建新，《青年研究》2014年第6期。

孕产行为的医学化：一个社会建构过程的反思 杨蕾、任焰，《开放时代》2014年第6期。

日薪制与新型劳资关系的建构——广东S镇农民工劳务市场调查 谢宇，《社会学评论》2014年第6期。

网络对青年大学生的政治态度影响：以微博为例——基于全国12所高校调查数据的实证分析 赵联飞，《社会科学战线》2014年第6期。

互联网对中国大学生慈善渠道信任的影响及其限度 吕鹏、费丽君，《学海》2014年第6期。

活力释放与秩序规制——浙江义乌市场治理经验研究 刘成斌，《社会学研究》2014年第6期。

中国老年人宗教信仰状况及影响因素研究 杜鹏、王武林，《人口研究》2014年第6期。

提升制度信任：确保政府良性运行的重要方向 邹宇春，《中国发展观察》2014年第8期。

中国人工流产的社会学实证研究：1979—2012 王存同，《中国社会科学》2014年第10期。

新型城镇化背景下的农民工住房状况 范雷，《中国发展观察》2014年第12期。

农村社会学

华南的村治与宗族——一个功能主义的分析路径 孙秀林，《社会学研究》2011年第1期。

熟人社会：村庄秩序机制的理想型探究　陈柏峰，《社会》2011年第1期。

散射格局：地缘村落的构成与性质——基于一个移民湾子的考察　桂华、余彪，《青年研究》2011年第1期。

“行政消解自治”：理解税改前后乡村治理性危机的一个视角　赵晓峰，《长白学刊》2011年第1期。

论村落存在的价值　朱启臻、芦晓春，《南京农业大学学报》（社会科学版）2011年第1期。

社会资本视域下乡村社区社会关系研究　张国芳，《湖南科技大学学报》（社会科学版）2011年第1期。

中国乡村治理问题研究的方法论考察——“国家—社会”理论是否适用　陈方南，《江海学刊》2011年第1期。

“山有多高，水有多高”——择塘村水务工程中的水权与林权　张佩国、王扬，《社会》2011年第2期。

论乡村治理内卷化——以河南省K镇调查为例　贺雪峰，《开放时代》2011年第2期。

“村落边缘”——中国乡村研究忽视的维度　孟凡行，《社会科学家》2011年第2期。

城市化与“村落终结”　田毅鹏、韩丹，《吉林大学社会科学学报》2011年第2期。

村民选举过程的家族博弈——集体行动的视角　金太军、王军洋，《社会科学战线》2011年第2期。

当代中国乡村文化变迁的因素分析及路径选择　周军，《中央民族大学学报》（哲学社会科学版）2011年第2期。

农村基层自治与农村文化建设　张群喜，《湖南科技大学学报》（社会科学版）2011年第2期。

欠发达地区农村社会治理的失范与重构——以三宝村为例　袁金辉，《国家行政学院学报》2011年第2期。

社会资本与乡村治理　帅庆，《江西社会科学》2011年第2期。

西部民族地区乡村文化发展的时代诉求　李晓明，《长白学刊》2011年第2期。

村庄公共品供给中的“好混混”　陈柏峰，《青年研究》2011年第3期。

混混、乡村组织与基层治理内卷化——乡村混混的力量表达及后果　李祖佩，《青年研究》2011年第3期。

中国古代乡村治理的基本模式及其历史变迁　唐鸣、赵鲲鹏、刘志鹏，《江汉论坛》2011年第3期。

与“不确定性”共存：草原牧民的本土生态知识　荀丽丽，《学海》2011年第3期。

地方精英与农村社会重建——定县实验中的士绅与平教会冲突　宣朝庆，《社会学研究》2011年第4期。

结构化选择：中国农业合作化运动的再思考　吴毅、吴帆，《开放时代》2011年第4期。

论经验本位：农村研究理论创新道路探析　桂华，《天津社会科学》2011年第4期。

地权变动、村界流动与治理转型——土地流转背景下的乡村治理研究　陈世伟，《求实》2011年第4期。

河源地区传统村落建筑与社会变迁——以仙塘潘家围为例　肖文评、王濯巾，《农业考古》2011年第4期。

社会网络与贫困脆弱性——基于中国农村数据的实证分析　徐伟、章元、万广华，《学海》2011

年第4期。

一元到多元：中国取消农业税前后的乡村关系 杨雪云，《安徽师范大学学报》（人文社会科学版）2011年第4期。

乡村“过疏化”背景下城乡一体化的两难 田毅鹏，《浙江学刊》2011年第5期。

中国乡村治理模式的创新：从“乡政村治”到“乡村民主自治” 南刚志，《中国行政管理》2011年第5期。

城乡移民与乡村重构 左晓斯、刘小敏、缪怀宇，《广东社会科学》2011年第6期。

从摆动到流动：人口迁移过程中的适应 王晓毅，《江苏行政学院学报》2011年第6期。

村民眼中的“国家”对华北一个乡村预防“非典”事件过程的考察（英文） 胡宗泽，《社会》2011年第6期。

非正式组织与农村社会控制研究 王国勇、刘洋，《农村经济》2011年第6期。

抗争政治视阈下乡村社会的治理危机 胡庆亮，《农业考古》2011年第6期。

牧民应对气候变化的社会脆弱性——以内蒙古荒漠草原的一个嘎查为例 张倩，《社会学研究》2011年第6期。

乡村混混的历史转向 陈涛，《青年研究》2011年第6期。

乡村治理主体围绕治理资源多元化合作路径探析 任艳妮，《农村经济》2011年第6期。

对乡土时空观念的改造：集体化时期农业“现代化”改造的再思考 李洁，《开放时代》2011年第7期。

新生代农民工市民化与中国乡村社会建设 张春华，《求索》2011年第9期。

乡村文化变迁及其对乡村少年影响 王作亮，《中国教育学刊》2011年第12期。

完善我国农村自治实践的思考 王春光，《人民论坛》2011年第24期。

农村社会风险的表现形式研究 丁德光，《安徽农业科学》2011年第33期。

村企关系的演变：从“村庄型公司”到“公司型村庄” 郑风田、阮荣平、程郁，《社会学研究》2012年第1期。

论熟人社会面子——基于村庄性质的区域差异比较研究 桂华、欧阳静，《中央民族大学学报》（哲学社会科学版）2012年第1期。

现代化与后现代化：双重的新农村建设 邓万春、景天魁，《探索》2012年第1期。

乡村社会力量何以可能：基于温州老人协会的研究 陈勋，《中国农村观察》2012年第1期。

臧村“关系地权”的实践逻辑——一个地权研究分析框架的构建 臧得顺，《社会学研究》2012年第1期。

连带式制衡：基层组织权力的运作机制 陈锋，《社会》2012年第1期。

游走在国家政策与农村社会之间：杜镇“大学生村官”的个案 郭明，《青年研究》2012年第2期。

传承性视角下乡村聚落历史时空格局特征及演化研究——以广东省连州市为例 任慧子、曹小曙、李丹，《人文地理》2012年第2期。

多元化乡村治理主体的治理资源优化配置研究 任艳妮，《西北农林科技大学学报》（社会科学版）2012年第2期。

中国农村社会关系研究述评：理论传统及其发展 李义波、弓路沙，《华南农业大学学报》（社会科学版）2012年第2期。

“农村市场与社会结构”再认识——以摩哈苴彝族村与周城白族村为例对施坚雅理论的检验 朱炳祥,《民族研究》2012年第3期。

民国政府乡村社会控制研究——对江南地区的考察 唐卿,《农业考古》2012年第3期。

市场化进程中的国家与乡村：实践与反思 彭兵,《浙江大学学报》(人文社会科学版)2012年第3期。

中国农村社会管理机制的嬗变——基于整合视角的分析 狄金华、钟涨宝,《吉林大学社会科学学报》2012年第3期。

20世纪前期乡村社会冲突的演变及其对策 王先明,《华中师范大学学报》(人文社会科学版)2012年第4期。

乡村治理中的精英传播及其模式探讨 蒋旭峰,《理论探讨》2012年第4期。

由“闪婚”看父权的延续——基于赣西北S村的实地调研 刘锐,《南京人口管理干部学院学报》2012年第4期。

中国现代国家构建与乡村社会的福利供给 李斌,《学习与实践》2012年第4期。

以诗维权：代耕粮农的政治文学及其国家想象 黄志辉,《开放时代》2012年第5期。

乡村改造中的游民规训与社会治理策略考察——以“改造二流子”运动为例 周海燕,《江海学刊》2012年第5期。

乡村社会中的“面子”探究 方菲、张鸿鹏,《晋阳学刊》2012年第5期。

乡村治理运作绩效的社会资本检视与建构 张春华、罗光华,《湖北社会科学》2012年第5期。

选择法团主义推进农民组织化进程 许欣欣,《甘肃社会科学》2012年第5期。

“生存伦理”与集体逻辑——农业集体化时期“倒欠户”现象的社会学考察 孟庆延,《社会学研究》2012年第6期。

当代乡村家族的民间支持 疏仁华,《南通大学学报》(社会科学版)2012年第6期。

农民阶层分化与乡村治理转型 刘锐,《中州学刊》2012年第6期。

土地政治：两种观点和两个视角——农村土地与政治的相关性研究 邓大才,《社会科学》2012年第6期。

农业技术应用与乡村社会变迁——以陕西YL现代农业园区西村为例 张红、高天跃,《农村经济》2012年第8期。

传统文化视阈下乡村生活的“面子”探析 方菲、张鸿鹏,《广西社会科学》2012年第10期。

论城乡一体化进程中的乡村治理问题 朱宝丽,《山东社会科学》2012年第10期。

论中国农村的区域差异——村庄社会结构的视角 贺雪峰,《开放时代》2012年第10期。

“资源消解自治”——项目下乡背景下的村治困境及其逻辑 李祖佩,《学习与实践》2012年第11期。

传统中国乡村社会治理模式问题再认识 刘琼、张铭,《东岳论丛》2012年第11期。

社会资本、嵌入与社会治理——来自乡村社会的调查研究 张伟明、刘艳君,《浙江社会科学》2012年第11期。

从伦理本位迈向核心家庭本位——论当代中国乡村社会结构的文化特征 谭同学,《思想战线》2013年第1期。

交换型代际关系：农村家际代际关系的新动向——对江汉平原农村的定性研究 孙新华、王艳霞,《民俗研究》2013年第1期。

社区传播与乡土社群文化建构 蒋旭峰、袁梦倩，《南京社会科学》2013 年第 1 期。

乡国之间：近代云南乡规民约浅析 吕亚军、刘欣，《天津行政学院学报》2013 年第 1 期。

游民意识与隐性社会稳定风险 张红显，《西北农林科技大学学报》（社会科学版）2013 年第 1 期。

农业“去集体化”过程中的乡村治理与底层政治——对一段乡村历史的分层解读 李洁，《社会》2013 年第 2 期。

中国的农村社区研究传统：意义、困境与突破 钟涨宝、狄金华，《社会学评论》2013 年第 2 期。

基于县域尺度的江苏省乡村性空间格局演变及其机理研究 张荣天、张小林、李传武，《人文地理》2013 年第 2 期。

中国乡村的纠纷图景及其调解困境 栗峥，《西北师大学报》（社会科学版）2013 年第 2 期。

转型乡村中的社会治理与纠纷解决 栗峥，《内蒙古社会科学》（汉文版）2013 年第 2 期。

中国农村居民的红白喜事网及其影响因素研究 胡荣，《社会学评论》2013 年第 3 期。

乡风民俗变迁动力的理想类型分析——基于“结构—行动”的视角 朱雄君，《社会学评论》2013 年第 3 期。

1950—1980 年代台湾乡村建设思想与实践的历史审视 王先明，《史学月刊》2013 年第 3 期。

改革开放后中国乡村观念文化变迁的现象解析 周军，《中央民族大学学报》（哲学社会科学版）2013 年第 3 期。

辽朝燕云地区的乡村组织及其性质探析 王欣欣，《黑龙江民族丛刊》2013 年第 3 期。

现代化进程中的个体化与乡村社会重建 张良，《浙江社会科学》2013 年第 3 期。

乡村软治理：一个新的学术命题 刘祖云、孔德斌，《华中师范大学学报》（人文社会科学版）2013 年第 3 期。

再论中国农村区域差异——一个农村研究的中层理论建构 桂华、贺雪峰，《开放时代》2013 年第 4 期。

国家支持—社会协同—村委主导：民主合作体制的建构——我国村庄治理模式的选择 罗大蒙，《晋阳学刊》2013 年第 4 期。

散村与集村：传统中国的乡村聚落形态及其演变 鲁西奇，《华中师范大学学报》（人文社会科学版）2013 年第 4 期。

乡村社会变迁与转型性矛盾纠纷及其演化态势 陆益龙，《社会科学研究》2013 年第 4 期。

乡村视野中的农业技术与社会变迁 苏泽龙，《华南农业大学学报》（社会科学版）2013 年第 4 期。

中国乡村研究中的经验修辞与他者想象——以《私人生活的变革》为例 谭同学，《开放时代》2013 年第 4 期。

民国时期长江三角洲地区乡村建设探析 崔军伟，《求索》2013 年第 5 期。

农民如何认识集体土地产权——华北河村征地案例研究 张浩，《社会学研究》2013 年第 5 期。

英雄伦理与抗争行动的持续性 以鲁西农民抗争积极分子为例 吴长青，《社会》2013 年第 5 期。

乡村非正式组织与新型权力文化网络建构 傅琼、曹国庆、孙可敬，《江西社会科学》2013 年第 5 期。

农民维权活动的理法抗争及其理论解释——两起征地案例的启示 覃琮，《社会》2013 年第

6期。

“去政治化”与基层治理——基于我国西部农村“混混治村”的地方性表达　简小鹰、谢小芹，《甘肃社会科学》2013年第6期。

干旱风险的社会成因及其社会应对——以内蒙古鄂尔多斯市乌审旗为例　荀丽丽，《黑龙江社会科学》2013年第6期。

村庄空心化背景下的农村文化建设：困境与出路——以湖北省空心村为分析对象　李祖佩，《中州学刊》2013年第6期。

乡村公共空间的衰败与重建——兼论乡村社会整合　张良，《天津行政学院学报》2013年第6期。

乡村经济精英浅层介入政治的现象与原因分析　卓晓宁、刘东杰，《江苏行政学院学报》2013年第6期。

乡村社会资本的政治效应——基于中国20个乡镇的比较研究　马得勇，《经济社会体制比较》2013年第6期。

秉持法团主义理念　构建中国农协体系——以日韩经验为借鉴　许欣欣，《江苏社会科学》2013年第6期。

社会变迁与乡村治理转型——基于村民自治对乡村典型政治影响的分析　董颖鑫，《求实》2013年第8期。

乡村治理中的协商民主：发展瓶颈及深化分析　罗维、孙翠，《农村经济》2013年第8期。

中国家户制传统与农村发展道路——以俄国、印度的村社传统为参照　徐勇，《中国社会科学》2013年第8期。

法制悬浮、功利下沉、信任流失：乡村治理的三重困境分析　张丽琴，《农村经济》2013年第9期。

近三十年中国近代乡村社会研究的回顾与思考　黄雪垠，《福建论坛》（人文社会科学版）2013年第9期。

当今中国的城市信仰与乡村治理　张玉林，《社会科学》2013年第10期。

转型发展背景下的乡村重构与城乡关系的思考——北京“何各庄模式”的实证研究　丁寿颐，《城市发展研究》2013年第10期。

乡村传统文化的嬗变与新农村建设——以甘肃省H乡的调查为例　李兴平，《兰州学刊》2013年第12期。

草根领导、社会资本与乡村治理　李宇征，《领导科学》2013年第17期。

农村基层社会现代化变迁危机　王春光，《人民论坛》2013年24期。

“界外”：中国乡村“空心化”的反向运动　吴重庆，《开放时代》2014年第1期。

“生态社区”：乡村社区的重解与重建　王俊敏，《苏州大学学报》（哲学社会科学版）2014年第1期。

论城镇化过程中乡村记忆的保护与保存　杨同卫、苏永刚，《山东社会科学》2014年第1期。

英语学术界的乡村转型研究　毛丹、王萍，《社会学研究》2014年第1期。

乡村合谋视角下的混混治村及后果——基于中部G村“示范点”的调查　夏柱智，《青年研究》2014年第1期。

血缘联结度、规则维控度与自杀行动——理解我国农民自杀差异性分布的三个关键词　刘燕舞、王晓慧，《青年研究》2014 年第 1 期。

乡村基层治理中的权利与义务平衡——以鄂中南部村庄为个案 田先红，《社会发展研究》2014 年第 1 期。

变迁中的基层治理资源及其治理绩效：基于鄂西南河村黑地的分析 狄金华、钟涨宝，《社会》2014 年第 1 期。

制度整合与农民“自由”——基于新中国成立初期的分析 李增元、李圆圆，《社会学评论》2014 年第 1 期。

云南民族乡村新兴民间互助组织与传统民间互助组织的对比研究 李灿松、斯琴，《中央民族大学学报》（哲学社会科学版）2014 年第 1 期。

中国传统乡村代际伦理失衡及重构研究 郑永彪，《首都师范大学学报》（社会科学版）2014 年第 1 期。

村民自治与征地补偿费的村级分配 邢朝国，《社会学评论》2014 年第 2 期。

农村发展进程中的环境问题 王晓毅，《江苏行政学院学报》2014 年第 2 期。

乡村公共空间：作为合作社发展的意外后果 张纯刚、贾莉平、齐顾波，《南京农业大学学报》（社会科学版）2014 年第 2 期。

权力与关系网络中的农村低保 魏程琳，《青年研究》2014 年第 3 期。

乡村共同体重建的社会学思考 周永康、陆林，《西南大学学报》（社会科学版）2014 年第 2 期。

《定县社会概况调查》与当下中国乡村社会研究 张祝平，《浙江社会科学》2014 年第 3 期。

扶贫开发与村庄团结关系之研究 王春光，《浙江社会科学》2014 年第 3 期。

激进与改良——民国乡村建设理论实践的现实启示 张兰英、艾恺、温铁军，《开放时代》2014 年第 3 期。

快速城市化背景下乡村聚落空间结构变迁研究评述 马亚利、李贵才、刘青、龚华，《城市发展研究》2014 年第 3 期。

贫困地区乡村妇女网络政治参与研究 李雪彦，《云南民族大学学报》（哲学社会科学版）2014 年第 3 期。

从乡村社会变迁反观熟人社会的性质 陈柏峰，《江海学刊》2014 年第 4 期。

乡村都市化与民间信仰复兴——珠三角民乐地区的国家、市场和村落共同体 杨小柳、詹虚致，《学术研究》2014 年第 4 期。

新乡村建设运动与社会转型时期的乡土复兴 张富利，《中南大学学报》（社会科学版）2014 年第 4 期。

中国社会学的学术成长与农村社会学的发展 杨敏，《人文杂志》2014 年第 4 期。

从主体到规则的转向——中国传统农村的基层治理研究 狄金华、钟涨宝，《社会学研究》2014 年第 5 期。

“甩干”机制：中国乡村司法的运行逻辑 刘正强，《社会》2014 年第 5 期。

论“奔头”——理解冀村农民自杀的一个本土概念 刘燕舞，《社会学评论》2014 年第 5 期。

乡村文明重构的空间正义之维 曾天雄、曾鹰，《广东社会科学》2014 年第 6 期。

秉承行业协会理念 构建中国农民合作组织体系 许欣欣，《云梦学刊》2014 年第 6 期。

东亚村落发展的比较研究：经验与理论反思 林聚任、王春光、李善峰、顾琳、田毅鹏、文军，《山东社会科学》2014 年第 9 期。

从乡村到城镇：近代天津城乡体系探析 任吉东，《求索》2014 年第 11 期。

民国时期乡村精英与权力结构——华北村落特质的一个侧面 韩朝建、赵彦民，《山东社会科学》2014 年第 12 期。

城市社会学

城市新移民社会资本的理性转换 雷开春，《社会》2011 年第 1 期。

城乡统筹的新型城市化与基本公共服务均等化 徐越倩，《中共浙江省委党校学报》2011 年第 1 期。

论促进中部崛起的城市带动战略——以武汉城市圈为例 张湖林，《中南民族大学学报》（人文社会科学版）2011 年第 1 期。

城市公共安全需求影响因素实证研究——对武汉市居民的调查问卷分析 卢洪友、贾莎，《经济评论》2011 年第 2 期。

论城市规划的社会学转向 王世军，《同济大学学报》（社会科学版）2011 年第 2 期。

论城市文明的秩序意蕴 金家厚、鲍宗豪，《天津社会科学》2011 年第 2 期。

西方“住房阶级”理论演变与经验争辩 张杨波、吴喜，《国外社会科学》2011 年第 2 期。

城市空间问题的资本逻辑 强乃社，《苏州大学学报》（哲学社会科学版）2011 年第 4 期。

区域社会转型与城市居民的社会资本研究 郭云涛，《社会》2011 年第 4 期。

秩序与活力：城市文化空间的意义构建 董慧，《苏州大学学报》（哲学社会科学版）2011 年第 4 期。

“同类相斥”？——中国城市居民与外来人口的社会距离问题 唐有财、符平，《华东理工大学学报》（社会科学版）2011 年第 5 期。

合作治理与城市基层管理创新 杨宏山，《南京社会科学》2011 年第 5 期。

冲突与融合：城市空间与族际关系的社会学 柳建文，《天津社会科学》2011 年第 6 期。

快速城市化时期的城市化质量研究——浅谈高城市化率背后的质量危机 马林靖、周立群，《云南财经大学学报》2011 年第 6 期。

温州城市居民幸福指数现状调查与研究 李朝霞，《浙江社会科学》2011 年第 6 期。

住房与家庭：居住策略中的代际关系——上海移民家庭三代同居个案调查 杨辰，《青年研究》2011 年第 6 期。

北京城市中低收入者日常活动时空间特征分析 张艳、柴彦威，《地理科学》2011 年第 9 期。

城市居民对进城农民工态度的影响因素研究——基于群体间交往的视角 叶俊焘、蒋剑勇、钱文荣，《浙江社会科学》2011 年第 10 期。

城市空间生产过程中的社会排斥 景晓芬、李世平，《城市问题》2011 年第 10 期。

城市中低收入者的被动郊区化 李和平、章征涛，《城市问题》2011 年第 10 期。

城市化进程对儿童的影响——基于儿童游戏变迁的研究视角 潘月娟，《江汉论坛》2011 年第 11 期。

我国逆城市化研究发展述评 孔铎、刘士林，《学术界》2011 年第 11 期。

大都市圈卫星城市的空间结构与功能布局：以重庆为例 彭劲松，《重庆社会科学》2011 年第 12 期。

嵌入社会结构中的社会问题的分类逻辑——一个经济学分析框架 余飞跃，《社会科学家》2011年第12期。

城市居民的居住期望及其对养老方式选择的影响 吴翠萍，《人口与发展》2012年第1期。

城市空间与社会空间的结构性关联 郭强、杨恒生、汪斌锋，《苏州大学学报》（哲学社会科学版）2012年第1期。

从职业城市化到人的城市化——我国农民工城市社会融入研究阶段和问题综述 毛哲山，《中国社会科学院研究生院学报》2012年第1期。

赛事举办城市居民民生举措的社会知觉与居民凝聚力：居民民生举措满意度的中介作用 张现成，《体育科学》2012年第1期。

上海城市空间的成长 张晓虹，《江汉论坛》2012年第1期。

城市化、居民消费水平与碳排放动态面板数据考察 金洪，《求索》2012年第2期。

劳动力流动与第三产业的内生性研究——基于新经济地理的实证分析 肖智、张杰、郑征征，《人口研究》2012年第2期。

上海城市新移民与本地人群体关系的交往策略研究 雷开春，《社会》2012年第2期。

社会资本与城市居民对外来农民工的社会距离 胡荣、王晓，《社会科学研究》2012年第3期。

我国城市空间正义缺失的逻辑及其矫治 曹现强、张福磊，《城市发展研究》2012年第3期。

北京城市内部人口迁居水平研究 齐心，《北京工业大学学报》（社会科学版）2012年第4期。

北京市低收入人群的居住空间分布、演变与聚居类型 谌丽、张文忠、党云晓、余建辉，《地理研究》2012年第4期。

全球化、地方响应与中国区域城市化发展模式——兼评《中国区域城市化动力与国际化路径研究》 李健、宁越敏，《南京社会科学》2012年第4期。

人口增长、收入水平与城市环境 王婷、吕昭河，《中国人口·资源与环境》2012年第4期。

组织化的权力和资本与碎片化的多元利益主体——旧城改造中的公众参与及其本质缺陷 方长春，《江苏行政学院学报》2012年第4期。

北京不同收入家庭的居住隔离状态研究 李倩、张文忠、余建辉、曹靖、党云晓，《地理科学进展》2012年第6期。

北京都市区人口—就业分布与空间结构演化 孙铁山、王兰兰、李国平，《地理学报》2012年第6期。

论城市改造的谨慎更新理论与实践——以柏林为例 阎明，《城市发展研究》2012年第7期。

论新型城乡关系的目标与新型城镇化的道路选择 林聚任、王忠武，《山东社会科学》2012年第9期。

城市化与城市环境问题：作用机理与应对策略——基于行动者系统动力理论的视角 尹德挺、王雪辉、苏杨，《北京行政学院学报》2013年第1期。

我国城市居民群体性矛盾及其利益诉求途径分析 李建中，《华东师范大学学报》（哲学社会科学版）2013年第1期。

差异化的社会距离——论城郊结合部群体间的社会关系 赵凌云、赵文，《农村经济》2013年第2期。

社会空间和社会变迁——转型期城市研究的“社会—空间”转向 钟晓华，《国外社会科学》2013年第2期。

城市化中的“撤并村庄”与行政社会的实践逻辑 王春光,《社会学研究》2013年第3期。

城市居民慈善意识影响因子分析及动员策略 邓玮,《重庆大学学报》(社会科学版)2013年第3期。

对城市化进程中的“城市性”的实证研究 崔岩,《江苏社会科学》2013年第3期。

共生思想及其在区域空间演化的应用:兼论开发区与城市空间的共生演化 曹云,《人文杂志》2013年第3期。

从打工妹到失足女:新生代打工妹失足的原因探究 周俊山、尹银,《青年研究》2013年第4期。

“城市失用地”的概念、类型及其社会阻隔效应 何志宁,《南京社会科学》2013年第4期。

国内外城市居民职住空间关系研究进展和展望 刘望保、侯长营,《人文地理》2013年第4期。

居民感知的城市和谐模型研究——以天津为例 李作志、李向波、蒋宗文,《中国人口·资源与环境》2013年第4期。

农民工市民化公共属性与制度供给困境研究 陈怡男、刘鸿渊,《经济体制改革》2013年第4期。

城市社会空间批判理论的正义取向 吴细玲,《东岳论丛》2013年第5期。

农民工的城市融入与精神健康——基于珠三角外来农民工的实证调查 聂伟、风笑天,《南京农业大学学报》(社会科学版)2013年第5期。

私人汽车的大众化消费与城市空间正义 冯琼、吴宁,《东岳论丛》2013年第5期。

城市居住空间分异的动力机制研究——从城市空间资源使用谈起 王昕、潘绥铭,《中国海洋大学学报》(社会科学版)2013年第6期。

城乡一体化:从实践、理论到策略的探索 张强,《中国特色社会主义研究》2013年第8期。

城市文化资本与新生代农民工心理融合 李振刚、南方,《浙江社会科学》2013年第10期。

我国城镇居民住房财富分配不平等及贡献率分解研究 原鹏飞、王磊,《统计研究》2013年第12期。

中国大城市新移民的地方认同与融入 赵向光、李志刚,《城市规划》2013年第12期。

收入、社会资本、健康与城市居民幸福感的实证分析 赵斌、刘米娜,《统计与决策》2013年第20期。

城市居民自治的发生机制:基于上海经验的研究 郑雯睿、汪仕凯,《中国行政管理》2014年第1期。

城市老人住房状况及其满意度研究——以北京市海淀区为例 丁志宏、姜向群,《北京社会科学》2014年第1期。

论城市空间正义 李建华、袁超,《中州学刊》2014年第1期。

权力作用下中国城市居民的纠纷卷入与应对 肖阳、范晓光、雷鸣,《社会》2014年第1期。

工作转换与城市在职青年的收入 聂伟、任克强、吕程,《青年研究》2014年第1期。

城乡的延伸——不同儿童群体城乡的再生产 韩嘉玲、高勇、张妍、韩承明,《青年研究》2014年第1期。

新生代农民工逆城市化流动:转变的发生 张世勇,《南京农业大学学报》(社会科学版)2014年第1期。

长三角都市群地区城市化发展动向考察 王桂新、陆燕秋,《人口与经济》2014年第1期。

中国城市居住空间的变迁及其内在逻辑 方长春，《学术月刊》2014年第1期。

“逆城市化”还是“伪逆城市化”——基于中西方的比较研究 段学慧，《河北学刊》2014年第2期。

青年城市移民的城乡双重认同研究 张陆，《青年研究》2014年第2期。

谁在随爱而动？——大城市外来人口婚配特点的实证研究 高颖、彭宇，《青年研究》2014年第2期。

留城，还是回乡——武汉市农民工随迁子女留城意愿的实证分析 刘庆、冯兰，《青年研究》2014年第2期。

制度与观念：城镇化与农民工家庭的住房消费选择 张品、林晓珊，《青年研究》2014年第2期。

个体化时代城市青年的社会压力及其应对 冯莉，《中国青年研究》2014年第2期。

融入与区隔：农民工的住房消费与阶层认同——基于CGSS 2010的数据分析 赵晔琴、梁翠玲，《人口与发展》2014年第2期。

网络信息时代女性居民日常活动时空特征研究——以南京市为例 和玉兰、甄峰、朱寿佳、王大为，《人文地理》2014年第2期。

北京市与深圳市就业——居住空间结构对比研究 加那提古丽·卡德尔、王星、孟晓晨，《城市发展研究》2014年第3期。

城市化时间路径曲线的推导与应用——误解阐释与研究拓展 李恩平，《人口研究》2014年第3期。

城市居民最低生活保障标准多层次量化与调整机制研究 边恕，《人口与发展》2014年第3期。

城市居民疏离感问题研究——以2010年上海调查为例 张海东、毕婧千，《社会学研究》2014年第4期。

经济重心与人口重心的时空演变——来自省会城市的证据 倪鹏飞、杨华磊、周晓波，《中国人口科学》2014年第4期。

空间分割叠加与社会治理创新 谢俊贵，《广东社会科学》2014年第4期。

住房不平等的阶层测度：基于上海六普数据的分析 张伊娜、周双海，《社会科学》2014年第4期。

城市居民初职离职风险差异研究——时代差异抑或体制差别 卢春天、成功、张帆，《南方人口》2014年第5期。

快速城市化进程中的居住隔离——来自上海的实证研究 陈杰、郝前进，《学术月刊》2014年第5期。

社会经济转型背景下现代新城市空间设计策略研究 龚强、蒋涤非，《求索》2014年第5期。

新型城镇化：城乡关系发展中的“人本”回归 张文明，《华东师范大学学报》（哲学社会科学版）2014年第5期。

城市化推进下的“村落单位化”：渊源、条件及社会风险 刘杰、向德平，《山东社会科学》2014年第6期。

城市空间结构政府治理的优化 方维慰，《学海》2014年第6期。

民初北京电车的开行与北京城市空间的变迁 邱运华、王谦，《北京社会科学》2014年第6期。

中国城市单位大院空间及其社会关系的生产与再生产 刘天宝、柴彦威，《南京社会科学》2014

年第 7 期。

城市青年住房分层形成机制研究——基于先赋因素和自致因素的分析　杜本峰、黄剑焜，《北京社会科学》2014 年第 9 期。

城市居民的食品风险感知研究——以西安市大米消费为例　郭雪松、陶方易、黄杰，《北京社会科学》2014 年第 11 期。

从生命周期到生命历程：中西方住房获得研究回顾和展望　吴开泽、陈琳，《城市发展研究》2014 年第 12 期。

基于分层线性模型的城市居民幸福感指标体系研究　连高社，《统计与决策》2014 年第 20 期。

组织与社区研究

集体谈判的内部国家机制：以温岭羊毛衫行业工价集体谈判为例　闻效仪，《社会》2011 年第 1 期。

城市“社区性”量表构建研究　项军，《社会》2011 年第 1 期。

城市社区建设中的政府购买公共服务探讨——以上海市为例　郑卫东，《广东行政学院学报》2011 年第 1 期。

城市社区生活空间结构之解构及其质量重构　王立、王兴中，《地理科学》2011 年第 1 期。

处境化经验：什么是农村社区文化以及如何理解　吴理财，《人文杂志》2011 年第 1 期。

从政府本位到社会本位：社会管理体制变革的新分析框架　童志锋、郁建兴，《中共浙江省委党校学报》2011 年第 1 期。

从政府主导到参与式发展：中国农村社区建设的路径选择　许远旺、卢璐，《中州学刊》2011 年第 1 期。

单位社区改制进程中社区治理结构的变迁　郭风英、陈伟东，《河南师范大学学报》（哲学社会科学版）2011 年第 1 期。

农村社区自治：村治制度的继替与转型　袁方成、李增元，《华中师范大学学报》（人文社会科学版）2011 年第 1 期。

浅析非政府组织在应对全球环境和气候变化问题中的作用　徐步华、叶江，《上海行政学院学报》2011 年第 1 期。

社区运动的“社区性”——对现行社区运动理论的回应与补充　黄晓星，《社会学研究》2011 年第 1 期。

网络人际交往与网络社区归属感——对沿海发达城市网民的实证研究　王依玲，《新闻大学》2011 年第 1 期。

转型期大城市多类绅士化现象探讨——基于广州市六个社区的案例分析　何深静、钱俊希、邓尚昆，《人文地理》2011 年第 1 期。

关于新型农村社区建设中的几个重要问题　崔伟华，《中国党政干部论坛》2011 年第 2 期。

工作权威层的性别差距及影响因素——监管权威的视角　李忠路，《社会》2011 年第 2 期。

论政府与非营利组织合作伙伴关系的构建　龙献忠、钟和平、甘筑夏，《湖南大学学报》（社会科学版）2011 年第 2 期。

社会系统的“自组织”与“他组织”辨　杨风禄、徐超丽，《山东大学学报》（哲学社会科学版）2011 年第 2 期。

社会组织参与社区公共服务的现实困境与策略选择 刘春湘、邱松伟、陈业勤，《中州学刊》2011 年第 2 期。

重新理解社会管理——基于社会政策与社会组织的视角 王川兰，《探索与争鸣》2011 年第 2 期。

行政权力的生产与再生产——以上海市 J 居委会直选过程为个案 耿敬、姚华，《社会学研究》2011 年第 3 期。

上下级政府间“考核检查”与“应对”过程的组织学分析——以 A 县“计划生育”年终考核为例 艾云，《社会》2011 年第 3 期。

以理抗争：都市集体行动的策略——以广州南园的业主维权为例 朱健刚，《社会》2011 年第 3 期。

跨越国家赋予的权利？——对广州市业主抗争的个案研究 庄文嘉，《社会》2011 年第 3 期。

基于上下级关系的沟通开放性对组织承诺的影响研究 刘彧彧、黄小科、丁国林、严肃，《管理学报》2011 年第 3 期。

利益契合：转型期中国国家与社会关系的一个分析框架——以行业组织政策参与为案例 江华、张建民、周莹，《社会学研究》2011 年第 3 期。

中国城市社区自治的梗阻及其消解——以沈阳市 7 个社区为例 张平、解华，《东北大学学报》（社会科学版）2011 年第 3 期。

中国社会组织发展：从社会主体到国家意识——公民社会组织发展及其对意识形态构建的影响 葛道顺，《江苏社会科学》2011 年第 3 期。

“‘社区’研究”与“社区研究”——近年来我国城市社区研究述评 肖林，《社会学研究》2011 年第 4 期。

天地之间：东汉官员的双重责任 谢宇、董慕达，《社会》2011 年第 4 期。

员工社会网络结构特征对关系绩效影响的比较研究——基于中外两个研发事业部员工整体社会网分析 彭建平，《社会》2011 年第 4 期。

社区权力多元认同中的公民性建构 闵学勤，《社会》2011 年第 4 期。

对当前中国大陆社区建设的几点理论反思 王春光、梁晨，《北京邮电大学学报》（社会科学版）2011 年第 4 期。

城乡空间互动——整合演进中的新型农村社区规划体系设计 王立、刘明华、王义民，《人文地理》2011 年第 4 期。

非营利组织问责：概念、体系及其限度 于常有，《中国行政管理》2011 年第 4 期。

社会组织在社会管理中的主体性问题 何芸，《理论探索》2011 年第 4 期。

社区权力多元认同中的公民性建构 闵学勤，《社会》2011 年第 4 期。

政府内部上下级部门间谈判的一个分析模型——以环境政策实施为例 周雪光、练宏，《中国社会科学》2011 年第 5 期。

城乡一体化视野下的农村社区建设 陈建胜，《浙江学刊》2011 年第 5 期。

农村社区管理体制：在变迁中重建 程又中、李增元，《江汉论坛》2011 年第 5 期。

社区管理三大参与主体分析——基于多元共治的视角 李江新，《学术界》2011 年第 5 期。

参与和赋权：中国乡村社区建设中的参与式影像研究 韩鸿，《国际新闻界》2011 年第 6 期。

城市化进程中的“过渡型社区”：空间生成、结构属性与演进前景 张晨，《苏州大学学报》（哲学社会科学版）2011 年第 6 期。

城镇化进程中的社区管理转型思考 魏文斌，《苏州大学学报》（哲学社会科学版）2011 年第 6 期。

从社会结构到社会自组织——一种基于自组织理论的后现代社会管理观 郭世平、朱新民，《苏州大学学报》（哲学社会科学版）2011 年第 6 期。

国家、资本市场与多元化战略在中国的兴衰——一个新制度主义的公司战略解释框架 杨典，《社会学研究》2011 年第 6 期。

集体性社会资本对社区参与的影响——基于多层次数据的分析 黄荣贵、桂勇，《社会》2011 年第 6 期。

社会信任与基层社区治理效应的因果机制 陈捷、呼和・那日松、卢春龙，《社会》2011 年第 6 期。

突发事件中的国家—社会关系——上海基层社区“抗非”考察 耿曙、胡玉松，《社会》2011 年第 6 期。

社会需求、资源供给、制度变迁与民间组织发展——基于中国省级经验的实证研究 李国武、李璐，《社会》2011 年第 6 期。

社会组织发展与社会管理创新 周航、赵连章，《东北师大学报》（哲学社会科学版）2011 年第 6 期。

社区社会组织参与社会建设的模式创新与制度保障 高红，《社会科学》2011 年第 6 期。

中国城市的社会阶层与基层人大选举 刘欣、朱妍，《社会学研究》2011 年第 6 期。

清代清水江下游的“会”与地方社会结构 朱晴晴，《开放时代》2011 年第 7 期。

边缘治理：城市化进程中的城郊村社区治理——以浙江省 T 村社区为个案 李意，《社会科学》2011 年第 8 期。

加强社会管理的基础路径——社区建设 杨晓梅，《理论月刊》2011 年第 9 期。

城市社区工作者队伍建设的现状调研——以杭州市典型社区为例 朱胜进，《浙江社会科学》2011 年第 10 期。

多元共治：对灾后社区重建中参与式发展理论的反思——以“5・12”地震灾后社区重建中的新家园计划为例 朱健刚、胡明，《开放时代》2011 年第 10 期。

农村社区建设中的自组织与社会工作的介入 钱宁、田金娜，《山东社会科学》2011 年第 10 期。

社会管理的组织化路径——社区民间组织的“均衡化”发展 崔月琴、袁泉，《社会科学战线》2011 年第 10 期。

中国城市新移民的“乡缘社区”：特征、机制与空间性——以广州“湖北村”为例 李志刚、刘晔、陈宏胜，《地理研究》2011 年第 10 期。

当代我国社会组织生成和发展的内在逻辑分析 曹超、韩秀景，《领导科学》2011 年第 11 期。

社会组织创新社会管理体制成效探析 栾晓峰，《理论学刊》2011 年第 11 期。

文化民生视野下的城市社区文化建设研究 郑萍，《城市发展研究》2011 年第 11 期。

新公共管理视角下的社区社会管理创新研究 付诚、王一，《社会科学战线》2011 年第 11 期。

中国网络组织：网络封闭和结构洞的悖论 罗珉、高强，《中国工业经济》2011 年第 11 期。

我国城市社区建设中社区参与问题成因及对策探析 彭文峰，《城市发展研究》2011 年第 12 期。

城市化进程中农民安置社区的创新管理研究 李伟明，《前沿》2011 年第 24 期。

“上下分合轨迹”：社区空间的生产——关于南苑肿瘤医院的抗争故事 黄晓星，《社会学研究》2012 年第 1 期。

城乡社区发展与住房建设 黄怡，《城市规划学刊》2012 年第 1 期。

村庄合并与农村社区化发展 林聚任，《人文杂志》2012 年第 1 期。

和谐城市社区建设中的公共秩序问题研究——以北京为研究个案 王颖，《云南行政学院学报》2012 年第 1 期。

论社会组织的社会稳定功能——兼论“社会复合主体” 冯钢，《浙江社会科学》2012 年第 1 期。

社区：微观组织建设与社会管理——后单位制时代的社会政策视角 张秀兰、徐晓新，《清华大学学报》（哲学社会科学版）2012 年第 1 期。

枢纽型社会组织建设与社会自主管理创新 彭善民，《江苏行政学院学报》2012 年第 1 期。

我国城市社区的理论建构及其实践路径 周业勤，《安徽大学学报》（哲学社会科学版）2012 年第 1 期。

中国城市化进程中社区发展的思考 李东泉、蓝志勇，《公共管理学报》2012 年第 1 期。

中国城市社区建设研究述评（2000—2010 年）——以 CSSCI 检索论文为主要研究对象 吴晓林，《公共管理学报》2012 年第 1 期。

中国社会组织发展的角色困境及其出路 文军，《江苏行政学院学报》2012 年第 1 期。

居住的政治——B 市业主维权与社区建设的实证研究 郭于华、沈原，《开放时代》2012 年第 2 期。

城市社区管理中的公众参与 向德平、王志丹，《学习与探索》2012 年第 2 期。

从结构论争到行动分析：海外中国 NGO 研究述评 张紧跟，《社会》2012 年第 3 期。

城市管理“网格化”模式与社区自治关系刍议 田毅鹏、薛文龙，《学海》2012 年第 3 期。

城市社区参与的分类、组织结构及其有效性分析——以南京市华侨路街道为例 杨涛，《河海大学学报》（哲学社会科学版）2012 年第 3 期。

新制度落实：单位内部的上下分际及其运作 张兆曙，《社会学研究》2012 年第 3 期。

清末河套地区民间社会组织与水利开发 杜静元，《开放时代》2012 年第 3 期。

从传统村落到新型都市共同体：转型社区的形成及其基本特质 黄锐、文军，《学习与实践》2012 年第 4 期。

外生型城市社区建设模式：现实基础与实践困境 张勇，《社会主义研究》2012 年第 4 期。

选择性应付：社区居委会行动逻辑的组织分析——以 G 市 L 社区为例 杨爱平、余雁鸿，《社会学研究》2012 年第 4 期。

市民社会的“间隙生产”——南苑“社区代理权”系列诉讼的拓展分析 黄晓星，《开放时代》2012 年第 5 期。

从社区、虚拟社区到社交网络：社会理论的变迁 翟本瑞，《兰州大学学报》（社会科学版）2012 年第 5 期。

社会建设视野中的城市社区治理和多民族参与 周大鸣，《思想战线》2012 年第 5 期。

城市社区冲突：强弱支配与行动困境——以上海 P 区 M 风波事件为例 李正东，《社会主义研究》2012 年第 6 期。

信息技术应用与组织文化变迁——以大型国企C公司的ERP应用为例 任敏,《社会学研究》2012年第6期。

从业主福利到公民权利——一个中产阶层移民社区的政治参与 熊易寒,《社会学研究》2012年第6期。

当前我国社会管理和社区治理的新趋势 郑杭生、黄家亮,《甘肃社会科学》2012年第6期。

权威阶层体系的构建——基于工作状况和组织权威的分析 李路路、秦广强、陈建伟,《社会学研究》2012年第6期。

网络群体性事件的组织结构与运行模式 李华俊,《江汉论坛》2012年第6期。

乌鲁木齐城市社会区分析 张利、雷军、张小雷、董雯,《地理学报》2012年第6期。

利益分化时代的城市社区管理体制创新研究——以广州、深圳"居站分设"模式为例 李璐,《理论导刊》2012年第7期。

社会资本和个人动机对虚拟社区知识共享影响的研究 张鼐、周年喜,《情报理论与实践》2012年第7期。

公法社团:中国三农改革的"顶层设计"路径——基于韩国农协的考察 杨团、孙炳耀《探索与争鸣》2012年第9期。

社区异质化:一个单位大院的变迁及其启示 孙炳耀,《南京社会科学》2012年第9期。

现代城市社区的双重二元性及其发展的中国路径 肖林,《南京社会科学》2012年第9期。

"社区"危机:合法组织身份的缺失 王颖,《南京社会科学》2012年第10期。

支持型社会组织:社会协同与地方治理 张丙宣,《浙江社会科学》2012年第10期。

城市化进程中的"村改居"社区居委会建设 杨贵华,《社会科学》2012年第11期。

组织程度与"三农"服务创新 孙炳耀,《中国合作经济》2012年12期。

网络化居家养老:新时期养老模式创新探索 史云桐,《南京社会科学》2012年第12期。

社会组织与社会性别互动发展研究 谢莉,《人民论坛》2012年第35期。

NGO的生态关系研究——以自我提升型价值观为视角 赵小平、王乐实,《社会学研究》2013年第1期。

NGO与政府合作中的自主性何以可能?——以上海YMCA为个案 姚华,《社会学研究》2013年第1期。

从关系研究到行动策略研究——近年来我国非营利组织研究述评 陈为雷,《社会学研究》2013年第1期。

公司治理与企业绩效——基于中国经验的社会学分析 杨典,《中国社会科学》2013年第1期。

社会组织参与社会矛盾化解的作用探析 范铁中,《青海社会科学》2013年第1期。

业主社区的兴起及其自主治理 肖林,《中国治理评论》2013年第2期。

谈谈加快形成现代社会组织体制问题 王名、张严冰、马建银,《社会》2013年第3期。

迈向社会建设主导的社区治理——当前中国社会建设的现实选择 徐晓军,《社会学评论》2013年第3期。

社区治理中的政府再造社会组织 陆春萍,《内蒙古社会科学》(汉文版)2013年第3期。

"准公民社区":中国城市基层治理的一个替代模型 石发勇,《社会科学》2013年第4期。

北京城市老年人社区满意度研究——基于模糊评价法的分析 张纯威、柴彦,《人文地理》2013年第4期。

边缘政治的生产：惠民政策背景下社区居民的利益情感与行动取向——以P市S社区为例 曾礼华、何健，《晋阳学刊》2013年第4期。

城市化进程中“村转居”社区居民自治的再建构 徐琴，《学海》2013年第4期。

城市社区中的权威效能治理——基于T社区的个案研究 唐文玉，《浙江社会科学》2013年第4期。

城市政府结构与社会组织发育 管兵，《社会学研究》2013年第4期。

多元共处，和而不同——论城市社区建设的多元化 唐远雄、罗晓，《城市发展研究》2013年第4期。

国家基层策略行为与社区过程 基于南苑业主自治的社区故事 黄晓星，《社会》2013年第4期。

居民关系网络脱域对城市社区结构的制约 兰亚春，《吉林大学社会科学学报》2013年第4期。

社会转型与城市社区理论建构 兰亚春、刘航，《东北师大学报》（哲学社会科学版）2013年第4期。

社区公共精神培育与社区和谐善治：基于社会资本的视角 王永益，《学海》2013年第4期。

整体性治理视域下的城市社区管理研究——以南宁市Y社区为个案 曾凡军、谭周琴，《湖北社会科学》2013年第4期。

为什么跨小区的业主组织联盟存在差异——一项基于治理结构与政治机会（威胁）的城市比较分析 黄荣贵、桂勇，《社会》2013年第5期。

本土社会学视角里的社会分类与复合主体 卢成仁，《浙江社会科学》2013年第5期。

当代中国的社会组织：理论视角与经验研究 纪莺莺，《社会学研究》2013年第5期。

关于自助组织的研究发展及主要视角 何欣、王晓慧，《社会学评论》2013年第5期。

后单位时期社区民间组织发育外部环境探析 章诚，《福州大学学报》（哲学社会科学版）2013年第5期。

论社区服务的公民导向 陈建胜、毛丹，《浙江社会科学》2013年第5期。

论社区抗逆力的构成要素和指标体系 朱华桂，《南京大学学报》（哲学·人文科学·社会科学版）2013年第5期。

中国社区发展历程的回顾与展望 李东泉，《中国行政管理》2013年第5期。

脱耦中的合法性动员——对南方某大学孵化器的扎根理论分析 王程韡、王路昊，《社会》2013年第6期。

社区治理成为一个核心议题 李培林，《哈尔滨工业大学学报》（社会科学版）2013年第6期。

基层社会的重塑——以新社区为基点 王颖，《哈尔滨工业大学学报》（社会科学版）2013年第6期。

对居民社区行动场域的理论解析 孙炳耀，《哈尔滨工业大学学报》（社会科学版）2013年第6期。

国家渗透能力建设：社区治理挑战下的国家应对策略 肖林，《哈尔滨工业大学学报》（社会科学版）2013年第6期。

新型社区服务体系的建构：以社区居民参与为中心 史云桐，《哈尔滨工业大学学报》（社会科学版）2013年第6期。

基层社会管理创新语境下的社区信息化实践研究 宋煜，《学习与实践》2013年第6期。

社区组织化：增强社区参与达致社区发展 李雪萍、陈艾，《贵州社会科学》2013年第6期。

熟悉的陌生人：行动精英间关系与业主共同行动 何艳玲、钟佩，《社会学研究》2013 年第 6 期。

旧城更新中基于社区脉络的集体创业——以上海田子坊商街为例 于海、钟晓华、陈向明，《南京社会科学》2013 年第 8 期。

国内外民族社区研究综述 李亚娟、陈田、王开泳、王婧，《地理科学进展》2013 年第 10 期。

城市化进程中社会组织发展与创新选择——基于制度经济学视角 霍晓英，《经济问题》2013 年第 11 期。

基于社区精英视角的“村转居”社区治理——以成都瑞泉馨城为例 谈小燕，《农村经济》2013 年第 11 期。

中国城乡社区治理的突破创新与发展趋势 高灵芝，《东岳论丛》2013 年第 11 期。

社区的碎片化——Y 市社区建设与城市社会治理的实证研究 李强、葛天任，《学术界》2013 年 12 期。

对公益组织互联网传播能力的实证研究——以广州本土公益组织为例 林敏华，《青年研究》2014 年第 1 期。

社会组织管理模式变迁及创新路径 崔月琴、张冠，《江海学刊》2014 年第 1 期。

农民合作组织参与社区建设 孙炳耀，《农业部管理干部学院学报》2014 年第 1 期。

社区社会资本的衡量——一个引入社会网观点的衡量方法 罗家德、方震平，《江苏社会科学》2014 年第 1 期。

公民参与、城市社区治理与民主价值 夏晓丽，《重庆社会科学》2014 年第 2 期。

家族涉入、企业规模与民营企业的绩效 李路路、朱斌，《社会学研究》2014 年第 2 期。

非营利组织污名及其形成机制研究 蔡宁、宋程成、吴敏慧，《社会学评论》2014 年第 2 期。

村委会“变形记”：农村回迁社区的基层组织建设研究 吴莹，《社会发展研究》2014 年第 3 期。

转型背景下行政单位的运作逻辑——以某戒毒康复所日常工作的开展为例 李甜甜、周永康，《社会发展研究》2014 年第 3 期。

当“社区参与”遭遇行政路径依赖——以 G 省世界银行贷款项目为例 曾芸，《南京农业大学学报》（社会科学版）2014 年第 3 期。

政府补助与民营企业研发投入 朱斌、李路路，《社会》2014 年第 4 期。

“不完全合作”：NGO 联合行动策略——以“5 · 12”汶川地震 NGO 联合救灾为例 朱健刚、赖伟军，《社会》2014 年第 4 期。

扁平化社会治理：社区自治组织与社会协同服务 王颖，《河北学刊》2014 年第 5 期。

创新型公共物品生产与组织形式选择——以温州民间借贷服务中心为例 向静林、张翔，《社会学研究》2014 年第 5 期。

组织规模与收入差异——1996—2006 年的中国城镇社会 李骏，《社会学研究》2014 年第 5 期。

不对称的合法性：居民委员会和业主委员会之比较 肖林，《社会学评论》2014 年第 6 期。

“身份地位投射”：对独立董事制度“形同质异”的考察 李林倬，《社会学研究》2014 年第 6 期。

非协同治理与策略性应对——社会组织自主性研究的一个理论框架 黄晓春、嵇欣，《社会学研究》2014 年第 6 期。

行政发包制 周黎安，《社会》2014 年第 6 期。

行政发包制与帝国逻辑——周黎安《行政发包制》读后感 周雪光，《社会》2014 年第 6 期。

统治风险与地方分权——关于中国国家治理的三种理论及其比较 曹正汉，《社会》2014 年第 6 期。

政治市场想象与中国国家治理分析——兼评周黎安的行政发包制理论 冯仕政，《社会》2014 年第 6 期。

行政包干的组织基础 张静，《社会》2014 年第 6 期。

再论行政发包制：对评论人的回应 周黎安，《社会》2014 年第 6 期。

作为“共同体”的单位 田毅鹏，《社会学评论》2014 年第 6 期。

社区治理视角下的社区社会组织信息化问题研究 宋煜，《学习与实践》2014 年第 9 期。

城市基层社区的松解与重构 史云桐，《中国发展观察》2014 年第 10 期。

社会学视角下社区治理与社区养老服务的实践——以北京市汽南社区社会组织的实践为例 宋煜，《经济研究参考》2014 年第 57 期。

性别与家庭研究

多重角色对现代女性健康影响的实证研究 蔡玲，《青年研究》2011 年第 1 期。

男性光棍构成差异的地域性解释——基于凤城和新县两个村庄的比较分析 邢成举，《青年研究》2011 年第 1 期。

性别、社会分化的村庄实践：发达地区农村妇女的角色调适——基于浙东鹅村的考察 王会，《青年研究》2011 年第 1 期。

性别特质、身体实践与健康风险行为 林晓珊，《妇女研究论丛》2011 年第 1 期。

抗争与决裂：集体时代女性参与建构自身地位的再认识——以湖北恩施土家族双龙村女性为例 崔应令，《妇女研究论丛》2011 年第 1 期。

从一个妇女主任的遭遇看村落性别规范 高修娟，《妇女研究论丛》2011 年第 1 期。

和谐社会视野下的家庭建设——以山东省为例 王毅平、毕伟玉、姜玉欣，《东岳论丛》2011 年第 1 期。

家庭幸福：金钱愈加重要了吗——一项关于家庭幸福观的经验研究 徐安琪，《社会科学研究》2011 年第 1 期。

中国农村女性的性别角色意识及其影响因素——基于 2006 年全国综合调查的实证分析 陈婷婷，《妇女研究论丛》2011 年第 1 期。

中国城市家庭变迁的趋势和最新发现 马春华、石金群、李银河、王震宇、唐灿，《社会学研究》2011 年第 2 期。

从电视相亲节目看男性择偶——以江苏卫视《非诚勿扰》344 位男嘉宾为例 王芳、荣岩，《青年研究》2011 年第 2 期。

工作—家庭关系研究：积极视角 张伶、李慧，《天津师范大学学报》（社会科学版）2011 年第 2 期。

农村独生子女老年父母家庭结构与空巢特征——基于全国 5 区县调查 周长洪、刘颂、毛京沭、刘越、葛芳、刘佩丹、韩青松，《人口与经济》2011 年第 2 期。

农村多子女家庭代际交换中的新性别差异研究 高华，《南方人口》2011 年第 2 期。

农村留守儿童家庭抚育策略的社会学思考——一项生命历程理论视角的个案考察　杨汇泉、朱启臻，《人口与发展》2011年第2期。

女性的社会平等与性别差异　宋建丽，《河北学刊》2011年第2期。

女性领导者融合家庭内外的跨文化比较　陈雪飞、张妙清，《妇女研究论丛》2011年第2期。

社会网络视角下中国农村成年男性初婚风险的影响因素分析　刘利鸽、靳小怡，《人口学刊》2011年第2期。

中国家庭代际关系的维系、变动和趋向　王跃生，《江淮论坛》2011年第2期。

当代在校大学生恋爱认同及行为选择的实证研究　王存同，《青年研究》2011年第3期。

渐行渐远的贞节牌坊　李银河，《妇女研究论丛》2011年第3期。

公共性与家庭主义——社会建设的基础性原则辨析　张静，《北京工业大学学报》（社会科学版）2011年第3期。

新疆哈萨克族传统婚姻家庭制度的民族特点及制度变迁　马幸荣，《东北师大学报》（哲学社会科学版）2011年第3期。

中国家庭代际关系内容及其时期差异——历史与现实相结合的考察　王跃生，《中国社会科学院研究生院学报》2011年第3期。

代际互惠还是福利不足？——城市双职工家庭家务劳动中的代际交换与社会性别　陶艳兰，《妇女研究论丛》2011年第4期。

婚姻匹配的变迁：社会开放性的视角　李煜，《社会学研究》2011年第4期。

错位婚姻家庭中小孩抚养和婆媳冲突研究——以广州"80后"青年白领为例　李超海，《青年研究》2011年第4期。

生存现状、话语演变和异质的声音——90年代以来的同性恋研究　王晴锋，《青年研究》2011年第5期。

社会转型期妇女/性别研究的发展述评——基于国家哲学社会科学基金项目立项的研究　杨春，《甘肃社会科学》2011年第4期。

中国城市职场的性别不平等：基于权力的视角　唐有财，《妇女研究论丛》2011年第4期。

当代中国家庭变迁的两大趋势　沈崇麟，《当代中国史研究》2011年第5期。

男民工与阶层、社会性别、性的主体建构　黄盈盈、王文卿、潘绥铭，《社会》2011年第5期。

母职的想象：城市女性的产前检查、身体经验与主体性　林晓珊，《社会》2011年第5期。

中国的现代家庭：来自经济史和法律史的视角　黄宗智，《开放时代》2011年第5期。

性、社会性别与充权：关于四川地震灾区妇女刺绣小组领袖的个案研究　裴谕新，《妇女研究论丛》2011年第5期。

我国第一代独生子女家庭的养老问题研究　徐俊、风笑天，《人口与经济》2011年第5期。

性别角色规范与女性参政的境遇　叶世明，《福建论坛》（人文社会科学版）2011年第5期。

性别失衡背景下中国农村人口的婚姻策略与婚姻质量——对X市和全国百村调查的分析　靳小怡、李成华、李艳，《青年研究》2011年第6期。

家庭生命周期、夫妇生命历程与家庭结构变动——以河北农村调查数据为基础的分析　王跃生，《社会科学战线》2011年第6期。

中国传统女性性心理的当代观照　葛喜平，《学术交流》2011年第7期。

性、妇女充权与集体疗伤——关于四川地震灾区刺绣小组的个案研究　裴谕新，《开放时代》

2011 年第 10 期。

职位晋升中的性别歧视 卿石松，《管理世界》2011 年第 11 期。

农村家庭子女养老行为的示范作用研究 高建新、李树茁，《人口学刊》2012 年第 1 期。

农村进城务工女性的社会支持研究——以北京地区家政服务员社会网络构建为例 李春霞，《北京社会科学》2012 年第 1 期。

网上性爱与网下的性实践之间的关系——全国 14—61 岁总人口随机抽样调查结果的实证 潘绥铭、黄盈盈，《学术界》2012 年第 1 期。

女性职业发展的阻碍因素分析及对策建议 金窗爱、金喜在，《甘肃社会科学》2012 年第 1 期。

新中国成立以来我国婚姻匹配模式的变迁 齐亚强、牛建林，《社会学研究》2012 年第 1 期。

产科医生遇上“怕疼”产妇？——中国女性生产经历的身体政治 陶艳兰，《妇女研究论丛》2012 年第 1 期。

高等教育过程中性别差异的国际研究——兼论对中国女性高层后备人才培养的启示 石彤、李洁，《妇女研究论丛》2012 年第 1 期。

情境中性的社会网络与艾滋病风险——凉山地区通过性途径传播艾滋病的风险研究 周如南、周大鸣，《开放时代》2012 年第 2 期。

新世纪中国青少年性教育研究回顾与展望 王曦影、王怡然，《青年研究》2012 年第 2 期。

孝道衰落？成年子女支持父母的观念、行为及其影响因素 刘汶蓉，《青年研究》2012 年第 2 期。

家庭生命周期结构：一个理论框架和基于 CHNS 的实证 吴帆，《学术研究》2012 年第 2 期。

经济因素对家庭幸福感的影响机制初探 徐安琪，《江苏社会科学》2012 年第 2 期。

离婚风险的影响机制——一个综合解释模型探讨 徐安琪，《社会学研究》2012 年第 2 期。

中国城市家庭的亲属关系——基于五城市家庭结构与家庭关系调查 唐灿、陈午晴，《江苏社会科学》2012 年第 2 期。

男孩偏好与父权制的制度安排——中国出生性别比失衡的性别分析 李慧英，《妇女研究论丛》2012 年第 2 期。

男孩偏好与性别失衡：一个基于需求视角的理论分析框架 杨菊华，《妇女研究论丛》2012 年第 2 期。

社会性别视角下的农民组织化——基于武汉市新洲区的调查 张翠娥、杨夏玲，《妇女研究论丛》2012 年第 2 期。

平衡工作和家庭的个人、家庭和国家策略 佟新，《江苏社会科学》2012 年第 2 期。

“临时主干家庭”：城市家庭结构的变动与策略化——基于 N 市个案资料的分析 姚俊，《青年研究》2012 年第 3 期。

家庭禀赋、家庭决策与农村迁移劳动力回流 石智雷、杨云彦，《社会学研究》2012 年第 3 期。

我国农村独生子女家庭养老问题研究 徐俊，《西北人口》2012 年第 3 期。

代差与代同：新家庭主义价值的兴起 康岚，《青年研究》2012 年第 3 期。

“临时主干家庭”：城市家庭结构的变动与策略化——基于 N 市个案资料的分析 姚俊，《青年研究》2012 年第 3 期。

候权与赠权：妇女在家庭中的地位是如何转变的——基于鄂中 T 镇婆媳关系演变历程的分析 陈讯，《妇女研究论丛》2012 年第 3 期。

“80 前”与“80 后”流动人口家庭迁移行为比较研究　邵岑、张翼，《青年研究》2012 年第 4 期。

认识一个捡拾和安放“自尊”的私人空间——对性服务妇女服务原则的一种理解　王金玲，《妇女研究论丛》2012 年第 4 期。

家庭的文化功能与和谐社会的构建论析　陈旸，《湖北社会科学》2012 年第 4 期。

家庭发展能力建设的政策路径分析　吴帆、李建民，《人口研究》2012 年第 4 期。

社会网络与女性职业性别隔离　童梅，《社会学研究》2012 年第 4 期。

社会性别统计在提高政府服务职能中的应用　陈淑梅、陈澜燕、王向梅，《妇女研究论丛》2012 年第 4 期。

生物殖民主义——生态女性主义视角的批判　于江霞，《妇女研究论丛》2012 年第 4 期。

女性领导力提升的非制度性障碍及对策分析　李静，《妇女研究论丛》2012 年第 4 期。

社会转型期农村家庭结构的变化——以江西省安义古村为例　尹世洪，《江西社会科学》2012 年第 4 期。

我国家庭政策的发展路径与目标选择　陈卫民，《人口研究》2012 年第 4 期。

到底能生多少孩子？——中国人的政策生育潜力估计　王广州、张丽萍，《社会学研究》2012 年第 5 期。

传统观念与个人理性的碰撞：80 后知识精英婚恋观研究　马妍，《青年研究》2012 年第 5 期。

主体建构理论及其一般机制——基于“提供性服务歌厅”老板言及“小姐”时自我呈现的社区考察　姚星亮、黄盈盈、潘绥铭，《妇女研究论丛》2012 年第 5 期。

农业劳动力女性表征与妇女土地权益保障的思考　张笑寒、洪艳，《湖南社会科学》2012 年第 5 期。

再生产抑或循环：女性的职业阶层不平等与社会流动研究　顾辉，《人口与发展》2012 年第 5 期。

中国的社会转型与妇女福利的发展：本土经验及其反思　熊跃根，《学海》2012 年第 5 期。

中国女性劳动参与率下降的新解释：家庭结构变迁的视角　沈可、章元、鄢萍，《人口研究》2012 年第 5 期。

中国农村妇女家庭重大决策参与权的影响因素研究　陶涛，《妇女研究论丛》2012 年第 5 期。

代际视野中的 80 后认同　吴小英，《江苏社会科学》2012 年第 3 期。

随迁子女学前教育与流动女性的就业实证研究　宋月萍、李龙，《妇女研究论丛》2012 年第 6 期。

女性的身体 国家的目光——国际运动会礼仪小姐研究　王苍龙，《妇女研究论丛》2012 年第 6 期。

亲情意义的转向——以房产继承纠纷为例　陈午晴，《青年研究》2012 年第 6 期。

两性地位关系的多元考察及女性的应对　许放明，《浙江学刊》2012 年第 6 期。

身体与空间：汉魏六朝时期上巳节中的女性与女性活动　夏增民，《妇女研究论丛》2012 年第 6 期。

性别、权力与海南古代女性　黄淑瑶，《社会》2012 年第 6 期。

中国家庭的小型化、核心化与老年空巢化　张翼，《中国特色社会主义研究》2012 年第 6 期。

亲密的陌生人：中国三个城市的男同性恋交友格局　景军、孙晓舒、周沛峰，《开放时代》2012

年第 8 期。

变动中的东亚家庭结构比较研究 马春华,《学术研究》2012 年第 9 期。

公共政策中的家庭定位 吴小英,《学术研究》2012 年第 9 期。

20 世纪 50 年代农村婚姻家庭的变迁 王俊斌,《兰州学刊》2012 年第 10 期。

谈家庭保障的制度变迁、必要性与改革策略 汪连新,《商业时代》2012 年第 15 期。

欧洲各国家庭现状差异比较探微 吴真,《山东社会科学》2012 年第 S1 期。

外显和内隐大龄未婚青年刻板印象的研究 沈潘艳、辛勇,《青年研究》2013 年第 1 期。

大学毕业生性别工资差异与行业隔离 柴国俊、邓国营,《妇女研究论丛》2013 年第 1 期。

外来女工的精神健康与抗逆力——基于上海 226 名外来女工的实证研究 陈蓓丽、徐永祥,《华东理工大学学报》(社会科学版) 2013 年第 1 期。

主义抑或信仰——对女性主义理论的反思 夏国美,《社会科学》2013 年第 1 期。

中国婚姻满意度水平及影响因素的实证分析 王存同、余姣,《妇女研究论丛》2013 年第 1 期。

上海地铁女性着装“骚”“扰”之争:性别化公共空间的后果 魏伟,《妇女研究论丛》2013 年第 1 期。

性别、性别意识与环境关心——基于大学生环境意识调查的分析 李亮、宋璐,《妇女研究论丛》2013 年第 1 期。

国内近 10 年女性创业研究述评 邓子鹃,《妇女研究论丛》2013 年第 1 期。

经历乳腺癌:从“疾病”到“残缺”的女性身体 黄盈盈、鲍雨,《社会》2013 年第 2 期。

提升国家竞争潜力亟需变革家庭教养方式——基于上海市 90 后青少年成就动机的实证研究 **魏莉莉** 马和民,《青年研究》2013 年第 3 期。

家庭社会经济地位、教育期望、亲子交流与儿童发展 周皓,《青年研究》2013 年第 3 期。

青少年双向社会化模式与亲子关系研究 刘长城、宫秀丽、魏晓娟,《青年研究》2013 年第 3 期。

城市女性的相对收入与离婚风险:婚姻质量的调节作用 张会平,《妇女研究论丛》2013 年第 3 期。

“男造环境”的女性主义批判——《厨房之舞:身体与空间的日常生活地理学考察》评介 周培勤,《妇女研究论丛》2013 年第 3 期。

家—国逻辑之间——中国社会主义时期“大跃进妇女”的“泥饭碗” 唐晓菁,《妇女研究论丛》2013 年第 3 期。

就业与家庭照顾间的平衡:基于性别与职业位置的比较 佟新、周旅军,《学海》2013 年第 2 期。

人力资本、家庭责任与行政干部地位获得研究 刘爱玉、佟新、傅春晖,《江苏行政学院学报》2013 年第 2 期。

西欧社会转型时期的女性教育 郭华,《北方论丛》2013 年第 2 期。

中国职业性别隔离趋势与成因分析 张成刚、杨伟国,《中国人口科学》2013 年第 2 期。

论婚姻的社会性 潘允康,《社会学评论》2013 年第 2 期。

“家庭福利”文化与中国福利制度建设 罗红光,《社会学研究》2013 年第 3 期。

性别失衡背景下农民工心理失范的性别差异研究 李卫东、李树茁、M. W. 费尔德曼,《社会》2013 年第 3 期。

初婚年龄的影响因素分析——基于 CGSS2006 的研究　王鹏、吴愈晓，《社会》2013 年第 3 期。

子女需求对城市家庭居住方式的影响　许琪，《社会》2013 年第 3 期。

亟需变革的家庭内社会再生产——以天津市第三次妇女地位调查为例　王向贤，《山西师大学报》（社会科学版）2013 年第 3 期。

性别文化视角中我国女性角色的多元化研究　王敏，《广东行政学院学报》2013 年第 3 期。

农民工工资性别差异的实证研究——基于珠江三角洲和长江三角洲的问卷调查　张琼，《广东社会科学》2013 年第 3 期。

家庭权力、代际交换与养老资源供给　狄金华、尤鑫、钟涨宝，《青年研究》2013 年第 4 期。

单身未婚："剩女"和"剩男"问题分析报告——基于第六次人口普查数据的分析　张翼，《甘肃社会科学》2013 年第 4 期。

更年期话语的建构——从医界、大众文化到女性自身的叙述　吴小英，《妇女研究论丛》2013 年第 4 期。

并家婚姻中女儿的身份与地位　黄亚慧，《妇女研究论丛》2013 年第 4 期。

性别文化"嵌入性"探析　韩贺南，《妇女研究论丛》2013 年第 4 期。

在反思中厘清中国妇女理论发展路径——"当代中国妇女理论研讨会"综述　魏国英、庞丹丹，《妇女研究论丛》2013 年第 4 期。

累计劣势与老年人经济安全的性别差异：一个生命历程视角的分析　杨菊华、谢永飞，《妇女研究论丛》2013 年第 4 期。

家庭价值观的变迁特征探析　徐安琪，《中州学刊》2013 年第 4 期。

经济文化类型变迁对哈萨克族婚姻家庭结构的影响——基于伊犁 ZKT 村落的调查　沙彦奋，《北方民族大学学报》（哲学社会科学版）2013 年第 4 期。

区域经济环境对工资性别差异的影响——基于多层模型的分析途径　郭凤鸣、张世伟，《人口学刊》2013 年第 4 期。

社会变迁与初婚影响因素的变化　於嘉、谢宇，《社会学研究》2013 年第 4 期。

世界宗教文化建构的妇女形象　罗萍，《武汉大学学报》（哲学社会科学版）2013 年第 4 期。

性别观的变迁：上海离先进文化有多远？　徐安琪，《社会科学》2013 年第 4 期。

子女因素对离婚风险的影响　许琪、于健宁、邱泽奇，《社会学研究》2013 年第 4 期。

中国当前家庭养老的困境与出路　石金群，《中央民族大学学报》（哲学社会科学版）2013 年第 4 期。

婚姻的"祛魅"与家庭观的位移　吴小英，《探索与争鸣》2013 年第 5 期。

流动人口的婚姻焦虑　陈午晴，《探索与争鸣》2013 年第 5 期。

职业流动的性别差异研究——一种社会网络的分析视角　张文宏、刘琳，《社会学研究》2013 年第 5 期。

婚外包养与男性气质的关系化建构　肖索未，《社会学评论》2013 年第 5 期。

反思 Gender 在中国的知识再生产　黄盈盈，《社会学评论》2013 年第 5 期。

研究社会性/别：一个脉络的反思　何春蕤，《社会学评论》2013 年第 5 期。

弥散与炫彩：后革命的性化时代　潘绥铭、侯荣庭，《社会学评论》2013 年第 5 期。

中国夫妻间暴力的"性别对称性"　马春华，《河北学刊》2013 年第 5 期。

中国失独家庭规模估计及扶助标准探讨　周伟、米红，《中国人口科学》2013 年第 5 期。

中国城镇在业夫妻家务劳动参与的影响因素分析——来自第三期中国妇女社会地位调查的发现 周旅军,《妇女研究论丛》2013 年第 5 期。

农村女儿养老的社会认同及影响因素分析——基于江西省寻乌县的调查数据 张翠娥、杨政怡,《妇女研究论丛》2013 年第 5 期。

“玻璃天花板”效应:职业晋升中的性别差异 王存同、余姣,《妇女研究论丛》2013 年第 6 期。

试论参政妇女为妇女参政——论述与主体性的建立 杨静,《妇女研究论丛》2013 年第 6 期。

家空间与家庭关系的活动—移动行为透视——基于国际比较的视角 赵莹、柴彦威、Martin DIJST,《地理研究》2013 年第 6 期。

市场转型与职业性别垂直隔离 童梅、王宏波,《社会》2013 年第 6 期。

中国家庭幸福感测量 王广州、王军,《社会》2013 年第 6 期。

相亲角与“白发相亲”——以知青父母的集体性焦虑为视角 孙沛东,《青年研究》2013 年第 6 期。

中国少年的多元社会性别与性取向——基于 2010 年 14—17 岁全国总人口的随机抽样调查 黄盈盈、潘绥铭,《中国青年研究》2013 年第 6 期。

性别、权力、资源和夫妻间暴力——丈夫受虐和妻子受虐的影响因素分析比较 马春华,《学术研究》2013 年第 9 期。

产业转移与返乡务工人员的择业理性——以中原地区某县返乡打工妹为例 陈午晴,《学术研究》2013 年第 11 期。

中国城乡家庭结构变动分析——基于 2010 年人口普查数据 王跃生,《中国社会科学》2013 年第 12 期。

中国家族制度之历史观 陈晓律、孙坚,《人民论坛》2013 年第 29 期。

高层次人才社会性别平等认知影响因素及其传导机制分析——基于天津市的调查 张再生、徐爱好,《妇女研究论丛》2014 年第 1 期。

婚嫁失地会加剧农村妇女遭受家庭暴力的风险吗?——对中国农村地区的考察 宋月萍、谭琳、陶椰,《妇女研究论丛》2014 年第 1 期。

成为母亲:城市女性孕期身体解析 曹慧中,《妇女研究论丛》2014 年第 1 期。

生育对我国女性工资率的影响 於嘉、谢宇,《人口研究》2014 年第 1 期。

我国政治精英晋升的性别比较研究 佟新、刘爱玉,《江苏社会科学》2014 年第 1 期。

中国城乡老年人居住的家庭类型研究——基于第六次人口普查数据的分析 王跃生,《中国人口科学》2014 年第 1 期。

协商式亲密关系:独生子女父母对家庭关系和孝道的期待 钟晓慧、何式凝,《开放时代》2014 年第 1 期。

性别观念现状及其影响因素——基于第三期全国妇女地位调查 刘爱玉、佟新,《中国社会科学》2014 年第 2 期。

高龄化下的代间关系——台湾民众孝道信念变迁趋势分析(1994—2011) 曹惟纯、叶光辉,《社会学研究》2014 年第 2 期。

社会转型过程中家庭的变迁与延续 杨菊华、何炤华,《人口研究》2014 年第 2 期。

维多利亚时代英国中产阶级女性解放运动论略 傅燕晖,《北方论丛》2014 年第 2 期。

性别观念、现代化与女性的家务劳动时间 於嘉,《社会》2014 年第 2 期。

制度关联性视角下的出生性别比治理制度环境分析　毕雅丽、李树茁、尚子娟，《妇女研究论丛》2014 年第 2 期。

沉默的需求：老年女性的社会支持现状及困境　王小璐、风笑天，《妇女研究论丛》2014 年第 2 期。

将女性置于多重风险中的“无痛人工流产”研究　李桂燕、佟新，《妇女研究论丛》2014 年第 2 期。

前台与后台：皖北农村“养老—送终”活动中的性别权力景观　高修娟，《妇女研究论丛》2014 年第 2 期。

经历乳腺癌：疾病与性别情境中的身体认同　鲍雨、黄盈盈，《妇女研究论丛》2014 年第 2 期。

主妇化的兴衰——来自个体化视角的阐释　吴小英，《南京社会科学》2014 年第 2 期。

城市中年子女赡养的孝道行为标准与观念　李琬予、寇彧、李贞，《社会学研究》2014 年第 3 期。

出生队列规模变动对队列成员教育成就的影响研究　马妍，《人口研究》2014 年第 3 期。

家庭结构的持续与变迁——海峡两岸老年人居住安排的比较　章英华、于若蓉，《社会学研究》2014 年第 3 期。

台湾地区家庭代间关系的持续与改变——资源与规范的交互作用　伊庆春，《社会学研究》2014 年第 3 期。

分家、代内剥夺与农村男性的失婚　李艳、李卫东、李树茁，《青年研究》2014 年第 3 期。

“做家”：一个技术移民群体的家庭策略与跨国实践　张少春，《开放时代》2014 年第 3 期。

性别刻板定型与“文化陷阱”　李慧英，《妇女研究论丛》2014 年第 3 期。

新型城镇化与女性新市民的城市融入：社会政策的视角　綦淑娟，《妇女研究论丛》2014 年第 3 期。

以高校女教师为例论女性研究的日常生活转向　丁瑜，《妇女研究论丛》2014 年第 3 期。

职业晋升中的性别不平等——基于 CGSS2006 数据的分析　秦广强，《社会学评论》2014 年第 3 期。

职业性别隔离问题研究　童梅，《兰州大学学报》（社会科学版）2014 年第 3 期。

中国当代家庭户变动的趋势分析——基于人口普查数据的考察　胡湛、彭希哲，《社会学研究》2014 年第 3 期。

从资本到惯习：中国城市家庭教育模式的阶层分化　洪岩璧、赵延东，《社会学研究》2014 年第 4 期。

转型期的农村家庭结构及其对代际关系的影响　靳小怡、郭秋菊、崔烨，《青年研究》2014 年第 4 期。

新宗族背景下农村女儿养老何以可为　张翠娥、杨政怡，《青年研究》2014 年第 4 期。

性别失衡背景下农村大龄未婚男性：性心理、性实践与性影响　张群林、杨博，《青年研究》2014 年第 4 期。

90 年代以来中国夫妇婚龄差变化趋势及原因探讨　刘爽、梁海艳，《青年研究》2014 年第 4 期。

当代青年人初恋年龄分布及影响因素分析——以首都大学生为例　刘昊，《青年研究》2014 年第 4 期。

“单独两孩”政策对女性就业的潜在影响及应对思考　杨菊华，《妇女研究论丛》2014 年第 4 期。

女性社会工作者与情感劳动：一个新议题 王斌，《妇女研究论丛》2014 年第 4 期。

夫妻和谐关系模型的群层差异分析——以天津市在婚女性的调查为例 张宝义，《妇女研究论丛》2014 年第 4 期。

探析玩具世界的社会性别隔离——以丹麦乐高积木为例的研究 周培勤，《妇女研究论丛》2014 年第 4 期。

独立还是延续：当代都市家庭代际关系中的矛盾心境 石金群，《广西民族大学学报》（哲学社会科学版）2014 年第 4 期。

后社会主义国家的家庭政策和性别平等：1989 年后的匈牙利和波兰 马春华，《妇女研究论丛》2014 年第 5 期。

近 20 年来两性干部精英的地位获得与变迁——基于第三期中国妇女社会地位调查的分析 李娜，《妇女研究论丛》2014 年第 5 期。

推动男性家庭角色的改变——欧洲就业性别平等政策的新路径及对中国的启示 张亮，《妇女研究论丛》2014 年第 5 期。

家庭视角下的农民工城市融合及其影响因素研究 史学斌、熊洁，《人口与发展》2014 年第 5 期。

农村女性文化贫困成因及其治理——以社会生态系统理论为视角 赵金子、周振，《西北农林科技大学学报》（社会科学版）2014 年第 5 期。

生命历程理论视角下劳动力迁移对初婚年龄的影响 曾迪洋，《社会》2014 年第 5 期。

女领导的临界规模与组织性别歧视现象——基于第三期中国妇女社会地位调查数据的实证研究 马冬玲、周旅军，《社会》2014 年第 5 期。

同性恋的出柜与家本位的纠结 景军、王晨阳、张玉萍，《青年研究》2014 年第 5 期。

台湾地区“90 后”大学生异性交往观念——以婚前性行为接受度为分析重点 朱安新，《青年研究》2014 年第 5 期。

“严母慈祖”：儿童抚育中的代际合作与权力关系 肖索未，《社会学研究》2014 年第 6 期。

师生互动中的性别效应 曲燕、佐斌，《青年研究》2014 年第 6 期。

性别失衡背景下未婚农民工心理失范性别差异研究 李卫东、李树茁、权小娟，《妇女研究论丛》2014 年第 6 期。

农村婚姻迁移女性生活福利研究 韦艳、吴莉莉、张艳平，《青年研究》2014 年第 6 期。

近 20 年中国人性别观念的变动趋势与特点分析 杨菊华、李红娟、朱格，《妇女研究论丛》2014 年第 6 期。

经济学研究中的产出之谜：学术贡献与性别不平等——以《财经研究》（2000—2012）为例 王西民、崔百胜，《财经研究》2014 年第 10 期。

女性主义视角下同性恋道德困境的探索 刘婵娟、马晶，《学术交流》2014 年第 12 期。

试论“家”对于中国人的精神价值 陈午晴，《人民论坛》2014 年第 34 期。

社会问题

中国农村留守儿童研究述评 谭深，《中国社会科学》2011 年第 1 期。

城市青年移民生存发展状况调查及思考——以“新上海人”为例 赵文、陆烨、邓蕾、王丹阳，

《理论月刊》2011 年第 1 期。

腐败网络：特征、类型和机理——社会网络理论视角的腐败及其治理 唐利如，《兰州大学学报》（社会科学版）2011 年第 1 期。

近 21 年我国自杀人口的性别差异 黄润龙，《西北人口》2011 年第 1 期。

青少年吸毒者对艾滋病风险的认知及行为状况研究——以江苏省调查为例 林卡、许芸，《中国青年研究》2011 年第 1 期。

转型期中国农民非制度化利益表达的生发逻辑及矫正路径 姚望，《中州学刊》2011 年第 1 期。

城市反贫困与贫困群体的能力建设 庞文、唐艳玲、丁云龙，《西北人口》2011 年第 2 期。

多学科视角下的社会抗争研究 孙培军，《太平洋学报》2011 年第 2 期。

国家如何塑造抗争政治——关于社会抗争中国家角色的研究评述 黄冬娅，《社会学研究》2011 年第 2 期。

集体记忆：研究群体认同的新路径 艾娟、汪新建，《新疆社会科学》2011 年第 2 期。

价值主导型群体事件中参与主体的行动逻辑 张荆红，《社会》2011 年第 2 期。

青少年犯罪与预防：以生态系统理论为视角 胡俊文，《湖南社会科学》2011 年第 2 期。

社会网络视野下的集体行动——以林镇“群体性事件”为例 王国勤，《开放时代》2011 年第 2 期。

乡村社会矛盾化解机制探微 许爱花、周丽敏，《宁夏社会科学》2011 年第 2 期。

论税费改革后的农村社会冲突及其解决机制 路立营、冯瑞琳，《河北师范大学学报》（哲学社会科学版）2011 年第 3 期。

农村光棍的类型研究——一种人口社会学的分析 刘燕舞，《中国农业大学学报》（社会科学版）2011 年第 3 期。

群体性事件的行为模式与解释框架——基于江苏的实证研究 柏骏，《江苏社会科学》2011 年第 3 期。

政府应对网络空间的舆论危机及其治理 张勤、梁馨予，《中国行政管理》2011 年第 3 期。

京沪青年女性在民国时期的自杀问题 景军、罗锦文，《青年研究》2011 年第 4 期。

社会冲突论视域中的弱势群体利益表达 王勇，《探索》2011 年第 4 期。

在“沉默”与“失范”之间——论弱势群体利益表达的底层方式 梁德友，《社会科学辑刊》2011 年第 4 期。

代内剥削：农村光棍现象的一个分析框架——基于渝北 S 村长子打光棍的调查 陶自祥，《青年研究》2011 年第 5 期。

“问题化”逻辑：弱势群体抗争行动的一种解释 韦长伟，《理论与改革》2011 年第 5 期。

城市贫困人口社会支持的多水平分析 贺寨平、孔驰，《江苏社会科学》2011 年第 5 期。

非常规突发事件下基于 SIR 模型的群体行为分析 佘廉、沈照磊，《情报杂志》2011 年第 5 期。

农村大龄未婚男性的婚姻困境：基于性别不平等视角的认识 韦艳、张力，《人口研究》2011 年第 5 期。

中国自杀率下降趋势的社会学分析 张杰、景军、吴学雅、孙薇薇、王存同，《中国社会科学》2011 年第 5 期。

珠三角地区娱乐行业女性流动人口的日常生活和自我实践 丁瑜，《南方人口》2011 年第 5 期。

中国农村的自杀问题（1980—2009）——兼与景军先生等商榷 刘燕舞，《青年研究》2011 年第

6 期。

农村青少年辍学现象再思考：农民流动的视角 周潇，《青年研究》2011 年第 6 期。

2010 年我国未成年犯抽样调查分析报告 操学诚、路琦、牛凯、王星，《青少年犯罪问题》2011 年第 6 期。

冲突的社会功能与群体性冲突事件的制度化治理 胡联合、胡鞍钢，《探索》2011 年第 6 期。

人口结构失衡与犯罪研究：回顾、借鉴与展望 吕程，《南方人口》2011 年第 6 期。

重大灾害中的集体行动及类型化分析 周利敏，《北京行政学院学报》2011 年第 6 期。

青少年犯罪的家庭因素比较研究 黄丽勤，《中国青年研究》2011 年第 8 期。

游走在家园与社会之间：环境抗争中的都市女性——以 G 市市民反对垃圾焚烧发电厂建设为例 陈晓运、段然，《开放时代》2011 年第 9 期。

“两类矛盾说”理论探析 王也扬，《史学月刊》2011 年第 10 期。

中国城市化进程中市民与农民工文化冲突问题的调查与分析 马惠娣，《毛泽东邓小平理论研究》2011 年第 11 期。

转型期青少年网络相约自杀现象探讨 戴洁、李华燊，《中国青年研究》2011 年第 11 期。

青少年吸毒现象及社会工作介入策略 王玉香，《中国青年研究》2011 年第 12 期。

当前网络社会情绪分析 薛素芬，《新闻爱好者》2011 年第 14 期。

和谐社会视阈下“非直接利益冲突现象”成因及对策研究 张荣军、谭培文，《前沿》2011 年第 19 期。

夫妻相对资源和情感关系对农民工婚姻暴力的影响 基于性别视角的分析 李成华、靳小怡，《社会》2012 年第 1 期。

农村丧偶老年女性贫困原因的社会学分析 王晶、刘彦喆，《东北师大学报》（哲学社会科学版）2012 年第 1 期。

农民工城市融合概念及对城市感知关系的影响——基于上海农民工的调查研究 褚荣伟、肖志国、张晓冬，《公共管理学报》2012 年第 1 期。

社会融入：一个概念的社会学意义 陈成文、孙嘉悦，《湖南师范大学社会科学学报》2012 年第 1 期。

突发舆情危机事件衍生效应研究 王国华、方付建，《天津社会科学》2012 年第 1 期。

未婚男性农民工心理失范的调查研究 李卫东、胡莹，《西安交通大学学报》（社会科学版）2012 年第 1 期。

防止利益冲突与惩治和预防腐败体系的完善 王治国、李雪慧，《河南社会科学》2012 年第 2 期。

非常规突发事件及其社会影响分析——基于引致因素耦合协调度模型 张一文、齐佳音、方滨兴、李欲晓，《运筹与管理》2012 年第 2 期。

集体行动困境的产生与化解 胡涤非、孙亚莉，《南昌大学学报》（人文社会科学版）2012 年第 2 期。

从失范到紧张：青少年越轨行为研究的衍变及本土化视角 翟进，《社会科学研究》2012 年第 3 期。

大学新生的自杀意念及与生活满意度、幸福感的关系 柳迎新、黄文倩、朱婉儿，《中国心理卫生杂志》2012 年第 3 期。

集体性抗争行动结果的影响因素——一项基于三个集体性抗争行动的比较研究　俞志元，《社会学研究》2012 年第 3 期。

探究社会化自然风险的形成——以兰州市一个多民族社区的地质灾害为个案　谢立宏、陈芳芳，《甘肃社会科学》2012 年第 3 期。

试论农村自杀的类型与逻辑　贺雪峰、郭俊霞，《华中科技大学学报》（社会科学版）2012 年第 4 期。

我国 2000—2009 年腐败案例研究报告——基于 2800 余个报道案例的分析　公婷、吴木銮，《社会学研究》2012 年第 4 期。

新形势下农村社会矛盾的化解路径研究　毕云芝，《郑州大学学报》（哲学社会科学版）2012 年第 4 期。

中国出生性别比失调问题的原因及其改善　姜大伟、张星伍、张雄，《西北人口》2012 年第 4 期。

中国西北贫困地区农户的社会资本特征——基于 400 份农户问卷调查的初步分析　包晓霞，《甘肃社会科学》2012 年第 4 期。

城市社区劳动适龄人口的自杀相关问题研究　刘丹萍、李宁秀、刘朝杰、裴丽昆，《西北人口》2012 年第 5 期。

气候变化及其灾害的社会性别研究——云南德钦红坡村的案例　尹仑、薛达元、倪恒志，《云南师范大学学报》（哲学社会科学版）2012 年第 5 期。

群体性事件中的原始抵抗——以浙东海村环境抗争事件为例　李晨璐、赵旭东，《社会》2012 年第 5 期。

性别失衡下相关利益者的微观失范研究　韦艳、李静、李卫东，《人口与发展》2012 年第 5 期。

对大学生群体性事件的分析与解读　才立琴，《中国青年研究》2012 年第 6 期。

婚姻挤压下父母生活满意度分析——基于安徽省乙县农村地区的调查　郭秋菊、靳小怡，《中国农村观察》2012 年第 6 期。

中国当前社会问题的特征及影响机制分析　李炜，《黑龙江社会科学》2012 年第 6 期。

农村社会资本的嬗变与社会矛盾的消解　姚亮，《甘肃社会科学》2012 年第 6 期。

贫病循环：乡土社会伦理语境中的贫困再生产　梁晨，《人文杂志》2012 年第 6 期。

试论完善边疆城市社区矛盾一体多元调处机制　徐疆、马国芳，《新疆社会科学》2012 年第 6 期。

大学生非婚性行为及其影响因素分析　向晋辉，《中国学校卫生》2012 年第 8 期。

论网络影响未成年人犯罪的新形势与对策　罗海敏，《河南社会科学》2012 年第 8 期。

社会排斥下“弱者”的抗争——华北农村外地媳妇的社会融入初探　申艳芳、栾殿飞，《兰州学刊》2012 年第 8 期。

论社会燃烧理论在“重大事项”上的应用——重大事项社会稳定风险评估的理论基础与方法模型　杨芳勇，《中共浙江省委党校学报》2012 年第 9 期。

农民的道义经济与发展抗争——一个西北少数民族村落的征地谈判个案分析　闫丽娟、王瑞芳，《西南民族大学学报》（人文社会科学版）2012 年第 9 期。

社会心理冲突：群体性事件形成的社会心理根源　王庆功、张宗亮、王林松，《山东社会科学》2012 年第 9 期。

社会资本维度与集体行动——基于杨凌五泉农民用水户协会的研究 万生新，《农村经济》2012年第9期。

应重视解决流动人口的社会融合问题 张春生、杨菊华，《中国党政干部论坛》2012年第11期。

民族地区青少年辍学的文化解释——以云南芒市傣族教育为个案 沈洪成，《青年研究》2013年第1期。

流动人口城市融入度及其影响因素的实证分析——基于济南市的调查 张振宇、陈岱云、高功敬，《山东社会科学》2013年第1期。

生态移民地区留守儿童的阅读现状和权益保护——以宁夏同心县生态移民新村为例 孔炜莉，《开发研究》2013年第1期。

实用主义团结——基于珠三角新工人集体行动案例的分析 汪建华，《社会学研究》2013年第1期。

性行为与艾滋病感染风险——新疆少数民族艾滋病性传播现状的社会学定性分析 祖力亚提·司马义、曹谦，《西北民族研究》2013年第1期。

中国老年人口自杀问题研究 王武林，《人口与发展》2013年第1期。

中国城市化进程中的社会问题分析 黄燕芬、丁力，《河北学刊》2013年第1期。

中国中近期社会动荡可能性的研判 吴忠民，《东岳论丛》2013年第1期。

"官二代"职业发展的性别差异——对第三期中国妇女社会地位调查的实证研究 杨慧，《人口与发展》2013年第2期。

"抗争"之辩：多重能动性、性别和马拉维政治 丽莎·吉尔曼、李生柱、彭瑞红，《民俗研究》2013年第2期。

规则僭越：转型期的社会失范 郭星华、周延东，《探索与争鸣》2013年第2期。

基层社会矛盾排解的若干思路模式及其运用环境——基于积极社会管理的视角 童潇，《求实》2013年第2期。

论社会稳定视野下的"无直接利益冲突" 王艳成，《河南师范大学学报》（哲学社会科学版）2013年第2期。

农村老年人自杀及其危机干预（1980—2009） 刘燕舞，《南方人口》2013年第2期。

农村征地拆迁中的阶层冲突——以荆门市城郊农村土地纠纷为例 杨华，《中州学刊》2013年第2期。

清代辽东旗人社会中的男性失婚问题研究——基于中国多世代人口数据库——辽宁部分（CMGPD－LN） 王磊，《人口与经济》2013年第2期。

乡土政治变迁与农民"非制度化政治参与"——来自荃镇的田野调查 刘晓峰，《北京行政学院学报》2013年第2期。

自我边界的"选择性固化"：公民运动与转型期国家—个人关系的重塑——以B市被拆迁居民集团行政诉讼为例 施芸卿，《社会学研究》2013年第2期。

"娶妻难"对农村男性实施婚姻暴力的影响 李成华、靳小怡、井文，《中国人口科学》2013年第3期。

安全食品的信任建构机制——以H市"菜团"为例 帅满，《社会学研究》2013年第3期。

留守儿童的就学和学业成绩——基于教育机会和教育结果的双重视角 段成荣、吕利丹、王宗萍，《青年研究》2013年第3期。

工人集体行动的制度化治理——以“南海本田”事件为例 路军，《东岳论丛》2013年第3期。

民族地区乡村社会矛盾现状研究 吕华鲜，《社会科学家》2013年第3期。

社会信任水平对腐败的影响 刘启君、许玉平，《华南农业大学学报》（社会科学版）2013年第3期。

网络、“弱组织”社区与环境抗争 任丙强，《河南师范大学学报》（哲学社会科学版）2013年第3期。

运动企业家的虚拟组织：互联网与当代中国社会抗争的新模式 曾繁旭、黄广生、刘黎明，《开放时代》2013年第3期。

从打工妹到失足女：新生代打工妹失足的原因探究 周俊山、尹银，《青年研究》2013年第4期。

城市低收入居民的幸福感及其影响因素研究 徐延辉、黄云凌，《经济社会体制比较》2013年第4期。

环境移民：概念辨析、理论基础及政策含义 郑艳，《中国人口·资源与环境》2013年第4期。

民族地区青少年犯罪问题探究——以宁夏回族自治区银川市X镇为例 蒋兴飞、杨晓，《宁夏社会科学》2013年第4期。

农民工流动方式与子女社会分化——对中国人口流动制度设计的反思 刘成斌，《中国人口科学》2013年第4期。

谁在网络中抱怨——基于网络社会分层视角 胡建国、博昊渊，《北京社会科学》2013年第4期。

校园性侵案与“伪善”教育 熊丙奇，《妇女研究论丛》2013年第4期。

新媒体时代社会性怨恨的传播与治理 晏荣，《当代世界与社会主义》2013年第4期。

制度变迁、利益分化与农民环境抗争——以湖南省X市Z地区为个案 陈占江、包智明，《中央民族大学学报》（哲学社会科学版）2013年第4期。

“公款吃喝”的隐性制度化——一个中国县级政府的个案研究 严霞、王宁，《社会学研究》2013年第5期。

“调解优先”能缓解集体性劳动争议吗？——基于1999—2011年省际面板数据的实证检验 庄文嘉，《社会学研究》2013年第5期。

社会问题研究中的“个人困扰”与“公共议题”关系的经验研究 李炜，《黑龙江社会科学》2013年第5期。

高校毕业生“史上最难就业季”与全球性青年失业问题再探讨——比较制度框架下的跨国定量研究 苗国，《青年研究》2013年第5期。

构建社会矛盾的社会心理调节机制初探 胡小芬，《云南行政学院学报》2013年第5期。

美国青少年问题发展的新趋势 汪天德，《江苏社会科学》2013年第5期。

贫困与人口增长：兼谈完善人口政策的配套措施 蔡键，《西北人口》2013年第5期。

群体性事件的心理危机预警干预与综合防控 崔爽、王春光、卢绍君，《领导科学》2013年第5期。

中国失独者贫困状况及救助体系建构 刘亚娜，《社会科学辑刊》2013年第5期。

“结构—价值”变动的错位互构：理解南方农村自杀潮的一个框架 杨华，《开放时代》2013年第6期。

自杀问题再反思 吴飞,《开放时代》2013 年第 6 期。

反抗与绝望:农村社会转型中的未婚青年自杀 陈柏峰,《开放时代》2013 年第 6 期。

农村社会转型中的婚姻关系与妇女自杀——鄂南崖村调查 郭俊霞,《开放时代》2013 年第 6 期。

冲突应对方式与西南地区农村居民的政府信任——基于贵州和云南两省的实证调查 彭国胜,《南京农业大学学报》(社会科学版)2013 年第 6 期。

农村社会转型中的婚姻关系与妇女自杀——鄂南崖村调查 郭俊霞,《开放时代》2013 年第 6 期。

农民工劳动权益状况分析——基于江苏省常州市的调查 马继迁、陶明瑛,《西北人口》2013 年第 6 期。

女性拜金主义择偶观的社会成因探析 董海峰,《福州大学学报》(哲学社会科学版)2013 年第 6 期。

青年失业、教育浪费与人力资本积累机制断裂 马川,《江汉论坛》2013 年第 6 期。

社会变迁视角下流动人口身份认同的实证研究——基于全国流动人口动态监测调查数据 李荣彬、袁城,《人口与发展》2013 年第 6 期。

群体性事件中媒体对底层群体的社会政治心理影响研究——基于"乌坎事件"的实地调研 李春雷、姜红辉,《现代传播》(中国传媒大学学报)2013 年第 7 期。

拆迁政策与行为失范关系的统计分析 刘征,《统计与决策》2013 年第 8 期。

从微观机制到社会结构——集体行动理论的跨学科比较 施一丹、苏振华,《学术月刊》2013 年第 9 期。

风险社会理论视角下的农村社会矛盾防控 米正华,《江西社会科学》2013 年第 9 期。

理论与实证的双重解释——评《未成年人犯罪与社会治理》 朱力,《南京社会科学》2013 年第 9 期。

关于中国环境问题和生态文明建设的新思考 洪大用,《探索与争鸣》2013 年第 10 期。

集体行动的范围与限度——布坎南集体行动理论研究 吕普生,《人文杂志》2013 年第 11 期。

多维框架下中国家庭贫困的动态识别 高艳云、马瑜,《统计研究》2013 年第 12 期。

风险的社会放大:特征、危害及规避措施 常硕峰、伍麟,《学术交流》2013 年第 12 期。

群体性事件不同阶段的社会心理学分析 王春光、崔爽、卢绍君,《领导科学》2013 年第 14 期。

自然灾害突发事件中的政府危机公关——以海南省为例 黄燕梅,《人民论坛》2013 年第 23 期。

从社会角度看弱势群体及对其的关注 张文博,《青年记者》2013 年第 24 期。

自考生就业歧视问题分析 郗蒙、赵联飞,《人民论坛》2013 年第 26 期。

青岛市城阳区 2008—2012 年未成年犯罪调研报告 邸娜、王刚,《山东社会科学》2013 年第 S1 期。

从"温江村现象"看中国农村人口危机 穆光宗,《中国农业大学学报》(社会科学版)2014 年第 1 期。

从抗争政治、底层政治到非抗争政治——农民上访研究视角的检视、反思与拓展 陈锋,《南京农业大学学报》(社会科学版)2014 年第 1 期。

动员视域下的"内生性权责困境"——以"5·12"汶川地震中的基层救灾治理为例 樊佩佩、曾盛红,《社会学研究》2014 年第 1 期。

婚嫁失地会加剧农村妇女遭受家庭暴力的风险吗?——对中国农村地区的考察 宋月萍、谭琳、陶椰,《妇女研究论丛》2014 年第 1 期。

论特大型城市社会秩序的重构 赵晓红、鲍宗豪,《天津社会科学》2014 年第 1 期。

农村低收入家庭留守儿童的整体性忽略 高翔,《东岳论丛》2014 年第 1 期。

群体性"冷漠行为"的社会结构成因分析:一种城市社会学的视角 陈静、徐晓军,《内蒙古社会科学》(汉文版)2014 年第 1 期。

少数民族流动人口问题:社会排斥的视角 陈纪,《云南民族大学学报》(哲学社会科学版)2014 年第 1 期。

从"不公"到"怨恨":社会怨恨情绪的形成逻辑 朱志玲、朱力,《社会科学战线》2014 年第 2 期。

古代国家仪式在传统危机管理中的作用——以祭祀为研究对象 王郅强、尉馨元,《南京社会科学》2014 年第 2 期。

街头·行为·艺术 性别权利倡导和抗争行动形式库的创新 魏伟,《社会》2014 年第 2 期。

未成年人性侵害现状与对策——基于四川省 6—12 岁儿童抽样调查 王进鑫、程静,《青年研究》2014 年第 2 期。

抗争政治,还是非抗争政治——再论农民上访研究的范式转移 申端锋,《甘肃社会科学》2014 年第 2 期。

流动人口弱势空间与犯罪——对广东省东莞市的实证分析 程建新,《南方人口》2014 年第 2 期。

农民环境抗争、集体行动的困境与农村治理危机 张君,《理论导刊》2014 年第 2 期。

新生代农民工性状况研究——基于绵阳市的调查分析 王飞,《西北人口》2014 年第 2 期。

以发展的新思维促进农村贫困治理 刘振杰,《人口与发展》2014 年第 2 期。

残疾人的社会保障对消费需求的影响探析 卢江勇、陈功,《人口与发展》2014 年第 3 期。

离异妇女贫困化原因的社会学分析 杨成波,《社会科学辑刊》2014 年第 3 期。

农民环境抗争的历史演变与策略转换——基于宏观结构与微观行动的关联性考察 陈占江、包智明,《中央民族大学学报》(哲学社会科学版)2014 年第 3 期。

上海多性伴性行为现状及其影响因素研究 庄渝霞,《社会》2014 年第 3 期。

身体的自我规训与抗争表达——对阿玲就业流动经历的性别解读 严静,《妇女研究论丛》2014 年第 3 期。

自然灾害过程中的民族学启示——以舟曲特大泥石流灾害为例 单广宁,《甘肃社会科学》2014 年第 3 期。

境外流动人口对云南边境地区社会治理的影响与对策 陈德顺、普春梅,《社会学评论》2014 年第 4 期。

边疆民族地区群体性事件后的地方治理——以云南"孟连事件"为例 杨金东,《社会学评论》2014 年第 4 期。

11—14 岁农村留守儿童性问题研究——基于对阜宁县芦蒲镇留守儿童的调查 王瑾,《人口与社会》2014 年第 4 期。

环境社会学的研究与反思 洪大用,《思想战线》2014 年第 4 期。

特大城市农民工群体性事件参与风险分析 张翼、尉建文,《中国特色社会主义研究》2014 年第

4 期。

性别失衡背景下农村大龄未婚男性：性心理、性实践与性影响 张群林、杨博，《青年研究》2014 年第 4 期。

性别与腐败——以中国为例 汪琦、闵冬潮、陈密，《妇女研究论丛》2014 年第 4 期。

越轨少年与网络规制——中美日的比较研究 苏明月、焦阳，《中国青年研究》2014 年第 4 期。

转型期农村留守儿童发展问题的困境与突破——基于社会环境因素的理性思考 张学浪，《兰州学刊》2014 年第 4 期。

城中村拆迁中的身体与底层抗争——以北京市城中村 A 为例 刘怡然，《社会科学战线》2014 年第 5 期。

延迟退休年龄之争——民粹主义与精英主义 韩克庆，《社会学研究》2014 年第 5 期。

留守经历与农二代大学生的心理健康 刘成斌、王舒厅，《青年研究》2014 年第 5 期。

开发区建设中的居民地方感研究——基于上海闵行开发区周边社区的调研 孔翔、张宇飞，《城市发展研究》2014 年第 6 期。

新生代农民工的社会失范：类型与相互关系 罗丞，《中国青年政治学院学报》2014 年第 5 期。

女性就业歧视发生的机会结构 余秀兰，《甘肃社会科学》2014 年第 6 期。

贫困家庭的孩子为什么不读书：风险、人力资本代际传递和贫困陷阱 邹薇、郑浩，《经济学动态》2014 年第 6 期。

性别失衡背景下未婚农民工心理失范性别差异研究 李卫东、李树茁、权小娟，《妇女研究论丛》2014 年第 6 期。

职业差评师——游离于法律与规则边缘的网络灰色职业群体 袁源、张永汀，《中国青年研究》2014 年第 6 期。

从社会整合到社会合作：社会矛盾应对模式的转向 王道勇，《教学与研究》2014 年第 7 期。

农村社会分化与边缘农民上访 田先红，《人文杂志》2014 年第 7 期。

从社会治理角度干预医患冲突 房莉杰，《决策探索》（下半月）2014 年第 8 期。

家庭冷暴力的界定、现状及危害 张翼杰，《人民论坛》2014 年第 8 期。

上海棚户区污名的构建与传递：一个历史记忆的视角 吴俊范，《社会科学》2014 年第 8 期。

低保对象的精神健康状况及其影响因素——以山东省低保对象抑郁状况为例的研究 薛立勇，《东岳论丛》2014 年第 9 期。

抓住农民工市民化这个"先手棋"——新型城镇化"晋江经验"的调研启示 张翼、汪建华、吕鹏，《中国发展观察》2014 年第 9 期。

群体与阶级：20 世纪二三十年代武汉纱厂工人——兼论近代中国工人阶级的形成 田彤、赖厚盛，《学术月刊》2014 年第 10 期。

中国人工流产的社会学实证研究：1979—2012 王存同，《中国社会科学》2014 年第 10 期。

单身母亲的收入和时间贫困研究 沈尤佳、程园园，《山东社会科学》2014 年第 11 期。

婚姻对女性贫困的影响研究 陈银娥、邢乃千、何雅菲，《统计与决策》2014 年第 12 期。

报复抗争：底层个体极端行为的逻辑 聂军、柳建文，《领导科学》2014 年第 17 期。

舆论"软风险"正急剧上升 张涛甫，《人民论坛》2014 年第 25 期。

社会政策与社会工作

当代西方社会福利理论的主要争论及发展取向——兼论对中国福利制度建设的启示 陈立周，

《思想战线》2011 年第 1 期。

国外社会保障政策的演变与趋势 陈宁,《理论探索》2011 年第 1 期。

马克思主义的社会保障理论及其现实意义 郑岩,《生产力研究》2011 年第 1 期。

社会保障国家责任探析 康健,《社会科学辑刊》2011 年第 1 期。

服务对象对社会工作的职业认同研究——对北京、上海两地服务对象的调查 乜琪,《新视野》2011 年第 1 期。

构建本土化的社会工作硕士专业学位教育体系 张岭泉,《河北大学学报》(哲学社会科学版)2011 年第 1 期。

构建社会工作硕士专业学位教育的评估体系 于显洋、孟亚男,《河北大学学报》(哲学社会科学版)2011 年第 1 期。

美国社会工作硕士专业学位培养模式及其启示 林顺利、兰学莉,《河北大学学报》(哲学社会科学版)2011 年第 1 期。

社会工作专业服务与基层政府治理——以浙江省 NH 区为例的实证研究 马良,《江苏社会科学》2011 年第 1 期。

社区公共服务发展与专业社会工作的介入 杨贵华,《东南学术》2011 年第 1 期。

推进社会工作硕士专业学位教育的必要性 吕红平,《河北大学学报》(哲学社会科学版)2011 年第 1 期。

中国本土社会工作实践片论 王思斌,《江苏社会科学》2011 年第 1 期。

中国农村社会工作发展探析 杨发祥、闵慧,《福建论坛》(人文社会科学版)2011 年第 1 期。

中国文化与制度背景下社会工作本质的建构 史柏年,《江苏社会科学》2011 年第 1 期。

专业、科学、本土化:中国社会工作十年的三个迷思 殷妙仲,《社会科学》2011 年第 1 期。

建设包容性社区:居民权利均等化的社会政策想象 马西恒,《学习与实践》2011 年第 2 期。

居(村)委会信任与居民的社区社会政策参与 梁莹,《理论探讨》2011 年第 2 期。

论社会工作的功能:一个结构功能主义的分析视角 陈成文、孙嘉悦,《湖南师范大学社会科学学报》2011 年第 2 期。

社会工作的专业地位、基本策略以及与志愿服务的关系:历史回顾与反思 童敏,《华东理工大学学报》(社会科学版)2011 年第 2 期。

社会工作专业实习教育探讨 孙元,《教育评论》2011 年第 2 期。

西南民族地区社会工作初探 陈宇鹏,《黑龙江民族丛刊》2011 年第 2 期。

优势视角的学校社会工作辅导策略探析 侯童、玉禾,《首都师范大学学报》(社会科学版)2011 年第 2 期。

中国近代教会大学与社会工作 孙志丽、张昱,《华东理工大学学报》(社会科学版)2011 年第 2 期。

中国社会工作的嵌入性发展 王思斌,《社会科学战线》2011 年第 2 期。

中国社会政策变迁中的专家参与模式研究 朱旭峰,《社会学研究》2011 年第 2 期。

当低碳遇上城市:走向低碳社会的行动建构 房莉杰,《北京规划建设》2011 年第 2 期。

社会保障的收入效应——基于跨国的实证研究 孔庆洋,《河南社会科学》2011 年第 3 期。

从嵌入性理论看中国社会工作的专业化战略 王瑞华,《河南师范大学学报》(哲学社会科学版)2011 年第 3 期。

断裂与弥合：社会工作研究中科学主义范式与人文主义范式的反思 刘艳霞，《华东理工大学学报》（社会科学版）2011 年第 3 期。

用户参与与民间儿童福利服务机构的公信力——安琪之家的个案研究 尚晓援、李敬，《学习与实践》2011 年第 3 期。

论社会工作价值教育的本土策略 刘斌志，《教育评论》2011 年第 3 期。

农村留守老人困境的社会工作干预实验——基于安徽省 X 县 G 乡 S 自然村的实证研究 孙唐水、潘金洪、周长青，《南京人口管理干部学院学报》2011 年第 3 期。

培养造就一支宏大的社会工作人才队伍 沈荣华，《中国行政管理》2011 年第 3 期。

社会工作介入“受艾滋病影响的失依儿童”抗逆力养成——基于河南省 ZMD 市的循证研究 王君健，《青年研究》2011 年第 3 期。

社会工作专业能力培养的 CDIO 工程教育模式探析 郸啸，《现代教育科学》2011 年第 3 期。

社会政策的取向：多视角、文化与实践——从社会政策研究角度的考察 江立华、张必春，《社会主义研究》2011 年第 3 期。

增权理论在农村社会工作中的应用 聂玉梅、顾东辉，《理论探索》2011 年第 3 期。

嵌入式发展：学校社会工作在高校的发展路径探索 方劲，《华东理工大学学报》（社会科学版）2011 年第 4 期。

中国传统社会保障史研究述论 王卫平，《江海学刊》2011 年第 4 期。

美国慈善基金会的嬗变及其社会功能 王兆斌，《世界经济与政治论坛》2011 年第 4 期。

社会保障与社会公平相关性的理论分析 郑岩、杨志宏，《税务与经济》2011 年第 4 期。

国内社会保障研究的知识图谱与热点主题——基于文献计量学共词分析的视角 张红春、卓越，《公共管理学报》2011 年第 4 期。

社会转型与社区为本的社会工作 张和清，《思想战线》2011 年第 4 期。

转型社会背景下中国社会工作的发展战略选择 郭伟和，《思想战线》2011 年第 4 期。

转型时代的社会工作转型：一种理论视角 朱健刚，《思想战线》2011 年第 4 期。

禁毒社会工作的本土化经验及其反思——以上海为例 范志海、焦志勇、战奕霖，《华东理工大学学报》（社会科学版）2011 年第 5 期。

中国老年歧视的制度性根源与老年人公共政策的重构 吴帆，《社会》2011 年第 5 期。

论底线公平福利模式 景天魁、毕天云，《社会科学战线》2011 年第 5 期。

社会工作专业人才职业胜任力模型分析 董云芳，《华东理工大学学报》（社会科学版）2011 年第 5 期。

社会政策促进鄂伦春民族发展的实际效果评估——对内蒙古自治区鄂伦春自治旗托扎敏乡鄂伦春族猎民村的调查报告 田雨，《内蒙古社会科学》（汉文版）2011 年第 5 期。

实施与完善家庭服务政策 董红亚，《浙江社会科学》2011 年第 5 期。

从区隔到统筹：省域社会保障一体化探讨——以浙江为例 胡丹骞，《浙江社会科学》2011 年第 5 期。

我国企业社会工作的介入空间与路径研究 孟祥斐、徐延辉，《天府新论》2011 年第 5 期。

政策思维范式的演变与发展性社会政策的贡献 钱宁、陈立周，《探索》2011 年第 5 期。

中国社会工作教育的发展 李迎生、韩文瑞、黄建忠，《社会科学》2011 年第 5 期。

中国社会政策调整与农民工城市融入 王春光，《探索与争鸣》2011 年第 5 期。

“扩展的临床视角”下企业社会工作的干预策略——以广东D厂的新员工为目标群体 郑广怀、刘焱，《社会学研究》2011年第6期。

预算标准法与儿童抚养成本研究——以夏县农村儿童抚养成本为例 李振刚、尚晓援、张丽娟，《青年研究》2011年第6期。

传统文化与本土社会工作建构——现代化视域下的社会工作本土化探析 杨生勇、王才章，《中南民族大学学报》（人文社会科学版）2011年第6期。

批判、自主与多元——台湾社会工作教育的发展及其对大陆的启示 翁雪、郑广怀，《开放时代》2011年第6期。

社会工作专业使命的探讨 陈涛，《社会学研究》2011年第6期。

“和谐社会”处境下和谐家庭建设与中国特色家庭福利政策框架 刘继同、左芙蓉，《南京社会科学》2011年第6期。

社会政策的学术分析维度与研究策略——基于本土的视角 姚俊，《学海》2011年第6期。

论农村留守儿童社会保障制度中的国家责任 董溯战，《宁夏社会科学》2011年第6期。

失地农民市民化社会融入研究 王慧博，《江西社会科学》2011年第6期。

需求、供给与我国社会工作制度建构 张曙，《学海》2011年第6期。

参与式教学：社会工作应用型人才培养的应然选择 陈晓敏，《现代教育科学》2011年第7期。

福利制度改革中的公共服务社会化设想 罗红光，《领导之友》2011年第7期。

农村社会工作人才队伍建设的新探索 陈晓平，《红旗文稿》2011年第7期。

城乡一体化视野下的中国社会福利问题研究 王春光，《中共福建省委党校学报》2011年第8期。

儿童防虐体系比较：社会政策视角 陈云凡，《中国青年研究》2011年第9期。

社会工作价值冲突原因分析 王玉香，《东岳论丛》2011年第9期。

伦理视域下的现代社会保障与和谐社会的构建 汤剑波，《贵州社会科学》2011年第9期。

中西方社会工作专业发展机制比较研究 张菡，《商业时代》2011年第9期。

灾难的社会根源与灾害社会工作 张和清，《开放时代》2011年第10期。

高校社会工作专业教育现状及对策研究——以广州地区高校为例 石瑛、刘静林、车海波，《黑龙江高教研究》2011年第10期。

论补缺型福利制度的特征 高鉴国、杨克，《福建论坛》（人文社会科学版）2011年第10期。

社会保障的本质与功能新论——以人的生存与发展为视角 项益才，《江西社会科学》2011年第10期。

收入差距和社会公正：拉美国家社会保障体系的发展及其经验 林卡，《社会科学》2011年第10期。

中国社会福利制度发展与转型：一个制度主义分析 彭华民、齐麟，《福建论坛》（人文社会科学版）2011年第10期。

中国组合式普惠型社会福利制度的构建 彭华民，《学术月刊》2011年第10期。

论城乡一体化背景下的社会保障制度 田波，《生产力研究》2011年第11期。

从国家社会保障走向社会保障全球治理的制度分析 李俊，《商业时代》2011年第12期。

以积极的社会保障作为社会控制措施的思考 赵向红、周辉，《社会科学家》2011年第12期。

我国社会保障综合评价研究 丛日玉、张凤，《统计与决策》2011年第22期。

西方普遍主义福利思想与福利模式简析 潘屹，《福建论坛》（人文社会科学版）2011年10期。

促进新生代农民工城市融入的积极社会政策体系：理念、特征、实践 沈君彬，《中共福建省委党校学报》2011年第11期。

构建社会工作视角下的居家养老服务模式 赵丽宏、杜玮，《学术交流》2011年第12期。

学校社会工作：高校学生思想政治工作的新架构 章羽，《探索与争鸣》2011年第12期。

灾害社会工作：现状、问题与对策——基于汶川地震灾区社会工作服务开展情况的调查 边慧敏、林胜冰、邓湘树，《中国行政管理》2011年第12期。

普遍主义福利思想和福利模式的相互作用及演变——解析西方福利国家困境 潘屹，《社会科学》2011年第12期。

计划与市场：夹缝中的公立医院薪酬现状及制度环境 房莉杰，《中国卫生政策研究》2011年第12期。

社会工作本质研究述评 孙志丽、张昱，《前沿》2011年第17期。

基层市县如何加强社会工作人才队伍建设 宋国山，《中国人才》2011年第19期。

发展专业社会工作，推进社会建设 袁光亮，《前沿》2011年第24期。

新型社区社会工作介入服务满意度评估——以成都为例 陈军华、王雅玲，《人民论坛》2011年第32期。

家庭、国家与儿童福利供给 程福财，《青年研究》2012年第1期。

个体化社会的来临与包容性社会政策的建构 文军，《社会科学》2012年第1期。

国内社会政策领域的研究方法考察：基于2007—2010年核心期刊论文的内容分析 袁同成，《人口与发展》2012年第1期。

海峡西岸社会工作人才专业队伍建设与机制创新探索 王卫平、徐若兰，《东南学术》2012年第1期。

流动人口在城市劳动力市场中的地位：三群体研究 郭菲、张展新，《人口研究》2012年第1期。

论社会工作与社区矫正 张丽芬、廖文、张青松，《甘肃社会科学》2012年第1期。

社会工作对增进社会质量的可能贡献 闻英，《东岳论丛》2012年第1期。

社会工作实践权的获得与发展——以地震救灾学校社会工作的展开为例 王思斌，《学海》2012年第1期。

社会工作专业“实务”概念框架的内涵外延、类型层次与基本特征 刘继同，《福建论坛》（人文社会科学版）2012年第1期。

西方福利国家的普遍主义整合及中国福利元素——中国社会福利体系再结构的原则和基础 潘屹，《社会福利》（理论版）2012年第1期。

社会管理背景下的机构社会工作行政探析 时立荣，《东岳论丛》2012年第1期。

社会组织发展：相关社会政策评析、约束与调整——社会政策视角的分析 肖小霞，《福建论坛》（人文社会科学版）2012年第1期。

试论社会工作对社会管理的协同作用 王思斌，《东岳论丛》2012年第1期。

新生代乡—城流动人口社会融合研究——基于上海的调查分析 余运江、高向东、郭庆，《人口与经济》2012年第1期。

学校社会工作：从项目试点到制度建设——以四川希望学校社会工作实践为例 史柏年，《学海》2012 年第 1 期。

专业社会工作在学校现有学生工作体制内的嵌入　许莉娅，《学海》2012 年第 1 期。

“福利依赖”是否存在？——中国城市低保制度的一个实证研究　韩克庆、郭瑜，《社会学研究》2012 年第 2 期。

我国少数民族地区社会保障研究及其评价　戴卫东，《西南民族大学学报》（人文社会科学版）2012 年第 2 期。

对社会政策替代过程的新解释　王翀、严强，《江苏社会科学》2012 年第 2 期。

社会福利研究述评　戴建兵、曹艳春，《浙江社会科学》2012 年第 2 期。

西方青少年社会工作的历史沿革研究　王玉香，《中国青年研究》2012 年第 2 期。

增长、就业与社会支出——关于社会政策的“常识”与反“常识”　刘军强，《社会学研究》2012 年第 2 期。

动员效力与经济理性：农户参与新农保的行为逻辑研究——基于武汉市新洲区双柳街的调查　钟涨宝、李飞，《社会学研究》2012 年第 3 期。

基于社会系统论的视角：社会工作三大方法的整合运用——以社区社会工作模式为例　赵一红，《中国社会科学院研究生院学报》2012 年第 3 期。

从“疾病治疗”到“健康维持”——老龄化社会健康服务模式的整体转型　房莉杰，《社会工作》2012 年第 3 期。

社会管理创新进程中的“体用逻辑”——对社会工作发展的本土性解释　马志强，《社会主义研究》2012 年第 3 期。

以人为本：社会工作的社会建构转向　姚进忠，《北京工业大学学报》（社会科学版）2012 年第 3 期。

成年心智障碍人士及其家庭财产信托保险服务需求研究　李敬、唐钧，《残疾人研究》2012 年第 4 期。

城市化进程中农民工社会政策的变迁与建构逻辑　喻名峰、廖文，《湖南社会科学》2012 年第 4 期。

充分发挥社会资本在社会建设与社会工作制度建构中的作用　闻英，《郑州大学学报》（哲学社会科学版）2012 年第 4 期。

社会保障研究范式的权利论转向　李贺平，《社会科学战线》2012 年第 4 期。

社会保障制度演进规律及其在中国的体现　张思锋、雍岚、王立剑，《西安交通大学学报》（社会科学版）2012 年第 4 期。

从社会诊断迈向社会干预：社会工作理论发展的反思　熊跃根，《江海学刊》2012 年第 4 期。

从实质获得到心理认同：良好社会政策标准的探索——以美国新医保政策为例　于兰华、张扬金，《南京人口管理干部学院学报》2012 年第 4 期。

利他及人性：社会工作基础理论的建构　杰罗姆·韦克菲尔德、吴同，《江海学刊》2012 年第 4 期。

论参与式行动研究在社会工作需求评估中的应用　刘丝雨、许健，《福建论坛》（人文社会科学版）2012 年第 4 期。

论民族社会工作的基本意涵、价值理念和实务体系　任国英、焦开山，《民族研究》2012 年第 4 期。

论社会工作理论研究范式及其发展趋势 文军，《江海学刊》2012 年第 4 期。

迈向中国的社会工作理论建设 何雪松，《江海学刊》2012 年第 4 期。

美国家庭社会工作及其对我国的启示 袁光亮，《理论月刊》2012 年第 4 期。

民族社会工作：发展与文化的视角 王思斌，《民族研究》2012 年第 4 期。

社会保险权的历史发展：从工业公民资格到社会公民资格 李志明，《社会学研究》2012 年第 4 期。

社会工作“实务理论”概念框架、类型层次与结构性特征 刘继同，《社会科学研究》2012 年第 4 期。

社会工作人才的三维能力模型——基于社工机构的质性研究 蔡屹、何雪松，《华东理工大学学报》（社会科学版）2012 年第 4 期。

社会工作在儿童福利机构中的功能和作用研究 张柳清、成海军，《首都师范大学学报》（社会科学版）2012 年第 4 期。

社会工作专业人才能力建设的路径研究——基于上海预防和减少犯罪工作体系中社会工作实践的反思 费梅苹，《华东理工大学学报》（社会科学版）2012 年第 4 期。

中国民族社会工作发展路径：“边界跨越”与“文化敏感” 王旭辉、柴玲、包智明，《民族研究》2012 年第 4 期。

社会工作本土化研究之阐述 卫小将，《学习与实践》2012 年第 5 期。

三峡库区基层公共投入与农村移民的发展 王晶，《中共福建省委党校学报》2012 年第 5 期。

我国农民工社会政策的变迁：一个分析框架及其应用 李莹、周永新，《中国人民大学学报》2012 年第 5 期。

发展型救助与社会工作介入 刘群、韩锋，《东岳论丛》2012 年第 6 期。

论社会工作介入生命教育之路径 刘淑娟、杨丽敏，《学术交流》2012 年第 6 期。

论学校社会工作嵌入我国高校学生工作的体系构建 沈炜，《华东理工大学学报》（社会科学版）2012 年第 6 期。

农民工城市适应问题及社会工作介入研究 王俊恒，《江淮论坛》2012 年第 6 期。

企业社会工作的时代议题与本土视角 李正东，《学术论坛》2012 年第 6 期。

上海市社会工作机构发展研究：功能、路径与现状 谭丽、曹凤云，《北京工业大学学报》（社会科学版）2012 年第 6 期。

社会工作伦理的历史演变 毛新志，《武汉理工大学学报》（社会科学版）2012 年第 6 期。

中国社会工作本土化研究：已有探索与未来路径 安秋玲，《华东理工大学学报》（社会科学版）2012 年第 6 期。

转型期党的群众工作创新与中国社会工作发展 何历宇，《上海行政学院学报》2012 年第 6 期。

社会工作介入农村养老福利的理论分析 徐小霞、钟涨宝，《理论月刊》2012 年第 7 期。

全球化背景下中国农村问题与农村社会工作 张和清，《社会科学战线》2012 年第 8 期。

社会工作制度建设和服务模式的改革与创新——以事业单位型老年福利机构服务探索为透视侧面 钱宁、李艳华，《教学与研究》2012 年第 8 期。

可持续发展视阈下我国社会保障效率的实证分析 姜保雨，《学术探索》2012 年第 8 期。

中国社会保障制度整合与体系完善纵论 丁建定，《学习与实践》2012 年第 8 期。

发展型社会政策的重新审视 方巍，《学习与实践》2012 年第 9 期。

社会工作课程设计研究——目标模式及其维度框架 柴定红、卢俊秀，《湖北社会科学》2012年第9期。

社会政策中的家庭 陈卫民，《学术研究》2012年第9期。

社会工作制度建构：内涵、设置与嵌入 葛道顺，《学习与实践》2012年第10期。

社会政策视阈下的新生代农民工城市融入：一个分析的框架 沈君彬，《中共福建省委党校学报》2012年第10期。

国家福利功能的演变及启示 潘屹，《东岳论丛》2012年第10期。

劳动保护、工作福利、社会保障与农民工城镇就业 程名望、史清华、潘烜，《统计研究》2012年第10期。

我国社会工作制度：变迁中的建构 葛道顺，《东岳论丛》2012年第10期。

转型升级社会政策谋划人口发展方略——评《统筹解决人口转变之后续人口问题的机制与政策选择》 陆影，《山东社会科学》2012年第10期。

被害人社会工作：国外镜像及对我国的启示 井世洁，《学术交流》2012年第11期。

农村社会工作发展的核心原则研究——以广州为例 李锦顺、张兴杰，《广西社会科学》2012年第12期。

社会建设与社会工作制度的建构 闻英，《人民论坛》2012年第27期。

新管理主义时代香港社会福利领域NGO之发展 田蓉，《社会》2013年第1期。

试论完善中国社会保障制度体系的基本原则——以“四维体系”为视角 郭林、丁建定，《华中师范大学学报》（人文社会科学版）2013年第1期。

“市场”与“社会”关系探究：社会政策研究路向思考——基于卡尔·波兰尼的“嵌入性”理论 寸洪斌、曹艳春，《思想战线》2013年第1期。

发展中的农村青年社会工作人才队伍建设——成长困境与反思 梁莹，《中国青年研究》2013年第1期。

发展中国特色的专业社会工作 付卡佳、白津夫，《中共中央党校学报》2013年第1期。

我国城市社区福利服务弱可获得性的实证分析——以成都市为例 韦克难，《社会科学研究》2013年第1期。

个人和家庭能力的整合：单亲家庭社会工作介入方法 姚进忠，《南京人口管理干部学院学报》2013年第1期。

基于社会支持理论的社会保障再认识 梁君林，《苏州大学学报》（哲学社会科学版）2013年第1期。

农村养老保障政策的绩效考察——基于27个省域的宏观数据 黄俊辉、李放，《人口学刊》2013年第1期。

嵌入中的专业社会工作与街区权力关系——对一个政府购买服务项目的个案分析 朱健刚、陈安娜，《社会学研究》2013年第1期。

社会发展质量诉求与我国社会政策价值导向——基于社会质量理论的回应 姚云云、张文喜，《北京工业大学学报》（社会科学版）2013年第1期。

社会工作的源起与基督教公益慈善——以方法和视角的形成为中心 卢成仁，《华东理工大学学报》（社会科学版）2013年第1期。

社会工作服务新农村建设：需要、模式与介入路径 李迎生、李文静、吴咏梅、叶笛，《学习与实践》2013 年第 1 期。

社会政策转向与中国家庭政策选择 吕青，《甘肃社会科学》2013 年第 1 期。

中国“异地高考”公共政策议题争论的背后：一种政治社会学的分析 李涛、邬志辉，《中国青年研究》2013 年第 1 期。

包容性移民社会政策的建构：目标、理论与价值 何雪松，《天津社会科学》2013 年第 2 期。

标准化案主：社会工作临床技能教育的新策略 臧其胜，《社会学研究》2013 年第 2 期。

试论老年精神保障系统的构建 石金群、王延中，《社会保障研究》2013 年第 2 期。

从社工事务所的服务透视社会工作教育——以北京市两家社工事务所为例 姜振华，《中国青年政治学院学报》2013 年第 2 期。

流动人口社会保险参与状况的地区差异分析——基于 2011 年全国 32 个省级单位的流动人口问卷调查 蔚志新，《人口学刊》2013 年第 2 期。

浅析加拿大社会福利制度 潘记永，《东岳论丛》2013 年第 2 期。

社会福利发展路径：从制度覆盖到体系整合 景天魁，《探索与争鸣》2013 年第 2 期。

农民工社会保障和就业培训状况调查研究 张翼、周小刚，《调研世界》2013 年第 2 期。

社会政策与社会建设——兼谈国际社会政策的新近趋势对我国的启示 李迎生、卫小将，《社会学评论》2013 年第 3 期。

社会管理新格局中的社会工作 陈劲松，《社会学评论》2013 年第 3 期。

职业福利的定位及其发展趋势 丁学娜、林闽钢，《社会保障研究》2013 年第 3 期。

福利实现过程的科学基础 景天魁，《北京工业大学学报》（社会科学版）2013 年第 3 期。

教师领办服务机构：中国社会工作专业化的理性选择 史柏年，《华东理工大学学报》（社会科学版）2013 年第 3 期。

救助管理领域的社会工作人才队伍建设 冯元、彭华民，《重庆社会科学》2013 年第 3 期。

我国社会工作参与社区矫正机制的检视与创新 方舒，《甘肃社会科学》2013 年第 3 期。

我国灾害救援社会工作研究的现状及反思 柴定红、周琴，《江西社会科学》2013 年第 3 期。

案主满意度评估：一种有效的社会工作实务评估方法 刘芳、吴世友、Mark W. Fraser，《华东理工大学学报》（社会科学版）2013 年第 4 期。

城乡统筹视野下的人口计划生育政策与社会政策融合之思考 孙建明、梅红，《人口与发展》2013 年第 4 期。

多民族地区发展社会工作的族群视角 王思斌、赛牙热·依马木，《甘肃社会科学》2013 年第 4 期。

广域临床取向的学校社会工作探析——以北京 S 中学的“问题学生”为目标群体 田国秀，《华东理工大学学报》（社会科学版）2013 年第 4 期。

老年社会工作多元化投入问题思考 孙伊凡、李林，《河北大学学报》（哲学社会科学版）2013 年第 4 期。

灵性实践的误区与社会工作的介入 陈劲松，《学海》2013 年第 4 期。

民族社会工作的合法性、实践价值及策略性发展重点 王旭辉，《中央民族大学学报》（哲学社会科学版）2013 年第 4 期。

农业转移人口空间流动与城市融入 田明，《人口研究》2013 年第 4 期。

社会保障与收入分配：问题、经验与完善机制 王延中、龙玉其，《学术研究》2013 年第 4 期。

社会工作介入民族地区农村社区贫困问题的思考 胡阳全，《云南民族大学学报》（哲学社会科学版）2013年第4期。

优势视角与系统理论：社会工作的两种视角 梁莹，《学海》2013年第4期。

幼儿园社会工作服务：香港经验与本土思考 苗春凤，《内蒙古师范大学学报》（教育科学版）2013年第4期。

顶层制度设计与本土社会工作发展：反思与前瞻 叶士华、马贵侠，《华东理工大学学报》（社会科学版）2013年第5期。

中国城乡统筹医疗保障制度理论与实证研究 王红漫，《北京大学学报》（哲学社会科学版）2013年第5期。

高校教师领办社会工作服务机构的跨域实践 王思斌，《江苏社会科学》2013年第5期。

构建发展取向的青少年社会政策——以闲散青少年群体为例 权福军，《中国青年政治学院学报》2013年第5期。

论社会工作与社会管理的交互机理——从社会工作的本质属性谈起 方舒，《社会科学》2013年第5期。

社会工作介入灾后恢复重建的框架及其因应策略 边慧敏、杨旭、冯卫东，《社会科学研究》2013年第5期。

社会工作专业核心能力及其培养 刘斌志，《教育评论》2013年第5期。

社会政策视阈下失独老人社会生活的重新建构 方曙光，《社会科学辑刊》2013年第5期。

中国社会保障制度整合与体系完善的基本思路 丁建定、王鑫，《学习与实践》2013年第5期。

福利模式的选择：一个县域案例 房莉杰，《中国人民大学学报》2013年第6期。

城市夹缝空间的绿色力量：环保社区社会组织生长的社会政策逻辑 梁莹，《人文杂志》2013年第6期。

从问题视角到问题解决视角——社会工作优势视角再审视 童敏，《厦门大学学报》（哲学社会科学版）2013年第6期。

瑞典社会保障制度调节收入再分配对我国的启示 谢勇才、王茂福，《西安财经学院学报》2013年第6期。

农民工法律心态特征与社会工作干预策略——基于湖北省武汉市新生代少数民族农民工578个案例的分析 沈再新、龙少林，《湖南社会科学》2013年第6期。

浦爱德与北平协和医院社会服务部的医务社会工作——兼谈中国医务社会工作的发端与早期发展 赖志杰，《华东理工大学学报》（社会科学版）2013年第6期。

嵌入与建构：企业社会工作“工会模式” 吕青，《中国劳动关系学院学报》2013年第6期。

社会工作实践的新方向：金融社会工作 巫正洪、吴世友、Gina A. Chowa，《中国劳动关系学院学报》2013年第6期。

社会工作视角下青年志愿服务机制的建构研究——基于能力视角理论的探索 姚进忠，《中共福建省委党校学报》2013年第6期。

社会建设的管理与创新——以社会工作机构为例 曲玉波，《湖南科技大学学报》（社会科学版）2013年第6期。

社会政策中的互依三角——以村民自治制度为例 赵蜜、方文，《社会学研究》2013年第6期。

实践性知识视角下的社会工作本土化建构 安秋玲，《华东师范大学学报》（哲学社会科学版）

2013年第6期。

走向承认：中国专业社会工作的发展方向 王思斌，《河北学刊》2013年第6期。

社会工作介入居家养老服务的推进路径研究 陈连军，《学术交流》2013年第7期。

学用结合的困境：社会工作教育与就业问题 潘屹，《社会福利》（理论版）2013年第7期。

论社会工作开展中应坚持的具体问题导向 周勇、王晖，《求实》2013年第8期。

精神性、宗教与社会工作——西方社会工作发展的新进展 焦若水，《学习与实践》2013年第9期。

社会工作介入青少年思想政治教育的可行性分析 王玉香，《中国青年研究》2013年第9期。

社会工作视野下党的群众工作创新路径探索 张波，《广西社会科学》2013年第9期。

再论“社会政策时代” 李棉管，《社会科学》2013年第9期。

以“困境儿童”理念来确立儿童福利政策框架 李敬，《中国残疾人》2013年第9期。

发展型社会政策视域下支出型贫困救助模式的目标定位分析 沈君彬，《中共福建省委党校学报》2013年第10期。

农村低保政策的基层实践逻辑——以武陵山区某村为例 梁晨，《贵州社会科学》2013年第10期。

专业社会工作的中国本土化研究 何乃柱、王丽霞，《求索》2013年第10期。

社会工作专业认同感及其影响因素研究——以四川地区高校为例 廖正涛，《西南民族大学学报》（人文社会科学版）2013年第11期。

消费文化下中产阶层发展与社会政策——以青年发展为视角 扈海鹂，《人文杂志》2013年第11期。

中国大陆社会工作人才培养研究综述 苏祥，《人民论坛》2013年第11期。

中国弱势群体社会政策的演变动因及发展趋势 苏海、向德平，《中州学刊》2013年第11期。

社会福利制度的效益与可持续——欧盟社会投资政策的解读与借鉴 潘屹，《社会科学》2013年第12期。

社会政策、社会质量和中国大陆社会发展导向 林卡，《社会科学》2013年第12期。

制度变迁理论视野下的社会保障制度改革——东北振兴过程中吉林省社会保障制度变迁的回顾与展望 付诚、王一，《社会科学战线》2013年第12期。

中低速经济增长下的社会保障可持续发展问题初探 卜海涛，《中国财政》2013年第12期。

社会性别视域下山东女性社会养老保障研究 李伟峰、李宗华、梁丽霞，《山东社会科学》2013年第12期。

探索社会组织参与公共法律服务提供的有效途径——对中国法律援助基金会组织实施彩票公益金法律援助项目的讨论 唐钧、李敬，《中国司法》2013年第12期。

残障者法律援助服务与彩票公益金法援“项目制”创新模式研究 李敬，《西部学刊》2013年第12期。

香港社会工作的发展路径及启示 倪勇，《求索》2013年第12期。

认同缺失背景下社会工作专业实习教学的思考 刘煦，《中国成人教育》2013年第16期。

透视《联合国残疾人权利公约》中的不歧视原则 李敬，《反歧视评论》2014年第1期。

“单独二孩”政策目标人群及相关问题分析 张丽萍、王广州，《社会学研究》2014年第1期。

农村低保“指标化”管理的影响、原因与对策——以贵州省农村低保制度为例 李振刚，《社会福利》（理论版）2014 年第 1 期。

从熟人关系到专业关系：社会工作求助模式的转向 马志强，《西北师大学报》（社会科学版）2014 年第 1 期。

加强和创新社会管理：社会工作的视角 李迎生，《社会科学研究》2014 年第 1 期。

交换、福利抑或挤占——残障人士的保护性就业 廖慧卿，《社会学研究》2014 年第 1 期。

不同养老模式下老年人社会网络的结构与功能——基于双案例的探索性分析 刘燕、纪晓岚，《社会发展研究》2014 年第 1 期。

论社会工作的伦理承诺与伦理困境 袁君刚，《西北师大学报》（社会科学版）2014 年第 1 期。

农村社区灾后生计发展项目的社会工作介入——一个整合性脱贫行动的分析框架 杨发祥、徐选国，《西北师大学报》（社会科学版）2014 年第 1 期。

国际社会服务理论与实践 潘屹，《国际社会科学杂志》（中文版）2014 年第 1 期。

人口老龄化与养老保险体制创新 田雪原，《人口学刊》2014 年第 1 期。

社会发展视野下的社会工作 马凤芝，《广东社会科学》2014 年第 1 期。

社会服务的结构与社会工作的责任 王思斌，《东岳论丛》2014 年第 1 期。

社会养老保险与老年人空巢居住：来自北京市的证据 刘岚、齐良书、陈功，《人口与发展》2014 年第 1 期。

社会医疗保险对老年人健康水平的影响：基于浙江省的实证研究 刘晓婷，《社会》2014 年第 2 期。

不确定性防范与城市务工人员主观幸福感 基于反事实框架的研究 李后建，《社会》2014 年第 2 期。

冲突与选择性合作：农村社区建设中政府与社会工作群体的关系实践——对 Y 社会工作服务站的个案研究 徐小霞、钟涨宝，《农村经济》2014 年第 2 期。

福利制度是西方国家危机的根源吗？——兼论中国社会福利研究的理论自觉 奂平清，《教学与研究》2014 年第 2 期。

社会工作的循证实践：西方社会工作发展的新方向 杨文登，《广州大学学报》（社会科学版）2014 年第 2 期。

社会工作核心价值观再建构及反思 杨君，《内蒙古社会科学》（汉文版）2014 年第 2 期。

社会工作专业本科教学培养方案修订路径研究 杨慧，《民族教育研究》2014 年第 2 期。

社会政策如何构建父职？——对瑞典、美国和中国的比较 王向贤，《妇女研究论丛》2014 年第 2 期。

行动中的文化：乡—城移民子女文化适应的社会工作介入 马威、罗婷，《青年研究》2014 年第 3 期。

优化整合城乡资源，完善社区综合养老服务体系——上海、甘肃、云南社区综合养老服务体系研究 潘屹，《山东社会科学》2014 年第 3 期。

城市民族社区场域下的社会工作本土化——以回族社区为视点 闫丽娟、王丽霞、何乃柱，《贵州民族研究》2014 年第 3 期。

当前我国增强社会组织活力的制度建构与社会政策分析 关信平，《江苏社会科学》2014 年第 3 期。

工会院校社会工作专业实践教学模式探索 中国劳动关系学院本科专业综合建设项目课题组，

《中国劳动关系学院学报》2014年第3期。

华人社会工作伦理守则的比较研究 沈黎、吕静淑，《华东理工大学学报》（社会科学版）2014年第3期。

流浪青年的发展性社会工作介入策略——以社会企业介入模型为例 马凤芝，《中国青年研究》2014年第3期。

论新市民城市融入中的社会工作介入 蒋新红，《湖南社会科学》2014年第3期。

论中国社会工作发展的两个分析维度 何历宇，《上海行政学院学报》2014年第3期。

社会工作介入信访工作：必要性、领域及发展路径 李文静，《探索》2014年第3期。

社会工作想象力与中国社会工作的转型 陈立周，《思想战线》2014年第3期。

社会救助的政策建构和实践完善：发展型社会政策的视角 冀慧珍，《经济问题》2014年第3期。

社区社会工作岗位设置与评价体系研究——以福建省厦门市为例 徐若兰、林李，《福建论坛》（人文社会科学版）2014年第3期。

政策企业家与社会政策创新 朱亚鹏、肖棣文，《社会学研究》2014年第3期。

中国贫困家庭类型、需求和服务支持研究——基于“中国城乡困难家庭社会政策支持系统建设”项目的调查 林闽钢、梁誉、刘璐婵，《天津行政学院学报》2014年第3期。

新加坡的社会政策：理念与实践 魏炜，《社会学评论》2014年第4期。

《残疾人权利公约》国家实施和监测机制初探 李敬、高媛，《国际法研究》2014年第4期。

论社会政策项目确定的依据 董才生、陈静，《河北学刊》2014年第4期。

民族社会工作的特征、实践原则与发展路径 江波、赵利生，《西北民族研究》2014年第4期。

社会工作介入社会救助：策略与方法 杨荣，《苏州大学学报》（哲学社会科学版）2014年第4期。

社会工作在社区治理创新中的作用研究 李文静，《华东理工大学学报》（社会科学版）2014年第4期。

社区社会工作本土化与社区综合发展模式探索 焦若水，《探索》2014年第4期。

司法社会工作组织推进中的四重张力及其消解——政府与民间组织协同司法社会工作的“互适性”问题 童潇，《社会科学研究》2014年第4期。

中国社会工作硕士教学之现状与困境 梁莹，《学海》2014年第4期。

专业服务与项目管理：“社区为本”的社会工作发展路径探索——以北京市G社区为例 杨荣，《探索》2014年第4期。

阐释与激活：社会工作理论的实践逻辑演进与本土化探究 姚进忠，《华东理工大学学报》（社会科学版）2014年第5期。

后专业化时代的社会工作及其借鉴意义 郭伟和，《社会学研究》2014年第5期。

家庭结构变迁下新农保政策与农村老人生存质量——基于陕西省A市的调查 刘慧君、韩秀华，《人口与经济》2014年第5期。

网络社会工作的特性及基本原则探讨 陈劲松，《中国人民大学学报》2014年第5期。

农转居社区综合养老理论与实践探索——基于重庆市沙坪坝区B村农民新居的调查与思考 张文博，《西部论坛》2014年第6期。

基本生活需要满足：一项城市低保制度的实证研究 郭瑜、韩克庆，《社会学评论》2014年第

6期。

大陆灾害社会工作实务反思与本土化启示——基于四川5·12大地震以来的实务经验 周利敏，《广州大学学报》（社会科学版）2014年第6期。

发展型社会政策及其对我国社会政策发展的启示 吴炜，《内蒙古社会科学》（汉文版）2014年第6期。

近代北京公共卫生制度变迁过程探析（1905—1937） 杜丽红，《社会学研究》2014年第6期。

深化社会保障制度改革的理念基础 丛颖超，《理论学刊》2014年第6期。

中国农村基层医疗卫生改革的制度选择与发展反思 王晶、杨小科，《东北师大学报》（哲学社会科学版）2014年第6期。

民族社会工作中的文化及其处遇 谢冰雪，《甘肃社会科学》2014年第6期。

农村社会工作专业人才队伍建设的困境与出路 秦永超，《河南师范大学学报》（哲学社会科学版）2014年第6期。

社会工作服务新型城镇化建设：动因、空间与策略 徐选国、赵环、徐永祥，《探索》2014年第6期。

社会治理结构的进化与社会工作的服务型治理 王思斌，《北京大学学报》（哲学社会科学版）2014年第6期。

社区能力、社区效能感与城市居民的幸福感——社区社会工作介入的可能路径研究 徐延辉、兰林火，《吉林大学社会科学学报》2014年第6期。

土生化：中国社会工作发展路径之构想 卫小将，《中南民族大学学报》（人文社会科学版）2014年第6期。

学校社会工作的模式变迁：美国的经验及启示 田国秀，《首都师范大学学报》（社会科学版）2014年第6期。

政府购买社会工作服务中的基层政社关系研究 费梅苹，《社会科学》2014年第6期。

中国特色现代社会工作制度框架设计研究 刘继同、左芙蓉，《北京大学学报》（哲学社会科学版）2014年第6期。

社会福利思想和福利制度辨析 潘屹，《社会福利》（理论版）2014年第7期。

从“反理论”到理论自觉：重构社会工作理论与实践的关系 文军、何威，《社会科学》2014年第7期。

社会保障“普惠时代”内涵思考 刘雅莉，《人民论坛》2014年第8期。

后现代主义视角下社会工作实务中的价值伦理：困境与重构 杨胜勇、贺云珊，《广西社会科学》2014年第9期。

中国传统农村福利探寻 潘屹，《东岳论丛》2014年第9期。

人口老龄化的养老保障挑战及政策选择 张世青，《山东社会科学》2014年第10期。

社会政策的效益底线与类型转变——基于改革开放以来反贫困历程的反思 景天魁，《探索与争鸣》2014年第10期。

中国社会工作职业化研究：现状、特点及反思 唐斌，《学习与实践》2014年第10期。

社会工作专业认证：美国经验及其在我国应用的反思 柴定红，《湖北社会科学》2014年第11期。

专业社会工作介入社会救助的路径与策略 原会建，《人民论坛》2014年第35期。

社会心理学

惩罚和社会价值取向对公共物品两难中人际信任与合作行为的影响 王沛、陈莉，《心理学报》2011年第1期。

社会转型时期的青年未来观研究——以对上海部分80、90后的调查为例 华桦，《青年研究》2011年第1期。

社会质量视野下的主观幸福感——基于上海的经验研究 袁浩、马丹，《吉林大学社会科学学报》2011年第1期。

社会资本、政府绩效与城市居民对政府的信任 胡荣、胡康、温莹莹，《社会学研究》2011年第1期。

我国居民收入与幸福感关系的研究 邢占军，《社会学研究》2011年第1期。

关注人民的尊严和幸福 促进社会的公正与和谐——2010—2011年中国社会心态研究 王俊秀，《民主与科学》2011年第3期。

农民工城市生活主观幸福感的一个实证分析 叶鹏飞，《青年研究》2011年第3期。

心理压力、城市适应、倾诉渠道与性别差异——女性并不比男性新生代农民工心理问题更严重 胡宏伟、曹杨、吕伟，《青年研究》2011年第3期。

不对称社会困境中社会价值取向对合作的影响 刘长江、郝芳，《心理学报》2011年第4期。

改革变迁中社会公正感的趋同性与差异性 刘少杰，《甘肃社会科学》2011年第4期。

劳动权益与精神健康——基于对长三角和珠三角外来工的问卷调查 刘林平、郑广怀、孙中伟，《社会学研究》2011年第4期。

群体污名意识的建构过程——农民工子女"被歧视感"的质性研究 吴莹，《青年研究》2011年第4期。

论熟人社会的人情 贺雪峰，《南京师大学报》（社会科学版）2011年第4期。

社会质量与社会公正——社会发展研究的重要议题 张海东、丛玉飞，《吉林大学社会科学学报》2011年第4期。

身份认同：Cosplay亚文化的实践意义 马中红、邱天娇，《青年研究》2011年第5期。

农民工社会信任危机的生成原因与对策探讨——基于皖北D县的调查 张连德，《西北人口》2011年第5期。

中国社会心态：问题与建议 王俊秀，《中国党政干部论坛》2011年第5期。

作为效应的ERP研究 陈满琪、方平、姜媛，《心理学探新》2011年第5期。

社会信用：人性假设与制度安排 翟学伟，《开放时代》2011年第6期。

OECD的幸福指数及对我国的借鉴意义 王俊秀，《民主与科学》2011年第6期。

变迁社会中的社会信任：存量与变化——1990—2010年 杨明、孟天广、方然，《北京大学学报》（哲学社会科学版）2011年第6期。

社会公平：概念再辨析 陈辉、熊春文，《探索》2011年第6期。

转型期中国社会信任问题研究的路径选择——基于中西比较的视角 井世洁，《社会科学》2011年第7期。

失地农民市民身份认同障碍解析——基于长三角相关调查数据的分析 姚俊，《城市问题》2011

年第 8 期。

休闲活动与主观幸福感 蒋奖、秦明、克燕南、应小萍,《旅游学刊》2011 年第 9 期。

社会心态失衡与治理对策研究 傅金珍,《中共福建省委党校学报》2011 年第 10 期。

转型期社会心态方面存在的问题、特点及对策研究 姜胜洪、毕宏音,《兰州学刊》2011 年第 10 期。

转型时期社会信任的状况与特征——一项实证研究 朱虹,《贵州社会科学》2011 年第 10 期。

30 年,国人心态跃升新象 周晓红,《人民论坛》2011 年第 12 期。

当前社会心态演变趋势——访南京大学社会学系教授张玉林 王慧,《人民论坛》2011 年第 12 期。

当前中国八种不良社会心态 夏学銮,《人民论坛》2011 年第 12 期。

对“考碗”现象的社会心态分析 杨宜音,《人民论坛》2011 年第 17 期。

工具理性、社会认同与群体愤怒——集体行动的社会心理学研究 陈浩、薛婷、乐国安,《心理科学进展》2012 年第 1 期。

社会焦虑的成因与缓解之策 吴忠民,《河北学刊》2012 年第 1 期。

探索农民工城市社会融合之路——基于社会交往“内卷化”的分析 叶鹏飞,《城市发展研究》2012 年第 1 期。

城市融入、组织信任与农民工的社会信任——以对纺织服装业农民工的调查为例 刘爱玉、刘明利,《江苏行政学院学报》2012 年第 2 期。

当前社会心态的考察分析与实践引导 邱吉、孙树平、周怀红,《中国特色社会主义研究》2012 年第 2 期。

国外多元视野“幸福”观研析 丘海雄、李敢,《社会学研究》2012 年第 2 期。

代际和公私观念对公共参与的影响——基于“80 后”与“80 前”的比较 陈满琪,《青年研究》2012 年第 2 期。

“陌生人社会”,现实抑或话语策略? 陶然,《中国图书评论》2012 年第 3 期。

80 后的政治态度——目前中国人政治态度的代际比较 范雷,《江苏社会科学》2012 年第 3 期。

奥运价值观对爱国情感和奥运关注的影响:有调节的中介变量 陈满琪,《体育与科学》2012 年第 3 期。

决策中后悔的 ERP 研究 陈满琪、方平、姜媛,《心理科学》2012 年第 3 期。

团队冲突、团队信任与组织公民行为:组织公正感的中介作用 吕艾芹、施俊琦、刘漪昊、沈秀芹、苏永刚、陈晓阳,《北京大学学报》(自然科学版)2012 年第 3 期。

网络舆论社会管理新课题——培育良好的网络社会心态 谢金林,《中国青年研究》2012 年第 3 期。

相对剥夺感与社会适应方式:中介效应和调节效应 马皑,《心理学报》2012 年第 3 期。

父母期望的自证预言效应农民工子女研究 高明华,《社会》2012 年第 4 期。

“逆向标签化”背后的社会心态 王建民,《北京工业大学学报》(社会科学版)2012 年第 4 期。

城乡居民的公平意识与阶层认同——基于中国社会状况综合调查数据的初步报告 刁鹏飞,《江苏社会科学》2012 年第 4 期。

新生代农民工的社会交往与精神健康——基于北京和珠三角地区调查数据的实证分析 郭星华、才凤伟,《甘肃社会科学》2012 年第 4 期。

中庸实践思维体系构念图的建构效度研究 杨中芳、林升栋，《社会学研究》2012年第4期。

城市幸福指数之思考 黄希庭、李继波、刘杰，《西南大学学报》（社会科学版）2012年第5期。

当今中国发展中的国民心态调整 孙时进，《江苏行政学院学报》2012年第5期。

流动人口心理层面的社会融入和身份认同问题研究 崔岩，《社会学研究》2012年第5期。

市场转型的双重心理后果 闵学勤，《江苏行政学院学报》2012年第5期。

中国城市居民的信任格局及社会资本影响——以广州为例 邹宇春、敖丹、李建栋，《中国社会科学》2012年第5期。

中国体验的现实性与独特性 周晓虹，《江苏行政学院学报》2012年第5期。

中国居民食品安全满意度调查 王俊秀，《江苏社会科学》2012年第5期。

珠三角农业流动人口“代耕农”及其社会心态分析 向安强、蒲静楠、左晓丽，《西北人口》2012年第5期。

西藏藏族大学生文化认同态度模式研究 张雁军、马海林，《青年研究》2012年第6期。

城市新移民的社会信任及其与社会交往的关系剖析 雷开春、张文宏，《江苏行政学院学报》2012年第6期。

工作—家庭的冲突与应对 李原，《首都经济贸易大学学报》2012年第6期。

社会变迁与社会心态：历史经验的考察 连连，《浙江学刊》2012年第6期。

物质主义价值观的内在心理机制探讨 李原、李朝霞，《哈尔滨工业大学学报》（社会科学版）2012年第6期。

新生代农民工城市文化融入现状及路径研究 沈蓓绯、纪玲妹、孙苏贵，《学术论坛》2012年第6期。

转型期中国公众的分配公平感：结果公平与机会公平 孟天广，《社会》2012年第6期。

影响农民工精神健康的社会因素 胡荣、陈斯诗，《社会》2012年第6期。

在“生人社会”中建立“熟人关系”对大学“同乡会”的社会心理学分析 杨宜音、张曙光，《社会》2012年第6期。

灾难情境下的社会心态研究——“生物—心理—社会”研究思路与方法 应小萍，《哈尔滨工业大学学报》（社会科学版）2012年第6期。

近代两湖地区居民文化性格的形成及其特征 江凌，《社会科学》2012年第8期。

观点采择：概念、操纵及其对群际关系的影响 赵显、刘力、张笑笑、向振东、付洪岭，《心理科学进展》2012年第11期。

“中国体验”两极化震荡国人心灵 周晓虹，《人民论坛》2012年第24期。

社会地位、生活境遇与焦虑 华红琴、翁定军，《社会》2013年第1期。

再论中国体验：内涵、特征与研究意义 周晓虹，《社会学评论》2013年第1期。

关注社会情绪 促进社会认同 凝聚社会共识——2012—2013年中国社会心态研究 王俊秀，《民主与科学》2013年第1期。

论影响社会心态的诸因素 孙伟平，《吉首大学学报》（社会科学版）2013年第1期。

城市初中生的主观幸福感及其影响因素——基于对武汉市526名初中生的问卷调查 刘影、张小山，《青年研究》2013年第2期。

社会成就归因认知与社会公平探析 郭砚君，《内蒙古社会科学》（汉文版）2013年第2期。

社会心态的结构和指标体系 王俊秀，《社会科学战线》2013年第2期。

社会心态形成过程中社会与个人的“互构性”——社会心理学中“共识”理论对社会心态研究的启示　吴莹、杨宜音，《社会科学战线》2013 年第 2 期。

群体情绪及其测量　陈满琪，《社会科学战线》2013 年第 2 期。

社会心态研究述要　余建华，《科学经济社会》2013 年第 2 期。

工作家庭的冲突与平衡：工作—家庭边界理论的视角　李原，《社会科学战线》2013 年第 2 期。

信任结构变迁的逻辑——基于社会变迁的视角　唐琪、唐兴霖，《上海行政学院学报》2013 年第 2 期。

再议儒家文化对一般信任的负效应——一项基于 2007 年中国居民调查数据的考察　胡安宁、周怡，《社会学研究》2013 年第 2 期。

政府信任的城乡比较　高学德、翟学伟，《社会学研究》2013 年第 2 期。

文化适应视角下移居者的社会心理适应：多元模型述评与中国经验初探　金毅，《青年研究》2013 年第 3 期。

社会流动与政治信任：基于 CGSS2006 数据的实证研究　盛智明，《社会》2013 年第 4 期。

一般信任模式的跨部门差异及其中介机制：基于 2010 年中国综合社会调查的研究　胡安宁、周怡，《社会》2013 年第 4 期。

地位层级认同为何下移：兼论地位层级认同基础的转变　高勇，《社会》2013 年第 4 期。

欠发达地区农民社会心态分析——以甘肃省武山县坪塬村为例　刘永明，《甘肃社会科学》2013 年第 4 期。

认知地图技术及其在管理心理学中的应用述评　聂婧、凌文铨、李明，《心理科学进展》2013 年第 4 期。

社会公平与社会信用的辩证关系　杨文礼、杨苏磊，《中共天津市委党校学报》2013 年第 4 期。

社会网络与信任　胡荣、林本，《湖南师范大学社会科学学报》2013 年第 4 期。

公民身份认同：一个新研究领域的形成理路　郭台辉，《社会》2013 年第 5 期。

民族—国家双重社会认同结构及其影响——以云南汉族和少数民族居民调查为例　高文珺、赵志裕、杨宜音、冯江平，《云南师范大学学报》（哲学社会科学版）2013 年第 5 期。

社会情绪的结构和动力机制：社会心态的视角　王俊秀，《云南师范大学学报》（哲学社会科学版）2013 年第 5 期。

脱农离村群体的社会支持与心理健康研究——基于社会流动角度的实证分析　程永佳，《北京社会科学》2013 年第 5 期。

网络化时代的社会信任发展趋势　董才生、闻凤兰，《天津社会科学》2013 年第 5 期。

新生代农民工过渡性身份认同及其特征分析　杨宜音，《云南师范大学学报》（哲学社会科学版）2013 年第 5 期。

作为社会发展指标的生活满意度及其影响因素——基于一项全国调查的分析　王俊秀，《甘肃行政学院学报》2013 年第 5 期。

城镇居民普遍信任的区域间及区域内差异分析——基于“资源因素论”视角　敖丹、邹宇春、高翔，《社会》2013 年第 6 期。

白领新移民社会信心及其影响因素分析——基于上海市的实证调查　丛玉飞，《青年研究》2013 年第 6 期。

户籍、同期群及其对警察信任度的影响——基于上海数据的分析　李峰，《社会学评论》2013 年第6期。

个人和主体间心理健康学识与专业心理求助 高文珺、李强，《心理与行为研究》2013年第6期。

论新生代农民工社会心态的形成机制 付桂芳，《求索》2013年第6期。

转型期社会信任感的阶层与区域特征 井世洁、杨宜音，《社会科学》2013年第6期。

转型时期社会心态失衡的表现、原因和对策研究——《转型时期社会心态失衡及其调适》评介 刘丛，《山东社会科学》2013年第9期。

从农民的社会心态看乡村社会的发展态势——基于“千人百村”调查 陆益龙，《探索与争鸣》2013年第10期。

中国社会信任与社会风险透视——基于知识图谱的视角 郭未、王灏晨、罗朝明，《科学学研究》2013年第10期。

逆反社会心态解析 杨宜音，《人民论坛》2013年第19期。

社会心态：转型社会的社会心理研究 王俊秀，《社会学研究》2014年第1期。

信任的本质及其文化 翟学伟，《社会》2014年第1期。

内化的污名与低劣之位——建筑装饰业农民工底层地位的“合法性” 赵德雷，《青年研究》2014年第2期。

城市社会包容及其影响因素研究 徐延辉、罗艳萍，《社会科学辑刊》2014年第2期。

教育分层现象的民族心理学考察 周静茹，《西北民族研究》2014年第2期。

网络集体行动认同情绪模型的理论构想 高文珺、陈浩，《华中师范大学学报》（人文社会科学版）2014年第2期。

中英居民主观幸福感比较研究 边燕杰、肖阳，《社会学研究》2014年第2期。

社会比较、相对收入与生活满意度 王俊秀，《社会学评论》2014年第3期。

全球化背景下的文化排斥反应 吴莹、杨宜音、赵志裕，《心理科学进展》2014年第4期。

社会交换与社会信任 李艳春，《东南学术》2014年第4期。

转型时代的社会心态与中国体验——兼与《社会心态：转型社会的社会心理研究》一文商榷 周晓虹，《社会学研究》2014年第4期。

大学生人生态度现状与转化策略 李洁，《青年研究》2014年第5期。

回族青少年学生文化认同现状 戴红丹、王静、Cody Ding、杨东，《青年研究》2014年第5期。

开放：中国人社会心态的现代表征 周晓虹，《江苏行政学院学报》2014年第5期。

群际不平等条件下农民工三种行为倾向的研究 陈满琪，《华中师范大学学报》（人文社会科学版）2014年第5期。

社会心态基本理论问题研究综述 欧阳瑜华、刘海燕，《理论探索》2014年第5期。

引导社会负面情绪　降低社会信任风险 王俊秀，《唯实》（现代管理）2014年第6期。

青年在职者的物质主义价值观及其影响 李原，《青年研究》2014年第6期。

物质主义价值观与幸福感和人际信任的关系研究 李原，《华中师范大学学报》（人文社会科学版）2014年第6期。

从社会结构到主体建构：农民工社会认同研究的路径转向与融合期待 汪新建、柴民权，《山东社会科学》2014年第6期。

浮躁怎样成为一种社会心态 杨宜音，《江苏行政学院学报》2014年第6期。

焦虑：迅疾变迁背景下的时代症候　周晓虹，《江苏行政学院学报》2014 年第 6 期。

网络舆论时代先进典型教育中的社会心态培育——以网络调侃为参照　刘春波，《湖北社会科学》2014 年第 8 期。

新时期负面社会心态考察与应对　李松林、蒋晓侠，《人民论坛》2014 年第 8 期。

“拒绝式”社会心态若干问题探讨　李朝祥，《学术论坛》2014 年第 10 期。

城市新移民的“中产焦虑”　仇立平，《人民论坛》2014 年第 15 期。

中国社会心态危机蔓延　周晓虹，《人民论坛》2014 年第 25 期。

人类学与民族学

穿梭于学术研究与应用实践之间——庄孔韶教授访谈录　庄孔韶、孙庆忠，《中国农业大学学报》（社会科学版）2011 年第 1 期。

从“候鸟”到“留鸟”——论城市少数民族流动人口的社会融合　李林凤，《贵州民族研究》2011 年第 1 期。

从村寺、祠堂看宗族对土族乡村社会的控制——基于景阳镇李氏土族的田野调查　张兴年，《西北民族研究》2011 年第 1 期。

从动漫流行语解读中国青年亚文化的心理症候——以“萝莉”“伪娘”“宅男/宅女”为例　方亭，《中国青年研究》2011 年第 1 期。

反思窥视法——中国乡村民族志中的乡村中心主义与尴尬　石汉、杨佳、谭同学，《中国农业大学学报》（社会科学版）2011 年第 1 期。

我理解的“人类学”大概是什么？　王铭铭，《西北民族研究》2011 年第 1 期。

在跨文化语境中解构媒介女性话语　吴越民，《同济大学学报》（社会科学版）2011 年第 1 期。

中国文化视野下的人类学海外民族志研究——基于法国田野经验的思考　张金岭，《云南社会科学》2011 年第 1 期。

“清真”知识体系与生活方式——以呼和浩特市回民区通道街为例　张亮，《开放时代》2011 年第 2 期。

表述异文化：人类学博物馆的民族志类型研究　安琪，《思想战线》2011 年第 2 期。

村落社会结构变迁中传统体育的非物质文化遗产保护——以弥勒县可邑村彝族阿细跳月为例　万义，《体育科学》2011 年第 2 期。

当前农村社区存在的“负文化”现象透视　门献敏，《中州学刊》2011 年第 2 期。

矿难丧偶女性生活图景之窥探——基于山西 X 村妇女的叙述分析　卫小将、尚立富，《青年研究》2011 年第 2 期。

农村青少年越轨行为的成因与调控——基于“文化堕距”的视角　班保申、颜宪源、王冠，《学术交流》2011 年第 2 期。

评议“离农”“为农”争论——教育人类学视角的农村教育　庄孔韶、王媛，《广西民族大学学报》（哲学社会科学版）2011 年第 2 期。

身份的蜕变：浙中地区一村落宗族成员生活史　赵旭东、何蕊，《中国农业大学学报》（社会科学版）2011 年第 2 期。

所谓“海外民族志”　王铭铭，《西北民族研究》2011 年第 2 期。

乡土魅力与生育制度中的社会学立场——再读《乡土中国 生育制度》 刘辉，《编辑之友》2011年第2期。

“大禹治水”文化内涵的人类学解析 汤夺先、张莉曼，《中南民族大学学报》（人文社会科学版）2011年第3期。

“公地”困境的中国经验——安徽省绩溪县仙人庵纠纷个案的在地化解读 张佩国、周建军，《民俗研究》2011年第3期。

“在场”与“生成”——反思“实验的民族志” 王杰文，《中国农业大学学报》（社会科学版）2011年第3期。

边疆民族志：经济人类学的视角与方法 施琳，《广西民族大学学报》（哲学社会科学版）2011年第3期。

从弥散型宗族到点缀型宗族——以浙江省福佑村鲍氏宗族为例 邓苗，《民俗研究》2011年第3期。

从政治伦理学到历史民族志——访著名人类学者张佩国教授 徐晶、谢杲馥、张佩国，《西南民族大学学报》（人文社会科学版）2011年第3期。

我国少数民族流动人口状况研究 段成荣、迟松剑，《人口学刊》2011年第3期。

饮食人类学研究述评 彭兆荣、肖坤冰，《世界民族》2011年第3期。

再谈“超社会体系” 王铭铭，《西北民族研究》2011年第3期。

作为文化批评的当代生态人类学——《长城之外》及其他 郑少雄，《西北民族研究》2011年第3期。

2010年国外社会学的族群研究综述 马戎、马雪峰、祖力亚提·司马义、阳妙艳、赵蕊，《西北民族研究》2011年第4期。

澳大利亚苗族的传统宗教 李亚、侯万平，《民族研究》2011年第4期。

回顾与反思：人类学视野下的中国汉人宗族研究 石奕龙、陈兴贵，《世界民族》2011年第4期。

宗教概念的剧场——当下中国的“信仰问题” 王铭铭，《西北民族研究》2011年第4期。

上海“麦工”意义世界的人类学解读——基于田野体验的视角与洞见 潘天舒、洪浩瀚，《社会》2011年第5期。

食与权：“大跃进”时期粮食流转体制的研究——以贵州省北洁地区为例 李隆虎，《社会》2011年第5期。

云南Y村佤族土地使用及其变迁的人类学研究 韦玮、白志红，《开放时代》2011年第5期。

传统外婚制下娘家与出嫁女关系问题的再认识 杨华，《南方人口》2011年第5期。

从价值冲突到价值整合——当代中国青年亚文化现象解读 黄汀，《湘潭大学学报》（哲学社会科学版）2011年第5期。

跨文化跨学科人类学交流的状态与前景 庄孔韶，《云南民族大学学报》（哲学社会科学版）2011年第5期。

上海“麦工”意义世界的人类学解读 基于田野体验的视角与洞见 潘天舒、洪浩瀚，《社会》2011年第5期。

身份认同：Cosplay亚文化的实践意义 马中红、邱天娇，《青年研究》2011年第5期。

论当代人类学影像民族志的发展趋势 朱靖江，《世界民族》2011年第6期。

宗族组织与村落政治：同姓不同宗的本土解说　兰林友，《广西民族大学学报》（哲学社会科学版）2011 年第 6 期。

宪政维度下村民宗族思想对村民自治的影响研究　杨中领、沈春光，《求索》2011 年第 7 期。

农民环境抗争中的“审判性真理”与证据展示——基于东村农民环境诉讼的人类学研究　司开玲，《开放时代》2011 年第 8 期。

信仰之思　罗红光，《学术研究》2011 年第 9 期。

医患关系的认知人类学解读——基于广州市儿童医院的调查事例　张和清、杨镒宇、李志斌、曾萍、王建新，《开放时代》2011 年第 10 期。

闭合性与开放性的循环发展——一种理解乡土中国及其转变的理论解释框架　赵旭东，《开放时代》2011 年第 12 期。

幕落幕起间：旅游与田野中的演员与观众　邵京，《开放时代》2011 年第 12 期。

改革开放以来青年政治意识表达方式历史脉络　李江静，《中国青年研究》2011 年第 12 期。

“身体政治”与女性农民工　王华，《云南民族大学学报》（哲学社会科学版）2012 年第 1 期。

“失落的主题”：旅行文化作为民族志的表述范式　彭兆荣，《世界民族》2012 年第 1 期。

少数民族人口流动原因差异的民族因素影响分析　迟松剑、刘金龙，《人口学刊》2012 年第 1 期。

“祖业权”：嵌入乡土社会的地权表达与实践——基于对赣西北宗族性村落的田野考察　陈锋，《南京农业大学学报》（社会科学版）2012 年第 2 期。

从政治经纪人到发展经纪人——人类学经纪人研究回顾及展望　张莉、李小云，《中国农业大学学报》（社会科学版）2012 年第 2 期。

地域文化、宗族组织与农民生育观念的表达——赣南布村生育观念的文化社会学考察　邢成举，《南方人口》2012 年第 2 期。

疾病、文化抑或其他？——同性恋研究的人类学视角　富晓星，《社会科学》2012 年第 2 期。

没有历史的民族志——从马凌诺斯基出发　张丽梅、胡鸿保，《社会学研究》2012 年第 2 期。

社会变革与农村婚居模式的新变化——以湖北 J 村为例　尹旦萍，《华中科技大学学报》（社会科学版）2012 年第 2 期。

真实与虚构——一个社会调查的民族志　马岚，《中央民族大学学报》（哲学社会科学版）2012 年第 2 期。

作为研究主体的“客人”——以美国华人移民田野调查体验为例　黎相宜，《开放时代》2012 年第 2 期。

风水、宗族与地域社会的构建——以清代黄姚社会变迁为中心　麦思杰，《社会学研究》2012 年第 3 期。

跨国实践中的社会地位补偿——华南侨乡两个移民群体文化馈赠的比较研究　黎相宜、周敏，《社会学研究》2012 年第 3 期。

嵌入与融合：民族地区失地农民可持续生计问题的调查与思考　陶斯文，《西北人口》2012 年第 3 期。

人类学关于社会网络的研究　庄孔韶、方静文，《广西民族大学学报》（哲学社会科学版）2012 年第 3 期。

西部少数民族青少年宗教信仰状况的调查研究——以云南省红河哈尼族彝族自治州青少年宗教信

仰现状为例 王永智、施丽娜、吉玉娇，《世界宗教文化》2012 年第 3 期。

"男孩偏好"的家族制度影响研究 盛亦男，《南方人口》2012 年第 4 期。

男男性服务群体的性、性网络、艾滋风险——以东北地区为例 富晓星、Eric P. F. Chow、马铁成，《人口研究》2012 年第 4 期。

市场经济、空间演变与性：东北男同性恋群体的人类学观察（1980—2010） 富晓星，《开放时代》2012 年第 4 期。

作为文化的组织：人类学组织研究反思 庄孔韶、方静文，《思想战线》2012 年第 4 期。

常人民族志——利他行动的道德分析 罗红光，《世界民族》2012 年第 5 期。

从组织文化到作为文化的组织——一支人类学研究团队的学理线索 庄孔韶、方静文，《浙江大学学报》（人文社会科学版）2012 年第 5 期。

西北农村妇女三维空间中的生活状况对其健康的影响——一项人类学视野下的田野考察 孙金菊，《中央民族大学学报》（哲学社会科学版）2012 年第 5 期。

"门户私计"的社会逻辑——从孙本文有关门阀的论述讲起 成伯清，《南京大学学报》（哲学·人文科学·社会科学版）2012 年第 6 期。

从田野到文本：民族志的生成过程及其真实性反思 陈兴贵，《湖北民族学院学报》（哲学社会科学版）2012 年第 6 期。

社会结构与过渡仪式——以花腰傣社会及其"月亮姑娘"仪式为例对特纳理论的检验 吴乔，《民族研究》2012 年第 6 期。

身体的征用——一项关于体育与现代性的研究 孙睿诒、陶双宾，《社会学研究》2012 年第 6 期。

虚拟民族志：田野、方法与伦理 卜玉梅，《社会学研究》2012 年第 6 期。

从同姓不婚、同宗不婚到近亲不婚——一个制度分析视角 王跃生，《社会科学》2012 年第 7 期。

"非正式治理者"：村治权力网络中的宗族 张晓晶，《理论导刊》2012 年第 9 期。

新媒体时代透视青少年"屌丝"文化现象 王玉香，《中国青年研究》2012 年第 9 期。

制造共同命运：以"白族"族称的协商座谈会为例 梁永佳，《开放时代》2012 年第 11 期。

中国意识与人类学研究的三个世界 赵旭东，《开放时代》2012 年第 11 期。

江西修水客家陈姓拟制宗族的个案分析 刘经富，《江西社会科学》2012 年第 11 期。

论宗教信仰与人口较少民族青年择偶心态的关系——以撒拉族、保安族为例 王瑞萍、马进，《中国青年研究》2012 年第 12 期。

巴厘岛的人类学影像——米德与贝特森的影像民族志实验 朱靖江，《世界民族》2013 年第 1 期。

乡村家庭教养变迁的历史轨迹——基于颐村家庭教养变迁的历史人类学考察 容中逵，《青年研究》2013 年第 1 期。

藏族牧民两性分工的宗教社会学研究 臧肖、嘎玛措、扎西当周，《贵州民族研究》2013 年第 1 期。

人类学中国宗族研究的嬗变与创新 刘芳、刘树奎，《广西民族研究》2013 年第 1 期。

三圈说——另一种世界观，另一种社会科学 王铭铭，《西北民族研究》2013 年第 1 期。

市场化进程中的宗族网络与乡村企业 阮荣平、郑风田，《经济学》（季刊）2013 年第 1 期。

市镇宗族与圈层格局 周泓，《学术研究》2013年第1期。

在广州的非洲裔移民行为的因果机制——累积因果视野下的移民行为研究 梁玉成，《社会学研究》2013年第1期。

中国人类学影像民族志的文本类型及其学术价值 朱靖江，《广西民族大学学报》（哲学社会科学版）2013年第1期。

走近“屌丝”——大学生底层化表达 李斌、汤秋芬，《中国青年研究》2013年第1期。

文化、历史中的“民族精神”——陶云逵与中国人类学的德国因素 杨清媚，《社会》2013年第2期。

社会文化转型中的村庄变迁：兼论村庄的本性及其意义——以摩哈苴村与周城村为例 朱炳祥，《社会学评论》2013年第2期。

流变的传统：珠江三角洲地区的彝人家支再造 刘东旭，《开放时代》2013年第2期。

“国家与地方社会”关系中的宗族研究范式及其存在的问题 杜靖，《青海民族研究》2013年第2期。

2000年以来中国少数民族人口的增长与分布 郑长德，《西北人口》2013年第2期。

藏彝走廊宗教社会学比较研究刍议 陈洪东、杨嘉铭，《中国藏学》2013年第2期。

传统乡村回族的家族与时代变迁——以红岸村杨氏族人为例 杨文笔，《回族研究》2013年第2期。

文化多样性及文化遗产实践：西方视角与非西方视角 鲍江，《中央民族大学学报》（哲学社会科学版）2013年第2期。

“地方之上”的人类学——20世纪前期学人眼中的大理社会与民族志叙述 张原、杨清媚，《云南师范大学学报》（哲学社会科学版）2013年第3期。

边缘化族群的国家认同——土家族“梯玛信仰”仪式的人类学考察 雷翔，《宗教学研究》2013年第3期。

城市化进程中民族地区社会问题探析 陈纪，《湖北民族学院学报》（哲学社会科学版）2013年第3期。

对话的人类学：关于“理解之理解” 罗红光，《广西民族大学学报》（哲学社会科学版）2013年第3期。

科学现象的文化视角辨析 罗红光，《科学与社会》2013年第3期。

浅议人类学和社会学的研究方法 石金群，《贵州民族研究》2013年第3期。

田野调研：布局、论证、发现、转换与交叉 庄孔韶、生龙曲珍，《广西民族大学学报》（哲学社会科学版）2013年第3期。

新世纪中国大学生同性恋状况的变化——基于他人认知和本人态度行为的比较研究 胡珍、吴银涛，《中国青年研究》2013年第3期。

引导社会组织参与青少年社会教育研究——以四川省为例 张岷、管雷、谭毅，《中国青年研究》2013年第3期。

中国“城乡关系”研究：进路与反思 武小龙、刘祖云，《甘肃理论学刊》2013年第3期。

中国海外民族志研究的学术史 王建民，《西北民族研究》2013年第3期。

不同性别话语体系下回族女子教育宗旨的论争——以民国回族报刊为中心 刘莉，《回族研究》2013年第4期。

传统社会中家族对道教发展之影响——以闵氏及诸家族与江南龙门派为例 赖全、王芳妮，《江西社会科学》2013年第4期。

非物质文化遗产保护与人类学电影摄制 庄孔韶、王剑利，《赣南师范学院学报》2013年第4期。

分中有合：日常生活实践中的家族——基于赣中南农村的调查 肖倩，《华东理工大学学报》（社会科学版）2013年第4期。

风险社会下农民政治心理状况及调适分析——以对西部576位农民的调查为基础 谢治菊，《广东行政学院学报》2013年第4期。

论民族志者在田野作业中的"自我"意识 康敏，《广西民族研究》2013年第4期。

血缘、地缘、业缘：新市民的社会关系转型 李汉宗，《深圳大学学报》（人文社会科学版）2013年第4期。

传统乡规民约何以可能——兼论乡规民约治理的条件 周家明、刘祖云，《民俗研究》2013年第5期。

现代组织研究中的人类学实践与民族志方法 袁同凯、陈石、殷鹏，《民族研究》2013年第5期。

中国的非物质文化遗产保护与文化革命的终结 高丙中，《开放时代》2013年第5期。

海洋人类学的前沿动态——评《海洋渔村的"终结"》 王书明、兰晓婷，《社会学评论》2013年第5期。

仪式的要素与仪式研究——以国内个案对国外人类学仪式理论的再探讨 吴乔，《世界民族》2013年第5期。

神话叙事：灾难心理重建的本土经验——社会人类学田野视角对西方心理治疗理念的超越 王曙光、丹芬妮·克茨，《社会》2013年第6期。

草原社区的空间过程和地方再造——基于"地方—空间紧张"的分析进路 郑少雄，《开放时代》2013年第6期。

解读灵动的色彩表达：白马藏族社会文化文法的审美视角 汪丹，《开放时代》2013年第6期。

身份建构逻辑与群体性差异的表征——基于巴黎东北新移民的实证调查 赵晔琴，《社会学研究》2013年第6期。

在隐性"婚"与制度婚的边界游走：中国男同性恋群体的婚姻形态 富晓星、张可诚，《华南师范大学学报》（社会科学版）2013年第6期。

宗族复兴的有限性与工具性研究——以赣北红顶村的田野调查为中心 骆江玲、邱新有、杨明，《农业考古》2013年第6期。

姓氏与信用：农户信用评级中的宗族网络 周群力、丁骋骋，《世界经济》2013年第8期。

中国灾害人类学研究述评 李永祥、彭文斌，《西南民族大学学报》（人文社会科学版）2013年第8期。

城镇化与社区的民间信仰 卢霞，《求索》2013年第10期。

反文化与亚文化 J. 弥尔顿·英格、黄瑞玲，《国外理论动态》2013年第10期。

传统文化、非正式制度与社会契约——基于宗族观念、民族伦理与企业债务期限结构的微观证据 王金波，《经济管理》2013年第12期。

从无家可归现象看体面社会的日常维系——基于参与观察的讨论 李荣荣，《学术探索》2013年第12期。

人类学视野中的女性权利运动 布里特·别斯托姆、邓鹏、李莉，《国外理论动态》2013年第12期。

共商共建共享：民族团结新模式 石秀印，《人民论坛》2013年第28期。

“祖业权”：作为一种非正式产权的地方表达与实践——基于对广西宗族性村落的调查 谢小芹、简小鹰，《广西师范大学学报》（哲学社会科学版）2014年第1期。

传统社会资本及其现代转换——基于景宁畲族民族自治村的实证研究 张国芳，《浙江社会科学》2014年第1期。

地缘情感型信任的冲动、消退及转向——基于“SZ人在北京”QQ群组的虚拟民族志研究 高崇、杨伯溆，《中国青年研究》2014年第1期。

互惠到交换：理解农村人情变迁的视角 余练，《人口与社会》2014年第1期。

皇权、封建与丰产——晋祠诸神的历史、神话与隐喻的人类学研究 张亚辉，《社会学研究》2014年第1期。

边疆多民族聚居区基层治理创新——以西双版纳城乡社区建设实践为例 张志远，《社会学评论》2014年第1期。

民国时期江南地区乡村血缘共同体的更新——以江苏省无锡市村前村为例 李倩，《农业考古》2014年第1期。

中国大教育家庄泽宣先生行止——故居、学术与大族传承 庄孔韶，《当代教育与文化》2014年第1期。

追根认祖：一种国家与乡民关系的文化建构——一个壮家宗族复兴的考察 陈靖，《广西民族研究》2014年第1期。

宗族、民间权威与纠纷解决——明代乡村秩序模式的人类学分析 梁洁，《青海社会科学》2014年第1期。

宗族组织与企业管理的文化自觉 周大鸣、田絮崖，《青海民族研究》2014年第1期。

“象征之桥”：独龙族宗教信仰及其在现代医学影响下的转变 赵旭东、付来友，《北方民族大学学报》（哲学社会科学版）2014年第2期。

从“为自己而活”到“利他个体主义”——乌尔里希·贝克个体化理论中的一种道德可能 李荣荣，《学海》2014年第2期。

从喀什维吾尔民居柱廊部位装饰元素来探讨地域居住文化现象 张全生、申艳冬，《西南民族大学学报》（人文社会科学版）2014年第2期。

当代中国宗族复兴研究：回顾与反思 戴五宏、张先清，《晋阳学刊》2014年第2期。

甘肃兰州、天水等地“领羊”祭祀仪式的人类学解读 宗喀·漾正冈布、巨浪，《西北民族大学学报》（哲学社会科学版）2014年第2期。

论农村群体性事件中的宗族问题 陈泫伊，《云南社会科学》2014年第2期。

美国人类学本土研究述略 李荣荣，《世界民族》2014年第2期。

清明祭祖的人类学阐释 邓苗，《中央民族大学学报》（哲学社会科学版）2014年第2期。

深描民族志方法的现象学基础 李清华，《贵州社会科学》2014年第2期。

文化主体性与家庭的现代变迁——费孝通家庭社会学思想研究 石艳、张小山，《华中科技大学学报》（社会科学版）2014年第2期。

乡土传统与宗族重建 邓苗,《青海民族研究》2014 年第 2 期。

父母与自然“知母不知父”的西方谱系(下) 吴飞,《社会》2014 年第 3 期。

一个康区喇嘛的多重生活世界 郑少雄,《文化纵横》2014 年第 3 期。

道义传统、社会地位补偿与文化馈赠——以广东五邑侨乡坎镇移民的跨国实践为例 陈杰、黎相宜,《开放时代》2014 年第 3 期。

结构生成:广西大瑶山花篮瑶亲属制度演变的实践理性 罗红光,《民族研究》2014 年第 3 期。

互联网场域的族际交往 尕藏草,《青年研究》2014 年第 3 期。

吉林省青少年重新犯罪的原因及对策的研究 袁承为、韩雪梅、郑磊、王佳玲,《中国青年研究》2014 年第 3 期。

论清代乡村公共秩序的形成与维护——以新出徽州禁约合同为视角 陈云朝,《中国农业大学学报》(社会科学版)2014 年第 3 期。

文化女性主义视域中的技术 易显飞、章雁超、傅畅梅,《东北大学学报》(社会科学版)2014 年第 3 期。

文化视域下宗族社会功能的反思 吴祖鲲、王慧姝,《中国人民大学学报》2014 年第 3 期。

中国农村教育的人类学评估 庄孔韶、冯跃、生龙曲珍,《贵州民族研究》2014 年第 3 期。

宗族与减贫——基于贫困地区的研究 汪三贵、杨浩、薛彦龙,《贵州社会科学》2014 年第 3 期。

慈善表演/表演慈善:清末民初上海剧场义演与主流性实践 刘怡然,《开放时代》2014 年第 4 期。

云南多元宗教共处的类型与基本模式 韩军学、刘军,《社会学评论》2014 年第 4 期。

云南少数民族地区基督教的本土适应与社会融入——以洒普山苗族教会本土化为例 张桥贵;刘春芳,《社会学评论》2014 年第 4 期。

越南北部民族地区宗教生态发展趋势及对我国的影响 徐祖祥,《社会学评论》2014 年第 4 期。

传统习俗禁忌中的“厌女情结”及其原因考察——以社会性别和人类学为视角 焦杰,《南开学报》(哲学社会科学版)2014 年第 4 期。

疾病污名与身份污名的交互——以艾滋病污名为例 高一飞,《云南民族大学学报》(哲学社会科学版)2014 年第 4 期。

清代康定锅庄:一种讨论汉藏关系的历史路径 郑少雄,《开放时代》2014 年第 4 期。

西藏农牧民自治意识的状况及成因分析——以 M 村的调查为基础 王彦智,《社会学评论》2014 年第 5 期。

民主改革前党的西藏民族团结工作分析 阴海燕,《社会学评论》2014 年第 5 期。

藏区民族基础教育现状与思考——来自四川康定藏区的田野调查 刘志扬,《社会学评论》2014 年第 5 期。

“他者”到“你我”——中国人类学电影开山作品的理论启发 鲍江,《中央民族大学学报》(哲学社会科学版)2014 年第 5 期。

观自在者:现象学音像民族志 鲍江,《云南民族大学学报》(哲学社会科学版)2014 年第 5 期。

女性人类学界的一部新著——《嫁给谁:新疆阿村维吾尔族妇女婚姻民族志》评介 孙金菊,《黑龙江民族丛刊》2014 年第 5 期。

社会主义新传统与非物质文化遗产研究 麻国庆、朱伟,《开放时代》2014 年第 6 期。

民间智慧与草根创新——一种心理人类学的分析视角 罗劲、师保国，《社会学评论》2014 年第 6 期。

当前的中国教育人类学研究：内容领域与焦点议题 陈学金，《社会学评论》2014 年第 6 期。

“懂人话”——芒市傣族村寨的生活伦理、传统教化与社会控制 褚建芳，《开放时代》2014 年第 6 期。

从“身体再现系统”到“人观”——以花腰傣案例看亲属制度的逻辑源头 吴乔，《云南民族大学学报》（哲学社会科学版）2014 年第 6 期。

林耀华先生《金翼》版本的差异——1944 年原始版《金翼》中译本后记 庄孔韶，《思想战线》2014 年第 6 期。

以安顿生命为目标的研究方法——卡洛琳·艾理斯的情感唤起式自传民族志 卢崴诩，《社会学研究》2014 年第 6 期。

社会性别理论视角下中国女性体育文化的变迁 夏青，《山东社会科学》2014 年第 8 期。

少数民族社会养老服务的宗教参与行为研究 陈丽莎、孙伊凡，《贵州民族研究》2014 年第 11 期。

五服图与古代中国的亲属制度 吴飞，《中国社会科学》2014 年第 12 期。

其他

底层视角及其知识谱系——印度底层研究的基本进路检讨 王庆明，《社会学研究》2011 年第 1 期。

社会运动参与的激励因素研究综述 刘诗林，《国外社会科学》2011 年第 1 期。

突生与连续：西方灾后恢复的社会学研究述评 卢阳旭，《国外社会科学》2011 年第 1 期。

跟踪调查中的拒访行为分析——以中国家庭动态跟踪调查为例 孙妍、邹艳辉、丁华、严洁、顾佳峰、邱泽奇，《社会学研究》2011 年第 2 期。

吕世辰教授《新市民社会管理》一书评介 李培林，《山西师大学报》（社会科学版）2011 年第 2 期。

生态移民：一个复杂的故事——读谢元媛《生态移民政策与地方政府实践》 王晓毅，《开放时代》2011 年第 2 期。

《科学界的女性》：生命历程视角中的“学术产出之谜” 周旅军，《妇女研究论丛》2011 年第 2 期。

女性董事与公司治理关系的文献综述 张娜、彭苏勉，《妇女研究论丛》2011 年第 2 期。

21 世纪与医学化社会的来临——解读彼得·康拉德《社会的医学化》 韩俊红，《社会学研究》2011 年第 3 期。

从边缘到主流：政府管制与摩门教的变迁 卢云峰，《社会学研究》2011 年第 3 期。

户内人口匹配数据的误用与改进——兼与《高等教育扩张与教育机会平等》一文商榷 杨舸、王广州，《社会学研究》2011 年第 3 期。

社会性别分层本土化研究的哲学阐释 涂丽萍、吴莎，《求索》2011 年第 3 期。

社会转型中的关系学——评杨美惠的《礼物、关系学与国家》 姚泽麟，《社会学研究》2011 年第 3 期。

数据误差的调整效果的评估——对杨舸和王广州商榷文章的再商榷 李春玲，《社会学研究》2011年第3期。

新时代的新主题：2007—2010年青年研究综述 李春玲、孟蕾、吕鹏、施芸卿、陈昕，《青年研究》2011年第3期。

我国流动儿童研究综述 周皓、荣珊，《人口与经济》2011年第3期。

中国老年人社会参与的理论、实证与政策研究综述 王莉莉，《人口与发展》2011年第3期。

“维他命”分析模式下的文化比较研究——许烺光海外研究综述 罗锦文，《社会学研究》2011年第4期。

厘清“青少年”和“青年”概念的分野——国际政策举措与中国实证依据 胡玉坤、郑晓瑛、陈功、王曼，《青年研究》2011年第4期。

不辨他者，何以自明——《性别研究：理论背景与文学文化阐释》评介 刘堃，《妇女研究论丛》2011年第4期。

中日的“国民”语义与国家构建——从明治维新到辛亥革命 郭台辉，《社会学研究》2011年第4期。

从内在幽深处展望世界社会——读贝克《自己的上帝》 李荣荣，《社会学研究》2011年第4期。

应星的《“气”与抗争政治：当代中国乡村社会稳定问题研究》出版 雷明芳，《广西民族大学学报》（哲学社会科学版）2011年第4期。

北方乡村女性的典型生活画卷——李霞《娘家与婆家》一书评介 何蓉，《广西民族大学学报》（哲学社会科学版）2011年第4期。

走向自觉的性别研究方法——“2011年社会学年会性别研究方法论探析论坛”综述 郑丹丹、李光玲，《妇女研究论丛》2011年第5期。

人口老龄化的经济效应研究综述 武永生，《西北人口》2011年第5期。

近年我国人口红利问题的研究综述 雷晓康、张楠，《理论学刊》2011年第6期。

《有闲阶级论》的理论成就 赵锋，《青年研究》2011年第6期。

在参与性行动中改变世界 读费根、薇拉的《解放社会学》 王建民，《社会》2011年第6期。

追踪调查中的追踪成功率研究——社会转型条件下的追踪损耗规律和建议 梁玉成，《社会学研究》2011年第6期。

从东亚样本看“后共产主义”研究的多元路径 吕鹏，《俄罗斯研究》2012年第1期。

理解法团主义——兼论其在中国国家与社会关系研究中的适用性 吴建平，《社会学研究》2012年第1期。

税收、租金与治理：理论与检验 马骏、温明月，《社会学研究》2012年第2期。

青年志愿者行为动机的实证研究——以山东省高校学生为例 罗公利、张立海、杨友才，《青年研究》2012年第2期。

“中国研究：他者与自者的视野”研讨会综述 卢成仁、冯雪红，《北方民族大学学报》（哲学社会科学版）2012年第2期。

哲学与社会学双重视域中的发展问题——“哲学与社会学跨学科高端对话会”会议综述 朱文君，《吉林大学社会科学学报》2012年第2期。

微型社会学的超越路径：《江村经济》评介 刘小峰，《中国图书评论》2012年第2期。

国内外女性民俗研究综述 陈秋，《妇女研究论丛》2012年第3期。

《娘家与婆家——华北农村妇女的生活空间和后台权力》评介 陈鹏、王雪，《妇女研究论丛》2012年第3期。

工厂外的赶工游戏——以珠三角地区的赶货生产为例 黄岩，《社会学研究》2012年第4期。

社会变革中的婚姻家庭与性别文化——第六届亚洲女性论坛综述 魏国英、南晓娟，《妇女研究论丛》2012年第4期。

青年研究的代际更替及现状解析（上） 吴小英，《青年研究》2012年第4期。

青年研究的代际更替及现状解析（下） 吴小英，《青年研究》2012年第5期。

经验与经验的现象学社会学化 读哈维·弗格森的《现象学社会学》 孙飞宇，《社会》2012年第5期。

关于中国非正规金融的政治经济学——读《后街金融：中国的私营企业主》 纪莺莺，《社会》2012年第5期。

三十年来我国青年研究的对象、主题与方法——对四种青年期刊2408篇论文的内容分析 风笑天，《青年研究》2012年第5期。

我国人口结构变化对经济社会发展的影响研究综述 王阳，《西北人口》2012年第5期。

国外社会资本理论：历史脉络与前沿动态 吴军、夏建中，《学术界》2012年第5期。

“说话”的可能性——对土改“诉苦”的再反思 吴毅、陈颀，《社会学研究》2012年第6期。

当代中国人的社会参与研究述评 王兵，《哈尔滨工业大学学报》（社会科学版）2012年第6期。

国外迁移劳动力回流理论研究述评 石智雷，《人口与发展》2013年第1期。

新经济社会学的古典转向——读汪和建《经济与社会：新综合的视野》 符平，《社会学评论》2013年第1期。

农村流动人口研究的再思考——以身体社会学为视角 江立华、王斌，《社会学评论》2013年第1期。

生活方式研究的现时代意义——生活方式研究在我国开展30年的经验与启示 王雅林，《社会学评论》2013年第1期。

学术史视野下的中国土地革命问题——议题转换与范式变革 孟庆延，《社会》2013年第2期。

“总体性”与社会学的历史视野——“中国社会变迁与社会学前沿：社会学的历史视野”学术研讨会综述 刘亚秋，《社会》2013年第2期。

“关系”对个体职业发展的影响：综述与展望 周文霞、潘静洲、庞宇，《中国人民大学学报》2013年第2期。

心理健康的社会学视角——心理健康社会学综述 梁樱，《社会学研究》2013年第2期。

“男造环境”的女性主义批判——《厨房之舞：身体与空间的日常生活地理学考察》评介 周培勤，《妇女研究论丛》2013年第3期。

《扩大内需的人口经济学》评介 田雪原，《人口与经济》2013年第3期。

近10年国内女性职业生涯发展研究综述 邓子鹃，《妇女研究论丛》2013年第3期。

理论化与制度精神 由《占有、经营与治理：乡镇企业的三重分析概念》引申的几点思考 赵立玮，《社会》2013年第3期。

宗教信仰选择：一个西方宗教经济学的文献梳理 阮荣平、郑风田、刘力，《社会》2013年第4期。

护教者帕斯卡尔的思想史意义 康子兴，《社会》2013年第4期。

中国乡村研究中的经验修辞与他者想象——以《私人生活的变革》为例 谭同学，《开放时代》2013年第4期。

返本开新：中国社会学的传统再造——重读费孝通《试谈扩展社会学的传统界限》 陈占江，《社会学评论》2013年第4期。

社会公正理论的系统构建——读《社会公正论》（第二版） 王道勇，《社会学评论》2013年第4期。

《中国特色人口发展道路》评介 王晓璐，《人口学刊》2013年第4期。

环境移民的理论研究述评 郭剑平、施国庆，《西北人口》2013年第4期。

公共政策视角下的“失独”问题探视：基于公众认知与主体感知的研究综述 程中兴，《人口与发展》2013年第4期。

鲍德里亚和马克思的异曲同工之处 ——读鲍德里亚的《消费社会》 吴玉彬，《社会》2013年第5期。

城乡关系：一个国外文献综述 陈方，《中国农村观察》2013年第6期。

反思性身体技术：一项汽车与身体的扎根理论研究 林晓珊，《社会学研究》2013年第6期。

互助合作实践的理想建构 柳青小说《种谷记》的社会学解读 罗琳，《社会》2013年第6期。

心灵秩序失范的艺术政治世界溯源——读理查德·克劳斯的《钢琴与中国政治》 罗朝明，《社会》2013年第6期。

陆学艺“三农”问题研究的社会学理论自觉及其意义 奂平清、夏志新，《社会学评论》2013年第6期。

陆学艺近十年社会建设思想述要 颜烨，《社会学评论》2013年第6期。

社区·区域·历史：理解中国的三种进路——对燕京大学社会学系学术传统与研究特色的再分析 齐钊，《开放时代》2013年第6期。

草原社区的空间过程和地方再造——基于“地方—空间紧张”的分析进路 郑少雄，《开放时代》2013年第6期。

中国与欧洲一般信任模式的差异及其归因——基于“西欧的社会信任模式及其起源”的译介 王兵，《青海社会科学》2013年第6期。

规范知识与再造知识——以壮族医药的发掘整理为例 赖立里、冯珠娣，《开放时代》2013年第6期。

生活方式选择的价值维度——李霞《生活方式的变迁与选择》评介 何中华，《山东社会科学》2013年第6期。

主观幸福感研究文献综述 佩德罗·孔塞桑、罗米娜·班德罗、卢艳华，《国外理论动态》2013年第7期。

国外环境行为影响因素研究述评 彭远春，《中国人口·资源与环境》2013年第8期。

叩开“受苦人”的历史之门读《受苦人的讲述：骥村历史与一种文明的逻辑》 应星，《社会》2014年第1期。

制度分析与财政社会学：评莫妮卡·普拉萨德的《自由市场的政治》 张跃然、高柏，《社会》2014年第1期。

流入地抽样抑或流出地抽样？——对当前农民工研究中抽样方法的评析 朱磊，《青年研究》

2014年第1期。

经济社会分析的一个框架和体系——评《经济社会学》 王水雄，《社会学评论》2014年第1期。

中国古代精神病人管理制度的发展 刘白驹，《社会发展研究》2014年第1期。

“举逸民”与“明养老”——试析刘邦父子“求聘四皓”行为的历史渊源 赵凯，《社会发展研究》2014年第1期。

人类学与发展：一个两难的话语 杨清媚，《社会发展研究》2014年第1期。

人与土地的伦理关系——评奥尔多·利奥波德的《沙乡年鉴》 郭施宏，《社会发展研究》2014年第1期。

资本推手：国际劳工运动的发展与变迁——解读贝弗里·西尔弗的《劳工的力量》 王荣欣，《社会发展研究》2014年第1期。

包买制：历史沿革及其理论意义 傅春晖，《社会学研究》2014年第2期。

统计化：社会转型的另类向度 评刘新的《中国蜃景》 张琪，《社会》2014年第2期。

作为标签的越轨和艺术：从标签理论解读贝克尔的《局外人》与《艺术界》之关联 卢文超，《社会》2014年第2期。

企业社会责任：纷繁的动因和多样的结果 张葱，《社会发展研究》2014年第2期。

农民、革命与现代社会的形成——重读巴林顿·摩尔《民主与专制的社会起源》 李江，《社会发展研究》2014年第2期。

当代社会如何是一种景观？——评居伊·德波的《景观社会》 孙全胜，《社会发展研究》2014年第2期。

气候变化影响下的社会脆弱性与贫困：国外研究综述 张倩、孟慧新，《中国农业大学学报》（社会科学版）2014年第2期。

“植根于中国土壤之中”的学术路线——怀念与学习陆学艺先生 景天魁，《社会学研究》2014年第3期。

生命的礼物——器官捐赠中的身体让渡、分配与回馈 余成普、袁栩、李鹏，《社会学研究》2014年第3期。

中国宗教研究的“政治经济学”尝试：评《中国的宗教》 张文杰，《社会》2014年第3期。

越过“界限”：现代公共生活中的大众——读奥尔特加·加塞特的《大众的反叛》 邢朝国，《社会》2014年第3期。

当代社会生活的大数据化：困境与反思 郝庭帅，《社会发展研究》2014年第3期。

包容性社会发展：从理念到政策 葛道顺，《社会发展研究》2014年第3期。

“双重运动”与复杂社会中的自由——读卡尔·波兰尼的《巨变》 袁祥祥，《社会发展研究》2014年第3期。

解读中国关系文化和社会结构的一把密钥——评《关系抑或礼尚往来？——江村互惠、社会支持网和社会创造的研究》 孙晓婧，《社会学评论》2014年第3期。

社会互构论：开创个人与社会关系理论的新模式——评《社会互构论：世界眼光下的中国特色社会学理论的新探索》 龚长宇，《社会学评论》2014年第3期。

多宗教并存的乡村传统之人类学考察——读《乡村社区的信仰、政治与生活》名实关系和现代社会想象 徐冰，《社会学研究》2014年第4期。

趣味、思虑与身体：卢梭论民情与现代个体的关系 张国旺，《社会学研究》2014年第4期。

立法者与公民的复调：一位社会学家眼中的卢梭 康子兴，《社会》2014年第4期。

房地产与阶层定型化社会：读《房地产阶级社会》 芦恒，《社会》2014年第4期。

"必须保卫社会"与国家种族主义——解读福柯《必须保卫社会》 关锋，《社会》2014年第5期。

改革开放以来青年研究方法的发展——基于对3290篇文献的计量分析 佘双好、冯茜等，《青年研究》2014年第4期。

重新思考量化社会研究的模式——读莱茵·塔格培拉《让社会科学更加科学化》 吴肃然，《社会》2014年第5期。

评施传刚著《追寻和谐：摩梭传统的性联盟与家庭生活》 苏梦林；桂慕梅，《社会学评论》2014年第5期。

农村女儿养老问题研究综述 高修娟，《妇女研究论丛》2014年第5期。

探寻于感性与理性之间——评《当代中国意识形态变迁》 马良灿，《社会学评论》2014年第6期。

文化的可比性——"跨文化比较研究：方法与方法论"研讨会集萃 吴乔、高美惠，《世界民族》2014年第6期。

民国时期的劳工社会学：一项学科史的考察 闻翔，《山东社会科学》2014年第8期。

创新社会治理的新境地——《包容共享：社会管理的精神内核》评介 王晓博，《中国出版》2014年第17期。

第三篇

社会学界重大活动

中国社会学会2011年学术年会暨第八届理事会在南昌召开

2011年7月22—25日，中国社会学会2011年学术年会暨第八届理事会在江西南昌隆重举行。这届年会的主题是“新发展阶段：社会建设与生态文明”。中国社会科学院副院长朱佳木出席年会开幕式并发表重要讲话，中国社会学会会长宋林飞致开幕词。江西省委常委、宣传部部长刘上洋，南昌市委常委、副市长、宣传部部长周关出席并讲话。江西省社会学会会长王明美代表承办单位致欢迎辞。中国社会学会名誉会长陆学艺、国际社会学会原会长佐佐木正道、日本社会学会会长矢泽修次郎和韩国社会学会会长朴在默也作了讲话。

开幕式后，中国社会学会名誉会长郑杭生教授以“当代中国社会学面临的挑战”为题、中国社会科学院城市发展与环境研究所所长潘家华研究员以“中国低碳社会的前景”为题，分别作了学术报告，引起强烈反响。除安排大会学术报告外，本届年会还设立了33个分论坛。分论坛主题涉及领域广泛，内容丰富，涵盖了生态文明与社会变迁、社会建设与社会管理、社会稳定与社会政策、社会结构与社会分层等社会发展的诸多领域，以及诸如城市社会学、消费社会学、女性社会学、情感社会学、体育社会学、工程社会学、海洋社会学、西部社会学等分支社会学研究，第九届东亚社会学学术研讨会也同时举行。与会的老中青社会学者围绕各自关心的分论坛确定的主题，展开了热烈研讨。

本次年会是由中国社会学会主办，江西省社会学学会与南昌社会科学院、南昌市社科联共同承办的。年会规模宏大，专题研讨丰富多彩。共有约800名学者出席本次年会。会议共收到论文近800篇，共评出一等奖论文10篇，二等奖论文19篇。

本次会上还召开了第八届理事会，李培林作第七届理事会工作报告；谢寿光作关于第八届理事会组成人员说明、常务理事人选说明及学会《章程》修改说明；通过第八届理事会理事名单及《章程修正案》。选举宋林飞为第八届理事会会长，李培林、卢汉龙、刘敏、蔡禾、潘允康、李友梅、李路路、邴正、沈原、谢立中为副会长，李强为学术委员会主任，王思斌为学术委员会副主任，谢寿光为秘书长。

中国社会学会 2011 年学术年会开幕式

附表　　中国社会学会第八届理事会名单

职务	姓名	所属机构
名誉会长 2 人	陆学艺	中国社会科学院
	郑杭生	中国人民大学
顾问 12 人（按姓氏笔画排序）	王　康	中国政法大学
	王　辉	天津市社会科学院
	邓伟志	上海大学
	刘中荣	华中理工大学
	刘绪贻	武汉大学
	何耀华	云南省社会科学院
	吴　铎	华东师范大学
	宋书伟	北京市社会科学院
	宋家鼎	中国社会科学院科研局
	苏　驼	南开大学
	徐经泽	山东大学社会学系
	韩明谟	北京大学
会长 1 人	宋林飞	江苏省人民政府参事室

续表

职务	姓名	所属机构
副会长 10 人（按姓氏笔画排序）	李培林	中国社会科学院
	卢汉龙	上海市社会科学院
	刘　敏	甘肃省社会科学院
	李友梅	上海大学
	李路路	中国人民大学
	邴　正	吉林日报社
	沈　原	清华大学
	谢立中	北京大学
	蔡　禾	中山大学
	潘允康	天津市社会科学院
秘书长 1 人	谢寿光	社会科学文献出版社
副秘书长 8 人（按姓氏笔画排序）	汪小熙	中国社会科学院社会学所
	刘世定	北京大学
	刘精明	清华大学
	张海东	上海大学
	陈　如	南京市社会科学院
	陈光金	中国社会科学院社会学研究所
	洪大用	中国人民大学
	童根兴	社会科学文献出版社
学术委员会主任 1 人	李　强	清华大学
学术委员会副主任 1 人	王思斌	北京大学
学术委员会委员 5 人（按姓氏笔画排序）	谷迎春	浙江省社会科学院
	周晓虹	南京大学社会学院
	赵子祥	辽宁省社会科学院
	景天魁	中国社会科学院
	雷　洪	华中科技大学
特邀常务理事 17 人（按姓氏笔画排序）	马　戎	北京大学
	王怀超	中央党校科社部
	王奋宇	科技部科技发展战略研究院
	王建军	民政部政策法规司
	刘应杰	国务院研究室综合司
	张春生	国家人口和计划生育委员会
	张荣华	全国人大

续表

职务	姓名	所属机构
	李守信	国家发改委发展规划司
	李欣欣	中央政策研究室政治研究局
	郝时远	中国社会科学院
	莫　荣	人力资源和社会保障部劳动科学研究所
	龚维斌	国家行政学院社会和文化教研部
	彭希哲	复旦大学
	葛延风	国务院发展研究中心社会发展研究部
	翟振武	中国人民大学
	蔡　昉	中国社会科学院
	谭　琳	全国妇联妇女研究所
常务理事83人（按行政区划排序，区域内按姓氏笔画排序）	王延中	中国社会科学院
	王思斌	北京大学
	包智明	中央民族大学民族学与社会学学院
	刘少杰	中国人民大学社会学理论与方法研究中心
	孙立平	清华大学社会学系
	李　强	清华大学社会学系
	李汉林	中国社会科学院社会发展所
	李培林	中国社会科学院社会学研究所
	李路路	中国人民大学社会学系
	杨　敏	中央财经大学社会发展学院社会学系
	吴忠民	中共中央党校科社部社会学教研室
	沈　原	清华大学社会学系
	陈光金	中国社会科学院社会学研究所
	洪大用	中国人民大学
	谢立中	北京大学社会学系
	谢寿光	社会科学文献出版社
	戴建中	北京市社会科学院社会学所
	白红光	南开大学社会学系
	关信平	南开大学社会工作与社会政策系
	侯钧生	南开大学社会学系
	潘允康	天津社会科学院社会学研究所
	杨思远	河北省社会科学院
	周伟文	河北省社会科学院

续表

职务	姓名	所属机构
	秦谱德	山西省社会科学院社会学研究所
	谭克俭	山西省社会科学院社会学研究所
	刘　平	沈阳师范大学社会学学院
	沈殿忠	辽宁社会科学院
	曹晓峰	辽宁社会科学院
	田毅鹏	吉林大学哲学社会学院社会学系
	邴　正	吉林日报社
	宋宝安	吉林大学哲学社会学院
	付　诚	吉林省社会学科学院社会学研究所
	王爱丽	黑龙江省社会科学院社会学研究所
	王雅林	哈尔滨工业大学人文与社会科学学院
	卢汉龙	上海社会科学院社会学研究所
	刘　欣	复旦大学社会学系
	李友梅	上海大学
	张文宏	上海大学
	罗国振	华东师范大学
	徐永祥	华东理工大学社会与公共管理学院
	叶南客	南京市社会科学院
	宋林飞	江苏省人民政府参事室
	陈　颐	江苏省社会科学院社会学研究所
	周晓虹	南京大学社会学院
	施国庆	河海大学中国移民研究中心
	王金玲	浙江省社会科学院社会学研究所
	冯　钢	浙江大学
	杨建华	浙江省社会学会
	王开玉	安徽省社会科学院
	黄家海	中共安徽省委党校
	胡　荣	厦门大学公共事务学院社会学系
	黎　昕	福建社会科学院
	马雪松	江西省社会科学院社会学研究所
	王明美	江西省社会学学会
	李善峰	山东社会科学院
	高鉴国	山东大学哲学与发展学院社会工作系

续表

职务	姓名	所属机构
	牛苏林	河南省社会科学院
	纪德尚	郑州大学
	向德平	华中师范大学社会学院
	钟涨宝	华中农业大学社会学系
	雷　洪	华中科技大学社会学系
	方向新	湖南省社会科学院
	李　斌	中南大学公共管理学院
	陈成文	湖南师范大学公共管理学院社会学系
	王　宁	中山大学社会学与社会工作系
	刘小敏	广东省社会科学院
	谢俊贵	广州大学公共管理学院社会学系
	蔡　禾	中山大学社会学与社会工作系
	谢　舜	广西大学公共管理学院
	俞　萍	重庆工商大学
	陈昌文	四川大学社会学与心理学系
	郭　虹	四川省社会科学院社会学研究所
	史昭乐	贵州省社会科学院
	李建军	安顺学院
	罗玉达	贵州大学马列主义教学部
	乔亨瑞	云南民族大学人文学院
	张桥贵	云南民族大学
	钱　宁	云南大学公共管理学院
	王　继	陕西师范大学政治经济学院社会学系
	石　英	陕西省社会科学院
	刘　敏	甘肃省社会科学院
	陈文江	兰州大学哲学社会学院社会学人口学研究所
	陈通明	宁夏社会科学院
理事322人（按行政区划排序，区域内按姓氏笔画排序）	于长江	北京大学社会学人类学研究所
	马　戎	北京大学社会学人类学研究所
	王延中	中国社会科学院
	王旭东	北京物资学院
	王怀超	中共中央党校科社部教研部
	王思斌	北京大学社会学系

续表

职务	姓名	所属机构
	石　彤	中华女子学院社会学系
	包智明	中央民族大学民族学与社会学学院
	冯　波	中国传媒大学政治与法律学院
	冯同庆	中国劳动关系学院
	冯晓英	北京市社会科学院社会学所
	任国英	中央民族大学民族学与社会学学院
	刘少杰	中国人民大学社会学理论与方法研究中心
	孙立平	清华大学社会学系
	苏国勋	中国社会科学院社会学所
	李　强	清华大学社会学系
	李汉林	中国社会科学院社会发展所
	李春玲	中国社会科学院社会学研究所
	李培林	中国社会科学院社会学研究所
	李银河	中国社会科学院社会学研究所
	李路路	中国人民大学社会学系
	杨　团	中国社会科学院社会学研究所
	杨　敏	中央财经大学社会发展学院社会学系
	杨宜勇	国家发展和改革委员会社会发展研究所
	杨雅彬	中国社会科学院社会学研究所
	时立荣	北京科技大学社会学系
	吴忠民	中共中央党校科社部社会学教研室
	邱泽奇	北京大学社会学系
	佟　新	北京大学社会学系
	应　星	中国政法大学社会学院
	沈　原	清华大学社会学系
	张　荆	北京工业大学人文社会科学学院
	张　蓉	中国农业大学人文与发展学院社会学系
	张　翼	中国社会科学院社会学研究所
	张厚义	中国社会科学院社会学研究所
	陆益龙	中国人民大学
	陈　涛	中国青年政治学院社会工作学院研究中心
	陈光金	中国社会科学院社会学研究所
	陈树强	中国青年政治学院社会工作学院

续表

职务	姓名	所属机构
	陈洪涛	北京社会管理职业学院（原民政部管理干部学院）社会工作系
	范燕宁	首都师范大学政法学院社会学社会工作系
	罗家德	清华大学社会学系
	单光鼐	中国社会科学院社会学研究所
	赵延东	中国科学技术发展战略研究院
	赵旭东	中国农业大学人文与发展学院
	赵孟营	北京师范大学哲学与社会学学院社会学系
	洪大用	中国人民大学
	唐　军	北京工业大学人文社会科学学院
	黄　平	中国社会科学院美国研究所
	龚维斌	国家行政学院社会和文化教研部
	渠敬东	中国社会科学院社会发展研究所
	谢立中	北京大学社会学系
	谢寿光	社会科学文献出版社
	嘎日达	北京市委党校社会学教研部
	戴建中	北京市社会科学院社会学研究所
	王处辉	南开大学社会学系高等教育研究所
	王来华	天津社会科学院舆情研究所
	白红光	南开大学社会学系
	关　颖	天津社会科学院社会学研究所
	关信平	南开大学社会工作与社会政策系
	张宝义	天津社会科学院社会学研究所
	赵万里	南开大学社会学系
	段学芬	天津理工大学法政学院
	侯钧生	南开大学社会学系
	贺寨平	天津师范大学应用社会学系
	唐忠新	天津市社会学学会、南开大学社会学系
	阎耀军	天津工业大学公共危机管理研究所
	潘允康	天津社会科学院社会学研究所
	王文录	河北省社会科学院
	王立校	石家庄经济学院公共管理学院
	孔金平	河北工业大学人文与法律学院
	叶金国	河北经贸大学

续表

职务	姓名	所属机构
	吕红平	河北大学人口研究所
	刘邦凡	燕山大学文法学院
	李东雷	河北科技大学文法学院社会学系
	杨思远	河北省社会科学院
	张岭泉	河北大学政法学院社会学系
	周伟文	河北省社会科学院社会发展所
	马培生	山西财经大学
	邢　媛	山西大学哲学社会学学院
	吕世辰	山西师范大学社会学研究所
	刘锦春	太原社会科学院
	闫　钟	山西大学社会调查中心
	秦谱德	山西省社会科学院社会学研究所
	谭克俭	山西省社会科学院社会学所
	薛勇民	山西大学哲学社会学学院
	亓・巴特尔	内蒙古师范大学社会学民俗学学院
	苏　浩	内蒙古社会科学院社会学所
	宋跃飞	内蒙古大学民族学与社会学学院
	王　健	东北大学技术与社会研究所
	刘　平	沈阳师范大学社会学学院
	沈殿忠	辽宁社会科学院社会学研究所
	赵　勤	沈阳工程学院政法系
	柳清瑞	辽宁大学人口研究所
	徐祥运	东北财经大学社会学系社会学所
	曹晓峰	辽宁社会科学院
	卜长莉	长春理工大学
	田毅鹏	吉林大学哲学社会学院
	付　诚	吉林省社会学科学院社会学研究所
	邴　正	吉林日报社
	宋宝安	吉林大学哲学社会学院
	赵继伦	东北师范大学社会学系
	胡海波	东北师范大学马克思主义学院
	崔永军	吉林农业大学人文学院
	韩明友	长春工业大学人文学院

续表

职务	姓名	所属机构
	王爱丽	黑龙江省社会科学院社会学研究所
	王雅林	哈尔滨工业大学人文与社会科学学院
	尹海洁	哈尔滨工业大学人文学院社会学系
	艾书琴	黑龙江省社会科学院
	曲文勇	黑龙江大学社会学系
	刘　军	哈尔滨工程大学社会学系
	刘铁梅	哈尔滨市社会科学院社会学研究所
	李精华	东北石油大学人文社会科学学院
	赵瑞政	黑龙江省社会科学院社会学研究所
	唐魁玉	哈尔滨工业大学人文与社会科学学院
	鲁　锐	黑龙江省社会科学院
	丁金宏	华东师范大学社会发展学院
	马西恒	上海市委党校社会教研部城市社会研究所
	文　军	华东师范大学社会发展学院
	卢汉龙	上海社会科学院社会学研究所
	叶兴华	上海市残疾人联合会
	朱伟珏	同济大学政治与国际关系学院社会学系
	朱贵平	上海应用技术学院
	刘　欣	复旦大学社会学系
	刘玉照	上海大学文学院社会学系
	李友梅	上海大学
	李建勇	上海大学法学院
	杨　雄	上海社会科学院青少年研究所
	杨发祥	华东理工大学应用社会学研究所
	吴元浩	上海市人民检察院检察风云杂志社
	何明升	华东政法大学社会发展学院
	何雪松	华东理工大学社会工作系
	张广利	华东理工大学社会学系社会与公共管理学院
	张文宏	上海大学文学院
	张海东	上海大学文学院社会学系
	张继平	上海海洋大学
	陈绍军	河海大学中国移民研究中心
	范　斌	华东理工大学社会福利与社会政策研究所

续表

职务	姓名	所属机构
	范伟达	复旦大学社会学系
	罗国振	华东师范大学
	周建明	上海社会科学院社会学研究所
	桂　勇	复旦大学社会学系
	夏国美	上海社会科学院人类健康与社会发展研究中心
	顾东辉	复旦大学社会工作学系
	徐永祥	华东理工大学社会与公共管理学院
	徐安琪	上海社会科学院社会学研究所
	黄洪基	上海师范大学青年学院上海青年研究中心
	章友德	上海政法学院社会学系
	彭希哲	复旦大学社会发展与公共政策学院
	彭善民	上海师范大学社会学系
	谢玲丽	上海市人口和计划生育委员会
	甄志宏	上海财经大学人文学院经济社会学系
	鲍宗豪	上海华夏社会发展研究院
	蔡　骥	上海师范大学法政学院社会学研究所
	王正中	淮阴工学院
	风笑天	南京大学社会学系
	叶南客	南京市社会科学院
	冯必扬	中共江苏省委党校社会学教研部
	吕　青	江南大学法政学院社会学系
	朱　力	南京市社会学会
	许益军	南京市社会科学院社会学研究所
	许祥文	中国人民解放军南京政治学院
	李　宁	南京财经大学法学院社会工作系
	李林艳	东南大学人文学院社会学系
	邱建新	南京航空航天大学人文学院
	邹农俭	南京师范大学社会发展学院
	宋林飞	江苏省人民政府参事室
	张　卫	江苏省社会科学院社会政策研究所
	张　明	苏州大学社会与发展研究所
	陈　如	南京市社会科学院
	陈　颐	江苏省社会科学院社会学研究所

续表

职务	姓名	所属机构
	陈阿江	河海大学社会学系
	季芳桐	南京理工大学社会学系
	周晓虹	南京大学社会学院
	施国庆	河海大学中国移民研究中心
	姚兆余	南京农业大学人文学院社会学系
	高　峰	苏州大学社会学院社会学系
	彭华民	南京大学社会学院
	王金玲	浙江省社会科学院社会学研究所
	毛　丹	浙江大学公共管理学院
	卢福营	杭州师范大学政治经济学院
	冯　钢	浙江大学
	杨建华	浙江省社会学会
	张兆曙	浙江师范大学法政学院社会工作系
	赵定东	杭州师范大学政治经济学院社会学研究所
	秦均平	杭州师范大学城市学研究所
	童志锋	浙江财经学院社会工作系
	王开玉	安徽省社会科学院
	方　青	安徽师范大学历史与社会学院
	方金友	安徽省社会科学院
	朱士群	安庆师范学院
	宋　蓓	安徽省社会科学院
	钟玉海	合肥工业大学
	黄家海	中共安徽省委党校
	蔡　宪	中共安徽省委党校
	甘满堂	福州大学人文社科学院社会学系
	刘大可	福建省委党校社会发展研究所
	许斗斗	华侨大学哲学与社会发展学院
	苏振芳	福建师范大学社会学研究所
	周志家	厦门大学社会学系、人口研究所
	胡　荣	厦门大学公共事务学院社会学系
	黄陵东	福建江夏学院人文传媒系
	黎　昕	福建社会科学院
	马雪松	江西省社会科学院社会学研究所

续表

职务	姓名	所属机构
	王红艺	南昌大学公共管理学院社会学系
	王明美	江西省社会学学会
	尹忠海	江西财经大学人文学院社会学系
	李立文	南昌航空大学文法学院社会工作系
	陈世伟	景德镇陶瓷学院人文社科学院
	周建新	赣南师范学院客家研究院
	姚　亮	中共江西省委党校
	勒系琳	江西科技师范学院社会学系
	梅联华	南昌市民俗博物馆、南昌市社会科学联合会
	熊时升	江西师范大学政法学院
	马广海	山东大学哲学与社会发展学院
	李善峰	山东社会科学院社会学研究所
	林聚任	山东大学哲学与社会发展学院社会学系
	倪　勇	山东理工大学法学院
	高灵芝	济南大学法学院劳动与社会保障系
	高鉴国	山东大学哲学与发展学院社会工作系
	崔　凤	中国海洋大学法政学院
	梁丽霞	济南大学法学院
	王金山	河南财经学院哲学与社会学系
	牛苏林	河南省社会科学院社会发展研究所
	纪德尚	郑州大学公共管理学院
	张明锁	郑州大学应用社会学研究所
	张宝锋	河南财经政法大学
	林世选	郑州轻工业学院
	桂　玉	河南工程学院社会科学系
	程建平	郑州大学
	谢　琼	河南科技学院
	万江红	华中农业大学社会学系
	向德平	华中师范大学社会学院
	刘崇顺	武汉市社会科学院
	江立华	华中师范大学社会学院
	孙秋云	华中科技大学社会学系
	陈秀峰	武汉科技大学文法与经济学院

续表

职务	姓名	所属机构
	周长城	武汉大学社会学系
	钟涨宝	华中农业大学社会学系
	桂　胜	武汉大学社会学系
	夏玉珍	华中师范大学
	徐楚桥	湖北省社会科学院社会学研究所
	雷　洪	华中科技大学社会学系
	谭明方	中南财经政法大学人文学院
	方向新	湖南省社会科学院
	邓　微	湖南省委党校
	史铁尔	长沙民政职业技术学院
	李　斌	中南大学公共管理学院
	李燕凌	湖南农大人文学院
	陆自荣	湖南湘潭湖南科技大学管理学院
	陈成文	湖南师范大学公共管理学院
	章辉美	中南大学公共管理学院
	彭先国	湘潭大学哲学与历史文化学院社会学系
	董中贤	湖南省社会科学院社会学法学研究所
	潘泽泉	中南大学公共管理学院
	王　宁	中山大学社会学与社会工作系
	卢元镇	体育社会学专业委员会
	刘小敏	广东省社会科学院
	张兴杰	华南农业大学公共管理学院
	范　英	广东省社会科学联合会
	易松国	深圳大学社会学系
	周林刚	广东深圳大学管理学院
	赵细康	广东省社会科学院
	郭景萍	广东商学院人文与传播学院社会学系
	董玉整	广东省人口计生委人之初杂志社（广东省社会学学会）
	谢建社	广州大学发展研究院社会学研究所
	谢俊贵	广州大学公共管理学院社会学系
	蔡　禾	中山大学
	甘品元	广西民族大学民族学与社会学学院
	闭伟宁	广西大学公共管理学院

续表

职务	姓名	所属机构
	肖富群	广西师范大学法学院社会学与社会工作系
	周可达	广西社会科学院社会学研究所
	黄志强	广西师范学院社会学系
	谢　舜	广西大学公共管理学院
	肖唐镖	西南政法大学中国社会稳定与危机管理研究中心
	周良才	重庆城市管理职业学院社会工作学院
	钟瑶奇	重庆社会科学院社会学研究所
	俞　萍	重庆工商大学
	秦启文	西南大学文化与社会发展学院
	徐　宪	重庆工商大学社会与公共管理学院
	王　健	成都市社会科学院社会学与法制研究所
	陈昌文	四川大学社会学与心理学系
	范召全	西南民族大学社会学与心理学学院
	袁　阳	西南民族大学社会学与心理学学院社会学系
	郭　军	成都理工大学文法学院
	郭　虹	四川省社会科学院社会学研究所
	王兴骥	贵州省社会科学院
	史昭乐	贵州省社会科学院
	李建军	安顺学院
	吴晓萍	贵州民族学院
	张羽琼	贵州师范大学历史与政治学院
	罗玉达	贵州大学马列主义教学部
	徐和平	贵州财经学院、中国西部现代化发展研究中心
	王彦斌	云南大学公共管理学院社会学系
	乔亨瑞	云南民族大学人文学院
	李立纲	云南省社会科学院科研处
	张桥贵	云南民族大学
	钱　宁	云南大学公共管理学院社会学与社会工作系
	鲁　刚	云南民族大学人文学院社会学系
	樊　坚	云南省社会科学院社会学研究所
	胡华楠	西藏大学公共教学部
	王　继	陕西师范大学政治经济学院社会学系
	石　英	陕西省社会科学院

续表

职务	姓名	所属机构
	付少平	西北农林科技大学人文学院社会学系
	江　波	陕西省社会科学院社会研究所
	李黎明	西安交通大学实证社会科学研究所
	张永春	西安市社会科学院
	罗大文	西北政法大学哲学与社会发展学院社会学系
	段塔丽	陕西师范大学政治经济学院
	文　化	西北民族大学民族学与社会学学院
	包晓霞	甘肃省社会科学院社会学研究所
	刘　敏	甘肃省社会科学院
	李　怀	西北师范大学政法学院社会学系
	张玉斌	兰州市社会科学院社会学所
	陈文江	兰州大学哲学社会学院社会学人口学研究所
	赵利生	兰州大学
	乔益洁	青海师范大学社会学系
	苏东海	宁夏大学政法学院
	束锡红	北方民族大学民族学与社会学研究所
	陈通明	宁夏社会科学院
	高桂英	宁夏大学西部发展研究中心
	付再学	新疆大学政治与公共管理学院

中国社会科学论坛（2011社会学）暨“金砖国家社会结构比较研究”国际研讨会在京举行

2011年10月8—9日，由中国社会科学院主办，中国社会科学院社会学研究所承办的中国社会科学论坛（2011社会学）暨“金砖国家社会结构比较研究”国际研讨会在北京举行。中国社会科学院党组成员、副院长李扬出席并致辞。出席会议并致辞的还有中国社会科学院社会学研究所所长李培林、俄罗斯科学院社会学研究所副所长科济列娃、巴西里约热内卢联邦大学教授塞利、印度斋浦尔国立大学副校长莎玛。

会上，来自金砖四国科研机构和高校的专家、学者70余人围绕“中产阶层与消费”“教育不平等与收入不平等”“社会阶层与社会转型”“社会分层与变迁”等议题展开了探讨，并对四国学者联合出版的《金砖国家社会分层：变迁与比较》专著进行了客观评价。

著名社会学家陆学艺教授逝世

著名社会学家、农村问题专家，中国共产党优秀党员，中国社会科学院荣誉学部委员，中国社会科学院社会学研究所原所长、研究员、博士生导师，北京工业大学人文社会科学学院院长，中国社会学会名誉会长陆学艺教授因突发心脏病于2013年5月13日9时8分在北京逝世。

陆学艺教授1933年8月出生，江苏无锡人。1962年毕业于北京大学哲学系，同年被中国科学院哲学社会科学学部哲学研究所录取为研究生，毕业后留所工作，任助理研究员、副研究员。1978年后，长期从事农村、农民、农业问题和社会学研究。1983—1986年，由中国社会科学院派往山东省陵县蹲点调查研究，兼任县委副书记；1985—1987年任中国社会科学院农村发展研究所副所长；1987年调任中国社会科学院社会学研究所副所长，1988—1998年任社会学研究所所长、党委书记，所学术委员会主任；1990年当选为中国社会学会副会长；1993年、1998年先后当选为第八、第九届全国人大代表；1994年、2004年当选为中国农村社会学研究会理事长；1995年被评选为全国先进工作者；1996年、2000年当选为中国社会学会第四届、第五届会长。1998—2005年任中国社会科学院学术委员会委员；2000年任北京工业大学人文社会科学学院院长，在该校创建社会学学科；2006年当选为中国社会科学院荣誉学部委员；2009年创立陆学艺社会学发展基金会。

陆学艺教授是著名的“三农问题”专家。20世纪80年代初他提出：“包产到户”和“包干到户”适应中国农业生产力水平，符合农民的生产和生活要求，值得推行，由此建议中央推进以两者为主的农村联产承包责任制改革。20世纪80年代中期他指出，由于忽视了对农业基础设施的投入，中国农业将陷入徘徊状态，引发中央决策者的高度重视。与此同时他认为，农村联产承包责任制改革只是释放了农业生产积极性，并没有触及农业产品流通体制，由此提出推进农村第二步改革的设想：转向农业流通领域体制改革以及县域综合体制改革。20世纪90年代他认为，中国“三农问题”的症结不在农村内部，而在农村之外，在于“一国两策”的城乡二元体制，因此，解决的办法在于破除城乡二元结构的“反弹琵琶”。在他看来，城乡统筹和城乡一体化才是当前和今后中国发展的方向和目标。其学术思想在实践和理论层面对中国农村改革产生了深远的影响。他主编了《当代中国社会阶层研究报告》《社会蓝皮书：中国社会形势分析与预测》；主持了“百县市国情调研”“十一届三中全会以来中国农村社会变迁研究”“当代中国社会结构变迁研究”“中国百村经济社会调查”等重大课题。他于2001年提出的十大社会阶层理论，在社会上引起巨大反响，成为中国社会学界最有影响的社会分层研究之一。

他的主要著作有：《农业发展的黄金时代》《当代中国农村与当代中国农民》《三农论》《三农新论》《当代中国社会阶层研究报告》《当代中国社会流动》《当代中国社会结构》《当代中国社会建设》《社会建设论》等。

除了自身的学术研究之外，他还积极为中国社会学的发展鼓与呼。2008 年，他联合国内知名专家学者，联名上书中央领导，建议加快社会学学科发展和社会学人才队伍建设，以适应中国社会建设之时代需要。信中指出：社会学学科发展和建设远远落后于经济学，正如社会建设落后于经济建设，当前社会建设正需要大力重视社会学学科建设，为了适应社会建设的需要，国家急切需要从政策上促进社会学发展，建议在中国社会科学院设立更多的社会学相关研究所，还建议在大学中设立更多的社会学相关学科的博士点和硕士点。时任中共中央总书记胡锦涛同志批示："专家们来信提出的问题，须深入研究。要从人才培养入手，逐步扩大社会学研究队伍，推动社会学发展，为构建社会主义和谐社会服务。"这是国家最高领导人第一次专门对社会学发展给予指示。

2013 年 5 月 19 日上午，陆学艺遗体告别仪式在北京八宝山革命公墓东礼堂举行。党和国家领导人王岐山、刘延东、马凯，原国家领导人回良玉、李铁映、华建敏、陈奎元等送花圈吊唁。中国社会科学院院长、党组书记王伟光，副院长、党组副书记赵胜轩，副院长、党组成员高全立、李捷，中纪委驻院纪检组原组长、原院党组成员李秋芳，院秘书长、党组成员黄浩涛等同志参加了告别仪式。中国社会科学院党组、中国社会科学院、中央政策研究室、中央党校、农业部、中央编译局、中国社会学会及高校等 150 多个单位先后送来花圈和挽联，并派代表参加遗体告别仪式。社会各界人士近 500 人前去送别。

中国社会学界同仁在第18届
世界社会学大会举办“中国日”

2014年7月13—19日，第18届世界社会学大会在日本横滨召开。在大会期间，中国社会学会、中国社会科学院社会学研究所、日本社会学会和日中社会学会于7月15日共同主办了“中国日——中国改革与社会转型”论坛。此次论坛分为“中国的改革与社会治理”“社会转型与结构变迁”和“社会转型与社会流动”3个专题。13位中国社会学界的知名学者受邀在论坛上宣讲论文，来自世界各地的150多名社会学者参与论坛讨论。

“中国日”论坛虽然为期仅1天，却吸引了全球同行的目光。参会的中方学者告诉记者，在讨论环节，中方学者与来自世界各国的学者进行了积极而热烈的交流，国外学者对中国社会的高速发展与剧烈变迁，以及中国社会学的研究议题和研究成果表现出了浓厚兴趣。

“建设一门全球化的社会学，需要来自不同地区的声音参与其中，中国社会学的声音不能忽视。”世界社会学协会（ISA）会长迈克·布络维在致辞中表示。日本成城大学教授矢泽修次郎说道：“世界社会学大会在横滨召开，意味着东亚社会学作为一股崛起的新兴力量，越来越受到世界社会学的关注。在全球化时代的东亚社会学中，中国社会学将扮演重要的角色”。

作为会议主办方的中国社会学会、中国社会科学院社会学研究所与日本社会学会、日中社会学会，长期以来保持着密切的学术交流。此次“中国日”论坛，正是由中国社会科学院副院长李培林与日本社会学会前任会长矢泽修次郎于2013年提议发起的。论坛发起的初衷，就是以世界社会学大会的召开为契机，扩大中国学者在世界社会学界的影响力。举办此次论坛对于中国学者向世界社会学界发声，实现中国哲学社会科学“走出去”具有重要意义。

中国社会学会2014年学术年会暨第九届理事会在武汉召开

2014年7月10—12日，中国社会学会2014年学术年会暨第九届理事会在武汉召开。中国社会科学院副院长、党组成员、学部委员李培林，湖北省委常委、宣传部长尹汉宁，武汉大学党委书记韩进等领导出席开幕式并致辞，开幕式由湖北省社会科学院院长宋亚平主持，中国社会学会会长李强致开幕词。会议围绕“全面深化改革与社会治理现代化”这一主题进行了学术探讨，并选举产生了新一届学会理事会领导机构。

开幕式后，国务院发展研究中心社会发展研究部研究员葛延风、华中科技大学社会学系教授雷洪、南开大学社会学系教授关信平、复旦大学社会学系教授刘欣、武汉大学社会学系教授林曾五位专家分别做了题为“立足制度建设，创新社会治理体制”“转型时期的制度困境——‘黑人口’现象的启示”“当前我国社会政策面临的挑战、机遇和走向分析”“中国公众的收入公平感：一种新制度主义的解释”“美国高等教育发达原因的社会学分析”的主题演讲。除大会主题学术演讲外，年会还安排了“青年博士论坛”“教育中的社会问题研究”“经济社会学：理论评析与中国经验”“改革深化期的城市管理”“公共安全维护及医患纠纷的防控处置”“社会心态研究”“网络化条件下的中国经济社会变迁”“犯罪问题与刑释人员社会保障制度研究”“宗教社会学论坛”“第三届网络社会学与虚拟社会治理论坛”“新型城镇化背景下的社区发展与规划”“社会治理理论与中国实践”“社会变革中的闲暇时间研究”“第五届中国海洋社会学论坛：21世纪海上丝绸之路建设和海洋生态文明”“社会流动背景下的家庭压力和社会政策”“政治社会学论坛”“社会建设的理论与实践：社会治理与社会稳定”“中国乡村基层社会治理研究”“生活文明的建构与社会治理”“文化社会学论坛：当代中国社会的信任研究”“社会分层与流动论坛”“《中国家庭追踪调查》专场”“基层社会治理与社会组织建设”“社会网暨社会资本论坛”“当代中国研究论坛”“社会治理和满意度测评”“2014年农村社会学论坛——新型城镇化背景下的乡村社会治理”“中国社会企业发展论坛2014”“新改革时期价值观与社会整合：挑战与应对”“比较全球化论坛：全球化与社会发展”“流动人口与城市社会治理”“社会风险模拟与社会治理的前馈控制研究”“社会心理学专题：社会转型·文化·群体关系”“消费社会学”“教育综合改革中热点问题的社会学分析”“城镇化与城乡统筹”“科学社会学论坛：科学技术与社会治理”“社会工作、社会组织与社会治理”“质性社会学研究：社会治理与社会发展质量”“特大城市社会治理”“务工型移民与社会治理创新”“当前中国流动人口的服务与管理及相关社会政策”“有序推进农民市民化的理论与政策研究”“共生社会学论坛”“继续深化改革与中国体育社团的使命”“城市化与新农村建设论坛”“社会质量论坛”“新丝绸之路与中国西部社会发展：第五届西部社会学”“社会性别视角下的社会治理现代化”“老年社会学论坛”“社会扶贫的理论与实践”“编辑部读者座谈会”“武汉大学70后学术团队‘城市发展与社会管理创新’论坛”等共53个分论坛。

此届年会由中国社会学会主办，湖北省社会科学院、湖北省社会学会、武汉大学、华中科技大学、华中师范大学、华中农业大学、中南财经政法大学、中南民族大学、武汉市社会科学院等单位联合承办，武汉大学社会学系协办。出席此届年会的专家1500多名，共收到论文1230余篇，经论文评审组评选，选出一等奖10篇，二等奖22篇。

此次会上还召开了中国社会学会第九届理事会。宋林飞作第八届理事会工作报告；谢寿光秘书长作关于第九届理事会组成人员说明、常务理事人选说明。会议产生了新一届领导机构。选举李强为第九届理事会会长，李友梅、李路路、邴正、谢立中、陈光金、关信平、雷洪、石英、王金玲、周晓虹、王宁为副会长，李培林为学术委员会主任，宋林飞、王思斌为学术委员会副主任，谢寿光为秘书长。

中国社会学会2014年学术年会开幕式

附表　　中国社会学会第九届理事会名单

职务	姓名	所属机构
名誉会长1人	郑杭生	中国人民大学
顾问13人（按姓氏笔画排序）	王　康	中国政法大学
	王　辉	天津市社会科学院
	邓伟志	上海大学
	刘绪贻	武汉大学
	苏　驼	南开大学
	杨心恒	南开大学
	吴　铎	华东师范大学
	何耀华	云南省社会科学院
	宋书伟	北京市社会科学院
	宋家鼎	中国社会科学院科研局
	张荣华	全国人大
	徐经泽	山东大学
	韩明谟	北京大学
会长1人	李　强	清华大学
副会长11人（按姓氏笔画排序）	王　宁	中山大学
	王金玲	浙江省社会科学院
	石　英	陕西省社会科学院
	关信平	南开大学
	李友梅	上海大学
	李路路	中国人民大学
	邴　正	吉林社会学会、吉林日报社
	陈光金	中国社会科学院社会学研究所
	周晓虹	南京大学
	谢立中	北京大学
	雷　洪	华中科技大学
学术委员会主任1人	李培林	中国社会科学院
学术委员会副主任2人	宋林飞	江苏省参事室
	王思斌	北京大学
学术委员会委员11人（按姓氏笔画排序）	王雅林	哈尔滨工业大学
	卢汉龙	上海市社会科学院
	叶南客	南京市社会科学院
	刘　敏	甘肃省社会科学院

续表

职务	姓名	所属机构
	谷迎春	浙江省社会科学院
	沈　原	清华大学
	赵子祥	辽宁社会科学院
	徐永祥	华东理工大学
	景天魁	中国社会科学院
	蔡　禾	中山大学
	潘允康	天津社会科学院
秘书长1人	谢寿光	社会科学文献出版社
副秘书长8人（按姓氏笔画排序）	王天夫	清华大学
	成伯清	南京大学
	张海东	上海大学
	张　翼	中国社会科学院
	陆益龙	中国人民大学
	周飞舟	北京大学
	赵克斌	中国社会科学院
	童根兴	社会科学文献出版社
特邀常务理事19人（按姓氏笔画排序）	马　戎	北京大学
	王　威	国家发改委社会发展司
	王怀超	中央党校
	王奋宇	科技部科技发展战略研究院
	王金华	民政部社会工作司
	邢志宏	国家统计局北京市调查总队
	刘应杰	国务院研究室综合司
	李欣欣	中央政策研究室
	张春生	国家人口和计划生育委员会办公厅
	林　曾	武汉大学
	罗家德	清华大学
	郝时远	中国社会科学院科研局
	莫　荣	人力资源和社会保障部国际劳动保障研究所
	龚维斌	国家行政学院应急管理教研部
	彭希哲	复旦大学
	葛延风	国务院发展研究中心社会发展研究部
	蔡　昉	中国社会科学院人口与劳动经济研究所

续表

职务	姓名	所属机构
	谭　琳	全国妇联书记处
	翟振武	中国人民大学
常务理事91人（按行政区划排序，区域内按姓氏笔画排序）	王春光	中国社会科学院社会学研究所
	王思斌	北京大学
	包智明	中央民族大学世界民族学人类学研究中心
	刘少杰	中国人民大学社会学理论与方法研究中心
	孙立平	清华大学社会学系
	李汉林	中国社会科学院社会发展战略研究院
	李培林	中国社会科学院
	李　强	清华大学社会学系
	李路路	中国人民大学社会学系
	杨　敏	中央财经大学社会发展学院社会学系
	吴忠民	中共中央党校科社教研部
	沈　原	清华大学社会学系
	张　翼	中国社会科学院社会学研究所
	陈光金	中国社会科学院社会学研究所
	洪大用	中国人民大学
	郭星华	中国人民大学社会与人口学院
	唐　军	北京工业大学人文社科学院社会学系
	谢立中	北京大学社会学系
	谢寿光	社会科学文献出版社
	戴建中	北京市社会科学院社会学所
	关信平	南开大学社会建设与管理研究院
	张宝义	天津社会科学院社会学研究所
	赵万里	南开大学社会学系
	段学芬	天津理工大学法政学院
	潘允康	天津社会科学院社会学研究所
	杨思远	河北省社会科学院
	周伟文	河北省社会科学院社会发展所
	乔瑞金	山西大学马克思主义哲学研究所
	谭克俭	山西省社会科学院社会学研究所
	刘　平	沈阳师范大学社会学学院
	曹晓峰	辽宁社会科学院

续表

职务	姓名	所属机构
	田毅鹏	吉林大学哲学社会学院社会学系
	付　诚	吉林省社会学科学院社会学所
	邴　正	吉林日报社
	宋宝安	吉林大学哲学社会学院
	王爱丽	黑龙江省社会科学院社会学研究所
	尹海洁	哈尔滨工业大学人文学院社会学系
	艾书琴	黑龙江省社会科学院
	刘　军	哈尔滨工程大学社会学系
	卢汉龙	上海社会科学院社会学研究所
	刘　欣	复旦大学社会学系
	李友梅	上海大学
	李向平	华东师范大学社会学系
	杨　雄	上海社会科学院社会学研究所
	张文宏	上海大学文学院
	张海东	上海大学文学院社会学系
	罗国振	华东师范大学
	徐永祥	华东理工大学社会与公共管理学院
	风笑天	南京大学社会学系
	叶南客	南京市社会科学院
	宋林飞	江苏省人民政府参事室
	张　卫	江苏省社会科学院社会学研究所
	陈阿江	河海大学社会学系
	周晓虹	南京大学社会学院
	施国庆	河海大学中国移民研究中心
	王金玲	浙江省社会科学院社会学所
	毛　丹	浙江大学公共管理学院、浙江大学民政研究中心
	杨建华	浙江省社会学学会
	黄家海	中共安徽省委党校
	蔡　宪	中共安徽省委党校
	胡　荣	厦门大学公共事务学院
	黎　昕	福建社会科学院
	王明美	江西省社会学学会
	李善峰	山东社会科学院社会学研究所

续表

职务	姓名	所属机构
	高鉴国	山东大学哲学与发展学院社会工作系
	牛苏林	河南省社会科学院社会发展研究所
	纪德尚	郑州大学公共管理学院、郑州大学软科学研究中心
	向德平	华中师范大学社会学院
	钟涨宝	华中农业大学社会学系
	徐楚桥	湖北省社会科学院
	雷　洪	华中科技大学社会学系
	方向新	湖南省社会科学院
	李　斌	中南大学公共管理学院
	陈成文	湖南师范大学公共管理学院社会学研究所
	王　宁	中山大学社会学与人类学学院社会学系
	刘小敏	广东省社会科学院
	谢俊贵	广州大学公共管理学院社会学系
	蔡　禾	中山大学社会学系
	谢　舜	广西大学公共管理学院
	陈　劲	重庆社会科学院
	陈昌文	四川大学社会学与心理学系
	史昭乐	贵州省社会科学院
	李建军	安顺学院
	罗玉达	贵州大学马列主义教学部
	乔亨瑞	云南民族大学人文学院
	张桥贵	云南民族大学
	钱　宁	云南大学公共管理学院社会学与社会工作系
	石　英	陕西省社会科学院
	刘　敏	甘肃省社会科学院
	陈文江	兰州大学哲学社会学院
	陈通明	宁夏社会科学院
理事325人（按行政区划排序，区域内按姓氏笔画排序）	于长江	北京大学社会学人类学研究所、中国社会与发展研究中心
	王旭东	北京物资学院
	王春光	中国社会科学院社会学研究所
	王思斌	北京大学
	石秀印	中国社会科学院社会学研究所
	石　彤	中华女子学院社会学系

续表

职务	姓名	所属机构
	包智明	中央民族大学世界民族学人类学研究中心
	冯仕政	中国人民大学社会与人口学院社会学系
	冯　波	中国传媒大学政治与法律学院社会学系
	任国英	中央民族大学民族学与社会学学院 社会学系
	刘少杰	中国人民大学社会学理论与方法研究中心
	刘世定	北京大学社会学系
	刘精明	清华大学社会学系
	孙立平	清华大学社会学系
	李汉林	中国社会科学院社会发展战略研究院
	李伟东	北京市社会科学院社会学所
	李远行	中央财经大学社会发展学院社会学系
	李　炜	中国社会科学院社会学研究所
	李春玲	中国社会科学院社会学研究所
	李培林	中国社会科学院
	李　强	清华大学社会学系
	李路路	中国人民大学社会学系
	杨　团	中国社会科学院社会学研究所
	杨　典	中国社会科学院社会学研究所
	杨　敏	中央财经大学社会发展学院社会学系
	时立荣	北京科技大学社会学系
	吴忠民	中共中央党校科社教研部
	邱泽奇	北京大学社会学系
	佟　新	北京大学社会学系
	应　星	中国政法大学社会学院
	沈　红	中国社会科学院社会发展战略研究院
	沈　原	清华大学社会学系
	张林江	国家行政学院社会和文化教研部
	张　蓉	中国农业大学人文与发展学院社会学系
	张　翼	中国社会科学院社会学研究所
	陈光金	中国社会科学院社会学研究所
	陈树强	中国青年政治学院社会工作学院
	陈洪涛	北京社会管理职业学院（原民政部管理干部学院）社会工作系
	陈　涛	中国青年政治学院新农村发展研究院

续表

职务	姓名	所属机构
	单光鼐	中国社会科学院社会学研究所
	赵延东	中国科学技术发展战略研究院科技与社会发展研究所
	赵旭东	中国人民大学社会与人口学院
	赵孟营	北京师范大学哲学与社会学学院社会学系
	胡建国	北京工业大学人文社会科学学院社会学系
	洪大用	中国人民大学
	洪小良	中共北京市委党校社会学教研部
	袁振龙	北京市社会科学院首都社会管理综合治理研究所
	郭星华	中国人民大学社会与人口学院
	唐　军	北京工业大学人文社科学院社会学系
	黄　平	中国社会科学院美国研究所
	梁永佳	中国农业大学乡村研究中心
	谢立中	北京大学社会学系
	谢寿光	社会科学文献出版社
	谢志强	中央党校社会学教研室
	戴建中	北京市社会科学院社会学研究所
	王小波	天津社会科学院社会学研究所
	王处辉	南开大学社会学系
	王旭光	天津体育学院体育人文社会科学研究中心
	王来华	天津社会科学院舆情研究所
	白红光	南开大学社会学系
	毕宏音	天津社会科学院舆情研究所
	关信平	南开大学社会建设与管理研究院
	关　颖	天津社会科学院社会学研究所
	杨云娟	天津理工大学应用社会学系
	张宝义	天津社会科学院社会学研究所
	赵万里	南开大学社会学系
	段学芬	天津理工大学法政学院
	宣朝庆	南开大学
	贺寨平	天津师范大学应用社会学系
	唐忠新	天津市社会学学会、南开大学社会学系
	阎耀军	天津工业大学公共危机管理研究所
	潘允康	天津社会科学院社会学研究所

续表

职务	姓名	所属机构
	王文录	河北省社会科学院
	孔金平	河北工业大学人文与法律学院
	叶金国	河北经贸大学社会管理协同创新中心
	吕红平	河北大学人口研究所
	刘邦凡	燕山大学休闲研究中心（燕山大学文法学院）
	杨思远	河北省社会科学院
	张岭泉	河北大学政法学院社会学系
	周伟文	河北省社会科学院社会发展所
	马培生	山西财经大学
	邢　媛	山西大学哲学社会学学院
	吕世辰	山西师范大学社会学研究所
	乔瑞金	山西大学马克思主义哲学研究所
	闫　钟	山西大学社会调查中心
	谭克俭	山西省社会科学院社会学研究所
	薛勇民	山西大学哲学社会学学院
	王力平	内蒙古科技大学文法学院社会学系
	苏　浩	内蒙古社会科学院社会学研究所
	宋跃飞	内蒙古大学民族学与社会学学院
	王　磊	辽宁社会科学院社会学研究所
	刘　平	沈阳师范大学社会学学院
	赵　勤	沈阳工程学院政法系社会工作专业
	徐祥运	东北财经大学社会学系、社会学所
	曹晓峰	辽宁社会科学院
	卜长莉	长春理工大学
	田毅鹏	吉林大学哲学社会学院社会学系
	付　诚	吉林省社会学科学院社会学研究所
	刘　迟	东北师范大学马克思主义学部社会学学院
	邴　正	吉林日报社
	宋宝安	吉林大学哲学社会学院
	迟建民	中共吉林省委党校（吉林省行政学院）社会学教研部
	赵继伦	东北师范大学社会学系、社会学研究所
	崔永军	吉林农业大学人文学院
	韩明友	长春工业大学人文学院

续表

职务	姓名	所属机构
	李精华	东北石油大学
	王爱丽	黑龙江省社会科学院社会学研究所
	尹海洁	哈尔滨工业大学人文学院社会学系
	艾书琴	黑龙江省社会科学院
	曲文勇	黑龙江大学政府管理学院社会学系
	刘　军	哈尔滨工程大学社会学系
	刘铁梅	哈尔滨市社会科学院社会学研究所
	郑　莉	哈尔滨工程大学
	唐魁玉	哈尔滨工业大学人文与社会科学学院
	盛　昕	黑龙江省社会科学院社会学研究所
	董翔薇	齐齐哈尔大学哲法学院社会工作系
	鲁　锐	黑龙江省社会科学院社会学研究所
	马西恒	上海市委党校社会教研部（城市社会研究所）
	文　军	华东师范大学社会发展学院
	卢汉龙	上海社会科学院社会学研究所
	朱伟珏	同济大学政治与国际关系学院社会学系
	刘玉照	上海大学社会学院人类学与民俗学所
	刘　欣	复旦大学社会学系
	李友梅	上海大学
	李正东	上海应用技术学院人文学院
	李向平	华东师范大学社会学系
	李　煜	上海社会科学院社会学研究所
	杨发祥	华东理工大学应用社会学研究所
	杨　雄	上海社会科学院社会学研究所
	肖　瑛	上海大学期刊社《社会》杂志编辑部
	吴鹏森	上海政法学院应用社会科学研究院
	何明升	华东政法大学社会发展学院
	何雪松	华东理工大学社会工作系
	张广利	华东理工大学社会学系
	张文宏	上海大学文学院
	张海东	上海大学文学院社会学系
	张继平	上海海洋大学人文学院
	陆晓文	上海社会科学院社会学研究所

续表

职务	姓名	所属机构
	陆绯云	上海财经大学人文学院经济社会学系
	范伟达	复旦大学社会学系
	范明林	上海大学社会学院社会工作系
	范　斌	华东理工大学社会福利与社会政策研究所
	罗国振	华东师范大学
	周　怡	复旦大学社会学系
	桂　勇	复旦大学社会学系
	夏国美	上海社会科学院人类健康与社会发展研究中心
	顾东辉	复旦大学社会发展与公共政策学院社会工作系
	徐永祥	华东理工大学社会与公共管理学院
	徐安琪	上海社会科学院社会学研究所
	黄洪基	上海师范大学青年学院/上海青年管理干部学院
	章友德	上海政法学院社会学系
	彭希哲	复旦大学社会发展与公共政策学院
	彭善民	上海师范大学社会学系
	程福财	上海社会科学院青少年研究所
	鲍宗豪	上海华夏社会发展研究院
	蔡　骕	上海师范大学法政学院社会学研究所
	王正中	淮阴工学院人文学院社会学系
	风笑天	南京大学社会学系
	叶南客	南京市社会科学院
	冯必扬	中共江苏省委党校社会学教研部
	吕　青	江南大学法学院社会学系
	朱　力	南京市社会学学会
	许益军	南京市社会科学院社会学所
	杜中武	中国人民解放军南京政治学院
	李　宁	南京财经大学法学院社会工作系
	李林艳	东南大学人文学院社会学系
	何玉宏	南京交通职业技术学院
	邹农俭	南京师范大学社会科学处、南京师范大学社会发展学院
	宋林飞	江苏省人民政府参事室
	张　卫	江苏省社会科学院社会学研究所
	张　明	苏州大学社会与发展研究所/苏州大学社会学与社会工作系

续表

职务	姓名	所属机构
	张　超	江苏省社会科学院社会政策研究所
	陆道平	苏州科技学院人文学院
	陈　如	南京市纪律检查委员会
	陈阿江	河海大学社会学系
	陈国辅	中共常州市委党校
	陈绍军	河海大学中国移民研究中心
	季芳桐	南京理工大学社会学系
	周晓虹	南京大学社会学院
	施国庆	河海大学中国移民研究中心
	姚兆余	南京农业大学农村发展学院
	高　峰	苏州大学社会学院
	彭华民	南京大学社会学院社会工作与政策系
	王金玲	浙江省社会科学院社会学研究所
	毛　丹	浙江大学公共管理学院、浙江大学民政研究中心
	卢福营	杭州师范大学政治经济学院
	杨建华	浙江省社会学学会
	张兆曙	浙江师范大学法政学院社会工作系/浙江师范大学社会发展研究中心
	陆自荣	宁波大学法学院公共管理与社会发展研究所
	赵定东	杭州师范大学政治经济学院、杭州师范大学社会学研究所
	秦均平	杭州师范大学社会建设和社会管理研究中心
	童志锋	浙江财经学院社会工作系
	方金友	安徽省社会科学院信息所
	朱士群	安庆师范学院
	吴树新	安徽省社会科学院
	张金俊	安徽师范大学历史与社会学院
	范和生	安徽大学社会与政治学院
	黄家海	中共安徽省委党校
	蔡　宪	中共安徽省委党校
	王嘉顺	华侨大学社会学系
	甘满堂	福州大学人文社科学院社会学系
	刘大可	中共福建省委党校
	苏振芳	福建师范大学社会学研究所

续表

职务	姓名	所属机构
	周志家	厦门大学社会学与社会工作系
	胡　荣	厦门大学公共事务学院
	黄陵东	福建江夏学院人文学院
	黎　昕	福建社会科学院
	王红艺	南昌大学公共管理学院社会学系
	王明美	江西省社会学学会
	尹忠海	江西财经大学人文学院
	邓　虹	江西省社会科学院社会学法学研究部
	李立文	南昌航空大学文法学院社会工作系
	周建新	赣南师范学院客家研究中心（社会学研究所）
	姚　亮	中共江西省委党校
	梅联华	南昌市民俗博物馆、南昌市社会科学联合会、江西社会学会
	熊时升	江西师范大学政法学院
	马广海	山东大学哲学与社会发展学院
	李善峰	山东社会科学院社会学研究所
	林聚任	山东大学哲学与社会发展学院社会学系、人类学系
	高灵芝	济南大学法学院劳动与社会保障系
	高鉴国	山东大学哲学与发展学院社会工作系
	崔　凤	中国海洋大学法政学院/社会学研究所
	梁丽霞	济南大学政治与公共管理学院
	王金山	河南财经政法大学社会学系
	牛苏林	河南省社会科学院社会发展研究所
	纪德尚	郑州大学公共管理学院/郑州大学软科学研究中心
	张宝锋	河南财经政法大学
	桂　玉	河南工程学院人文社会科学学院
	阎燕燕	郑州大学西亚斯国际学院文理学院
	蒋美华	郑州大学公共管理学院社会工作管理系
	程建平	郑州大学应用社会学研究所
	谢　琼	河南科技学院
	丁建定	华中科技大学社会学系
	万江红	华中农业大学社会学系
	冯桂林	湖北省社会科学院社会学研究所
	向德平	华中师范大学社会学院

续表

职务	姓名	所属机构
	江立华	华中师范大学社会学院
	孙秋云	华中科技大学社会学系
	钟涨宝	华中农业大学社会学系
	袁妙彧	湖北经济学院
	徐　莉	中南民族大学民族学与社会学学院
	徐楚桥	湖北省社会科学院
	雷　洪	华中科技大学社会学系
	慈勤英	武汉大学社会学系
	谭贤楚	湖北民族学院法学院
	谭明方	中南财经政法大学人文学院/中南财经政法大学哲学院社会学研究所
	熊　辉	湖北师范学院历史文化学院社会工作系
	魏　毅	湖北青年职业学院
	方向新	湖南省社会科学院
	邓　微	湖南省委党校
	史铁尔	长沙民政职业技术学院社会社工学院
	李　斌	中南大学公共管理学院
	李燕凌	湖南农业大学公共管理与法学学院
	陈成文	湖南师范大学公共管理学院社会学研究所
	童中贤	湖南省社会科学院社会学法学所
	潘泽泉	中南大学公共管理学院/中南大学社会学系
	马建文	广东警官学院、广州市公共安全重点研究基地
	王　宁	中山大学社会学与人类学学院社会学系
	左晓斯	广东省社会科学院社会学与人口学研究所
	刘小敏	广东省社会科学院
	刘　勤	广东海洋大学政治与行政学院社会学系
	杨文轩	华南师范大学增城学院
	范　英	广东省社会学学会
	周林刚	深圳大学社会发展研究中心
	徐道稳	深圳大学法学院社会学系
	郭景萍	广东财经大学人文与传播学院
	董玉整	广东省人口发展研究院
	谢建社	广州大学社会学系

续表

职务	姓名	所属机构
	谢俊贵	广州大学公共管理学院社会学系
	蔡　禾	中山大学社会学系
	廖　杨	华南农业大学公共管理学院社会工作系
	闭伟宁	广西大学公共管理学院
	肖富群	广西师范大学法学院社会学与社会工作系
	周可达	广西社会科学院社会学研究所
	覃明兴	广西师范学院
	谢　舜	广西大学公共管理学院
	陆　林	西南大学文化与社会发展学院
	陈　劲	重庆社会科学院
	罗兴佐	西南政法大学中国社会稳定与危机管理研究中心
	周良才	重庆城市管理职业学院社会工作学院
	钟瑶奇	重庆社会科学院社会学所
	徐　宪	重庆工商大学应用社会学研究所
	王　健	成都市社科院社会学与法制研究所
	李　羚	四川省社会科学院社会学所
	陈昌文	四川大学社会学与心理学系
	袁　阳	西南民族大学社会学与心理学学院社会学系
	郭　军	成都理工大学文法学院
	马良灿	贵州大学公共管理学院社会学系
	王兴骥	贵州省社会科学院社会研究所
	王国勇	贵州民族大学民族学与社会学学院
	史昭乐	贵州省社会科学院
	李建军	安顺学院
	罗玉达	贵州大学马列主义教学部
	徐和平	贵州财经学院中国西部现代化发展研究中心
	黄德林	贵州省社会科学院社会学所
	彭国胜	贵州师范大学历史与政治学院社会工作系
	焦　艳	贵阳学院
	王彦斌	云南大学公共管理学院社会学系
	乔亨瑞	云南民族大学人文学院
	张桥贵	云南民族大学
	钱　宁	云南大学公共管理学院社会学与社会工作系

续表

职务	姓名	所属机构
	鲁　刚	云南民族大学人文学院社会学系
	樊　坚	云南省社会科学院社会学研究所
	刘红旭	西藏民族学院
	石　英	陕西省社会科学院
	付少平	西北农林科技大学人文学院社会学系
	江　波	陕西省社会科学院社会研究所
	李黎明	西安交通大学实证社会科学研究所
	张永春	西安市社会科学院
	陈皆明	西安交通大学社会学系
	罗大文	西北政法大学哲学与社会发展学院
	段塔丽	陕西师范大学政治经济学院
	文　化	西北民族大学民族学与社会学学院
	包晓霞	甘肃省社会科学院社会学研究所
	刘　敏	甘肃省社会科学院
	李　怀	西北师范大学政法学院社会学系
	束锡红	北方民族大学民族学与社会学所
	张玉斌	兰州市社会科学院社会学研究所
	陈文江	兰州大学哲学社会学院
	赵利生	兰州大学西北少数民族研究中心民族社会学研究所
	乔益洁	青海师范大学政法学院社会学系
	苏东海	宁夏大学政法学院
	陈通明	宁夏社会科学院
	李晓霞	新疆社会科学院社会学研究所
	祖力亚提·司马义	新疆大学政治与公共管理学院社会学系

著名社会学家郑杭生教授逝世

著名社会学家、教育家，中国共产党优秀党员，中国人民大学原副校长、一级教授、校学位评定委员会委员，教育部人文社会科学重点研究基地中国人民大学社会学理论与方法研究中心主任郑杭生教授因病医治无效，于2014年11月9日21时在北京逝世。

郑杭生教授是中国人民大学社会学研究所创所所长、社会学系创系主任，《社会学评论》杂志和《社会建设》杂志的创刊人。他长期担任中国社会学会、国务院学位委员会政治学社会学学科评议组、国家哲学社会科学基金社会学学科规划和评审组、教育部社会学学科教学指导委员会等全国性学术机构的负责人，为凝聚社会学界力量、提升社会学学科地位、促进社会学学科繁荣发展、推动社会学学科在中国社会治理和社会建设中的应用等方面做出了重要贡献。

郑杭生教授率领学术团队立足中国实践，提出和发展了社会运行论、社会转型论、学科本土论、社会互构论和实践结构论等社会学理论。他还率领学术团队在中国城市及农村各地开展实地调查研究，形成了“中国特色和谐社区系列实地调查研究报告”和“当代中国城市社会发展实地调查研究系列丛书”等实证研究系列成果。自2002年以来，连续12年主持编写《中国人民大学中国社会发展研究报告》。此外，郑杭生教授主编的《社会学概论新编》《社会学概论新修》《民族社会学概论》《中国社会学史新编》《中国社会思想史新编》等教材，曾多次获得国家级优秀教材奖励和称号，对社会学学科知识体系的完善和传播发挥了重要作用。他创办的北京郑杭生社会发展基金会，从2012年开始实施学子项目和学者项目，为社会学青年人才的培养发挥了重要作用。

郑杭生教授遗体告别仪式于2014年11月15日上午在北京八宝山革命公墓举行。中共中央政治局委员、国务院副总理刘延东出席郑杭生教授遗体告别仪式。教育部部长袁贵仁、副部长李卫红，中宣部副秘书长、理论局局长夏伟东，《求是》杂志社社长李捷，全国哲学社会科学规划办公室主任佘志远，中国社会科学院副院长李培林，山东大学党委书记李守信，中国社会学会会长、清华大学社会科学学院院长李强，中国社会学会原会长、江苏省政府参事室主任、南京大学教授宋林飞，上海大学党委副书记、副校长李友梅，大理学院校长张桥贵，以及中国社会科学院、中共中央党校、中国人民大学、北京大学、清华大学、复旦大学、南京大学、中山大学、吉林大学、华中科技大学、华中师范大学、中央财经大学、北京科技大学等全国多所高校社会学教学研究机构负责人参加郑杭生教授遗体告别仪式并敬献花圈。参加郑杭生教授遗体告别仪式的还有中国人民大学校领导，各部门、学院负责人以及毕业学生代表，郑杭生教授亲属、生前好友、同学代表等各界人士近千人。

文化人类学研究基地落户大瑶山

2014年11月14日，“中国社会科学院社会学研究所广西大瑶山文化人类学研究基地”揭牌仪式在广西壮族自治区金秀瑶族自治县六巷乡举行。时任中国社会科学院社会学研究所党委书记汪小熙、社会人类学研究室室主任罗红光研究员、金秀县副县长吴保春博士，以及中国社会科学院、金秀县、六巷乡干部、群众约50人出席了揭牌仪式。该基地是中国社会科学院在广西成立的首个文化人类学研究基地，对于中国人类学学科发展和学科建设具有重大意义，同时也有利于提高金秀县及六巷乡的知名度。

大瑶山在中国学术史上具有非凡的意义。我国杰出的人类学家、社会学家、中国社会科学院社会学研究所第一任所长费孝通先生，曾携新婚妻子王同惠女士，于1935年10月18日开始，进入金秀大瑶山，对瑶族进行体质测量和社会历史文化考察，后来著成《花蓝瑶社会组织》一书，这也是中国第一部人类学田野调查报告。但是费孝通先生在完成花篮瑶调查，前往茶山瑶居住地区途中误踏虎阱，受伤严重，而王同惠则永眠于此。可以说，大瑶山改变了费孝通的人生，它也因此与学术研究结下了不解之缘。

至今，中国社会科学院的学者们沿着当年费孝通的足迹，对大瑶山进行了持续而广泛的研究。2013年5月，中国社会科学院社会学研究所所长，现中国社会科学院副院长李培林研究员，率领国情调研团40多人亲临六巷乡考察。近年来，围绕文化认同与文化发展等课题，罗红光研究员带领相关研究人员在大瑶山开展了长时间的文化人类学研究，取得了一系列重要研究成果。出版了《一个村级养老院的院墙内外》影视作品，并在《民族研究》《中国国情报告》《中国社会科学报》等重要杂志、书刊上发表了相关研究报告。此外，在2013年夏天在大瑶山举办的全国性的“广西大瑶山人类学田野工作营”在国内产生了广泛影响并取得了不错的成绩。

广西大瑶山文化人类学研究基地的成立，不仅是对历史的传承更是对未来社会文化人类学研究的推动和鼓舞。它标志着中国社会科学院社会学研究所与大瑶山正式形成常态化的合作机制，这有利于推动人类学向着更深入、更细致的方向发展，也有利于加强地方文化的研究与传承。对人类学研究和地方政府发展都具有重要的里程碑意义。

中国社会科学院专家学者与当地人民庆祝揭牌仪式顺利举行

多家中、英文社会学期刊创刊

2013—2014 年，多家中、英文社会学专业期刊创刊。新创办的中文期刊包括：中国人民大学主办的《社会学评论》《社会建设》以及中国社会科学院社会发展战略研究院主办的《社会发展研究》；新创办的英文期刊则是中国社会科学院社会学研究所主办的 *The Journal of Chinese Sociology*。

《社会学评论》创刊于 2013 年，由中国人民大学主办。《社会学评论》的办刊宗旨是积极学习优秀学术杂志的办刊机制，刊发高质量、前沿性的社会学研究优秀成果，提供权威的社会学教学和研究的学术交流平台，构建青年社会学学者施展才能的学术舞台，促进社会学不同学派的学术争鸣，为推动社会学理论、方法和历史诸领域研究的繁荣和发展、推进世界眼光和中国风格兼具的社会学而努力。

《社会建设》创刊于 2014 年，由中国人民大学、吉林省出版产品质量检测中心主办。《社会建设》的办刊宗旨是秉承“崇尚真理，探索人文，理论自觉，建设反思”的信念，刊发高质量、前沿性的社会工作、社会政策、社会体制、社会组织等与社会建设和社会治理相关的优秀研究成果，提供权威的上述各领域教学和研究的学术交流平台，构建青年学者施展才能、更好成长的学术舞台，促进上述领域不同学派的学术争鸣，为推动社会学和社会工作理论、方法和历史诸领域研究的繁荣和发展、推进世界眼光和中国风格兼具的社会学和社会工作而努力。

《社会发展研究》创刊于 2014 年，由中国社会科学院社会发展研究院主办。《社会发展研究》是以社会学学科为主、兼具跨学科研究特点的专业学术期刊。办刊宗旨是，以马列主义、毛泽东思想、邓小平理论和“三个代表”重要思想为指导，坚持科学发展观；坚持正确的办刊方向，从社会学视野深入探讨当前中国社会经济改革和发展中的重大问题，以当前中国社会发展之重大问题研究为重点，以社会发展的理论、方法、调查、政策研究以及国际比较研究为主题，努力建设成为科学研究与战略对策相对接的学术平台。全面反映中国社会综合发展的研究成果，为从事社会发展基础和战略对策研究的从业人员提供学术交流平台。

The Journal of Chinese Sociology 创刊于 2014 年，由中国社会科学院社会学研究所主办，由《社会学研究》编辑部和全球第一大科技图书出版公司施普林格（Springer）出版集团合作推出，是中国大陆第一家英文社会学学术期刊。杂志致力于促进中国社会学学科的发展并推动世界各国对中国社会的社会学研究。通过提供高质量的学术产品和服务，杂志旨在为中国社会学者及其国外同行的学术交流和合作打造一个国际一流的学术

平台。*The Journal of Chinese Sociology* 实施双向匿名同行评议制度，欢迎来自社会学各个领域及采用社会学视角的人类学、经济学、法学、政治学、历史学、心理学等各学科的高质量研究。

这些新期刊的创办，对于推动中国社会学的学术创新、知识进步和国际学术交流注入了新的活力，也为推动中国社会学学科的进一步发展提供了新的平台。

全国社会科学院系统召开社会学研究所所长会议

2013年全国省级社科院社会学研究所所长会议在杭州召开

2013年11月30日，由浙江省社会科学院社会学研究所与《观察与思考》杂志社联合主办的“2013年全国省级社科院社会学所所长会议”在杭州召开。中国社会科学院副院长李培林、中国社会学会会长宋林飞、中国社会学会秘书长谢寿光、中国社会科学院社会学研究所副所长张翼等50余位全国社科院系统社会学专家参会。《中共中央关于全面深化改革若干重大问题的决定》起草小组成员、中央候补委员、中国社会科学院副院长李培林研究员以“全面深化改革若干重大举措的学习和解读”为题，从国家治理体系现代化、市场的决定作用、完善基本经济制度、土地制度改革和农民财产权、户籍制度改革、形成橄榄型分配格局、创新社会治理等八个方面，深刻分析了《中共中央关于全面深化改革若干重大问题的决定》相关改革举措对社会的重大影响，以及社会学应当重点关注的重点研究领域。

与会专家以“中国梦与中国社会发展”为主题，结合十八届三中全会审议通过的《中共中央关于全面深化改革若干重大问题的决定》，深入探讨了社科院系统社会学所在全面深化改革中的任务与使命，致力于促进学科建设与应用对策研究。

此次会议的另一项成果是初步确立了今后年度全国社科院社会学研究所所长会议的举办机制，为进一步加强社科院系统社会学研究的合作，促进社会学科研成果的交流提供稳定平台。

2014年全国社会科学院系统社会学研究所所长会议在哈尔滨召开

2014年8月2—3日，2014年全国社会科学院系统社会学所所长会议在哈尔滨召开。中国社会科学院副院长、党组成员李培林出席会议并致辞。黑龙江省社会科学院党委副书记朱宇代表院党委书记、院长艾书琴致欢迎词。开幕式后，江苏省政府参事室主任宋林飞、吉林日报社社长邴正、中国社会科学院社会学研究所所长陈光金、陕西省社会科学院副院长石英、湖南省社会科学院副巡视员方向新、黑龙江省社会科学院社会学所所长王爱丽分别做了题为“我国社会风险的主要趋势与治理”“新媒体时代的社会治理”“中国社会转型过程中的社会治理创新”“质性社会学视域下的转型期社会发展”“农民工城市融入的未来走向与研究视角的转型”“政府善治与社会治理现代化”的演讲。中国社会科学院社会学研究所党委书记汪小熙、社会科学文献出版社社长谢寿光分别主持开幕式和主题演讲。

与会代表围绕“社会治理理论”“社会治理与民生”和“城乡与社区社会治理实践”三个分论坛继续展开深入研讨，研讨会后与会代表到黑龙江农垦总局进行了调研。王爱丽主持闭幕式。陈光金做总结发言，并对所长会议的后续工作做出部署。

此次会议由中国社会科学院社会学研究所主办，黑龙江省社会科学院承办。来自全国社会科学院系统的分管院领导、社会学所所长60余位代表参加了会议。

多所高校社会学系举办系庆学术纪念活动

北京大学社会学系举办社会学系重建30周年纪念大会

2012年4月7日，北京大学社会学系举办社会学系重建30周年纪念大会。北京大学副校长刘伟，中国社会学会名誉会长陆学艺，中国社会学会会长宋林飞，中国社会学会前任会长李培林，北京大学秘书长、发展规划部部长杨开忠，校长助理、社会科学部部长、社会科学调查中心主任李强，校长助理、党委办公室校长办公室主任马化祥等领导和嘉宾出席纪念大会。国内19所兄弟院校代表，北京大学相关职能部门、院系负责人，社会学系教师和学生代表，社会学系系友代表共400余人参加大会。大会由北京大学社会学系党委书记查晶主持。

北京大学党委书记朱善璐欣闻社会学系30华诞，专门发来贺信。北京大学副校长刘伟发表致辞，向社会学系全体师生员工及广大系友表示衷心的祝贺，并殷切期待社会学系能够在社会发展转型的大背景下不断发展壮大。

社会学系主任谢立中向大会致辞。他回顾了30年的发展历程，梳理了学科发展脉络，总结了社会学系发展成果。谢立中认为，经过30年的努力，社会学系已经逐步形成了一个具有中国特色、北大风格的学科体系，在人才培养、学术研究等领域优势明显，核心竞争力和国际影响力不断增强。谢立中强调，社会学人应该以高标准要求自己，树立长远眼光，立足国内，面向欧美，提升自身的学术地位，向世界一流水平的大学看齐，在创建世界一流大学的进程中，勤奋踏实、敢于创新，服务国家发展，推动社会进步。

中国社会学会名誉会长陆学艺、中国人民大学社会学系主任助理陆益龙代表中国社会学会名誉会长郑杭生、中国社会学会会长宋林飞代表社会学会、南京大学社会学院院长周晓虹代表兄弟院校、北京大学社会学系教授王思斌代表全系教师、当当网总裁李国庆代表全体系友、2008级本科生薛狄枫代表在校学生分别致辞。现场还举行了系友捐赠仪式并进行了系友贡献奖颁奖。

下午，社会学系30周年系庆暨社会学学科建设研讨会、全国社会工作硕士专业学位教育指导委员会会议、“余天休社会学优秀博士论文奖”启动仪式、社会学系系友会第一届理事会第二次全体会议，以及系友与在校生足球友谊赛等会议和活动分别举行。

北京大学社会学系重建于1982年，经过近30年的建设，已经发展成为一个涵盖社会学、人类学、人口学三个二级学科，社会学、社会工作、人口学、人类学四个专业设置，本科生、硕士研究生、博士研究生和博士后四个人才培养层次的相对完整的社会学一级学科教学与科研体系。

南开大学社会学学科举行建立30周年庆祝大会

2012年10月6日，来自全国各地的南开社会学系校友及在校师生近300人欢聚一堂，隆重庆祝南开大学社会学学科30周年华诞。

南开大学校长龚克、副校长朱光磊出席庆祝活动，社会学系建系时老教授和系领导苏驼、杨心恒、刘珺珺、曹静、唐德增在主席台前排就座。龚克代表学校向南开社会学学科建立30周年表示祝贺。他指出，在中国社会快速发展的今天，社会学研究面临着前所未有的好机遇，南开人应该抓住这个机遇，为加强和创新国家的社会管理做出贡献。朱光磊回顾了过去30年社会学系的发展，他深情地说，南开大学社会学系培养了2000多名优秀人才，他们从南开毕业，走向全国，走向世界，用辛勤劳动和创造向世人展示了南开风貌，弘扬了南开“公能”精神，他们的成就为南开大学和南开社会学争得了荣誉与尊敬，也进一步证明了南开社会学是一流的社会学学科。

庆祝大会上，南开大学社会学系第一任主任苏驼寄语广大学子，要读好社会学和社会的大书，发扬不怕困难、执着追求的“傻子精神”。杨心恒希望南开社会学人能够继承费孝通先生提出的“文化自觉”精神，勇于说实话，将我们的学术研究融入世界。刘珺珺在讲话中感谢南开社会学的老师和同学们提供的学术平台，表示虽然她年事已高，但依然关心社会、关心南开发展。

周恩来政府管理学院院长吴志成代表学院向与会来宾表示欢迎，他说，南开大学社会学系成立至今，涌现出许多具有影响力的学者，这是南开几代人团结奋斗的结果，凝结着老师们的智慧和心血。而立之年的南开社会学，站在了一个新起点，应始终保持强烈的使命感，提升学科优势，让社会学学科“薪火相传”。

随后，多位代表不同年级的校友致辞，追忆南开精神，盛赞南开大学社会学系的学习对未来事业的长足发展打下的坚实根基，表达了对南开大学社会学系老师们的感激与祝福之情，并对师弟师妹提出了殷切的希望。

1981年，全国第一个社会学专业班在南开举办，1982年社会学系成立，2003年社会工作专业、社会心理学专业分别发展成为社会工作与社会政策系、社会心理学系。目前南开大学社会学一级学科包括了3个博士点，4个学术型硕士点、2个应用型硕士专业学位，以及3个本科生专业。

南京大学社会学院举行成立五周年庆典暨首届“中国女社会学家论坛”

2013年10月26日，南京大学社会学系重建25周年、社会学院成立五周年庆典暨首届“中国女社会学家论坛”开幕式在南京大学仙林校区社会学院孙本文——潘菽讲演厅举行。南京大学副校长杨忠教授、布朗大学原副校长 Matthew Gutmann 教授、中国社会学名誉会长郑杭生教授、兄弟院校社会学院系领导、出席论坛的近 20 位女社会学家以及南京大学社会学院的师生代表出席开幕式。开幕式由社会学院党委书记徐愫副教授主持。

杨忠副校长在欢迎辞中指出，南京大学社会学自 1988 年重建以来，经过 25 年的不懈努力，形成了社会学科从本科到博士后的完整的国民高等教育体系。在其综合实力获得了长足发展的同时，南京大学社会学院现已成为国内社会学研究和教学的重镇。社会学院的迅速发展，也是南京大学文科学科建设的典型代表之一。

社会学院院长周晓虹教授向来宾介绍了近年来南京大学社会学院发展状况以及取得的成绩，将社会学院成立五年以来在学科建设、师资力量和教学科研创新等方面所取的成就一一做了介绍，并借此机会向全国各界一直以来对南京大学社会学院的关心与帮助表示感谢。

中国社会学会名誉会长、中国人民大学一级教授郑杭生先生在致辞时表示：这五年是南京大学社会学院大发展的五年，今天的南京大学社会学院，在硬件和软件方面都让人羡慕，为中国社会学的健康发展做出了重要贡献，可以说是中国社会学“关键性的重镇之一”。在谈到学院发展时，他指出一个学院的发展主要看其内涵，南京大学社会学院较好地处理了理论与现实的关系、中国与西方的关系、历史与现实的关系，可以预见她将在未来发挥更大的作用。

布朗大学原副校长，著名人类学家 Matthew Gutmann 作为海外高校代表致辞时，谈及此次庆典非常高兴地说：他很荣幸能够来到南京大学祝贺南京大学社会学院成立 5 周年，布朗大学和南京社会学院有着悠久的学术交流渊源。南大社会学院不仅在中国影响巨大，而且具有国际影响力，期望今后能和南京大学社会学院在更多的研究领域开展交流与合作。

随后，兄弟社会学院系代表、首届“中国女社会学家论坛”代表、社会学院教师、兼职教师代表、优秀毕业生代表等一一致辞，表达了他们对社会学院的美好祝愿。简单而隆重的庆典仪式后，首届“中国女社会学家论坛”开幕。在为期一天半的时间里，国内知名社会学家李银河、郭于华、张静、彭华民、徐安琪、李春玲、周怡、陈映芳等学者分别围绕社会分层、社会信任、城乡差异、家庭结构与功能、性别与性话语体系以及代际关系等方面做出了精彩而又深入的报告。

第四篇

社会学大事记

中国社会学大事记（2011—2014）

2011

1月7日　香港理工大学应用社会科学系、北京大学社会学系、中国社会科学院社会学研究所主办了第一期“手机与社会”研讨会。

1月9日　著名的社会学家、法学家、教育家，杰出的社会活动家，中国民主促进会的创始人之一和卓越领导人，中国共产党的亲密朋友，中国人民政治协商会议第六届全国委员会副主席，第七届、第八届全国人民代表大会常务委员会副委员长，中国民主促进会第七届、第八届、第九届中央委员会主席，第十届、第十一届名誉主席雷洁琼同志，因病在北京逝世，享年106岁。

1月15日　中国社会学会、北京市社会学会、北京大学社会学系、中国社会科学院社会学研究所、清华大学社会学系、中国人民大学社会学系、中央党校科社部、北京市委党校联合举办雷洁琼先生追思会。

3月2日　“住房理论与政策——中国经济社会发展智库第4届高层论坛”在中国人民大学隆重举行。会议由中国经济社会发展智库理事会、中国社会科学院经济社会发展研究中心和中国人民大学马克思主义研究院共同主办。中心议题是“住房理论与政策”。

4月8—10日　由北京大学社会学系和法国国家科学研究中心（CNRS）联合主办的“田野、理论、方法：中法对话——人类学与社会科学目光的交叉”学术研讨会在北京大学召开。11位来自法国国家科学研究中心、法国高等社会科学院、里昂二大、盖布朗利博物馆教学部等机构的法国人类学家和社会学家，与12位来自北京大学、清华大学、中国社会科学院、中央民族大学、北京师范大学的中国人类学和社会学家就大家所关心的议题进行了广泛深入的交流。

4月26日　《2011慈善蓝皮书》发布暨2011中国慈善研讨会在中国社会科学院召开。

4月27日　“儿童与家庭的发展——不同背景下的社会政策、行政与服务”国际学术研讨会在北京大学社会学系举行。

5月17日　中国社会科学院社会发展研究所成立大会暨“社会发展的中国经验”论坛在北京举行。社会发展研究所立足于从社会学理论、方法和“宏观、综合、学科交叉”的角度，深入探讨中国社会发展中的重大理论和现实问题，推动构建具有中国特色的社会发展理论。此外，社会发展研究所建立同时，成立了社会发展系，每年招收社会学方向的硕士研究生和博士研究生，并设立社会学方向的博士后流动站。

5 月 21 日　由北京工业大学人文社会科学学院主办的“当代中国社会建设与社会工作研讨会”在北京召开。

5 月 23 日　南京大学河仁社会慈善学院成立。该院由著名慈善家与企业家曹德旺先生暨河仁慈善基金会在南京大学社会学院基础上捐建而成，旨在培养公益慈善专门人才，促进中国公益事业健康发展。

6 月 10—12 日　“社会工作与社会政策国际会议”在华东理工大学举行。会议由华东理工大学、德国洪堡基金主办，上海市民政局、纽约大学社会工作学院、美国亚裔社工教授联合会协办。国内外共计 160 余名专家学者参加会议。

6 月 11—12 日　中国西部社会经济变迁调查（CSSC）项目第二次全体会议在西安交通大学举行。CSSC 项目是由实证社会科学研究所所长边燕杰教授提议、西部 12 省市相关科研单位共同参与的区域性科研协同联盟，于 2011 年 5 月正式成立，其目的是围绕西部社会经济发展问题共同研究。

6 月 16—29 日　由哈佛燕京学社、悉尼大学中国研究中心、江苏省哲学社会科学界联合会、南京大学社会学院、南京大学历史学系主办，南京大学当代中国研究中心、江苏省国际文化交流中心承办的第二届中国研究国际暑期班在南京大学鼓楼校区举办。此次暑期班的主题为“中国社会阶层的变动：城市移民与中产阶级的成长”。

7 月 8—10 日　由吉林大学 985 工程哲学基础理论创新基地和吉林大学哲学社会学院主办，为期 3 天的“第八届组织社会学实证研究工作坊”在吉林大学召开。来自斯坦福大学、杜克大学、早稻田大学、新加坡国立大学、北京大学、中国人民大学、中国社会科学院、中山大学、南开大学、华中科技大学、华中师范大学、上海大学等单位的 90 余名代表、嘉宾和师生参加了会议。

7 月 18 日　西安交通大学实证社会科学研究方法夏季研讨班（2011）（第 3 届）正式举办。

7 月 18—20 日　由芝加哥大学北京中心、中国人民大学社会学系主办的第一届“中国政治社会学讲习班”在北京举办，此届讲习班的主题为“集体行为与社会运动”。

7 月 22 日　中国社会学会在江西省南昌市召开了第八届理事会，来自全国各地的 224 名理事出席了会议。会议选举产生了中国社会学会新一届领导机构。宋林飞当选为会长，李培林、卢汉龙、蔡禾、潘允康、刘敏、李友梅、李路路、邴正、沈原、谢立中当选为副会长，谢寿光当选为秘书长。会议选举陆学艺、郑杭生为名誉会长，并决定成立中国社会学会学术委员会，选举李强任学术委员会主任、王思斌任副主任。

7 月 23—25 日　中国社会学会 2011 年学术会在南昌市召开。此次年会的主题为“新发展阶段：社会建设与生态文明”。此外，第九届东亚社会学学术研讨会也同时举行。国内著名社会学家和韩国、日本的社会学者以及国内各高等院校和研究机构的社会学者800余人出席此次年会。

7月24日　中国社会学会社会福利研究专业委员会第三届年会在江西省南昌市召开。此次论坛由中国社会科学院社会学研究所、南京大学社会学院社会工作与政策系、江西财经大学人文学院、云南大学社会工作系共同承办，会议主题是“中国适度普惠福利社会与国际经验研究”。

8月9—11日　由美国华盛顿大学（圣路易斯）社会发展中心、北京大学—香港理工大学中国社会工作研究中心、中国社会工作教育协会、中国人民大学老年学研究所主办的“老有所为在中国的发展：实证、实践与实策国际研讨会”在北京大学召开。

8月12日　由内蒙古大学民族学与社会学学院与北京大学社会学系共同主办的“风险社会与西部社会经济变迁”学术研讨会在呼和浩特召开。

8月18日　第六届中国社会学博士后论坛在重庆举行。此次论坛的主题为“社会管理创新与城乡统筹”。

8月18—19日　中山大学社会学与人类学学院与台湾财团法人中华文化社会福利事业基金会合办的“2011年两岸社会福利学术研讨会”在广州市召开。此次会议以“社区工作的理论与实务”为主题。

8月26—28日　第七届社会政策国际论坛暨系列讲座在中山大学召开，160多名海内外学者和相关政府部门及社会团体的官员与会，会议主题是“社会政策与社会管理创新”。

9月　上海大学社会学院正式成立，社会学院是在原上海大学文学院社会学系的基础上，根据学校规划调整、学科发展的需要独立建院的。

9月8日　日本法政大学牧野文夫教授、东京经济大学罗欢镇教授前来南京农业大学社会学系进行学术访问，并做了一场题为“现代日本收入差距、社会阶层、教育差距”的学术报告。

9月29日　由中国社会科学院社会政策研究中心和中国社会学会社会政策研究专业委员会合办的“中国社会政策专题系列论坛——大城市农民工子女教育政策研究”在中国社会科学院社会学研究所召开。

10月8—9日　由中国社会科学院主办，中国社会科学院社会学研究所承办的中国社会科学论坛（2011社会学）暨“金砖国家社会结构比较研究”国际研讨会在北京举行。

10月8日　复旦大学当代中国社会生活资料中心揭牌成立，社会学系张乐天教授任中心主任。中心主要收集1949年以后的各种民间资料、口述实录、档案文献等，并进行数据库建设。

10月22日　由中国社会学会社会政策研究专业委员会与北京师范大学社会发展与公共政策学院、中国社会管理研究院、中国社会科学院社会政策研究中心共同在北京举办的“中国社会政策研究专题系列论坛（二）中国红十字会体制改革探索”。

10月22日　由中国社会学会法律社会学专业委员会筹备组、中国人民大学社会学理论与方法研究中心主办的首届“法律与社会”高端论坛暨中国社会学会法律社会学专业委员会（筹）成立大会在中国人民大学成功举办。中国人民大学社会与人口学院郭星华教授当选为专业委员会理事长。

10 月 28—30 日　来自日本名古屋大学、长崎大学和东北学院等大学的 7 位日本社会学者（黑田由彦、上村泰弘、西原和久等），到南京大学社会学院访问交流。

10 月 29—30 日　由山东大学领衔主办，香港道慈基金会、山东师范大学城市研究中心和济南市社会科学院等单位共同发起的“近代民间组织与社会救济”国际学术研讨会在济南市召开。

11 月　中山大学社会工作中心召开“社会管理创新与社会工作研讨会”。

11 月 5—7 日　教育部哲学社会科学研究重大课题攻关项目“农民工权益保护理论与实践”课题组与中山大学劳工研究与服务中心主办的“农民工权益保护理论与实践研究”研讨会在广州市中山大学召开。

11 月 15 日　由北京市社会科学院综治研究所主办的“首都社会管理工作”研讨会在北京召开。

11 月 28 日　由贵州省社会学学会和贵州省社会科学院共同举办的贵州省社会学学会 2011 年学术年会在贵阳市召开，会议的主题是“提高社会科学化水平与贵州文化发展”。

11 月 28 日　由香港凯瑟克基金会资助，香港理工大学与西南大学文化与社会发展学院承办、重庆市北碚区民政局、区团委协办的“生命教育种子老师”项目启动仪式暨生命教育工作坊在重庆市西南大学举行。该启动仪式掀起西南地区社工介入“生命教育”热潮。

12 月 4 日　由陕西省社会学会主办，西北农林科技大学人文学院承办，以“社区建设与社会管理创新”为主题的第三届陕西省社会学会学术年会举行。

12 月 19 日　由中国社会科学院社会学研究所和社会科学文献出版社联合主办的“2012 年《社会蓝皮书》发布暨中国社会形势报告会”在中国社会科学院举行。

2012

1 月 7—8 日　由中国社会科学杂志社、吉林大学哲学基础理论研究中心、哲学社会学院联合主办的“哲学与社会学跨学科高端对话会”在吉林大学召开。来自北京大学、中国人民大学、北京师范大学、复旦大学、南京大学、南开大学、中山大学、华东师范大学、华中师范大学、中共中央党校、中国社会科学院及《中国社会科学》《哲学研究》《社会学研究》等高校、科研机构和期刊杂志社的 40 余位专家、学者参加了对话会。

2 月 29 日　由中国人民大学社会与人口学院、中国人民大学社会学系、中国人民大学社会学理论与方法研究中心、北京郑杭生社会发展基金会联合主办的郑杭生教授从教50周年学术研讨会暨北京郑杭生社会发展基金会成立大会在中国人民大学举行。

4月7日　北京大学社会学系重建30周年纪念大会在北京举行。

5月10日　由中国社会科学院社会学研究所青少年与社会问题研究室主办的“境遇与态度：社会转型进程中的当代青年”研讨会在北京召开。

5月10—14日　由上海大学《社会》杂志、中国社会转型与社会组织研究中心、社会学院联合举办的“社会理论工作坊暨文化社会学圆桌会议”在上海举行，会议主题是“回返古典主义：社会理论与社会史研究”。

5月19—20日　由南京大学社会学院、《社会学研究》杂志社、社会科学文献出版社联袂主办，南京大学社会学系、复旦大学社会学系、华东师范大学社会学系联袂承办的“孙本文与中国社会学”学术研讨会在南京大学举行，同时举行了《孙本文文集》（10卷本，社会科学文献出版社2012年版）首发式。30余位社会学者就孙本文在社会学上的贡献和历史地位进行了研讨。

5月25日　上海市社会建设研究会正式成立。

6月20日—7月3日　由哈佛燕京学社、悉尼大学中国研究中心、南京大学社会学院南京大学历史学系主办，南京大学当代中国研究中心、江苏省国际文化交流中心承办的第三届中国研究国际暑期班在南京大学鼓楼校区举办。此次暑期班的主题为“改革开放以来中国人的日常生活”。

6月21日　由中共中央党校社会发展研究所举办的“中国社会发展问题高端论坛·2012”在中央党校召开，此次论坛的主题是“当前影响我国社会安全的重大问题”。

6月23—24日　由中央民族大学“985工程”民族社会问题研究中心、中央民族大学社会学系、中国人民大学社会学理论与方法研究中心、河海大学社会学系、中国社会学会环境社会学专业委员会联合主办，中央民族大学社会学系承办的“第三届中国环境社会学学术研讨会”在中央民族大学召开。

7月13—15日　由中国社会学会主办，宁夏社会科学院、宁夏社会学会承办，宁夏大学、北方民族大学协办的中国社会学会2012年学术年会在宁夏回族自治区银川市举行。此届年会的主题是“社会管理创新：理论与实践”。

7月15日　中国社会学会社会福利研究专业委员会第四届年会在宁夏回族自治区银川市召开。会议主题是“社会福利制度创新：政府责任与社会组织责任”。此次论坛由中国社会科学院MSW教育中心、南京大学社会学院社会工作与政策系和宁夏大学经管学院共同承办。

7月16日—8月3日　西安交通大学实证社会科学研究方法夏季研讨班（2012）（第4届）成功举办。

7月18—20日　由芝加哥大学北京中心与中国人民大学社会学系联合举办的第二届“中国政治社会学讲习班”在北京举办。此届讲习班的主题为“现代中国的国家建构”。

8月8—9日　中国社会学会、北京工业大学人文社会科学学院与英国诺丁汉大学当代中国学学院（包括所属中国政策研究所和诺丁汉孔子学院）在北京工业大学举办“第五次当代中国学国际论坛年会”，会议的主题为“中国未来的发展——社会建设与社会治理”。

8月20—23日　由吉林大学哲学社会学院社会学系与吉林大学社会科学学报联合主办的“回视与前瞻：组织研究的理论与方法”会议召开。来自斯坦福大学、北京大学、中国人民大学、华东师范大学、社会学研究杂志社等单位的40余名代表、嘉宾和师生参加了会议。

8月24—25日　第八届社会政策国际论坛“老龄时代的新思维：挑战、机遇与战略”暨2012中国社会学会社会政策专业委员会年会在北京师范大学召开。同时召开了社会政策研究专业委员会理事会。

8月30—31日　“21世纪中丹性别动态研讨会”在北京大学社会学系召开。

8月31日　由中国社会科学院和日本学术振兴会主办、中国社会科学院社会学研究所和日本研究所承办的“纪念中日邦交正常化四十周年学术研讨会——全球化进程中的社会变迁：建立东亚新形象”在北京举行。

9—12月　德国慕尼黑大学社会学系 Horst J. Helle 教授莅临华侨大学社会系讲学。

9月8日　日本名古屋大学环境学研究科社会学系丹边宣彦和田中重好教授访问吉林大学社会学系并开展名家讲座，讲座题目分别为“产业全球化先进都市丰田市的现在：汽车产业就业者与地域社区的形成”“社会与中间集团：日本与中国的社会结构比较”。

9月13日　由北京社会科学院社会学所、新疆社会科学院社会学所、新疆社会学学会联合主办的“2012社会建设与社会管理论坛”在新疆社会科学院召开。

9月23日　由中国社会科学院和全国博士后管理委员会主办，中国社会科学院博士后管理委员会、中国博士后科学基金会和中国社会科学院社会学研究所承办的第七届中国社会学博士后论坛在北京举行。此次论坛的主题是“社会体制改革：理论与实践”。来自全国各地的社会学博士后人员60人出席论坛。

10月　贵州民族大学社会学学科申报的“西地民族地区社会管理人才培养项目”，获国务院学位委员会批准为“服务国家特殊需求博士人才培养项目”，并于2013年招收了第一届社会学专业博士研究生。

10月12日　台湾辅仁大学社会科学代表团访问吉林大学并开展系列讲座，台湾辅仁大学大陆工作小组召集人刘兆明教授、台湾辅仁大学心理学系主任王思峰教授讲座题目为“社会参与型院系之定位、内涵特征与发展：辅仁心理系之个案研究”；台湾辅仁大学社会科学院院长陈德光教授讲座题目为“大学的人才培育——辅仁大学社会科学院经验”；台湾辅仁大学社会学系主任吴宗昇教授讲座题目为“台湾社会与台湾社会学”。此次活动由吉林大学哲学社会学院和吉林大学国际处港澳台办公室主办。

10 月 18 日 首届“费孝通学术成就奖”在江苏省吴江市颁奖。中国社会科学院荣誉学部委员、社会学研究所研究员陆学艺，中国人民大学理论与方法研究中心主任郑杭生获得首届大奖。

10 月 20 日 由中国社会学会法律社会学专业委员会举办、华东政法大学社会发展学院承办、中国人民大学法律社会学研究所协办的第二届“法律与社会”高端论坛暨中国社会学会法律社会学专业委员会第一届理事会在上海召开。会议的主题是“法律社会学学科体系建设”。

10 月 27—28 日 南京大学社会学院、上海大学社会学院、南京大学历史学系、哈佛—燕京学社、悉尼大学当代中国研究中心、东京大学东洋文化研究所、弗赖堡大学汉学系，在南京大学联袂举办第四届“中国社会与中国研究”国际学术研讨会，近百位国内外中国研究专家与会。

11 月 3—4 日，由中国社会科学杂志社哲学社会科学部、上海大学社会学院和上海大学社会杂志社共同主办，上海大学社会学院承办的“中国社会变迁与社会学前沿：社会学的历史视野”学术研讨会在上海大学召开。

11 月 11 日 由江苏省老年学会主办、南京农业大学承办的“江苏省首届青年学者老龄论坛暨第三届研究生老龄论坛”在南京农业大学举办。

11 月 16—18 日 由中国社会学会、中国社会科学院社会学研究所、中共江苏太仓市委、江苏太仓市人民政府共同主办的“社会建设的太仓实践”学术研讨会在江苏省太仓市举办。

11 月 23 日 由贵州省社会学学会和贵州大学共同举办的贵州省社会学学会 2012 年学术年会在贵州大学举行，会议的主题是“加强社会学传承创新 推动贵州社会跨越发展”。

12 月 7 日 首届余天休社会学优秀博士论文奖颁奖仪式在北京大学举行。首届余天休社会学优秀博士论文奖获得者是：狄金华（华中科技大学社会学系）、陆远（南京大学社会学院）、马强（北京大学社会学系）。

12 月 8—9 日 由南开大学社会学系和社会建设与管理研究院共同举办的“迈向新时期中国社会学与社会发展”学术论坛在天津召开。这也是南开大学社会学学科建立 32 周年和社会学系成立 30 周年之际的纪念活动。

12 月 15 日 由湖南省社会学学会主办、湖南省社会科学院社会学法学研究所承办的湖南省社会学机构负责人联席会议暨社会管理创新学术论坛在湖南省长沙市召开。

12 月 15—16 日 中国人民大学社会学理论与方法研究中心、社会与人口学院，安徽大学社会行政学院联合举办“网络化时代的社会变迁与社会管理学术研讨会”，会议的主题是“网络化时代的社会变迁与社会管理”。

12 月 18 日 由中国社会科学院社会学研究所和社会科学文献出版社联合主办的“2013 年《社会蓝皮书》发布暨中国社会形势报告会”在北京举行。

12 月 22 日 由甘肃省社会学会、西北民族大学民族学与社会学学院联合举办的

“西部社会发展与社会管理创新”学术研讨会，在兰州市举行。

12 月 22 日　由陕西省社会学会主办，陕西师范大学政治经济学院社会学系承办的第四届陕西省社会学会学术年会召开，会议主题是“社会工作与社会管理创新”。

2013

1 月 7 日　中国社会科学院社会学研究所和社会科学文献出版社在京联合发布了《中国社会心态研究报告（2012—2013）》，这是继 2011 年以来发布的第二本社会心态蓝皮书。

3 月 10 日　2012 年中国社会建设论坛暨陆学艺社会学发展基金会第二届“社会学优秀成果奖”颁奖仪式于在北京工业大学召开。

3 月 21 日　香港城市大学应用社会科学系系主任、香港社会工作者注册局主席关锐煊教授受西南大学邀请做了题为“香港社区社工发展与中国大陆社区社工发展情景”的报告。

4 月 8 日　美国加州大学伯克利校区文理学院副院长、社会学系教授 Trond Petersen 应刘欣教授邀请，在复旦大学做了题为“家庭政策与性别不平等——来自北欧的经验”的学术讲座。

5 月 13 日　著名社会学家、农村问题专家、中国社会学会原会长陆学艺教授因病逝世。

5 月 23—24 日　由上海大学举办的“全球化时代大城市的社会发展”国际学术研讨会在上海召开。来自美国、韩国、日本、俄罗斯、法国、中国等国家和地区的 40 余位专家学者济济一堂，共同探讨全球化背景下大城市社会发展面临的挑战与未来的路径选择。

5 月 24 日　中共中央候补委员、中国社会科学院副院长、中国社会科学院学部委员李培林研究员到贵州省社会科学院进行学术交流，并做了题为“当前的民生建设与社会管理创新——学习党的‘十八大’社会建设精神解读”的报告。

5 月 25 日　中国社会学会社会福利专业委员会第五届年会暨中国社会科学院社会政法学部第三届社会福利论坛在北京举行。此届年会由中国社会科学院社会政法学部、中国社会学会社会福利专业委员会、中国社会科学院社会学研究所、中国社会科学院研究生院社会工作教育中心、中国社会科学院社会政策研究中心共同承办，主题为“社会福利制度：分立与整合”。

6 月　由中国人民大学环境社会学所主办的中国环境社会学网（www. ces. ruc. edu. cn）正式开通并试运行。

6 月 19—21 日　“新型城镇化与村落发展暨中国百村调查”研讨会在山东大学召开。会议由中国社会科学院社会学研会所“中国百村经济社会调查”总课题组主办、社会科学文献出版社协办、山东大学哲学与社会发展学院和山东大学新农村研究中心承办。

6月24日—7月5日　为期两个星期的“人类学与社会理论”研讨班在上海大学社会学院开课，课程由加州大学伯克利分校人类学系教授刘新担纲主持。

6月24日—7月5日　由悉尼大学中国研究中心、南京大学社会学院、南京大学历史学系主办，南京大学当代中国研究中心和江苏省国际文化交流中心承办的第四届中国研究国际暑期班在南京大学举办。此次暑期班的主题为“非政府组织、市场和国家”。

6月29日　由中共中央党校社会发展研究所举办的“中国社会发展问题高端论坛·2013”在中央党校召开。此次论坛的主题是“推进我国政治体制改革的思路与建议”。

7月1日　芝加哥大学社会学系乔治·贺伯特·米德杰出教授 Edward O. Laumann 来复旦大学社会学系作题为“A Network Perspective on Sexual Behavior, Partner Choice, Risk - Taking, and Quality of Life”的学术讲座。

7月1—18日　复旦大学社会发展与公共政策学院、社会科学数据研究中心、当代中国生活资料中心联合举办了“资料分析与研究论文撰写工作坊”。工作坊招收来自全国各地的青年教师、研究生学员75人。康奈尔大学 Daniel T. Lichter、加州大学尔湾校区王丰、俄亥俄州立大学钱震超、香港科技大学吴晓刚等为学员授课。

7月1—19日　西安交通大学实证社会科学研究方法夏季研讨班（2013）（第5届）成功举办。

7月4日　“社会理论与中国研究”讲习班暨第二届社会理论工作坊开班式在哈尔滨工程大学基础实验楼多功能厅举行。本次“社会理论与中国研究”讲习班由中国社会学会理论社会学专业委员会主办，哈尔滨工程大学人文社会科学学院、上海大学《社会》杂志社承办，北京大学社会理论研究中心、黑龙江省社会科学院社会学研究所、中国社会科学院《社会理论》编辑部、南京大学社会学院《社会理论论丛》编辑部联合协办。主办方还将于7月7—8日举办社会理论工作坊。本届社会理论工作坊以“社会理论：现代性与本土化”为主题。

7月9日，由中国社会科学院社会政策研究中心、工众网、北京农禾之家咨询服务中心主办的，北京农禾之家咨询服务中心承办的“北京外来务农人员调查成果发布会”在中国社会科学院社会学所召开。

7月12—15日　由西安交通大学实证社会科学研究所主办的社会网络分析国际研讨会在西安举行。这是国际社会网络分析学会（INSNA）成立30多年来，首次在欧美以外的地区举办，来自世界20多个国家和地区的450名国际学者、社会网络分析专家参加会议。

7月14—15日　中国社会学会社会政策专业委员会2013年学术年会暨第九届社会政策国际论坛和系列讲座在复旦大学召开。主题是“朝向更加公平的社会政策”。同期召开了中国社会学会社会政策研究专业委员会理事会。

7月17—19日　由芝加哥大学北京中心与中国人民大学社会学系主办，中国人民大学社会转型与社会管理协同创新中心协办的第三届“中国政治社会学讲习班”在北京举办。此届讲习班的主题为“中国近代以来的革命与转型”。

7月18日　著名社会学家Ivan Szelenyi教授应刘欣教授邀请，在复旦大学社会系做了题为“The Rise and Fall of the New Class”的学术演讲。

7月19—21日　由中国社会学会主办，贵州省社会科学院、贵州省社会学学会承办的中国社会学会2013年学术年会在贵州省贵阳市召开，此届年会的主题是“美丽中国：城镇化与社会发展”。

8月31日　由中国社会科学院社会学研究所、北京工业大学人文社会科学学院、国家行政学院文化与社会教研部、社会科学文献出版社联合举办的“社会学与社会建设暨陆学艺先生学术思想研讨会”在北京举行。

9月3—6日　首届中德社会工作实务与理论学生论坛在上海举办。此次论坛由上海大学社会学院、德国德累斯顿社会工作应用科技大学、上海华爱社区服务管理中心以及德国萨克森州基督教青年团四方合作，共有五个部分专业研讨。

9月13日　上海市社会科学界第十一届学术年会“当代中国治理转型与社会组织发展”社会学专场，在上海大学举行。

9月24日　由新疆师范大学新疆社会管理研究院主办，新疆社会学学会、中亚与中国西北边疆政治经济研究中心协办的“第二届新疆社会管理论坛”在新疆师范大学召开。论坛主题为“加强和创新社会管理，促进新疆跨越式发展和长治久安”。

9月27日　中国社会科学院社会政策研究中心、中国社会科学院农村发展研究所与北京农禾之家咨询服务中心联合举办的“农地改革与三农发展”论坛在北京举行。论坛针对农地制度改革、不同经营形式下的农地流转，综合性农民合作组织境内外经验，中国与日本、韩国和中国台湾地区的比较等议题做了深入探讨。

10月11日　由中国社会学会法律社会学专业委员会举办、浙江农林大学法政学院承办、中国人民大学法律社会学研究所协办的第三届“法律与社会”高端论坛暨中国社会学会法律社会学专业委员会在杭州临安召开。会议主题为“环境纠纷解决与现代法治建设”。

10月12日　“特大城市社会治理协同创新中心”签约仪式在北京举行。中心由上海大学牵头，以中山大学、中国社会科学院社会学研究所、中国社会科学院城市发展与环境研究所、华东师范大学等为主要协同单位，并联合国务院发展研究中心、民政部社会工作司、住建部城市建设司、国家发改委中国城市与小城镇改革发展中心、交通部交通规划研究院、环保部中国环境规划院等政府部门或其所属科研机构。

10月12—13日，为促进社会科学定量研究的发展，上海大学社会学院、北京大学社会研究中心、《社会》杂志在上海大学乐乎新楼会议厅召开“2013年社会学与人口学研讨会”。

10月17—18日　首都师范大学社会学与社会工作系在北京举办“青少年研究与抗逆力视角”国际研讨会，主题为“青少年研究与抗逆力视角——新发现、新成果极其实践意义”。

10 月 19 日　由中国社会学会、中国社会科学院社会学研究所、苏州市吴江区政府共同主办的纪念费孝通先生《小城镇大问题》发表 30 周年学术研讨会在江苏吴江举行。

10 月 26—27 日　南京大学社会学系重建 25 周年、社会学院成立五周年庆典暨首届“中国女社会学家论坛”在南京大学仙林校区举行。同时还召开了为期一天半的女社会学家论坛。

10 月 28 日　“北京工业大学陆学艺讲座”揭幕仪式在北京工业大学举行。

10 月 29 日　法国国家科研中心主任研究员、里昂大学社会学教授劳伦斯．罗兰－贝格（Laurence Roulleau－Berger）博士一行访问上海大学，就中法社会学合作研究进行座谈。

11 月 2—4 日　由河海大学公共管理学院、江苏省哲学社会科学界联合会、中国人民大学社会学理论与方法研究中心、中央民族大学社会学系以及中国社会学会环境社会学专业委员会主办，河海大学社会学系、水利工程安全与水资源高效利用国家工程中心以及爱德基金会承办的“第四届东亚环境社会学国际学术研讨会”在河海大学召开。

11 月 14 日　由新疆社会科学院社会学研究所、新疆社会学学会联合主办的“新疆社会管理现状与思考研讨会”在新疆社会科学院召开。

11 月 21 日　华东师范大学社会发展学院主办“百年社会学——从沪江大学到华东师大”及第四届城市社会论坛。1913 年，沪江大学创立中国大学第一个社会学系，1917 年又设立了以中国社会工作服务为核心的“沪东公社”。1952 年，沪江大学社会学系并入华东师范大学，为华东师范大学社会学奠定了基础。从 1913 年到 2013 年，从沪江大学到华东师范大学，华东师范大学社会学专业历经百年，走进了发展繁荣的新时代。

11 月 23 日　根据“教育部高等学校社会学类专业教学指导委员会暨社会学系系主任联席会议”决议，教育部高等学校社会学类专业教学指导委员会主任委员、副主任委员、秘书长和社会学类专业国家标准制定工作小组全体成员，在南京召开社会学类专业国家标准制定工作会议，讨论社会学类本科教学国家标准初稿。

11 月 23—24 日　北京大学社会学系和首尔国立大学社会学系第三届联合论坛在北京大学举行。

12 月 7 日　由上海大学社会学院、首尔大学社会发展研究所（韩国）、上智大学全球研究大学院（日本）主办，上海大学社会学院承办的第一届中日韩三国研究生“城市研究”学术论坛在上海大学举行。此次论坛的主题为“东亚的都市发展问题和社会治理”。

12 月 14—15 日　由中国社会学学会社会分层与流动专业委员会和复旦大学社会学系联合举办的首届“社会分层与流动研究冬季论坛”在复旦大学举行。

12 月 18 日　“《邓伟志全集》（22 卷）出版座谈会”在上海市文史研究馆举行。

会上还举行了《邓伟志全集》的赠书仪式。邓伟志先生向上海图书馆、上海博物馆、上海历史博物馆和上海市文史研究馆四家单位赠送了《邓伟志全集》全套图书。

12月21日　2013年度“余天休社会学优秀博士论文奖”在上海大学举行颁奖，上海大学社会学刘博博士、清华大学社会学系陈鹏博士的论文获优秀奖。

12月26日　由中国社会科学院及社会科学文献出版社共同举办的《社会蓝皮书：2014年中国社会形势分析与预测》发布会在北京举行。

12月28日　由北京大学、香港理工大学、中国社会工作研究中心主办，凯瑟克基金会赞助，上海大学社会学院社会工作系承办的华东地区社会工作实务研究研讨会在上海大学举行。

2014

1月9日　湖南省社会科学院社会学法学研究所、农村发展研究所、城市发展研究所整合组建为社会学研究所，加挂农村发展研究中心和城市发展研究中心牌子。

1月13日　由中国社会科学院社会学研究所、社会科学文献出版社、中国社会科学院图书馆主办，中国社会科学院社会学研究所社会人类学研究中心承办的中国社会科学院社会学研究所2013年“创新工程 & 国情调研”影视成果发布暨数码博物馆方案研讨会在社会科学文献出版社“蓝厅”会议室召开。

3月21日　日本国际协力机构（JICA）中华人民共和国事务所、中国社会学会社会政策专业委员会联合主办，中国社会科学院社会政策研究中心承办的“中日老龄化比较”课题评审会暨专项研讨会在北京举行。

3月15—16日　由南开大学、北京中国高校校友海外联谊会主办的新改革时期中国社会学的传承与创新学术研讨会在天津召开。

3月22—23日　由中国社会学会与华中科技大学联合主办的“中国社会学高峰论坛”在华中科技大学举行。此次会议的主题为“全面深化改革与社会学学科责任”。

3月28日　日中社会学会前会长、关西学院大学社会学系陈立行教授访问吉林大学社会学系并开展名家讲座，讲座题目为“全球化、信息化时代中国社会系统的机制分析”。

4月19日　广西高校重点人文社会科学研究基地马克思主义与民族地区社会管理创新研究中心与广西师范学院马克思主义学院主办的“2014年民族地区社会治理创新学术研讨会”在广西师范学院召开。研讨会的主题是“如何构建民族地区社会治理创新体系”。

5月10日　由中国社会科学院社会学研究所、北京工业大学、陆学艺社会学发展基金会、社会科学文献出版社联合主办的“纪念陆学艺先生逝世周年学术座谈会”在北京举行。《继往开来——陆学艺先生纪念文集》由社会科学文献出版社出版。文集收录了有关机构和个人为悼念陆先生不幸逝世发来的唁电、悼诗和挽联，涉及陆先生逝世一年来有关领导、学界同人、亲友同学、弟子撰写的学术论文和纪念文章。

5 月 16—17 日　《慈善蓝皮书》(2014) 发布暨中国慈善事业发展研讨会在无锡市举行。

5 月 18 日　中国社会科学院社会学研究所与北京师范大学等单位共同主办“第四届中国社会治理论坛”，王伟光院长出席论坛，李培林副院长做大会主旨发言。

5 月 21—23 日　由中国妇女研究会、中国婚姻家庭研究会主办，妇联妇女研究所承办的“家庭和谐、社会进步与性别平等”研讨会召开。

5 月 31 日—6 月 2 日　由山西省社会科学院、山西省运城市人民政府主办的第十七届全国社会科学院院长联席会议暨首届河东盐文化历史与开发研讨会在山西省运城市举行。

6 月 16—18 日　由台湾地区财团法人中华文化社会福利基金会主办，哈尔滨工业大学社会学系承办的“2014 年两岸社会福利学术研讨会”在哈尔滨市召开。会议主题为“剧变时代的社会福利政策”。

6 月 28—29 日　由上海纽约大学、华东师范大学—纽约大学社会发展联合研究中心举办的“社会发展与社会政策：展望未来中国及全球的社会发展”国际学术研讨会于在上海召开，来自国内外近百名学者与会。

6 月 30 日—7 月 18 日　西安交通大学实证社会科学研究方法夏季研讨班 (2014)(第 6 届) 举办。

6 月 21 日—7 月 2 日　上海大学社会学院邀请美国耶鲁大学比较研究中心主任高斯基 (Philip Gorski)、文化社会学中心主任亚历山大 (Jeffrey Alexander) 和副主任史密斯 (Philip Smith) 主讲了文化与历史社会学工作坊。

6 月 27 日　“中美社会理论家对话”在上海大学举行。受邀参加此次活动的美方社会学家有 Jeffrey Alexander 教授、Philip Gorski 教授、Philip Smith 教授、John Tophy 教授，中方社会学家谢立中教授、渠敬东教授、孙飞宇副教授、陈涛博士、王楠博士、高蕊博士、徐晓宏博士、郦菁博士、肖瑛教授、徐冰教授等，此次对话围绕三个核心问题展开：古典社会学在当代社会学研究中的意义；宗教的历史意义和非政治化意义；中国的社会理论何以可能。

6 月 28 日　由中央党校社会发展研究所举办的“中国社会发展问题高端论坛 · 2014”在北京召开。此次论坛的主题是“冲破阶层固化和利益固化的藩篱”。

6 月 23 日—7 月 6 日　由悉尼大学中国研究中心、南京大学社会学院、南京大学历史学系主办，南京大学当代中国研究中心承办的第五届中国研究国际暑期班在南京大学举行。此次暑期班主题为“社会变迁中的中国女性”。

7 月　《质性社会学研究》2014 年第 1 期由社会科学文献出版社出版，2010 年创办的《质性社会学研究》内刊由此以专业性学术集刊（半年刊）的形式正式出版、公开发行。该刊由陕西省社会科学院社会学研究所、陕西省社会学会共同主办，陕西省社会学会会长、陕西省社会科学院副院长石英研究员担任刊物主编。

7月7—8日 中国社会学会社会福利研究专业委员会第六届年会在南京大学召开。会议主题是“福利治理：本土创新与国际经验”。同时，还举行了南京大学社会建设与社会工作研究院揭牌仪式。南京大学社会建设与社会工作研究院前身是南京大学南京社会建设研究院（南京社会心态监测与研究中心），由中共南京市委社会建设工作委员会与南京大学社会学院签署战略合作协议，启动合作共建，于2012年1月4日成立。

7月1—10日 南京大学社会学院举办第一期“社会学理论与研究方法”暑期研修班。

7月10—11日 第七届Culture Mixing研究学术研讨会在哈尔滨工程大学成功举办。此次活动由中国社会科学院社会心理学研究中心和哈尔滨工程大学人文社会科学学院联合主办。来自全国各地多所高校的心理学研究者齐聚哈尔滨工程大学，共同探讨文化混搭的理论、新研究、应用与未来方向。

7月11—12日 由中国社会学会主办，湖北省社会科学院、湖北省社会学会、武汉大学、华中科技大学、华中师范大学、华中农业大学、中南财经政法大学、中南民族大学、武汉市社会科学院等单位联合承办，武汉大学社会学系协办的中国社会学会2014年学术年会在武汉大学召开。此次年会的主题是“全面深化改革与社会治理现代化”。学术年会前，选举产生了中国社会学会第九届理事会，清华大学李强教授当选新一届中国社会学会会长。

7月13—19日 第18届世界社会学大会在日本横滨召开。大会期间，中国社会学会、中国社会科学院社会学研究所、日本社会学会和日中社会学会在横滨于7月15日共同主办了“中国日——中国改革与社会转型”论坛。此次论坛分为“中国的改革与社会治理”“社会转型与结构变迁”和“社会转型与社会流动”三个专题。13位中国社会学界的知名学者受邀在论坛上宣讲论文，来自世界各地的150多名社会学者参与论坛讨论。

7月16—18日 由芝加哥大学北京中心与中国人民大学社会学系主办，中国人民大学社会转型与社会治理协同创新中心协办的第四届“中国政治社会学讲习班”在北京举办。此届讲习班的主题为“帝国：传统与变革”。

7月 “中国社会学会政治社会学专业委员会”获准成立，该专业委员会由复旦大学社会学系发起并得到全国20多家高校、科研单位的响应和支持。复旦大学社会学系刘欣教授任专业委员会首届理事长。

8月2—3日 由中国社会科学院社会学研究所主办，黑龙江省社会科学院承办的“2014年全国社会科学院系统社会学所所长会议”在哈尔滨市召开。来自全国社会科学院系统的分管院领导、社会学所所长等60余位代表参加了会议。

8月16—18日 中国社会学会社会政策研究专业委员会2014年学术年会暨第十届社会政策国际论坛暨系列讲座在中国社会科学院召开，主题为“社会治理现代化与社会政策创新”。会议期间举行了中国社会学会社会政策研究专业委员会理事会，进行了换届选举。

8 月 16—19 日　由中国社会科学院、全国博士后管理委员会和中国博士后科学基金会共同主办，中国社会科学院博士后管理委员会、社会学研究所和华侨大学联合承办的第九届中国社会学博士后论坛暨首届社会学青年论坛在华侨大学厦门校区开幕。此次论坛主题为“新型城镇化与社会治理”。

8 月 23 日　由北京郑杭生社会发展基金会、西北民族大学民族学与社会学学院等单位联合举办的 2014 年“青年学者论坛”学术研讨会在甘肃省兰州市西北民族大学召开。

8 月 24—25 日　由中国人民大学社会学理论与方法研究中心、北京郑杭生社会发展基金会、西北民族大学民族学与社会学学院等单位联合举办的“2014 年中国社会发展高层论坛：民族团结与社会治理”学术会议在兰州市召开。

9 月 13—14 日　由教育部高等学校教学指导委员会主办，南京大学社会学院承办的“2014 年教育部社会学类专业教学指导委员会暨系主任联席会议”在南京市举行。

9 月 18 日　《城市社会治理》新书报告会在上海大学宝山校区召开。

9 月 20 日“中国人类学民族学研究会宗教人类学专业委员会成立大会暨国际学术研讨会”在浙江大学举行。

9 月 20—21 日　由全国社会工作专业学位研究生教育指导委员会主办，北京大学社会学系承办，中国社会工作教育协会协办的全国社会工作专业学位研究生教育指导委员会暨社会工作硕士教育中心主任联席会议于 2014 年在北京大学召开。这是自 2009 年全国社会工作专业学位研究生教育指导委员会成立以来召开的首次全国社会工作专业学位研究生教育指导委员会暨社会工作硕士教育中心主任联席会议。

10 月 10 日　由华东师范大学社会学系、城市发展研究院、上海旧约大学社会发展研究中心联合举办的“比较城市化：基本问题与中国道路”国际研讨会在上海召开，来自国内外近 60 知名学者出席了本次会议。

10 月 10—12 日　由中国海洋大学法政学院/海洋发展研究院、中国人民大学社会学理论与方法研究中心、河海大学社会学系、中央民族大学世界民族学人类学研究中心和中国社会学会环境社会学专业委员会联合主办的“第四届中国环境社会学学术研讨会”在青岛市召开。

10 月 11—13 日　由陕西省社会学会主办，延安大学公共管理学院承办的第六届陕西省社会学会学术年会举行，会议主题为“新型城镇化与城乡社会治理”。

10 月 16—18 日　由中国社会工作教育协会主办、贵州民族大学承办的“中国社会工作教育协会 2014 年西南地区会议”在贵州民族大学召开。

10 月 17—19 日　由上海大学社会杂志主办的第三届社会理论工作坊在上海大学召开。此次论坛分为回返古典社会理论、社会史研究、丧服制度研究、组织与制度研究、个体与社会研究五个专题。

10 月 24 日　由新疆社会科学院社会学研究所、新疆社会学学会联合主办的“新疆社会治理体系现代化研讨会”在新疆社会科学院召开。

10月25日　在费孝通学术思想研究中心牵头下，上海大学社会学院主办了“费孝通的启示：新型城镇化学术研讨会”。会议围绕“费孝通的启示”“新型城镇化道路”两个主题开展讨论。

10月25—26日　第十二届东亚社会学家论坛在北京大学举行。此次论坛的主题为“社会治理：东亚国家面临的挑战与反应”。

10月28日—11月1日　南京大学社会学院举办“日本社会学周”系列学术活动。日本社会学会会长、早稻田大学教授鸟越皓之为团长的日本社会学家代表团开设了关于“日本社会学的过去与现在”“对跨国主义的思考”“美丽大自然与社会环境”“日本的城市与地域变迁”等主题的讲座，并与社会学院教师和学生进行了深入交流和讨论。

11月　由中央党校举办、中央党校社会发展研究所承办的全国党校系统社会学师资培训班在中央党校举行，来自全国46个省级副省级党校和3个中直机关党校的49名社会学专业教师在中央党校进行了为期1个月的培训，这是自1986年以后全国党校系统再次系统地培训社会学师资力量。

11月1—2日　由中国社会科学院、北京大学、复旦大学、南京大学、台湾大学、台湾“中央大学”、香港中文大学共同发起并联合主办，中国社会科学院承办，中国社会科学院社会学研究所协办的“两岸三地人文社会科学论坛”召开。论坛主题为“公平与发展”。会上，七家主办单位还共同签署了“两岸三地人文社会科学论坛合作协议书”。

11月8日　由广西社会学学会主办，广西师范学院政法学院、马克思主义与民族地区社会管理创新研究中心承办的“广西社会学学会2014年学术年会暨民族地区乡村治理研讨会”在广西师范学院召开。会议主题是“探索民族地区乡村治理的经验和规律，推进民族地区乡村治理的研究”。

11月9日　著名社会学家、中国社会学会原会长郑杭生教授逝世。

11月11日　上海大学与国际著名的英国SAGE出版公司，就合作出版《社会》杂志英文刊*Chinese Journal of Sociology*（简称CJS）在上海大学举行签字仪式，同时举行了CJS主编聘任仪式。

11月13—16日　由中国社会心理学会主办，南京大学社会学院承办的“中国社会心理学会第八届会员代表大会暨2014年学术年会”在南京市召开，南京大学社会学院院长周晓虹教授当选为新一任理事长。

11月18日　著名社会学家、北京大学社会学系韩明谟教授逝世。

11月22日　由中国社会思想史专业会员会主办，中山大学社会学与人类学学院承办的第十二届中国社会思想史专业委员会学术年会在广州召开。此次年会的主题是“传统社会价值的现代诠释与实践路径”。

11月26日　由北京市社会科学院综治研究所等发起的首都社会治安综合治理研究会第二届会员大会在北京召开。

11月28日　由贵州省社会学学会主办、贵州民族大学承办、贵州民族大学民族学与社会学学院协办的贵州省社会学学会2014年年会召开，此次年会的主题是“社会治理创新与贵州和谐社会建设”。

11月29—30日　由中国社会学会法律社会学专业委员会举办，中山大学移民与族群研究中心、广州市社会科学院、广州市社会科学界联合会、中山大学历史人类学研究中心承办，中国人民大学法律社会学研究所协办的第四届“法律与社会”高端论坛在广州召开。会议主题为“当代社会治理与法治社会建设”。

11月30日　“纪念丁克全先生诞辰100周年暨社会学学科发展与理论创新高端论坛”在东北师范大学召开，会议当日，《弘毅守正 笃行日新——丁克全先生诞辰一百周年纪念文集》正式发行。

12月6日　由清华大学社会学系主办、华侨大学社会学系承办的中国社会学会会长会议在华侨大学泉州校区召开。此次会议的主题是“全面深化改革与社会学学科建设”。

12月13日　2014年余天休社会学优秀博士论文奖颁奖仪式在中山大学举行。2014年余天休社会学优秀博士论文奖获得者为：樊佩佩（南京大学社会学院）、黎相宜（中山大学社会学与人类学院）、刘东旭（中央民族大学社会学与民族学院）。

12月13—14日　由中国社会学会社会分层与流动专业委员会主办、南京大学社会学院承办的2014年“社会分层与流动”冬季论坛在南京市举行。

第五篇

国家社会科学基金资助课题

国家社会科学基金资助项目一览表
（社会学部分，2011—2014）

项目名称	负责人	类别	所属机构
2011 年（178 项）			
社会质量与和谐社会建设研究	张海东	重大项目	上海大学
现代社会信任模式与机制研究	周　怡	重大项目	复旦大学
社会质量与和谐社会建设研究	杨泉明	重点项目	四川大学
社会质量理论与和谐社会建设研究	林　卡	重点项目	浙江大学
当代中国社会信任模式与机制的制度建构	董才生	重点项目	吉林大学
社会质量视角下的社会建设研究	徐延辉	重点项目	厦门大学公共事务学院
社会变迁视角下当代中国农地制度发展与改革研究	吴　毅	重点项目	华中科技大学社会学系
东部地区涉及少数民族的群体性事件研究	白友涛	重点项目	南京师范大学社会发展学院
社会冲突治理与新中国信访制度的演进研究	冯仕政	重点项目	中国人民大学社会与人口学院
社会建设中的政府规制研究	毛　丹	重点项目	浙江大学公共管理学院
当代青年网络政治参与状况及对策研究	陆士桢	重点项目	中国青年政治学院青年发展研究院
民族地区宗教文化的现代化调查研究	朱炳祥	重点项目	武汉大学社会学系
包容性增长的社会基础与我国社会政策发展研究	熊跃根	重点项目	北京大学社会学系
现阶段我国转变经济发展方式的社会政策研究	关信平	重点项目	南开大学社会学系
20 世纪以来美国公共医保制度的演进	高芳英	一般项目	苏州大学社会学院
中国传统礼仪形态与当代社会生活规范研究	萧　放	一般项目	北京师范大学文学院
中国社会思想史元素案例研究和范式探究	桂　胜	一般项目	武汉大学社会学系
“消费型社会”建设的理论与实践问题研究	莫少群	一般项目	南京师范大学社会发展学院
社会建设基本理论研究	王小章	一般项目	浙江大学社会建设研究所
社会建设与社会管理中法律的新功能研究	何珊君	一般项目	中国政法大学
海洋社会学的基本概念与体系框架研究	崔　凤	一般项目	中国海洋大学法政学院社会学研究所
科技风险的社会管理研究	陈　璇	一般项目	华中农业大学
农民工职业教育评估研究	戴　烽	一般项目	江西师范大学传播学院

续表

项目名称	负责人	类别	所属机构
中国老年人精神生活满意度评价指标设计与应用研究	车文辉	一般项目	中南大学公共管理学院
保障农民工工资收入正常增长的社会政策研究	甘满堂	一般项目	福州大学社会学系
城市化进程中的农民工社会政策研究	韩克庆	一般项目	中国人民大学劳动人事学院
城乡消费差异对农民市民化的影响效应研究	孔祥利	一般项目	陕西师范大学政治经济学院
农民工就业波动分析及对策研究	陈东有	一般项目	南昌大学理学院管理科学与工程系
新生代农民工创业与城市社会融入研究	黄兆信	一般项目	温州大学创业人才培养学院创业与发展研究所
新生代农民工创业与城市适应研究	郭星华	一般项目	中国人民大学社会与人口学院
新生代农民工市民化问题及其对策研究	谢建社	一般项目	广州大学广州发展研究院
妇女外流引发的少数民族男性单身人群问题对边疆社会稳定的影响研究	刘　江	一般项目	云南民族大学
广西社会现代化与社会稳定研究	闭伟宁	一般项目	广西大学公共管理学院社会学与社会工作系
跨境民族乡村社会安全问题和转变维稳方式研究	张金鹏	一般项目	云南民族大学研究生部
新疆农村维吾尔族人口就业和外出务工情况调查研究	李光明	一般项目	石河子大学商学院
农村社会管理体制实证研究	乐　章	一般项目	中南财经政法大学公共管理学院
组织形态与农村合作社发展研究	任　强	一般项目	中共浙江省委党校
城市化背景下村庄变迁及其区域差异研究	贺雪峰	一般项目	华中科技大学社会学系
集体林权制度改革跟踪研究	程宇航	一般项目	江西省社会科学院
提升农村社会资本存量的路径及对策研究	牛喜霞	一般项目	山东理工大学
社会变迁中新生代农民工贫困代际传承和阶层固化问题研究	李怀玉	一般项目	河南省社会科学院
文化资本：我国城市中间阶层的生产和再生产研究	仇立平	一般项目	上海大学文学院
转型期女性流动与社会分层研究	王立波	一般项目	沈阳师范大学社会学学院
低碳经济背景下的环境社会学本土化研究	林　兵	一般项目	吉林大学哲学社会学院
农村学校布局调整对农村文化建设的影响	蔡应妹	一般项目	浙江师范大学法政学院
中国乡村教化的百年嬗变研究	徐继存	一般项目	山东师范大学教育学院
新生代农民工婚恋问题研究	许传新	一般项目	成都理工大学文法学院
西部山区儿童离村就学的社会适应研究	戴　岳	一般项目	贵阳学院教育系

续表

项目名称	负责人	类别	所属机构
社会主义核心价值体系在社会各阶层中的认同状况研究	赵继伦	一般项目	东北师范大学政法学院
新疆/西藏内地办学项目发展状况及其对我国民族关系影响的社会效果评估研究	马　戎	一般项目	北京大学社会学系
全国性传统节庆传承与文化软实力提升研究	王川平	一般项目	重庆市文化广播电视局
族际婚姻与北方沿边地区的社会文化变迁调查研究	温都日娜	一般项目	内蒙古大学民族学与社会学学院
风险社会与西南地区民族村落文化资源开发问题研究	杨正文	一般项目	西南民族大学西南民族研究院
金融社会学的历史、理论与现实研究	王水雄	一般项目	中国人民大学
社会建设微观机制的社会学实证研究	罗教讲	一般项目	武汉大学社会学系
物质主义的结构分析及民众物质主义现状调查研究	李　原	一般项目	中国社会科学院社会学研究所
网络时代大学生的价值观及其社会化引导策略研究	傅永春	一般项目	内蒙古民族大学
新生代农民工与“蚁族”群体社会心态及心理干预比较研究	王庭照	一般项目	陕西师范大学教育学院
城市低龄老年人再职业生涯心理与行为模式研究	吴　捷	一般项目	天津师范大学
道德起源的进化假设：基于厌恶情绪的实验证据	丁道群	一般项目	湖南师范大学心理学系
海洛因戒除者的行为控制功能及其对海洛因使用行为的自动化加工机制研究	张　锋	一般项目	宁波大学心理学系
城市移民犯罪及其治理模式研究	杨方泉	一般项目	中山大学法学院
城市化进程中的集体产权与“村落共同体”研究	刘玉照	一般项目	上海大学文学院
重大社会公共事务中的社会动员和社会参与研究	郭　虹	一般项目	四川省社会科学院社会学研究所
转型期我国志愿者组织的社会动员研究	李　芹	一般项目	山东大学哲学与社会发展学院
转型时期青年志愿者社会动员研究	蒋逸民	一般项目	华东师范大学
反血汗工厂运动与农民工权益保护研究	黄　岩	一般项目	华南师范大学公共管理学院
社会企业与贫困村互助资金运作模式创新研究	陆汉文	一般项目	华中师范大学
新时期中国社会企业运作模式研究	时立荣	一般项目	北京科技大学文法学院社会学系
城市化进程中的公共空间失序研究	张永宏	一般项目	中山大学社会学与人类学学院
城市化进程中近郊村落的边缘化问题研究	卢福营	一般项目	杭州师范大学政治经济学院
封闭社区的社会效应研究	朱喜钢	一般项目	南京大学城市与区域规划系

续表

项目名称	负责人	类别	所属机构
民勤绿洲边缘区农村家庭可持续生计的障碍及路径研究	李勇进	一般项目	兰州大学哲学社会学院
易地扶贫移民社区文化适应与社会组织建设调查研究	李晓莉	一般项目	云南民族大学
农村空巢老年人长期照护体系研究	张云英	一般项目	湖南农业大学
我国事业单位人员养老保险分类改革研究	高和荣	一般项目	厦门大学公共事务学院
中日韩老年长期护理保险制度的政策环境比较研究	高春兰	一般项目	长春工业大学人文学院
大福利视阈下的我国社会福利体系整合问题研究	毕天云	一般项目	云南师范大学
农村居民养老保障制度整合研究	丁建定	一般项目	华中科技大学社会学系
我国适度普惠型社会福利制度构建的理论基础和路径选择研究	张　军	一般项目	重庆理工大学
转变经济发展方式下的城乡社会保障一体化研究	石宏伟	一般项目	江苏大学
城市流动人口家庭的社会服务需求研究	潘鸿雁	一般项目	中共上海市委党校
流动人口家庭社会服务的需求与对策研究	曾守锤	一般项目	华东理工大学社会工作系
社会结构分化与扩大内需的政策选择	赵卫华	一般项目	北京工业大学人文社会科学学院
中国农村村级卫生服务模式转型研究	邵德兴	一般项目	中共杭州市委党校
留守与流动儿童关系关爱服务体系建设的比较研究	肖庆华	一般项目	贵州财经学院教育管理学院
我国农村社会救助体系改革与创新研究	朱德云	一般项目	山东财政学院财税与公共管理学院
社会工作行业协会发展研究	彭善民	一般项目	上海师范大学社会学系
西部农民工“乡—城”循环流动社会需求与构建发展型社会工作模式研究	向　荣	一般项目	云南大学公共管理学院
我国事业单位人员养老保险分类改革研究	高和荣	一般项目	厦门大学公共事务学院
西部山区儿童离村就学的社会适应研究	戴　岳	一般项目	贵阳学院教育系
孙中山符号与海峡两岸共同历史记忆研究	李　霞	青年项目	中共江苏省委党校
现代性语境下的世俗化理论研究	郑　莉	青年项目	哈尔滨工程大学
城市化进程中的农民工群体异质性及其社会政策建构调整研究	龚文海	青年项目	河南财经政法大学
返乡农民工创业行动研究	陈文超	青年项目	华中师范大学
新生代农民工城市融合问题研究	王道勇	青年项目	中共中央党校科学社会主义教研部
新生代农民工的社会支持网络研究	周林波	青年项目	西南大学文化与社会发展学院

续表

项目名称	负责人	类别	所属机构
民族地区城市居住格局演化及分异研究	李　松	青年项目	新疆农业大学
西北民族地区伊斯兰宗教组织与社会稳定研究	马桂芬	青年项目	中共甘肃省委党校哲学教研部
西藏社会稳定研究	刘红旭	青年项目	西藏民族学院法学院
大学生村官制度和问题研究	骆江玲	青年项目	江西师范大学政法学院
新生代大学生职业选择的整合模型研究	刘　喆	青年项目	武汉理工大学
城乡统筹语域中“土地换保障”的实践反思与权益协调机制研究	郑雄飞	青年项目	华东师范大学社会发展学院人口研究所
农村社区自助机制建设与农民幸福感提高研究	谭同学	青年项目	中山大学社会学与人类学学院
农村土地流转中的农民利益保护研究	陈　娟	青年项目	西南大学文化与社会发展学院
人地分流背景下农村社区服务体系建设研究	罗　峰	青年项目	华中农业大学
中国农民专业合作社功能拓展研究	兰世辉	青年项目	江西财经大学人文学院社会学系
流动的共同体——农民工与一个村庄的变迁研究	张　领	青年项目	贵州财经学院公共管理学院
以农民为主体的乡村秩序维系及其机制研究	陈文玲	青年项目	中国传媒大学
城市公众应对环境风险的能力及行为研究	龚文娟	青年项目	厦门大学公共事务学院
突发性灾害治理中的社会脆弱性研究	侯　玲	青年项目	重庆师范大学政治学院
当代家庭代际文化观念变迁研究	刘汶蓉	青年项目	上海社会科学院社会学研究所
交叉理论视角下的女性农民工收入歧视研究	周亚平	青年项目	兰州大学哲学社会学院
劳动过程中的性别冲突与职业女性的社会适应研究	聂春雷	青年项目	东南大学人文学院社会学系
西北农村回族妇女家庭暴力问题研究	王雪梅	青年项目	宁夏大学政法学院
性别隔离行业新生代农民工择偶研究	孙淑敏	青年项目	华东理工大学社会学系
中国气候变化政策网络模型的构成、作用与前景研究	晋　军	青年项目	清华大学人文社会科学学院社会学系
空间、组织与网络：城市社会冲突的动员与演化机制研究	金　桥	青年项目	上海大学文学院
利益受损农民工的维权行动以及与政府之间互动的研究	吴　同	青年项目	华东师范大学社会发展学院
征地拆迁中社会矛盾化解机制研究	周爱民	青年项目	中共湖南省委党校
发展主题下的国家治理与民众应对研究	马建福	青年项目	北方民族大学社会科学部
社区建设中的国家规制体系研究	焦若水	青年项目	兰州大学哲学社会学院
庆典仪式与中华民族国家凝聚力研究	高小岩	青年项目	北京大学社会学系
社会转型与大众文化消费的变迁调查研究	周培勤	青年项目	南京大学社会学系
我国海洋意识及其建构研究	赵宗金	青年项目	中国海洋大学公共管理系
我国民间信仰的当代变迁与社会适应研究	张祝平	青年项目	丽水职业技术学院

续表

项目名称	负责人	类别	所属机构
产业治理中的社会微观秩序研究	梁　波	青年项目	上海大学文学院
我国文化产业发展中的政府角色定位与治理结构研究	张　森	青年项目	中国政法大学新闻与传播学院
要素市场的政商关系研究	吕　鹏	青年项目	中国社会科学院社会学研究所
中国社会“关系”文化对合伙创业企业伙伴选择的影响研究	杨洪涛	青年项目	哈尔滨工程大学
大都市就业结构性短缺问题及其对策研究	臧得顺	青年项目	上海社会科学院
社会转型期群体性弱势心态蔓延归因及社会矫治研究	魏　荣	青年项目	合肥工业大学人文经济学院
中国转型期社会焦虑问题研究	王丽萍	青年项目	中共山东省委党校
集体行动参与的心理路径研究	姚　琦	青年项目	南开大学周恩来政府管理学院
群体情绪、群体认同与行动倾向的关系研究	陈满琪	青年项目	中国社会科学院社会学研究所
吸毒人群艾滋病污名问题研究	耿柳娜	青年项目	南京大学社会学院心理学系
信任的代际传递机制研究	池丽萍	青年项目	中华女子学院
广西“社”信仰下的多民族地区社会建设研究	覃慧宁	青年项目	广西民族大学
人类学视角下的自助组织建构和志愿服务方法革新研究	富晓星	青年项目	中国人民大学社会与人口学院
“韦伯式问题”的经验研究	梁德阔	青年项目	复旦大学
东北国企改制的组织认同重构的个案研究	吴海琳	青年项目	吉林大学哲学社会学院
中国慈善组织的成长与公信力建设研究	张祖平	青年项目	上海师范大学法政学院
组织社会学视野下的小产权房问题研究	张杨波	青年项目	武汉大学社会学系
非营利组织社会企业化运作模式研究	田　蓉	青年项目	南京大学社会学院
国家规制视角下的劳资关系潜规则生成及其对策：以新《劳动合同法》的执行情况为例	吕小康	青年项目	南开大学周恩来政府管理学院
我国民营企业社会责任问题的社会学研究	薛天山	青年项目	南京师范大学金陵女子学院
现阶段劳资冲突及其治理机制研究	刘泰洪	青年项目	中国劳动关系学院公共管理系
城市社区治理的组织体系和功能研究	刘玉东	青年项目	中共南京市委党校
城乡一体化进程中城市边缘社区组织建设研究	宋　辉	青年项目	西南大学文化与社会发展学院
舆情疏导机制建构与城市基层社会管理研究	冯希莹	青年项目	天津市社会科学院舆情研究所
创新联盟的形成、扩散和治理研究	李国武	青年项目	中央财经大学
发展型社会政策理念下城市贫困家庭可持续生计研究	高功敬	青年项目	济南大学法学院
乡村转型的动力机制与路径选择研究	王　萍	青年项目	浙江工业大学政治与公共管理学院
老年人长期照护服务体系研究	唐　咏	青年项目	深圳大学法学院

续表

项目名称	负责人	类别	所属机构
老年人长期照护服务主体与服务组合研究	赵怀娟	青年项目	安徽师范大学历史与社会学院
农村社会资本影响老年健康的机制研究	王　晶	青年项目	中国社会科学院社会学研究所
普惠型"新农保"试点跟踪与政策效果研究	陈娥英	青年项目	中共陕西省委党校
新型农村社会养老保险制度的可持续性评估研究	王翠琴	青年项目	华中农业大学
以福利需求为导向的适度普惠型社会福利制度建构研究	王　磊	青年项目	辽宁省社会科学院社会学研究所
资产建设与农村社区福利研究	侯志阳	青年项目	华侨大学公共管理学院
后金融危机时期中国城镇工作贫困者问题与相关社会政策研究	姚建平	青年项目	华北电力大学人文与社会科学学院
现阶段我国城市居住问题的社会学研究	孟祥远	青年项目	南京林业大学人文社会科学学院
农村慢性病人的社会适应与生存策略研究	郇建立	青年项目	北京科技大学文法学院
农村亚贫困问题与相关社会政策调整研究	张开云	青年项目	华南农业大学公共管理学院
中国残疾人自助组织发展策略研究	何　欣	青年项目	中国人民大学社会与人口学院
本土社会工作伦理建构的探索性研究	沈　黎	青年项目	上海师范大学
虐待老年人问题调查及社会工作干预研究	刘春燕	青年项目	广东外语外贸大学政治与公共管理学院
社会工作在农村反贫困中的应用研究	方　劲	青年项目	浙江师范大学法政学院社会工作系
西部留守儿童社会工作综合服务体系研究	陈世海	青年项目	宜宾学院法学院
中国特色农村社会工作实践模式研究	蒋国河	青年项目	江西财经大学人文学院
社会养老保险领域衍生社会风险研究	侯明喜	青年项目	重庆工商大学
城乡基本公共服务均等化实现机制研究	余　佶	青年项目	中国浦东干部学院
流动的共同体——农民工与一个村庄的变迁研究	张　领	青年项目	贵州财经学院公共管理学院
大学生村官制度和问题研究	骆江玲	青年项目	江西师范大学政法学院
中国社会"关系"文化对合伙创业企业伙伴选择的影响研究	杨洪涛	青年项目	哈尔滨工程大学
多元视阈中的河湟：族群互动、文化认同与地缘关系	马建春	后期资助项目	暨南大学
定性社会研究方法	陆益龙	后期资助项目	中国人民大学
征服美洲	卢苏燕	后期资助项目	新华通讯社
2012 年（201 项）			
基于大规模网络实际测量的个体与群体行为影响分析研究	乐国安	重大项目	南开大学

续表

项目名称	负责人	类别	所属机构
中国人社会认知的特征：心理与脑科学的整合研究	刘　超	重大项目	北京师范大学
农民工与城市公共文化服务体系研究	刘　奇	重大项目	安徽省社会科学院
农民工文化需求与城市公共文化服务体系建设研究	吴予敏	重大项目	深圳大学
当代西方风险社会理论研究	张广利	重点项目	华东理工大学社会与公共管理学院
社会学中国化视野下的社会建设理论与实践研究	杨　敏	重点项目	中央财经大学
城市化进程中村落变迁的特征概括与规律分析研究	任映红	重点项目	温州大学
连片特困地区包容性增长的扶贫开发模式研究	王志章	重点项目	西南大学
新型农村社区建设与地方政府行为研究	王　耀	重点项目	河南省委宣传部
网络群体性事件发展规律的社会学研究	乐国安	重点项目	南开大学周恩来政府管理学院社会心理学系
农村公共文化服务体系建设及农民精神生活引导研究	刘建荣	重点项目	湖南师范大学公共管理学院
现阶段农民群众精神文化生活调查研究	刘金海	重点项目	华中师范大学
现阶段我国社会大众精神文化生活调查研究	郭　强	重点项目	同济大学
反思“习性、场域和资本”概念在我国本土的应用问题	冯　冰	一般项目	浙江大学外国语言文化与国际交流学院
构型社会学的理论研究及启示	王树生	一般项目	哈尔滨工业大学人文学院社会学系
彝族古代社会思想研究	杨树美	一般项目	云南师范大学哲学与政法学院
中国艾滋病污名化问题及形成机制研究	王小平	一般项目	山西师范大学政法学院
面向中国特色社会管理实践的社会秩序理论构建研究	高　峰	一般项目	北京工业大学马克思主义学院
陌生人社会秩序的价值基础：一种道德社会学的研究	龚长宇	一般项目	苏州大学政治与公共管理学院
伊斯兰教与社会秩序的关系研究	马晓梅	一般项目	中共宁夏区委党校
社会学视野下重新犯罪防控机制研究	江华锋	一般项目	中央司法警官学院
社会整合视角下的未成年犯社区矫正研究	张学军	一般项目	福州大学人文社会科学学院社会学系
发展型社会政策视野下农民工及子女城市社会融入研究	马　良	一般项目	浙江工商大学

续表

项目名称	负责人	类别	所属机构
教育政策对流动儿童社会融入的影响研究	韩嘉玲	一般项目	北京市社会科学院
露宿街头者生存状态及群体化机制研究	赖金良	一般项目	浙江大学
高等教育分流影响社会分层流动的机制与政策研究	陈新忠	一般项目	华中农业大学
农村残疾儿童受教育权状况及其保障机制研究	郭启华	一般项目	安庆师范学院教育学院
新生代农民工教育培训机制研究	银平均	一般项目	江西财经大学人文学院社会学系
长三角地区农村新型社区化研究	操世元	一般项目	浙江财经学院
村庄撤并与农民生活变迁研究：不同类型村庄的比较	张伟兵	一般项目	长治学院
当代中国农民公平分享农地非农化收益问题研究	丁同民	一般项目	河南省社会科学院
社会转型期的农村贫困问题研究	潘泽泉	一般项目	中南大学社会学系
农民工文化与城市主流文化的融合路径研究	洪小良	一般项目	中共北京市委党校
村民环境行为与农村面源污染研究	陈阿江	一般项目	河海大学公共管理学院
垃圾焚烧问题的社会学与传播学研究	周志家	一般项目	厦门大学公共事务学院
社会学视域下的区域环境风险及其应对机制研究	王　芳	一般项目	华东理工大学社会与公共管理学院社会学系
我国灾害损失评估的社会学研究	段华明	一般项目	中共广东省委党校现代化战略研究所
农业女性化对农业发展的影响研究	吴惠芳	一般项目	中国农业大学人文与发展学院社会学系
社会转型期家庭变迁理论研究	吴小英	一般项目	中国社会科学院社会学研究所
中产阶层化过程中女性社会空间建构研究	郭爱妹	一般项目	南京师范大学金陵女子学院
股份制村庄居民的社会关系与社区治理机制研究	秦均平	一般项目	杭州师范大学政治经济学院
集体行动中的情绪、仪式与宗教研究	乔世东	一般项目	济南大学政治与公共管理学院
信访难案的解释与治理研究	孙克勤	一般项目	上海社会科学院社会学研究所
农民工职业病及其社会问题研究	张　辉	一般项目	贵州财经学院公共管理学院
转型期政府参与劳资关系调整的社会学研究	谭　泓	一般项目	中共山东省委党校
群体事件中的网络作用机制研究	苏振华	一般项目	浙江大学
甘青藏区少数民族国家认同意识建构与社会稳定研究	杨军炜	一般项目	甘肃农业大学
民工荒视域下的新生代农民工价值观研究	李贵成	一般项目	郑州轻工业学院
香港群体意识形态与内地主流意识形态相互作用的机制和途径研究	徐海波	一般项目	深圳大学社会科学学院

续表

项目名称	负责人	类别	所属机构
藏传佛教和伊斯兰教文化圈女性价值观比较研究	拉毛措	一般项目	青海省社会科学院哲学社会学所
非物质文化遗产文化生态及其保护模式研究	丁永祥	一般项目	河南师范大学
环渤海城市群海洋文化软实力研究	谭业庭	一般项目	青岛理工大学
居住空间认同与传统民居文化遗产保护研究	韩　雷	一般项目	温州大学
农民工社区融合与城市公共文化服务体系研究	陆自荣	一般项目	湖南科技大学
当代农村消费文化研究	张小莉	一般项目	中共辽宁省委党校
民族传统节日象征符号与文化品牌建设研究	林继富	一般项目	中央民族大学文学与新闻传播学院
社区文化中心建设研究	高鉴国	一般项目	山东大学哲学与社会发展学院
新疆少数民族地区农村文化惠民工程及其成效的调查研究	王习农	一般项目	新疆维吾尔自治区党校
创业过程典型事件中的创业者社会网络行为研究	钟卫东	一般项目	温州大学
市场社会学的协调理论及其应用研究	符　平	一般项目	华中师范大学
市场秩序生成中的道德缺位与重建研究	吴宗友	一般项目	安徽大学社会与政治学院
建立城市老年公民幸福指数评价体系研究	彭凯平	一般项目	清华大学人文社会科学学院心理学系
中国公民幸福指数测评与应用研究	苗元江	一般项目	南昌大学教育学院教育系
中国公民幸福指数指标体系研究	邢占军	一般项目	山东大学政治学与公共管理学院
基于心理契约的信任价值观建构研究	李　磊	一般项目	天津商业大学心理学系
集体智慧在协同创新中的生成与应用研究	周　详	一般项目	南开大学周恩来政府管理学院
媒体不良信息对青少年影响的社会心理研究	王渭玲	一般项目	西安交通大学
残疾人的社会疏离问题及其发生机制研究	张　林	一般项目	宁波大学教师教育学院心理学系
处境不利儿童社会生态适应的追踪研究	李　丹	一般项目	上海师范大学教育学院
大学毕业生就业过程中的心理机制研究	马华维	一般项目	天津师范大学教育科学学院
劳教场所的心理健康服务模式研究	潘柳燕	一般项目	广西大学教育学院
安多藏区宗教信仰与社会秩序的民族志研究	张亦农	一般项目	上海大学社会学院
民族地区宗教信仰与社会秩序的民族志研究	章立明	一般项目	云南大学
农民工随迁子女城市社会融入问题的人类学研究	刘　谦	一般项目	中国人民大学社会与人口学院
维吾尔族农村劳动力省际流动研究	吐尔文江	一般项目	新疆社会科学院
美国慈善制度对我国慈善事业的借鉴研究	高　卉	一般项目	石河子大学
当代中国乡村社会变迁研究	彭　兵	一般项目	丽水学院文学院
面向日常生活实践的中国社会转型研究	吉国秀	一般项目	沈阳师范大学

续表

项目名称	负责人	类别	所属机构
我国城市化进程中的贫民住区治理跟踪研究	孟翔飞	一般项目	辽宁公安司法管理干部学院
我国社会现代化历程中的少数民族发展研究	张　嵘	一般项目	西北师范大学
新疆土地流转中哈萨克牧民可持续生计研究	刘鑫渝	一般项目	伊犁师范学院
后单位社会城市住房保障制度的实践机制研究	武中哲	一般项目	山东财经大学（筹）
社会养老服务体系建设与虚拟养老院的创新和发展研究	柏正杰	一般项目	兰州商学院财税与公共管理学院
我国失能老人多元需求分析与长期照护服务体系的构建	肖　云	一般项目	重庆大学贸易与行政学院
产业更新背景下再就业与职业流动	张　顺	一般项目	西安交通大学
民政事业城乡一体化的理论与政策研究	胡文木	一般项目	中共浙江省委党校
社会转型期的职业分类研究	田　丰	一般项目	中国社会科学院社会学研究所
城市流动人口生存与发展及社会工作介入战略研究	韩晓燕	一般项目	华东师范大学社会发展学院
生态系统视域下隔离社群的社会工作服务研究	卓彩琴	一般项目	华南农业大学
我国青少年生殖健康社会工作服务模式研究	李　滨	一般项目	重庆工商大学社会与公共管理学院
医务社工的角色定位与功能整合研究	冯　文	一般项目	北京大学医学部
城市贫困家庭个案研究	范明林	一般项目	上海大学社会学院
城市失能老人家庭照料及社区支持研究	杜　娟	一般项目	首都医科大学
生态移民地区留守儿童权利保障问题研究	孔炜莉	一般项目	宁夏社会科学院
农民工社区融合与城市公共文化服务体系研究	陆自荣	一般项目	湖南科技大学
劳教场所的心理健康服务模式研究	潘柳燕	一般项目	广西大学教育学院
生态系统视域下隔离社群的社会工作服务研究	卓彩琴	一般项目	华南农业大学
国外童年社会学的当代进展研究	郑素华	青年项目	浙江师范大学
社会学理论的流变与方法论意义研究	罗英豪	青年项目	河南省社会科学院
土地改革、人民公社化对差序格局的影响研究	何朝银	青年项目	福州大学人文社会科学学院社会学系
西方风险社会理论的借鉴与反思研究	刘　岩	青年项目	吉林大学哲学社会学院社会学系
早期社会学中国化的西南乡村建设经验研究	杨华军	青年项目	四川省社会科学院
政治与社会学交互视角下的污名理论研究	姚星亮	青年项目	哈尔滨工程大学
农村社会管理机制创新的社会工作介入研究	张学东	青年项目	石家庄学院
西北民族地区创新社会管理的理论与机制研究	饶旭鹏	青年项目	兰州理工大学
转型期农村社会管理机制创新研究	狄金华	青年项目	华中农业大学
社会支持视域下的刑释人员回归社会研究	莫瑞丽	青年项目	南昌航空大学文法学院

续表

项目名称	负责人	类别	所属机构
社会转型过程中城市社区建设与民族融合研究	柳建文	青年项目	南开大学周恩来政府管理学院
我国法律制度的自然演化与理性构建的法社会学研究	萨其荣桂	青年项目	内蒙古大学法学院
转型期社会不满情绪的法社会学研究	邢朝国	青年项目	北京科技大学文法学院社会学系
流动儿童对立违抗行为及其对城市适应与融入的影响	蔺秀云	青年项目	北京师范大学心理学院
农民工随迁子女城市融入研究	王毅杰	青年项目	河海大学公共管理学院
农民工随迁子女城市社会发展路径研究	周　佳	青年项目	黑龙江大学教育学院
融入和接纳——农民工随迁子女城市社会融合的双重视角研究	陈国华	青年项目	成都理工大学文法学院
返乡农民工的社会适应及社会应对机制构建研究	张世勇	青年项目	西北农林科技大学
农民工身份的代际传递研究	周　潇	青年项目	中国劳动关系学院劳动关系系
社会分层理论视角下维护弱势社会群体健康权益研究	王甫勤	青年项目	同济大学
手机时代青少年的价值观问题研究	何安明	青年项目	信阳师范学院
闲暇生活与新生代农民工精神健康问题研究	李　萍	青年项目	贵州师范大学
乡城移民家庭居住获得机制的社会学研究	胡书芝	青年项目	湖南师范大学公共管理学院
新生代农民工对社会不平等现象的社会心态及引导研究	龙书芹	青年项目	东南大学人文学院
民族地区农村留守儿童家校合作模式研究	杨建忠	青年项目	凯里学院
农村土地流转的社会学研究	郭　亮	青年项目	华中科技大学
农村新型社区化与城乡一体化道路研究	何宏光	青年项目	南京审计学院公共管理与绩效评估研究院
社会结构变迁视角下农村土地流转制度研究	张四梅	青年项目	中共湖南省委党校
社区文化中心建设模式与运行机制研究	陈建胜	青年项目	浙江财经学院
农民工社会网络对其迁移意愿影响研究	曹志刚	青年项目	华中科技大学
文化适应视角下新生代农民工的身体消费研究	赵方杜	青年项目	华东理工大学社会学系
新市民在城乡一体化进程中的粘合催化作用及其触动机制研究	朱振亚	青年项目	井冈山大学
我国公众环境行为及其影响因素研究	彭远春	青年项目	中南大学公共管理学院社会学系
市场、制度与网络：女性农民工职业发展研究	孙琼如	青年项目	华侨大学公共管理学院
我国城市女性的社会经济地位与婚姻质量研究	张会平	青年项目	中国人民大学社会与人口学院
“共治”框架下社区治理新路径研究	何海兵	青年项目	中共上海市委党校

续表

项目名称	负责人	类别	所属机构
城市化进程中农村社区的秩序重建与组织再造研究	吴　莹	青年项目	中国社会科学院社会发展研究所
城乡一体化进程中的乡镇治理能力研究	欧阳静	青年项目	江西财经大学财税与公共管理学院
社会转型过程中的社区治理研究	郑中玉	青年项目	哈尔滨工业大学人文学院社会学系
社会资本视域下村庄治理转型的社区机制研究	张国芳	青年项目	浙江工商大学
群体事件中的集体认同意识及合理疏导研究	邓燕华	青年项目	西南财经大学公共管理学院
群体事件中的社会认同模式变迁与应对策略研究	王振卯	青年项目	江苏省社会科学院
社会媒体影响群体性事件的机制研究	黄荣贵	青年项目	复旦大学社会发展与公共政策学院
下岗职工集体行动的理性疏导及妥善应对研究	李晓非	青年项目	北京大学社会学系
可持续发展视角下的企业社会责任研究	余晓敏	青年项目	北京师范大学社会发展与公共政策学院
劳动关系调整的多方参与机制研究	闻效仪	青年项目	中国劳动关系学院劳动关系系
台湾地区劳资统合治理研究	王章佩	青年项目	海南大学政治与公共管理学院
风险社会视域中的“网络暴力”问题及其治理研究	姜方炳	青年项目	中共杭州市委党校
群体性事件中的网络助燃机理与阻燃机制研究	刘　昱	青年项目	郑州大学
社会认同视域中网络舆论的形成、演化及引导机制研究	王恩界	青年项目	广西大学教育学院
网络“类民间组织”的运行机制与社会影响研究	王冬梅	青年项目	中国青年政治学院社会学系
网络时代的社区参与和社区治理研究	肖　林	青年项目	中国社会科学院社会学研究所
西北民族地区穆斯林大学生网络群际行为模式及有效疏导研究	冯学兰	青年项目	北方民族大学管理学院
当前我国青年时尚及其文化认同研究	徐连明	青年项目	华东师范大学
新媒体时代青年酷儿的文化认同研究	陈亚亚	青年项目	上海社会科学院文学研究所
中越边境越南难民的社会认同研究	甘开鹏	青年项目	云南财经大学公共管理学院
旅游社会学基础理论研究	张进福	青年项目	厦门大学管理学院旅游系
农民和农民工文学活动的社会学研究	刘　畅	青年项目	武汉大学社会学系
社会学视角西藏传统茶文化研究	赵国栋	青年项目	西藏民族学院
我国残疾人文化权利保障的现状、影响因素与对策研究	侯晶晶	青年项目	南京师范大学教育科学学院
新时期民族地区村落的文化变迁与文化生态建设研究	曲凯音	青年项目	云南师范大学哲学与政法学院

续表

项目名称	负责人	类别	所属机构
社会平等对幸福感的影响研究	李　丁	青年项目	西南财经大学
城市男同性恋人群性别角色与精神健康研究	庾　泳	青年项目	中山大学社会学与人类学学院
道德基准对择偶行为影响的中美比较研究	张彦彦	青年项目	吉林大学哲学社会学院心理学系
心文化与心理学视域中的精神家园问题研究	彭　鹏	青年项目	西北大学哲学与社会学学院
社会转型背景下中国人马基雅弗利主义人格的测量、影响及干预研究	汤舒俊	青年项目	长江大学
"胞波情谊"与中缅关系——人类学视野下的区域、国家与社会	段　颖	青年项目	中山大学人类学系
大陆台商社会适应与社会认同研究	严志兰	青年项目	中共福建省委党校
东北朝鲜族基督教信仰与地方公共秩序研究	聂家昕	青年项目	沈阳师范大学
穆斯林聚居地区清真寺参与禁毒防艾治理的民族志研究	张　宁	青年项目	海南医学院发展与改革研究中心
人民公社时期内蒙古牧区的生态与社会变迁研究	张　雯	青年项目	上海海洋大学
现代背景下维吾尔族宗教群体的社会学研究	艾比不拉	青年项目	新疆师范大学
中国与东南亚哈尼族（阿卡人）跨国流动的民族志研究	白永芳	青年项目	云南大学民族研究院
中韩宗族实体化与非实体化进程的比较研究	杨渝东	青年项目	南京大学社会学院人类学研究所
城市基层社会组织的生长机制及培育路径研究	邱梦华	青年项目	上海工程技术大学社会科学学院
单位制度变迁背景下的"单位人"生活史研究	陶　宇	青年项目	长春工业大学人文学院
单位制度变迁与集体认同的重构研究	张晓溪	青年项目	北华大学法学院
当前我国慈善组织公信力建设研究	郭晓莉	青年项目	中共河南省委党校
社会企业的合法性机制建构研究	刘小霞	青年项目	上海应用技术学院
新型农村合作社的成长机理及促进政策研究	朱兴涛	青年项目	东北师范大学
空间理论视角下的中国城市更新机制研究	吴娅丹	青年项目	华中农业大学
现代城市绅士化现象的特征、机制与效应研究	宋伟轩	青年项目	江苏省社会科学院
社会转型期的儿童贫困问题研究	郑飞北	青年项目	南开大学周恩来政府管理学院
我国公务员养老保险制度改革研究	龙玉其	青年项目	首都师范大学管理学院
我国迁移群体的福利态度及福利不平等问题研究	黄叶青	青年项目	同济大学经济与管理学院公共管理系
我国养老保险制度中的中央与地方关系研究	鲁　全	青年项目	中国人民大学劳动人事学院
新疆少数民族传统社会保障文化与社会保障体系研究	阿里木江	青年项目	新疆师范大学

续表

项目名称	负责人	类别	所属机构
农村最低生活保障政策实施绩效评估及优化研究	何植民	青年项目	江西财经大学财税与公共管理学院
禁毒社会工作者队伍建设研究	李　霞	青年项目	云南警官学院禁毒学院
留守经历对农村青少年自我伤害行为的影响机制及学校社会工作干预研究	徐　云	青年项目	中南民族大学
员工帮助计划与企业社会工作机制创新研究	张宏如	青年项目	常州大学
族群认同与民族地区社会工作人才队伍建设问题研究	胡彬彬	青年项目	贵州民族大学民族学与社会学学院
城市"新贫困群体"的形成与社会救助政策改革研究	周利敏	青年项目	广州大学公共管理学院
城市居民家庭的贫困脆弱性及其消减研究	祝建华	青年项目	浙江工业大学政治与公共管理学院
高风险家庭儿童防虐体系研究	陈云凡	青年项目	湖南师范大学公共管理学院
戒毒人员回归社会的长效机制构建研究	韩　丹	青年项目	中共江苏省委党校社会学与社会管理教研部
农民工返乡子女的文化冲突与社会支持系统构建研究	张　烨	青年项目	四川师范大学教育科学学院
弱势群体权利保障中的打击拐卖妇女儿童行动研究	周俊山	青年项目	中国人民公安大学
我国公务员养老保险制度改革研究	龙玉其	青年项目	首都师范大学
农村最低生活保障政策实施绩效评估及优化研究	何植民	青年项目	江西财经大学
存在与共生：一项超越二元对立的族群人类学研究	袁年兴	后期资助项目	浙江财经学院
中国城市亲属关系与精神健康研究	孙薇薇	后期资助项目	中央财经大学
社会变迁视野下的生活质量研究	王培刚	后期资助项目	武汉大学
信息技术应用与组织文化变迁	任　敏	后期资助项目	武汉大学
2013年（225项）			
中华民族伟大复兴的社会心态状况抽样调查及对策建议	罗教讲	重点项目	武汉大学
人类学视角下现代中国公共记忆与民族认同研究	麻国庆	重点项目	中山大学
中国社会调查史研究	水延凯	重点项目	中共孝感市委党校
青藏铁路对沿线地区社会和文化的影响分析研究	文　化	重点项目	西北民族大学
藏区专项扶贫政策效用研究	王亚玲	重点项目	中共青海省委党校
轴心时代东西方社会思想比较研究	孟天运	重点项目	青岛大学
城乡一体化进程中的农村变迁研究	叶敬忠	重点项目	中国农业大学

续表

项目名称	负责人	类别	所属机构
多机构合作留守妇女社区服务模式研究	张李玺	重点项目	中华女子学院
新型城市化背景下的社区建设研究	蓝宇蕴	重点项目	华南师范大学
城乡一体化教育体制的社会支持系统研究	李　玲	重点项目	西南大学
包容性增长视野下的新生代创业问题研究	黄兆信	重点项目	温州医学院
中小学教师编制城乡一体化研究	朱家存	重点项目	安徽师范大学
基于政策模拟方法的社会稳定风险研究	阎耀军	重点项目	天津工业大学
我国社会心态测量指标研究	杨宜音	重点项目	中国社会科学院社会学研究所
中国民间信仰与民间组织关系的田野研究	吴效群	重点项目	河南大学
《自杀论》研究	库少雄	一般项目	中南民族大学
边疆舆情学的体系构建与边疆舆情治理研究	李建立	一般项目	云南师范大学
基于社区增权的和谐民族村寨旅游研究	廖军华	一般项目	贵州民族大学
西部民族地区基层社会管理和服务体系建设实证研究	张谦元	一般项目	甘肃省社会科学院
新疆地区社会稳定检测评价指标体系及预警机制研究	刘　洪	一般项目	新疆警察学院
中国质性社会研究的文化脉络、代表人物及理论体系研究	刘　莹	一般项目	西北大学
农村流动儿童教育问题的社会学研究	龚继红	一般项目	华中农业大学
中国城乡居民环境意识的比较研究	卢春天	一般项目	西安交通大学
新型农民合作经济组织与乡村治理结构创新研究	汪玉奇	一般项目	江西省社会科学院
回族地区医患纠纷与医德医风建设研究	徐萍风	一般项目	宁夏医科大学
基于文化融合与创新发展的两岸文化关系与价值认同研究	罗筱霖	一般项目	贵州师范大学
城市化进程中甘青藏区民族传统文化的损失调查与传承机制研究	龙玉梅	一般项目	西北民族大学
西部民族地区文化民生改善及实现路径研究	樊泳湄	一般项目	中共云南省委党校
新生代少数民族农民工的社会认同研究	黄利会	一般项目	中南民族大学
国民心理卫生素养与心理求助行为研究	江光荣	一般项目	华中师范大学
青海藏传佛教僧侣生活变迁与寺院社区稳定研究	冷智多杰	一般项目	青海师范大学
新疆“9·25”起义现存留疆官兵及其亲属的口述实录研究	王立昌	一般项目	石河子大学
重症群体治疗中的医学伦理学研究	高　峰	一般项目	解放军305医院
残疾人托养保障机制研究	马　卉	一般项目	武汉理工大学
社会工作协同社区治理研究	彭惠青	一般项目	武汉科技大学

续表

项目名称	负责人	类别	所属机构
社会管理创新背景下民族社会工作制度和模式研究	马永清	一般项目	云南民族大学
民间组织在农村贫困治理中的角色定位和路径选择研究	黄承伟	一般项目	中国国际扶贫中心
回到马克思：西方社会结构理论的比较与反思	杜玉华	一般项目	华东师范大学
流动人口服务管理跨区域协作机制研究	陈　丰	一般项目	华东理工大学
城市居住区规划的社会影响评价研究	张　俊	一般项目	同济大学
农村新型社区化与社会管理创新研究	张文明	一般项目	华东师范大学
集体行动的内在认同机制及其消解策略研究	刘中起	一般项目	中共上海市委党校
重大决策社会稳定风险评估中的公民参与研究	刘淑妍	一般项目	同济大学
全面建成小康社会视角下的刑释人员社会保障制度研究	吴鹏森	一般项目	上海政法学院
基于社会网络视角的农村留守老年人社会支持系统模型研究	刘　燕	一般项目	华东理工大学
城市老年长期照护保障制度研究	仝利民	一般项目	华东理工大学
凉山彝族社会文化百年发展研究	马林英	一般项目	西南民族大学
新生代农民工的城市嵌入与群际偏向研究	李　媛	一般项目	电子科技大学
财政支持新农保可持续发展问题研究	宫晓霞	一般项目	山东财经大学
儿童青少年羞怯的适应能力与干预研究	陈英敏	一般项目	山东师范大学
中国留学生的跨文化心理适应研究	张红静	一般项目	山东大学
国家—社会视角下农村新型社区公共服务供给机制研究	高灵芝	一般项目	济南大学
农村社会养老保险制度创新研究	公维才	一般项目	聊城大学
包容性发展与我国新型城镇化道路研究	唐　鑫	一般项目	北京市社会科学院
杨庆堃与中国社会研究	孙庆忠	一般项目	中国农业大学
转型期社会分层对国民健康的影响及其后果研究	齐亚强	一般项目	中国人民大学
民众消费方式与幸福感的关系研究	蒋　奖	一般项目	北京师范大学
社会救助目标定位研究	杨立雄	一般项目	中国人民大学
生活世界理论的社会学转向研究	夏　宏	一般项目	广州大学
我国家庭代际伦理变化与家庭教育政策研究	骆　风	一般项目	广州大学
当代中国人价值观取向理论体系的建构及评价工具的开发研究	王晓钧	一般项目	深圳大学
大学生人格障碍的病理心理研究	卢　宁	一般项目	深圳大学
政府购买公共服务与社会组织发展研究	黎熙元	一般项目	中山大学
艾滋高危人群性风险认知的社会工作干预研究	裴谕新	一般项目	中山大学

续表

项目名称	负责人	类别	所属机构
全面建成小康社会进程中的农村残疾人贫困问题研究	杜金沛	一般项目	华南农业大学
传统中国基层社会管理机制研究	窦竹君	一般项目	石家庄铁道大学
“后农业税时代”村级公益事业建设村民投入意愿及激励机制研究	曹海林	一般项目	河海大学
江浙沪沿海工业污染的社会风险研究	顾金土	一般项目	河海大学
社会流动影响下的农民家庭关系及稳定性研究	金一虹	一般项目	南京师范大学
网络群体性事件的生成、演化与治理研究	郝其宏	一般项目	江苏师范大学
改革开放后中国家庭教养方式变迁及其对青少年心理行为的影响研究	程灶火	一般项目	南京医科大学
城乡养老保障制度整合的难点及框架设计研究	贾丽萍	一般项目	吉林省社会科学院
基于民生的食品安全风险指数与风险预防研究	孙春伟	一般项目	哈尔滨工程大学
农民工随迁子女平等接受教育研究	周　正	一般项目	哈尔滨师范大学
网络集体行为的动员机制研究	白淑英	一般项目	哈尔滨工业大学
游戏理论的文化社会学研究	周红路	一般项目	黑龙江省社会科学院
不同社会群体负性情绪的形成机理及调控策略研究	张守臣	一般项目	哈尔滨师范大学
价值取向和网络结构对社会交换的影响研究	刘　军	一般项目	哈尔滨工程大学
基于道德信念的内隐偏见产生机制研究	胡金生	一般项目	辽宁师范大学
我国新农保经办服务机制的评估与再造研究	刘晓梅	一般项目	东北财经大学
农村社会组织发展的“本土化”路径研究	谢　舜	一般项目	广西大学
中国文化“走出去”的策略与路径创新研究	林克勤	一般项目	四川外语学院
历史上汉藏茶马贸易与“中国文化”认同、“国家”认同的文献考察研究	王晓燕	一般项目	西南大学
我国社会转型时期社区治理与公共服务能力建设研究	徐　宪	一般项目	重庆工商大学
社会性别视野中的大学生就业竞争差异及其政策干预	揭爱花	一般项目	浙江大学
城市滨水区文化遗产保护与传承研究	张环宙	一般项目	浙江外国语学院
“二维空间”视域中的民间借贷社会风险防控机制研究	王尚银	一般项目	温州大学
流动人口“同城同待遇指数”研究	王国平	一般项目	杭州国际城市学研究中心（杭州研究院）
农业转移人口的再城镇化研究	刘玉侠	一般项目	温州大学

续表

项目名称	负责人	类别	所属机构
发展型社会政策理论视野下的农民工社会救助模式研究	方 巍	一般项目	浙江工业大学
新农村建设中社区记忆的保护机制研究	杨雪云	一般项目	安徽大学
承接产业转移与生态环境协调发展的社会监督机制研究	任雪萍	一般项目	合肥工业大学
环境污染与农民抗争维权行为的社会学研究	张金俊	一般项目	安徽师范大学
网络化时代的社会认同分化与整合机制研究	姚德薇	一般项目	安徽大学
快速城市化过程中徽州古村落文化变迁机制研究	贺为才	一般项目	合肥工业大学
现代大众传媒对犯罪新闻信息传播的实证研究	刘晓梅	一般项目	天津社会科学院
县域视角下农村基本公共卫生服务均等化研究	王晓霞	一般项目	中共天津市委党校
中俄两国转型期的民生政策与社会效果比较研究	庄晓惠	一般项目	天津工业大学
从民族精英身份认同解读内蒙古民族关系的知识社会学研究	常 宝	一般项目	内蒙古师范大学
城市化进程中蒙古族传统民俗文化损失现象调查与传承机制研究	额斯尔门德	一般项目	内蒙古师范大学
城市化进程中农村留守儿童的教育与社会发展研究	卢利亚	一般项目	湖南省教育科学研究院
积极心理学视角下的农村留守儿童心理资本研究	范兴华	一般项目	湖南第一师范学院
城镇化进程中区域社会组织创新路径研究	李桂平	一般项目	中南大学
城乡统筹发展中的社会养老保险制度建设研究	汤兆云	一般项目	华侨大学
涂尔干的道德教育思想与职业伦理及公民道德的社会建设	渠敬东	一般项目	中国社会科学院社会发展战略研究院
寻找和建构转型期中国的家庭政策体系	马春华	一般项目	中国社会科学院社会学研究所
“70后”、“80后”、“90后”代际文化差异与网络参与的关系研究	赵联飞	一般项目	中国社会科学院社会学研究所
网络公共空间官民共识的生成机制研究	殷 铬	一般项目	河南省社会科学院
用于择偶适合度分析的婚姻三维度匹配模型及测评系统的编制研究	王宇中	一般项目	郑州大学
我国中西部农村地区受虐儿童保护体系的构建研究	张长伟	一般项目	河南师范大学
统筹推进城乡社会养老保障体系建设研究	凌文豪	一般项目	河南大学
农村老年人自杀的社会学研究	刘燕舞	青年项目	武汉大学
民族优惠政策的非预期后果与制度创新研究	储 庆	青年项目	中南民族大学
社会管理视角下边疆民族地区民俗宗教生活变迁研究	李树燕	青年项目	昆明学院

续表

项目名称	负责人	类别	所属机构
宗教政策与新疆维稳工作研究	祖力亚提·司马义	青年项目	新疆大学
阶层分化下的失地农民风险分配与转移研究	冯晓平	青年项目	武汉科技大学
快速城市化地区交通公平评估方法与改善策略研究	陈　方	青年项目	昆明理工大学
基础教育知识供给及其干预机制研究	方　红	青年项目	湖北大学
社会流动背景下的农村社区协同治理体系建设研究	李增元	青年项目	华中师范大学
农民工返乡创业与就地市民化问题研究	罗竖元	青年项目	贵州师范大学
防范群体性事件分类研究	海云志	青年项目	甘肃省社会科学院
农村社区社会动员能力提升的路径选择与保障机制研究	袁小平	青年项目	南昌大学
网络利他行为对青少年影响的社会心理机制研究	郑显亮	青年项目	赣南师范学院
华裔新生代跨国文化回溯与身份认同研究	李　庆	青年项目	江西财经大学
城镇化进程中村落的价值及其发展研究	龚春明	青年项目	南昌航空大学
河湟地区传统文化艺术资源保护与开发利用研究	杨　玢	青年项目	青海大学
少数民族文化转型视角下的少数民族大学生就业困境研究	江承凤	青年项目	塔里木大学
新型城镇化过程中传统文化的传承机制研究	陈俊秀	青年项目	中共武汉市委党校
情景知觉过程中的文化效应及其神经机制研究	康廷虎	青年项目	西北师范大学
中美跨文化背景下权力心理表征的特点、影响因素和激活机制研究	定险峰	青年项目	华中师范大学
积极心理学视角下青少年幸福的影响机制及培育路径研究	张艳红	青年项目	长江大学
知青与民族社会互动关系的研究	崔应令	青年项目	武汉大学
多重逻辑视野下西部农村基层政权行为及其政权建设问题研究	马良灿	青年项目	贵州大学
国家专项扶贫政策执行的治理结构及其绩效分析研究	吕　方	青年项目	华中师范大学
资源枯竭型城市社区冲突与社区建设研究	葛绍林	青年项目	云南财经大学
西部民族地区城镇化与村级集体经济协同机制研究	温　曼	青年项目	云南省社会科学院
城市新贫困群体的社会保障机制研究	陈　云	青年项目	中南民族大学
社会管理体制创新背景下的政府购买社会工作服务研究	陈红莉	青年项目	华中农业大学

续表

项目名称	负责人	类别	所属机构
身份认同与新生代农民工利益诉求的关系研究	陈　晨	青年项目	中国青少年研究中心
当代西方宗教社会学理论的范式之争及基于中国经验的对话	李　峰	青年项目	华东政法大学
人口“家庭化”流动的效应、困境及对策研究	薛亚利	青年项目	上海社会科学院
新生代农民工日常生活方式与身体实践研究	刘　博	青年项目	中共上海市委党校
资本建构、资本转换与新生代农民工的社会融合研究	刘　程	青年项目	上海社会科学院
面向家庭的儿童社会服务政策研究	姜妙屹	青年项目	华东理工大学
社会组织公共性生长中的政府角色研究	唐文玉	青年项目	中共上海市委党校
青年参与网络集体行动的社会心理机制研究	雷开春	青年项目	上海社会科学院
产业转移的“嵌入性”约束研究	杨玲丽	青年项目	上海政法学院
乡城移民生活质量研究：理论构建和测量方法	褚荣伟	青年项目	复旦大学
不同心理社会干预模式对癌症生存者生命质量改善的研究	王继伟	青年项目	复旦大学
理财投资行为与民间金融市场的社会学研究	朱宇晶	青年项目	华东师范大学
我国城市老年人临终关怀需求评估与社会工作干预研究	程明明	青年项目	上海大学
社区服刑人员社会融合水平测量、影响因素检验与促进对策实证研究	李光勇	青年项目	上海政法学院
我国发展型社会救助模式研究	张浩淼	青年项目	四川大学
海洋污染事件中渔民的环境抗争研究	陈　涛	青年项目	中国海洋大学
社会救助制度的转型和整合问题研究	满新英	青年项目	山东省委党校
基层社会多元纠纷解决机制构建与社会管理创新研究	朱　涛	青年项目	北京工业大学
现象学社会学新流派及其对基层社会的应用研究	孙飞宇	青年项目	北京大学
城市公共危机应对的社区动员研究	姜振华	青年项目	中国青年政治学院
改革开放以来工会参与社会管理的制度变迁研究	吴建平	青年项目	中国劳动关系学院
社会资本的代际传递与推进教育公平研究	林存银	青年项目	中央财经大学
义务教育阶段之后农民工子女平等接受教育研究	汪淳玉	青年项目	中国农业大学
农民工随迁子女的城市社会融入研究	叶鹏飞	青年项目	中国劳动关系学院
网络人际交往与亲密关系的社会学研究	张　娜	青年项目	北京科技大学
基础教育阶段流动儿童学业水平现状及其影响因素探究	赵宁宁	青年项目	北京师范大学
同性恋者生存现状研究	王晴锋	青年项目	中央民族大学

续表

项目名称	负责人	类别	所属机构
单位体制变迁与社会管理制度创新的组织基础研究	王修晓	青年项目	中央财经大学
我国残疾儿童家庭支持体系构建与发展策略研究	胡晓毅	青年项目	北京师范大学
环境型群体性事件的演变逻辑及其治理的比较研究	程启军	青年项目	华南农业大学
城市弱势群体精神健康的风险评估与危机干预研究	张　蕾	青年项目	暨南大学
社会工作机构多元组织网络建设研究	方　英	青年项目	广州大学
残疾人媒介使用、参与及增权效果研究	胡杨玲	青年项目	深圳大学
性别失衡对青年择偶的影响研究	贾志科	青年项目	河北大学
民国时期社会工作本土化研究	林顺利	青年项目	河北大学
公众语境下科学公信力的危机与重塑问题研究	刘翠霞	青年项目	南通大学
社会矛盾预防与化解中的第三方介入机制研究	童文莹	青年项目	南京师范大学
新媒体使用与青年社会认同研究	袁　潇	青年项目	南京邮电大学
儿童照顾安排对城镇已婚妇女就业的影响及社会性别机制研究	陶艳兰	青年项目	苏州科技学院
网络时代人际交往方式新变化的社会学研究	张　杰	青年项目	南京航空航天大学
大众消费行为的符号化倾向研究	郑　震	青年项目	南京大学
我国新型城镇化发展的“空间落点”及其发展形态研究	胡小武	青年项目	南京大学
生态系统视角下流动儿童权利保护与社会工作干预研究	刘玉兰	青年项目	常州大学
公益性和产业化相结合的养老服务模式研究	马　岚	青年项目	江苏省社会科学院
我国转型期利益分化的社会均衡功能研究	贾玉娇	青年项目	吉林大学
环境风险的社会放大效应：基于信任的心理学研究	伍　麟	青年项目	吉林大学
城市化进程中家庭消费行为的时空差异与可持续消费模式构建研究	李国柱	青年项目	吉林师范大学
国外市场社会学理论的当代进展及其本土化研究	王国伟	青年项目	东北师范大学
新时期构建流浪儿童救助保护体系研究	张霁雪	青年项目	吉林大学
新医改背景下医护人员工作投入生成模式及提升策略研究	张琳琳	青年项目	哈尔滨工程大学
政府购买社会工作服务对策研究	勾学玲	青年项目	中共黑龙江省委党校
清帝东巡与东北社会变迁研究	吴世旭	青年项目	沈阳师范大学

续表

项目名称	负责人	类别	所属机构
经济转型期城市非正规就业群体基本公共服务保障研究	张华新	青年项目	辽宁大学
我国社会政策议程设置模式研究	盛志宏	青年项目	广西大学
环保类群体性事件的动员结构和预防机制研究	程鹏立	青年项目	重庆科技学院
西部农村留守儿童日常文化生活的现状与对策研究	卢俊勇	青年项目	重庆师范大学
社会流动理论视角下的中产阶层公民参与研究	范晓光	青年项目	浙江省社会科学院
“新二元结构”视角下农民工市民化的实现机制研究	皮江红	青年项目	浙江工业大学
农民工随迁子女教育获得与城市融入研究	吴新慧	青年项目	杭州电子科技大学
农村集体土地确权中的土地纠纷及其解决研究	黄鹏进	青年项目	中共杭州市委党校
青少年网络游戏行为及其影响因素研究	朱丹红	青年项目	浙江大学
流动人口网络社区的文化认同研究	董敬畏	青年项目	中共浙江省委党校
社会流动视角下的“X二代”现象研究	顾　辉	青年项目	安徽省社会科学院
被动城市化群体生存现状及其城市融入研究	李琼英	青年项目	中共安徽省委党校
当代中国社区治理突出问题及对策研究	吴　猛	青年项目	安徽大学
民间资本投入社会福利研究	赵文聘	青年项目	天津社会科学院
乡村留守家庭的社会支持研究	安　苗	青年项目	太原理工大学
重大动物疫情公共危机中社会群体行为决策模式研究	刘　玮	青年项目	湖南农业大学
陌生人社区建设中的场共同体构建研究	何绍辉	青年项目	湖南省社会科学院
环境群体性事件的中国经验及预警研究	董海军	青年项目	中南大学
网络时代网民风险感知和精神健康的交互建构模式研究	郑思明	青年项目	厦门大学
中国新移民在南非的跨文化适应研究	陈凤兰	青年项目	福州大学
社会转型期职业人群工作不安全感研究	胡三嫚	青年项目	华侨大学
多元流迁模式下新生代农民工群体社会保护需求的异质性及其社会政策调整研究	沈君彬	青年项目	福建省委党校
梁漱溟与费孝通乡土重建思想比较研究	张　浩	青年项目	中国社会科学院社会学研究所
市场化进程中的结构紧张与相对剥夺感研究	魏钦恭	青年项目	中国社会科学院科研局
中等收入群体的发展趋势和消费模式研究	朱　迪	青年项目	中国社会科学院社会学研究所
城乡一体化进程中的县域治理机制研究	艾　云	青年项目	中国社会科学院社会发展战略研究院
农村基督教的皈信机制及管理策略研究	韩　恒	青年项目	郑州大学
城市贫困阶层的再生产机制及其治理政策研究	孙远太	青年项目	郑州大学

续表

项目名称	负责人	类别	所属机构
农村基督徒政治认知的社会—文化—心理机制研究	徐　凯	青年项目	洛阳师范学院
“承认社会工作”的理论建构和实践循证研究	王君健	青年项目	河南师范大学
基本公共服务均等化视角下的城乡社会保障统筹发展研究	刘德浩	青年项目	海南大学
新型农民合作社发展的社会机制研究	赵晓峰	后期资助项目	西北农林科技大学
中国乡村都市化再研究——珠江三角洲的透视	周大鸣	后期资助项目	中山大学
中国穆斯林生态自然观研究	丁文广	后期资助项目	兰州大学
流变的乡土性——社会互构论的分析维度	熊凤水	后期资助项目	安徽大学
2014 年（250 项）			
构建21世纪“海上丝绸之路”的社会与文化基础研究	庄礼伟	重大项目	暨南大学
我国生育政策调整带来的新社会问题研究	风笑天	重大项目	南京大学
儿童阅读障碍的认知机制及其干预研究	刘翔平	重大项目	北京师范大学
青少年网络语言生活方式及其引导策略研究	汪　磊	重大项目	广州大学
个体心理危机的实时监测与干预系统的建构	莫　雷	重大项目	华南师范大学
中国儿童青少年思维发展数据库建设及其发展模式的分析研究	陈英和	重大项目	北京师范大学
公平感对人类决策影响的社会神经科学研究	朱莉琪	重大项目	中国科学院心理研究所
新形势下生育数量监测及生育意愿和行为研究	姜全保	重点项目	西安交通大学
致命性心理危机的心理机制和干预策略研究	杨　丽	重点项目	天津大学
社会角色互动背景下个体不公平感的心理及脑机制研究	郭秀艳	重点项目	华东师范大学
转型期中国矛盾纠纷的动态监测与多元化解机制研究	陆益龙	重点项目	中国人民大学
产业升级背景下高新技术人才流动规律与城市人才竞争优势研究	王　宁	重点项目	中山大学
当代中国社会治理的价值取向与体制创新研究	王道勇	重点项目	中央党校
身份秩序视阈中农民工的尊严诉求与社会政策建构研究	方向新	重点项目	湖南省社会科学院
农民工从“嵌入态”生存到融入城市的推进机制研究	王　铁	重点项目	武汉市社会科学院
发展过程中的社会景气与社会信心研究	李汉林	重点项目	中国社会科学院
现代化背景下的本土社会心理学研究	方　文	重点项目	北京大学

续表

项目名称	负责人	类别	所属机构
虚拟社会治理与社会协同问题研究	谢俊贵	重点项目	广州大学
西南民族地区生态移民的社会适应研究	吴晓萍	重点项目	贵州民族大学
韦伯与中国文化研究	苏国勋	重点项目	哈尔滨工程大学
扩大利益交汇点与凝聚社会共识研究——新时期的社会信任构建	赵文龙	重点项目	西安交通大学
城乡居民健康不平等的社会学研究	胡　荣	重点项目	厦门大学
灾害记忆传承的跨文化比较研究	王晓葵	重点项目	华东师范大学
西部社会学的理论、方法和议题研究	陈文江	重点项目	兰州大学
计划生育政策调整对中国社会的影响研究	风笑天	重点项目	南京大学
我国扶贫类 NGO 公信力研究	钟　玲	一般项目	中国农业大学
农村义务教育阶段弃学留守儿童角色转换研究	潘　璐	一般项目	中国农业大学
农村面源污染的社会学特性以及农户环境意识和行动研究	饶　静	一般项目	中国农业大学
少数民族地区宗教活动的社会学研究	梁永佳	一般项目	中国农业大学
职业生涯视角下的大学毕业生就业质量研究	黄敬宝	一般项目	中国青年政治学院
劳教制度废止背景下社会工作融入社区矫正研究	熊贵彬	一般项目	中国青年政治学院
劳工政策评估模型构建与“政府主导”的劳动关系模式研究	吴清军	一般项目	中国人民大学
社会权利视角下我国残疾人就业问题研究	乔庆梅	一般项目	中国人民大学
理论自觉视角下的国家认同与民族认同研究	奂平清	一般项目	中国人民大学
优化制度环境与激发社会组织活力研究	刘春湘	一般项目	中南大学
“失独者”心理健康状况及心理弹性作用机制研究	张静平	一般项目	中南大学
人力资本视角下农民工城镇落户问题研究	黄江泉	一般项目	中南林业科技大学
受虐经历对儿童社会适应性发展的影响机制及干预政策研究	杨文娇	一般项目	中南民族大学
城市低收入家庭教育投入与子代收入水平的实证研究	何汇江	一般项目	中原工学院
我国社会治理创新扩散理论建构与实证研究	杨代福	一般项目	重庆大学
劳动力流出地农村老年人养老保障制度研究	张邦辉	一般项目	重庆大学
社会转型期底线失守的社会风险研究	吕庆春	一般项目	重庆科技学院
公民教育与国家认同研究	柯佳敏	一般项目	重庆师范大学
泄愤型群体性事件视角下的负面社会心态及治理研究	陈曙红	一般项目	江苏省委党校

续表

项目名称	负责人	类别	所属机构
我国社会养老服务体系建设存在的主要问题与政策配套体系研究	青连斌	一般项目	中共中央党校
城乡一体化中城乡文化和谐共生的实现机制研究	徐之顺	一般项目	江苏省哲学社会科学界联合会
少数民族传统社会资源与乡村治理创新研究	文新宇	一般项目	贵州省社会科学院
区域分化背景下的地域歧视问题研究	赵维泰	一般项目	河南省社会科学院
社会主体参与公益慈善组织透明化监管体制研究	毕素华	一般项目	江苏省社会科学院
基于优化乡村治理的农村土地流转研究	赖丽华	一般项目	江西省社会科学院
计划生育政策对中国城乡社会的影响研究	包蕾萍	一般项目	上海社会科学院
互联网时代社会情绪变化的新模式及新机制研究	张结海	一般项目	上海社会科学院
社会组织持续创新能力研究	郑乐平	一般项目	上海社会科学院
藏区新型城镇化与社会治理创新协同发展研究	何建兴	一般项目	四川省社会科学院
新疆历史上民族文化心理嬗变及其对国家认同的影响研究	齐万良	一般项目	新疆社会科学院
社区治理视角下西部农村留守人员关爱服务体系研究	杨　晶	一般项目	云南省社会科学院
社会空间视域下的政府信任研究	邹艳辉	一般项目	中国社会科学院
陕北延川县黄河沿岸古村落抢救保护研究	周　路	一般项目	安徽财经大学
我国孤独症谱系障碍筛查及融合教育研究	王丽英	一般项目	北华大学
国外社会建设的推进模式与中国的路径选择研究	刘金伟	一般项目	北京工业大学
中外空中交通管理体制比较研究	刘　浩	一般项目	北京航空航天大学
抗逆力视角下处境不利青少年自我分化发展及培养路径研究	安　芹	一般项目	北京理工大学
基于姓氏空间分布的人口迁移研究	陈家伟	一般项目	北京师范大学
流动儿童高级情感的影响因素与促进研究	刘　霞	一般项目	北京师范大学
大学生社交网络的不当使用及其心理需要缺陷机制研究	刘翔平	一般项目	北京师范大学
当代中国农民价值观变迁研究	董磊明	一般项目	北京师范大学
城镇化进程中农民工就业质量评测体系及提升路径研究	邹新树	一般项目	长沙理工大学
员工帮助计划促进新生代农民工城市融入研究	张宏如	一般项目	常州大学
大学毕业生就业质量与政策研究	张抗私	一般项目	东北财经大学
新型城镇化进程中农民工市民化的社会支持体系与政策导向研究	张晓梅	一般项目	东北农业大学
当代城市家庭教会的社会情绪与公共对待研究	张晓华	一般项目	东北师范大学

续表

项目名称	负责人	类别	所属机构
老年人健康风险的社会决定因素、风险链及其管理研究	方黎明	一般项目	对外经济贸易大学
生态补偿对自然保护区居民可持续生计影响机制研究	陈传明	一般项目	福建师范大学
空巢女性老人养老需求与老年福利供给性别策略研究	吴宏洛	一般项目	福建师范大学
流动背景下农民家庭稳定性问题的实证研究	罗小锋	一般项目	福州大学
自由港市视角下的两岸共建特区融合模式构建与对台融合力提升研究	王秉安	一般项目	福州大学
失独老人的养老保障模式与政策扶持机制研究	岑敏华	一般项目	广东金融学院
民族地区农村少数民族传统福利文化的社会功能研究	李林凤	一般项目	广西师范大学
农村留守女童性侵害防范机制研究	杨素萍	一般项目	广西师范学院
农村低龄寄宿儿童生存境遇及国家干预机制研究	董世华	一般项目	贵州财经大学
嵌入性视角下武陵山区产业化扶贫的现实困境及政策创新研究	曾　芸	一般项目	贵州大学
我国海洋渔村生态环境变迁的环境社会学研究	唐国建	一般项目	哈尔滨工程大学
我国农村互助养老模式问题及政策配套体系研究	张岭泉	一般项目	河北大学
大学毕业生就业质量评价研究	冯乃秋	一般项目	河北科技师范学院
重大水利工程项目决策社会稳定风险评估的公众参与机制研究	华　坚	一般项目	河海大学
社会工作与社会治理协同创新机制研究	纪德尚	一般项目	河南工程学院
农村社区医生和居民契约服务关系研究	张奎力	一般项目	河南农业大学
青年的网络社会参与机制研究	孟利艳	一般项目	河南师范大学
基于人力资本的我国代际收入流动机制与公共政策研究	黎　煦	一般项目	首都经济贸易大学
当前中国社会秩序的价值基础研究	于树贵	一般项目	苏州大学
政府购买社区养老服务研究	周玉萍	一般项目	太原科技大学
“家庭—社区—机构”三维老年人长期护理服务体系构建研究	刘彦慧	一般项目	天津中医药大学
中国近现代城市建筑嬗变与转型研究	梅　青	一般项目	同济大学
机动化进程下中国城市公园游憩出行方式的意向改变及分层研判	骆天庆	一般项目	同济大学
基于省域调研数据的多级城镇化实证研究	王　新	一般项目	温州大学
吸毒人群社会融合的困境及促进对策研究	朱长才	一般项目	武汉科技大学

续表

项目名称	负责人	类别	所属机构
政策性移民搬迁背景下农村老年人健康及福利保障机制研究	曾卫红	一般项目	西安交通大学
社会阶层分化与分配公平感研究	李黎明	一般项目	西安交通大学
西部农村居民消费潜能释放研究	王君萍	一般项目	西安石油大学
国家主体功能区背景下的高寒民族地区城乡一体化机制研究	李　巍	一般项目	西北师范大学
连片特困地区旅游扶贫与生态保护耦合机制研究	秦远好	一般项目	西南大学
青少年未来时间洞察力研究	吕厚超	一般项目	西南大学
海峡两岸社会征信体系对接研究	阮德信	一般项目	厦门理工学院
新疆维吾尔族中学生国家认同研究	马力克阿不力孜	一般项目	新疆教育学院
新疆社会治理创新研究	阿迪力·买买提	一般项目	新疆师范大学
维吾尔族传统手工艺文化的传承及其社会功能研究	古丽加娜提·艾乃吐拉	一般项目	新疆师范大学
新型城镇化视角下农村聚落空间重构的模式、机制与对策研究	李传武	一般项目	盐城师范学院
文化创新视域下西部少数民族传统节日的社会功能研究	李银兵	一般项目	玉溪师范学院
传统文化的社会功能及其在云南边疆民族地区社会治理中的运用研究	赵世林	一般项目	云南民族大学
社会转型期人际冷漠现象及其发生机制研究	周　宁	一般项目	云南师范大学
西南边疆民族地区公民政治认同的民族伦理基础研究	王茂美	一般项目	云南师范大学
嵌入农民合作社的新型农村社区治理研究	董进才	一般项目	浙江财经大学
人口老龄化与老年人长期护理服务体系建设研究	戴卫东	一般项目	浙江财经大学
社会力量参与环境政策制定过程研究	童志锋	一般项目	浙江财经大学
城市化进程中征地拆迁补偿博弈的心理机制及冲突化解策略研究	胡凤培	一般项目	浙江工业大学
新型城镇化进程中西南贫困地区民族文化景观保护与发展研究	徐　青	一般项目	中国地质大学
长江经济带新型城镇化质量测度与模式研究	邓宏兵	一般项目	中国地质大学
社会企业介入的社区发展实验研究	贺建军	一般项目	中国计量学院
就业歧视形成机理及治理对策研究	杨晓天	一般项目	湖北经济学院

续表

项目名称	负责人	类别	所属机构
居住空间调整与城乡社会服务体系建设研究	廖鸿冰	一般项目	湖南女子学院
以社区为基础的老年人长期护理服务模式研究	孙建娥	一般项目	湖南师范大学
当代青少年良心发展轨迹及干预研究	燕良轼	一般项目	湖南师范大学
新型城镇化进程中生态文明建设机制研究	王艳成	一般项目	华北水利水电大学
差异性均衡权力体系架构下社区社会治理新路径研究	徐丙奎	一般项目	华东理工大学
促进两岸民间组织交流合作的协同机制研究	王　仲	一般项目	华东理工大学
自治与共治融合——城市社区治理模式创新研究	童　潇	一般项目	华东政法大学
“个人—家庭—社会”结构的老年人照顾体系建构及社会工作介入策略研究	李颖奕	一般项目	华南农业大学
香港民间商会在社会治理中的功能研究	吴巧瑜	一般项目	华南师范大学
医疗职业风险认知对医生过度医疗行为的影响研究	孙　奕	一般项目	华中科技大学
我国失独老人社会生活重建研究	方曙光	一般项目	淮南师范学院
东北地区城市草根社会组织的发展与地方政府治理研究	郑　南	一般项目	吉林大学
健全社会保障管理体制和经办服务体系研究	林毓铭	一般项目	暨南大学
“网络揭丑”行为的多重逻辑及其引导与规制研究	孟卧杰	一般项目	江苏警官学院
新农保对老年人口生活质量影响的实证研究	余桔云	一般项目	江西财经大学
流动学前儿童教育照顾综合服务体系构建研究	苗春凤	一般项目	江西财经大学
社会资本转型视域下社会治理体制创新研究	蔡益群	一般项目	江西理工大学
城乡社区信任与融合研究	邱国良	一般项目	江西农业大学
公共政策执行偏差对公众影响的社会心理研究	刘建平	一般项目	江西师范大学
转型期我国城市流动穆斯林居住—就业关系研究	高　翔	一般项目	兰州大学
江西老区农村人文扶贫及其实施机制研究	刘桂莉	一般项目	南昌大学
新型城镇化背景下农村空心化治理研究	易文彬	一般项目	南昌大学
以社会工作专业人才为核心的社会养老服务体系研究	肖　萍	一般项目	南京大学
“积极福利”视角下残疾人就业问题研究	周　沛	一般项目	南京大学
社会风险视阈下创新社会治理机制研究	沈一兵	一般项目	南京航空航天大学
新生代农民工的婚恋模式与婚姻稳定性研究	王小璐	一般项目	南京农业大学
社会工作视角下城市社区精神卫生服务体系建设研究	花菊香	一般项目	南京师范大学
城市流动儿童的社会性发展及其影响因素研究	陈　陈	一般项目	南京师范大学

续表

项目名称	负责人	类别	所属机构
医药卫生体制改革中多方主体沟通平台的建构研究	王锦帆	一般项目	南京医科大学
社会转型中高等教育公正促进社会流动的机制研究	徐水晶	一般项目	南京邮电大学
中国网民的政治态度与公众舆论形成机制实证研究	马得勇	一般项目	南开大学
新生代女性农民工身份认同的应对策略与认同管理路径研究	管　健	一般项目	南开大学
青年金钱崇拜的心理机制研究	杜林致	一般项目	南开大学
海南少数民族社会组织发展研究	陆　丹	一般项目	三亚学院
集体化转型背景下我国劳动关系协调机制创新研究	路　军	一般项目	山东财经大学
邻避设施决策的社会稳定风险评估机制完善与路径优化研究	张　乐	一般项目	山东大学
社会服务的国际比较研究	程胜利	一般项目	山东大学
农村留守少年权益保护的社会工作服务研究	王玉香	一般项目	山东青年政治学院
新型城镇化进程中传统民俗文化的教育传承研究	孙宽宁	一般项目	山东师范大学
网络群间负面信息传播的扩散机制、收敛性及风险控制研究	雷宏振	一般项目	陕西师范大学
我国新社会群体研究	孙秀林	一般项目	上海大学
社会资本、农户信用与普惠金融实现研究	李爱喜	一般项目	上海对外经贸大学
后单位时代城市基层社会建设中共同体及其精神培育研究	周建国	一般项目	上海交通大学
适应新型城镇化的小城镇交通发展模式和战略研究	李朝阳	一般项目	上海交通大学
社会变迁中城市流动青少年人格发展与社会适应研究	范为桥	一般项目	上海师范大学
新生代农民工的身份认同研究	林晓兰	一般项目	上海应用技术学院
创新制度安排推进社会治理体系和治理能力现代化研究	杨俊一	一般项目	上海政法学院
中部地区新生代农民工返乡置业研究	聂洪辉	一般项目	上饶师范学院
中庸价值观与泛文化普遍价值观的结构与功能比较研究	韦庆旺	青年项目	中国人民大学
协同治理与“三社联动”机制建构研究	方　舒	青年项目	中央财经大学
当代青年公益慈善意识培养与行为塑造研究	陈培峰	青年项目	重庆大学

续表

项目名称	负责人	类别	所属机构
城市流动儿童心理健康状况及其发展促进研究	周　颖	青年项目	中国浦东干部学院
住房贫困的成因及社会效应研究	黄建宏	青年项目	广东省委党校
重大决策社会稳定风险评估中的第三方介入机制研究	李文姣	青年项目	河南省委党校
当代大学生信仰危机的哲学反思及对策研究	宋铁毅	青年项目	黑龙江省委党校
基本公共服务的配置结构、决策参与与农民工公平感关系研究	郝身永	青年项目	上海市委党校
海军航空兵心理弹性训练方案研究	彭　李	青年项目	第三军医大学
公民权利视角下社会保障制度“去身份化”问题研究	王　一	青年项目	吉林省社会科学院
支持型社会组织与政府互动机制研究	丁惠平	青年项目	江苏省社会科学院
“法律孤儿”的社会救助问题研究	何　芳	青年项目	上海社会科学院
农民工非正规就业问题的形成机制与分类治理研究	张友庭	青年项目	上海社会科学院
新型城镇化背景下村落社会秩序研究	张秀梅	青年项目	浙江省社会科学院
社会共识形成和作用机制研究	高文珺	青年项目	中国社会科学院
文化符号消费和生产视角下的转型时期阶层分化的文化建构研究	孟　蕾	青年项目	中国社会科学院
民国时期劳工社会学的学科建构与当代意义研究	闻　翔	青年项目	中国社会科学院
新工人的社区生活形态与劳资关系的地方性差异研究	汪建华	青年项目	中国社会科学院
民国时期西康省的政权建设、族群关系与刘文辉的边疆策略研究	王　娟	青年项目	北京大学
社会流动视角下的农民阶层分化与社会关系构建研究	李　升	青年项目	北京工业大学
当前我国高等教育生态中的高校学术权力及其制度建构研究	周世厚	青年项目	渤海大学
土地流转后农村家庭的社会风险与保障机制研究	胡艳华	青年项目	长江大学
新型城镇化过程中基层社会组织权威变迁与社会治理机制创新研究	刘　迟	青年项目	东北师范大学
“单独二孩”政策实施后学校布局调整研究	刘善槐	青年项目	东北师范大学
“蚁族”移动互联网使用行为与社会稳定问题研究	廉　思	青年项目	对外经济贸易大学
移动互联网时代的集体行动研究	谢　颖	青年项目	广州大学

续表

项目名称	负责人	类别	所属机构
西部贫困地区农村留守老人信教状况与关爱服务体系研究	王武林	青年项目	贵州财经大学
开发性福利对残疾人就业能力的作用机制研究	高圆圆	青年项目	贵州大学
新生代农民工的消费认同研究	周贤润	青年项目	贵州民族大学
社会工作视野下西部农村残疾人婚姻家庭研究	杨　晶	青年项目	贵州大学
少数民族非自愿水电移民社会文化适应研究	曹志杰	青年项目	河海大学
扶贫开发过程中的贫困农户行为研究	田丰韶	青年项目	河南大学
新生代农民工的婚恋模式及其风险应对机制构建研究	宋丽娜	青年项目	河南农业大学
政府购买服务背景下社会组织专业人才生长机制及培育路径研究	陈书洁	青年项目	首都经济贸易大学
社会保障制度公平的机理与机制研究	江　华	青年项目	首都经济贸易大学
乡村旅游开发与生态友好型农业发展的协同路径研究	郭　凌	青年项目	四川农业大学
社会治理创新与“平安新疆”建设研究	张　云	青年项目	塔里木大学
公共生活与农民市民化的文化机制研究	李翠玲	青年项目	武汉大学
农村流动家庭离散化的社会治理政策研究	李　琴	青年项目	武汉大学
“微时代”网络集体行动的发生演化机制研究	杨江华	青年项目	西安交通大学
适度伦理原则在解决社会工作伦理困境中的应用研究	袁君刚	青年项目	西北农林科技大学
双文化认同整合的影响因素及其与心理适应的关系研究	杨晓莉	青年项目	西北师范大学
城市社区社会资本对普惠型公民参与的影响机制研究	胡　康	青年项目	西南财经大学
西部乡镇治理体系与治理能力现代化实证研究	曾智洪	青年项目	西南大学
新媒体环境下社区建设的新路径研究	陈福平	青年项目	厦门大学
手机媒体对青少年心理健康的影响及引导机制研究	惠秋平	青年项目	信阳师范学院
教育质量不平等的社会效应及调节机制研究	许庆红	青年项目	云南大学
老年人群基本医疗保险待遇差距研究	刘晓婷	青年项目	浙江大学
地方融资圈的结构范式、形成机制与风险防控研究	吴　宝	青年项目	浙江工业大学
新南非种族与族群关系变迁研究	徐　薇	青年项目	浙江师范大学

续表

项目名称	负责人	类别	所属机构
生态移民视野下西南边境民族地区新型城镇化模式研究	曹贵雄	青年项目	红河学院
长三角地区污染产业“北漂”、“西移”的社会机制及其社会风险研究	罗亚娟	青年项目	湖州师范学院
城市流动人口治理的双重张力及其破解机制研究	唐有财	青年项目	华东理工大学
城市化进程中的转型社区及其治理研究	黄　锐	青年项目	华东理工大学
基于“灵活保障”的残疾人支持性就业模式研究	廖慧卿	青年项目	华南农业大学
进城农民自主经营行动研究	陈文超	青年项目	华中科技大学
事业单位改革实践与社会治理创新研究	苗大雷	青年项目	华中科技大学
农民工市民化优先瞄准对象的甄别评估体系构建研究	熊景维	青年项目	华中农业大学
延迟退休背景下老年人生产性角色定位问题研究	陈　雯	青年项目	华中农业大学
社会治理创新背景下社区矫正对象的社会支持评量、影响因素检验与政策倡导研究	张大维	青年项目	华中师范大学
城乡结合部的社会样态及其治理研究	刘　杰	青年项目	华中师范大学
以提升可雇佣能力为导向的农民工培训政策效果评估研究	顾永红	青年项目	华中师范大学
失独父母边缘化的内在逻辑及其社会再融入的社会工作干预研究	张必春	青年项目	华中师范大学
奖惩制度诱导助人行为的效果及机制研究	夏　勉	青年项目	华中师范大学
公信力危机背景下官办慈善组织的社会认同重构研究	刘　威	青年项目	吉林大学
基于发展型社会政策视角的农村低保制度建构研究	潘　敏	青年项目	辽宁大学
内蒙古牧业社区居住空间的调整与新型城镇化路径的社会人类学研究	额尔德木图	青年项目	内蒙古师范大学
社会工作与吸毒人群矫治研究	刘　柳	青年项目	南京大学
社会转型期青少年公民意识培育路径研究	乐先莲	青年项目	南京师范大学
当代中国青年道德心理特点及教育对策研究	王云强	青年项目	南京师范大学
积极心理学视域下大学生宽恕心理及多层次培育路径研究	朱婷婷	青年项目	南京医科大学
构建面向生活质量的养老机构质量评价体系研究	徐东娟	青年项目	山东大学
移动互联网时代性教育问题的社会学研究	王　昕	青年项目	山东大学
藏彝走廊白马藏族传统文化的社会功能研究	汪　丹	青年项目	上海大学
城市治理模式对社区纠纷和业主行动的影响研究	盛智明	青年项目	上海大学

续表

项目名称	负责人	类别	所属机构
学科重建以来的中国民族志实践与书写研究	马丹丹	青年项目	上海大学
新生代女性农民工城市社会网络重构中的社会认同研究	焦　璨	青年项目	深圳大学
梁漱溟社会结构思想研究	赖志凌	后期资助项目	南昌大学
宗教经济诸形态及其社会影响	何　蓉	后期资助项目	中国社会科学院社会学研究所
国家、市场与社会关系视野下的食品安全治理	韩　丹	后期资助项目	吉林大学
个人资产账户与贫困治理	刘振杰	后期资助项目	河南省社会科学院
我国公共部门非正式组织治理研究	王　燕	后期资助项目	燕山大学
论公民福利权利之基础	杨伟民	后期资助项目	中国人民大学

第六篇

社会学博士点

中国社会科学院研究生院
社会学博士点

中国社会科学院研究生院社会学系成立于1982年，费孝通是最早的导师。第一任系主任吴承义；第二任系主任何建章，系副主任沈大德；第三任系主任杨雅彬，系副主任沈原；第四任系主任李培林；第五任系主任陈光金；第六任系主任渠敬东，系副主任陆会平；现任系主任陈光金。

社会学系有博士授权点和硕士授权点，学科专业为社会学。博士的研究方向有中国社会思想史、企业组织与社会发展、社会结构与变迁、社会保障、家庭社会学、社会人类学、社会心理学、农村社会学、社会分层与流动、组织社会学、性别与家庭、发展社会学、社会理论等。硕士的研究方向有家庭社会学、社会政策理论、人口社会学、影视人类学、社会心理学、社会分层、社会调查方法、社会网络与社会支持、经济社会学、农村社会学、社会学理论、环境社会学、情绪心理学等。

社会学系现有博士生指导教师10人。截至2014年，已毕业博士研究生169人。

开设的专业基础课程有：社会理论、社会调查方法、社会学研究中的定量分析模型、社会学专题研究。专业课程的开设将根据不同的研究方向确定。

1998年9月经批准，社会学系开展了留学生及港澳台学生报考博士和硕士研究生的工作。

博士生导师一览

导师姓名	专业方向	导师姓名	专业方向
景天魁	中国社会思想史	李培林	企业组织与社会发展
陈光金	社会结构与变迁	张　翼	家庭社会学
罗红光	社会人类学	王春光	农村社会学
李春玲	社会分层与流动	夏传玲	组织社会学
吴小英	性别与家庭	杨宜音	社会心理学

2011—2014 年博士生情况一览

博士生姓名	论 文 题 目	导 师	毕业时间
杨向前	青年白领房奴现象研究——一项社会政策分析	景天魁	2011
田 丰	中国当代家庭生命周期研究	李培林	2011
陈 晨	农民工流动子女教育贫困研究	王延中	2011
周欣欣	中国电视娱乐节目收视现状及影响因素研究	李汉林	2011
高修娟	农村妇女地位探析——以华东皖村为例	李银河	2011
周 潇	劳动力更替的低成本组织模式与阶级再生产——一项关于流动/留守儿童的实地研究	折晓叶	2011
张慧霞	中国城镇社会养老保险政策变迁	陈婴婴	2011
蔡 静	反向依赖与软权力治理——大连市万里爱心会与政府互动的个案研究	景天魁	2012
郝彩虹	身份区隔：建筑工地内外的控制关系研究	景天魁	2012
韩秀记	移民与社会重建——凤凰城的故事	李培林	2012
卢阳旭	灾害干预与国家角色——汶川地震灾区农村居民住房重建过程的社会学分析	李培林	2012
李美景	中韩女工——1990 年后劳动力市场分析	李培林	2012
李凌静	货币视野中的社会景观——齐美尔的现代性视角	李汉林	2012
欧阳英林	医患关系中的信任与可信任性	李银河	2012
王凤丽	乡村天主教传播的困境和机遇——景县教区早期教务和朱家河教难的社会学分析	李银河	2012
赵波文	嵌入性网络视角下的企业创新研究——以北汽福田汽车股份有限公司的产业升级为例	折晓叶	2012
赵 锋	信用卡与消费：一个初步的社会学观察	陈婴婴	2012
刘忠魏	家国之魂："祖荫下"的文化与人格再研究	罗红光	2012
施芸卿	公民运动：以草根之力重塑转型期国家—个人关系——以 B 市被拆迁居民集团行政诉讼为例	杨宜音	2012
齐小兵	回流农民工的投资研究——基于江西省余干县、万载县及南康市的个案调查	景天魁	2013
王 晶	社会转型与农村老人精神健康研究	李培林	2013
翁正石	哈贝马斯与戴维森的价值理论比较	李培林	2013
石金群	城市家庭成年子女与父母代际关系——以广州为例的实证研究	王延中	2013
江翠萍	中国社会保障发展评价指标体系研究	王延中	2013
谢 艳	情理与法律：权利正义观念的冲突与融合	李汉林	2013
张 彦	组织成员的自尊与岗位投入	李汉林	2013
魏文一	梁漱溟的乡村建国思想研究	陈婴婴	2013
张亮杰	职业地位获得模型的再检验——社会资本的视角	陈婴婴	2013
卜玉梅	虚拟与现实：基于互联网的集体行动研究——B 市 X 社区抵制垃圾场运动的虚拟民族志	罗红光	2013
吴 莹	文化接触中的族际认知偏差及沟通——以回族和汉族为例	杨宜音	2013

续表

博士生姓名	论　文　题　目	导　师	毕业时间
陈　恩	国家与农民关系的再建构——H县两个村庄的计划生育史：1979—2009	王春光	2013
王玉栋	中国城乡居民社会态度的影响因素及形成机制研究	李培林	2014
苑仲达	福利—就业取向问题研究——北京市有劳动能力城市低保对象调查	景天魁	2014
董　良	结构、经历还是主观性——我国工人阶级的阶级意识研究	陈光金	2014
侯建林	公立医院薪酬制度的国际比较研究——以英德美日为例	王延中	2014
陈佩诗	艾滋病高发地区“回应能力”研究	苏国勋	2014
马　缨	科学家的职业地位获得——科学制度与政治制度的双重逻辑	折晓叶	2014
张曙光	社会转型期下中国人公私表征以及公私实践的本土社会心理学研究：基于群己关系的视角	杨宜音	2014
梁　晨	乡村工业化与村庄共同体的变迁——以华北P县西水村为例	王春光	2014

联系方式

<table>
<tr><td>联系人</td><td>殷维、杨晶晶</td><td>联系电话</td><td colspan="2">010－85196227</td><td>电子信箱</td><td colspan="2">yinwei@ cass. org. cn；
yangjj@ cass. org. cn</td></tr>
<tr><td>通讯地址</td><td colspan="3">中国社会科学院社会学研究所</td><td>邮政编码</td><td>100732</td><td>网址</td><td>http：//shxjy. cssn. cn/</td></tr>
</table>

北京大学社会学博士点

北京大学社会学系1985年批准设立招收博士研究生，1986年10月社会学系和社会学研究所联合申请并建立了当时全国仅有的文科博士后流动站。现任系主任谢立中，现有博士生导师22人。截至2014年，共招收博士生378人。

博士生导师一览

导师姓名	专业方向	导师姓名	专业方向
马　戎	民族社会学、城乡社会学	李建新	人口社会学、社会统计学
谢立中	社会学理论、社会发展与现代化	高丙中	民俗研究、文化研究
张　静	法律社会学、政治社会学	蔡　华	文化人类学、亲属关系研究
邱泽奇	组织社会学、社会调查研究方法	王铭铭	社会人类学、文化研究
佟　新	劳动社会学、女性研究	周　云	社会人类学
方　文	社会心理学、宗教社会学	谢　宇	社会统计学、人口社会学
钱民辉	教育社会学、城乡社会学	朱晓阳	政治人类学、法律人类学
刘爱玉	劳动社会学、经济社会学	刘　能	城市社会学、社会运动和集体行动
熊跃根	社会政策、福利社会学	周飞舟	发展社会学、中国社会思想史
郭志刚	社会统计学、人口社会学	渠敬东	社会学理论、组织社会学
陆杰华	人口社会学、人口经济学	马凤芝	社会工作与社会管理、社会福利与社会发展

2011—2014年博士生情况一览

博士生姓名	论　文　题　目	导　师	毕业时间
李志宏	农村空巢家庭老年人生存状况分析及帮扶政策研究	郭志刚	2011.06.01
熊　焰	圆明园画家村研究	邱泽奇 朱青生	2011.06.01
王　迪	国家权力在城市基层社会的实现——基于北京市某居委会运作的分析	王汉生	2011.06.01
刘　阳	北京城管研究	郑也夫	2011.06.01
马　强	“俄罗斯心灵”的历程——俄罗斯黑土区社会生活的民族志	高丙中	2011.06.01
赵亮员	社会支持与毒品复吸风险的关系研究	邱泽奇	2011.06.01
郑文换	中国农村社会养老保险政策过程研究——从制度与资源的角度	王思斌	2011.06.01
白小瑜	社会性的终结	谢立中	2011.06.01
喻　东	交接班：透析农村政治嬗变的逻辑——以河北省P县西水村为例	杨善华	2011.06.01

续表

博士生姓名	论　文　题　目	导　师	毕业时间
艾　云	从农户到市场：农产品“市场链条”的社会学分析——基于一个农业镇的实证研究	周雪光	2011.06.01
焦开山	中国老人的婚姻状况、居住方式与健康的关系研究——兼论社会科学研究中的未观测异质性问题	郭志刚	2011.06.01
高明华	教育不平等的微观动力学及干预机制——在农民工小学生中的研究发现	方　文	2011.06.01
陈家建	一个苏南农村的集体主义历史变迁	王汉生	2011.06.01
李　丁	职业非农化与身份市民化：改革30年来农村子女社会分化与流动的实证研究	郭志刚	2011.06.01
朱靖江	全球视野与中国实践——人类学影像民族志的历时性考察与理论研究	蔡　华	2011.10.10
薛　品	特殊社会经历、居住安排、工作特征与生活满意度	邱泽奇	2011.12.01
綦淑娟	NGO化、过度嵌入与合法性转换——对Y市一个农民自组织的考察	王思斌	2012.06.01
周歆红	作为共同体的企业——德国一家纺织企业的民族志研究	高丙中	2012.06.01
王晓慧	从弱自主性到依附——国企工会参与职能与福利职能的变迁研究	王思斌	2012.06.01
林幸颖	有信仰的世俗生活——基于三个社区的台湾民俗志	高丙中	2012.06.01
冯　猛	作为战略家的地方政府与地方产业发展——基于东四县的调查	刘世定	2012.06.01
李伟东	清华附中高631（1963—1968）	郑也夫	2012.06.01
王立阳	文化的生成——保生大帝信仰恢复与合法化的个案研究	高丙中	2012.06.01
马忠才	中国新疆的族群分层：结构与机制	马　戎	2012.06.01
宋跃飞	日常生活中的家庭道德实践与村庄社会秩序——基于内蒙古土左旗Y村的个案研究	杨善华	2012.06.01
许庆红	中国城市劳动力市场分割与职业地位获得（1978—2010）	邱泽奇	2012.06.01
李化斗	加芬克尔本土方法学研究	谢立中	2012.06.01
王　维	产权的社会支持——对农村信贷交易的社会学考察	刘世定	2012.06.01
王　军	中国的出生性别比及其主要影响因素	郭志刚	2012.06.01
陈伟杰	公安办案比较研究：从冲突与秩序的角度	张　静	2012.06.01
赵德雷	不平等地位的合法性：形塑机制和解构策略	方　文	2012.06.01
王晴锋	认同而不“出柜”——同性恋者生存现状的文化阐释	郑也夫	2012.06.01
汪琳岚	清代皇族成员的先赋身份与官职获得：1644—1911	李中清	2012.06.01
沈洪成	课堂与奘房：芒市傣族的教育历程	钱民辉	2012.06.01
薛伟玲	基于居住安排的老年人健康照料成本研究	陆杰华	2012.06.01
侯豫新	“流动”的世界——中国图瓦人的人类学考察	王铭铭	2012.06.01
宋红娟	“心上”的日子——西和乞巧的情感人类学研究	高丙中	2012.06.01
王晓慧	五指山杞黎的亲属制度与合亩组织	蔡　华	2012.06.01
高　卉	守护社会底线——美国中镇慈善公益事业的民族志	高丙中	2012.06.01
朴炅铁	公司和农户之间合作关系研究——以中国山东蓬莱地区葡萄酒产区为例	邱泽奇	2012.06.01

续表

博士生姓名	论文题目	导师	毕业时间
姚慰廉	公营企业民营化——台湾的例子	邱泽奇	2012.06.01
陈旭锋	农民市民化与农村教育发展研究——以Y市为例	钱民辉	2012.06.01
李　健	西藏的唐卡艺人——职业行为变迁与多元平衡策略	马　戎	2012.06.01
练　宏	上下级互动、激励设计和政企关系	周雪光	2012.06.01
吴肃然	代表性的承诺——个案研究的方法论问题	张　静	2012.06.01
陈彦勋	合法性的争夺及其信息管理——双河市中小学绩效工资制度改革为例	刘爱玉	2012.06.01
罗　杨	王城中的"文明"——柬埔寨吴哥遗址民族志调查	王铭铭	2012.06.01
孟红莉	晚清"民族"考论	马　戎	2012.12.01
马冬玲	专业化关爱——护士工作的质性研究	佟　新	2012.12.01
马　丹	私人生活的商品化：北京市住家家政工的劳动过程研究	佟　新	2012.12.01
胡　伟	古村水利：正当性差异与衔接	王汉生	2012.12.01
杨　可	同舟：民生公司的现代集团生活建设（1925—1945）	杨善华	2012.12.01
何贝莉	"须弥山"与"拉、鲁、念"——西藏山南扎囊县桑耶寺的仪式空间研究	王铭铭	2012.12.01
苏熠慧	新生代产业工人集体行动的可能——以富士康和本田为案例	佟　新	2012.12.01
汉尼阿德勒	中国回族与伊朗的文化关系历史与实地的考察	王铭铭	2012.12.01
王晓宁	源流溢出：试点模式的成型与困境——基于我国统筹城乡居民医疗保险试点实践的研究	王思斌	2013.06.01
范　譞	消解与重构：西方社会理论中身体概念的概念史研究	佟　新	2013.06.01
周彦汐	历时性视角下的信息技术应用与组织结构变迁——以株辆ERP项目为例	谢立中	2013.06.01
朱　荟	社会资本与健康不平等——基于中国西部地区的实证研究	陆杰华	2013.06.01
王列军	多重试验："摸着石头过河"改革的实践机制	王汉生	2013.06.01
安瑞德	作为社会信任和乡土公共领域构建者的梅花拳组织——河北永年县洺河村的民族志研究	高丙中	2013.06.01
宋　奕	"文化遗产"的多声部民族志——山西柳林盘子会与龙王庙的案例	高丙中	2013.06.01
张　婧	农民的公平实践与村庄社会秩序的维持	杨善华	2013.06.01
王　娟	进入"民族—国家"：川边康区的政治、社会与族群（1905—1950）	马　戎	2013.06.01
卢　露	从桂省到壮乡：现代国家构建中的壮族	马　戎	2013.06.01
干咏昕	农村互助养老及初级混合福利研究——以肥乡县互助幸福院案例为基础	王思斌	2013.06.01
寇浩宁	执行的变异——基层政策网络与农村低保政策实施研究	王思斌	2013.06.01
潘利侠	从货币看现代社会的基本整合方式——齐美尔"社会"观念中的货币	谢立中	2013.06.01
储卉娟	说书人和梦工厂——技术、法律与网络文学生产的未来	郑也夫	2013.06.01
郭慧玲	中国宗教群体边界研究	方　文	2013.06.01
邹艳辉	CAPI的"访问帮助"使用及其对相应访题数据质量的影响	邱泽奇	2013.06.01
黄匡时	中国老年人日常生活照料需求研究	陆杰华	2013.06.01

续表

博士生姓名	论 文 题 目	导 师	毕业时间
梁文静	美国中下阶层何以实现有房梦？——中镇仁人舍公益项目的民族志	高丙中	2013.06.01
刘宏涛	美孚黎人的宗教生活	蔡 华	2013.06.01
唐远雄	淘宝平台规则的共生演化	邱泽奇	2014.06.01
史普原	政府项目运作中的权威及控制：组织间关系视角	周雪光 刘世定	2014.06.01
张惠强	土地的分利流转：来自蓉城的改革试验	刘世定	2014.06.01
胡 雯	遗传基因、健康行为与生活环境对老年人健康影响机制的研究	郭志刚 陆杰华	2014.06.01
侯俊丹	“学”与“政”——有关近代浙江立宪党派的精神史研究	张 静	2014.06.01
傅春晖	包买制中的圈子运作——以浙江省丽水市来料加工为例	刘爱玉	2014.06.01
梁 萌	知识生产中的技术、资本与劳动——互联网劳动过程研究	佟 新	2014.06.01
孙俨斌	中国报业的经济运作	郑也夫	2014.06.01
朱 洵	“飞地”教育与身份认同	钱民辉	2014.06.01
狄 雷	家庭相对社会经济地位与教育获得：地区分割、教育分流与学业成绩的考察（1978—2010）	邱泽奇	2014.06.01
李伟华	边疆与民族主义：中缅边境文蚌人的认同研究	周 云	2014.06.01
夏希原	难城——松潘的民间信仰与部落叛乱	王铭铭	2014.06.01
赵 萱	是非之地的冲突与文明——东耶路撒冷橄榄山地区的民族志	高丙中	2014.06.01
廖文伟	香港商人在大陆	郑也夫	2014.06.01
李 娜	改革开放以来女性厅级干部的地位获得——基于生命历程视角的研究	佟 新	2014.06.01
欧登草娃	少数民族教育政策过程中的行动者——关于“内地新疆高中班”的综合研究	马 戎	2014.06.01
陈 涛	涂尔干的道德科学——基础及其内在展开	谢立中	2014.06.01
许 琪	中国父系家庭制度的延续与变迁：投资和反馈中的性别差异研究	郭志刚	2014.06.01
周旅军	市场化与中国私营企业主的政治嵌入：基于 1993—2012 年私营企业调查的实证研究	佟 新	2014.06.01
于健宁	公共信息与网络交易：以淘宝集市为例	邱泽奇	2014.06.01
王伟进	社会、行为与遗传因素及其交互作用对老年健康的影响机理研究	陆杰华	2014.06.01
何源远	木帆船的隐喻——泉州海外交通史博物馆的历史民族志	王铭铭	2014.06.01
阿拉坦	“地方医生”内蒙古东部乡村医疗组织化的历史民族志	刘爱玉	2014.12.01

联系方式

<table>
<tr><td>联系人</td><td>谢立中</td><td>联系电话</td><td>010－62765983</td><td>电子信箱</td><td colspan="2">lzxbjdx@sina.com</td></tr>
<tr><td>通讯地址</td><td colspan="2">北京市海淀区颐和园路 5 号
北京大学社会学系</td><td>邮政编码</td><td>100871</td><td>网址</td><td>www.shehui.pku.edu.cn</td></tr>
</table>

中国人民大学社会学博士点

中国人民大学社会学系于1987年成立，1993年设立社会学理论与方法博士点；2001年设立人类学博士点；2004年设立社会心理学（应用心理学）博士点。郑杭生教授担任第一任系主任，现任系主任是郭星华教授。博士生导师群体研究方向有：理论社会学及其应用、中国文化与文化研究、城市社会学与社区研究、社会发展与社会政策、社会政策理论与应用、社会分层、组织研究、经济社会学、现代社会学理论、性社会学、法律社会学、民族文化与社会史、汉人社会研究、影视人类学、社会心理学、理论社会心理学、应用社会心理学等。

博士生导师一览

导师姓名	专业方向	导师姓名	专业方向
李路路	社会分层、单位组织研究	郝大海	社会分层、社会调查方法
洪大用	环境社会学	陆益龙	农村社会学、法律社会学
刘少杰	网络社会学、经济社会学	张建明	社会政策、社会保障
郭星华	法律社会学	冯仕政	政治社会学、社会运动
李迎生	社会政策、社会保障	隋玉杰	社会工作、社会福利
于显洋	组织社会学、社区研究	黄盈盈	身体研究、性与性别社会学

2011—2014年博士生情况一览

博士生姓名	论　文　题　目	导　师	毕业时间
闫　臻	乡村社区治理与社会资本的运作——基于陕南两个乡村社区的社会学考察	夏建中	2011
杨江华	改革以来中国基督教兴起的结构制度分析	刘少杰	2011
李树燕	多民族边境社区民众生活与国家在场研究——基于云南省德宏州盏西镇实证研究	张金鹏	2011
张晓莹	妈祖信仰在地化的人类学研究——以辽南为例	汪毅夫	2011
阿立法	当代孟加拉国的社会结构与不平等：一个定量研究	李路路	2011
马国栋	生态现代化：作为一种环境与发展关系研究的环境社会学理路	洪大用	2011
戴艺伟	人口迁移作为女性解放的一种方式——北京市打工妹的“自由”概念	李路路	2011
梁　昕	互联网视角下“80后”研究	沙莲香	2011
彭喜波	中国社会转型中的服装时尚变迁	刘少杰	2011

续表

博士生姓名	论文题目	导师	毕业时间
王　媛	情境之网：一个农村中学的教育人类学研究	庄孔韶	2011
张　丽	转型社会教育不平等的国际比较——以中国、俄罗斯高等教育为例	刘精明	2011
丁建略	中国人际关系的“情、利、义”模式化研究	沙莲香	2011
苗大雷	有限依赖：改革进程中的事业单位——关于M学院工作环境与权力关系的研究	李路路	2011
姚星亮	污名的统治	潘绥铭	2011
邢朝国	纠纷过程与暴力生产	郭星华	2011
张瑞凯	农民工的“退休”——生命历程范式下农民工养老保障制度研究	李迎生	2011
饶旭鹏	国家、市场与农户经济行为——西北乔村实证研究	郑杭生	2011
胡宝荣	中国社会的信任结构及其变迁研究	郑杭生	2011
彭远春	中国大陆城市居民环境行为及其影响因素研究	洪大用	2011
乜　琪	土地与农民福利的关系研究——基于制度变迁的视角	李迎生	2011
曾　黎	仪式的建构与表达——滇南建水祭孔仪式的文化与记忆	张桥贵	2011
杜　鹃	拿起针筒的国家——社会学视角下的消灭性病运动，1949—1964	潘绥铭	2011
王　昕	“疾病”、“健康”及其相关的主体建构——基于女性性工作者生活的质性研究	潘绥铭	2011
童　潇	阶层政策：社会结构的“治理术”研究	郑杭生	2011
魏亚萍	历史街区的空间生产：以北京大栅栏地区改造为例	夏建中	2011
谭日辉	一个南方城市的空间社会学研究	夏建中	2011
丁晶晶	社会组织化与理性化：现代经纪人组织功能分析	于显洋	2011
朴哲显	关于改革期阶级意识与空间—文化研究：沈阳市铁西区国有企业工人的事例	沙莲香	2012
马良灿	经济社会关系视域中形式主义与实质主义范式论战与重建	刘少杰	2012
杨义凤	“移地升级”中的集体选择与市场秩序：以长春汽车配件市场中的集体搬迁行动为例	刘少杰	2012
张　娜	互联网、性以及关系的主体建构——一项基于北京某高校BBS“谈性”版面成员的日常生活研究	潘绥铭	2012
方　劲	遭遇规划：行动者视角的乡村发展干预——西南田村实地研究	郑杭生	2012
罗英豪	互构主义及其当代意义研究	郑杭生	2012
张菊枝	社区冲突的再生产：中国城市治理的反思性研究	夏建中	2012
张金俊	农民的抗争与沉默：转型时期安徽两村农民环境维权研究	洪大用	2012
方　舒	社会工作在加强和创新社会管理中的功能与作用研究	李迎生	2012
秦广强	权威阶级图式的建构——基于工作状况和组织权威的分析	李路路	2012
王国伟	中关村电子市场“转型交易”延续机制研究	刘少杰	2012
孟亚男	政府、市场与社会：我国行业协会变迁及发展研究	于显洋	2012
高雅楠	民间信仰的宗教社会学研究——以久镇六村为例	张桥贵	2012
李　诚	国家构建与边疆稳定——基于中缅边境阿佤山区的实证研究	鲁　刚	2012
高　萍	家族的记忆与认同	汪毅夫	2012

续表

博士生姓名	论 文 题 目	导 师	毕业时间
赵晓荣	物以载志——中国第一座水电站的历史人类学考察（1910—2012）	庄孔韶	2012
原会建	转型期国有企业工会维护职工权益的机制研究	洪大用	2013
马洪杰	家庭背景、体制转型与中国城市精英地位获得	刘精明	2013
刘 婷	社会学视阈下的女性涉毒犯罪问题调查研究	鲁 刚	2013
郭彦辰	关于“网络股神”的认同研究：不确定状况下感性选择的发生与感性权力的形成	刘少杰	2013
胡治宇	大学生择业意识的社会学研究——基于贵州大学的实证分析	于显洋	2013
张 慧	城市化进程中失地农民城市融入问题研究——以K市三个社区为例	夏建中	2013
张 含	边境居民社会互动与国家认同——滇越边境县调查	张金鹏	2013
祖 霞	论行动者的主体之生成	沙莲香	2013
姜利标	再造发展路径：中国社会学本土化的实践性反思	郑杭生	2013
娄缤元	社会组织发展与社会资本培育的研究	夏建中	2013
王拓涵	社区服务模式的协同创新：民间组织参与社区服务及其影响的案例研究	洪大用	2013
汪永涛	能动司法下的基层法院	郭星华	2013
才凤伟	创业之路：个体、环境与网络	郭星华	2013
何晓波	云南民族地区新型乡村社区研究——基于大理周城和新华的调查	张金鹏	2013
杨 震	农民职业行为变迁	沙莲香	2013
刘美玲	中国“90后”大学生生活方式研究——以北京和在泰国的中国留学生为例	沙莲香	2013
邹湘江	城市人口变动对住房状况的影响研究	段成荣	2013
张 莹	征地拆迁中社会认同的建构	刘少杰	2013
罗 桥	生态权力与生计转型——草海保护的社会学研究	洪大用	2013
吴 军	社会资本与“公益性”小额信贷研究	夏建中	2013
卫小将	本土化与土生化：中国社会工作发展的检视与重构	李迎生	2013
郭砚君	社会连锁化与生活世界的变迁	于显洋	2013
彭定萍	企业方法论：餐饮企业成长的阶段性和影响因素的研究	于显洋	2013
吴宝晶	中国企业社会责任的扭曲与重建	刘少杰	2014
张笑会	本土社会服务行动框架建构研究——国家、社会和个人三维关系视角	郑杭生	2014
张志远	多民族聚居地区贫困治理的社会政策视角	李迎生	2014
陈建伟	阶级形成与阶级隐喻——阶级分析对社会与文化关系问题的贡献	李路路	2014
唐丽娜	社会变迁与宗教信仰：基于CGSS2010的实证分析	李路路	2014
张禹青	边疆民族地区族际通婚的社会学研究——基于历史经验的总结与云南三个民族乡镇的田野调查	鲁 刚	2014
陈 氚	作为社会过程的市场合法性：中国民间金融市场的合法性变迁	刘少杰	2014
保跃平	非传统安全视角下跨境民族地区基于“维稳”的社会秩序建构研究	张金鹏	2014
方亚琴	城市社区社会资本形成路径的研究——基于不同居住空间的比较与解释	夏建中	2014

续表

博士生姓名	论　文　题　目	导　师	毕业时间
冯学兰	中国居民宗教行为的阶层差异	李路路	2014
江华锋	社会学视野下的重新犯罪防控机制研究	郑杭生	2014
李文静	社会工作介入社区治理研究——以S机构为例	李迎生	2014
李战刚	中日基金会（NPO）准入规制的比较研究	郑杭生	2014
刘秀秀	从动员到参与：当代中国民间网络慈善的运行机制研究——以淘宝店“肉铺”在雅安地震灾后的募捐行为为例	刘少杰	2014
栾殿飞	都市流浪儿童救助及其解决机制研究	沙莲香	2014
申艳芳	传承与变革：乡村互助关系的理性化变迁研究	郝大海	2014
钟兴菊	退耕还林政策基层执行过程分析：重庆大巴山区东溪村的个案研究	洪大用	2014
周延东	双向嵌入：乡村民营企业的乡土性与现代性	郭星华	2014
李婉君	“坐月子”与“过日子”——对北方传统产后习俗的文化解读	庄孔韶	2014
方静文	变身——现代中国美容整形的人类学研究	庄孔韶	2014
生龙曲珍	传统微调：川西康区藏族家庭教育研究	庄孔韶	2014
周爱民	征地拆迁中社会认同的建构	刘少杰	2014

联系方式

联系人	樊丽萍	联系电话	62513354	电子信箱	fanlp@ ruc. edu. cn
通讯地址	中国人民大学科研楼A座307	邮政编码	100872	网址	http：//ssps. ruc. edu. cn/

南京大学社会学博士点

1986年，南京大学获得社会学硕士学位授予权，成为国内第一批恢复社会学的综合性大学之一；1996年，南京大学获得社会学博士学位授予权；2010年获得社会学一级学科博士授予权；2003年，南京大学建立“社会学（一级学科）博士后流动站”；2007年8月，南京大学社会学学科成为国家重点学科；2010年入选江苏省优势学科。

南京大学社会学一级学科博士点包括社会学系、社会工作与社会政策系、人类学研究所及心理学等系所的现有博士研究生导师17人。社会学系现任系主任为翟学伟教授。

为了开阔博士研究生的学术视野，南京大学社会学系除了召开各类国际国内学术研讨会、召开不定期的“社会学研讨会”外，还设立了定期的“访问教授制度”，邀请国内外著名社会学家、人类学家为研究生开设专门的课程。在倡导学术自由之风气、培养独立思考之能力的同时，鼓励博士研究生从事具有理论探索意义的经验研究，并为从事经验研究的博士研究生设立了“博士论文研究基金”。近年来，南京大学社会学系的博士研究生在《中国社会科学》《社会学研究》等国家级学术刊物和其他核心刊物上发表论文百余篇，有多名博士研究生还在自己的博士论文基础上出版了具有一定学术水平的著作，并晋升为教授和副教授，成为多家社会学研究和教学机构的负责人。

博士生导师一览

导师姓名	专业方向	导师姓名	专业方向
周晓虹	社会学理论、当代中国研究、社会心理学与组织行为研究	范　可	社会文化人类学、社会变迁
张鸿雁	城市化与城市现代化发展战略研究、城市管理与社会结构变迁、城市与房地产经济	陈友华	人口社会学、发展社会学
风笑天	社会学方法与应用、家庭社会学与人口问题、青年社会学	朱　力	应用社会学、中国社会问题
翟学伟	中国人的心理与行为研究、社会心理学的本土化	成伯清	社会学理论、情感社会学、社会学史
刘林平	组织社会学、劳工问题	彭华民	社会福利理论与制度、社会工作理论与实务、社会政策

续表

导师姓名	专业方向	导师姓名	专业方向
吴愈晓	社会分层与流动	桑志芹	心理咨询
周仁来	人类情绪与记忆	耿柳娜	社会心理学、人力资源、心理健康
梁　莹	社会管理与社会政策	汪和建	经济社会学与中国研究
李程骅（兼职）	城市与区域经济、城市化战略与城市经济转型、文化创意产业		

2011—2014 年博士生情况一览

博士生姓名	论文题目	导师	毕业时间
沈　毅	体制转型背景下的本土组织领导模式变迁——以某改制企业的组织“关系”实践为例	翟学伟	2011.09
周建芳	农村异地联姻婚姻质量研究——以江苏吴江为例	陈友华	2011.09
仲　鑫	当代佛教慈善公益组织及其获得的研究——以慈济基金会南京会所为例	林　卡	2011.09
李习凡	重点中学精英式再生产机制的研究——以南京 F 学校为例	张鸿雁	2011.09
司开玲	知识与权力：农民环境抗争的人类学研究	范　可	2011.09
尹　力	媒介权力的畸变——“结构—行动”互构视角下的媒介变迁及其负面效应研究	丁柏铨	2011.09
经　纶	社区业主维权研究——以南京三个社区为例	张鸿雁	2011.09
邓晓梅	农村婚姻移民的社会适应研究——以江苏吴江为例	陈友华	2011.09
葛　浩	组织视角下的员工职业地位获得研究——以 J 省 H 国有金融控股公司为例	宋林飞	2011.09
屈　勇	去角色互动：赛博空间中陌生人互动的研究	翟学伟	2011.12
张旭升	政府购买居家养老服务参与主体的行动逻辑研究——以 M 市 Y 区为例	林　卡	2011.12
姚　俊	市场转型过程中的创业分化研究——以改革以来的江苏为例	周晓虹	2011.12
张　杰	明清江南地域社会才女群体现象的社会学研究——基于“陌生人”的视角	翟学伟	2012.03
张爱华	社会变迁中的父权：对上村家庭关系的研究	翟学伟	2012.03
陈建胜	转型农民的大众媒介使用——基于浙江外前坞村村民的研究	丁柏铨	2012.03
周海燕	记忆的政治：大生产运动再发现	周晓虹	2012.03
李学斌	福利多元主义视角下的城市社区养老服务模式研究——以南京市为例	风笑天	2012.06
谭贤楚	山区农村贫困的发生机制探讨：以湖北恩施州为例	朱　力	2012.06
王晓焘	中国城市家庭结构及其适应：1982—2008	风笑天	2012.06
李晓斐	文化与民间权威——一个中原乡村地方政治的个案研究	范　可	2012.06
刘　芳	当代流行文化对青少年自我认同的影响研究——基于山东三地 736 名青少年的调查	潘知常	2012.06
陈建兰	中国城市养老模式研究——以苏州为例	宋林飞	2012.09
张　霓	同构与偏离——我国药品不良反应监测制度的社会学研究	宋林飞	2012.09
邢宇宙	典型制造与社会动员——毛泽东时代大寨的个案研究	周晓虹	2012.09

续表

博士生姓名	论 文 题 目	导 师	毕业时间
樊佩佩	权利、动员与困境——基于汶川地震灾区救灾与重建的研究	周晓虹	2012. 09
刘莫鲜	在虚假招聘背后——对大学生求职受骗现象的质性探究	风笑天	2012. 09
李　明	中国社会主流意识形态的建构与变迁——以 1949—2008 年《人民日报》社论为例	风笑天	2012. 09
吴德群	壮族山歌与人的社会化——以认知和情感为视角	周　怡	2012. 09
王　芳	媒介棱镜下的"80 后"形象：基于框架分析的视角	丁柏铨	2012. 09
施　敏	思想教育与经典建构——1949 年以来中国中学语文教科书的社会学研究	周晓虹	2012. 09
王　华	门槛之外：劳务市场中的底边人群	范　可	2012. 09
黄亚慧	苏南农村独生子女家庭的并家婚姻——婚姻与生活策略的分析	陈友华	2012. 09
刘琳琳	社会转型背景下的城市家庭代际关系研究——以南京为例	陈友华	2012. 09
龙永红	互惠利他链：官民慈善组织紫苑动员的比较研究	朱　力	2012. 09
陈相雨	网络集群抗争行为研究	丁柏铨	2012. 12
季春梅	辗转的教育——对 S 省某中学异地借读现象的研究	周　怡	2012. 12
毛飞飞	城市底层群体样态及生存矛盾研究——基于江苏省的调查	朱　力	2012. 12
吴　炜	劳动力再生产视角下农民工居住问题研究	朱　力	2013. 06
后梦婷	城市居民政治信任的形成机制——基于五城市的抽样调查分析	翟学伟	2013. 06
吕　斌	复兴与蜕变：全球化时代的东亚传统文化——中日韩三国的非物质文化遗产激起现代应对	周晓虹	2013. 06
廖静如	孤残儿童慈善与救助研究	宋林飞	2013. 06
付启元	城市结构的变迁与重建——以 1949 年前后的南京为例	张鸿雁	2013. 12
吴翠萍	身份认同激起社会生成机制——基于皖籍新生代农民工的个案研究	宋林飞	2013. 12
陈昌凯	时间焦虑感——剧烈社会变迁中的"中国体验"	周晓虹	2013. 12
李　芬	社会分层影响社会福利状况的研究	林　卡	2013. 12
杨瑾瑜	规训与抵抗：权力、身体与真实电视——基于《非诚勿扰》的个案研究	潘知常	2014. 03
赵怀娟	失能老人长期照护服务供给研究——基于苏皖两城市的调查分析	林　卡	2014. 03
高学德	社会流动与人际信任关系的研究	翟学伟	2014. 06
燕志华	党报头版要素研究——以《新华日报》（1978—2003 年）为例	张鸿雁	2014. 06
伏　干	语言与城市外来工的社会排斥——基于长三角、珠三角的调查	桑志芹	2014. 09
甘会斌	历史与想象：晚清中国民族认同的建构	翟学伟	2014. 09
葛　亮	何为中国社会的基本属性	朱　力	2014. 09
童宗斌	劳务输出型乡镇的城镇化动力与惯性机制——中部河镇的个案研究	风笑天	2014. 09
彭大松	农村单身汉的形成机制及其生存图景——基于苏北江边村的个案研究	陈友华	2014. 12
祝西冰	制度约束下的超生实践研究——以苏北冈镇为例	陈友华	2014. 12
臧其胜	态度、行为与结构：福利中国的演讲逻辑	彭华民	2014. 12
傅　琦	濠州药市的"崛起"——一个"发展"的人类学个案研究	范　可	2014. 12

联系方式

联系人	严玲	联系电话	025－89680952		电子信箱	social@ nju. edu. cn	
通讯地址	南京市栖霞区仙林大道163号社会学院			邮政编码	210023	网址	www. sociology. nju. edu. cn

南开大学社会学博士点

南开大学社会学博士点（二级学科）建立于1997年，1998年正式招生，社会学一级学科博士点建立于2005年。目前在社会学一级学科下设立了社会学、人口学、社会心理学、社会工作与社会政策四个二级学科博士点，每个博士点下面设立若干研究方向。目前该一级学科博士点共有15位博士生导师。2011—2014年毕业的博士生人数为64人。该一级学科博士点的四个二级学科博士点面向国内外招收社会学理论与方法、社会心理学、科学社会学、中国社会思想史、社会政策与社会工作、教育社会学、法社会学等研究方向的博士生，并承担各级各类的科研项目。此外，南开大学设有社会学（一级学科）博士后流动站。

该博士点有关负责人如下：

社会学与心理学学位分委员会主任：关信平，副主任：汪新建、赵万里

社会学系主任：赵万里

社会工作与社会政策系主任：关信平

社会心理学系主任：李强

博士生导师一览

导师姓名	专业方向	导师姓名	专业方向
乐国安	社会心理学	谭　琳	女性人口学
汪新建	社会心理学	关信平	社会政策与社会工作、人口社会学
李　强	社会心理学	张　伶	社会工作
王处辉	中国社会思想史、教育社会学	吴　帆	社会工作、人口学
赵万里	社会学理论、科学社会学	侯欣一	法社会学
袁同凯	人类学	原　新	人口学
宣朝庆	社会学理论、中国社会思想史	陈为民	人口学
闫广芬	教育社会学		

2011—2014年博士生情况一览

博士生姓名	论　文　题　目	导　师	毕业时间
周丽丽	西方社会企业支持体系的构建及对中国的启示——以英美为例	关信平	2011.06
赵文聘	民间资本参与社会福利供给途径研究——以天津市保障性住房为例	关信平	2011.06

续表

博士生姓名	论　文　题　目	导　师	毕业时间
吕　杰	人力资本、社会资本与职业生涯变动研究	谭　琳	2011.06
薛晓莹	区域竞争背景下的人才需求与人才规划研究——以天津保税区的人才发展战略为例	汪新建	2011.06
李静一	民事司法调解的本土化延续与创新：一个文化社会学的视角	汪新建	2011.06
朱艳丽	情绪表达与心理健康：文化价值的影响研究	汪新建	2011.06
孙　跃	民间信仰中不同群体的价值诉求及其互动—— 以清代以来长江三角洲地区为主的考察	王处辉	2011.06
董向慧	命理信仰中的社会理念与社会功能研究	王处辉	2011.06
王昕亮	穆斯林青少年宗教认同研究	乐国安	2011.06
李文姣	贫困大学生自尊及其与亲社会、攻击倾向的关系：基于内隐效应的研究	乐国安	2011.06
赵慧杰	我国社会转型背景下大学师生交往研究	闫广芬	2011.06
邵长兰	困顿与求索：中国高等教育本土化研究——以20世纪二三十年代为背景分析	闫广芬	2011.06
吴艳茹	制度制约下的大学教师职业生涯研究——兼论中国大学教师制度改革	闫广芬	2011.06
胡勇慧	社会批判与社会学的使命——麦克·布洛维的社会学马克思主义和公共社会学研究	赵万里	2011.06
高芙蓉	农村信息化工程的结构与行动研究——以豫北安阳县为例	赵万里	2011.06
周兴文	天津开发区基础教育均衡发展研究	侯钧生	2011.06
汪冬冬	齐格蒙特·鲍曼的社会是思想研究	侯钧生	2011.06
王红昌	神垕钧瓷的社会意象——一项传统技术的行动者网络分析	赵万里	2011.12
张　品	教育与城市空间生产——以天津为例	闫广芬	2011.12
邓宁华	国外城市化进程中的住房问题和政策行动：以美国、德国、巴西和俄罗斯为例	关信平	2012.06
薛　婷	中国人参与集体行动的社会心理规律	乐国安	2012.06
高文珺	心理健康学识、感知风险与专业心理求助关系研究	李　强	2012.06
徐　晟	社会赞许性：测量、性质、作用及影响因素研究	李　强	2012.06
辛　怡	中国农村卫生服务可及性与居民健康不平等的关系研究	陈卫民	2012.06
范宏雅	话语的社会建构：常人方法论谈话分析的理论和方法研究	赵万里	2012.06
冯光娣	中国高等教育社会政策研究——基于公平与效率	关信平	2012.12
周晓霞	我国公益律师群体形成机制研究	侯欣一	2012.12
王丽娜	传统身体观对中国人疾病观与疾病表达方式的塑造及其治疗意义	汪新建	2012.12
修宏方	社区服务支持下的居家养老服务研究	唐　钧	2013.06
史梦薇	传统儒家的压力应对观及其当下意义	汪新建	2013.06
张　斌	儿童功能性躯体化症状的心理社会发生机制	汪新建	2013.06
何伶俐	神经衰弱和抑郁症概念发展中的文化分歧	汪新建	2013.06
许　冰	民间慈善公益组织的社会行动对福利多元化格局的形塑——以S基金会免费午餐基金管理委员会为例	关信平	2013.06

续表

博士生姓名	论 文 题 目	导 师	毕业时间
赵婷婷	我国城镇养老服务机构的问题研究——福利混合经济的三维分析框架	关信平	2013.06
陈为雷	社会服务项目制的建构及效应分析	关信平	2013.06
马建馨	涉检信访互动主体的社会心理机制研究	乐国安	2013.06
万国威	社会福利转型下的福利多元建构：兴文县留守儿童的实证研究	彭华民	2013.06
王 庚	中国社会典型的生产机制与秩序功能研究	王处辉	2013.06
任娟娟	工程师群体的地位获得研究——以西安市高新技术产业示范区为例	赵万里	2013.06
赵 超	学科研究视域中知识社会学的理论整合与范式转换问题研究	赵万里	2013.06
郭燕霞	医疗实践中的专门知识与公众选择——以山西省太原市儿童疫苗接种为例	赵万里	2013.06
陈 石	社会转型背景下的组织制度变迁过程与机制——深圳某民营企业的人类学研究	袁同凯	2013.12
李 霞	微博仪式互动的社会心理学研究	汪新建	2013.12
李 娟	中国当代女性法官职业群体研究	侯欣一	2013.12
陈纪昌	汉唐时期社会保障制度及理念研究	王处辉	2013.12
吴 俊	“场域—惯习”视角下大学生学习实践研究	闫广芬	2013.12
王成程	农村社会养老保险制度变迁中中央、地方与农民的多元互动——以山东省即墨市为例	唐 钧	2013.12
路 瑜	城市化进程中大城市郊区农村老年人养老支持研究——以天津市为例	谭 琳	2014.06
李大为	大学生创业人格观、创业自我效能感与创业意愿关系研究	乐国安	2014.06
于 斌	工作记忆能力与自我控制的关系及其机制研究	乐国安	2014.06
董颖红	微博客社会情绪的测量及其与社会风险感知和风险决策的关系	乐国安	2014.06
陈子晨	躯体化现象在中西方文化下的解释模式差异	陈子晨	2014.06
程婕婷	中国社会群体的刻板印象内容完善与补偿现象	汪新建	2014.06
寸洪斌	基本医疗保险一体化制度研究	关信平	2014.06
李红波	美国公共慈善组织营销及对中国的启示	关信平	2014.06
张 瑞	流动人口健康管理与服务问题研究	关信平	2014.06
唐桂明	康德社会秩序思想研究	侯钧生	2014.06
郭 慧	哈佛中国留学生的文化适应与关系网络研究	汪新建	2014.06
马 馨	明清时期乡约制度运行机制研究	王处辉	2014.06
王修彦	新中国成立以来农村代际关系变迁研究	王处辉	2014.06
许衍琛	近代中国大学社会服务研究	闫广芬	2014.06
付连峰	当代中国的科技精英及其形成路径研究	赵万里	2014.06
邹晓玫	法学教师群体之角色冲突研究	侯欣一	2014.12
许庆永	乡土社会人民调解员群体研究	侯欣一	2014.12

南开大学社会学系联系方式

联系人	赵万里	联系电话	022－23500327		电子信箱	zhaowl@ nankai. edu. cn
通讯地址	天津市海河教育园区同砚路38号	邮政编码	300350	网址		http://zfxy. nankai. edu. cn/dep/sociology

南开大学社会工作与社会政策系联系方式

联系人	关信平	联系电话	022－23500245 23500327		电子信箱	guanxp@ nankai. edu. cn
通讯地址	天津市海河教育园区同砚路38号	邮政编码	300350	网址		http://zfxy. nankai. edu. cn/dep/socialwork

南开大学社会工作与社会政策系联系方式

联系人	李　强	联系电话	022－23500327		电子信箱	liqiangp@ 126. com
通讯地址	天津市海河教育园区同砚路38号	邮政编码	300350	网址		http://zfxy. nankai. edu. cn/dep/psychology

上海大学社会学博士点

上海大学社会学系成立于1980年，是中国大陆恢复社会学后全国最早设立的社会学院系，2011年成立社会学院。2000年，上海大学社会学系获得社会学博士学位授权点，2003年，获得人类学博士学位授权点，2010年，获得社会学一级学科博士学位授权点。目前，上海大学社会学一级学科博士学位授权点下设社会学、人类学、人口学三个二级学科，都市社会管理、社会工作与社会政策两个目录外自主设置的二级学科，和都市社会管理交叉学科点。上海大学社会学是全国四个社会学国家重点学科之一，教育部211工程重点建设学科、上海市优势重点学科、上海“085”一流学科、上海高校一流学科（B类）、上海市高峰学科，建有上海市普通高校人文社会科学重点研究基地中国社会转型与社会组织研究中心和中国城市新移民问题研究中心、上海高校社会学E-研究院、上海高校智库基层治理创新研究中心、上海市社会科学创新研究基地暨上海市人民政府决策咨询研究基地李友梅工作室、上海社会科学调查中心等市级重点研究平台，办有大陆高校知名学术刊物《社会》，专业英文期刊 *Chinese Journal of Sociology*（CJS）和 *Chinese Sociology Review*（CSR，合办）。本专业师资力量雄厚，学术梯队完整，特别是在组织社会学、社会网络与社会分层、社会学理论等方向拥有一批知名度较高的学者，拥有长江学者特聘教授1名，上海市千人计划特聘教授1名、讲座教授1名，上海市东方学者5名；师资来源合理，海外获得博士学位的教师占专任教师的32%。近5年以来，该学科承担国家社科基金重大项目3项，教育部重大项目2项，一般项目十余项，其他课题100余项，科研经费1000余万元，发表高质量学术论文300多篇，专著40多种，参与中央和省市级政府部门的决策咨询课题30余项。

该学位点现有博士生导师23名，其中兼职博士生导师4名；已毕业博士研究生91人，在读博士研究生107人。

博士生导师一览

导师姓名	专业方向	导师姓名	专业方向
李友梅	组织社会学	张江华	经济人类学
张文宏	社会网络与社会分层	张佩国	历史人类学
张海东	社会发展与社会质量	张亦农	全球化与人类学
陆小聪	都市休闲与消费	翁定军	转型时期群体心理和社会行为
张敦福	都市休闲与消费	沈瑞英	公共管理与社会政策

续表

导师姓名	专业方向	导师姓名	专业方向
刘玉照	城市化与社会治理	徐　冰	理论社会学
肖　瑛	理论社会学	彭善民	中国社会工作理论和实务
范明林	中国社会工作理论和实务	周雪光	组织社会学
杨　松	经济社会学	吴晓刚	人口与社会
吴　蓓	中国社会工作理论和实务	高　柏	经济社会学
蒋耒文	人口与环境	赵　伟	组织社会学
于逢春	历史社会学（中国边疆学）		

2011—2014 年博士生情况一览

博士生姓名	论　文　题　目	导　师	毕业时间
范剑文	当今中国城市乞丐问题的构成特征及其成因研究	李友梅	2011.04
周爱萍	非营利组织与其外部环境的互动关系研究	赵万一	2011.04
董　明	新型商人群体的形成与社会的转型——以义乌为例	邓伟志	2011.04
曹祖耀	职业足球场域的行动逻辑	陆小聪	2011.04
谢宝婷	社会信任的困境与基础——基于大学生资助政策实践的研究	沈关宝	2011.04
孙远太	家庭地位、文化资本与教育成就——以上海居民为例	仇立平	2011.04
史　斌	新生代农民工社会距离研究	张文宏	2011.04
余　洋	精英与国家：中国干部制度研究	张江华	2011.04
黄　波	国家、农民与集体行动的建构	张江华	2011.04
茆晓君	风雨中的飘摇——船民之生存伦理研究	张佩国	2011.07
王天鹏	归来之神：一个乡村寺庙重建的民族志考察	张佩国	2011.07
杨林霞	宗教权威的建构与表达——对 N 省 H 市山口教堂的研究	李向平	2011.07
郑庆杰	客家孝道的历史实践	仇立平	2011.07
李耀锋	豫南 X 地非登记教会与乡村社会秩序研究	沈关宝	2011.07
郭荣茂	国企变迁中的工人身份认同与生产政治	安维复	2011.07
邵　宁	旅游地文化生产的支持性社会结构研究——以海南三亚红山景区为个案	邓伟志	2011.07
仇　睿	传统手工技艺在现代的重构——闽南永春漆篮共建网络的变迁	杨俊一	2011.07
覃　琮	身份与排斥：中美非主流社会群体比较研究——以中国上海和美国西雅图为例	张佩国	2011.07
朱海龙	社会资本与农村产业转型研究——以晋北 J 村及批发市场为例	杨俊一	2011.07
乔　超	农村代际冲突中老人行动方式变迁研究——以安徽省 S 县 Y 村为例	陆小聪	2011.07
张雅丽	新闲暇空间：现代城市商业会所的组织、消费与重构——以上海 L 会所为例	安维复	2011.07
张　昕	网络权利及其影响下的企业策略——基于某省电力市场建设的研究	张文宏	2011.10

续表

博士生姓名	论 文 题 目	导 师	毕业时间
孙莉莉	行动者及其行动能力：以草根环保型公益组织资源汲取模式变迁（1994—2010）为例	李友梅	2011.10
岳 平	当代中国犯罪学研究——一种知识社会学的分析	李瑜青	2011.10
刘思敏	我国公民社会的建构路径——基于黄金周存废之争的个案研究	张文宏	2011.10
赵 斌	科层体制下的基层司法实践——一项关于人民法庭离婚案件审理的研究	李瑜青	2012.04
张春龙	工厂政体的规训：从农民工到产业工人	仇立平	2012.04
杨文硕	民间金融习惯法的实践逻辑——以温州个案为例	王卫国	2012.04
张 军	文化资本与阶层地位的生产与再生产——以上海地区为例	仇立平	2012.04
张芳芳	乡村权威与村庄整合——基于晋西南某村的研究	陆小聪	2012.07
栗志强	农村南方婚姻支付：性别比失衡背景下的农民婚姻策略——对豫北H镇的田野考察	邓伟志	2012.07
刘 博	浴场劳工——服务者的生活世界与身体实践	仇立平	2012.07
肖日葵	文化资本与中产阶级地位获得及其再生产：基于上海市的调查	仇立平	2012.07
石 丽	基督教信仰与团体秩序建构——以城市非体制教会个案为例	李向平	2012.07
张 莉	社会资本视角下的“市场化与收入性别不平等”	张文宏	2012.07
刘永根	社会网络与劳动力市场回报	仇立平	2012.07
王 琪	定型与固化——中国社会转型期阶层去“区隔”生产与再生产	张文宏	2012.07
石海波	中间阶层的社会凝聚力研究	张文宏	2012.07
张 伟	职务发明制度的实践逻辑——基于产权的分析	赵万一	2012.07
潘 华	新生代农民工“回流式”市民化研究——基于G市X县的个案分析	金 波	2012.07
李 鹏	上帝与祖先：基督教与东北汉人社会	张江华	2012.07
谢杲馥	“市”说新语——清末民初朱家角镇的地方社会结构	张江华	2012.07
陈妍娇	“气”：对地方民众日常实践与仪式的研究	张佩国	2012.07
刘汶蓉	反馈模式的延续与变迁：一项关于当代中国家庭代际支持失衡的再研究	李友梅	2012.10
李华俊	网络集体行动组织结构与核心机制研究	李友梅	2012.04
金英兰	韩国的社会化结构与民族主义——从开港时期到殖民时期	朱学勤	2009.04
郅玉玲	被征地老人养老研究——基于浙江省杭州市C社区的实地调查	邓伟志	2009.04
魏延志	转型期中国城市教育不平等与区域差异	陆小聪	2012.12
费滨海	发展型产业政策与中国房地产的变迁（1992—2012）	李友梅	2012.12
董金平	女性身体的建构——从缠足到美容手术	邓伟志	2013.04
葛道顺	“自己人代理”：国家与社会关系的一个解释	李汉林	2013.04
范 德	城市拆迁补偿安置政策及其实践——基于越南胡志明市的个案研究	陆小聪	2013.07
马占斌	内宗外姻：从胶东马家村姻亲网络看清末以来乡村社会的嬗变（1886—2012）	朱学勤	2013.07
陈建明	中国地方基督教建构：近代五旬节信仰实践模式研究	李向平	2013.07

续表

博士生姓名	论文题目	导师	毕业时间
戚务念	从“去市场化”到“市场化”：国家主导的大学生就业制度变革	张敦福	2013.07
吕　纳	公共服务购买中的政府与社会组织互动关系研究	张佩国	2013.07
张继平	“大调解”组织间的替代性实践——以G省Z市为例	杨俊一	2013.07
刘玉能	多重约束与行动体系：杭州异地商会的实践	李友梅	2013.07
秦文宏	风险场域的建构——2003年以来中国房地产领域的相关行动和事实	李友梅	2013.07
刘　芳	社会转型期的孝道与乡村秩序——以鲁西南的H村为例	张文宏	2013.07
朱眉华	困境与调适：城乡流动家庭的抗逆力研究	邓伟志	2013.07
徐　晶	村落不在，暮年何在：沪郊村落变迁中的衰老体验与养老经验	张佩国	2013.07
杨　丽	“合亩”制与地方社会再生产——对海南高地黎族的人类学考察	沈关宝	2013.07
张慧芳	游走于市场，国家与社会之间——民间商帐追收个案研究	张江华	2013.07
桂罗敏	灾异与秩序——《汉书·五行志》研究	张江华	2013.07
严霄云	符应理论视角：职业教育与中国新产业工人的生产	仇立平	2013.12
何海兵	城市基层社会治理与国家政权建设	张佩国	2013.12
刘建洲	农民工的阶级形成与阶级意识研究	孙立平	2013.12
丛玉飞	白领移民社会信心研究：基于上海市的实证调查	张海东	2013.12
谭　婷	资源依赖理论视角下党组织权力再生产的逻辑研究	李友梅	2013.12
吕明霞	中外合作办学组织双重运作逻辑及行动策略	陆小聪	2013.12
张丹丹	变迁与抗拒：城市社区自治的空间及路径	沈关宝	2013.12
孙　伟	战略型政府与产业优势的建构——以嘉定汽车产业的发展为例	李友梅	2014.04
向德彩	论社会运动中的歌谣——以红色歌谣和红旗歌谣为例	陈新汉	2014.04
陈华珊	组织中的信任——所有制差异及其整合机制	李汉林	2014.04
刘　影	从资源动员的视角看基督教慈善、公益事业——以江苏省K市的基督教会为个案	李向平	2014.07
徐京波	从集市透视农村消费空间变迁——以胶东P市为例	张敦福	2014.07
焦玉良	规范冲突视角下的信任危机——以红会危机为例	金　波	2014.07
周　嘉	共有产权与乡村协作机制——山西“四社五村”水资源管理研究	张佩国	2014.07
李新亮	关系网与县城文化	张佩国	2014.07
陈　静	家庭、社区与国家：二十世纪山东台头福利实践	张佩国	2014.07
邱运胜	族群认同与祖先记忆——云南红河流域孔姓彝族人的民族志研究	巫　达	2014.07
连雪君	社会学新制度主义在地区合作中的应用：以中亚地区中的上海合作组织为例	李肇星	2014.07
段媛媛	社会建构论视域下的消费信任危机——以乳业质量事件为例	张敦福	2014.07
孟庆宁	身份认同视域下大学生群体的ICT消费实践——基于杭州下沙高教园区的实证研究	陆小聪	2014.07
王珍宝	工会转型及其困境——以沪上社区工会组织运作为例	沈关宝	2014.07

续表

博士生姓名	论　文　题　目	导　师	毕业时间
石　艳	费孝通家庭社会学思想研究	沈关宝	2014.07
郭　明	“主动失地”农民市民化的困境	沈关宝	2014.12
白子仙	社区治理中的居委会及其负担	李友梅	2014.12
董　庚	历史、技术变迁与社会关系——眉镇原发型产业集群的形成	李友梅	2014.12
任春红	家庭资本与精英地位再生产研究	张文宏	2014.12

联系方式

联系人	陈小红	联系电话	021－66134142	电子信箱	chen.xiaohong@shu.edu.cn	
通讯地址	上海市上大路99号上海大学社会学院B楼431	邮政编码	200444	网址	http://cla.shu.edu.cn	

中山大学社会学博士点

中山大学社会学学科继承和综合了原国立中山大学和私立岭南大学的传统，从20世纪30年代就开始招收社会学的研究生，1981年成为全国首批恢复社会学并获得社会学专业硕士授予权的学系之一；2000年获得博士学位授予权；2006年获得社会学一级学科博士学位授予权；2007年被批准为广东省重点学科。自2001年招收博士以来，共招收博士160名，授予博士学位100人，2015年招收博士生13人；现有博导10名；现任系主任：王进。

中山大学社会学博士点在城市社会学、社区研究、发展社会学、产业集群研究、农民工研究、港澳社会研究、人口研究、消费社会学等研究领域独具特色，取得突出成绩。该博士点主要招生方向包括：城市社会研究、经济社会学、人口与社会变迁、发展社会学、劳工研究、社会工作与社会政策、消费社会学。本学科点有教授11名、副教授13名、讲师9名，师资力量雄厚。其中有博士47名。

中山大学社会学研究资源丰富，依托国家发展和改革委员会设立的中国高等教育文献保障体系CALIS华南中心，拥有30平方米的电话访问室一个，还拥有包括投影设备的各种研究仪器设备器材18项。本学科拥有图书资料35.5万册、中外文期刊351种，借助中山大学图书馆和广东网络图书馆，可以使用包括超星、NETLibrary、Ebrary等电子图书数据库，并建立起包括中国期刊网全文数据库（CNKI）、人大复印资料报刊全文、万方数据资源系统、中国资讯行数据库、CALIS西文期刊目次数据库（CCC）、ARL、EBSCOHost、Springer - Link、JSTOR数据库等涵盖本学科中外文核心期刊的资源检索和信息收集网络。

博士生导师一览

导师姓名	专业方向	导师姓名	专业方向
蔡　禾	城市社会学，专长于城市社会学理论、社区与组织研究、城市社会问题与社会政策	刘祖云	发展社会学，专长于社会学理论研究、社会发展与社会转型研究、社会分层研究、港澳社会研究
李若建	人口与社会发展，专长于社会统计方法、人口社会学、当代中国社会变迁	黎熙元	移民社会学，专长于经济社会学、社区研究、移民研究

续表

导师姓名	专业方向	导师姓名	专业方向
丘海雄	经济社会学，专长于地方政府在经济发展过程中角色研究、产业转移升级研究、产业集群研究、国有企业的产权和组织改革研究、研究方法和统计分析	张和清	社区为本整合社会工作理论与实践、农村社会工作、灾害社会工作
王　宁	消费社会学，专长于社会学理论、消费社会学、旅游社会学、制度嵌入性、质性研究方法的研究	朱健刚	非营利组织与公益慈善、社区研究、政治社会学、发展人类学
梁玉成	中国社会转型与社会分化，专长于移民社会学、人工社会模拟、定量研究方法	王　进	社会分层与流动、政治社会学、犯罪社会学，专长于社会与人口动力机制、人工社会模拟、计算社会学、毒品与犯罪研究、中美社会与政治比较

2011—2014 年博士生情况一览

博士生姓名	论　文　题　目	导　师	毕业时间
许东黎	影响企业慈善捐赠行为的社会学因素分析	丘海雄	2011
张应祥	社会空间利益争夺与能动社会建构——以广州 LJ 小区业主维权为例	蔡　禾	2011
黄家滨	街头揽活：社会学视野下的散工就业研究	蔡　禾	2011
梁汉学	改革开放以来广州市社会阶层及其社会差距时空变迁研究	李若建	2011
王越平	认认真真走过场：双重约束下的理性选择——地方政府在保障性住房发展中的行为研究	丘海雄	2012
谭丽华	外资企业经销商网络变迁——以 NP 公司为例	蔡　禾	2012
陈　胜	城市住房体制改革与住房不平等的变迁——来自广州市的纵贯研究	王　宁	2013
刘米娜	新“市场共同体”：商户、网络与空间——中大布匹专业市场的实地研究	丘海雄	2011
戴建生	土地制度变迁与经济分化——基于广州市 H 村的研究（1950—2010）	李若建	2013
李超海	农民工工资增长与结构：基于企业农民工的量化研究	蔡　禾	2014
罗忠勇	转型期我国私营企业主的维权行为研究——基于制度、网络和市场的比较分析视角	刘林平	2014
毛小平	城市住房分层研究——以广州市为例	刘祖云	2011
黄晓星	转型期市民社会的生产：从社区的角度看	王　宁	2011
付光伟	历史视野中的地方政府行为变迁研究——以广东省 L 镇政府为例	丘海雄	2012
李晚莲	国企 A 厂职代会变迁研究——基于多重制度逻辑的分析	蔡　禾	2013
肖小霞	社会排斥的生产与再生产——对精神病家属照顾者的探索性研究	蔡　禾	2014
孙中伟	政府干预与农民工劳动权益：基于珠三角和长三角的量化研究	刘林平	2012
林双凤	城市居民的住房资源获得研究——以广州市 S 大学为研究案例	刘祖云	2012
魏万青	住房阶层形成机制研究——以广州为例	刘祖云	2012

续表

博士生姓名	论文题目	导师	毕业时间
刘 飞	食品安全风险与消费者实践：过程与机制	王 宁	2012
蔡静诚	百步亭社区的“驾车人”——基于历史制度主义和社会学制度主义视角的分析	蔡 禾	2013
贾文娟	选择性放任的生产体制——转型时期国有企业的生产过程与权力关系	蔡 禾	2013
马凤鸣	社会分层与消费模式变迁——基于S市的实证研究（1988—2009）	李若建	2013
谢万贞	从企业经营到地区经营再到社会经营——对C镇地方政府行为变迁的研究	丘海雄	2013
彭 丹	“边城”的梦：湘西凤凰古城的旅游迷思	王 宁	2014
海云志	集体抗议中的意义构造与地方网络——以盘鹿县居民抵制行政中心迁移事件为例	蔡 禾	2013
黄建宏	市场转型与城市住房获得——基于CFPS2010调查数据的分析	蔡 禾	2013
范华斌	环境健康风险的公众感知——以广州市B小区居民对A汽车有限公司带来的风险感知为例	李若建	2013
孙秀兰	外国学生来华留学的影响因素分析	刘祖云	2013
李 敢	幸福研究的文化定向探析——基于经济学“幸福悖论”的反思与考察	丘海雄	2013
黎相宜	移民跨国实践中的社会地位补偿——基于华南侨乡三个华人移民群体的比较研究	王 宁 周 敏	2013
王卓琳	中职学生的身份认同与应对认同危机的策略研究	罗观翠	2014
吴开泽	生命历程与住房资源获得研究：基于2010年广州市千户问卷调查	刘祖云	2014
张 琼	农民工劳动力市场的性别差异和性别歧视研究	刘林平	2014
贺霞旭	中国城市社区异质性与居民的街坊/邻里关系研究	蔡 禾	2014
吴贵峰	中产阶层特征及其社会地位获得——基于S市的实证研究	李若建	2014
雍 昕	农民工体制内维权实践研究	刘林平	2014
黄嘉文	收入不平等与主观幸福感：一项基于CGSS2005的实证分析	丘海雄	2014

联系方式

<table>
<tr><td>联系人</td><td>王 进</td><td>联系电话</td><td>020－84110945</td><td>电子信箱</td><td colspan="2">wangjinxt@ gmail. com</td></tr>
<tr><td>通讯地址</td><td>中国广州新港西路135号，中山大学社会学与人类学学院社会学与社会工作系</td><td>邮政编码</td><td>510275</td><td>网址</td><td colspan="2">http：//ssa. sysu. edu. cn</td></tr>
</table>

华中师范大学社会学博士点

华中师范大学社会学专业于1993年成立社会学与行政学系，1994年开始招收社会学专业本科和硕士研究生。1997年社会学系独立建制。2002年挂靠政治学一级学科招收政治社会学方向的博士研究生。2003年经国务院学位委员会批准，获得社会学专业博士学位授权点。2008年成立社会学院。2009年建立社会学博士后流动站，同年获批成立湖北省人文社会科学重点研究基地社会发展与社会政策研究中心。目前承担十多项国家社科基金和教育部人文社科基金项目的研究。主要方向有：社会学理论、城市社会学、经济社会学、人口社会学等。院长：Darrell Irwin（睿达文）；现有在岗博士生导师8人，2011—2014年已毕业博士生27人。

博士生导师一览

导师姓名	专业方向	导师姓名	专业方向
睿达文	犯罪社会学	江立华	城市社会学、人口社会学
陆汉文	乡村组织与减贫	李亚雄	劳工社会学
李雪萍	社会政策	徐晓军	边缘人群研究
符　平	经济社会学	杨生勇	福利社会学

2011—2014年博士生情况一览

博士生姓名	论 文 题 目	导 师	毕业时间
李棉管	行动中心制度主义：重构发展型社会政策的制度分析框架	郑杭生	2011.06
熊凤水	流变的乡土性：移植·消解·重构——一个外出务工型村庄的调查	郑杭生	2011.06
张必春	失独父母的社会关系变迁研究——基于社会身份视角的探讨	江立华	2012.06
刘艳茹	社会资本视角下大学毕业生初次就业问题研究	慈勤英	2012.06
陈文超	经济行动的支配机制——“劳动—生活”均衡与农村外出打工者返乡创业选择	郑杭生	2012.06
雷　茜	城市社区建设中政府、市场与社会的互构——基于武汉市常青花园社区的考察	郑杭生	2012.06
王志丹	贫困村发展中的村民参与研究——以四川省D村灾后发展为例	向德平	2012.06
彭莉莉	社区认同研究——基于武汉市的社区建设实践	郑杭生	2012.06
冯晓平	城市化进程中失地农民风险与分化研究——以D村为例	江立华	2012.06
党春艳	转型期我国城市贫困问题再研究	慈勤英	2013.06
周爱萍	贫困区域发展中的旅游扶贫研究	向德平	2013.06
沈　洋	基于社会资本视角下的农业产业化扶贫研究	黄承伟	2013.06

续表

博士生姓名	论　文　题　目	导　师	毕业时间
申可君	城市社区建设中的居民参与研究	向德平	2013.06
杨玉宏	当代我国城市残疾人社区服务多元主体建设探讨	杨　敏	2013.06
汪远忠	社会转型中的农民工利益建构研究	江立华	2013.06
雷继明	从家庭到国家：农村养老机制变迁研究	江立华	2013.06
陈　雯	老龄化、时间与老年人社会价值	江立华	2013.06
玉　苗	中国草根公益组织发展路径的探析	慈勤英	2013.12
向家宇	贫困治理中的农民组织化问题研究——以S省三个贫困的农民组织化实践为例	向德平 黄承伟	2014.06
覃志敏	社会网络与移民生计的分化发展——以桂西北集中安置扶贫移民为例	黄承伟	2014.06
徐　晶	互动视角下的创意产业政策研究——以武汉市洪山区为例	向德平	2014.06
周金衢	农村土地流转中的农民、大户与国家——基于桂东南F的实地调查	谢　舜	2014.06
尹　雷	城市社区文化建设研究——以"社会互构论"视角对广东海南考察的研究	郑杭生	2014.06
祝晓亮	我国社会稳定风险评估问题研究	夏玉珍	2014.06
刘　荣	新型城市化下西北城市农民工市民化——以LZ市的实地研究为例	郑杭生	2014.12
王力平	自觉与批判：中国特色社会学理论的建构	郑杭生	2014.12
黄文基	越南城市化过程文化生活的研究	夏玉珍	2014.12

联系方式

联系人	翟　娟	联系电话	027－67868325	电子信箱	734834588@qq.com	
通讯地址	湖北省武汉市华中师范大学社会学院	邮政编码	430079	网址	http://sociology.ccnu.edu.cn/	

吉林大学社会学博士点

吉林大学社会学专业筹建于1988年，先由人口研究所主办，后由哲学社会学院主办。现设有社会学、社会工作两个本科专业。1996年获得社会学硕士学位授予权。2003年获得社会学博士学位授予权。2005年获得人类学硕士学位授予权。2009年获得社会工作硕士（MSW）首批授予权。2010年获批建立社会学博士后流动站。2011年获得社会学博士一级学科授予权。自2002年以来，连续被评为吉林省重点学科。2011年被评为吉林省一级重点学科。在教育部学科评估中心自21世纪以来组织的3次全国高校社会学专业学科评估中，均名列前10名，是国内学术界公认的具有较强实力的社会学教学和研究基地。现有教授7人，副教授8人，博士生导师6人。教师中有教育部跨世纪优秀人才1人，教育部新世纪优秀人才2人，新世纪百千万人才工程国家级人选1人，国家社会科学基金重大项目和委托项目首席专家3人，匡亚明特聘教授2人，宝钢优秀教师2人。现任系主任为田毅鹏教授，系副主任为张仕平副教授和董运生副教授。在读博士生43人。该博士点已形成现代社会学理论、文化社会学、发展社会学、环境社会学、组织社会学、经济社会学、城市社会学等稳定的研究方向。此外，社会学系还设有社会发展研究中心和社会调查中心，承担有关社会发展研究和社会调查的重大研究项目。

博士生导师一览

导师姓名	专业方向	导师姓名	专业方向
邴　正	文化社会学、发展社会学	董才生	理论社会学、经济社会学
刘少杰	现代社会理论、制度社会学	崔月琴	组织社会学、发展社会学
宋宝安	社会保障、社会政策	李文祥	社会保障、社会政策
张金荣	理论社会学、发展社会学	田毅鹏	发展社会学、城市社会学
林　兵	环境社会学、发展社会学		

2011—2014年博士生情况一览

博士生姓名	论文题目	导师	毕业时间
张淑东	人力资源资本化市场意识前提研究	刘少杰	2011.06
刘鑫渝	土地制度变迁视野下的哈萨克牧区社会——以新疆新源县为例	田毅鹏	2011.06
王　新	城中村改造中的利益群体冲突——以温州城中村改造为例	刘少杰	2011.06

续表

博士生姓名	论　文　题　目	导　师	毕业时间
闫　闯	制度变迁中的象征秩序——以长春市律师职业群体秩序研究为例	刘少杰	2011.06
韩　丹	食品安全与市民社会——以日本生协组织为例	田毅鹏	2011.06
王庆明	身份产权变革：关于东北某国企产权变革过程的一种解释	田毅鹏	2011.12
吴庆华	城市空间类隔离：基于住房视角的转型社会分析	宋宝安	2011.06
于景辉	全球化背景下的我国社会管理机制创新研究	宋宝安	2011.06
张　莉	社区参与：社会稳定的基础	宋宝安	2011.06
董经政	东北老工业基地弱势群体社会心态研究——一个社会不平等的视角	邴　正	2011.12
刘春怡	转型期我国城市贫困人口的社会救助问题研究	宋宝安	2011.06
陶　宇	单位制变迁背景下的集体记忆与身份建构	田毅鹏	2011.06
于天琪	社会经济地位与幸福感的相关研究——基于吉林省老年人口的调查	宋宝安	2011.06
张霁雪	城乡结合部的社会样态与空间实践	田毅鹏	2011.06
许多澍	罗伯特·金·默顿传播思想及其影响研究	宋宝安	2012.12
兰亚春	居民关系网络脱域与城市社区共同体培育	刘少杰	2012.12
常　锐	群体性事件的网络舆情及其治理模式与机制研究	宋宝安	2012.12
高云飞	改制企业职工权益变动及相应对策研究	邴　正	2012.06
刘红岩	迷失的归途——社会关系网络视野中的刑释人员再社会化研究	宋宝安	2012.12
刘　杰	跨体制下的身份诉求与结构化形塑	田毅鹏	2012.06
刘　威	对抗边界的生产：春城名苑邻里维权与反维权研究	邴　正	2012.06
王　远	论社会保障理念的人文向度	宋宝安	2012.06
张　一	影响社会稳定的物价因素研究——社会管理视角	宋宝安	2012.06
陈　宁	嵌入日常生活的宗教皈信——社会变迁中的城市基督徒研究	田毅鹏	2013.06
徐永峰	社会保障权研究	宋宝安	2013.06
华雯文	社会保障：规避群体性事件的有效机制	宋宝安	2013.06
徐红曼	制度变迁背景下企业劳动时间管理与秩序重构	田毅鹏	2013.06
冯耀云	冲突的持续性——S村农民与政府征地纠纷问题研究	邴　正	2013.06
姜　丽	农村残疾人社会保障供需矛盾研究	宋宝安	2013.12
邸焕双	创新与重构：新农村建设背景下的农村社区公共产品供给制度分析	宋宝安	2014.06
李　莉	神话谱系演化与古代社会变迁——中国北方满—通古斯语族神话研究	邴　正	2014.06
陈姝宏	社会关系网络视角下社区矫正对象再社会化研究——以长春市二道区典型街道、社区为例	邴　正	2014.06
吴德帅	阶层和谐视阈下的社会权研究	李文祥	2014.06
徐　佳	市场转型背景下工人的婚姻策略研究——以东北H市A企业为例	张金荣	2014.12
陈　静	民间慈善组织参与孤贫儿童救助事业研究	董才生	2014.12
王恩见	业主维权的法律动员与法律机会结构研究	邴　正	2014.12
袁　泉	基层慈善实践中的制度变迁研究——以C区的慈善活动为例	崔月琴	2014.06

续表

博士生姓名	论 文 题 目	导 师	毕业时间
张 冠	地缘性商会嵌入性自组织研究	崔月琴	2014. 12
NARANTUYAS ODNOMPIL	家庭暴力对儿童社会化的影响——以蒙古国乌兰巴托为例	田毅鹏	2014. 06
TSERENBAZAR PIONER	当代城市青年生活方式研究——以蒙古国乌兰巴托高校毕业青年为例	崔月琴	2014. 06

联系方式

联系人	于海天	联系电话	0431 - 85168215	电子信箱	haitian@ jlu. edu. cn
通讯地址	长春市前进大街 2699 号 吉林大学哲学社会学院社会学系	邮政编码	130012	网址	http：//zsy. jlu. edu. cn

清华大学社会学博士点

清华大学社会学博士点于2003年10月批准成立，并于同年开始对外招生。现任系主任沈原教授，现有博士生导师12人，已毕业学生68人，在读博士生47人。

博士生导师一览

导师姓名	专业方向	导师姓名	专业方向
李　强	城市社会学	景　军	文化社会学
孙立平	转型社会学	张小军	文化人类学
郭于华	转型社会学	罗家德	组织社会学
沈　原	劳工社会学	孙　凤	消费社会学
刘精明	社会分层	晋　军	转型社会学
王天夫	转型社会学	郑　路	组织社会学

2011—2014年博士生情况一览

博士生姓名	论　文　题　目	导　师	毕业时间
常　宇	基层治理方式变迁：K镇征地拆迁从冲突走向合作案例研究	李　强	2011.09
肖　璇	“花儿”为什么这样“红”——林县花儿音乐人类学研究	张小军	2011.07
周丹丹	风景的商品化与民间社会的自我保护——肇兴侗寨个案	郭于华	2012.01
侯贵松	私营企业主政治参与的社会关系分析	罗家德	2012.07
陈　鹏	住房产权与社区政体——B市业主维权与自治的实证研究	郭于华	2012.07
李建明	祭祀循环圈与地域共同体——水族节日社会关系交换研究	张小军	2013.07
李智超	“共有财”的认同基础：社会网视野下的社区认同	罗家德	2013.07
叶　攀	文化压抑与文化自主——B市Q村新生代农民工案例研究	李　强	2014.07
潘彦君	北京市新生代农民工通过教育渠道融入城市可行性研究	孙立平	2014.07
葛天任	社区碎片化与社区治理——Y市基层社区变迁实证研究	李　强	2014.07
汪建华	新工人的生活与抗争政治	孙立平	2013.07
刘怡然	失序的家园：一个城中村的拆迁与弈争	张小军	2014.07
孟庆延	从“打土豪”到“查阶级”：赣南闽西土地革命再考察	郭于华	2014.07
孙　瑜	乡村自组织运作过程中能人现象研究——基于云村重建案例	罗家德	2014.07
曾迪洋	劳动力迁移对婚姻的影响：基于生命历程理论的一项研究	刘精明	2014.07
洪理达	当代中国城市社会房产分配中的性别不平等	刘精明	2014.07

续表

博士生姓名	论 文 题 目	导 师	毕业时间
刘 强	地位争得：流动人口的地位获得研究	李 强	2014. 07
吕 鹏	建构群体事件多元策略混合决策模型：基于仿真模拟方法	刘精明	2014. 07
麻勇恒	敬畏：苗族神判中的生命伦理	张小军	2014. 07
黄斌欢	非正式产业与社会团结：珠三角泔水养猪人研究	郭于华	2014. 07

联系方式

联系人	李彩霞	联系电话	010－62795086	电子信箱	soc@ tsinghua. edu. cn	
通讯地址	清华大学熊知行楼社会学系	邮政编码	100084	网址	http://www. tsinghua. edu. cn/publish/Soc/index. html	

武汉大学社会学博士点

武汉大学社会学系经国务院学位委员会批准，于2003年获社会学博士学位授予权。现任系主任为林曾教授。本博士点共设有：社会学研究方法、教育社会学、经济社会学、发展社会学、城市社会学、农村社会学、社会人类学、风险认知、社会信任、理论心理学、社会学本土化、生活质量研究、中国社会思想史、社会学理论方法与中国社会研究、行为社会学、社会工作、社会政策等多个研究方向。共有博士生导师10人，博士生108人（其中毕业61人，在校47人）。

博士生导师一览

导师姓名	专业方向	导师姓名	专业方向
林　曾	社会学研究方法、教育社会学	罗教讲	社会学理论方法与中国社会研究、行为社会学
周长城	经济社会学、生活质量研究	慈勤英	社会政策、社会工作
桂　胜	中国社会思想史、社会学本土化	伍　麟	风险认知、社会信任、理论心理学
向德平	发展社会学、城市社会学、社会工作、社会政策	朱炳祥	社会人类学
龙　斧	经济社会学、宏观政策决策科学性分析	宋亚平（兼职）	农村社会学

2011—2014年博士生情况一览

博士生姓名	论　文　题　目	导　师	毕业时间
程　玲	艾滋病人群贫困状况及反贫困政策研究——以湖北农村为研究对象	向德平	2011
胡　俞	人际信任论	罗教讲	2011
张建国	失地农民的社会适应研究	向德平	2011
李杨勇	人力资本投资的风险管理研究——以某大型银行为例	向德平	2011
王大胜	基于社会支持的职业倦怠研究	向德平	2011
俞　进	城乡社区服务均等化研究——以广东南海为例	向德平	2011
李汉宗	农民工群体的内部差异：社会流动与社会网络——基于深圳市龙岗区的个案研究	周长城	2011
何　菊	传教士与清末民初中国社会变革：李提摩太在华宗教与社会实践研究（1870—1916）	朱炳祥	2011

续表

博士生姓名	论 文 题 目	导 师	毕业时间
邓 娟	再造农民：国家、社会与农民互动的社会学研究——以新疆精河县阿合奇农场为例	朱炳祥	2011
阿杜哈姆	城市的多元文化主义与社会动荡：原因、结果与问题——以美国和尼日尔北部地区为例	周长城	2011
陈 安	社会学视野下的公共组织部门效能——以斯里兰卡为例	周长城	2011
彭黎明	气候变化公众风险认知研究——基于广州城市居民的调查	桂 胜	2011
吴巧瑜	民间商会社会治理功能的变迁研究——以香港潮州商会为例	朱炳祥	2011
邓海骏	建设现代创新型宜居城市有效提升环境质量和市民的现代文明素养	周长城	2011
李 达	信任与组织发展——基于武汉新东方学校的实证研究	罗教讲	2011
谢玉冰	后金融危机时代“民工荒”问题研究——基于深圳市农民工的实证调查	周长城	2011
扎卡里	尼日尔的地方分权：改革的问题及反应	罗教讲	2011
陈 云	保障性制度环境下“失组织”城市贫民的生存行动——以武汉市保安街贫困居民为例	周长城	2012
关瑞华	全球价值链视角下的生物产业结构升级研究——以广州国际生物岛为例	周长城	2012
何 芸	市场转型期的行业分割与收入不平等	周长城	2012
江永良	社会资本视角下的信访问题研究	周长城	2012
柴 鹏	“真实的共同体”——一个城郊新兴商业社区的个案实践	桂 胜	2012
陈裕瑾	东江流域民众生活方式研究	桂 胜	2012
赵 冰	三峡移民的习俗文化变迁研究——基于湖北省S村的田野调查	桂 胜	2012
钟祥虎	区域社会民间信仰研究——基于禅乡黄梅实证研究	桂 胜	2012
王 腾	社会网络中的信任行为研究	罗教讲	2012
宋 雯	武陵山区少数民族女性反贫困研究	向德平	2012
田丰韶	贫困村灾害风险应对研究	向德平	2012
曾俊森	政府信任论	罗教讲	2013
程惠栋	农民工流动就业与劳动力市场的建构——市场社会学的分析框架	周长城	2013
孙明强	市场、规制与趋势：国产商业电影消费市场的实证研究	周长城	2013
刘红霞	经济全球化背景下快餐行业的食品安全问题——基于武汉市和美国旧金山湾区两地的对比研究	周长城	2013
罗爱华	当代我国企业社会责任的培育与履行——基于湖南地区的实证研究	周长城	2013
莫光辉	少数民族地区农民创业与农村扶贫研究——基于广西天等县的实证分析	桂 胜	2013
王 彪	石化产业“垄断”现象的根源、变迁及其走向——以中国石化安庆公司为例	周长城	2013
王广中	社会学视域下中国房地产业治理研究	桂 胜	2013
王红艳	变迁与皈依——黑土村村落宗教变迁的研究	朱炳祥	2013
王 华	三方权力结构下的民间信仰研究——以江西鄱阳县为例	朱炳祥	2013
严淑华	女娲与当地女性生活——基于河北涉县女娲神话与载体的考察	桂 胜	2013

续表

博士生姓名	论　文　题　目	导　师	毕业时间
杨小东	庐陵状元文化研究	桂　胜	2013
张晓瑾	艺术村与都市民俗研究——从武汉县华林说起	桂　胜	2013
唐黎军	中国证券市场个体投资策略与投资行为研究	罗教讲	2013
陈志宇	当代汉语变迁与中国社会发展——基于汉语变化的实证研究	周长城	2013
李一川	风险认知与信任视角下的消费者食品安全风险行为研究	罗教讲	2013
李　强	民营企业内部信任关系研究	罗教讲	2013
余　园	信仰的异化与仪式的彰显——大理喜洲地区本主变迁研究	朱炳祥	2014
许　伟	我国当代政府信任的比较研究	罗教讲	2014
徐嘉鸿	民间宗教变迁研究——以陕北黄土村田野考察为例	朱炳祥	2014
李军莉	信任的破坏与重建——我国婴幼儿奶粉业发展的社会机制研究	罗教讲	2014
刘　婧	家庭伦理的松动："临时夫妻"的婚姻、家庭、生育与性——以广东省惠州市的田野考察为例	桂　胜	2014
周丽玲	荆州花鼓戏传承舞台上的传承群体研究	桂　胜	2014
赵　彬	国企职工对反腐倡廉认知的社会学研究——以W国有集团企业为例	慈勤英	2014
刘福刚	县域幸福指数研究	慈勤英	2014
鲁　良	失信行为的社会学研究	罗教讲	2014
彭　寅	人际信任的社会学实证研究——兼特殊信任与普遍信任的比较研究	罗教讲	2014

联系方式

联系人	林　曾	联系电话	13627248827	电子信箱	huangjinlin1970917@163.com
通讯地址	武汉大学社会学系	邮政编码	430072	网址	http://shxx.whu.edu.cn/site/shxx/index.jsp

华东理工大学社会学博士点

华东理工大学于2005年获社会学博士学位授予权，并于2006年开始招收攻读社会学博士学位的研究生。徐永祥教授为学科带头人及导师组长，同期获准建设的还有社会学硕士学位一级学科、人口学硕士学位授权点、人类学硕士学位授权点；博士点共设有：社会工作与社会服务、社会转型与城乡发展、社会福利与社会政策、人口发展与人口政策、法社会学五个研究方向。共有博士生导师14人，在读博士生91人。目前，该学科已初步形成了年龄结构合理、学术梯队完整、学术力量雄厚、重大学术成果迭出的发展优势。

博士生导师一览

导师姓名	专业方向	导师姓名	专业方向
徐永祥	社会工作与社会服务	范　斌	社会福利与社会政策
曹锦清	农村社会变迁与“三农”研究	纪晓岚	社会治理与社会政策
张　昱	社会工作与社会服务	李瑜青	法社会学与社会安全
张广利	社会转型与社会问题	何雪松	社会工作理论、流动性与精神健康
杨发祥	农村社会学、转型社会学	费梅苹	青少年社会工作、司法社会工作
郭圣莉	基层社会与社区治理	董国礼	社会转型与经济、文化社会学
曾守锤	流动儿童研究与实务、社会工作教育	程　毅	社会工作、社会福利与社会政策

2011—2014年博士生情况一览

博士生姓名	论　文　题　目	导　师	毕业时间
陈　丰	信访制度成本研究	张广利	2011.03.01
朱静辉	地权增值分配的社会机制——官镇征地研究（2000—2010）	曹锦清	2011.06.01
刘中起	理性主义的范式转换及其当代价值——哈贝马斯交往行为理论研究	张广利	2011.06.01
孙志丽	民国时期专业社会工作的发展研究	张　昱	2011.06.01
汤芷萍	土地制度变迁中的城乡一体化——以上海市F区为例	曹锦清	2011.11.01
程　毅	非均衡发展条件下的新型农村合作医疗制度建构之探索——基于上海金山、安徽阜阳、宁夏	徐永祥	2012.03.01
熊万胜	体系中的秩序——对我国粮食市场秩序的结构性解释	曹锦清	2012.03.01
周　莹	不足与不公：铁路春运“一票难求”现象的社会学分析	张广利	2012.03.01

续表

博士生姓名	论　文　题　目	导　师	毕业时间
张本效	主动城市化：大城市郊区村域城市化模式研究——以上海市九星村为例	纪晓岚	2012.06.01
张瑞华	现代城市文化背景下的身份认同与身份建构——以上海市Z社区外来人口为例	张广利	2012.06.01
张婷婷	告别“家国同构”：制度变迁视野下的乡村家庭与国家——基于安徽芦东村的实证研究	张广利	2012.06.01
汤茜草	从“被中产”到“被消失的中产”：G市高校教师群体的住宅福利与阶层认同	范　斌	2012.11.01
陈蓓丽	结构、文化和能动性：上海外来女工抗逆力研究——基于生活史的一种解读	徐永祥	2013.03.01
陈俊傲	西藏林芝林牧区养老模式研究——基于发展型社会政策的视角	张广利	2013.03.01
陈荣武	当代娼妓现象的生成与治理——以S市为例	曹锦清	2013.03.01
徐丙奎	权力分化与秩序重构：快速城市化背景下的社区治理研究——以昆山市S镇为例	张广利	2013.06.01
胡　兵	底层抗争与基层治理：当代中国乡村社会秩序研究	徐永祥	2013.06.01
陈　辉	“过日子”：农民的生活哲学——关中黄炎村日常生活中的家庭主义	曹锦清	2013.06.01
林晓兰	都市女性白领的身份建构：基于上海外企的经验研究	张广利	2013.06.01
孙　静	群体性事件的情感社会学分析——以什邡钼铜项目事件为例	张广利	2013.06.01
赵　欣	从指令到授权：“单位”社区动员机制演变研究——以河北省“中企社区”为例	范　斌	2013.06.01
李宗克	社会学本土化论题的历史演进与理论反思	曹锦清	2013.11.01
沈　炜	传统体制、认同危机与社会工作介入——关于高校思想政治工作创新机制的社会学研究	徐永祥	2013.11.01
于兰华	老年失地农民经济参与的行动过程研究——以南通市Z社区为例	范　斌	2013.11.01
刘小霞	制度困境与角色建构：我国社会企业研究——基于深圳市Y集团的经验研究	徐永祥	2014.06.01
卓彩琴	重建生活世界：一种社会工作行动——基于X麻风村从隔离到融合的变迁研究	范　斌	2014.06.01
刘　燕	制度化养老、家庭功能与代际反哺危机——以上海市为例	纪晓岚	2014.06.01
李　宽	以地为媒：城镇化实践机制研究	曹锦清	2014.06.01
马流辉	结构性规制与自主性建构：上海城郊“农民农”的个案研究	曹锦清	2014.06.01
朱　逸	“新集体化”村庄的行动策略阐释——基于SH市JX村的实证研究	纪晓岚	2014.06.01
张　海	政府购买服务方式演变对官民二重型社会组织发展的型塑	范　斌	2014.06.01
张　建	法官绩效考评制度运行研究——以J市基层法院法官行动策略为例	李瑜青	2014.06.01
储　琰	微观权力视角下刑释人员的行动选择——基于Z地区刑释人员再社会化问题的实证研究	李瑜青	2014.06.01

续表

博士生姓名	论 文 题 目	导 师	毕业时间
李建斌	自组织视角下的农村宗教增长——以赣东W镇为例	曹锦清	2014. 11. 01
唐晓容	小姐与闲话——基于G村“粉色化”过程的研究	范 斌	2014. 11. 01
张粉霞	社会工作介入灾后重建跨部门合作机制研究——以上海社工介入“5·12”震灾服务为例	张 昱	2014. 11. 01
朱 姝	从分散到整合：四位一体的大学生就业全程服务体系研究	石良平	2014. 11. 01
秦阿琳	农民工的组织化与权利意识研究——以广东、湖南的调查为例	徐永祥	2014. 11. 01

联系方式

<table>
<tr><td>联系人</td><td>杨发祥</td><td>联系电话</td><td colspan="2">021－64252072</td><td>电子信箱</td><td colspan="2">fxyoung@ 163. com</td></tr>
<tr><td>通讯地址</td><td colspan="2">上海市徐汇区梅陇路130号社会学院</td><td>邮政编码</td><td>200237</td><td>网址</td><td colspan="2">http：//cpsa. ecust. edu. cn</td></tr>
</table>

河海大学社会学博士点

20世纪80年代中期，河海大学开始社会学教学与研究工作，90年代初期开始在马克思主义理论思想政治教育、技术经济及管理专业培养社会学方向的研究生。2003年获得社会学二级学科硕士学位授予权并开始招生，2005年获得社会学二级学科博士学位授予权和社会学一级学科硕士学位授予权，2010年获得社会工作专业硕士学位（MSW）授予权。2012年设立社会学博士后流动站。2011—2014年获得博士学位的学生28人。

河海大学社会学学科教师32人，其中博士生导师14人。这些教师主要任职于社会学系、中国移民研究中心、人口研究所。学科方向有移民社会学、环境社会学、城乡社会学、社会评估、人口社会学、法律社会学等。

社会学学科主任为施国庆教授。社会学系负责社会学学科的日常工作，现任系主任为陈阿江教授。

博士生导师一览

导师姓名	专业方向	导师姓名	专业方向
施国庆	移民社会学、社会评估	许佳君	移民社会学、城乡社会学
陈阿江	城乡社会学、环境社会学	王毅杰	城乡社会学
陈绍军	移民社会学、社会评估	曹海林	城乡社会学
孙其昂	城乡社会学	李义松	法律社会学
杨文健	移民社会学、城乡社会学	宋林飞	城乡社会学
邢鸿飞	法律社会学	陈　如	城乡社会学
黄健元	人口社会学	叶南客	城乡社会学

2011—2014年博士生情况一览

博士生姓名	论文题目	导师	毕业时间
程鹏立	乡村工业化进程中的环境污染问题分析	陈阿江	2011.06
刘　丹	入疆移民及其安居研究	陈阿江	2011.06
史晓浩	村落社会与市场的互构	陈绍军	2011.06
康红梅	社会排斥与身份认同研究	杨文健	2012.06
许根宏	法律文本与地方实践的分离及融合	邢鸿飞	2012.06

续表

博士生姓名	论 文 题 目	导 师	毕业时间
许巧仙	聋人与主流社会融合研究	施国庆	2012.06
唐国建	从“漏网捕鱼”到“一网打尽”	陈阿江	2012.12
王开庆	小组计件制下的赶工游戏	王毅杰	2012.12
仲 秋	环境意识及行为影响机制差异	施国庆	2012.12
蔡萌生	水库移民集体行动的背后	陈绍军	2013.06
罗亚娟	乡村工业污染的演绎与阐释	陈阿江	2013.06
王 婧	一个牧区的环境与社会变迁	陈阿江	2013.06
王沛沛	富裕之路：水库移民创业支持及其行动	许佳君	2013.06
曹志杰	少数民族非自愿水电移民社会文化适应研究	陈绍军	2013.12
方小玲	嵌生、冲突、转型——蓄电池T企业发展路径的社会学解读	施国庆	2013.12
史明宇	低碳城市实践困境及其社会解读	陈绍军	2013.12
孙 璐	城市社区居委会的运行逻辑研究	杨文健	2013.12
孙海涛	工作与生活：成年独生子女的角色冲突研究	邢鸿飞	2014.06
吴金芳	现代化背景下的村落农田水利变迁	陈阿江	2014.06
严登才	发展干预与移民生计	施国庆	2014.06
袁文灏	矿农纠纷及其解决机制研究	邢鸿飞	2014.06
宋 喆	从农牧场到城市社区的变迁——以NJ市XL农牧场为例	施国庆	2014.06
耿言虎	远去的森林——民族地区生态变迁的社会机制研究	陈阿江	2014.12
刘永飞	由兴盛到困顿：传统柳编业的变迁阐释	许佳君	2014.12
仇凤仙	倾听暮年：李村老人日常生活实践研究	杨文健	2014.12
隋 艺	生态移民行为选择及其演化	陈绍军	2014.12
余芳梅	民生政策社会评估研究	施国庆	2014.12
袁记平	社会变迁中的村落林业	陈阿江	2014.12

联系方式

<table>
<tr><td>联系人</td><td>王毅杰</td><td>联系电话</td><td>025－83787376</td><td>电子信箱</td><td colspan="2">wangyj_73@163.com</td></tr>
<tr><td>通讯地址</td><td colspan="2">南京市江宁区佛城西路8号
河海大学公共管理学院社会学系</td><td>邮政编码</td><td>211106</td><td>网址</td><td>sociology.hhu.edu.cn</td></tr>
</table>

复旦大学社会学博士点

复旦大学社会学专业始建于1925年，1988年恢复重建社会学系，现任系主任刘欣。该学科门类齐全、实力雄厚，拥有社会学一级学科博士及硕士授予权，设有社会学、人类学、人口学二级学科博士点。现有博士生导师14位，来自海内外的在读博士生40余位；自2006年以来已培养30余位博士毕业生。学位点负责人刘欣。该学科注重以理论创新为导向的经验研究，形成了注重制度分析的特色，在社会分层、社区研究、文化与宗教、城市化、传统文化与社会心理等领域的研究成果，受到海内外学界的关注。与海内外学术界建立了广泛的联系。该专业致力于培养社会学专业的高级人才，使所培养的研究生具备同国际学术界对话的基础，具备独立开展学术研究的能力，同时也具有国际比较研究的视野。

博士生导师一览

导师姓名	专业方向	导师姓名	专业方向
刘　欣	社会分层	孙时进	社会心理
张乐天	社区研究	张学新	社会心理
周　怡	文化与社会	顾东辉	社会工作
王　丰	社会结构	纳日·碧力戈	人类学
范丽珠	宗教与民间社会	潘天舒	人类学
于　海	城市社会学	任　远	人口学
桂　勇	经济与社会	张　力	人口学

2011—2014年博士生情况一览

博士生姓名	论文题目	导师	毕业时间
金度经	知识的条件："人口控制论"如何获得权威	周　怡	2011.01
孙　明	家庭背景与干部地位获得（1950—2003）	刘　欣	2011.01
黄美冰	日常歌唱与文化认同：马来西亚华人叙事探究	周　怡	2011.06
纪江明	转型期我国社会保障与居民消费的地区差异研究	张乐天	2011.06
杨雪晶	个体化与城市老年人非正式社会支持研究：以上海市ST社区的经验为例	张乐天	2011.06
王　平	转型期城市贫困家庭子女义务教育的比较研究	周　怡	2011.06
李　沛	祠堂、祠堂戏剧与社会整合	周　怡	2012.01

续表

博士生姓名	论 文 题 目	导 师	毕业时间
赵 爽	征地、撤村建居与农村人际关系变迁——以一个中国北方村落为例	张乐天	2012.01
郑耀抚	上海农民工的生活经历与身份认同	张乐天	2012.01
刘 芳	林村教会——公民共同体视野下的华北乡村天主教	范丽珠	2012.07
马 磊	国家干预模式、产权性质与组织间网络关系——对2000—2010年中国连锁董事网形成的制度主义社会学分析	刘 欣	2012.07
田 芊	中国女性择偶倾向研究——基于进化心理学的解释	孙时进	2012.07
钟晓华	行动者的空间实践与社会空间重构——田子坊旧街区更新过程的社会学解释	于 海	2013.01
刘 伟	社会共生视野下的草根组织合法性问题研究——一个基于上海市G社区文化团队的实证分析	胡守钧	2013.07
邢婷婷	公益组织的宗教背景与组织有效性	范丽珠	2013.07
朱 静	制度与组织——"老字号企业"杭锦丝织厂的个案研究	周 怡	2013.07
何 煦	村落是共同体吗——基于浙江省赵宅村的观察	谢遐龄	2014.01
刘志华	PERSONAL GROWTH AND SELF-CONSTRUAL: THE IMPACT OF A GROUP PSYCHO-EDUCATIONAL PROGRAM ON THE SELF-CONSTRUAL OF CHINESE ADOLESCENTS	孙时进	2014.01
时丽娜	意识形态、价值取向与大学英语教书选材——一种教育社会学分析	胡守钧	2014.01
丁志强（丁敬耘）	性别角色对压力行为反应的影响	孙时进	2014.07
郭 莉	从下岗女工到"麦工"：一项关于上海阿姐被动个体化与自我再造的民族志研究	张乐天	2014.07
贺倩如	云南特有少数民族青少年自我认同研究	孙时进	2014.07

联系方式

联系人	廖永梅	联系电话	021-55664713	电子信箱	ymliao@fudan.edu.cn
通讯地址	上海市邯郸路220号复旦大学社会学系	邮政编码	200433	网址	www.sociology.fudan.edu.cn

华中科技大学社会学博士点

华中科技大学社会学系是我国高校中最早恢复、重建社会学教学和研究的院系之一，也是最早设立的10个社会学硕士点之一。

学位点和专业：设有社会学一级学科博士点，社会学一级学科硕士点；社会保障二级学科博士点，社会保障二级学科硕士点；应用心理学二级学科硕士点；社会工作硕士专业学位点。另外，还设有社会学、社会工作两个本科专业。社会学学科为湖北省重点学科。

机构：设有社会调查研究中心、中国乡村治理研究中心、社会保障研究所、人口研究所、城乡文化建设研究中心5个研究机构。与各方合作建有20余个不同类型的实习基地。

主要设施：建有社会调查实验室、社会工作实验室，面积330平方米，设备百万余元。系资料室有中外文图书近3万册、期刊百余种。出版学术年刊《社会学评论》，办有“社会学研究网”。

教师队伍：现有专任教师31人，其中教授9人，副教授12人。55岁以下教师全部具有博士学位，教授、副教授大多有国（境）外访学、研修经历。

在校学生：本科、硕士、博士共计500多人。

2011—2014年系主任为雷洪、丁建定。

博士生导师一览

导师姓名	专业方向	导师姓名	专业方向
丁建定	福利社会学、社会保障	孙秋云	文化社会学、文化人类学
吴　毅	政治社会学、政治人类学	贺雪峰	乡村治理、农村社会学
石人炳	人口社会学、老年社会保障	雷　洪	社会问题、社会学中层理论
吴中宇	劳动社会学、社会保障	王茂福	经济社会学、福利社会学
王三秀	社会保障制度比较、社会救助		

2011—2014年博士生情况一览

博士生姓名	论文题目	导师	毕业时间
熊　波	老年人长期照顾的模式与决策	石人炳	2011.05
尹世洪	社会转型时期中国农村家庭关系的变迁	贺雪峰	2011.05

续表

博士生姓名	论 文 题 目	导 师	毕业时间
赵晓峰	公私定律：村庄视域中的国家政权建设	贺雪峰	2011.05
祝志芬	中国义务教育福利制度的发展及其完善研究	丁建定	2011.05
宋丽娜	人情社会基础研究	贺雪峰	2011.05
狄金华	被困的治理——一个华中乡镇的复合治理	吴 毅	2011.05
何绍辉	贫困、权利与治理——红村扶贫开发的故事	吴 毅	2011.05
李欣欣	现代性体验下苗族乡村妇女的家庭生活	孙秋云	2011.05
张世勇	生命历程视角下的返乡农民工研究	贺雪峰	2011.05
滕姗姗	我国农民工养老保险制度的发展及其完善研究	吴中宇	2011.05
华 黎	新型农村社会养老保险制度中的政府财政支出	丁建定	2011.05
方 菲	伦理视阀下的农村最低生活保障制度研究	李京文	2011.05
陈维佳	瑞典福利国家改革研究	丁建定	2011.09
李 明	“奖抚制度”可持续困境与改革研究	石人炳	2011.09
徐兴林	改革开放以来我国私营企业主阶层的变迁研究	吴忠民	2011.10
成光琳	非公有制企业社会保障责任研究	丁建定	2011.11
李国锋	我国地方党政机关办公用房制度及制度化研究	雷 洪	2011.11
项益才	中国社会保障的人学价值度量与现实应对研究	吴中宇	2012.01
张 翼	中国城市居民最低生活保障制度的完善	丁建定	2012.01
李德铭	城市转型文化立市	孙秋云	2012.05
杨秋林	地权建设与村庄权力秩序的重构	贺雪峰	2012.05
樊成玮	拆迁冲突及其化解机制研究	吴 毅	2012.05
冯志明	共青团对青少年网络自组织的引导研究	吴 毅	2012.05
郭 涛	完善我国高校贫困生教育救助政策研究	丁建定	2012.05
左义河	城乡收入差异影响因素的实证研究	石人炳	2012.05
岳云康	陕西省医疗保险需求与供给均衡分析	石人炳	2012.05
姜丽美	我国社会保障制度的劳动力市场效应研究	石人炳	2012.05
王红兵	我国城乡最低生活保障制度统筹发展研究	李京文	2012.05
吴玉锋	农村社会资本与参保决策研究	吴中宇	2012.05
郭 林	公共养老金个人账户制度嬗变研究	丁建定	2012.05
刘军伟	我国基本养老保险制度公平性研究	李京文	2012.05
陈蓓蓓	汶川灾后重建与政府合法性的双轨效应	李京文	2012.05
王 玲	救灾政治：合法性经营视角下的现代国家与乡村社会	吴 毅	2012.05
费中正	现代化进程中西江苗族的社会转型与生活方式变迁	孙秋云	2012.05
刘晋飞	农村子女对父母的家庭代际转移研究	石人炳	2012.05
郭俊霞	农村家庭代际关系的现代性适应	贺雪峰	2012.05
刘燕舞	中国农民自杀问题研究（1980—2009）	郑杭生	2012.05

续表

博士生姓名	论文题目	导师	毕业时间
杜丽霞	失地农民社会保障的地方政府职能研究	李京文	2012.05
魏　爽	当地中国“知识中产”消费特征及其影响因素研究	陆学艺	2012.05
鄢庆丰	中国村庄社区转变的理论脉络与经验表达	吴　毅	2012.05
柯尊勇	我国旅游景区的越轨行为研究	王茂福	2012.10
魏继华	城市拆迁中地方政府与被拆迁人的冲突问题研究——以郑州市H村为个案	贺雪峰	2012.10
张爱红	新生代农民工闲暇生活研究——以郑州为例	吴　毅	2012.10
郑效军	从“生产垄断”退出（1979—2009）——中国律师职业工作困境及国家因素分析	雷　洪	2012.10
李东阳	国家助学贷款模式比较研究——基于高校地和生源地两种模式的对比分析	丁建定	2012.10
谭　磊	中国城镇社会福利事业社会化转型研究	丁建定	2012.10
徐福顺	对我国生态补偿社会制度设计的探讨	雷　洪	2012.11
谭　丽	农地流转制度下农民养老保障研究：财产权、养老权关系视角	吴中宇	2012.12
王　戈	网络时代的文化领导权研究——基于“华南虎事件”的阐释	孙秋云	2013.01
郑小明	失地农民市民化进程中的社会保障研究——以生活方式为表达对象	吴中宇	2013.06
祝丽怜	员工工作沉浸及其对工作绩效的影响	陈志霞	2013.06
尢方华	反生产行为结构及影响因素研究	陈志霞	2013.06
杨植强	美国医疗保障制度改革研究——基于制度嬗变的视角	邓大松	2013.06
吴　帆	底层的理性与人民公社的兴起及维持——基于湖北省大冶县矿山公社档案的研究（1957—1964）	吴　毅	2013.06
王德福	做人之道：熟人社会中的自我实现	贺雪峰	2013.06
胡仕勇	农村家庭养老现状与保障对策研究	石人炳	2013.06
桂　华	圣凡一体：礼与生命价值——家庭生活中的道德、宗教与法律	贺雪峰	2013.06
耿　羽	征迁政治——基层治理视阈中的白沙区土地开发（1990—2013）	贺雪峰	2013.06
陈　锋	机会主义政治——北镇的治理实践与分利秩序	贺雪峰	2013.06
王　会	个体化闲暇——泉村的日常生活与时空秩序	贺雪峰	2013.06
陈　讯	婚姻价值变革：山河乡离婚现象研究（1978—2012）	贺雪峰	2013.06
陶自祥	分裂与继替：农村家庭延续机制的研究——兼论农村家庭的区域类型	贺雪峰	2013.06
李洪君	当代乡村消费文化及其变革：一个东北村庄的物质、规范与表达	孙秋云	2014.06
张　敏	专业助人者的共情疲劳研究	陈志霞	2014.06
胡书芝	乡城移民家庭城市融入研究——基于广州、长沙、柳州三地1342名乡城移民的调查分析	雷　洪	2014.06
李启明	孝道的代际传递及其对老人的积极效应	陈志霞	2014.06
李　薇	西方国家家庭补贴制度研究——基于三种福利体制比较的视角	丁建定	2014.06
李祖佩	分利秩序——鸽镇的项目运作与乡村治理（2007—2013）	贺雪峰	2014.06
杨　斌	中国社会养老保险制度政府财政责任差异性研究	丁建定	2014.06

联系方式

联系人	周清平	联系电话	027－87543152	电子信箱	soci@ mail. hust. edu. cn	
通讯地址	湖北省武汉市洪山区珞瑜路1037号 华中科技大学社会学系	邮政编码	430074	网址	http：//soci. hust. edu. cn	

厦门大学社会学博士点

厦门大学社会学博士点于2006年批准设立，2007年开始招生，现有博士生导师8人，设有农村社会学、社会政策、移民社会学、女性社会学、文化社会学和社会工作等研究方向，博士点负责人为胡荣教授。

博士生导师一览

导师姓名	专业方向	导师姓名	专业方向
胡　荣	农村社会学	李明欢	移民社会学
朱冬亮	农村社会学	叶文振	女性社会学
张友琴	社会政策	易　林	文化社会学
徐延辉	社会政策	童　敏	社会工作

2011—2014年博士生情况一览

博士生姓名	论 文 题 目	导　师	毕业时间
温莹莹	非正式制度与村庄公共物品供给——T村个案研究	胡　荣	2012
陈斯诗	村庄规划中的公众参与	胡　荣	2013
姜玉琴	族群整合与符号边界	胡　荣	2013
李静雅	夫妻权力关系的研究	叶文振	2013
阳　杨	关系网络、体制资本与创业者的地位获得	胡　荣	2013
孙琼如	流动女性职业发展研究——以流入城市的农村女性为例	叶文振	2013
李　茂	文化、制度、市场：传统侨乡的现代变迁——以福建安溪为例	李明欢	2014
蔡惠花	农村林业金融支持政策研究——基于制度供需的视角	朱冬亮	2014
解彩霞	现代化·个体化·空壳化：一个当代中国西北村庄的社会变迁	李明欢	2014
林　本	多元规则竞争背景下的乡村治理——C村个案研究	胡　荣	2014
刘红旭	救灾中国家、农民和社会及其互动关系	胡　荣	2014
彭国胜	政治文化与城乡居民的维权抗争方式	胡　荣	2014
武艳华	跨国婚姻场域的生成、结构与调适——以福建省T县的中越商品化婚姻为例	徐延辉	2014
严　静	就业流动中的生存图景和影响模型——南日女的个案研究	叶文振	2014
杨金东	群体性事件后的利益协调与官民关系重建——以云南“孟连事件”为例	胡　荣	2014
魏　丹	建筑业生产政体下女性农民工的劳动过程研究——以福建L工地为个案	叶文振	2014
蔡慧玲	少数民族妇女发展研究——以广西毛南族为例	叶文振	2014

续表

博士生姓名	论 文 题 目	导 师	毕业时间
张文馨	社会空间与性别建构——以广西“漓江山水剧场”女性表演者为例	叶文振	2014
高 杨	土地流转治理：福建沙县夏茂镇个案研究	朱冬亮	2015
罗竖元	社会网络、返乡创业与农民工就地市民化	胡 荣	2015
黄晨颖	转型社会背景下的宗教参与及其影响因素	胡 荣	2015
兰林火	社会质量视域下城市居民休闲研究	徐延辉	2015

联系方式

联系人	林 艾	联系电话	0592－2182402	电子信箱	ggswyjs@ xmu. edu. cn	
通讯地址	厦门大学公共事务学院		邮政编码	361005	网址	spa. xmu. edu. cn

哈尔滨工业大学社会学博士点

哈尔滨工业大学人文学院社会学系 2005 年获得社会工程与管理二级学科博士点授权（隶属于管理学学科），开始招收博士研究生；2011 年获得社会学一级学科博士点授权，开始招收社会学博士研究生。现有博士生导师 7 人，其中兼职导师 3 人；截至 2014 年，共招收社会学博士研究生（含在职博士生）16 人。

博士生导师一览

导师姓名	专业方向
尹海洁	社会统计学的理论与应用、工程技术社会学、底层阶级研究
唐魁玉	网络社会研究、虚拟社会人类学研究、生活方式理论与实践研究
白淑英	网络社会学
郑中玉	都市政治与社区治理、信息技术的政治与社会影响、旅游社会学研究

联系方式

联系人	尹海洁	联系电话	0451 - 86414630	电子信箱	yhjie@ hit. edu. cn
通讯地址	哈尔滨市南岗区西大直街 92 号 哈尔滨工业大学人文学院社会学系	邮政编码	150001	网址	http: //shx. hit. edu. cn/

华东师范大学社会学博士点

华东师范大学社会学系2011年获得社会学一级学科博士点授予权，并于2012年正式招收社会学专业博士研究生，2014年设立社会学一级学科博士后流动站。目前与美国纽约大学、法国高师集团开展联合培养双博士学位的合作。现任系主任李向平教授，现有博士生导师8人。

博士生导师一览

导师姓名	专业方向	导师姓名	专业方向
文　军	社会学理论、城乡社会学、社会工作与社会政策	韩文瑞	社会工作与社会政策、移民社会学
李向平	宗教社会学、信仰社会学	胡雪梅	法律社会学
张文明	农村社会学、发展社会学	郭为禄	法律社会学、教育社会学
韩晓燕	社会工作与社会政策、福利社会学	王景斌	法律学理论

2014年博士生情况一览

博士生姓名	论　文　题　目	导　师	毕业时间
易臻真	当代中国国有企业劳资关系的动态发展及其演变研究（1992年至今）——以上海两家国有企业为例	文　军	2014.12

联系方式

联系人	文　军	联系电话	021－54342977	电子信箱	jwen@soci.ecnu.edu.cn
通讯地址	上海市东川路500号 华东师范大学社会发展学院社会学系	邮政编码	200241	网址	www.soci.ecnu.edu.cn

中央民族大学社会学博士点

1998年中央民族大学成为我国首批获得批准的人类学专业博士学位授权点，2003年获得民族社会学和民俗学专业博士学位授予权，2011年获得社会学一级学科博士学位授予权，2014年设立社会学博士后流动站。现任系主任姚丽娟。现有博士生导师22人（2011—2014年）；截至2014年共招收博士生约300人。

博士生导师一览

导师姓名	专业方向	导师姓名	专业方向
姚丽娟	农村社会学、教育社会学	杨圣敏	西北民族社区研究、民族关系与民族心理研究
良警宇	城市社会学、文化社会学	潘　蛟	人类学理论与方法、都市人类学
何俊芳	民族社会学、语言社会学	王建民	艺术人类学、民族学史
任国英	生态人类学、社会工作	潘守永	文化遗产研究、社会文化变迁研究
包智明	环境社会学、海外民族志	兰林友	社会人类学、公共卫生
贾仲益	民族社会学、应用民族学	张铭心	文物博物馆研究、文化遗产研究
王晓莉	社会分层与流动、城乡社会学	施　琳	经济人类学、世界民族研究
徐　平	社会发展研究、西部开发研究	张亚莎	少数民族美术史、岩画研究
林继富	民间叙事学、非物质文化遗产	陈长平	人口与文化、人口社会学
苏日娜	中国少数民族民俗学、蒙古学研究	王铭铭	历史人类学、人类学理论
阿布都热西提·基力力	民族社会学、少数民族地区社会问题	邢　莉	民俗学

2011—2014年博士生情况一览

博士生姓名	论　文　题　目	导　师	毕业时间
郗春媛	人口较少民族社会文化变迁研究——以云南布朗族为例	姚丽娟	2011
刘昱彤	警察形象危机问题的社会学研究	良警宇	2011
唐　梅	城市化进程中转制民族社区建设研究——“常营模式”及其实践	良警宇	2011
刘冬梅	造像的法度与创造力	王建民	2011
李宏岩	在乡土与高雅碰撞中再生	王建民	2011
张猷猷	求偶纪——对“李木脑壳”的关系与演化之研究	王建民	2011

续表

博士生姓名	论 文 题 目	导 师	毕业时间
李金花	士人与土司	王铭铭	2011
崔鸿飞	从民间艺术到文化遗产	潘守永	2011
李 旭	一个文化资本的生成与运作	潘守永	2011
王 莉	后苏联时期的俄罗斯联邦民族政策研究	何俊芳	2011
聂存虎	古村落可持续发展研究——基于山西下州村的调查	任国英	2011
贺佐成	社会资本视角下城市虚拟社区治理研究	包智明	2011
储 庆	国家、教育与地位获得：基于 CGSS2006 数据的实证研究	包智明	2011
王 丹	个人家社会——清江流域土家人“打喜”仪式研究	王建民	2011
杜倩萍	当代中国草根非政府组织的社会功能	杨圣敏	2011
艾 清	牛录——新疆锡伯族族群认同研究	杨圣敏	2011
魏志龙	多重情景下的学术发展	潘守永	2011
李军平	林耀华学术思想研究	潘 蛟	2011
伊利贵	民国时期西南“夷苗”的政治承认诉求	潘 蛟	2011
张雯莉	劳燕分飞——新世纪北京人离婚原因探析	陈长平	2011
沈 洁	和谐与生存	陈长平	2011
高法成	孝与养的失衡：一个贵州侗族村寨的养老秩序	陈长平	2011
张友庭	晋藩屏翰——山西宁武关城的历史人类学考察	王铭铭	2011
梁中桂	尔卜羌寨村民的神圣感	王铭铭	2011
王新民	民间信仰与民众生活研究	邢 莉	2011
季诚迁	古村落非物质文化遗产保护研究	邢 莉	2011
程安霞	“走”出来的“亲戚”	邢 莉	2011
王 雪	制度化背景中的剪纸传承与生活实践	邢 莉	2011
杨旭东	北京评书的书场研究	邢 莉	2011
罗强强	房屋拆迁过程中的利益博弈与协调	包智明	2012
赵锦山	民族政策与少数民族身份认同的构建——以广西龙胜各族自治县为例	何俊芳	2012
陈 晶	甘肃藏区农村阶层分化研究——以天祝藏族自治县农牧区为例	何俊芳	2012
李 霞	偏远山区农村面源污染的风险与秩序重建	任国英	2012
陈占江	农民环境抗争的逻辑与困境——以湖南省湘潭市 Z 地区为中心	包智明	2012
陈 锋	1949—2008 年中国西部乡村社会转型的历史与现实——以川西汉镇为例	徐 平	2012
袁 洁	社会继承制度变迁中的苗族女性研究	姚丽娟	2012
时少华	权力结构视角下社区参与旅游研究——以京郊二村为例	任国英	2012
张伟豪	农民上访与政府应诉——中部地区 Y 市的调查与研究	杨圣敏	2012
綦晓光	跨国公司的组织文化比较研究：以在中国的日本 A 企业和法国 B 企业为例	施 琳	2012
李小敏	死路生境——川滇边境纳日人的历史空间与生活世界	王建民	2012
都 晨	木版年画发展中的博弈与互动——以山东潍坊杨家埠木版年画为例	王建民	2012

续表

博士生姓名	论　文　题　目	导　师	毕业时间
丁雨迪	民族文物：历史、实践与话语分析	潘守永	2012
黄亚琪	左江蹲踞式人形岩画研究	张亚莎	2012
冶　芸	民族政治精英的多元文化认同——基于青海民和县回族干部的调查研究	杨圣敏	2012
常海燕	历史镜像中的“撒拉尔”——“汉藏走廊”一个“小民族”“营造传统”的历史人类学考察	王铭铭	2012
王卫平	社会变迁中的使鹿鄂温克族	任国英	2012
刘超祥	民族旅游村寨的人口移动与文化变迁——以湘西德夯村为例	陈长平	2012
连　煦	华工、中国制造、农民工：作为身份、道德和人权的劳动力市场竞争与分割	潘　蛟	2012
李　芳	宗教、历史与人观——以纳家户回族为例的研究	潘　蛟	2012
张文博	现代化进程中的农民身份构建——以关西中部 W 县城镇常氏家族史为案例	潘　蛟	2012
胡良友	从“红色首府”到“红色纪念地”——关于大别山革命博物馆、纪念馆建构的人类学研究	潘守永	2012
刘彩清	一个侗族村寨生育文化的人类学解释	陈长平	2012
杨德爱	旅游与被旅游：大理“洋人街”由来及变迁	潘　蛟	2012
李秀英	政治生态学视野中的黄河河源生态意象和纷争	潘　蛟	2012
张应峰	中国式抵抗：高密阻路运动的历史人类学考察（1899—1900）	杨圣敏	2012
周　莹	意义、想象与建构——当代中国展演类西江苗族服饰设计的人类学观察	王建民	2012
庄弘泰	改革背景下的医疗科室的运行与变迁——以一个二级医院的 E 科为例	包智明	2012
鲁　艳	多民族杂居区民族边界与民族关系研究	何俊芳	2013
吴桂英	生存方式与乡村环境问题——对山东 L 村环境问题成因及治理的个案研究	包智明	2013
出头理子	赴日留学现状研究	姚丽娟	2013
刘东旭	流动社会的秩序——珠三角彝人的组织与群体行为研究	潘　蛟	2013
赵金虎	衡水内画及内画艺人研究	王建民	2013
王向然	污名化与族群关系研究	杨圣敏	2013
才佳兴	黄岗侗寨的人口与家户经济研究	陈长平	2013
张　岳	流动空间的生产与城市性——对在京化隆拉面馆及其从业人员的实证研究	良警宇	2013
陈晓婧	组织变革中的工作认同——以城市社区工作者为对象的理论探讨与实证研究	良警宇	2013
吴桂英	生存方式与乡村环境问题——对山东 L 村环境问题成因及治理的个案研究	包智明	2013
于　涛	莫斯科华商：一个跨国迁移群体的适应行动	任国英	2013
连芙蓉	劳动力城乡转移背景下的东乡族家庭关系研究——基于大岭到兰州的实地调查	王晓莉	2013
吴振华	佤族社会文化变迁研究	姚丽娟	2013
张阳阳	西藏、新疆的文化认同与国家认同调查研究	徐　平	2013
杨青林	阿纳蒂岩画思想研究	张亚莎	2013
王向然	污名化与族群关系研究——基于西安地区河南人群的调查	杨圣敏	2013
赵金虎	壶中天地长——衡水内画鼻烟壶人类学考察	王建民	2013

续表

博士生姓名	论 文 题 目	导 师	毕业时间
马迎雪	“落地不生根”——爱尔兰都柏林华人的文化适应研究	施 琳	2013
加 俊	刨根问底：体味的文化建构与社会污名——晋南H县婚姻等级观念与婚姻隔离现象的人类学研究	兰林友	2013
张影舒	走向日常的信仰——以北京南天主教徒为中心	潘守永	2013
孙 淼	生活·秩序·展演——河北霸州胜芳镇的社会仪俗与身体艺术表征	王建民	2013
孙 嫱	地方回族宗教信仰生活之实践理性研究——以宁夏海原县苋麻村为例	杨圣敏	2013
李 榆	1—13世纪云南石刻及其意涵	张铭心	2013
孙晓勇	西辽河流域人面岩画研究	张亚莎	2013
彭春梅	胡仁·乌力格尔：从书写到口传	苏日娜	2013
张翠霞	神坛女人：大理白族村落“莲池会”女性研究	邢 莉	2013
王 雨	基督教在乡村的社会功能——以山东梁山县三个村落的调查研究为例	杨圣敏	2014
邹宇灵	巴岱仪式中的绺巾与审美——湖南湘西苗族信仰仪式法器的人类学考察	王建民	2014
杜 辉	据有他者：帝国、知识与台湾原住民物品收集实践（1850—1945）	潘守永	2014
应文达	“甜蜜事业”的背后：江山养蜂群体的生计策略	潘守永	2014
陶文俊	转型期的生存困境——伊宁维吾尔族弱势群体研究	杨圣敏	2014
杜 辉	形塑知识：19世纪以来台湾原住民物品收集历史与展示的话语分析	王晓莉	2014
雷 勇	从传统仪式到文化表演——以黔中地戏为个案	王建民	2014
黄孝东	地缘网络的解构：新化文印群体的形成机制与文化重塑	兰林友	2014
王临川	消费与国家权力——茅台酒及其意义建构	施 琳	2014
张齐超	农业产业化与乡村社会：对一个傣族村甘蔗种植的人类学研究	陈长平	2014
包海兵	“钢铁图腾”的建构与衰落——以上海A、苏州B钢贸市场的福建周宁商人群体为例	施 琳	2014
朱利峰	环太平洋人面岩画研究	张亚莎	2014
丁 娥	疾病与民族——族际健康不平等研究	何俊芳	2014
张 巍	费孝通民族社会学研究之路：概念、理论与方法	贾仲益	2014
辛 华	美国的志愿者服务现状研究——基于美国丹佛地区志愿者现象的调查	良警宇	2014
李培志	业主委员会与城市社区治理结构的变迁：一个社会协同的解释框架	良警宇	2014
向良喜	农村环境问题的表达与建构——基于S地区两起环境维权事件的对比分析	任国英	2014
冯 润	民族宽容研究——以云南青岗岭回族彝族乡为例	何俊芳	2014
王云蔚	矿产资源开发的实践逻辑——以D旗为例	包智明	2014
王 霞	基于扎根理论的新手妈妈角色学习过程研究	阿布都热西提·基力力	2014
王曼利	从传统故事讲述人到现代故事家	林继富	2014
刘 薇	多学科互渗下的民俗研究：基于抗战时期云南民俗调查研究的讨论	林继富	2014

续表

博士生姓名	论文题目	导师	毕业时间
穆昭阳	中国民间故事搜集整理史研究——以1949—2010年为例	林继富	2014
张远满	清江流域土家族歌唱活动研究——基于民间文艺表演队的调查	林继富	2014
陈　秋	屋里屋外：城镇化进程中温州柳村女性民俗生活研究	苏日娜	2014

联系方式

联系人	良警宇	联系电话	15010587971	电子信箱		liangjingyucn@163.com
通讯地址	北京市海淀区中关村南大街27号中央民族大学社会学系	邮政编码		100081	网址	http://mzx.muc.edu.cn

云南民族大学社会学博士点

经国务院学位委员会批准，云南民族大学2013年获得社会学一级学科博士学位授予权，同年获批社会学项目博士后工作站，2014年招收首届博士研究生和博士后。现有博士生导师9人。现任系主任马永清。

博士生导师一览

导师姓名	专业方向	导师姓名	专业方向
张桥贵	宗教社会学	杨国才	性别社会学
韩军学	宗教社会学	张金鹏	发展社会学
徐祖祥	民俗与民族社会、宗教社会学	赵世林	发展社会学
鲁　刚	西南边疆社会问题	俞　茹	发展社会学
陈德顺	西南边疆社会问题		

联系方式

<table>
<tr><td>联系人</td><td>马永清</td><td>联系电话</td><td colspan="2">0871－65914388（研究生院）；
0871－65917456（人文学院）</td><td>电子信箱</td><td>mayongqing2001@163. com</td></tr>
<tr><td>通讯地址</td><td colspan="2">云南省昆明市呈贡区月华街2929号</td><td>邮政编码</td><td>650500</td><td>网址</td><td>http：//www. mdrwxy. net</td></tr>
</table>

第七篇

全国社会学机构目录

全国社会科学院系统机构一览表

序号	单位名称	负责人	通讯地址	邮政编码	联系电话	传真	电子邮箱/网址
1	北京市社会科学院社会学研究所	李伟东	北京市北四环中路33号	100101	(010)64877641		liweidongxi@ sina. com
2	中国社会科学院社会发展战略研究院	李汉林	北京市西城区三里河东路5号中商大厦8层	100045	(010)65124193	(010)68530989	lihl@ cass. org. cn
3	中国社会科学院社会学研究所	陈光金	北京市建国门内大街5号	100732	(010)85195555	(010)65138276	ios@ cass. org. cn
4	天津社会科学院社会学研究所	张宝义	天津市南开区迎水道7号	300191	(022)23075332		13642043412@ 139. com
5	天津社会科学院舆情研究所	王来华	中国天津市南开区迎水道7号	300191	(022)23368739	(022)23362739	tjskyyqs@ 126. com
6	河北省社会科学院社会发展研究所	周伟文	河北省石家庄市裕华西路67号	50051	(0311)83080335	(0311)83080335	zww561001@ 163. com
7	内蒙古社会科学院社会学研究所	苏　浩	内蒙古自治区呼和浩特市大学东路129号	10010	(0471)4917090		http://nmgshkxy. nmgnews. com. cn/jggk/shxs/
8	辽宁社会科学院社会学研究所	王　磊	辽宁省沈阳市皇姑区泰山路86号	110031	(024)86120497	(024)86806209	lasswanglei@ 163. com; liaodawanglei@ 163. com
9	吉林省社会科学院社会学研究所	付　诚	长春市自由大路5399号	130033	(0431)84638337	(0431)84638337	fuchengsky@ 163. com
10	哈尔滨市社会科学院社会学研究所	刘铁梅	黑龙江省哈尔滨市道里区柳树街9号	150010	(0451)87283026		flzy2000@ sina. com
11	黑龙江省社会科学院社会学研究所	王爱丽	黑龙江省哈尔滨市道里区友谊路501号	150018		(0451)86497726	wal0306@ sina. com
12	上海社会科学院青少年研究所	杨　雄	上海市淮海中路622弄7号575室	200020	(021)53060606－2575	(021)53062275	yangxiong@ sass. org. cn

续表

序号	单位名称	负责人	通讯地址	邮政编码	联系电话	传真	电子邮箱/网址
13	上海社会科学院人类健康与社会发展研究中心	夏国美	上海市黄浦区淮海中路622弄7号557室	200020	(021)53060606-2557	(021)53060058	xgm@ sass. org. cn
14	上海社会科学院社会学研究所	杨　雄	上海市黄浦区淮海中路622弄7号563室	200020	(021)53060606-2563	(021)53060058	yangxiong@ sass. org. cn
15	江苏省社会科学院社会学研究所	张　卫	江苏省南京市虎踞北路12号江苏省社会科学院1号楼1405室	210013	(025)83708037		zhwjsnj@ sina. com
16	江苏省社会科学院社会政策研究所	丁　宏	江苏省南京市虎踞北路12号	210013	(025)83312895		http://www. jsass. org. cn/Category_116/Index. aspx
17	南京市社会科学院社会发展研究所	周蜀秦	南京市成贤街43号	210018	(025)83610395		http://njass. nanjing. gov. cn/skw/sky/26250/26252/
18	浙江省社会科学院社会学研究所	王金玲	杭州市凤起路620号	310025	(0571)87053185	(0571)87053207	Jinlingwang199@ hotmail. com
19	安徽省社会科学院社会学研究所	沈跃春	合肥市卫岗美菱大道131号省社会科学院9楼	230053	(0551)63438366		ahsky3438321@ 126. com
20	安徽省社会结构研究中心	王开玉	合肥市长江中路150号百货大楼集团六楼	230001	(0551)2686123 2686125	(0551)2686123	wky54321@ 163. com
21	福建社会科学院社会学研究所	许维勤	福州市柳河路18号	350001	(0591)83731611	(0591)83791493	skxuweiqin@ 163. com
22	江西省社会科学院社会学研究所	邓　虹	南昌市洪都北大道649号	330077	(0791)88591201	(0791)88596284	denghong666@ 163. com
23	山东社会科学院社会学研究所	李善峰	山东省济南市舜耕路56号	250002	(0531)82704585	(0531)82704709	lisf@ sdu. edu. cn
24	河南省社会科学院社会发展研究所	牛苏林	郑州市丰产路21号	450002	(0371)63876116		niusulin@ sina. com
25	湖北省社会科学院社会学研究所	覃国慈	武汉市东湖路165号	430077	(027)86789437	(027)86785513	julia200610@ 126. com

续表

序号	单位名称	负责人	通讯地址	邮政编码	联系电话	传真	电子邮箱/网址
26	湖南省社会科学院社会学研究所	童中贤	长沙市德雅路浏河村巷省社会科学院大楼	410003	(0731)84219161	(0731)84219173	csfzhn2009@163.com
27	广东省社会科学院社会学与人口学研究所	左晓斯	广州市天河北路369号2号楼8楼	510610	(020)38804236		maring1963@sina.com
28	广西社会科学院社会学研究所	周可达	广西南宁市新竹路5号	530022	(0771)5886040		15078831419@163.com
29	重庆社会科学院社会学研究所	钟瑶奇	重庆市江北区华新街桥北村270号	400020	(023)86856513	(023)86856510	zhongyaoqi@sohu.com
30	成都市社会科学院社会学与法制研究所	王　健	四川省成都市锦江区晨辉北路1号	610023	(028)68106633	(028)68106630	wj731@vip.sina.com
31	四川省社会科学院社会学研究所	李　羚	成都市一环路西一段155号四川省社会科学院社会学研究所	610072	(028)66806688		yunsusan2000@qq.com
32	贵州省社会科学院社会学研究所	黄德林	贵州省贵阳市梭石巷19号	550002	(0851)5931565	(0851)5931565	huangdelin101@126.com
33	云南省社会科学院社会学研究所	樊　坚	云南省昆明市环城西路577号	650034	(0871)64154718		001fanjian@21cn.com
34	陕西省社会科学院社会学研究所	牛　昉	陕西西安市含光路南段	710065	(029)85254008		http://www.sxsky.org.cn/department/26/3/list.aspx
35	兰州市社会科学院社会学研究所	张玉斌	兰州市南滨河东路735号	730030	(0931)8460241		http://sky.lanzhou.gov.cn/
36	甘肃省社会科学院社会学研究所	包晓霞	兰州市安宁区健康路143号	730070	(0931)7761728		baoxixa@126.com
37	青海省社会科学院哲学社会学研究所	拉毛措	西宁市上滨河路1号	810000	(0971)8452119		http://www.qhass.org/Page/Organ.aspx?id=8&n=%E7%A4%BE%E4%BC%9A%E5%AD%A6%E7%A0%94%E7%A9%B6%E6%89%80
38	宁夏社会科学院社会学法学研究所	李保平	宁夏银川市西夏区新风巷宁夏社会科学院内	750021	(0951)2074545		http://www.nxass.com/Class.asp?ID=34

全国社会学教学机构一览表

序号	单位名称	负责人	通讯地址	邮政编码	联系电话	传真	电子信箱、网址
1	北京大学社会学系	谢立中	北京市海淀区颐和园路5号	100871	(010)62765983	(010)61751677	www. shehui. pku. edu. cn
2	北京工业大学人文社会科学学院社会学学科部社会工作系	杨　荣	北京市朝阳区平乐园100号北京工业大学人文楼821室	100022	(010)67392076		www. bjut. edu. cn/college/rwskxy/index. html
3	北京工业大学人文社会科学学院社会学学科部社会学系	唐　军	北京市朝阳区平乐园100号北京工业大学人文楼802室	100022	(010)67396398	(010)67391781	www. bjut. edu. cn/college/rwskxy/index. html
4	北京建筑工程学院文法学院社会工作系	孟　莉	北京市西城区展览馆路1号	100044	(010)68322196		mengli@ bucea. edu. cn http://bucea. edu. cn
5	北京科技大学社会学系	时立荣	北京市海淀区学院路30号	100083	(010)62332007	(010)62334188	huan@ ustb. edu. cn http://www. ustb. edu. cn
6	北京理工大学人文社会科学学院社会工作系	李　健	北京市海淀区中关村南大街5号	100081	(010)68942801		http://202. 204. 80. 51/
7	北京社会管理职业学院(原民政部管理干部学院)社会工作系	陈洪涛	北京市东燕郊开发区燕灵路2号	101601	(010)61595430	(010)61595443－6321	562946734@ qq. com http://www. bcsa. edu. cn
8	北京师范大学哲学与社会学学院社会学系	赵孟营	北京市新街口外大街19号北京师范大学哲学与社会学学院	100875	(010)58807792		http:/phil. bnu. edu. cn
9	北京市委党校社会学教研部	嘎日达	北京市西城区车公庄大街6号	100044	(010)68007084	(010)68007084	shehuixue@ bac. gov. cn www. bac. gov. cn/rkzx

续表

序号	单位名称	负责人	通讯地址	邮政编码	联系电话	传真	电子邮箱/网址
10	清华大学社会学系	沈　原	北京市海淀区双清路30号	100084	(010) 62795086		soc@ tsingha. edu. cn http://tsinghua. sociology. org. cn
11	首都师范大学政法学院社会工作系	范燕宁	北京市西三环北路83号	100089	(010) 68902309	(010) 68902310	ssdsgx@ 126. com http://www. cnu. edu. cn/
12	中国传媒大学政治与法律学院社会学系	冯　波	北京市朝阳区定福庄东街1号	100024	(010) 65783611	(010) 65779338	ziruif@ 163. com http://zfxy. cuc. edu. cn/
13	中国农业大学社会学系	赵旭东	北京市海淀区圆明园西路2号中国农业大学西校区人文与发展学院	100193	(010) 62732781 62737619		xyy@ cau. edu. cn http://202. 112. 170. 135:5050/cohdshx/
14	中国青年政治学院社会工作学院社会学系	樊新民	北京市西三环北路25号	100089	(010) 88567627	(010) 88567628	sswstudent@ gmail. com http://www. cyu. edu. cn
15	中国青年政治学院社会工作学院社会工作系	许莉娅	北京市西三环北路25号	100089	(010) 88567627	(010) 88567628	sswstudent@ gmail. com http://www. cyu. edu. cn
16	中国人民大学社会学系	李路路	北京市海淀区中关村大街59号中国人民大学资料楼818	100872	(010) 62511447 62513355		sociology@ mail. ruc. edu. cn http://sociology. ruc. edu. cn
17	中国社会科学院研究生院社会学系	陈光金	北京市建国门内大街5号	100732	(010) 85195554		yinwei@ cass. org. cn http://www. gscass. cn/cass/index. shtml
18	中国政法大学社会学院	应　星	北京市昌平区府学路27号	102249	(010) 58909593	(010) 58909593	http://web. cupl. edu. cn/shxy/
19	中华女子学院社会学系	石　彤	北京市朝阳区育慧东路1号	100101	(010) 84659086 84659358		cwusociology@ hotmail. com http://www. cwu. edu. cn/
20	中央财经大学社会发展学院社会学系	杨　敏	北京市海淀区学院南路39号	100081	(010) 62288651		http://ssd. cufe. edu. cn/sztd/skx/index. htm
21	中央民族大学民族学与社会学学院社会工作系	任国英	北京市中关村南大街27号	100081	(010) 68932424	(010) 68933528	http://mzx. muc. edu. cn

续表

序号	单位名称	负责人	通讯地址	邮政编码	联系电话	传真	电子邮箱/网址
22	中央民族大学民族学与社会学学院社会学	包智明	北京市中关村南大街27号	100081	(010)68930328	(010)68933528	muc_sociology@126.com http://mzx.muc.edu.cn/
23	河北工业大学人文与法律学院劳动与社会保障系	李培智	天津市北辰区西平道河北工业大学	300401	(022)60435117		http://wenfa.hebut.edu.cn/
24	南开大学社会工作与社会政策系	关信平	天津市南开大学社会工作与社会政策系	300071	(022)23508391 23500245	(022)23500245	guanxp@nankai.edu.cn http://zfxy.nankai.edu.cn/gxjs/gxjs_shgz.asp
25	南开大学社会心理学系	乐国安	天津市南开大学社会心理学系	300071	(022)23508391		yuega@126.com http://zfxy.nankai.edu.cn/gxjs/gxjs_shxl.asp
26	南开大学社会学系	白红光	天津市南开大学社会学系	300071	(022)23508391	(022)23500327	baihg@nankai.edu.cn http://zfxy.nankai.edu.cn/gxjs/gxjs_shxx.asp
27	天津理工大学法政学院社会学系	段学芬	天津市南开区红旗南路263号	300191	(022)23679680		www.yrw@tjut.edu.cn
28	天津师范大学应用社会学系	贺寨平	天津市西青区宾水西道393号天津师范大学政治与行政学院	300387	(022)23766069		zheng0968@163.com http://59.67.75.245/college/zxxy/skin/one/show.asp?newstypeid=239
29	河北大学政法学院社会学系	张岭泉	保定市河北大学政法学院社会学系	071000	(0312)5079340		http://zhfa.hbu.edu.cn/
30	河北经贸大学公共管理学院社会保障教研室	戴溥之	石家庄市学府路47号	050064	(0311)87655663		http://ggxy.heuet.edu.cn/
31	河北科技大学文法学院社会学系	李东雷	石家庄市裕华区裕翔街26号	050018			renwenxy.depart.hebust.edu.cn
32	石家庄经济学院公共管理学院	靳秉强	石家庄市槐安东路136号	050030	(0311)87207229		http://www2.sjzue.edu.cn/sjympa/index.asp
33	燕山大学文法学院	刘邦凡	秦皇岛市河北大街西段438号	066004	(0335)8070994		http://wenfa.ysu.edu.cn/
34	山西大学哲学社会学学院	魏屹东	太原市坞城路92号	030006	(0351)7010488		yuanzhang0101@sxu.edu.cn http://zxxy.sxu.edu.cn/

续表

序号	单位名称	负责人	通讯地址	邮政编码	联系电话	传真	电子邮箱/网址
35	太原科技大学人文社会科学系		太原市万柏林区	030024			http://www1.tyust.edu.cn/yuanxi/renwen/
36	内蒙古大学民族学与社会学学院社会学系	宋跃飞	呼和浩特市玉泉区昭君路24号	10070	(0471)4996180		mzxyshx@imu.edu.cn http://www.imu.edu.cn/departments/mzxshx/index.htm
37	内蒙古师范大学社会学民俗学学院	韩彦斌	呼和浩特市赛罕区昭乌达路81号	010022	(0471)7383429	(0471)7383429	http://shms.imnu.edu.cn/
38	东北财经大学公共管理学院社会学系	徐祥运	大连市沙河口区尖山街217号	116023	(0411)84710501		http://spa.dufe.edu.cn/
39	沈阳工程学院文法学院社会工作专业	魏玉东	沈阳市沈北新区蒲昌路18号	110136	(024)31975688		http://www.sie.edu.cn
40	沈阳师范大学社会学学院	刘　平	沈阳市皇姑区黄河北大街253号	110034	(024)86592519 86592520	(024)86574513	shehuixue549@yahoo.com.cn http://shehui.synu.edu.cn/
41	东北师范大学政法学院社会学系	赵继伦	长春市东北师范大学(净月校区)政法学院	130117	(0431)84520601		http://zf.nenu.edu.cn/
42	吉林大学哲学社会学院社会学系	田毅鹏	长春市前卫路10号	130012	(0431)85168215		http://zsy.jlu.edu.cn/index.php
43	吉林农业大学人文学院社会学系	兰亚春	长春市新城大街2888号	130118	(0431)84533015	(0431)84533029	http://renwen.jlau.edu.cn/
44	长春工业大学人文学院社会学系	韩明友	长春市高新区修正路229号	130012	(0431)85191251	(0431)85176954	http://rw.dept.ccut.edu.cn/
45	长春理工大学法学院社会学系	张荣艳	长春市朝阳区卫星路7989号	130022	(0431)85583123	(0431)85512428	http://fx.cust.edu.cn/
46	长春师范学院政法学院社会工作教研室	祝　坤	长春市吉长公路北线3号	130032	(0431)86168060		http://125.32.15.102:8099/law/index.asp
47	中共吉林省委党校(吉林省行政学院)社会学教研部	蒙一丁	长春市前进大街1299号	130012	(0431)85885658		jlu.edu.cn www.jldx.gov.cn

续表

序号	单位名称	负责人	通讯地址	邮政编码	联系电话	传真	电子邮箱/网址
48	北华大学法学院社会学系	刘清玉	吉林市吉林大街15号	132013	(0432)64608528		http://law.beihua.edu.cn/
49	东北石油大学人文科学学院社会学系	东　波	大庆市高新区发展路199号	163318	(0459)6503640		http://www1.nepu.edu.cn/renwen/index.aspx
50	东北农业大学文法学院社会工作系	韩学平	哈尔滨市香坊区木材街59号	150030	(0451)55190813		http://rwxy.neau.edu.cn/
51	哈尔滨工程大学人文社会科学学院社会学系	刘　军	哈尔滨市南岗区南通大街145号	150001	(0451)82569734－16		http://gongxue.cn/renwenxueyuan/Index.asp
52	哈尔滨工业大学人文学院社会学系	尹海洁	哈尔滨市南岗区西大直街92号	150001	(0451)86414630		http://shx.hit.edu.cn
53	哈尔滨商业大学法学院社会工作教研室	石晶玉	哈尔滨市松北区学海街1号	150028	(0451)84865047		http://fxy.hrbcu.edu.cn/
54	黑龙江大学政府管理学院社会学系	周桂林	哈尔滨市南岗区学府路74号	150080	(0451)86604615	(0451)86608596	http://zfgl.hlju.edu.cn/index.htm
55	复旦大学社会发展与公共政策学院社会工作系	赵　芳	上海市邯郸路220号复旦大学文科楼十楼	200433	(021)65642735	(021)65107274	http://www.ssdpp.fudan.edu.cn
56	复旦大学社会发展与公共政策学院社会学系	刘　欣	上海市邯郸路220号复旦大学文科楼十楼	200433	(021)65642735	(021)65107274	sociology@fudan.edu.cn http://www.ssdpp.fudan.edu.cn
57	华东理工大学社会与公共管理学院社会工作系	范　斌	上海市梅陇路130号	200237	(021)64253302	(021)64253086	http://cpsa.ecust.edu.cn
58	华东理工大学社会与公共管理学院社会学系	汪　华	上海市梅陇路130号	200237	(021)64253174	(021)64253086	http://cpsa.ecust.edu.cn
59	华东师范大学社会发展学院社会学系	Nicholas Tapp(王富文)	上海市东川路500号	200241	(021)54345043	(021)54345171	shfz@soci.ecnu.edu.cn http://www.soci.ecnu.edu.cn/

续表

序号	单位名称	负责人	通讯地址	邮政编码	联系电话	传真	电子邮箱/网址
60	华东政法大学社会发展学院	何明升	上海市松江大学城龙源路555号	201620	(021)67790095	(021)67790095	nizhengzheng@ ecupl. edu. cn http://www. shfz. ecupl. edu. cn
61	上海财经大学人文学院经济社会学系	甄志宏	上海市杨浦区国定路777号	200433	(021)65904720	(021)65904720	http://sh. shufe. edu. cn/structure/rwxy/jxkx/shx. htm
62	上海大学社会学院	仇立平	上海市上大路99号	200444	(021)66134268	66134142	http://www. sociology. shu. edu. cn/Default. aspx
63	上海师范大学人文与传播学院社会学系	张宇莲	上海市徐汇区桂林路100号	200234	(021)64324148		http://www. shnu. edu. cn
64	上海师范大学青年学院青少系	褚　敏	上海市西江湾路574号	200083	(021)56960606	(021)56960606	http://www. shqgy. com. cn/2013/jgsz/jxxb/qsx/
65	上海市委党校社会学教研部(城市社会研究所)	马西恒	上海市虹漕南路200号	200233	(021)22880321	(021)64842279	maxiheng@ msn. com http://www. sdx. sh. cn/html/bmwz/shxjyb/xstd/index. html
66	上海应用技术学院人文学院社会工作系、劳动与社会保障系、文化产业管理系	刘红军	上海市奉贤区海泉路100号	201418	(021)60873280		dss@ sit. edu. cn sit. edu. cn
67	上海政法学院社会学与社会工作系	章友德	上海市外青松公路7989号	201701	(021)39227201	(021)39227211	sociology@ shupl. edu. cn http://www. shupl. edu. cn/web/shx/index
68	同济大学政治与国际关系学院社会学系	朱伟珏	上海市四平路1239号	200092	(021)65982200	(021)65984182	wzhuj@ hotmail. com http://spsir. tongji. edu. cn/
69	淮阴工学院人文学院社会学系	王正中	淮安市枚乘东路1号	223003	(017)83591152		wzzhg@ 163. com http://rwxy. hyit. edu. cn/index. asp

续表

序号	单位名称	负责人	通讯地址	邮政编码	联系电话	传真	电子邮箱/网址
70	东南大学社会学系	李林艳	南京市鼓楼区四牌楼2号	210096	(025) 83792234		sociologyseu@hotmail.com http://wxy.seu.edu.cn/humanities/sociology/index.asp
71	河海大学社会学系	陈阿江	南京市西康路1号	210098	(025) 83787016	(025) 83712612	sociology@hhu.edu.cn sociology.hhu.edu.cn
72	江苏省委党校社会学教研部	冯必扬	南京市建邺路168号	210004	(025) 84469988—5603		http://www.sdx.js.cn/web/shehuixue/index.htm
73	南京财经大学法学院社会工作系	李宁	南京市仙林大学城南京财大	210042	(025) 84028359	(025) 85283081	http://fxy.njue.edu.cn/
74	南京大学社会学系	风笑天	南京市汉口路22号	210093	(025) 83592801	(025) 83594343	social@nju.edu.cn http://sociology.nju.edu.cn/index.php? module = department&id = 1
75	南京工业大学法律与行政学院社会工作系	宋巨盛	南京市新模范马路5号	210009	(025) 58139620		http://fxy.njut.edu.cn
76	南京航空航天大学人文学院社会学	邱建新	南京市江宁区南京航空航天大学人文学院	210000	(025) 84893101	(025) 84893101	qiujx@nuaa.edu.cn http://rw.nuaa.edu.cn
77	南京理工大学公共事务学院社会工作系	张曙	南京市孝陵卫200号	210094	(025) 84315237		http://gwy.njust.edu.cn
78	南京农业大学人文学院社会学系	姚兆余	南京市卫岗1号南京农业大学人文学院	210095	(025) 84395256	(025) 84396771	yaozhaoyu@njau.edu.cn http://202.112.170.135:5050/cohdshx/
79	南京师范大学社会发展学院社会学与社会工作系	邹农俭	南京市宁海路122号	210097	(025) 83598437	(025) 83598437	shefayuan@163.com http//202.119.104.100/sfy/
80	中国人民解放军南京政治学院进修系军事社会学教研室	许祥文	南京中山北路305号	210003	(025) 80816073		68xxw@sian.com

续表

序号	单位名称	负责人	通讯地址	邮政编码	联系电话	传真	电子邮箱/网址
81	苏州科技学院人文学院	祝曙光	苏州市虎丘区科锐路1号	215009	(0512) 68414958	(0512) 68414958	rwxy@ mail. usts. edu. cn http://rwxy. usts. edu. cn
82	苏州大学社会学院社会学系	高　峰	苏州市独墅湖高教区苏州大学社会学院社会学系	215123	(0512) 65880551		http://shxy. suda. edu. cn/
83	江南大学法政学院社会学系	吕　青	无锡市蠡湖大道1800号	214122	(0510) 85910563		http://fazheng. jiangnan. edu. cn/index. asp
84	中国矿业大学文学与法政学院社会工作系	李全彩	徐州市中矿大南湖文法社工系	221008	(0516) 83591469		social_work@ cumt. edu. cn http://cllp. cumt. edu. cn: 8025/xbs/sw/index. htm
85	扬州大学社会发展学院社会工作教研室	薛　平	扬州市四望亭路180号	225009	(0514) 87975505	(0514) 87975206	fzxy@ yzu. edu. cn http://shfzxy. yzu. edu. cn/
86	杭州电子科技大学人文与法学院	王国枫	杭州市下沙高教园区2号大街	310018	(0571) 86915143		http://rwxy. hdu. edu. cn
87	杭州师范大学政治与社会学院社会学系	郑　蓉	杭州市杭州师范大学政治经济学院	310018	(0571) 28865228	(0571) 28865225	http://www. zsxyhznu. com/index. php/news/view/167/54
88	浙江财经学院社会工作系	童志锋	杭州下沙高教园区学源街18号	310012	(0571) 87557174	(0571) 86754658	Zhifengt213@ 163. com http://law. zufe. edu. cn/
89	浙江大学公共管理学院社会学系	赖金良	杭州市浙江大学西溪校区社会学系	310028	(0571) 88273226	(0571) 88273797	http://www. spa. zju. edu. cn/zecms/ru/c0/2/Cms/index. htm
90	浙江工商大学公共管理学院社会工作系	马　良	杭州市下沙高教园区学正街18号	310018	(0571) 28008333	(0571) 28008333	http://mpa. zjgsu. edu. cn/index. asp
91	浙江师范大学法政学院社会工作系	张兆曙	金华市迎宾大道688号浙江师范大学法政学院	321004	(0579) 82298616	(0579) 82298616	fz@ zjnu. cn http://fz. zjnu. edu. cn/
92	浙江树人大学人文学院社会工作教研室	陈　微	杭州市树人街8号	310015	(0571) 88297123		srrwrx@ 163. com http://rwxy. zjsru. edu. cn/

续表

序号	单位名称	负责人	通讯地址	邮政编码	联系电话	传真	电子邮箱/网址
93	安徽大学社会学系	王邦虎	合肥市肥西路3号	230039	(0551)5106174		http://www1.ahu.edu.cn/shx/
94	安徽师范大学历史与社会学院社会学系	方　青	芜湖市花津南路	241003	(0553)5910598 5910603	(0553)5910595	whfq@mail.ahnu.edu.cn http://www.ahnu.edu.cn/site/social
95	安庆师范学院人文与社会学院社工教研室	李元来	安庆市菱湖南路128号	246011	(0556)5300052		lishixi@aqtc.edu.cn http://210.45.168.35:8080/lishixi
96	福建江夏学院公共管理学院社会学教研室	黄陵东	福州市仓山区洪山桥上店63号	350002	(0591)22037292		http://cpa.fjjxu.edu.cn/html/sztd/shxyshgzx/1.html
97	福州大学人文社科学院社会学系	甘满堂	福州市大学城学园路2号	350108	(0591)22866567	(0591)22866577	goodgmt@163.com http://rongsol.com（榕树社会学在线）
98	中共福建省委党校社会发展研究所	程丽香	福州市鼓楼区柳河路61号	350001	(0591)83771077		ldk@163.net http://www.fjdx.gov.cn/bmjg/jybm/mys/index.asp
99	华侨大学哲学与社会发展学院社会学系	刘欣宜	厦门市集美大道668号	361021	(0592)6167008	(0592)6167005	zxy2009@hqu.edu.cn, liuxinyi@hqu.edu.cn http://spsd.hqu.edu.cn/
100	厦门大学公共事务学院社会学与社会工作系	胡　荣	厦门市思明南路422号	3610058	(0592)2182783		ggsw@xmu.edu.cn http://soc.xmu.edu.cn
101	漳州师范学院历史与社会学系	邓文金	漳州市县前直街36号	363000	(0596)2591449	(0596)2591449	fjzsls@126.com http://dep.fjzs.edu.cn/history/
102	赣南师范学院客家研究院（江西省高校人文社科重点研究基地）	罗　勇	赣州市经济技术开发区	341000	(0797)8393678	(0797)8393678	http://hakka.gnnu.cn http://hakka.gnnu.cn/Index.asp
103	景德镇陶瓷学院人文社科学院	陈世伟	景德镇市景德镇陶瓷学院人文社科学院	333403	(0798)8461898	(0798)8461898	http://rwxy.jci.edu.cn/

续表

序号	单位名称	负责人	通讯地址	邮政编码	联系电话	传真	电子邮箱/网址
104	江西财经大学人文学院社会学系	陈家琪	南昌市庐山南大道江西财经大学人文学院社会学系	330013	(0791)3843212	(0791)83843789	http://rwxy. jxufe. cn/index. htm
105	江西科技师范大学法学院社会学系	龚筱芳	南昌市红谷滩新区红角洲学府大道589号	330013	(0791)83831358		http://vir. jxstnu. edu. cn/fxy/index. asp
106	江西科技师范大学法学院社会工作教研室	曾丽萍	南昌市红谷滩新区红角洲学府大道589号	330038	(0791)83831357		http://vir. jxstnu. edu. cn/fxy/index. asp
107	江西省委党校科学社会主义(政治学)教研部	高莉娟	江西省南昌市八一大道212号	330003	(0791)86303769		http://www. jxdx. gov. cn/admin/lmnrgl/bm_content15. htm
108	江西师范大学政法学院社会学系	李建斌	南昌市紫阳大道99号瑶湖校区	330022	(0791)88120515		http://www. jxsdzf. com/
109	南昌大学公共管理学院社会学系	王红艺	南昌市红谷滩新区学府大道999号南昌大学社会学系	330031	(0791)3969444		http://spm. ncu. edu. cn/
110	南昌航空大学文法学院社会工作系	刘　扬	南昌市丰和南大道696号	330063	(0791)3863625	(0791)3863178	http://wenfa. nchu. edu. cn/
111	山东大学哲学与社会发展学院社会学系	林聚任	济南市山东大学东校区老校哲学与社会发展学院	250100	(0531)88377150	(0531)88567150	http://www. sps. sdu. edu. cn/sps80/
112	山东大学哲学与社会发展学院社会工作系	高鉴国	济南市山东大学东校区老校山东大学哲学与社会发展学院社会工作系	250100	(0531)88377150	(0531)88377150	http://wenfa. nchu. edu. cn/
113	山东建筑大学法政学院社会工作教研室	陈海涛	济南市临港开发区凤鸣路	250101			fzxy@ sdjzu. edu. cn http://sites. sdjzu. edu. cn/fazhengxueyuan/default. aspx
114	山东财经大学法学院社会工作系	陈　爽	济南市历下区二环东路7366号	250014	(0531)88583120		http://www6. sdufe. edu. cn/ggglxy/ggglxy/index. html

续表

序号	单位名称	负责人	通讯地址	邮政编码	联系电话	传真	电子邮箱/网址
115	济南大学法学院劳动与社会保障系	高灵芝	济南市济微路106：济南大学法学院	250022	（0531）89736008	（0531）82767451	sl_tr@ujn.edu.cn http://sl.ujn.edu.cn/
116	济南大学法学院社会工作系	王春燕	济南市济微路106：济南大学法学院	250022	（0531）89736853	（0531）82767451	sl_tr@ujn.edu.cn http://sl.ujn.edu.cn/
117	中国海洋大学法政学院社会学研究所	崔　凤	青岛市松岭路238号	266100	（0532）66781255	（0532）66781037	http://www3.ouc.edu.cn/fzxy/
118	青岛理工大学人文与社会科学学院社会工作系	邢学敏	青岛市经济开发区长江中路2号	266520	（0532）86875689		http://rwsk.qtech.edu.cn
119	山东理工大学法学院社会学系	杨晓春	淄博市张店区张周路12号2号楼3楼	255049	（0533）2782277		http://law.sdut.edu.cn/
120	河南财经政法大学社会学系	王金山	郑州市文化路80号	450002	（0371）63519172		http://shx.huel.edu.cn/index.asp
121	河南工程学院人文社会科学系	桂　玉	郑州市新郑龙湖轩辕路1号	451191	（0371）62503760	（0371）62503687	dohass@QQ.com http://skx.haue.edu.cn
122	郑州大学公共管理学院社会工作系	程建平 蒋美华	郑州市科学大道100号	450001	（0371）67783132	（0371）67763543	http://www2.zzu.edu.cn/gggl/
123	郑州大学公共管理学院社会学硕士点	纪德尚	郑州市科学大道100号	450001	（0371）67783132	（0371）67763543	http://www2.zzu.edu.cn/gggl/
124	郑州轻工业学院政法学院社会工作系	闻　英	郑州市东风路5号	450002	（0371）63627076		fzx@zzuli.edu.cn http://fzx.zzuli.edu.cn/
125	湖北民族学院法学院	谭贤楚	恩施市学院路39号	445000	（027）8435388		http://fxy.hbun.org/
126	湖北经济学院法学院社会学系	李捷理	武汉市江夏区藏龙岛开发区杨桥湖大道8号	430205	（027）81977041	（027）81977041	http://fxy.hbue.edu.cn
127	华中科技大学社会学系	雷　洪	武汉市珞瑜路1037号	430074	（027）87543152	（027）57543152	soci@hust.edu.cn http://soci.hust.edu.cn

续表

序号	单位名称	负责人	通讯地址	邮政编码	联系电话	传真	电子邮箱/网址
128	华中农业大学文法学院社会学系	钟涨宝	武汉市洪山区南湖狮子山1号	430070	(027)87282069	(027)87284307	zzbemail@ mail. hzau. edu. cn http://wf. hzau. edu. cn/list. asp? classid = 52
129	华中师范大学社会学院	向德平	武汉市珞瑜路152号华中师范大学华中师范大学3号楼5楼	430079	(027)67868324	(027)67865820	hqm1163023@ sina. com http://sociology. ccnu. edu. cn/
130	江汉大学政法学院	李腊生	武汉市经济技术开发区	430056	(027)84226925		http://zfxy. jhun. edu. cn
131	武汉大学社会学系	朱炳祥	武汉市武昌区珞珈山	430072	(027)68753859	(027)68753859	bxzhu@ yahoo. com. cn http://shxx. whu. edu. cn/site/shxx/
132	武汉理工大学政治与行政学院社会学系	秦　琴	武汉市珞狮路122号	430070	(027)86551207		http://public. whut. edu. cn/rwsk
133	中南财经政法大学社会学研究所	谭明方	武汉市洪山区南湖南路1号	430073	(027)88386090	(027)88386090	http://zxy. znufe. edu. cn/
134	中南民族大学民族学与社会学学院社会工作教研室	徐　莉	武汉市洪山区民院路708号	430074	(027)67843791		jlz8781@ 126. com http://www. scuec. edu. cn/ms/
135	中南民族大学民族学与社会学学院社会学教研室	章长城	武汉市洪山区民院路708号	430074	(027)67843791		jlz8781@ 126. com http://www. scuec. edu. cn/ms/
136	长沙民政职业技术学院社会工作学院	史铁尔	长沙市香樟路22号	410004	(0731)82824633	(0731)82804248	http://www. csmzxy. com/sgx/
137	湖南农业大学人文社会科学社会学系	邝小军	长沙市芙蓉区湖南农业大学人文学院	410128	(0731)84617003		http://www2. hunau. edu. cn/rwxy/web/dsw/
138	湖南师范大学公共管理学院社会学系	张怀承	长沙市麓山路36号	410081	(0731)88872502		ggglxy@ hunnu. edu. cn http://ggxy. hunnu. edu. cn/index. htm

续表

序号	单位名称	负责人	通讯地址	邮政编码	联系电话	传真	电子邮箱/网址
139	中南大学公共管理学院人力资源与社会保障系	谷中原	长沙市韶山南路22号中南大学公共管理学院	410083	(0731)88876715	(0731)88836875	http://csuspa.csu.edu.cn/renbao/
140	中南大学公共管理学院社会学系	潘泽泉	长沙市韶山南路22号中南大学公共管理学院社会学系	410083	(0731)88877703	(0731)88877826	http://soc.its.csu.edu.cn/
141	湖南科技大学管理学院	陆自荣	湘潭市湖南科技大学管理学院	411201	(0731)58290782		http://glxy.hnust.edu.cn/
142	湘潭大学哲学与历史文化学院社会学系	彭先国	湘潭市湘潭大学	411105	(0731)58293583		http://zsxy.web.xtu.edu.cn
143	广东财经大学人文与传播学院应用社会学与心理学系	童远忠	广州市海珠区仑头路21号广东商学院人文与传播学院	510320	(020)84096903		http://rwycb.gdufe.edu.cn/
144	广州大学公共管理学院社会学系	程　潮	广州市大学城外环西路230号	510006	(020)39366786	(020)39366783	http://portal.gzhu.edu.cn/web/ggxy
145	华南农业大学公共管理学院社会工作系	张兴杰	广州市天河区五山华南农业大学17号楼华南农业大学公共管理学院	510642	(020)85283229 85283291	(020)85283291	hngggIxy@scau.edu.cn http://xy.scau.edu.cn/gongguan/new/Index.html
146	华南农业大学公共管理学院社会学系	张兴杰	广州市天河区五山华南农业大学17号楼华南农业大学公共管理学院	510642	(020)85283229 85283291	(020)85283291	hngggIxy@scau.edu.cn http://xy.scau.edu.cn/gongguan/new/Index.html
147	中山大学社会学与人类学学院	蔡　禾	广州市新港西路135号中山大学社会学与人类学学院	510275	(020)84113313	(020)84113313	http://ssa.sysu.edu.cn/
148	中山大学社会学与社会工作系	王　宁	广州市海珠区中山大学社会学与人类学学院社会学系	510275	(020)84113313	(020)84113313	http://sociology.sysu.edu.cn
149	深圳大学社会学系	易松国	深圳市南山区南海大道3688号	518060	(0755)26536227		http://sky.szu.edu.cn/index.php

续表

序号	单位名称	负责人	通讯地址	邮政编码	联系电话	传真	电子邮箱/网址
150	广西大学公共管理学院社会学与社会工作系	闭伟宁	南宁市大学路100号	530004	(0771)3235665	(0771)3270139	http://gggl.gxu.edu.cn/
151	广西民族大学民族学与社会学学院社会学教研室	郭云涛	广西南宁市大学东路188号	530006	(0771)3260137		http://msy.gxun.edu.cn
152	广西民族大学民族学与社会学学院社会工作教研室	鲁艳桦	广西南宁市大学东路188号	530006	(0771)3260137		http://msy.gxun.edu.cn
153	广西师范学院政法学院社会工作系	黄志强	广西南宁市明秀东路175号	530001	(0771)390130		http://zfxy.gxtc.edu.cn/Category_5203/Index.aspx
154	广西师范大学政法学院社会学与社会工作系	肖富群	桂林市育才路15号	541004	(0773)3698039	(0773)5819518	http://www.law.gxnu.edu.cn/
155	桂林理工大学人文社会科学学院	王赣华	桂林市建干路12号	541004	(0773)5896276		http://departs.glite.edu.cn/skb/index.asp
156	重庆城市管理职业学院社会工作学院	周良才	重庆市大学城重庆城市管理职业学院	401331	(023)86968818		cqshgzxy@163.com http://www.cswu.cn/mzy/
157	重庆工商大学社会与公共管理学院	徐　宪	重庆市南岸区学府大道19号	400067	(023)62769360	(023)62769360	http://spm2014.ctbu.edu.cn/
158	重庆科技学院法政与经贸学院社会学系	吕庆春	重庆市大学城东路20号	401331	(023)65023185		http://fzjm.cqust.edu.cn
159	重庆师范大学历史与社会学院社会工作教研室	周绍宾	重庆市沙坪坝区天陈路12号	400047	(023)65362750	(023)65362750	cqnulsx@cqnu.edu.cn http://history.cqnu.edu.cn/
160	西南大学文化与社会发展学院社会学系	秦启文	重庆市北碚天生路1号	400715	(023)68253530	(023)68253530	http://whxy.swu.edu.cn/sitecms/
161	成都理工大学文法学院社会学系	郭　军	成都市二仙桥东三路1号	610059	(028)84078976	(028)84078976	http://www.wfxy.cdut.edu.cn/

续表

序号	单位名称	负责人	通讯地址	邮政编码	联系电话	传真	电子邮箱/网址
162	成都信息工程大学文化艺术学院社会工作专业	代　曦	成都市西南航空港经济开发区学府路一段24号	610225	(028)85966357	(028)85966502	http://whys. cuit. edu. cn/
163	四川大学公共管理学院社会学与心理学系	陈昌文	成都市望江路29号四川大学望江校区东区公共管理学院	610064	(028)85418790	(028)85418790	http://ggglxy. scu. edu. cn/
164	西南民族大学社会学与心理学学院社会学系	袁　阳	成都市一环路南四段西南民族大学社会学与心理学学院	610041	(028)85708042		http://shxxy. swun. edu. cn/
165	西南石油大学法学院社会工作教研室	谭祖雪	成都市新都区西南石油大学文法学院	610500	(028)83035081		http://wfy. swpu. edu. cn/xygk/jgsz. htm
166	乐山师范学院政法学院政治与社会学系	程　勇	乐山市中区滨河路778号	614004	(0833)2277316	(0833)2276290	http://zhengfxy. lsnu. edu. cn/Article/
167	绵阳师范学院法学与社会学院社会工作专业	刘延刚	绵阳市游仙区仙人路一段30号	621000	(0816)2200028		http://www. mnu. cn
168	四川农业大学文法学院社会工作系	范召全	雅安市新康路46号	625014	(0835)2882566		http://wfy. sicau. edu. cn/
169	贵州大学马克思主义学院	罗玉达	贵阳花溪贵州大学北校区马克思主义学院	550025	(0851)8292225	(0851)8291567	http://mt. gzu. edu. cn/
170	贵州民族大学民族学与社会学学院	石开忠	贵阳市花溪区	550025	(0851)3610994		http://mzshxy. gzmu. edu. cn/index. htm
171	贵州师范大学历史与政治学院社会学系	彭国胜	贵阳市云岩区宝山北路116号贵州师范大学历史与政治学院社会工作学系	550001	(0851)6702044	(0851)6702044	http://lzxy. gznu. edu. cn/
172	云南大学公共管理学院社会学与社会工作系	钱　宁	昆明市翠湖北路2号云南大学公共管理学院	650091	(0871)5031772		http://www. spa. ynu. edu. cn/

续表

序号	单位名称	负责人	通讯地址	邮政编码	联系电话	传真	电子邮箱/网址
173	云南民族大学人文学院社会学系	马永清	昆明市一二一大街134号	650031	(0871) 5132511	(0871) 5132242	http://www.mdrwxy.net/
174	西安交通大学人文学院社会学系	陈皆明 张　顺	西安市威宁西路28号	710049	(029) 82664438 82666249	(029) 8266249	jmchen2010@mail.xjtu.edu.cn, szhang@mail.xjtu.edu.cn http://www.xjtu.edu.cn/xynr.jsp?urltype=tree.TreeTempUrl&wbtreeid=1041
175	西北政法大学哲学与社会发展学院社会学系	罗大文	西安市长安南路300号西北政法大学125号信箱	710063	(029) 88182777	(029) 88182277	david.lu@163.com http://zhexue.nwupl.cn/zhexue/
176	陕西师范大学政治经济学院	段塔丽	西安市长安南路199号	710062	(029) 85310050	(029) 85310051	http://pelp.snnu.edu.cn/
177	西北农林科技大学人文社会发展学院社会学系	张　红	杨凌示范区西北农林科技大学人文学院社会学系	712100	(029) 87091184		http://ch.nwsuaf.edu.cn/
178	兰州大学哲学社会学院社会学人口学研究所	陈文江	兰州天水南路222号	730000	(0931) 8913710	(0931) 8913710	http://zheshexi.lzu.edu.cn/
179	西北民族大学民族学与社会学学院	文　化	兰州市西北新村1号	730030	(0931) 4512193	(0931) 4512193	http://cms.xbmu.edu.cn/frontIndex.action?siteId=58
180	西北师范大学社会发展与公共管理学院社会学系	李　怀	兰州市安宁东路967号	730070	(0931) 7971257	(0931) 7971218	http://glxy.nwnu.edu.cn/index.do
181	青海师范大学法学与社会学学院社会学系	李　晓	青海省西宁市五四西路38号	810000	(0971) 6317949		http://210.27.144.79/fashangxueyuan/v2010/
182	宁夏大学政法学院社会学研究所	苏东海	银川市贺兰山西路489号宁夏大学政法学院社会学研究所	750021	(0951) 5093129		http://www.nxu.edu.cn/
183	新疆大学政治与公共管理学院社会学系	王建基	乌鲁木齐市延安路1230号	830049	(0991) 8592177		http://sppa.xju.edu.cn/

续表

序号	单位名称	负责人	通讯地址	邮政编码	联系电话	传真	电子邮箱/网址
184	香港城市大学应用社会科学系	关锐煊	香港九龙达之路		(00852) 25707110		soc_dept@ hksyu. edu http://www. hksyu. edu/sociology/
185	香港大学社会工作及社会行政学系	曾洁雯	香港薄扶林道		(00852) 25707110		kmlee@ hksyu. edu http://www. hksyu. edu/sw
186	香港大学社会学系	黎乐琪	香港薄扶林道		(00852) 28592299		socidept@ hkucc. hku. hk http://www. hku. hk/sociodep/html//index. html
187	香港浸会大学社会工作系	黄昌荣	香港九龙塘联福道低座校舍第一座一楼		(00852) 28592288		swsa@ hku. hk http://socialwork. hku. hk/
188	香港浸会大学社会学系	黄何明雄	香港九龙塘联福道34号思齐楼九楼904室		(00852) 34428991 34428996		ssgo@ cityu. edu. hk http://ssweb. cityu. edu. hk/apss
189	香港科技大学人文社会科学学院社会科学部	黄善国	香港九龙清水湾		(00852) 27665773		ssdept@ inet. polyu. edu. hk http://www. polyu. edu. hk/apss/v2/default. php
190	香港理工大学应用社会科学系	李建正	香港九龙红磡		(00852) 34117131		soc@ hkbu. edu. hk http://socweb. hkbu. edu. hk
191	香港岭南大学社会学及社会政策系	萧爱铃	香港新界屯门青山公路八号		(00852) 34117105 34117151		sowk@ hkbu. edu. hk http://www. hkbu. edu. hk/ ~ sowk
192	香港树仁大学社会工作系	陈秀娴	香港北角宝马山慧翠道10号		(00852) 23587787		somaster@ ust. hk http://www. sosc. ust. hk/
193	香港树仁大学社会学系	Travel Harold	香港北角宝马山慧翠道10号		(00852) 26096606		sociology@ cuhk. edu. hk http://www. cuhk. edu. hk/soc/www/
194	香港中文大学社会工作学系	马丽庄	香港新界沙田		(00852) 26097507		socialwork@ cuhk. edu. hk http://web. swk. cuhk. edu. hk/home

续表

序号	单位名称	负责人	通讯地址	邮政编码	联系电话	传真	电子邮箱/网址
195	香港中文大学社会学系	张越华	香港新界沙田		(00852) 26167192 26167163		socsp@ ln. edu. hk http://www. ln. edu. hk/socsp
196	澳门大学社会科学学院社会学系	郝志东	澳门氹仔徐日升寅公马路		(00853) 83978816 83978845		fsh. sociology@ umac. mo http://www. umac. mo/fss/soc/
197	澳门圣若瑟大学		澳门外港新填海区伦敦街16号		(00853) 87964400		http://www. usj. edu. mo
198	台湾高雄医学大学医学社会学与社会工作学系	郑夙芬	台湾高雄市三民区十全一路100号济世大楼8楼		(00886-7) 3121-101 分机2195 转11		tanabas@ kmu. edu. tw http://ms2. kmu. edu. tw/front/bin/home. phtml
199	台湾南华大学应用社会学系暨社会学研究所	周　平	台湾嘉义县大林镇南华路一段55号嘉义县大林镇南华路一段55号		(00886-5) 2721-001 转2391		yem@ mail. nhu. edu. tw http://society. nhu. edu. tw
200	台湾大学建筑与城乡研究所	夏铸九	台湾台北市大安区罗斯福路四段一号		(00886-2) 3366-5855		http://www. bp. ntu. edu. tw
201	台湾大学社会工作系	古允文	台湾台北市罗斯福路四段一号		(00886-2) 33661242-43		ntusw@ ntu. edu. tw http://ntusw. ntu. edu. tw/
202	台湾大学社会学系	苏国贤	台湾台北市大安区罗斯福路四段一号		(00886-2) 3366-1217 3366-1218		social@ ntu. edu. tw http://sociology. ntu. edu. tw/ntusocial/
203	台湾东吴大学社会学系	张家铭	台湾台北市士林区临溪路70号		(00886-2) 2881-9471 转6291-62956302		society@ scu. edu. tw http://www. scu. edu. tw/society
204	台湾世新大学社会发展研究所	夏晓鹏	台湾台北市木栅路一段111号7楼		(00886-2) 2236-8225 转63512		e62@ cc. shu. edu. tw http://cc. shu. edu. tw/~e62/

续表

序号	单位名称	负责人	通讯地址	邮政编码	联系电话	传真	电子邮箱/网址
205	台湾世新大学社会心理学系	张思嘉	台湾台北市木栅路一段17巷1号		(00886-2) 2236-8225 转3532		socpsy@cc.shu.edu.tw http://cc.shu.edu.tw/~socpsy/
206	台湾政治大学社会学系	林佳莹	台湾台北市116文山区指南路二段64号		(00886-2) 2939-3091 转50858		sociol@nccu.edu.tw http://sociology.nccu.edu.tw
207	"中央研究院"社会学研究所	萧新煌	台湾台北市南港研究院路二段128号		(00886-2) 2652-5100		http://www.ios.sinica.edu.tw/ios/index.php
208	台湾辅仁大学社会工作系	顾美俐	台湾台北县新庄市中正路510号		(00886-2) 2905-2610(大学部)、2905-2988(硕士班)		sw@mails.fju.edu.tw http://www.socialwork.fju.edu.tw/
209	台湾辅仁大学社会学系暨研究所	鲁贵显	台湾台北县新庄市中正路510号		(00886-2) 2905-2787(大学部)、2905-2641(硕士班)		D63@mails.fju.edu.tw(大学部)、G63@mail.fju.edu.tw(硕士班) http://www.soci.fju.edu.tw/
210	台湾台北大学社会科学学院社会工作学系	曾敏杰	台湾台北县三峡镇大学路151号		(00886-2) 2674-8189 转67012、67013		http://www.ntpu.edu.tw/sw/
211	台湾台北大学社会学系	黄树仁	台湾台北县三峡镇大学路151号		(00886-2) 2674-8189 转67046-67050		soc@mail.ntpu.edu.tw http://www.ntpu.edu.tw/social/
212	台湾东海大学社会学系	蔡瑞明	台湾台中市中港路三段181号东海大学社会学系853信箱		(00886-4) 2359-0121 转36300-30305		http://soc.thu.edu.tw

续表

序号	单位名称	负责人	通讯地址	邮政编码	联系电话	传真	电子邮箱/网址
213	台湾元智大学社会暨政策科学学系	洪泉湖	台湾桃园县中坜市远东路 135 号		(00886－3)4638－800 转 2161、2162		scdept@saturn.yzu.edu.tw http://sc.hs.yzu.edu.tw/
214	台湾元智大学资讯社会学硕士学位课程	庞金宗	台湾桃园县中坜市远东路 135 号		(00886－3)4638－800 转 2307		nickie@saturn.yzu.edu.tw http://weber.infosoc.yzu.edu.tw
215	台湾“清华大学”人文社会学院学士班	李丁赞	台湾新竹市光复路二段 101 号		(00886－3)5742－793 5715－131 转 34592		dhss@my.nthu.edu.tw http://www.dhss.nthu.edu.tw
216	台湾佛光大学社会学系	林信华	台湾宜兰县礁溪乡林美村林尾路 160 号		(00886－3)9871－000 转 23401		http://social.fguweb.fgu.edu.tw/front/bin/home.phtml

全国社会学学会机构目录

序号	单位名称	负责人	通讯地址	邮政编码	联系电话	传真	电子信箱、网址
1	中国社会学学会	李　强	北京市建国门内大街5号中国社会科学院社会学研究所	100732	(010) 85195573	(010) 65138276	csa@cass.org.cn
2	北京市社会学学会	李　强	北京市海淀区清华园清华大学社会学系(刘精明)	100053	(010) 62788779-210		lys612@sina.com
3	天津市社会学学会	侯钧生	天津市卫津路94号南开大学社会学系	300071	(022) 23502350	(022) 23500327	junsheng_hou@nankai.edu.cn
4	河北省社会学与社会发展研究会	杨思远	河北省石家庄市裕华西路67号	050051	(0311) 83080334	(0311) 83080335	meihjh@163.com
5	山西省社会学学会	乔瑞金	山西大学马克思主义哲学研究所	030006	(0351) 7011879	(0351) 7011978	lianrujian@139.com
6	辽宁省社会学学会	赵子祥	辽宁省沈阳市皇姑区泰山路86号辽宁社会科学院社会学研究所	110031	(024) 86120497(秘书处)	(024) 86806209	lnsshxh8612@163.com
7	吉林省社会学学会	邴　正	吉林省长春市自由大路5399号吉林省社会科学院	130033	(0431) 84638337	(0431) 84638337	fuchengsky@163.com
8	黑龙江省社会学学会	艾书琴	黑龙江省哈尔滨市道里区友谊路501号黑龙江省社会科学院社会学研究所	150018	(0451) 86497726		shxs9708@sina.com
9	上海市社会学学会	李友梅	上海上大路99号A502室(秘书处办公室)	200444	(021) 66133784	(021) 66134142	zzhongru@sohu.com
10	江苏省社会学学会	宋林飞	南京市虎踞北路12号	210013	(025) 83391033		marina0506@gmail.com

续表

序号	单位名称	负责人	通讯地址	邮政编码	联系电话	传真	电子邮箱/网址
11	浙江省社会学学会	杨建华	浙江省杭州市凤起路620号浙江省社会科学院	310007	(0571)87053208		shehuixuehui@126.com
12	安徽省社会学学会	蔡　宪	合肥市屯溪路301号安徽省委党校老办公楼311室(蔡宪 收)	230020	(0551)62173823	(0551)2173019	dingyi@ahdx.gov.cn
13	福建省社会学学会	胡　荣	厦门大学公共事务学院社会学系	361005	(059)22188169		hurong@xmu.edu.cn
14	江西省社会学学会	王明美	南昌市洪都北大道649号江西省社会科学院内 江西省社会科学院社会学研究所　转	330077	(0791)8591201(秘书处)	(0791)8596284(秘书处)	wwmmmm123@sina.com
15	山东省社会学学会	李善峰	济南市舜公路56号山东社会科学院	250002	(0531)82704585	(0531)82974709	sdsociology@126.com
16	河南省社会学学会	葛纪谦	郑州市金水区丰产路21号 河南省社会科学院社会学研究所(牛苏林收)	450002	(0371)63611202		niusulin@sina.com
17	郑州市社会学学会	纪德尚	河南省郑州市文化路80号河南财经政法大学哲学与社会学系10号楼	450002	(0371)63519172		wangjinshan369@163.com
18	湖北省社会学学会	雷　洪	湖北省武汉市华中科技大学社会学系	430074	(027)87543152		hustzddh@163.com
19	武汉市社会学学会	刘崇顺	武汉市江岸区江大路20号(广空代表室2楼中南调查所内)	430010	(027)82650575		whshxh@sina.com
20	湖南省社会学学会	文选德	长沙市开福区浏河村巷37号 湖南省社会科学院	410003	(0731)84219155(秘书处)	(0731)84219173	2419344495@qq.com
21	广东省社会学学会	范　英	广州市黄华路4号之二 广东省社会科学界联合会	510050	(020)83853123 13902241990		fhyaaaa@163.com

续表

序号	单位名称	负责人	通讯地址	邮政编码	联系电话	传真	电子邮箱/网址
22	广西社会学学会	法人代表及常务副会长谢舜教授(会长暂缺)	广西大学公共管理学院303室	530004	(0771)3235665	(0771)3270139	weiwq20050908@163. com
23	四川省社会学学会	陈昌文	四川省成都市一环路西一段155号四川省社会科学院社会学研究所	610072	(028)87017620		hj1234@sina. com
24	重庆市社会学学会	陈　劲	重庆市江北区华新街桥北村270号 重庆社会科学院社会学研究所	400020	(023)86856510	(023)86856510	zhongyaoqi@sohu. com
25	贵州省社会学学会	李建军	贵州省贵阳市梭石巷19号	550002	(0851)85931565	(0851)85926940	fangling6560@163. com;http://gzshx. asu. edu. cn
26	云南省社会学学会	何耀华	云南省昆明市环城西路577号	650032	(0871)65112105		qiaohr2005@yahoo. co. jp
27	甘肃省社会学学会	陈文江	甘肃省兰州市天水南路222号兰州大学哲学社会学院	730000	(0931)8913710	(0931)8910943	chen－wj@163. com
28	陕西省社会学学会	石　英	陕西省社会科学院	710065	(029)85254197		nf3304@aliyun. com
29	宁夏社会学会	陈通明	宁夏银川市西夏区宁夏社会科学院社会学法学所	750021	18995073056 13639591199	(0951)2074860	nxyyf69@163. com;ctmsk@aliyun. com

全国社会学专业学术期刊

《青年研究》

《青年研究》创办于1978年10月，其前身隶属于中国社会科学院青少年研究所，月刊，每期8万字，16开本，内部发行；1985年4月青少年研究所并入社会学研究所，成立青少年研究室，《青年研究》也随之隶属于社会学研究所，由青少年研究室编辑出版，内部发行；1993年《青年研究》改为国内外公开发行，月刊；2009年改版为双月刊，逢单月月底出刊；2014年5月，《青年研究》成立《青年研究》编辑部，由编辑部负责刊物的编辑工作，不再由青少年研究室编辑。截至2014年年底，已出版399期。《青年研究》历任主编：谢昌逵、楼静波、单光鼐、张翼，名誉主编：单光鼐。

《青年研究》自1978年创刊以来，已有30多年的历史。其发展大致可以分为四个时期。

草创时期（1978—1985年）。此时该刊由中国社会科学院青少年研究所主办。当时正值“文革”结束，百废待兴。编辑部主要负责人均来自团中央研究室。将刊物从一般的工作研究和思想教育研究引导到社会科学的学术理论研究上，成为这一时期办刊的主要指导思想。为此，编辑部做了一系列工作：其一，改变装帧式样，将“内部文件”版式变换为通行的学术刊物式样；其二，针对紧迫现实问题，如青少年犯罪、劳动就业、思想教育等问题刊发大量调查报告；其三，召开大型理论研讨会，就“青年研究方法论”展开讨论，并刊发相关文章；其四，编辑出版研究论文集。

探索时期（1985—1994年）。此时期该刊仍是内部刊物，由中国社会科学院社会学研究所主办，青少年研究室负责编辑出版。并入社会学研究所后，青年社会学成为青少年研究室的主要理论取向，亦成为刊物的理论取向，编辑进一步着力加强刊物的学术性研究色彩。这一时期主要做了以下探索性工作：其一，努力提高刊物编辑人员理论素养，编辑人员既编刊物又参与国家重点课题研究，如参与国家课题“社会变迁与青年价值观变化和社会问题”。其二，编辑部联络刊物在全国各地的作者编辑，出版了中国第一部《青年发展报告》，加强了刊物与作者的联系，壮大了刊物的作者队伍。如今，这些作者绝大部分已成为各地青年研究的骨干。其三，探索提高刊物的学术品位，在栏目设置、论文内容和编辑流程诸多方面建立学术规范。

成长时期（1994—2013年）。经过自身努力，《青年研究》在1993年成为正式出版物，向国内外公开发行；凭借多年的学术积淀，刊物很快被国内多家机构认定为“中文核心期刊”和“社会学类核心期刊”。这一时期刊物致力于学术品位的提高和学术规范的建立：其一，刊物的发展方向大致确立，即为中、青年的专业理论工作者提供平台，为扶持中、青年社会学工作者成长服务；其二，完善编辑流程的规范化操作，逐步建立、完善三审制度；其三，在学术化、专业化、规范化方面迈出更大步伐，建立论文统一格式，规范了论文中英文摘要和关键词；其四，改换封面版式，提高刊物印刷、装帧质量。

成熟时期（2014 年至今）。2014 年，为了进一步提高刊物的编校质量，决定成立单独的《青年研究》编辑部，成立了新一届编委会。编辑部自成立以来，在原有的基础上进一步明确了办刊宗旨：关注对青年群体、青年问题以及与青年有关的社会问题的研究。注重经验研究和理论探索的结合，强调学术规范性，鼓励打破既有框框、具有问题意识的研究尝试。鼓励作者对学术前沿和热点问题的讨论与争鸣。进一步完善编辑规范和审稿制度。参考目前国内外主流期刊的编辑规范，对原有规范进行了细化和补充，使刊物的编校质量有了比较大的提高；完善稿件的匿名外审制度和三审终审制度，提高了刊发论文内容的质量。此外，在选题上也有突破，打破了原有的仅局限于社会学的格局，刊发了一些其他学科，如政治学、法学、经济学以及交叉学科与青年问题相关的文章，丰富了刊物的内容，扩大了刊物的影响力。

如今，《青年研究》已成为关于青年问题研究的重要的学术期刊，具有较高的学术影响力。《青年研究》是全国中文核心期刊、中国人文社会科学核心期刊、中文社会科学引文索引（CSSCI）来源期刊。

《社会》

《社会》（*Chinese Journal of Sociology*），双月刊，由上海市教育委员会主管、上海大学主办，1981 年创刊，是 1979 年中国大陆恢复社会学学科后创办的第一份社会学专业期刊，主要刊发原创性的社会学及其他相关学科学术论文。2011—2014 年《社会》的办刊举措及成绩主要包括以下五个方面。

第一，重视制度建设。借鉴国际一流期刊的办刊经验，《社会》很早就建立了本刊专属的网上投审稿系统，不接受邮箱投稿和个人荐稿，所有稿件一律进入网上投审稿系统，依照审稿流程执行严格的同行双向匿名审稿。这一制度建设不仅使文章在多位审稿人的审阅下得到客观评价，反复的修改和打磨也使文章的学术质量大幅提升，同时还能有效抵制各种关系稿，最大限度地保证用稿的客观性和公正性。2011 年以来，为进一步完善匿名审稿制度，刊物根据审稿流程的实际需要对网络投审稿系统进行了优化，力图建立更加快捷、透明、客观的网络投审稿系统；同时改革了工作编委会制度，完善了工作编委会的工作程序；在匿审队伍建设方面，为建立一支研究领域更加多样化、能充分把握各主要学科领域的研究动向、更具责任感的匿名审稿人队伍，《社会》多次组织召开各种小型研讨会，采取多种措施凝炼审稿人队伍，提升审稿人的责任感和荣誉感。目前，《社会》所严格遵循的匿名评审制度已经得到了学界的极大认可和好评，大大提升了刊物的美誉度。

第二，搭建国际学术交流平台，率先创办社会学英文期刊 *Chinese Journal of Sociology*（*CJS*）。《社会》一直以助力中国社会学跻身国际前沿、与国际同行对话为己任。2012 年以来，《社会》开始创办英文刊的各种前期准备。经过 2 年多的前期调研、比较以及艰苦的合同谈判，在最大限度维护上海大学利益的前提下，在多家海外出版商之间，2014 年 11 月 11 日，《社会》选择了美国 SAGE 出版公司，并与其达成了平等互利的合作协议；聘请了美国国家科学院院士、普林斯顿大学终身教授谢宇担任海外主编，组织了由国内外知名社会学家组成的编委会。

第三，加强数字化建设，网络平台、微博、微信并举，以最快速度传播刊物内容。2013 年，《社会》在新浪微博设置官方微博；2014 年 9 月，建立官方微信，同时申请了二维码，充分利用移动互联技术，与杂志主页同步发布文章信息；借助“百度百科”“维基百科”以及 GOOGLE 等搜索引擎建立《社会》条目；改版主页，上传《社会》2005 年改版以来所有刊文，提供全文免费下载；与国际接轨，采用在线优先发表机制，缩短文章传播时滞，提速发表进程。这些措施均有效提升了期刊的可见度和影响力。

第四，影响力指标逐年提升，步入期刊发展的良性循环。2011 年以来，《社会》学术影响力各项指标逐年稳步提升。目前，本刊是 CSSCI、全国中文核心期刊、中国人文社会科学核心期刊，也是教育部名刊工程入选期刊、国家社会科学基金资助期刊、美国 EBSCO host 数据库源刊。在全国中文核心期刊的专业排名中，本刊位列同行类期刊第 2 位；在 CSSCI 的排名中，《社会》也位列前茅。2012 年度本刊在中国知网的综合影响因子为 1.221，复合影响因子为 2.007，总被引频次为 854 次；2013 年度综合影响因子提升到 1.438，复合影响因子提升到 2.315，总被引频次则提升到 944 次；到 2014 年度，综合影响因子提高到 1.864，复合影响因子提升为 2.880，总被引频次则提高到 1097 次。

第五，打造社会学品牌期刊，摘取中国出版业最高奖项。2013 年，《社会》从全国 9400 多种期刊中脱颖而出，勇夺“第三届中国出版政府奖期刊奖”。这是《社会》继 2010 年获“第二届中国出版政府奖期刊奖提名奖”之后的崭新突破。此外，2011 年《社会》跻身教育部高校哲学社会科学第三批“名刊工程”之列；2012 年，进入“国家社科基金资助期刊”行列；2013 年，除“第三届中国出版政府奖”，《社会》杂志还获得国家新闻出版广电总局“中国百强报刊”称号；2014 年，获中国知网“2014 中国国际影响力优秀学术期刊”称号。

第三届中国出版政府奖

2014 中国国际影响力优秀学术期刊

2014 年第 5 期封面

《社会》微信二维码

《社会发展研究》

《社会发展研究》（*Chinese Journal of Social Development*）由中国社会科学院社会发展战略研究院主办、社会科学文献出版社出版发行。作为国内首份以“社会发展”为主题的学术刊物，《社会发展研究》在2012年即开始创办，曾连续两年以以书代刊的形式出版，因其刊载的文章主题鲜明、角度新颖，引起学界关注。2014年5月16日，经国家新闻出版广电总局批准，《社会发展研究》正式创刊（刊号：CN10－1217/C），公开发行成为社会科学期刊队伍中的一员；现以季刊形式刊行，每年出版4期。

本刊的办刊宗旨是以当前中国社会发展之重大问题研究为重点，以社会发展的理论、方法、调查、政策研究以及国际比较研究为主题，努力建设成为科学研究与战略对策相对接的新型学术平台。根据这一宗旨，本刊特别注重文章的问题意识是否能够抓住在当前国际形势下中国发展的关键和重要问题，并能够提出解释问题的新角度。通过这本期刊，希望展示中国学者对社会发展的界定、发展困境的理解、发展方式探讨等研究设想和成果。因此这个平台可能至少包括发展理论和方法、发展模式、发展经验和发展战略四项内容。其中，发展理论和方法涵括了整个现代化理论及其后的内容，提出了很多发展研究的原初问题；发展模式更多关注国际比较视野下不同国家和地区的发展道路选择；发展经验则聚焦于国内本土社会在现代化过程中的调适、冲突以及制度创新；发展战略涉及我国政府长远和宏观发展规划及其立足点。这个平台理想的状态是真正推动一批多学科交叉合作的研究成果，促进对国家发展有战略意义的研究成果转化。

从创刊开始，《社会发展研究》即邀请了国内外社会学及发展研究领域的专家组成编委会，其中不少人曾任职于大学研究院、国际研究组织、欧盟或非西方国家的发展机构，这对本刊未来的发展起到了良好的推进作用。

作为新创办的学术期刊，《社会发展研究》严格参照学界标准，实行三审定稿制度，并将进一步推进匿名评审制度；执行统一的文章体例规范，遵守国家出版法律法规。

《社会发展研究》的网站和微信公众号平台均已开通。其中，网站主要服务于读者与编辑部的交流互动，读者可通过《社会发展研究》主页（http：//www. shfzyj. com/）的“作者投稿”系统投稿并查询稿件处理状态。“社会发展研究”微信公众号主要根据热点问题定期发布往期论文精要、社会发展学术讲座纪要和年度发展报告要点。

《社会发展研究》主办和出版单位将一如既往地按照规范做好期刊的编辑、出版和发行工作，进一步向数字化转型，努力打造社会发展领域的权威期刊。

《社会建设》

《社会建设》杂志是中国人民大学社会学理论与方法研究中心和吉林省出版产品质量检测中心合办的社会学专业学术期刊，国内统一刊号为CN22－1410/C，国际刊号为ISSN 2095－8641。本刊创刊于2014年9月20日，为双月刊，著名社会学家郑杭生先生为创刊人和首任主编，现任主编为中国人民大学副校长洪大用教授。

本刊的办刊宗旨是：秉承“崇尚真理，探索人文，理论自觉，建设反思”的信念，刊发高质量、前沿性的社会工作、社会政策、社会体制、社会组织等与社会建设和社会治理相关的优秀研究成果，提供权威的上述各领域教学和研究的学术交流平台，构建青年学者施展才能、更好成长的学术舞台，促进上述领域不同学派的学术争鸣，为推动社会学和社会工作理论、方法和历史诸领域研究的繁荣和发展、推进世界眼光和中国风格兼具的社会学和社会工作而努力。

《社会建设》是在加强社会建设和创新社会治理成为国家重大发展战略的背景下创刊的，将致力于推动在理论自觉、理论自信基础上创新有中国风格的社会建设话语体系，创造有中国特色的社会建设理论体系。中国社会广泛而深刻的转型、中国社会建设和社会治理创新的丰富实践为社会学学者提供了前所未有的历史性巨大舞台和现实性宝贵资源。我国社会学者有责任对其进行概括提炼，并对实践中遇到的一些重大理论和现实问题进行深入研究，给出社会学视角的分析，并在这一过程中提升社会学学科自身的学术水平和解释能力。本刊将以支持这方面的探索为自身使命。

《社会建设》的创刊，表明一种学术继承和创新。在中国社会学历史上，著名社会学家孙本文先生早在20世纪30年代就对“社会建设”进行过研究，并在1944年创办过名为《社会建设》的杂志，该刊于1944年、1945年及1948年、1949年前后出过10余期。我们现在用“社会建设”命名这本杂志，首先表明它是对我们社会学前辈的一种学术继承。同时我们作为后辈社会学家，也不能在继承时简单重复，总要根据实际情况，对前辈有所发展，有所创新，对他们不可避免的历史局限性有所突破和纠正。

社会建设的内涵十分丰富，既包括大量理论命题，也包括诸多实践领域。因此，本刊所刊论文从题材上看，是多样化的，既包括对理论问题的探讨，也包括对实践中具体问题的分析及对实践经验的总结；从风格上看，本刊强调所刊论文应有明确的问题意识，至于具体范式则不拘一格，既包括规范性的研究，也包括实证性的研究——对于实证性研究，既包括定量研究也包括定性研究；从学科分布上来看，本刊主要面向社会学和社会工作专业师生，但既不仅仅局限在社会学学科，也不仅仅局限于社会工作学科，还兼顾对社会建设这一领域相关问题进行严肃研究的相关学科。正如国家新闻出版广电总局《关于同意创办〈社会建设〉期刊的批复》中所要求的那样，本刊“坚持正确的办刊方向，刊载涉及民生的教育、就业、分配、健康、社会保障、社会管理和社会治理创新等领域理论研究成果，总结和推介社会管理方式创新实践经验，促进社会管理水平提升，服务和谐社会建设”。

目前，本刊还处于创刊及发展的起步阶段。在这一阶段，根据我国社会的实际需要和社会学学科发展的现状，在兼顾社会学和社会建设各个领域的同时，本刊将重点方向放在社会工作和社会政策上。这是因为现在我国已经有300多所高校开设了社会工作专业，但是他们缺乏高质量的学术平台，不利于社会工作专业的发展和社会工作教师，特别是青年教师学术成果的共享和专业水平的提高，归根到底也不利于中央号召的形成一支庞大的社会工作队伍。社会政策是社会建设中把理论与实践联系起来的途径，是把社会管理社会治理的成果落实为有操作性的社会体制的手段，是发挥智库功能最直接最有效的平台。因此，我们也把社会政策作为现阶段的重点。

《社会建设》的常设栏目包括：理论研究、社会政策、社会工作、社会治理、地方经验、国际经验、青年学者论坛等。本刊办刊的一个重要目的就是培养人才，特别是“构建青年学者施展才能、更好成长的学术舞台”，因此本刊尤其鼓励青年学者提供高质量论文。本刊实行匿名审稿制度，审稿周期大概为1个月。

本刊编辑部地址：中国人民大学科研楼A座406室，100872；编辑部邮箱：SC2014@ruc.edu.cn；电话：010-62511151。

《社会学评论》

《社会学评论》（网址：http：//src. zlzx. org）是由中国人民大学社会学理论与方法研究中心、中国人民大学书报资料中心合办的社会学专业学术期刊，刊号：CN10－1098/C，为双月刊，目前每个单月的20日出刊。

本刊的办刊宗旨是："崇尚学术，追求真理，理论自觉，建设反思"。秉承这一宗旨，本刊竭力编辑、刊发前沿性、高质量的社会学研究成果。为社会学教学、研究及学术交流提供权威性平台；为青年社会学者施展才能、更好成长提供学术舞台；为促进社会学不同学派的学术争鸣，推动社会学理论、方法和历史诸领域研究的繁荣和发展，推进形成世界眼光和中国风格兼具的社会学而努力。

《社会学评论》2013年2月创刊，创刊人和首任主编为我国著名社会学家郑杭生教授，编辑部设在中国人民大学社会学理论与方法研究中心。主要栏目包括：理论与方法、社会与治理、建设与政策、经济与社会、社会与法律、传承与脉络、探讨与评论、分支社会学研究，等等。

在首任主编郑杭生教授及第二任主编刘少杰教授的主导及主持下，在中国人民大学校办、书报资料中心、社会与人口学院相关领导和众多工作人员及全国各地学者的积极支持和努力配合下，经过近三年来的努力，目前《社会学评论》已经日渐发展成为社会学界的四大主要专业学术期刊之一。本刊最近被中国社会科学院等学术机构列为重点刊物，已经逐步获得了学界同行和社科类期刊的认同，也被中国人民大学的校领导所重视。

三年来，《社会学评论》虽然通过约稿等途径发表了一些重要的"特稿"，但是主要仍然是以外来投稿为主。发文强调学术水准。在这三年时间里，本刊比较集中地关注了社会学基础理论、方法论、社会治理体制创新、国家治理现代化、边疆民族和社会问题研究等学术热点和社会热点。所发文章有多篇被中国人民大学书报资料中心的《社会学》以及《中国社会科学文摘》、《新华文摘》等刊物转载。据2014年年末的测评，本刊期刊综合影响因子为0.54，这对于一个初创不久的刊物而言，是来之不易的成绩。

因为首任主编郑杭生教授于2014年11月去世，随后首任编辑部主任奂平清副教授重病，本刊受到了一定程度的影响。在多方力量的关心支持下，本刊挺过了瓶颈期。在2015年有效地整合了中国人民大学社会学系、人类学所以及中国人民大学校外一些学术机构的教师资源。在第二任主编刘少杰教授的带领下，在众多教师和工作人员的共同努力下，通过总结经验，借鉴优秀刊物办刊方式，进一步调整和加强了编辑力量，优化了编辑程序。经调动各种积极因素，齐心协力提高办刊水平，本刊质量及学术影响力有了一定程度的提升。

不过，本刊总体上仍然处于成长阶段，对学术界的影响力也还处在逐步发挥之中。在电子化、网络化的时代，编辑部正在通过各种渠道积极努力地提升期刊的学术和社会影响力。

本刊注重进行整体策划，从栏目设置、选题等角度筹划发展战略。选题主要从期刊性质和读者对象的角度出发；栏目的设置偏重于树立创新性、建设性、评论性风格，突出重点，强调长远眼光。

本刊在2015年年初实现了在线投审稿系统的全面使用（网站网址如前文所述），部分期号论文的全文内容已经成功上载，可免费全文下载。这使得期刊文章在网络中更容易被检索到，有助于提升期刊的影响力。

本刊目前还加强了微信平台的宣传工作，建立了微信公众号，每期新出刊的论文摘要都会在公众号中推出。

目前《社会学评论》编辑部的构成包括：

主编：刘少杰；副主编：郭星华、杨敏、陆益龙

编辑部主任：王水雄

编辑：谢桂华、储卉娟、黄盈盈、齐亚强、王玉君、刘谦、富晓星、张慧、李丁、胡宝荣、方舒、邢朝国

在审订环节上，除了书报资料中心王春磊等人的把关外，本刊还获得了刘秀秀等编辑人员的襄助。

本刊编辑部公共邮箱为：src2013@ vip. sina. com

《社会学研究》

《社会学研究》创办于1986年1月，是中国社会科学院社会学研究所主办的一级专业学术期刊。自创刊以来，《社会学研究》经历了引鉴西方社会学、促进中国社会学研究的规范化、发布中国社会发展重大问题杰出研究成果、引导中国社会学研究取向的发展过程，逐渐为国内外社会学同仁所重视，为研究中国社会的各界人士所瞩目。随着学术导向的日益增强，《社会学研究》愈来愈被视为中国社会学学术研究的专业领军期刊，现已成为中文社会科学引文索引（CSSCI）核心期刊、国家社科基金资助期刊、国家哲学社会科学学术期刊数据库收录期刊。在中国社会科学院、南京大学、北京大学、武汉大学等四家期刊评价机构的学科排名中均名列第一，被誉为“中国权威核心期刊”，2012、2013、2014连续三年被中国学术期刊（光盘版）电子杂志社、清华大学图书馆、中国科学文献计量评价研究中心评为“中国最具国际影响力学术期刊”。

2011年以来，《社会学研究》延续以往发展的良好势头，为进一步提升期刊的专业化、制度化、数字化和国际化水平，主要加强了以下几方面工作。

第一，紧紧围绕重大现实和前沿问题，推动专题组稿与学术创新。《社会学研究》编辑部充分发挥刊物的舆论导向和学术引领作用，组稿、选稿与审稿工作紧紧围绕重大现实理论和实际问题，为政府决策等提供参考。通过设置“专题研究”栏目，聚焦社会重大现实问题。2011—2014年度，先后就社会组织发展、社会安全与社会管理、社会信任、城镇化战略、计划生育新政、家庭和人口变迁等专题组发了专题研究论文。这些文章不仅学术质量上乘，而且选题和内容紧紧围绕我国经济社会发展的重大热点、难点问题；不仅反映了我国学术界的重大理论关切，而且回答了时代提出的重大政策和现实问题，取得了良好的学术、政策和社会效应。

《社会学研究》牢牢坚持学术刊物的“创新”使命，加大了对新现象、新理论、新方法等前沿问题的刊发力度，以强化刊物的学术创新和引领作用。2011—2014年度，刊发了有关社会学前沿现象、前沿理论和前沿方法的一系列论文，不但体现了科研成果的创新性，也发挥了《社会学研究》作为社会学最高专业学术刊物对学科发展的推动和学术引领作用。

第二，以《编辑手册》为指南，强化期刊制度化与规范化建设。编辑部历来重视编辑业务培训，多次抽调人员参加新闻出版署、中国社会科学院科研局、清华同方等相关部门组织的编辑业务学习。此外，为使编辑部的各项工作进一步规范化、制度化、文本化，也为《社会学研究》的长远可持续发展提供制度保障，2014年度编辑部梳理、总结了自创刊以来的各项规章、制度、规范及约定俗成的惯例，编制《编辑手册》，对编辑部的各项工作制度，如来稿登记制度、三审定稿制度、匿名评审制度、回避制度、编辑校对制度、编辑工作程序和编印时间安排、体例格式、编审/编辑相关岗位职责等做了明确规定，成为指导、约束编辑部各项工作的基本行为准则和指南。历年来，《社会学研究》取舍稿件重在学术水准和学术规范，一贯坚持杜绝版面费、人情稿，近年来则尤其强化了对学术不端行为的预防措施，建立了查重—追究制度。2014 年，编辑部引进中国知网“社科期刊学术不端文献检测系统”（SMLC）查重软件，在文章通过审稿、编发前，还需要经过“查重”排查。同时，要求刊文作者填写包括“原创、首发”等无不端行为内容的“作者承诺书”并存档，以此制度举措来避免学术不端行为对杂志和学界造成的不良影响。

第三，积极举办学术研讨活动，强化学术平台的交流作用。《社会学研究》以有效促进学术交流，打造学术公器为宗旨，编辑部工作一方面强化质量管理，以提供最具水准的学术产品为使命，另一方面也高度重视学术公平和机会均等，为青年学者、各个研究机构提供公平的成果发表平台。针对近年来社会学专业作者队伍逐渐年轻化的趋势，编辑部有意识地加强与年轻作者的学术交流、沟通及对话，与西安、南京、上海、广州、哈尔滨等多地高校合作，组织和参与了多次全国范围内的学术研讨活动，以强化与学术界的联系和交流，及时掌握学界最新学术前沿动态，同时也就社会学研究热点、难点及前沿进展和期刊编辑走向广泛听取学界意见，推进了编辑部的制度创新。

第四，加强信息化、数字化建设，利用新媒体发挥社会影响力。为充分发挥信息时代新媒体的传播优势，2014 年《社会学研究》在微信公众平台成功注册《社会学研究》微信公众号，并申请且成功获得“媒体订阅号”的资格认证。《社会学研究》微信公众号于 2014 年 12 月 16 日正式上线后，已陆续编辑和发布多条图文消息，推送多篇重要论文，引起学界与社会各界广泛关注，在学术影响力向社会影响力的转化中发挥了积极作用。

2014 年底，《社会学研究》在线投稿系统亦开通试运行。作为投稿、编辑、审稿三位一体的平台和稿件数据库，在线投稿系统整合各方资源，为作者、读者与编者提供了更便利、透明、规范的工作与交流平台，获得了广泛赞誉。

第五，大力推进期刊国际化，积极贯彻“走出去”战略。《社会学研究》编辑部高度重视期刊国际化工作，采取了一系列有力措施，积极贯彻期刊“走出去”战略，努力扩展我国学术期刊的国际影响力。为掌握国际学术前沿动态，提升国际学术对话水准，《社会学研究》进一步加强了与海外专家学者的联系，扩展了海外作者、读者和审稿专家队伍。2013 年度，编辑部走出国门，赴美对《美国社会学杂志》（AJS）、芝加哥大学、哈佛大学、哥伦比亚大学、布鲁金斯学会等机构进行学术访问。通过对国际一流社会学期刊、学会、高校的走访，编辑部在海外大力宣传我国专业学术期刊，交流学习国际先进办刊经验，不断扩展我国在国际学术界的话语权和影响力。2014 年 7 月，《社会学研究》编辑部隆重推出了中国大陆第一份英文社会学专业期刊《中国社会学杂志》（*The Journal of Chinese Sociology*），旨在将优秀的中国社会学研究成果推介到世界，加强国际社会对中国社会变迁的了解，产生了广泛的学术和社会影响。

《社会学研究》为双月刊，逢单月20日出版，国内外公开发行。

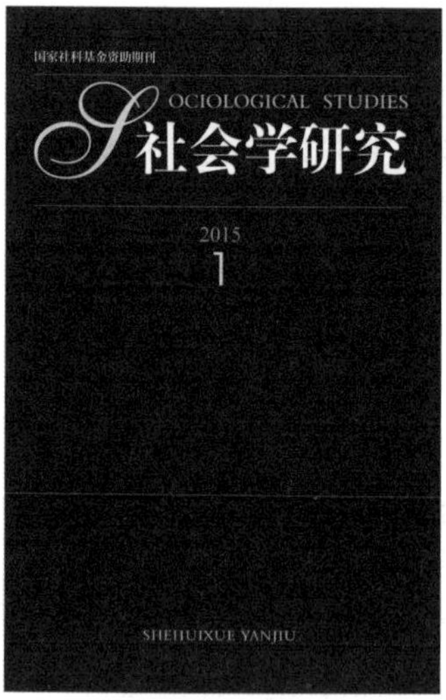

编辑部地址：北京市建国门内大街5号10层1058房间

邮政编码：100732

电话：010－85195564、65122608（周三对外办公）

网站：www. shxyj. org

微信公众号：shxyjcass

微信二维码：